D1083412

DICCIONARIO DE SINÓNIMOS

VOX

DICCIONARIO DE SINÓNIMOS

DICCIONARIO DE SINÓNIMOS

POR SAMUEL GILI GAYA

DÉCIMA EDICIÓN
(Reimpresión)
OCTUBRE 1988

BIBLOGRAF
Calabria, 108
08015 BARCELONA

Todos los derechos reservados. Prohibida la reproducción total o parcial
de esta obra por cualquier procedimiento (ya sea gráfico, electrónico,
óptico, químico, mecánico, fotocopia,
etc.) y el almacenamiento o transmi-
sión de sus contenidos en soportes
magnéticos, sonoros, visuales o de
cualquier otro tipo sin permiso previo
y por escrito de los titulares del Co-
pyright.

© BIBLOGRAF, S. A.
Calabria, 108
08015 Barcelona

Impreso en España - Printed in Spain

ISBN: 84-7153-178-X
Depósito Legal: B. 34.566 - 1988

Impreso por EMEGÉ Industrias Gráficas, S. A.
Londres, 98
08036 BARCELONA

PRÓLOGO

CONCEPTO E HISTORIA DE LA SINONIMIA

De acuerdo con la etimología del vocablo, suele decirse que dos o más palabras son *sinónimas* cuando tienen el mismo significado. Según la creencia común, la relación que guardan entre sí los términos sinónimos es de identidad en su contenido semántico. En el extremo opuesto se hallarían, por un lado, la *polisemia*, es decir, la pluralidad de significados de una palabra (*operación* aritmética, quirúrgica, militar, mercantil, etc.), y por otro la *homonimia* o concurrencia de palabras diferentes y de forma única (*son*, verbo «ser», y *son*, «sonido»). Nuestro sentido espontáneo del idioma propio nos conduce, sin embargo, a no emplear indistintamente los sinónimos en cualquier circunstancia como valores expresivos equivalentes y sustituibles entre sí. En una serie sinonímica como *terminar, acabar, concluir, finalizar, ultimar, finiquitar, rematar,* sentimos todos diferencias que, aunque no acertásemos a formularlas de un modo general, nos harían rechazar como impropia, por ejemplo, una expresión como *este palo concluye en punta,* o *aquí ultima el término municipal del pueblo.* Dos personas de una misma profesión se llaman *compañeros* en cualquier caso; pero *colega* se aplica sólo en las profesiones liberales. Los retóricos de la Antigüedad vieron ya que los sinónimos se acercaban más o menos en su significación, pero no se igualaban entre sí. Cicerón dijo: *Quanquam enim vocabula prope idem valere videantur, tamen quia res differebant, nomina rerum distare voluerunt* (*Tópicos*, 34). Señala el orador romano una diferencia objetiva de las cosas como causa de que se diferencien también sus nombres. Ya veremos luego que la estimación por parte del hablante, los diversos planos sociales del habla y la delimitación geográfica de numerosos vocablos, actúan asimismo como factores de diferenciación sinonímica en el sistema sincrónico de cualquier lengua.

La sinonimia absoluta es, pues, relativamente rara. La encontramos entre conceptos perfectamente definidos, o en objetos y seres naturales que se designan con distintos nombres: *cubo* y *hexaedro regular* son equivalentes; lenguas *romances* es lo mismo que *neolatinas* o *románicas;* el pájaro insectívoro conocido con el nombre científico de *Motacilla alba* se denomina *aguzanieves, nevadilla, pezpita, pizpita, caudatrémula,* etc. Todas esta denominaciones, que hemos citado como ejemplos, se hallan en el caudal de la lengua y son permutables entre sí con perfecta identidad de sentido. Pero aun siendo así, las circunstancias y la preferencia personal o local pueden motivar el empleo de una u otra. *Tiesto* y *maceta* designan el mismo objeto; pero el primer nombre es preferido en Castilla y el segundo en Andalucía. De hecho, tanto el habla individual como el uso colectivo sincrónico repugnan generalmente la sinonimia absoluta y tienden a eliminarla. La Lingüística histórica demuestra que la competencia entre sinónimos se resuelve, o bien con la desaparición de los que se sienten como sobrantes, o bien con la especialización en significados o matices de distinto ámbito, y en muchos casos con el confinamiento de algunas voces concurrentes a un área geográfica o social determinada. *Divertir* significaba en la lengua clásica «apartar», «desviar» y era sinónima de estos verbos *(el agua del riego se divertía por varios canales)*. Se podía *divertir* también el ánimo, o sea apartarlo, desviarlo de sus ocupaciones habituales; y ésta es la acepción en que el vocablo se ha especializado, y prevalece en nuestros días con el significado de «distraer», «entretener», «recrear». *Dende* ya no se oye más que en algunos medios rurales; pero en la lengua antigua sostuvo larga competencia con *desde* (1).

En los escritores de todas las épocas encontramos ejemplos de discriminación de sinónimos (Varrón, Aulo Gelio, Cicerón, Juan de Valdés, Iriarte, Malherbe, Vaugelas), y el deslinde exacto de los términos afines ha sido ocupación constante de la exégesis teológica y jurídica. A medida que va cuajando la consciencia de los idiomas vulgares como medio de expresión enriquecido por un pasado literario prestigioso, comienza a plantearse el problema general de la Sinonimia, y no ya sólo para resolver ciertos casos determinados. El deseo de fijar el papel que desempeñan los sinónimos en la economía de la lengua y del estilo, adquiere consistencia científica desde comienzos del siglo XVIII. Girard publica un libro con el título de *Justesse de la langue françoise* (París, 1718) que, recogiendo la tradición creada por los ejercicios escolares de la versión latina y por los escritores del Siglo de Oro, a partir de Malherbe, trata de dar solución a las dudas que presentaba el empleo de voces afines. Este libro, reeditado luego con el título de *Synonimes françois* (1741), sirvió de punto de partida a cuanto se escribió luego acerca del tema, en Francia y en los demás países de Europa. Combatía Girard la creencia ingenua —frecuente todavía hoy— de que una lengua es tanto más rica cuantas más palabras tenga para expresar una misma idea. En todas las épocas tropezamos con elogios del idioma propio basados en esta valoración cuantitativa. No es una casualidad que Francia haya sido el primer país donde se plantease la cuestión del significado preciso de los sinónimos, y con ella el tratamiento adecuado de la Sinonimia. Wartburg (2) explica el hecho porque la Literatura del Siglo de Oro representó en aquel país un freno a la abundancia torrencial del vocabulario en los escritores del siglo XVI. Tanto la acción de los gramáticos como la práctica literaria del siglo de Luis XIV, proscribieron las voces provinciales, realistas y del habla popular y artesana, y con ello la lengua francesa iba adquiriendo un carácter cada vez más intelectual y abstracto. Por otra parte, la Filosofía, desde Descartes, va creando un vocabulario de creciente significación rigurosa. El resultado es que Francia establece, antes que otros países, el deslinde entre lo correcto y lo incorrecto, y practica desde entonces una codificación lingüística cuya precisión no ha sido alcanzada por las demás lenguas de cultura (3).

(1) Sobre la influencia de la sinonimia en la formación de palabras y los cruces fonético-semánticos, véase WARTBURG, *Problemas y métodos de la Lingüística*, trad. de D. Alonso y E. Lorenzo; Madrid, 1951.

(2) *Évolution et structure de la langue française*, 1934, págs. 167-171.

(3) CHARLES BAILLY, *Linguistique générale et Linguistique française* (3.ª ed., Berna, 1950, pág. 132), piensa que las causas residen más bien en la naturaleza misma del idioma, en el cual abundan los vocablos simples sin motivación fonética ni etimológica para el hablante: «Sin duda —dice— en todas las lenguas se encuentran oposiciones de este género, pero probablemente ninguna ha llevado tan lejos como el francés la fineza de las distinciones sinonímicas; su estudio es una lección excelente de agudeza intelectual... Siendo en francés tan pronunciado el aislamiento etimológico

En el círculo de ideas de su tiempo, Girard pensaba que es falsa y vana la ostentación de sinónimos como alarde de pluralidad y abundancia: «Admito que la pluralidad de palabras hace la riqueza de las lenguas; pero no se trata de pluralidad puramente numérica...., sino de la que proviene de la diversidad, tal como brilla en las producciones de la Naturaleza... Si los vocablos no varían más que por sus sonidos, y no por la mayor o menor energía, extensión, precisión, complejidad o sencillez que las ideas pueden tener, me parecen más propios para fatigar la memoria que para enriquecer y facilitar el arte de la palabra. Favorecer el número de palabras sin atender al sentido, me parece que es confundir la abundancia con la superfluidad. Semejante gusto podría compararse al de un hostelero que hiciese consistir la magnificencia de un banquete en el número de platos más que en el de manjares. ¿Qué importa tener muchos términos? ¿No es mucho mejor tenerlos para todas las ideas que se desea expresar?»

La doctrina de Girard orientó el tratamiento de la Sinonimia, y a la corta o a la larga determinó en toda Europa el afán de producir, para cada lengua, libros que fijen el valor exacto de las palabras de significación semejante, basándose en las autoridades literarias, en el uso culto, y no pocas veces en el criterio personal de los autores que elaboraban una materia entonces nueva. Gottsched publica en Leipzig (1758) *Observaciones sobre el uso y abuso de varios términos de la lengua alemana*. Crabb escribe en los primeros años del siglo XIX su famoso *English Synonymes Explained*, libro que sigue reeditándose en nuestros días con adiciones y modernizaciones de diversos autores (4). El primer eco de las nuevas ideas en España fue el breve *Ensayo de los synónimos* de Manuel Dendo y Ávila (Madrid, 1757). Cierto es que persiste en varios escritores, como Martínez Marina, Vargas Ponce y, aunque con atenuaciones, el mismo Iriarte, la idea de que la abundancia de sinónimos es una de las excelencias de la lengua castellana (5). Capmany (6), haciendo suyas las palabras de La Bruyère, que citaremos luego, y las ya mencionadas de Girard, es el más fervoroso propagandista de las nuevas doctrinas, que encuentran su realización en el *Examen de la posibilidad de fixar la significación de los sinónimos de la lengua castellana*, por José López Huerta, impreso en Viena, 1789 (7). Reeditado varias veces en España, el juicioso y relativamente extenso trabajo de López Huerta, estimuló la afición a los estudios sinonímicos que, con alguna discontinuidad, ha seguido hasta el siglo actual. He aquí los principales eslabones de esta cadena bibliográfica:

SANTIAGO JONAMA, *Ensayo sobre la distinción de los sinónimos de la lengua castellana*, Madrid, Impr. Real, 1806. De escasa utilidad en nuestros días, aunque aprovechable en algunos artículos.

N. ÁLVAREZ CIENFUEGOS. Adiciones a la obra de López Huerta, ediciones de Madrid, 1830 y 1835. Es muy poco lo que añade a su

de las palabras, la oposición entre vocablos simples es una cuestión vital que exige estudio minucioso y atención constante, ya que las palabras no ofrecen en su forma material apoyo alguno para la memoria». Contra este punto de vista del ilustre filólogo suizo, S. ULLMAN (*Précis de Sémantique française*, Berna, 1952, pág. 191) piensa que la «fineza de las distinciones sinonímicas» que Bailly pone de relieve con justo motivo, es quizás atribuible a la disciplina semántica elaborada en la época clásica y perpetuada por una tradición que ha seguido siempre en vigor.

(4) Tengo a la vista, entre otras, la edición ampliada con términos y definiciones modernas, con una introducción de JOHN H. FINLEY, Nueva York, 1917.

(5) Véase el excelente capítulo que dedica a este tema F. LÁZARO CARRETER, en *Las ideas lingüísticas en España durante el siglo XVIII*, Madrid, 1949, págs. 78-87.

(6) *Teatro histórico-crítico de la elocuencia castellana*, Madrid, 1786, I, CLXVII; *Filosofía de la elocuencia*, 1777, págs. 49-50.

(7) Utilizo la edición de Madrid, Imprenta Real, 1799.

predecesor. Sus artículos están escritos en estilo difuso, y en ocasiones son traducciones del francés.

José March, *Pequeña colección de sinónimos de la lengua castellana.* Adición a los publicados por D. José López de la Huerta y D. S. Jonama; Barcelona, Oliveres, 1834; reimpreso en 1838.

Pedro M. Olive, *Diccionario de sinónimos castellanos,* Madrid, 1843. Libro extenso, redactado con verbosidad y difusión excesivas, pero que contiene distinciones útiles.

Conde de la Cortina, *Diccionario de sinónimos castellanos,* México, 1845. Su aportación original es generalmente de escaso interés. La principal utilidad que presta es la de haber reunido, citando su procedencia, numerosos artículos de López Huerta, Jonama, Cienfuegos y March.

José Joaquín de Mora, *Colección de sinónimos de la lengua castellana.* Publicada por orden de la R. Academia Española, con prólogo de Hartzenbusch; Madrid, 1855. La finura y precisión de sus distinciones y la sobriedad con que están redactadas, hacen de este libro el mejor de su género.

Roque Barcia, *Filosofía de la Lengua Española. Sinónimos castellanos,* Madrid, Vda. e hijos de Cuesta, 1863-65, 2 vols. Su propensión filosófica, la atención excesiva a la etimología de las palabras y el afán de establecer relaciones a veces muy remotas con la palabra definida, dañan a este libro que, por otra parte, contiene alguna vez indicaciones útiles.

— — *Sinónimos castellanos.* Edición póstuma, corregida y considerablemente aumentada por su autor. Madrid, 1890.

Richard Ruppert, *Spanische Synonimik,* Heidelberg, 1940. Aunque está escrito para la enseñanza del español en Alemania, hay que tenerlo en cuenta porque aprovecha bien las fuentes bibliográficas y contiene abundantes ejemplos que ilustran las acepciones.

Al lado de estos libros de sinonimia explicada, existen numerosos repertorios sinonímicos que se limitan a dar en cada artículo una lista de palabras de sentido semejante, a manera de recordatorio, para que el lector, guiado por su sentido espontáneo del idioma, escoja en cada caso la más adecuada al pensamiento o situación que trata de expresar. Tales son, por ejemplo, entre los publicados en el siglo actual, los de Benjamín Monroy Ocampo, Bejarano y Peña, Pedro de Irízar, Homero Serís, Martín Alonso y otros (8).

EL SIGNO LINGÜÍSTICO

A fin de que los lectores no especializados en estas materias puedan hacerse cargo del problema que aquí tratamos, expondré brevemente y con la claridad posible los términos en que lo plantea la Filología de nuestro tiempo, desde que Fernando Saussure consiguió formular la teoría del signo lingüístico. Me limitaré al campo del léxico, que es el fin de este libro, para no complicar la exposición con consideraciones fonéticas y gramaticales que podemos omitir por el momento. El habla es un chorro continuo interrumpido por pausas o silencios, de cualquier clase que sean (respiratorias, lógicas, afectivas, etc.). Entre pausa y pausa hay, pues, una continuidad de sonidos que se articulan sin interrupción. Dentro de esta articulación no in-

(8) Esta bibliografía no pretende ser exhaustiva, aunque contiene lo más importante y original que se ha publicado en nuestra lengua. Véase La Viñaza, *Biblioteca histórica de la Filología castellana,* Madrid, 1893, págs. 863-72. El trabajo moderno más amplio y preciso que conozco sobre esta materia es el de Marie Elisabeth Metzger, *Estudios sobre los Diccionarios de Sinónimos castellanos,* tesis doctoral, inédita, aprobada por la Facultad de Filosofía y Letras de la Universidad de Madrid, 1954.

terrumpida (frase u oración), que es portadora de un sentido total, distiguimos unidades de significado, a las que llamamos *palabras*, que por lo general no están fonéticamente aisladas en el cuerpo de la frase. Las palabras, según este razonamiento, son las unidades mínimas de significado en que una frase u oración puede descomponerse.

Cada palabra es un *signo* lingüístico y, como todo signo, se compone de un *significante* (conjunto de fonemas que la constituyen) y un *significado* (concepto, representación, imagen, etc.). Más allá del significante están las sílabas y los sonidos. Más allá del significado están las cosas a que el significado se refiere. La asociación o nexo entre significante y significado es tan firme, que uno y otro se evocan entre sí. Al pronunciar el primero se suscita inmediatamente el segundo, y al pensar un significado aparece en seguida en nuestra consciencia el conjunto de sonidos que lo expresa. Sin esta asociación de los dos elementos no hay signo, no hay palabra: una reunión arbitraria de fonemas, como *biliber*, no es una palabra, puesto que no tiene significado; y viceversa, una representación o concepto que no acertamos a expresar carece de la condición esencial del signo lingüístico.

Ahora bien: las palabras o unidades léxicas a que me voy refiriendo, no viven de cualquier manera en nuestra memoria, como se hallan los granos de trigo en un saco, sino que forman asociaciones que ejercen la doble función de traerlas al umbral de la consciencia cuando el pensamiento y la expresión las necesitan, y de delimitar, por contraste u oposición de unas con otras, el exacto contorno semántico y acústico de cada una de ellas. Estas asociaciones mentales pueden producirse por el significante o por el significado. Cuando dos o más palabras tienen alguna analogía fonética o morfológica, pueden asociarse en nuestro recuerdo, p. ej., la igualdad de sufijo en *dadiv-oso*, *mentir-oso*, *escandal-oso*, etc., *pregunt-ón*, *remend-ón*, etc., o la de prefijo en *re-accionar*, *re-poner*, *re-mirar*. Si la semejanza acústica es mayor, recibe los nombres de *paronomasia* (*afecto* y *efecto*; *deferencia* y *diferencia*), *homofonía* (*hojear* y *ojear*, *acerbo* y *acervo*) y *homonimia* (*vino*, de venir, y *vino*, sustantivo). Cuando el hablante siente el parentesco etimológico entre dos o más palabras, su asociación se produce a la vez por el significante y por el significado: *familia*, *familiar*, *familiaridad*, *familiarizar*. De aquí nacen algunos grupos sinonímicos del mismo origen, como *disentimiento*, *disensión* y *disenso*. Estas asociaciones motivadas por el significante, de gran importancia en Morfología, tienen en general menos valor para la Semántica que las asociaciones por el significado.

CAMPOS SEMÁNTICOS

En la vida de las lenguas y en la mente de los hablantes las palabras forman asociaciones más o menos extensas, que reciben el nombre de *campos semánticos*. Los diccionarios ideológicos, como el de don Julio Casares, cumplen la misión de presentar agrupadas las palabras que el repertorio léxico de cada lengua ofrece en un mismo campo semántico, y el de señalar los contactos e interferencias de unos campos con otros. Cada campo viene a ser un centro de interés humano, en el que el significado de cada palabra se define por su relación con las demás. Por ejemplo, para designar la cualidad que la temperatura comunica a los cuerpos, podemos disponer, entre otros, de los adjetivos *ardiente*, *abrasador*, *caliente*, *cálido*, *templado*, *tibio*, *fresco*, *frío*, *helado*, *gélido*, *glacial*. El significado de cada uno de ellos se limita y define en nuestra mente por su relación con los demás. Si faltase uno de los términos de la serie, bien por no existir en el idioma, bien por desconocimiento del hablante, los más contiguos cubrirían la significación del que falte : *tibio* podría absorber el sentido de *templado*, si éste faltase; *helado* abarcaría los de *gélido* o *glacial*, etc. En una lengua, dijo Saussure, todo está trabado, y cuando ocurre una modificación en un sector cualquiera, repercute en la totalidad de su sistema estructural. El número de palabras existente en un campo semántico dado, varía según las lenguas y las épocas: depende en cada caso de la atención mayor o menor que los hombres le presten, que, si es intensa, creará muchos vocablos diferenciadores de matices, y si es escasa o desvaída se contentará con pocos (9).

La comparación de unas lenguas con otras ilustra acerca del diferente ámbito significativo de las palabras, y es una de las mayores dificultades para los traductores y autores de diccionarios bilingües. La palabra inglesa *wood* abarca los tres significados que corresponden a tres vocablos españoles : *bosque, madera* y *leña*. Por el contrario, al traducir al inglés el español *tiempo*, diremos *time* si nos referimos al tiempo metafísico o a sus divisiones (siglos, años, meses, horas, minutos, etc.); y diremos *weather* si aludimos al estado atmosférico. La misma observación podría hacerse con respecto a la historia de las lenguas. Nuestra época, por ejemplo, tiene en baja los valores de la cortesía, en relación con las épocas precedentes, y por esto no inventa fórmulas de tratamiento y respeto, mientras va olvidando las antiguas, aun en pueblos tradicionalmente corteses como el español. El campo semántico es el mismo; pero la escasa atención que le prestamos va empobreciendo su caudal léxico. Por el contrario, nuestro interés por las ciencias y sus aplicaciones desborda el ámbito de la técnica y de la profesión, y va creando multitud de neologismos figurados que se trasvasan a diferentes campos del vocabulario general: *incógnita, célula, embrión, cristalizar, inmune, carburar, condensar, diluir, refractario.*

La asociación natural de palabras pertenecientes a un mismo campo semántico tiene como nexo la unidad de atención o interés humano que las arracima en el recuerdo. Las palabras así asociadas pueden ser iguales o diferentes en su función gramatical (adjetivos, verbos, sustantivos, etc). En cuanto al significado, unas serán análogas, otras enteramente opuestas entre sí, o contradictorias, o sencillamente distintas. Y esto nos permite ya llegar a una definición : La Sinonimia es la parte de la Semántica que trata de las palabras semejantes por su sentido. Esta semejanza no les viene sólo por el hecho de hallarse en el mismo campo semántico, sino que las voces sinónimas necesitan desempeñar la misma función gramatical : un adjetivo no puede ser sinónimo de un verbo, ni éste de un sustantivo. Por otra parte, la analogía semántica debe ser de tal naturaleza, que las palabras sinónimas cubran entre sí la totalidad o una parte mayor o menor de su significado.

IMPRECISIÓN DEL SIGNIFICADO

La lengua nos ofrece un repertorio léxico de carácter genérico, susceptible de múltiples aplicaciones que sólo el contexto y la situación pueden determinar. Las acciones evocadas por los verbos *correr, nadar, saber, florecer,* y las imágenes que suscitan vocablos como *verde, perro, martillo, lejos,* etc., tienen en la lengua un contorno indeterminado, en cierto modo apriorístico, que los diccionarios tratan de

(9) Sobre la extensión y variedad de los campos semánticos según los intereses dominantes en cada época, véase WARTBURG, *Problemas y métodos...*, ed. cit., páginas 330 y sigs.

definir. Al realizarse tales palabras en el habla, restringen su extensión y aumentan su comprensión o número de notas que colorean y caracterizan la significación concreta con que se usan. En la palabra, como en tantos otros aspectos de lo humano, realizarse es limitarse. Así pues, cada signo lingüístico es una abstracción más o menos extensa, pronta a disparar su significado potencial sobre un blanco preciso. Este carácter resalta más en las voces que las gramáticas llaman *abstractas* por antonomasia, como *justicia, libertad, arte, bondad;* pero aun en las más concretas, la significación previa y virtual que tienen en la lengua aparece siempre con límites borrosos, flotantes, indecisos. Esta zona de indeterminación favorece a la sinonimia y es una de sus causas principales.

Ya hemos visto que el movimiento de ideas que en el siglo XVIII condujo al estudio sistemático de los sinónimos, fue producido por el afán de expresión *exacta.* La Bruyère había dicho : «Entre toutes les différentes expressions qui peuvent rendre une seule de nos pensées, il n'y en a qu'une qui soit la bonne; on ne la rencontre pas toujours en parlant ou en écrivant; il est vrai néanmoins qu'elle existe, que tout ce qu'il ne l'est point est faible et ne satisfait point un homme d'esprit qui veut se faire entendre.» Escritores y filólogos del siglo de las luces van, pues, tras la delimitación exacta de los sinónimos, que en aquel clima racionalista habían de buscar principalmente por vía intelectual, apoyándose unas veces en la autoridad de los grandes escritores, y otras en consideraciones filosóficas que de grado o por fuerza habían de incrustarse en el lenguaje, hasta el punto de que algunos pretendieron crear una lengua nueva, en la que cada palabra sirviese sin ambigüedad a una sola noción racional. La Filología del siglo XX ha aprendido que sólo una parte del lenguaje es racional, y que en la vida de las lenguas intervienen en proporción mucho mayor la imaginación, los afectos, deseos y voliciones, con lo cual se han ensanchado las perspectivas de la Lingüística en general y de la Semántica en particular. De aquí resulta que las fronteras entre palabras colindantes añaden a su incertidumbre racional o lógica, otros valores psíquicos y sociales que acentúan su imprecisión. Los contornos semánticos se hallan, además, en fluctuación constante; aun excluyendo de nuestra consideración los cambios diacrónicos, una lengua es en cualquier momento sincrónico un sistema en equilibrio, pero en equilibrio inestable. Por esto es ahora tan difícil la empresa de escribir de primera mano un diccionario que refleje las diferenciaciones sinonímicas vivas en nuestra movediza lengua actual.

PROCEDIMIENTO EMPLEADO EN ESTE DICCIONARIO

De dos maneras puede enfocarse la redacción de un diccionario de sinónimos. Una consiste en limitarse en cada artículo a una enumeración de voces afines, diferenciadas por acepciones cuando éstas son varias. Se ofrece así al lector una lista, para que recuerde y escoja en cada caso el término que mejor se acomode a lo que trata de expresar. Es un procedimiento útil, que no compromete demasiado al autor, y que tiene, sobre todo, la ventaja de que puede abarcar todo el léxico del idioma en que se den sinonimias, o por lo menos gran parte de él.

Otro modo de concebirlo es la sinonimia *explicada.* Los artículos son en este caso pequeñas disertaciones, acompañadas de ejemplos, con las cuales se trata de establecer un deslinde más o menos preciso entre las voces agrupadas. Tiene la ventaja didáctica y científica de penetrar más hondo en el uso efectivo del idioma; pero es muy arriesgado, hay que contar previamente con errores, y muchas veces la explicación queda borrosa, con un margen de incertidumbre, en ocasiones imputable al autor, y en ocasiones debida a la indiferenciación semántica real de los vocablos que se trata de diferenciar. Un repertorio de esta naturaleza ha de ser forzosamente limitado, como lo son todos los que van citados en nuestra bibliografía: no hay autor que, con tales exigencias, pueda aspirar a delinear las fronteras sinonímicas más que de un número relativamente corto de palabras, por agudas que sean sus facultades analíticas y holgado el tiempo de que disponga.

Para sumar las ventajas de uno y otro procedimiento y aumentar la utilidad de este Diccionario, hemos decidido reunirlos ambos: gran parte de nuestros artículos son de simple enumeración sinonímica; contienen las palabras sin intentos de diferenciación, bien por tratarse de equivalencia total, como en los nombres de plantas, animales y conceptos matemáticos o lógicos, o bien porque no hemos acertado a decir más. Otros muchos artículos contienen explicaciones, de extensión y precisión variables, sobre todos o algunos de los vocablos enumerados. Al redactarlos se ha tenido en cuenta, para aceptarlo o rechazarlo, cuanto se ha dicho desde el siglo XVIII hasta hoy en los libros dedicados a esta materia. Con mucha frecuencia se citan las palabras textuales del autor, indicando siempre su procedencia. Esto significa que compartimos total o parcialmente el punto de vista del autor que en cada caso se menciona. Por último, numerosos artículos, adiciones y aclaraciones, son de nuestra cuenta y entera responsabilidad. De esta manera, el Diccionario que ofrecemos al público es en parte una reelaboración de cuanto nos ha parecido útil en nuestros predecesores, unida a nuestra aportación personal.

En una serie sinonímica más o menos extensa suele existir algún vocablo que contiene la noción común a todos los demás términos de la serie de una manera más desprovista de connotaciones laterales: se le llama *término de identificación*. Por ejemplo, *morir* será el término de identificación de la serie: *fallecer, expirar, fenecer, entregar el alma, pasar a mejor vida, liárselas, espichar, estirar la pata, diñarla*, etcétera, unos respetuosos, otros de marcado sentido religioso, familiares e irónicos, burlescos y evocadores de ambientes plebeyos y jergales. La palabra clave de todos ellos es *morir*, y en el artículo que le dedicamos hallará el lector indicadas las connotaciones contenidas en los sinónimos de la serie. Para los demás bastará una referencia al artículo *morir* (10). *Viejo* agrupa, cuando se trata de personas, las palabras *anciano, vejete* y *vejestorio*. No es siempre tan fácil, sin embargo, acertar con el término de identificación. Supongamos la serie intensiva siguiente: *voluntarioso, constante, tenaz, tesonero* (estimativos y en general elogiosos); *obstinado, porfiado, pertinaz, terco, terne, tozudo, testarudo, cabezudo, cabezón, cabezota, contumaz* (desestimativos). Cada uno de estos adjetivos tiene sus adherencias semánticas particulares; pero en la noción común que los reúne, su diferencia principal es de intensidad, de grado; no hay un término de identificación indiscutible. En este caso no hay más remedio que elegir arbitrariamente uno de los usuales, *terco* por ejemplo, y encabezar con él el artículo general, al cual vayan referidos los restantes para su explicación conjunta. Con frecuencia, pues, cuando el término de identificación no se imponga con claridad, o la palabra que pudiera representarlo es excesivamente general, abstracta o inusitada, el lexicógrafo tiene que hacer una elección arbitraria, a condición de que un sistema de referencias adecuado asegure la eficacia y rapidez de la consulta. En este Diccionario, un asterisco * indica la palabra en que el lector encontrará mayores aclaraciones.

El criterio general con que se ha elaborado este libro ha sido de una extremada sobriedad, tanto en la redacción de las explicaciones como en el número de sinónimos aceptados. Nada cuesta, en efecto,

(10) Véase Julio Casares, *Introducción a la Lexicografía moderna*, Madrid, 1950, págs. 152-154, 160-161.

multiplicar las listas con sinónimos demasiado generales o alejados del vocablo que encabeza el artículo. Lo difícil es acertar los más próximos. En las explicaciones con que se trata de trazar cortes diferenciadores de las palabras afines, la experiencia nos ha convencido de que una redacción difusa y extensa confunde más que aclara. Hemos rehuido, con pocas excepciones, la consideración etimológica de las acepciones, porque pocas veces se mantiene con toda su pureza en la lengua actual, y porque obligaría a disquisiciones históricas complicadas, que están fuera de nuestro propósito y no interesan a la mayoría de los consultantes.

Esta nueva edición corregida y ampliada procura utilizar las sugerencias con que nuestros lectores han querido favorecernos, ya sea en las reseñas bibliográficas impresas en varias revistas desde que el libro apareció por primera vez, ya por medio de cartas particulares con observaciones interesantes. A todos agradecemos su espontánea colaboración. Sin que hayamos modificado la concepción inicial ni la estructura del DICCIONARIO DE SINÓNIMOS, estas páginas contienen ahora no pocas adiciones y, sobre todo, numerosas correcciones destinadas a cribar mejor las relaciones semánticas. Más que el aumento cuantitativo se ha atendido a practicar la revisión cuidadosa de todo el texto, artículo por artículo. La tarea es ilimitada y siempre expuesta a cometer errores de interpretación en el uso real de cada palabra, porque la sensibilidad para el léxico patrimonial y neológico es movediza y cambiante por naturaleza entre las sucesivas generaciones de hablantes, y hasta en los matices individuales coetáneos. Todos los usuarios hacemos el idioma cada vez que nos servimos de él. Por esto buena parte del valor de cualquier obra lexicográfica consiste en su capacidad de corregirse y renovarse.

ABREVIATURAS

abs.	absoluto.	DER.	Derecho.
acep., aceps.	acepción, acepciones.	desp. o	
adj.	adjetivo.	despec.	despectivo.
adj.-f.	adjetivo usado también como substantivo femenino.	desus.	desusado.
		díc.	dícese.
adj.-m.	adjetivo usado también como substantivo masculino.	Ecuad.	Ecuador.
		ELECTR.	electricidad.
adj.-s.	adjetivo usado también como substantivo.	en gral.	en general.
		esp.	especialmente.
adv.	adverbio.	expr.	expresión.
adv. c.	adverbio de cantidad.	f.	substantivo femenino.
adv. l.	adverbio de lugar.	f. m.	substantivo femenino o masculino.
adv. m.	adverbio de modo.		
adv. neg.	adverbio de negación.	f. adj.	substantivo femenino usado también como adjetivo.
adv. o.	adverbio de orden.		
adv. t.	adverbio de tiempo.	fam.	familiar.
AGR.	Agricultura.	FARM.	Farmacia.
amb.	substantivo ambiguo.	fig.	sentido figurado.
Amér.	América.	FIL.	Filosofía.
Amér. Central	América Central.	FÍS.	Física.
		FISIOL.	Fisiología.
Amér. Merid.	América Meridional.	GALIC.	galicismo.
ANAT.	Anatomía.	GEOGR.	Geografía.
And.	Andalucía.	GEOL.	Geología.
ant.	anticuado o antiguo.	GEOM.	Geometría.
Ar.	Aragón.	gralte.	generalmente.
Argent.	República Argentina.	GRAM.	Gramática.
ARQ.	Arquitectura.	Guat.	Guatemala.
Ast.	Asturias.	H. NAT.	Historia Natural.
ASTRON.	Astronomía.	Hond.	Honduras.
(B)	Roque Barcia, Dicc. de Sinónimos.	IMPR.	Imprenta.
		intens.	intensivo.
BIOL.	Biología.	interj.	interjección.
BLAS.	Blasón.	intr.	verbo intransitivo.
Bol.	Bolivia.	inus.	inusitado.
BOT.	Botánica.	irón.	irónico o irónicamente.
burl.	burlesco.	(J)	Santiago Jonama, Sinónimos.
(C)	Marqués de la Cortina, Dicc. de Sinónimos.	lit.	literario.
		LITURG.	Liturgia.
CARP.	Carpintería.	loc.	locución.
(Ci)	Álvarez Cienfuegos, Sinónimos.	(LH)	López de la Huerta, Sinónimos.
		LÓG	Lógica.
Colomb.	Colombia.	m.	substantivo masculino.
COM.	Comercio.	(M)	José Joaquín de Mora, Sinónimos.
com.	substantivo del género común.		
com.-adj.	substantivo del género común usado también como adj.	(Ma)	José March, Pequeña colección de Sinónimos de la lengua castellana.
conj.	conjunción.		
C Rica	Costa Rica.		

XXI

m. adj.	substantivo masculino usado también como adjetivo.	p. p.	participio pasivo.
m. adv.	modo adverbial.	pralte.	principalmente.
m. conj.	modo conjuntivo.	prep.	preposición.
m. f.-adj.	substantivo masculino o femenino usado también como adjetivo.	P. Rico	Puerto Rico.
		prnl.	verbo pronominal.
		pron.	pronombre.
m. pl.	masculino plural.	QUÍM.	Química.
MAR.	Marina.	rec.	verbo recíproco.
MAT.	Matemáticas.	RET.	Retórica.
MEC.	Mecánica.	rúst.	rústico.
MED.	Medicina.	Salv.	El Salvador.
Méj.	Méjico.	S. Dom.	Santo Domingo.
MIL.	Milicia.	sing.	singular.
MIN.	Minería.	TAUROM.	Tauromaquia.
MINERAL.	Mineralogía.	TEOL.	Teología.
MÚS.	Música.	TOPOGR.	Topografía.
neol.	neologismo.	tr.	verbo transitivo.
Nicar.	Nicaragua.	tr.-prnl.	verbo transitivo que se usa también como pronominal.
(O)	Pedro Olivé, *Sinónimos.*	Urug.	Uruguay.
p.	participio.	us.	usado o usual.
p. a.	participio activo.	v.	véase.
p. ej.	por ejemplo.	vb. vbs.	verbo, verbos.
p. us.	poco usado.	Venez.	Venezuela.
PAT.	Patología.	VETER.	Veterinaria.
pers.	persona o personal.	vulg.	vulgar o vulgarismo.
PINT.	Pintura.	ZOOL.	Zoología.
pl.	plural.	*	referencia a otro artículo.
pleb.	plebeyo.	~	indica la palabra que encabeza el artículo.
poét.	poético.		

A

ababa f. *Amapola, ababol.*

ababol m. *Amapola, ababa.*

ábaco m. *Tablero.*

abacorar tr. Ant. y Venez. *Acosar, acometer, sujetar.*

abada f. *Rinoceronte, bada.*

abadejo m. *Bacalao* (pez). ‖ *Reyezuelo, régulo* (pájaro). ‖ *Cantárida* (insecto).

abadía f. *Convento, *monasterio,* son denominaciones más generales que *abadía,* puesto que ésta se aplica propiamente al monasterio regido por abad o abadesa. Toda *abadía* es *convento* o *monasterio,* pero no viceversa.

abajo adv. 1. **Debajo.* «Aunque estos dos adverbios significan inferioridad de colocación, el primero tiene un sentido más absoluto que el segundo, y no necesita, como éste, que otra palabra lo determine. Si oigo decir *está abajo,* entiendo que el objeto a que se alude está colocado en una situación inferior a la persona que habla; mas para entender lo que significa *está debajo,* necesito saber lo que está encima... Cuando *debajo* no se refiere a un sustantivo expresado antes, requiere siempre la preposición *de,* como *debajo de la mesa, del libro,* etc.» (M). *Abajo* se opone a *arriba; *debajo* se opone a *encima.*

abalanzarse prnl. *Arrojarse, lanzarse, precipitarse.* Con idea de lucha, *acometer, arremeter, atacar, cerrar, embestir.*

abaldonar tr. *Baldonar, baldonear, injuriar, afrentar.*

abalorio m. *Rocalla,* cuando es de cuentas gruesas.

abanderizar tr. *Banderizar.*

abandonado -da adj. *Dejado, descuidado, desidioso, negligente.* ‖ *Desaseado, desaliñado, sucio.*

abandonar tr. *Dejar, desamparar, desasistir, desatender, desentenderse, descuidar, ceder, renunciar, desistir, marcharse.* «*Dejar* es soltar una cosa, alejarse, separarse de ella. *Abandonar* es separarse de un objeto con el cual se tienen relaciones de interés, de afecto, de protección o de deber. Un aficionado a las artes *deja* la ciudad que habita para visitar a Italia. El mal esposo *abandona* a su familia. *Dejar* puede ser una acción transitoria y temporal, y así se dice : *dejó* el coche a la puerta, *deja* ese asunto a mi cuidado, en cuyos casos puede volverse a tomar el coche y el asunto. *Abandonar* es dejar para siempre, como : los náufragos *abandonaron* el buque, los sitiados *abandonaron* la ciudad» (M). *Desamparar, desatender, desasistir,* insisten en la relación de protección o deber con respecto a lo que abandonamos. *Descuidar, ceder, renunciar* y *desistir* se refieren principalmente a nuestro interés o derecho. ‖ prnl. *Abandonarse, entregarse, darse, confiarse, dejarse llevar.*

abandono m. *Desamparo.* ‖ *Cesión, dejación, renuncia, desistimiento.* ‖ *Defección, deserción.* ‖ *Dejadez, desidia, descuido, desatención, negligencia, incuria, desgobierno.* ‖ *Desaliño, desaseo, suciedad.*

abanto m. *Alimoche.*

abaratar tr. *Bajar, rebajar, desencarecer* (p. us.), *reducir el precio, *depreciar.*

abarca f. *Albarca.*

abarcar tr. *Ceñir, rodear, abrazar.* ‖ *Comprender, contener, englobar, incluir, alcanzar, cubrir, ocupar, constar de.* ‖ Méj. *Acaparar.*

abarloar tr. *Barloar, arrimar.*

abarrado -da adj. *Barrado.*

abarraganamiento m. *Amanceba-*

miento, concubinato. Abarraganamiento acentúa el sentido despectivo y pecaminoso.

abarraganarse prnl. *Amancebarse, juntarse, amontonarse, entenderse, casarse por detrás de la Iglesia.*

abarrajarse prnl. Perú. *Encanallarse.*

abarrancar intr.-prnl. *Embarrancar, encallar, varar.*

abarrotar tr. *Embarrotar.* ‖ *Atestar, calmar, llenar, atiborrar.*

abastardar intr. *Bastardear, degenerar.*

abastecedor -ra adj.-s. *Proveedor, aprovisionador, suministrador; municionero* es hoy desus. fuera del ejército, y aun en éste tiene uso muy restringido. *Proveedor* puede ser en pequeñas o en grandes cantidades, en tanto que *abastecedor, aprovisionador* y *suministrador* se refieren ordinariamente al comercio al por mayor. *Abastero* (Cuba y Chile).

abastecer tr. *Proveer, surtir,* en general; *suministrar, aprovisionar,* se usan de ordinario, como *abastecer,* tratándose de grandes cantidades o al por mayor; *avituallar,* si se trata de víveres.

abastecimiento m. *Abasto, provisión, aprovisionamiento, suministro; avituallamiento,* si se trata de víveres.

abasto m. **Abastecimiento.*

abatimiento m. *Descaecimiento* (p. us.), *abatimiento, decaimiento,* son accidentes que pueden afectar al cuerpo y al alma. *Desfallecimiento* y *agotamiento* son puramente físicos. *Desaliento* y *desánimo,* puramente morales. *Postración* y *aplanamiento* expresan con más intensidad los estados aludidos, y se aplican lo mismo a lo físico que a lo moral. ‖ *Humillación, apocamiento, rebajamiento, *abyección.*

abatir tr. *Vencer, rebajar, humillar.* ‖ prnl. *Descaecer, decaer, desfallecer, agotarse, desalentarse, desanimarse, postrarse, aplanarse.* Para sus matices de significado, v. **Abatimiento.* «El hombre *se abate* y *descaece* por efecto de enfermedad, de la vejez o de la mala fortuna: *desfallece* cuando ha disminuido sus fuerzas y su vitalidad la enfermedad o la inedia; *se postra* cuando no tiene bastante energía para salir de alguno de aquellos tres estados» (M). ‖ intr. MAR. *Separarse del rumbo, davalar, devalar, derivar.*

abdicación f. *Dimisión, renuncia, cesión.* «*Abdicación* es el acto de desprenderse de la dignidad real o soberana; *renuncia* es el abandono voluntario de un derecho; *dimisión* es la dejación de un cargo público, de un empleo o de una comisión» (M.) La *cesión* se hace en favor de alguien, lo cual no es necesario en la *renuncia.*

abdicar tr. *Ceder, renunciar, resignar, dimitir. Abdicar* es dejar una dignidad soberana: Carlos I *abdicó* la corona, Diocleciano *abdicó* el imperio. Se *cede* o *renuncia* un derecho, p. ej., una herencia; pero *ceder* supone alguien en favor del cual se hace la cesión. Se *dimite* o *se presenta la dimisión* de un cargo público, empleo o comisión: el gobierno ha *dimitido,* el jefe de mi oficina piensa *dimitir. Resignar* es entregar el mando o el poder a otro: ante las alteraciones del orden público, el gobernador *resignó* el mando de la provincia a la autoridad militar.

abdomen m. Se usa sólo como voz técnica. *Vientre, barriga, panza* y *tripa* son de uso general. *Andorga* es término burlesco, jocoso.

abecé m. *Abecedario, *alfabeto.*

abecedario m. **Alfabeto, abecé.*

abejar m. *Colmenar, abejera.*

abejarrón m. *Abejorro.*

abejaruco m. *Azulejo, abejero* (ave).

abejera f. *Colmenar, abejar.* ‖ *Toronjil, melisa, cidronela* (planta).

abejero -ra adj. *Colmenero.* ‖ m. *Abejaruco* (ave).

abejón m. *Zángano.*

abejorro m. *Abejarrón.*

abellacarse prnl. *Embellacarse, embellaquecerse, envilecerse, rebajarse, encanallarse, acanallarse.*

abenuz m. *Ébano.*

aberración f. *Descarrío, extravío, desvío, engaño, error, equivocación, ofuscación, absurdo.*

aberrar intr. *Errar, equivocarse, engañarse.*

abertura f. *Hendidura, rendija, boquete, brecha, quebradura, grieta, rotura, resquicio, hendedura, resquebradura, resquebrajadura.* ‖ *Apertura, comienzo, iniciación.* ‖ *Franqueza.*

abesana f. *Besana.*

abeto m. *Abete, pinabete, sapino.*

abiar m. *Manzanilla loca.*

abieldar tr. *Beldar, bieldar.*

abiertamente adv. m. *Francamente, sinceramente, claramente, paladinamente, patentemente, manifiestamente, sin rodeos, sin reservas.*

abierto -ta adj. *Desembarazado, despejado, raso, llano:* terreno, campo, paisaje *abierto.* ‖ **Sincero, franco, claro.*

abietáceo -a adj.-s. *Abietineo,* hoy menos us. que ~.

abietineo -a adj. *Abietáceo.*

abigarrado -da adj. *Bigarrado,* poco us.; *confuso, mezclado, hetero-*

géneo, inconexo; tratándose de colores, *chillón.*

abigotado -da adj. *Bigotudo.*

abisal adj. *Abismal; abisal* se siente generalmente como palabra escogida, literaria.

abiselar tr., p. us. *Biselar.*

abismal adj. *Abisal.*

abismar tr. *Hundir, sumir, sumergir.* ‖ *Confundir, abatir.* ‖ prnl. *Ensimismarse, abstraerse,* expresan con menor intensidad la idea de *abismarse.*

abismo m. *Sima, precipicio, despeñadero, profundidad.* ‖ *Infierno, averno.*

abjuración f. *Apostasía, retractación, renunciación.*

abjurar tr. *Apostatar, renegar, retractarse, convertirse. Abjurar* es revocar el juramento religioso o la profesión de fe, y p. ext., la doctrina, partido, etc., que se profesa: *retractarse* tiene el mismo sentido, pero supone una declaración expresa y se extiende, además, a cualquier cosa que anteriormente se haya dicho o prometido. *Apostatar* y *renegar* significan abandonar la religión o doctrina que se profesa. *Apostata* una persona importante, como el emperador Juliano: *reniega* el hombre corriente que cambia de religión, como los *renegados* cristianos que en África se pasaban al islamismo. *Convertirse* tiene matiz apreciativo, y se usa desde el punto de vista de la religión o doctrina que profesamos *(los misioneros hicieron convertirse al cristianismo millares de indios),* en tanto que *apostatar* y *renegar* implican desestimación u hostilidad por parte del que habla.

ablandar tr. En general, *suavizar, blandear, emblandecer.* En su significado material, *enmollecer, reblandecer, lentecer, relentecer.* ‖ Si se trata del tiempo, *mitigar, templar.* ‖ Tratándose del vientre, *laxar, molificar.* ‖ fig. *Desenfadar, desencolerizar, desenojar, enternecer, conmover.*

ablepsia f. MED. *Ceguedad, ceguera.*

ablución f. *Lavatorio.*

abnegación f. Es una forma más elevada de la *generosidad,* del *desinterés,* del *desprendimiento y del *altruismo;* se emplea sobre todo tratándose del sacrificio de la voluntad, de los afectos o de la conveniencia propia.

abobar tr.-prnl. *Embobar, embobecer, atontar.*

abocardado -da adj. *Atrompetado.*

abocetar tr. *Bosquejar, esbozar.*

abocinado -da adj. *Embocinado.*

abochornar tr.-prnl. **Avergonzar, sonrojar, ruborizar, sofocar, correr.*

abogado m. *Letrado;* en algunos países de Amér., *licenciado;* antig., *vocero; jurista, jurisperito, legista* y *jurisconsulto* son denominaciones estimativas y se aplican, esp. *jurisconsulto,* al que interpreta el derecho o determina el sentido de la ley. Despectivos: *abogadillo, leguleyo, picapleitos. rábula.* ‖ *Intercesor, medianero, mediador, defensor, patrocinador.*

abogar tr. *Interceder, mediar; defender, patrocinar.*

abolir tr. *Abrogar, derogar, revocar, casar, cancelar, rescindir. Abolir* es el más gral. entre ellos, puesto que puede abolirse no sólo una ley, orden, convenio, etc., sino también una costumbre, moda, etiqueta. Pero, por ser vb. defectivo, se le sustituye a menudo por vbs. de significación más extensa *(anular, suprimir)* o por los de aceps. particulares adecuadas, como los que siguen. *Abrogar* (p. us.) y *derogar* son términos exclus. legales, y su ejecución compete al legislador. En *revocar* predomina el matiz de dejar sin efecto una orden, disposición, etcétera, por voluntad del mismo que la dictó, o de un superior suyo: el padre *revocó* su testamento; el ingeniero ha *revocado* las disposiciones del capataz. *Casar* es término judicial, e indica la anulación de una resolución o sentencia por un tribunal superior. *Cancelar* es extinguir una obligación, esp. una deuda: *cancelar* una hipoteca. *Rescindir* es anular un contrato.

abominable adj. *Detestable, execrable.* «La idea primitiva y positiva de estas palabras es una calificación de lo malo en sumo grado» (Ma). «Estas tres voces se usan... para designar los diversos grados de exceso de una cosa más mala; y en este caso *abominable* dice más que *detestable;* y *execrable* dice más que *abominable*» (Ci). Sin embargo, la estimación de la intensidad relativa de estos tres adjs. no parece hoy tan clara, y depende más bien de la apreciación del que los emplea. *Execrable* alude sobre todo a lo moral y religioso: una doctrina *execrable,* ejemplos *execrables;* en tanto que *abominable* y *detestable* pueden calificar también a lo material: una comida *detestable* o *abominable,* un poema *detestable* o *abominable,* con más intensidad en el segundo de ambos adjs. *Aborrecible, odioso,* tienen sentido más general.

abominación f. *Aversión, aborreci-*

miento, odio, execración (v. *Abo-rrecer).

abominar tr. Expresa intensivamente *condenar, maldecir* de una persona o cosa. *Derrenegar, decir pestes, execrar.* ‖ *Detestar, odiar, aborrecer.*

abonanzar intr. *Serenarse, despejar(se), calmarse, aclarar(se), abrir, mejorar.*

abonar tr. *Acreditar, asegurar.* ‖ *Salir fiador, responder por uno.* ‖ **Fertilizar.* ‖ **Pagar.* ‖ *Tomar en cuenta, asentar en el haber, acreditar. Adatar y datar* son ant.

abono m. *Fertilizante.* ‖ COM. *Asiento en el haber.* ‖ *Pago.*

abordar tr. MAR. *Chocar, aportar, atracar.* ‖ *Emprender, plantear.*

aborigen adj.-s. *Autóctono* sólo suele emplearse como adj.: *raza autóctona. Indígena* se aplica a pueblos de civilización inferior. *Originario, vernáculo, natural* y *nativo,* por tener otras aceps., no indican con tanta exactitud la idea de *aborigen.*

aborrascarse prnl. *Oscurecerse, encapotarse, cargarse, cubrirse, nublarse;* pero *aborrascarse* se siente gralte. más intenso, tanto si se trata del tiempo como en sus acepciones figuradas.

aborrecer tr. *Odiar, detestar, abominar, execrar,* son expresiones gralte. más intensas que *aborrecer.* «El acto de *aborrecer* supone un sentimiento más pasajero y espontáneo que *odiar.* El primer verbo se aplica más comúnmente a las cosas, y el segundo a las personas. El enfermo *aborrece* la medicina de mal sabor; el ingrato *odia* al que le favorece. En el *aborrecimiento* hay algo de antipatía física; en el *odio* puede haber una idea moral. Horacio *odiaba* al vulgo profano. *Odiemos* el delito; pero no *aborrezcamos* al delincuente. El *odio* dura más y es más intenso que el *aborrecimiento;* por esto no decimos *aborrecimientos,* sino *odios* encarnizados y *odios* reconcentrados» (M). «Se *aborrece* todo aquello que no se puede sufrir y que es objeto de antipatía. Se *detesta* lo que se desaprueba y se condena» (Ma). ‖ *Aburrir, fastidiar, hastiar.*

aborrecimiento m. **Odio, rencor, aversión, repugnancia, *antipatía* (v. **Aborrecer*).

abortar tr.-intr. *Malparir, mover, amover.* ‖ fig. *Fracasar, malograrse, frustrarse.*

aborto m. *Parto prematuro, abortamiento, malparto.* ‖ *Fracaso, malogro, frustración.*

aborujar tr. *Emburujar, aburujar.*

abotagarse prnl. *Abotargarse, hincharse, inflarse.*

abovedar tr. *Embovedar.*

abra f. *Ensenada, bahía.*

abrasador -ra adj. *Ardiente.* Ambos son intensivos de *caliente.* Si se trata del clima o del tiempo, intensifican igualmente la significación de *cálido, caluroso,* y expresan idea semejante a la de *tórrido* y *agostador.* Pueden aplicarse todos (con excepción de *tórrido*), en sentido fig., a los afectos y pasiones. *Acalorado* se usa sólo en este sentido figurado.

abrasar tr. *Quemar.* ‖ Tratándose de plantas, *quemar, secar, agostar, marchitar.* ‖ Tratándose del ánimo o de las pasiones, *enardecer, encender, acalorar.*

abrazadera f. *Cuchillero.* ‖ IMPR. *Corchete, llave, manija.*

abrazar tr. *Ceñir, rodear, abarcar.* ‖ *Contener, comprender, incluir, abarcar, constar de.* ‖ fig. Tratándose de una religión, doctrina, partido o profesión, *seguir, adoptar.*

ábrego m. *Ábrigo, áfrico.*

abreviar tr. *Acortar, reducir:* ~ *el camino.* Tratándose de discursos, doctrinas, libros, etc., *compendiar, resumir.* «Se *abrevia* cortando, suprimiendo, mutilando un período, un discurso, una explicación. Se *compendia* reduciendo a pocas palabras su contenido. Una colección *abreviada* de las cartas de Cicerón es aquella en que se omiten las menos importantes y curiosas. El *compendio* de la Doctrina cristiana encierra todos los dogmas que debe creer el verdadero cristiano» (M). ‖ *Acelerar, apresurar, aligerar,* se refieren al tiempo, a la duración, mientras que *abreviar, acortar* y *reducir* pueden referirse al tiempo, al espacio o a la cantidad: se *abrevia* un escrito; se *acorta* una falda; se *reducen* los precios.

abreviatura f. Entre paleógrafos y bibliógrafos se llama gralte. *sigla* la letra inicial (*A.=Año*) o cualquier signo usado como abreviatura. *Cifra, monograma.*

abridor m. AGR. *Engeridor.* ‖ *Abridor de láminas, grabador.*

abrigar tr. *Tapar, cubrir, arropar.* ‖ *Resguardar, proteger, cobijar, amparar.*

abrigo m. El usado por los hombres, *gabán, sobretodo.* ‖ *Amparo, resguardo, refugio, protección, defensa, reparo.*

ábrigo m. *Ábrego* (viento).

abrillantar tr. *Pulir, pulimentar, bruñir, dar brillo.*

abrir tr. *Descubrir, destapar:* ~ *una caja, un bote.* ‖ *Hender, rajar, taladrar, agrietar, cuartear, ras-*

gar. ‖ *Extender, desplegar, separar:* ~ un abanico, un paraguas. ‖ *Iniciar, inaugurar, comenzar:* se *abre* la sesión, la subasta, la temporada de un balneario. ‖ intr. Tratándose del tiempo, *serenar(se), aclarar(se), despejar(se), abonanzar, escampar* el nublado.

abrochador m. *Abotonador.*

abrogar tr. **Abolir, revocar.*

abrojo m. (planta) *Tríbulo.* ‖ *Cardo estrellado.*

abroncar tr. *Avergonzar, abochornar, escarnecer, enfadar.*

abroquelarse prnl. *Embroquelarse, broquelarse,* ambos p. us., *cubrirse.* ‖ fig. Expresa con intensidad la idea de *protegerse, defenderse, resguardarse.*

abrótano m. *Boja, guardarropa* o *hierba guardarropa.*

abrumar tr.-prnl. *Agobiar, atosigar;* con significación menos intensa, *molestar, fastidiar, hastiar, aburrir, importunar, cansar.*

abrupto -ta adj. *Escarpado, quebrado, escabroso, áspero, fragoso, accidentado.*

absceso m. *Tumor, apostema;* si está abierto, *llaga, úlcera.*

absentismo m. *Ausentismo,* menos usado.

absintio m. *Ajenjo.*

absolución f. **Perdón, remisión.*

absolutismo m. *Poder absoluto.* El *despotismo* y la *tiranía* tienen sentido peyorativo y sugieren el abuso del *absolutismo.* «Cuando el *poder absoluto* oprime, persigue y atormenta, se convierte en *despotismo*» (M). Modernamente se emplean también *autoritarismo* y *totalitarismo;* éste se aplica para designar ciertos regímenes políticos como el fascismo, el nacionalsocialismo, el comunismo y otros semejantes. *Arbitrariedad* se usa, además, fuera de la política, cuando se trata de la conducta o modo de proceder de una persona.

absoluto adj. *Arbitrario, despótico, tiránico, dictatorial, autoritario; imperioso, dominante.* Los dos últimos se usan para calificar hechos, conductas y caracteres, pero no regímenes políticos : mi hermano tiene un carácter *dominante;* recibieron una orden redactada en términos *imperiosos.*

absolver tr. **Perdonar, remitir, eximir, exculpar.*

absorber tr. *Aspirar, chupar.* ‖ *Embeber, empapar.* ‖ fig. *Atraer, cautivar, hechizar.*

absorto -ta adj. *Admirado, pasmado, atónito, suspenso, maravillado, cautivado, asombrado. Abismado, abstraído, ensimismado* y *absorto* aluden sobre todo a estados que nacen en la persona misma, como los producidos por el estudio o la meditación; los demás adjs. sugieren más bien una causa o agente exterior, tales como un espectáculo, noticia, suceso, etc.

abstenerse prnl. *Privarse, inhibirse.* «Nos *privamos* de lo propio; nos *abstenemos* de lo que está en nuestros alcances. El buen padre se *abstiene* de ir al teatro por asistir a su hijo enfermo; el hombre caritativo se *priva* de lo que tiene por socorrer al pobre. La prudencia nos aconseja *abstenernos* de gastos superfluos; pero no *privarnos* de lo necesario ni de lo útil. Me *abstengo* de calificar tu conducta; pero no me *privo* del derecho de juzgarla más adelante. El acto de *privarse* es más penoso que el de *abstenerse. Privarse* se usa más frecuentemen con nombres, y *abstenerse* con verbos» (M). *Inhibirse* es término docto que se usa poco fuera del lenguaje judicial y filosófico.

abstinencia f. *Privación, abstención.* ‖ **Templanza, temperancia.*

abstraerse prnl. *Ensimismarse, reconcentrarse, absorberse.*

abstruso -sa adj. *Recóndito, incomprensible, profundo, difícil.*

absurdo -da adj. *Ilógico, disparatado, irracional, desatinado.* ‖ *Extravagante, estrafalario.* ‖ m. *Disparate, desatino, dislate, falsedad.*

abubilla f. *Upupa.*

abuelos m. pl. *Ascendientes, antepasados, antecesores.*

abuhado -da adj. *Hinchado, abotagado.*

abuje m. *Abuse.*

abultado -da adj. *Grueso, voluminoso, rebultado.* ‖ fig. *Exagerado, extremado, hiperbólico,* tratándose de noticias, relatos, etc.

abultar tr. fig. *Exagerar, extremar, ponderar, encarecer, hinchar,* una noticia, relato, alabanza, etc.

abundancia f. *Copia, gran cantidad.* Cuando es muy grande, *sobreabundancia, superabundancia, plétora, profusión.*

abundante adj. *Copioso, numeroso.* ‖ *Rico, fértil, fecundo, exuberante, opimo, pingüe.*

abundar intr. *Pulular, multiplicarse.*

¡abur! interj. *¡Agur!, ¡adiós!*

aburrimiento m. *Fastidio, hastío, cansancio, tedio.*

aburrir tr.-prnl. *Molestar, cansar, fastidiar, hastiar.* Los dos primeros son de aplicación muy general. «La acción expresada por *aburrir* es más intensa y enojosa que la expresada por *fastidiar. Aburrir* es causar molestia; *fastidiar* es cansar la paciencia. La duración prolongada de las senciones agradables *fastidia*, como sucede en el empalagamiento; pero no se dirá que lo que es grato *aburre*. Concebimos que un hombre se *fastidie* de los goces que proporcionan las riquezas; pero el que se *aburre* es el que lucha con la suerte adversa y con los males de la vida. La adulación *fastidia;* los desatinos *aburren»* (M). En la actualidad estas diferencias señaladas hace un siglo por Mora, corresponden plenamente a la pareja *aburrir-hastiar.* Desde entonces acá, el verbo *fastidiar* se ha cargado de matices que eran propios de *aburrir*, aproximando algo más al sentido de ambos; p. ej.: nos *aburre* o *fastidia* la suerte adversa o una enfermedad. *Fastidiar* es algo más molesto que *hastiar*, el cual significa cansar la paciencia. Hay, pues, una gradación de intensidad creciente en *hastiar-fastidiar-aburrir*. Por su parte, *aburrir* ha acercado su significado al de *hastiar:* nos *aburrimos* o *hastiamos* de oír un largo discurso sin interés, de una conversación sosa o prolongada o de no tener nada que hacer.

abusar intr. *Excederse, extralimitarse.* Con más intensidad (tr.), *atropellar, forzar, violar.*

abuse m. *Abuje.*

abuso m. **Exceso, extralimitación, demasía, desafuero, desmán, arbitrariedad, tropelía, atropello.*

abyección f. *Bajeza, envilecimiento, servilismo, humillación, abatimiento.*

abyecto -ta adj. *Bajo, vil, despreciable, ignominioso, rastrero, servil, abatido, humillado.*

acá adv. l. *Aquí.* Ambos indican el lugar donde se halla el que habla, con la diferencia de que la localización expresada por *acá* es menos determinada y circunscrita que la que denota *aquí.* Con frecuencia *acá* se usa como término de movimiento : *ven acá, se acercan acá, vienen volando hacia acá.* «La expresión *ven acá* no tiene el mismo sentido que *ven aquí.* En el primer caso no se hace más que llamar al que está lejos; en el segundo se le manda colocarse en un punto determinado. Por esta razón, sí queremos que la persona a quien nos dirigimos ocupe un lugar señalado no le decimos *ponte acá*, sino *ponte aquí»* (M). ‖ adv. t. Como expresión de tiempo, *acá* y *aquí*, denotan el presente : *acá* como término de una acción que se inicia en el pasado : *desde entonces acá, de ayer acá.* Por el contrario, *aquí* se usa con prefe-

rencia para señalar el comienzo de una acción futura : *de aquí a tres semanas; desde aquí en adelante.* No cabría en estos dos ejemplos sustituir *aquí* por *acá.* El presente que indica *aquí* es mucho más preciso y determinado que el de *acá.*

acabado -da adj. *Perfecto, consumado, completo.* ‖ *Gastado, destruido, malparado, consumido, agotado, exhausto.*

acabamiento m. *Término, fin, conclusión.* ‖ *Muerte.* ‖ *Desgaste, ruina, agotamiento.*

acabar tr. **Terminar, concluir, finalizar.* ‖ *Ultimar, rematar, perfeccionar, pulir.* ‖ *Consumir, agotar, apurar, gastar.* ‖ **Morir, extinguirse, fallecer, fenecer.*

acaecer intr. *Suceder, ocurrir, pasar. Acontecer y acaecer* son voces escogidas, de uso principalmente literario.

acaecimiento m. **Acontecimiento, suceso, sucedido, hecho, caso.*

acafresna f. *Serbal.*

acalabrotar tr. *Calabrotar.*

acalicino -na adj. *Asépalo.*

acaloramiento m. *Ardor, sofocación, fatiga.* ‖ fig. *Enardecimiento, exaltación, entusiasmo.*

acalorarse prnl. fig. *Enardecerse, entusiasmarse, exaltarse.*

acallar tr. *Aplacar, aquietar, calmar, sosegar. Acallantar y callantar* tienen poco uso.

acambrayado -da adj. *Cambrayado.*

acamellonar tr. Amér. Central y Méj. *Acaballonar.*

acampamento m. *Acampada* y *acampamiento* sustituyen con ventaja al anglicismo *camping.* Sin embargo, la palabra *camping* es de uso universal, y las leyes y reglamentos internacionales prescriben que debe emplearse obligatoriamente en los postes indicadores de todos los países, sin perjuicio de que se pueda poner junto a *camping* la palabra que le corresponda en la lengua de cada país.

acampanado -da adj. *Encampanado.*

acampo m. *Dehesa.*

acanalado -da adj. *Canalado, estriado.*

acancerarse prnl. p. us. *Cancerarse.*

acanelado -da adj. *Canelado.*

acanillado -da adj. *Canillado.*

acantio m. *Cardo borriquero.*

acanto m. (planta) *Hierba giganta.*

acantonamiento m. *Cantón.*

acantonar tr. *Cantonar*, p. us.

acaparar tr. *Acumular, retener, almacenar, monopolizar;* ant. *estancar;* Méj., *abarcar.*

acarambanado -da adj. *Carambanado.*

acaramelar tr. *Caramelizar.*

acarar tr. *Encarar, carear, acarear.*

acariciar tr. *Halagar, mimar.*

acarrear tr. *Transportar, portear, conducir.* ‖ fig. *Ocasionar, causar.*

acarreo m. *Transporte, porte, conducción.*

1) **acaso** m. *Casualidad, azar.*

2) **acaso** adv. de duda. *Quizá, tal vez.*

acatamiento m. *Respeto, sumisión, obediencia, veneración, acato.*

acatar tr. *Respetar, venerar, reverenciar.* ‖ *Obedecer, someterse.*

acaudalado -da adj. *Adinerado, rico, pudiente, opulento. Rico* y *opulento* pueden aplicarse a personas y cosas : un propietario *rico, opulento,* o una comarca *rica, opulenta.* Los demás adjs. sólo se aplican a personas : un banquero *acaudalado, adinerado, pudiente.*

acaudalar tr. *Atesorar, enriquecerse, acumular.*

acaudillar tr. *Conducir, guiar, dirigir, mandar, capitanear.*

acautelarse prnl. *Cautelarse, desconfiar, precaverse.*

acceder intr. *Consentir, condescender, permitir, autorizar, conformarse.* ‖ *Convenir, ceder, aceptar.*

accesible adj. *Alcanzable, asequible; transitable,* tratándose de lugares. ‖ *Comprensible, inteligible.* ‖ Aplicado a personas, *tratable, llano, sencillo, franco.*

acceso m. *Entrada, paso, camino, acercamiento.* ‖ *Ataque, acometimiento;* de ∼ de tos, de celos.

accesorio -ria adj. *Accidental, secundario.*

accidentado -da adj. *Turbado, agitado.* ‖ Tratándose de un terreno, paisaje, etc., *quebrado, fragoso, áspero, escabroso, abrupto.* ‖ Cuando significa pródigo en accidentes, sucesos o percances, *revuelto, borrascoso;* p. ej. : vidas accidentadas, viaje ∼.

accidental adj. *Secundario, contingente, incidental, eventual.* ‖ *Interino, provisional, transitorio:* domicilio ∼, secretario ∼.

accidentalmente adv. m. *Por incidencia, incidentalmente, incidentemente, eventualmente.* ‖ *Secundariamente.* ‖ *Interinamente, provisionalmente.*

accidentarse prnl. *Desmayarse, desvanecerse; insultarse* es desus. en la actualidad.

accidente m. *Eventualidad, contingencia, *casualidad, emergencia.* ‖ *Contratiempo, percance, peripecia.* ‖ *Desmayo, vahído, vértigo, congoja, soponcio, patatús, insulto* (desus.).

acción f. *Acto, hecho.* «La *acción* y el *acto* son *hechos;* pero no todo *hecho* es *acto* ni *acción,* porque hay *hechos* que no dependen de la voluntad del hombre, como

la caída y el incendio. La *acción* es un *hecho* más complicado, más duradero, más dependiente de la intención que el *acto. Hecho,* como sinónimo de las otras voces, significa una *acción* notable, como cuando decimos : los *hechos* ilustres de nuestros antepasados. La diferencia entre estas tres palabras y entre las dos significaciones de *hecho* se manifiesta en el ejemplo siguiente : Referiré el *hecho* como pasó. En el *acto* de firmar conoció que cometía una mala *acción.* Firmó, sin embargo, y éste no será un *hecho* honorífico en su memoria» (M). La *actuación* es una *acción* prolongada o repetida, como cuando se habla de la *actuación* de un gerente o de la junta directiva de una sociedad. ‖ MIL. *Combate, batalla, encuentro, escaramuza.* ‖ *Movimiento, gesto, ademán.*

acebadamiento m. *Encebadamiento.*

acebadar tr.-prnl. *Encebadar.*

acebal m. *Acebeda, acebedo.*

acebo m. *Agrifolio, aquifolio.*

acebolladura f. *Colaina.*

acebrado -da adj. *Cebrado.*

acebuche m. *Oleastro, olivo silvestre.*

acecinar tr. *Cecinar, curar, ahumar.*

acechador -ra adj. En la caza, *cechero.*

acechanza f. *Acecho, espionaje.*

acechar tr. *Espiar, vigilar, atisbar, observar.* ‖ v. *Asechar.* ‖ MONT. *Recechar.*

aceche m. *Caparrosa, acije, alcaparrosa.*

acecho m. *Acechanza, espionaje;* MONT. *rececho.*

acedar tr.-prnl. *Agriar, acidificar, avinagrar.* ‖ fig. *Disgustar, desazonar.*

acedera f. *Agrilla, vinagrera.*

acederaque m. *Cinamomo.*

acederilla f. *Aleluya* (planta). ‖ *Acetosilla* (planta).

acedía f. (pez) *Platija.* ‖ *Acedia* o *acidez* de estómago, *hiperclorhidria* (tecn. méd.). Amér., *agriera.*

acedo -da adj. *Agrio, ácido.*

aceitoso -sa adj. *Oleaginoso* se dice del fruto o planta que contiene aceite. *Aceitoso, untuoso, graso, grasiento,* cubierto o untado con aceite. *Oleoso* puede usarse en ambos significados. *Oleario* es latinismo docto p. us.

aceituna f. *Oliva.*

aceituní m. *Setuní.*

acelerar tr. *Apresurar, activar, avivar, aligerar, precipitar, apurar.* Se *acelera* principalmente el movimiento de las máquinas aumentando su velocidad; se *acelera* o aumenta la rapidez de un proceso químico o biológico mediante la intervención de ciertos factores. No diremos, sin embargo, que se *acelera* a una persona o animal para que anden o ejecuten pronto determinados actos o movimientos, sino que se les *apresura, aviva* o *apura*. Se *activan* o *aligeran* los negocios, actos u operaciones. *Precipitar* tiene a menudo el sentido de anticipar o apresurar con exceso la ejecución o terminación de un hecho.

acemite m. *Rollón*.

acendrado -da adj. *Puro, depurado, impecable, acrisolado*.

acendrar tr. *Limpiar, depurar, purificar, acrisolar, quintaesenciar*.

acento m. *Deje, dejillo, dejo, tono, tonillo, entonación*.

acentuar tr. *Recalcar, marcar, insistir, hacer resaltar, hacer hincapié, destacar, subrayar, realzar*. ‖ prnl. *Tomar cuerpo, aumentar*, como cuando decimos que se *acentúa* una sospecha.

acepción f. **Significación, sentido, significado*.

aceptable adj. *Admisible*. Ambos adjs. implican más o menos la idea de voluntad o de agrado. Cuando esta idea se atenúa y añade alguna reserva, *pasable, pasadero, tolerable*.

aceptación f. Gradación ascendente: *tolerancia, admisión, aceptación, acogida, aprobación, aplauso, éxito, boga*.

aceptar tr. *Aceptar* es recibir voluntariamente y con agrado lo que se nos ofrece o encarga. *Admitir* denota consentimiento o permiso. Decimos, p. ej., que un alumno ha sido *admitido* en una escuela, pero no que ha sido *aceptado*. *Tomar* y *recibir* no incluyen matiz especial. «El acto de *recibir* produce posesión; el acto de *aceptar* produce propiedad. *Recibo* lo que no es para mí; lo que debo restituir o entregar a otro; pero lo que *acepto* queda en mi poder y es mío. Para *aceptar* se necesita un acto de la voluntad; pero se *recibe* sin querer, por casualidad y, a veces, por fuerza. Por esto se dice que se *recibe*, pero no que se *acepta*, una carta; que se *recibe* una mala noticia; pero se *aceptan* las ofertas y convites. Se puede *recibir* un regalo y devolverlo porque no se *acepta*» (M). ‖ *Comprometerse, obligarse*, p. ej. tratándose de una comisión o del pago de una letra.

acepto -ta adj. *Agradable, grato, admitido con gusto*.

acequia f. *Cequia*, p. us.

acera f. *Hacera*, desus.; ant. *facera*.

acerado -da adj. fig. *Incisivo, mordaz, penetrante*.

acerbo -ba adj. *Áspero*. ‖ fig. *Desapacible, cruel, riguroso, doloroso*.

acerca de m. prep. *Sobre, respecto a, referente a*. «*Acerca de* y *respecto a...* se usan con verbos que significan operación intelectual o ejercicio de la palabra, como pensar, meditar, hablar, disputar *acerca de* o *con respecto a* tal asunto; pero *acerca de* no se usa sino con esta clase de verbos, y *con respecto a* se emplea con los que significan operación, conducta y colocación, como las disposiciones del testador *con respecto a* sus hijos; la conducta de Cicerón *con respecto a* Octavio; la colocación de tal punto geográfico *con respecto a* tal otro. *Acerca de* a veces sinónimo de *sobre*, como: escribe *acerca de* o *sobre* los sucesos de la guerra» (M).

acercar tr. *Aproximar, arrimar*. El uso de *acercar* o *aproximar* no señala diferencias de sentido, sino más bien preferencias de estilo. Con todo, *aproximar*, como más docto, suele preferirse en las significaciones figuradas, como *aproximarse* a la verdad, a Dios. En cambio parecería un poco pedante decir *aproxímame* una silla, en vez de *acércame*. *Arrimar* equivale a juntar o poner en contacto material o moral, como *arrimar* una escalera a la pared, *arrimarse* a un buen protector para conseguir beneficios.

ácere m. *Arce*.

acertado -da adj. *Conveniente, oportuno, apropiado, adecuado, idóneo*.

acertar tr. *Adivinar, atinar, descifrar*. «*Acertar* es dar en el punto de la dificultad; *adivinar* es descubrir lo oculto, lo oscuro, lo misterioso. Para *acertar* se necesita penetración, destreza en las conjeturas, astucia en encadenar los hechos con las causas. Para *adivinar* no se necesita a veces más que una ocurrencia oportuna o una casualidad feliz. Se *acierta* el verdadero motivo de una acción; se *adivina* quién es una persona disfrazada» (M). En este sentido *acertar* equivale también a *resolver, dar solución, solucionar*. ‖ *Hallar, encontrar, topar, atinar*.

acertijo m. *Adivinanza*, *enigma.

acetificarse prnl. Tratándose del vino, *avinagrarse*.

acetosa f. *Acedera*.

acetosilla f. *Acederilla*.

acezar intr. *Jadear*.

acezo m. *Jadeo*.

aciago -ga adj. *Desafortunado, infeliz*, **desgraciado, desdichado*, *infausto, malaventurado, desventurado, nefasto.*

aciano o ᴗ **menor** m. *Aldiza, liebrecilla.*

acianos m. pl. *Escobilla* (planta).

acíbar m. **Áloe, áloes.*

acibarar tr. *Amargar, apesadumbrar.*

acicalar tr. *Pulir, repulir, bruñir.* ‖ **Adornar, aderezar, ataviar, componer, perfilar.*

acicate m. fig. *Estímulo, *incentivo, atractivo, aliciente.*

acidez (de estómago) f. *Hiperclorhidria,* tecnicismo médico; *acedía.* Amér., *agriera.*

acidia f. *Flojedad, descuido, tardanza, *pereza.*

acidificar tr. **Acedar, agriar.*

ácido -da adj. Tratándose del sabor, *agrio.*

acierto m. *Tino, tacto, tiento, destreza, habilidad.* Si se trata de actos puramente intelectuales, *adivinación, clarividencia.* «El *acierto* puede consistir en una acción sola; pero lo que constituye el *tino* es una serie de acciones que forman plan, conducta o sistema. Se responde con *acierto* a una acusación; se obra con *tino* en circunstancias espinosas, o en la averiguación de un hecho oscuro: por consiguiente el *tino* requiere más delicadeza, más astucia, más ingenio que el *acierto.* Cuando un ministro nombra para el desempeño de un cargo público a una persona adecuada, se dice que obra con *acierto.* Cuando negocia con buen éxito un tratado, cuando neutraliza influencias contrarias a sus miras, se dice que obra con *tino*» (M). *Tacto* y *tiento* coinciden con *tino* en referirse a la conducta o a una serie de acciones llevadas con sumo cuidado. **Destreza* y **habilidad* pueden aludir, además, a la ejecución de un trabajo manual.

aciguatado -da adj. fig. *Pálido, amarillento.*

acije m. *Caparrosa, aceche, alcaparrosa.*

aciprés m. p. us. *Ciprés.*

acitrón m. *Diacitrón.*

aclarar tr. Cuando se trata de un espacio ilimitado, *alumbrar, iluminar,* y así decimos que la luna *aclara, alumbra* o *ilumina* la noche. En un espacio limitado, como un salón o una escalera, *aclarar* hace pensar con preferencia en la luz natural, mientras que *alumbrar* e *iluminar* sugieren más bien medios artificiales: se *aclara* una habitación agrandando las ventanas, se la *alumbra* o *ilumina* con lámparas. ‖ *Clarificar.* ‖ intr. Tratán-

dose del tiempo, *clarear, abrir, serenar(se), despejar(se), escampar.* ‖ tr. *Explicar, poner en claro, dilucidar, ilustrar.* «Se *aclara* una proposición oscura para que se entienda; se *ilustra* con ejemplos o con notas lo que se quiere presentar con mayor claridad, para que se perciban sin trabajo todas sus circunstancias y relaciones. Se *aclaran* las verdades: se *ilustran* los hombres con sus hechos. Un entendimiento *claro* es el que ve lo bastante: un entendimiento *ilustrado* es el que está adornado de conocimientos... Ilustrar, lo mismo que su propio *iluminar,* supone mayor luz de la que se necesita para ver» (J).

aclimatar tr.-prnl. *Naturalizar(se), adaptar(se).*

acobardar tr. En su uso tr. signif. causar temor (serie intensiva): *intimidar, atemorizar, amedrentar, acobardar, arredrar, acoquinar* (fam.), *achantar* (vulg.), *amilanar, aterrar.* Significan hacer perder el valor: *desanimar, desmayar, desalentar, descorazonar, achicar* (fam.). En su empleo reflexivo se oscurece mucho la diferencia entre uno y otro grupo, pero cada vb. conserva su intensidad propia.

acodar tr. Tratándose de vides, *cerchar, ensarmentar.*

acoger tr.-prnl. *Admitir, aceptar, recibir.* ‖ *Amparar, proteger, guarecer, cobijar, favorecer, refugiar(se).* «El que busca recurso, ayuda o protección, se *acoge* a la persona que puede dársela: el que huye un peligro y busca resguardo o asilo, se *refugia*; y ambas palabras se usan de este modo, tanto en sentido recto como fig., sin que pueda emplearse una por otra sin faltar a la propiedad. Así lo prueban estos ejemplos: Los griegos *refugiados* en Francia hallaron en esta nación la más generosa *acogida.* Para salir de la dificultad se *acogió* al sentido literal. La tempestad se nos echaba encima y no veíamos dónde poder *refugiarnos.* Si usted no me *acoge* benignamente, ¿en dónde hallaré un *refugio*?» (C).

acogida f. *Admisión, aceptación, acogimiento, recibimiento, hospitalidad* (v. **Acoger).*

acogombrar tr. *Aporcar, acohombrar.*

acogotar tr. *Apercollar, acocotar,* ambos p. us. ‖ *Sujetar, dominar, vencer.* Con mayor intensidad, *acogotar* significa inmovilizar fuertemente al adversario.

acohombrar tr. *Acogombrar, aporcar.*

acojinar tr. *Acolchar, colchar.*

1) **acolchar** tr. *Colchar, acojinar.* ‖ Amér. *Acolchonar.*

2) **acolchar** tr. MAR. *Corchar.*

acólito m. *Monaguillo, monago, monacillo* (ant.). ‖ irón. *Ayudante, asistente, compañero, compinche.*

acombar tr. *Combar, encorvar, torcer.*

acometedor -ra adj. *Agresivo, arremetedor, impetuoso, belicoso.* ‖ *Emprendedor, resuelto.*

acometer tr. **Agredir, atacar, cerrar, embestir, *arremeter.* «*Acometer* indica una acción más meditada y menos impetuosa que *embestir*. Se *embiste* con furor; se *acomete* con brío. El toro *embiste;* un batallón *acomete*. Se *embiste* en la lucha; se *acomete* en el asedio. El que *embiste* marcha más directamente a su contrario que el que *acomete*, y así en el *acometimiento* se da más lugar a la precaución, al plan y a la astucia que en la *embestida*» (M). *Agredir* connota la idea de ataque inmotivado o alevoso (v. **Agresión*). *Cerrar* y *arremeter* coinciden con *embestir* en su carácter impetuoso y menos meditado que *atacar* y *acometer.* ‖ **Emprender, intentar.*

acometida f. *Acometimiento, ataque, asalto, agresión, embestida, arremetida* (v. **Acometer*).

acomodadizo -za adj. *Acomodaticio, adaptable.*

acomodado -da adj. **Conveniente, oportuno, apropiado, arreglado, adecuado.* ‖ *Rico, pudiente.*

acomodamiento m. *Comodidad, conveniencia.* ‖ *Transacción, ajuste, convenio, arreglo, conciliación, acuerdo, concierto.*

acomodar tr. *Ordenar, componer, colocar, ajustar.* ‖ *Conciliar, concertar, transigir, concordar.*

acomodaticio -cia adj. Tratándose de personas, *acomodadizo, complaciente, contemporizador, conformista.* Pueden aplicarse a personas y cosas: *dúctil, flexible, adaptable;* tratándose de interpretaciones, maneras de pensar, etc., que se aplican a diversas circunstancias, *elástico.*

acomodo m. *Empleo, ocupación, colocación, puesto.*

acompañamiento m. *Comitiva, séquito, cortejo, corte, escolta, comparsa. Acompañamiento* es voz genérica y puede sustituir a las demás. *Comitiva, séquito* y *cortejo* significan la importancia de la persona, corporación, etc., acompañados, o tienen carácter religioso. Los dos últimos contienen especial solemnidad, y más aún *corte,* que sólo se aplica a reyes, grandes señores, religión. *Escolta* es acompañamiento militar. *Comparsa* en el teatro o tratando de un grupo de máscaras; fuera de este uso, llamar *comparsa* a un acompañamiento cualquiera, significa ironía o menosprecio.

acompañar tr. *Agregar, juntar, añadir, asociar.* ‖ *Seguir, ir o estar* (con alguien); *escoltar* es acompañar a una persona para protegerla, custodiarla o hacerle honor; *conducir* es acompañar como guía.

acompasado -da adj. *Rítmico, medido, métrico, regular.* ‖ *Pausado, lento.*

acompasar tr. *Compasar, medir, arreglar, proporcionar, regular o regularizar.*

acomplexionado -da adj. *Complexionado.*

aconchabamiento m. *Conchabanza, confabulación, concierto, compadraje, compadrazgo.*

acongojar tr. *Congojar, oprimir, afligir, aquejar, atribular, entristecer, apenar, apesadumbrar, desconsolar.*

acónito m. *Anapelo, napelo, matalobos, pardal, uva lupina, uva verga.*

aconsejar tr. *Advertir, prevenir, avisar, encaminar.*

aconsonantar intr. *Consonar.*

acontecer intr. *Suceder, ocurrir, pasar. Acontecer* y *acaecer* son voces escogidas, de uso principalmente literario.

acontecimiento m. *Acaecimiento* y *acontecimiento* denotan un suceso importante; el primero, muy usado en los clásicos, tiene ahora cierto sabor literario. *Suceso* es voz más neutra y susceptible de amplia aplicación. *Sucedido* sugiere realidad y se opone a lo imaginado o inventado, lo mismo que *hecho* y *caso. Evento* es un suceso imprevisto. *Ocurrencia* se usa poco en esta acepción. El *acontecimiento* o suceso imprevisto, *evento, eventualidad.*

acopiar tr. *Juntar, reunir, allegar, acumular, *amontonar.*

acopio m. *Acopiamiento, acumulación, provisión.* Tratándose de artículos de comercio, *almacenamiento, depósito; acaparamiento,* si se trata de retener todas o gran parte de determinadas mercancías.

acoplar tr. *Unir, ajustar, combinar, juntar, encajar.*

acoquinar tr.-prnl. **Acobardar, amedrentar, amilanar, aterrar. Acoquinar(se)* pertenece al habla familiar.

acorazar tr. *Blindar.*

acorazonado -da adj. *Cordiforme.*

acordar tr. *Concordar, concertar, armonizar, conformar.* ‖ *Convenir, poner(se) de acuerdo, pactar, quedar en.* ‖ *Resolver, determinar.* ‖ prnl. *Recordar, traer o venir a la memoria, a las mientes.*

acorde adj. *Conforme, concorde, de acuerdo.* ‖ m. MÚS. *Cónsone,* poco usado.

acornar tr. *Acornear, cornear.*

acorneador -ra adj. *Corneador.*

acornear tr. *Acornar, cornear.*

acorralar tr. *Arrinconar, rodear, estrechar, aislar.* ‖ fig. *Confundir, dejar sin respuesta.*

acortamiento m. ASTRON. *Curtación.*

acortar tr. **Abreviar, reducir, *disminuir, achicar, mermar, aminorar.* ‖ **Limitar, restringir, coartar, cercenar.*

acosar tr. **Perseguir, estrechar.* Méj., *acosijar.* ‖ fig. *Importunar, molestar.*

acostarse prnl. *Echarse, tenderse, tumbarse.*

acostumbrar tr.-prnl. Es el de uso más gral. entre los sinónimos siguientes : *habituar* pertenece al estilo culto; *avezar* y *vezar* se aplican gralte. a lo más material y concreto, como *avezarse* a una comida, a un calzado; *vezar* es p. us. ‖ *Soler* es de empleo restringido por ser vb. defectivo. *Estilar* y *usar,* en este sentido, se emplean a menudo como impers.; *ahora se estila, se usa.*

acracia f. *Anarquía, anarquismo.*

ácrata adj.-s. *Anarquista, libertario.*

acre adj. *Picante, irritante, áspero.*

acrecentar tr.-prnl. *Aumentar, acrecer, agrandar, engrandecer, ensanchar, ampliar, extender* (v. **Crecer*).

acrecer tr.-prnl. *Aumentar, acrecentar, agrandar, engrandecer, ensanchar, extender* (v. **Crecer*).

acreditar tr. **Probar, justificar.* ‖ *Afamar, dar crédito o reputación.* ‖ COM. *Abonar, tomar en cuenta, asentar en el haber.*

acreedor -ra adj. Tratándose del saldo de una cuenta, *a favor.* ‖ *Digno, merecedor.* ‖ m. En estilo irón. o fam., *inglés.*

acrianzado -da adj. p. us. *Criado, educado.*

acribar tr. p. us. *Cribar.* ‖ *Acribillar.*

acriminar tr. *Acusar, imputar, criminar* (p. us.); *incriminar* tiene carácter intensivo.

acrimonia f. *Acritud, aspereza, desabrimiento.*

acriollarse prnl. *Americanizarse.*

acrisolar tr. *Depurar, purificar, apurar, acendrar.*

acristianar tr. *Cristianizar.* ‖ **Bautizar, cristianar.*

acritud f. *Acrimonia, aspereza, desabrimiento.*

acróbata com. **Volatinero, gimnasta.* Si hace ejercicios sobre una cuerda o alambre, *equilibrista, funámbulo.*

acromatopsia f. MED. *Daltonismo.*

actea f. *Yezgo, cimicaria.*

actinia f. *Anemone de mar, ortiga de mar.*

actitud f. *Postura, posición, disposición* (v. **Gesto*). «La *postura* es la situación relativa de los miembros del cuerpo con respecto al espacio; *actitud* es la *postura* que se toma con una intención u objeto determinado, de modo que en la *actitud* tiene más parte que en la *postura.* Ésta es horizontal o perpendicular, holgada o incómoda, indecorosa o decente. La *actitud* es de ataque, de defensa, de fuga, de temor, de mando. La *actitud* es más artística que la *postura.* El Apolo del Belvedere está en *actitud,* y no en *postura,* de lanzar una flecha. El Moisés de Murillo está en *actitud,* y no en *postura,* de herir la piedra con la vara. Estar de pie, estar sentado o de rodillas no son *actitudes,* sino *posturas*» (M). *Porte* y *continente* se refieren a la manera habitual de moverse y accionar. ‖ fig. Hablando de la situación de ánimo con respecto a una persona, colectividad, asunto o doctrina, *actitud* equivale a *posición, disposición.*

activar tr. *Mover, avivar, excitar, *acelerar, apresurar, apurar.*

actividad f. *Movimiento, trajín,* como cuando hablamos de la *actividad* de un puerto o de un taller. ‖ *Eficacia, eficiencia.* ‖ *Prontitud, presteza, solicitud, diligencia.* «La *actividad* no supone más que prontitud y viveza en los movimientos; la *diligencia* supone además intención y esmero. La *actividad* puede ser infructífera; la *diligencia* no puede menos de ser provechosa. Con la *actividad* se hace mucho; con la *diligencia* se hace mucho y se hace bien... De la *diligencia* se ha dicho con razón que es madre de la buena dicha» (M).

activo -va adj. *Operante, eficaz, enérgico.* ‖ *Diligente, pronto, rápido, vivo.* «Un remedio *activo* obra prontamente, produce sin dilación su efecto; un remedio *eficaz* obra poderosamente, con fuerza, con seguridad. Un hombre *activo* no logra siempre lo que desea, si no sabe emplear los medios más *eficaces* para ello...

El procurador debe ser *activo;* el abogado debe ser *eficaz»* (LH).

acto m. *Hecho, *acción.* ‖ El *acto* es un *hecho* público y solemne; p. ej.: la apertura de curso en la Universidad. ‖ En el teatro antiguo, *jornada.*

actor -ra adj.-s. DER. *Demandante, acusador,* parte *actora.*

actor, actriz m. y f. *Representante, ejecutante, cómico, comediante; histrión,* en el teatro ant., el que representaba disfrazado. En la época clásica del teatro español, *autor.*

actuación f. Es una **acción* prolongada o reiterada. Se diferencia del *acto* en que la *actuación* es una serie continuada de actos, como la *actuación* de una junta, o la de una compañía dramática en el teatro durante una temporada.

actuado -da adj. *Ejercitado, acostumbrado.*

actual adj. *Presente.* Lo *actual* es más circunscrito y determinado que lo *presente.* «Lo *presente* abraza una esfera de acción más amplia que lo *actual.* Decimos: el siglo *presente* y el gobierno *actual;* el estado *presente* de la literatura y la crisis *actual* del comercio; la estación *presente* y la intemperie *actual;* la *presente* legislación y el precio *actual* del trigo» (M). ‖ FIL. *Efectivo, real, in actu,* se opone a potencial y a virtual.

actualización f. *Puesta al día, modernización.*

actualizar tr. *Poner al día, modernizar.*

actualmente adv. t. **Ahora.* ‖ adv. m. FIL. *Realmente, verdaderamente.*

actuar intr. *Ejercer, proceder, hacer, conducirse.*

acuadrillar tr. *Agavillar, juntar.* ‖ *Capitanear, apandillar.*

acuático -ca adj. *Acuátil,* p. us.

acuciar tr. *Estimular, aguijonear, pinchar, dar prisa, apurar.* ‖ *Desear, anhelar.*

acucioso, sa adj. Intensifica el significado de *diligente,* y connota el matiz de anhelo que corresponde a *apresurado, presuroso, afanoso.*

acudir intr. *Ir, presentarse, llegar, asistir, *comparecer.* ‖ *Recurrir, apelar.*

ácueo -a adj. p. us. *Acuoso.*

acuerdo m. *Unión, armonía, consonancia, conformidad, compenetración.* ‖ *Resolución, determinación.* ‖ *Convenio, pacto, contrato, tratado.*

acuitar tr.-prnl. *Afligir, estrechar, apenar, apesadumbrar, atribular.* En el uso prnl. *encuitarse.*

ácula f. *Quijones, ahogaviejas.*

acumular tr. *Juntar, *amontonar, aglomerar, acopiar, reunir; cumular* es p. us.

acunar tr. *Cunar; cunear y brizar* tienen poco uso.

acuñar tr. *Batir, troquelar.*

acuoso -sa adj. *Ácueo, aguoso,* ambos p. us.

acure m. Colomb. y Venez. *Conejillo de Indias, cobayo, cavia.* Argent., *acutí.*

acusación f. *Inculpación, denuncia, delación.* Si se hace en secreto y cautelosamente, *soplo.*

acusado -da m. y f. *Inculpado, reo, procesado.*

acusador -ra adj.-s. *Inculpador, fiscal.* ‖ *Denunciador, delator; soplón* si denuncia en secreto y cautelosamente. *Acusón* si tiene el vicio de acusar. Entre los niños, *acusica, acusique.* En Amér., *acusetas, acusete.*

acusar tr. *Culpar, inculpar, imputar, denunciar, delatar.* ‖ *Notar, tachar, achacar.*

acutí m. Argent. *Conejillo de Indias, cobayo, cavia, agutí.* En Colomb. y Venez., *acure.*

achabacanamiento m. *Chabacanería* es el efecto de achabacanarse, en tanto que *achabacanamiento* alude más bien a la acción de achabacanarse o a la tendencia a lo chabacano.

achacar tr. *Imputar, *atribuir.*

achacoso -sa adj. *Enfermizo, enclenque, achaquiento, valetudinario.* ‖ *Indispuesto.*

achantarse prnl. *Esconderse, agazaparse, disimularse, ocultarse.* ‖ **Acobardarse, amilanarse.*

achaparrado -da adj. *Rechoncho, aparrado, chaparro.*

achaque m. *Indisposición, alifafe; *enfermedad,* esp. si es crónica o habitual. ‖ *Vicio, defecto, tacha.* ‖ **Excusa, pretexto, disculpa, *efugio.*

achaquiento -ta adj. *Achacoso, enfermizo, valetudinario.*

acharolar tr. *Charolar.*

achicador m. MAR. *Cuchara, vertedor.*

achicar tr. *Acortar, amenguar, menguar, mermar, encoger, disminuir, empequeñecer.* ‖ *Descorazonar, *acobardar, amilanar, atemorizar, intimidar, acoquinar, arredrar.* ‖ *Jamurar.*

achicoria f. *Chicoria.* La silvestre se llama *camarroya.*

achicharrar tr. *Chicharrar, quemar, abrasar.*

achiote m. *Achote, bija.*

achisparse prnl. *Alumbrarse, alegrarse, ajumarse, embriagarse.*

acholar tr. Chile y Perú. *Correr, avergonzar, amilanar.*

1) **achuchar** tr. *Aplastar, estrujar.* ‖ *Empujar.*

2) **achuchar** tr. *Azuzar.*

achuchón m. *Empujón, embestida.*

adagio m. *Proverbio, *refrán.*

adala f. *Dala.*

adamarse prnl. *Afeminarse, amadamarse.*

adán m. *Desaliñado, dejado, deseado, haraposo, sucio.* ‖ *Descuidado, apático, negligente, desidioso.*

adaptar tr. *Acomodar, ajustar, apropiar, acoplar, aplicar.* ‖ prnl. *Avenirse, acomodarse, aclimatarse, amoldarse.*

adaraja f. ARQ. *Endejas, enjarje.*

adarce m. *Alhurreca.*

adargar tr. *Defender, resguardar, cubrir, escudar.*

adarvar tr.-prnl. *Pasmar, aturdir.*

adatar tr. desus. *Datar* (desus.), *abonar, acreditar.*

adaza f. *Zahina, alcandía, daza, sahína, sorgo, melca.*

adecuado -da adj. *Acomodado, *conveniente, proporcionado, idóneo, apropiado, oportuno, ajustado.*

adefagia f. *Voracidad.*

adefesio m. *Disparate, extravagancia.* ‖ *Facha, mamarracho, esperpento, espantajo.*

adehesar tr. *Dehesar.*

adelantamiento m. *Adelanto, anticipo.* ‖ *Progreso, perfeccionamiento, mejora.* ‖ *Medra, acrecentamiento.*

adelantar tr. *Anticipar, preceder.* ‖ *Exceder, aventajar.* ‖ *Acelerar, apresurar.* ‖ *Avanzar, mejorar, medrar, progresar, perfeccionar.*

adelanto m. *Anticipo.* ‖ *Progreso, avance, perfeccionamiento, mejora, mejoramiento.* ‖ *Medra, acrecentamiento.* ‖ *Ventaja.*

adelfa f. *Baladre, hojaranzo, laurel rosa, rododafne.* Amér., *berbería.*

adelfilla f. *Lauréola o lauréola macho.*

adelgazar intr. *Enflaquecer.*

ademán m. *Actitud, *gesto, manoteo.* ‖ m. pl. *Modales, maneras.*

además adv. c. La expresión *además de* equivale a *a más de, tras de, encima de;* ～ *de* ser caro es malo; o *a más de, tras de, encima de* ser caro es malo. Todas estas locuciones con la prep. *de* son prepositivas, y se usan delante de infinitivo (expreso o tácito), substant. o palabra substantivada; *ultra* es lit. En los demás casos, *además* es adv. y equivale a *encima, también, asimismo:* Le dieron *además,* encima, también, una buena propina. ‖ En los clásicos *además* significa *con exceso:* «Pensativo *además* quedó Don Quijote». Hoy ha quedado este empleo en desuso, y se prefiere *por demás, sobremanera,* etc.

ademe m. *Adema, estemple.*

adentrar(se) intr.-prnl. A la idea de **entrar* añade la de llegar hacia o hasta lo interior o profundo. Por esto *adentrar(se)* se acerca al significado de *penetrar, profundizar.* Compárese la diferencia entre *entrar en una casa* y *adentrarse en ella, entrar en el bosque* y *adentrarse en él.*

adentro adv. l. Originariamente *adentro* acompañaba a verbos de movimiento y dirección; p. ej.: se retiraron *adentro* para descansar; *dentro* se usaba con verbos de situación y reposo: están *dentro* de la caja. Este uso originario se ha alterado más o menos en la lengua moderna, hasta el punto de que hoy se emplean a menudo indistintamente *adentro* y *dentro;* p. ej.: la parte de *adentro* o de *dentro.* En gral. la designación local de *adentro* es más indeterminada (estaban *adentro* = hacia); mientras que *dentro* supone un espacio limitado (estaban *dentro*). Por esto *adentro* admite grados (más, menos, muy, tan *adentro*), cosa difícil o imposible con *dentro.*

adepto -ta adj.-s. *Adicto, afiliado, partidario, correligionario, iniciado.*

aderezar tr. *Componer, hermosear, ataviar, adornar, acicalar.* ‖ *Disponer, preparar, prevenir, aviar.* ‖ Tratándose de comidas, *guisar, condimentar, sazonar, adobar, aliñar.* ‖ *Arreglar, remendar, componer, recomponer, apañar.*

adestrar tr. *Adiestrar, guiar, encaminar, ejercitar, instruir, *enseñar, aleccionar.*

adeudar tr. *Deber.* ‖ COM. *Cargar en cuenta.* ‖ prnl. *Endeudarse.*

adeudo m. *Deuda.* ‖ *Cargo en cuenta.*

adherencia f. *Pegajosidad, glutinosidad, *cohesión.* ‖ *Conexión, enlace, unión.* ‖ *Adhesión.*

adherente adj. *Adhesivo, pegajoso.* ‖ *Unido, anejo, anexo, pegado.* ‖ adj.-s. Amér. *Partidario, adepto, afiliado, adicto.*

adherir intr.-prnl. *Pegarse.* ‖ *Aceptar, consentir, aprobar, unirse, afiliarse.*

adhesión f. **Cohesión, adherencia.* ‖ *Aprobación, aceptación, consentimiento, asenso.* ‖ *Unión, apego, afección, afiliación.*

adhesivo -va adj. *Pegajoso, glutinoso, adherente.*

adición f. *Suma.* ‖ *Aumento, añadidura, agregación.*

adicionar tr. *Sumar, añadir, aumentar, agregar.*

adicto -ta adj.-s. *Adepto, adherido, partidario, afiliado, afecto.*

adiestrar tr. *Guiar, encaminar, ejercitar, aleccionar, instruir,* **enseñar, amaestrar.*

adinerado -da adj. **Acaudalado, rico, pudiente.*

adiós interj. *¡Abur!, ¡agur!,* ambos fam. ‖ m. *Despedida.*

adiposo -sa adj. *Graso, grueso, obeso.*

aditamento, aditamiento m. *Añadidura, adición, aumento.* ‖ *Complemento, apéndice.*

adivinanza f. *Acertijo,* **enigma; adivinaja* (fam. o rúst.).

adivinar tr. Cuando se trata del futuro, *profetizar* (subst. *profeta*) y *vaticinar* (subst. *vate*), ambos de carácter religioso; el primero cristiano; el segundo pagano. *Adivinar* se interpreta como superstición, lo mismo que *augurar* (subst. *augur*), aunque en la antigüedad este último tenía también carácter religioso. En *agorar* (adj.-s. *agorero*), tambien supersticioso, predomina el matiz especial de predecir desdichas. *Auspiciar* equivale por entero a *augurar.* ‖ *Predecir, presagiar, pronosticar,* pueden coincidir con *adivinar,* pero pueden tener también fundamento lógico o científico : el médico *pronostica* o *predice* el desarrollo de una enfermedad. ‖ **Acertar, atinar, descifrar.*

adivino -na m. f. *Profeta, vate, augur, agorero.* Para sus diferencias v. **Adivinar.*

adjetivar tr. *Calificar, llamar, tratar de.* A una persona se la *califica* de ambiciosa, buena, etc., o se la *llama* con los mismos adjetivos. *Tratar de* supone generalmente intención despectiva o injuriosa. Se *trata* a uno *de* loco, egoísta, etc., pero no con calificativos gratos, a no ser con ironía. *Tratar de* se aplica sólo a personas, en tanto que *adjetivar, calificar* y *llamar* se extienden a personas y cosas.

adjetivo m. *Calificativo, epíteto, dictado.* Se llama *epíteto* al adjetivo o frase adjetiva que se agrega a un sustantivo, no para determinarlo o especificarlo, sino para acentuar su carácter y producir un efecto de estilo. Tiene, pues, un valor artístico. *Dictado* es un calificativo empleado por excelencia : merecía el *dictado* de noble, de santo, de magnífico, etc.

adjudicar tr. *Conferir, entregar, dar.* ‖ prnl. *Apropiarse, retener, quedarse, tomar por sí.*

adjunción f. GRAM. *Zeugma, ceugma.*

administración f. En general, *dirección, gobierno.* Tratándose de la acción del poder público, **régimen, gobierno.* En negocios o asuntos particulares, *gerencia, gestión.*

administrar tr. *Regir, gobernar, dirigir, cuidar.* ‖ *Dar, propinar, suministrar, conferir.*

admiración f. *Sorpresa* cuando es inesperada : Serie intensiva : *admiración, pasmo, estupor.*

admirar tr. *Maravillar, sorprender, extrañar,* **asombrar, suspender, pasmar, aturdir, embobar.*

admitir tr. *Recibir,* **aceptar, tomar, acoger.* ‖ *Permitir, consentir, sufrir.* ‖ *Suponer, conceder, dar por cierto.*

admonición f. *Amonestación, advertencia.* ‖ *Apercibimiento, reconvención.* En términos fam., *reprimenda, regaño.*

adobar tr. *Remendar,* **reparar, componer, arreglar, apañar.* ‖ *Guisar,* **cocinar, condimentar, sazonar, aliñar, aderezar.* ‖ *Curtir.*

adobería f. *Curtiduría, tenería.*

adobo m. *Aliño, condimento, aderezo, salsa.*

adocenado -da adj. *Vulgar, común, del montón.*

adoctrinar tr. *Aleccionar, instruir, doctrinar,* **enseñar.*

adolescencia f. *Muchachez, mocedad. Pubertad* es el comienzo de la adolescencia.

adolescente adj.-s. *Mancebo, muchacho, zagal.*

adonde y **adónde** adv. l. *Donde* y *dónde.* «Han llegado a ser sinónimas estas palabras... Sin embargo..., la sinonimia de las dos voces no es perfecta, porque *donde* indica colocación, y *adonde* término de acción o de movimiento: «Estoy *donde* estaba; los campos *donde* estuvo Troya»; *donde* las dan las toman», son expresiones que indican el recto uso de *donde:* «*¿Adónde* vas? Las tropas llegaron *adonde* estaba el enemigo. ¿*Adónde* irá el buey, que no are?» (M). Desde la época clásica se confunden ambos adverbios entre sí. Hoy es indiferente usar uno u otro con verbos de movimiento: voy *donde* o *adonde* me llevan; pero no debe usarse *adonde* con verbos de colocación, situación o reposo. Así se dice, p. ej., la casa *donde* vivo (no *adonde*); ¿*dónde* estás? (no *adónde*).

adoptar tr. *Prohijar.* ‖ *Tomar, acoger, aceptar, admitir, aprobar.* ‖ *Seguir, abrazar.*

adorador -ra adj. *Devoto, fiel.* ‖ *Enamorado, admirador.*

adorar tr. *Idolatrar,* ambos intensivos de *querer, amar.* ‖ *Reverenciar, venerar.*

adormecer tr. *Acallar, calmar, sosegar, adormir.* ‖ prnl. *Adormilarse, adormitarse, adormirse,* denotan, como *adormecerse,* la idea de empezar a **dormirse,* o dormirse a medias. Con mayor intensidad en diversos grados, *entorpecerse, entumecerse, amodorrarse, aletargarse.*

adornar tr. *Adornar, engalanar, hermosear,* se aplican a personas y cosas; *exornar* (lit.) y *ornamentar* sólo a cosas. *Ornar* es lit. y aplicable en gral. Los tres últimos sugieren, en mayor o menor grado, según las circunstancias, cierta magnificencia, riqueza o complicación en el adorno. *Ataviar* y *acicalar* se usan pralte. cuando se trata de adornos no permanentes : una persona *se atavía* o *acicala* para salir a la calle ; una fachada está *ataviada* con ocasión de algún festejo pasajero, pero no se diría así tratándose de los relieves escultóricos que contiene.

adorno m. *Atavío, aderezo* y *compostura* pueden aplicarse a personas y cosas ; *decorado* y *decoración,* sólo a cosas. **Ornato, ornamento* y *exorno* son voces cultas que sugieren cierta nobleza, grandiosidad o abundancia en el adorno. ‖ m. pl. *Balsamina, miramelindos.*

adquirir tr. *Conseguir, alcanzar, lograr, obtener.* ‖ Tratándose de bienes, *ganar, apropiarse, posesionarse.* Si la adquisición se hace por compra, *comprar.* ‖ Tratándose de costumbres, vicios, obligaciones y enfermedades, *contraer.*

adragante m. *Tragacanto, alquitira, granévano.*

adral m. *Tablar.*

adrede y **adredemente** adv. m. *Expresamente, intencionadamente, deliberadamente, de propósito, ex profeso, de intento, aposta* o *a posta.*

adscribir tr. *Atribuir, anexar, agregar, afectar.*

adúcar m. *Atanquia.*

aducir tr. **Alegar, citar, mencionar.*

adueñarse prnl. *Apoderarse, apropiarse, posesionarse, enseñorearse, ocupar, conquistar.*

adulación f. *Halago, lisonja, zalamería, carantoña,* son formas atenuadas de la *adulación; servilismo* es intensivo. *Coba* y *pelotilla,* fam. o vulg. «Un hombre prudente debe despreciar la *adulación* y temer la *lisonja;* porque aquélla sólo puede inclinar un ánimo bajo y despreciable; pero ésta sabe emplear con más arte

la fuerza irresistible de nuestro amor propio. La *adulación* es siempre directa, la *lisonja* puede no serlo» (LH).

adulador -ra adj.-s. Aplicado a personas, *adulón, servil, pelotillero, cobista.* Los adjs. *lisonjeador, lisonjero, zalamero, adulador,* se aplican a personas y cosas. *Adulatorio,* sólo a cosas ; p. ej., una carta puede ser *adulatoria* o *aduladora,* pero una persona es *aduladora,* y no *adulatoria.* «El lisonjero es más fino que el adulador. Éste lo alaba todo, y sacrifica sin arte ni rebozo su propia opinión, la verdad, la justicia y cualquiera otro respeto, al objeto de su *adulación.* El *lisonjero* da más apariencia de verdad a su alabanza, persuade con más sagacidad, se vale de medios más eficaces, y muchas veces indirectos, y se insinúa con más destreza en el ánimo de la persona *lisonjeada...* Por este mismo principio llamamos *lisonjeras* las palabras que persuaden, y no *aduladoras*» (LH). *Adulón* (en el Perú, *adulete*) y *pelotillero* son expresiones más despectivas y vulgares que *adulador.* El *adulador* puede serlo una sola vez, mientras que el *adulón* y el *pelotillero* lo son por costumbre.

adular tr. *Lisonjear, *halagar, roncear* (fam.), *hacer la pelotilla* (fam. o vulg.). «*Adular* es una acción más directa y más clara que *lisonjear.* El que *adula* celebra, exagera, encomia, miente a cara descubierta; el que *lisonjea* promete, festeja y procura evitar todo lo que desagrade al objeto *lisonjeado.* El cortesano que compara a su monarca con Augusto, *adula;* el que pondera la felicidad de la nación como obra de su sabiduría, *lisonjea.* No se necesita más que un poco de sana razón para huir de la *adulación* y preservarse del mal que ocasiona ; pero como la *lisonja* es más diestra y sabe adoptar formas tan variadas, no es tan fácil ponerse al abrigo de sus arterías. El hombre astuto emplea la *lisonja* con preferencia a la *adulación.* Los necios gustan más de la *adulación* que de la *lisonja.* Esta diferencia se conserva en el uso metafórico de las dos voces; y así no decimos que una hermosa perspectiva *adula* la vista, sino que la *lisonjea*» (M). «Se *lisonjean* los sentidos con la apariencia del deleite ; se *lisonjea* el deseo con la esperanza ; y así decimos : me *lisonjeo* del buen éxito de este negocio ; se *lisonjea* vanamente de ello; y no, me *adulo* o se *adula*, de ello» (LH).

adulatorio -ria adj. **Adulador, lisonjero.*

adulteración f. *Falsificación, sofisticación.*

adulterar tr. *Falsificar, falsear, sofisticar, viciar.*

adunar tr. p. us. *Aunar, unir, reunir, juntar, congregar, unificar.*

adustión f. *Combustión;* PINT. : *encauste, encausto, incausto.*

adusto -ta adj. *Seco, rígido, desabrido, hosco, huraño, esquivo.*

adversario -ria m. f. *Contrario, enemigo, antagonista, rival, competidor.*

adversidad f. *Infortunio, desgracia, desventura, desdicha, fatalidad.* Preferimos *adversidad* cuando nos referimos a una situación o estado de cierta duración, y no a un solo acto desgraciado o desdichado. Tiene, pues, un carácter más abstracto, parecido a *infelicidad, desventura,* y se opone a prosperidad, fortuna. Decimos, p. ej., que a fulano le ha ocurrido una *desgracia,* una *desdicha,* una *desventura,* no una *adversidad,* porque ésta no es accidental y única, sino más durable. En cambio, diremos que la *adversidad* ha sucedido a la prosperidad o buena fortuna de una familia.

adverso -sa adj. *Desfavorable, contrario, opuesto, hostil.*

advertencia f. *Observación, aviso, consejo,* tienen carácter más o menos amistoso; **prevención, amonestación* y *admonición* van de un superior a un inferior. El *apercibimiento* procede de una autoridad y es siempre conminatorio.

advertido -da adj. *Capaz, experto, despierto, listo. Avisado, sagaz, *astuto.* Los tres últimos incluyen en mayor o menor proporción la nota de astucia; en los demás domina la nota de inteligencia. He aquí esbozados los principales matices diferenciales entre las dos series : «La calidad de *advertido* es análoga al talento ; la de *avisado,* al ingenio. La penetración en los juicios, la prudencia en la desconfianza, la solidez en la precaución, son propias del *advertido.* La viveza en la penetración, la sagacidad en la desconfianza, la agudeza en la cautela, son propias del *avisado.* El *advertido* se precave contra el error ; el *avisado,* contra el engaño. Los hombres suelen ser más *advertidos* que las mujeres ; pero las mujeres son, por lo común, más *avisadas* que los hombres. No des-

confía tanto un hombre *advertido* de sus mayores enemigos, como una mujer *avisada* de sus mejores amigas» (LH).

advertir tr.-intr. *Observar, notar, reparar, darse cuenta, percatarse, fijar la atención.* ‖ *Prevenir, informar, *noticiar, avisar, amonestar, aconsejar.* «*Advertir* dice relación con lo pasado y lo presente ; *avisar* se refiere a tiempo futuro. Te *advierto* que has cometido un error, que tus enemigos te tienden asechanzas ; te *aviso* que mañana te toca la guardia. *Adviérteme* si me equivoco ; *avísame* cuando me llamen. Para *advertir* se necesita más autoridad que para *avisar*» (M). Es evidente que cabe *advertir* para el futuro, tanto como para el pasado y el presente ; pero es exacto que *avisar* se proyecta hacia el futuro en la intención del que habla. Si *avisamos* a alguien de un peligro que ya pasó, es para precaverle contra la posible repetición del mismo. Por ej. : *te aviso que había un obstáculo en la carretera,* significa precaver a nuestro interlocutor para cuando vuelva a pasar por ella. En cambio, en *te advierto que había un obstáculo* no hay más intención que la de hacerle ver un peligro afortunadamente salvado.

adyacente adj. *Inmediato, contiguo, junto.*

aeración f. *Aireación, ventilación, oreo.*

aerolito m. *Meteorito, piedra meteórica, uranolito.*

aeronave f. *Globo dirigible.*

aeroplano m. *Avión.*

afable adj. *Amable, atento, cortés, afectuoso, tratable, sociable, sencillo.* «El hombre *amable* se distingue por su temple apacible y por la suavidad de sus modales ; el *afable* por su llaneza, por su disposición a escuchar a todos. El *amable* lo es en su conducta ; el *afable* lo es en su trato. Por lo común se aplica el adjetivo *afable* al hombre de elevada jerarquía que no se desdeña de hablar con sus inferiores. De Federico II se cuenta que era *amable* con sus amigos y poco *afable* con sus súbditos» (M).

afamado -da adj. *Famoso, acreditado, renombrado, reputado, conocido, célebre.*

afán m. *Deseo, anhelo, ansia.* ‖ Hablando del trabajo, *ahínco, solicitud, diligencia.* ‖ *Fatiga, cansancio, pena.*

afanita f. *Anfibolita.*

afear tr. *Desfavorecer* (eufemismo),

deformar. ‖ *Tachar, vituperar, censurar, reprender.*

afección f. *Afecto, inclinación, ternura, cariño.* ‖ **Enfermedad.*

afectación f. *Amaneramiento, rebuscamiento* y *estudio* denotan simplemente falta de naturalidad; *fingimiento, disimulo, doblez* y *presunción* implican, además, intención de hacer creer lo que no es.

afectado -da adj. *Aparente, fingido, forzado, estudiado, amanerado, rebuscado.* ‖ *Aquejado, molestado, apenado, afligido, impresionado, conmovido.*

afectar tr. *Fingir, simular.* ‖ MED. *Interesar, alterar.* ‖ *Anexar, agregar, adscribir.* ‖ *Atañer, *concernir, referirse a, tocar a.* ‖ *Impresionar, conmover, *emocionar.* «Todas las sensaciones intensas *afectan;* sólo *conmueven* las que excitan sentimientos tiernos y benévolos. Nos *afecta* la vista del suplicio o de un cadáver, la relación de un crimen o de una catástrofe; nos *conmueve* un rasgo de generosidad, de desprendimiento o de misericordia. Para *afectarse* basta un cierto grado de sensibilidad; pero sólo se *conmueve* el que simpatiza con los males ajenos» (M).

afecto m. *Apego, inclinación, afición, amistad, cariño, afección, amor.* «El *afecto* es una disposición benévola en favor de un objeto determinado; el *cariño* tiene más intensidad que el *afecto;* el *amor* se distingue por una acción más general en todos los sentimientos, por una energía que llega a convertirse en pasión. El *afecto* y el *cariño* se asocian con la tranquilidad del ánimo; el *amor* con la turbulencia de los sentidos, con la ansiedad y con los celos. Los dos primeros se someten más fácilmente a la razón que el último. El *afecto* y el *cariño* aspiran al bienestar del objeto; el *amor* aspira a la satisfacción de un deseo, a la posesión exclusiva del objeto amado. El *cariño* y el *afecto* emplean servicios, esfuerzos y halagos; el *amor* llega hasta la abnegación y el sacrificio» (M).

afecto -ta adj. *Unido, anejo, anexo, agregado, adscrito, destinado.* ‖ *Apreciado, estimado, grato, querido.* ‖ *Partidario, adepto.*

afectuoso -sa adj. *Amoroso, cariñoso, amable, amistoso, afable.*

afeitado m. *Rasuración, rasura.* Argent. y Chile, *afeitada.*

afeitar tr. *Rasurar, rapar, raer.*

afelpado -da adj. *Felpudo.*

afeminado -da adj. *Adamado, ama-* *damado, amujerado, feminoide* (v. **Femenino*).

aferrar tr. *Agarrar, asir, asegurar, afianzar.* ‖ prnl. *Insistir, obstinarse.*

afianzar tr. *Dar fianza, garantizar, responder.* ‖ *Afirmar, asegurar, asir, agarrar, aferrar, consolidar.*

afición f. *Inclinación, apego, cariño, afecto, gusto.* ‖ *Ahínco, empeño, afán.*

aficionado -da adj.-s. *Diletante,* esp. si se trata de música.

aficionarse ref. *Inclinarse, encariñarse, enamorarse, prendarse, engolosinarse.*

afielar tr. *Enfielar.*

afilar tr. *Amolar, dar filo, aguzar.*

afiliado -da adj.-s. *Adepto, adherido, adicto, partidario, correligionario, afecto.*

afiliar tr.-prnl. *Admitir, acoger, iniciar, adherir(se).*

afín adj. *Parecido, *semejante, análogo, parejo, similar.* ‖ *Próximo, cercano, contiguo.* ‖ *Pariente, deudo, allegado.*

afinar tr. *Perfeccionar, acabar, pulir, purificar* una obra, trabajo o producto. ‖ *Sutilizar, precisar, esmerarse* en actos de ingenio. ‖ *Templar, entonar.*

afincarse prnl. *Fijarse, establecerse.*

afinidad f. *Analogía, semejanza, parecido.* ‖ *Parentesco, cuñadía.*

afirmación f. *Aserción* y *aserto* son lit. y menos us. fuera del estilo elevado. *Aseveración* es intensivo o reiterativo, e indica el acto de robustecer o asegurar lo que se dice.

afirmado m. *Firme:* el *firme* o *afirmado* de una carretera.

afirmar tr. *Asegurar, afianzar, apoyar, consolidar, estribar.* ‖ *Aseverar, atestiguar, asegurar, confirmar.* ‖ prnl. *Ratificarse, reiterarse.*

aflicción f. *Pena, pesar, pesadumbre, *dolor, *tristeza, sinsabor.* Intensivos: *amargura, tribulación, desconsuelo, abatimiento, angustia.*

afligir tr. *Contrariar, apesarar, apesadumbrar, apenar, entristecer, amargar, atormentar, mortificar, acongojar, contristar.* Intensivos: *desconsolar, desolar, angustiar, abatir, atribular.*

aflojar tr. *Desapretar, distender, soltar.* ‖ intr. *Ceder, flaquear, debilitarse, amainar, ablandarse.*

afluencia f. *Abundancia, copia.* Tratándose de líquidos que afluyen a una víscera o tejido orgánico, *aflujo.*

afluir intr. *Concurrir, acudir.* ‖ *Desaguar, verter.*

afonía f. *Ronquera.*

afónico -ca adj. *Ronco.*

aforismo m. *Sentencia, máxima, apotegma* (v. **Refrán*).

afortunado -da adj. *Venturoso, dichoso, feliz, venturado* (ant.). *Fausto* se aplica a sucesos, tiempos, etc., pero no a personas.

afrancesado -da adj.-s. Tratándose del lenguaje o estilo, *galicista*. En sentido gral. y desp., *agabachado*.

afrecho m. *Salvado*.

afrenta f. *Agravio, deshonra, deshonor, vergüenza, injuria, ultraje, oprobio, vilipendio, ofensa*.

afrentar tr. *Agraviar, ofender, injuriar, deshonrar, vilipendiar, ultrajar*.

áfrico m. *Ábrego, ábrigo*.

afrontar tr. *Enfrentar, arrostrar, hacer frente, desafiar*. ‖ *Carear*.

afuera adv. 1. Aunque a menudo se usan indistintamente *fuera* y *afuera*, la determinación local es más precisa en el primero. Significa más allá de un recinto o límite definido; en tanto que *afuera* indica idea gral. de alejamiento (=hacia) y admite grados (*más, menos, muy, tan afuera*). Compárese *adentro*. ‖ f. pl. *Contornos, alrededores, inmediaciones, cercanías, proximidades*.

afufar intr.-prnl. vulg. ant. *Huir, escapar, desaparecer, pirárselas*.

agachadiza f. *Rayuelo*, a causa de las rayas de su plumaje; *sorda*. And. y Filip., *agachona*.

agacharse prnl. *Encogerse, doblarse, agazaparse, acurrucarse, agarbarse*.

agáloco m. *Áloe, calambac*.

agallas f. pl. *Branquias* en los peces. ‖ *Valor, ánimo, esfuerzo, arrestos*. ‖ Amér. *Astucia, codicia, cicatería*.

agamuzado -da adj. *Gamuzado*.

agareno -na adj.-s. *Árabe, sarraceno, ismaelita, moro, musulmán, islamita, mahometano*.

agárico m. (hongo) *Garzo*.

agarrada f. *Altercado, riña, pendencia, disputa, contienda, porfía, reyerta*.

agarraderas f. pl. fig. *Influencia, valimiento, favor, padrinos, aldabas*.

agarradero m. *Asa, mango, asidero*. ‖ *Amparo, recurso*.

agarrado -da adj. *Avaro, tacaño, mezquino, miserable, roñoso, apretado, cicatero*.

agarrar tr. Es intensivo de *asir, coger, tomar*, y supone fuerza en la acción que representa. *Atrapar* y *pillar* significan *asir* o *agarrar* lo que huye o pasa; y así decimos que *atrapamos* o *pillamos* una mariposa al vuelo; en sentido fig. *atrapar* o *pillar* una ocasión, un buen empleo, una ganga. ‖ rec. *Asirse, reñir, pelearse*.

agarrochar tr. *Garrochear, picar*.

agarrotar tr. *Apretar, oprimir*, con mayor intensidad de significado que uno y otro.

agasajar tr. *Obsequiar, regalar, festejar*. ‖ *Halagar*.

agasajo m. *Festejo*. ‖ *Obsequio, regalo, presente, fineza*.

agavanzo m. *Escaramujo, gavanzo, galabardera, mosqueta silvestre, zarzaperruna*; *tapaculo* (el fruto).

agave f. *Pita, pitera*.

agavillar tr. *Engavillar, agarbillar*. ‖ *Capitanear, apandillar, acuadrillar*.

agazaparse prnl. *Agacharse, doblarse, encogerse, acurrucarse*. ‖ fig. *Esconderse, achantarse, ocultarse, disimularse*.

agenciar tr.-prnl. *Procurar, conseguir, obtener, adquirir. Agenciar* connota maña, ingenio, diligencia. ‖ prnl. *Componérselas, arreglarse*.

agenda f. *Dietario*.

agible adj. *Hacedero, factible, realizable*.

ágil adj. *Ligero, pronto, expedito, vivo, diestro*.

agilidad f. *Ligereza, prontitud, viveza, presteza, destreza*.

agitación f. *Movimiento, tráfago, trajín*. ‖ *Inquietud, intranquilidad, conmoción, turbación, perturbación*.

agitador -ra adj.-s. *Perturbador, revolucionario, demagogo*.

agitar tr. *Sacudir, remover*. ‖ *Inquietar, intranquilizar, conmover, turbar, perturbar*.

aglomeración f. *Amontonamiento, acumulación, acopio, hacinamiento*. ‖ *Gentío, muchedumbre*.

aglomerar tr. *Amontonar, juntar, acumular, hacinar, acopiar, conglomerar*.

aglutinar tr. *Conglutinar, pegar, adherir*.

agnición f. *Anagnórisis* es más us. que ∼. Ambos términos se emplean esp. tratando del teatro grecolatino o de sus imitaciones, y pueden extenderse a la novela. En general, *reconocimiento*.

agnomento m. *Cognomento*.

agnominación f. *Paronomasia*.

agobiar tr. *Abrumar, atosigar, oprimir*; con menor intensidad, *cansar, fatigar*.

agobio m. *Cansancio* y *fatiga* son menos intensos. Tienen intensidad semejante a *agobio, opresión* y *atosigamiento*. ‖ *Sofocación, angustia*.

agonizante m. *Religioso camilo*.

agorar tr. *Predecir, adivinar, presagiar, ominar* (p. us.), *augurar, vaticinar, profetizar*. En ∼ predomina el matiz esp. de predecir desdichas.

agorero -ra adj.-s. *Agorador, adivi-*

no, profeta, vate, augur. Para sus diferencias, v. **Adivinar.*

agostador adj. *Abrasador.*

agostar tr. *Abrasar, secar, marchitar.*

agotamiento m. *Debilidad, enflaquecimiento, consunción, extenuación,* tratándose del cuerpo.

agotar tr. *Consumir, apurar, acabar, gastar.* ‖ *Debilitar, enflaquecer, extenuar.*

agracejina f. *Bérbero.*

agracejo m. *Alarguez, arlo, berberís, bérbero, agrecillo.*

agraciado -da adj. *Hermoso, lindo, gracioso, bonito.*

agraciar tr. *Conceder, favorecer, premiar, otorgar.*

agradable adj. *Deleitoso, delicioso y placentero* halagan a los sentidos; tratándose esp. del gusto, *sabroso, gustoso. Grato y placible* tienen relación con el sentimiento o los afectos; p. ej.: son *gratas* las pruebas de amistad, el compañerismo, las lisonjas. Tratándose de personas, *grato y acepto. Agradable* engloba en su significación a los demás sinónimos.

agradar tr. *Placer, complacer, contentar, satisfacer, *gustar, deleitar, alegrar.* «Para *agradar* se necesitan cualidades y prendas; para *complacer,* intención y esfuerzos. Nos *agradan* una mujer hermosa y el trato de una persona instruida y culta; nos *complacen* el que nos sirve, el que nos obsequia, el que nos hace favores. El verdadero mérito *agrada* sin querer, y muchas veces no nos *agrada* el que nos *complace*» (M). *Placer, contentar y satisfacer* tienen a este respecto significado semejante al de *complacer.* Cuando se trata del atractivo que sobre nosotros ejercen el mérito o las cualidades de una persona o cosa, *agradar* se acerca al sentido de **gustar*; véanse los matices diferenciales de ambos en el artículo correspondiente a este último.

agradecer tr. *Reconocer.* «*Agradecer* supone la estimación que hacemos del beneficio recibido. *Reconocer* supone la obligación que nos imponemos de corresponder a él. Se *agradece* un regalo de poca monta, un obsequio, un saludo. El *reconocimiento* sería excesivo para corresponder a estas frioleras; así como sería poco enérgica la simple expresión de *agradecer* una acción generosa que nos ha salvado la vida, a que debemos estar enteramente *reconocidos*» (LH).

agradecido -da adj.-s. *Reconocido, obligado.*

agradecimiento m. *Gratitud, *reconocimiento.*

agrado m. *Afabilidad, amabilidad.* ‖ *Gusto, satisfacción, contentamiento, placer, complacencia.*

agramia f. *Cañamiza, tasco.*

agrandar tr. **Ampliar, engrandar* (p. us.), *ensanchar, engrandecer, aumentar, acrecentar, acrecer.* «Se *agrandan* y se *aumentan* la extensión y el volumen; pero el número se *aumenta,* y no se *agranda.* Para *agrandar* un edificio es preciso *aumentar* los materiales. Cuando se *aumentan* los libros, se *agranda* la biblioteca. Consérvase esta significación aun cuando el número se exprese por palabras colectivas; y así el nacimiento de los hijos *aumenta* y no *agranda* la familia. Los enganches y los reclutas *aumentan* y no *agrandan* el ejército. El territorio se *agranda*; la población se *aumenta*» (M). *Acrecentar, acrecer y multiplicar* se refieren igualmente al número; *dilatar,* al espacio y al volumen. «*Agrandar* se aplica más comúnmente a las cosas físicas; *engrandecer,* a las intelectuales y morales. Se *agrandan* el espacio y el volumen; se *engrandecen* las miras, los planes y las ideas. El arquitecto *agranda* el edificio; el héroe *engrandece* su nombre con hazañas. El sastre *agranda* el vestido; Newton *engrandeció* su sistema sobre la atracción, aplicándolo al movimiento de los cuerpos celestes» (M).

agravar tr. *Engravecer,* en el sentido de aumentar el peso. ‖ Tratándose de enfermedades o de crisis y situaciones sociales, políticas, económicas, etc., *empeorar.*

agraviar tr. Serie intensiva: *molestar*; en su uso prnl. *sentirse, resentirse; agraviar, ofender, insultar, injuriar, afrentar, ultrajar.*

agravio m. Serie intensiva: *molestia, agravio, ofensa, insulto, injuria, afrenta, ultraje.* «La *afrenta* es un dicho o hecho de que resulta deshonor o descrédito; ofende mucho y mortifica sumamente a los que son delicados en el honor. El *insulto* es un acontecimiento de obra o de palabra repentino y violento. El *ultraje* añade al *insulto* un exceso de violencia que irrita» (Ma). «El *agravio* atropella nuestro derecho; la *ofensa* añade al agravio el desprecio o el *insulto.* El que tiene derecho a un ascenso que no ha conseguido, se cree *agraviado*; si a este *agravio* se ha añadido un desprecio de su mérito o una declaración de su insuficiencia, se cree *ofendido*. Para el *agravio* es preciso que haya injusticia; para la *ofensa* basta que haya insulto, aunque no haya injusticia. Aquél nos perjudica tal vez sin afrentarnos; ésta nos afrenta siempre o nos humilla... Guardando la misma proporción en la respectiva propiedad de estas dos voces, se dice figuradamente, en lo físico, que el sol, la luz, el viento y otras cosas inanimadas *ofenden*, y no se dice que *agravian*» (LH). Sobre la diferencia entre *agravio* y *afrenta*, Cervantes puso en boca de don Quijote las siguientes palabras (II, 32): «La *afrenta* viene de parte de quien la puede hacer y la hace y la sustenta; el *agravio* puede venir de cualquier parte sin que *afrente*. Sea ejemplo: está uno en la calle descuidado, llegan diez con mano armada, y dándole de palos, pone mano a la espada y hace su deber; pero la muchedumbre de los contrarios se le opone, y no le deja salir con su intención, que es vengarse: este tal queda *agraviado*, pero no *afrentado*; y lo mismo confirmará otro ejemplo: está uno vuelto de espaldas, llega otro y dale de palos, y en dándoselos huye y no espera, y el otro le sigue y no le alcanza; este que recibió los palos recibió *agravio*, mas no *afrenta*; porque la *afrenta* ha de ser sustentada. Si el que le dio los palos, aunque se los dio a hurta cordel, pusiera mano a su espada y se estuviera quedo haciendo rostro a su enemigo, quedara el apaleado *agraviado* y *afrentado* juntamente; *agraviado*, porque le dieron a traición, *afrentado*, porque el que le dio sustentó lo que había hecho, sin volver las espaldas y a pie quedo: y así, según las leyes del maldito duelo, yo puedo estar *agraviado*, mas no *afrentado*...». || *Perjuicio, daño; tuerto y entuerto* tienen cierto sabor arcaico y literario, por el mucho uso que hace de estas voces la literatura clásica, y esp. Cervantes en el *Quijote*.

agredir tr. *Atacar, *acometer, *arremeter, cerrar, embestir*.

agregado m. *Compuesto, mezcla*. || adj.-s. *Afecto, adscrito, anexo*.

agregar tr. *Juntar, *añadir, sumar, adicionar, aumentar*. || *Anexar, anexionar, adscribir*.

agresión f. *Ataque, acometida, acometimiento, embestida*. La *agresión* envuelve la idea de injusticia; es contraria al derecho, en tanto que los demás sinónimos

pueden ser justos o injustos y hacerse en buena o en mala guerra.

agreste adj. Tratándose del campo o de las plantas y animales que viven en él, *inculto, *silvestre, *campestre, salvaje, montaraz, cimarrón* (Amér.). || fig. *Áspero, rudo, grosero*.

agriar tr. *Acedar*. En su uso prnl., *revenirse, apuntarse, torcerse, volverse: la compota se aceda, se reviene o se vuelve. Acidificar* es tecnicismo. *Avinagrar(se)* se aplica no sólo al vino, sidra, cerveza, sino también a otros líquidos, como la leche. *Acidular* (tecn.) es acidificar ligeramente. || fig. *Exasperar, exacerbar*.

agriaz m. *Cinamomo, agrión, rosariera*.

agricultor -ra m. f. Es palabra escogida, de significación general. Para designar el oficio del que cultiva la tierra se usan comúnmente **labrador, cultivador, *labriego*.

agriera f. Amér. *Acedia* o *acidez* de estómago; *hiperclorhidria* (tecn. méd.).

agrietar tr.-ref. *Abrir, hender, rajar*.

agrifolio m. *Acebo, aquifolio*.

agrilla f. *Acedera, vinagrera*.

agrillarse prnl. *Grillarse*.

agrio adj. *Ácido, acedo*. || fig. *Acre, áspero, desapacible, acerbo*. || Tratándose de metales, *frágil, quebradizo*.

agrión m. *Cinamomo, agriaz, rosariera*.

agrisado -da adj. *Grisáceo*.

aguacero m. *Chaparrón, chubasco, nubada* (v. **Lluvia*).

aguaderas f. pl. *Angarillas*.

aguado -da adj. *Abstemio*.

aguafiestas m. *Derramasolaces*, hoy poco usado.

aguafuerte f. *Ácido nítrico*.

aguaitacaimán m. Cuba. *Cagón* (ave).

aguaje m. *Abrevadero*. || *Aguada*.

aguamala f. *Medusa, aguamar, pulmón marino*.

aguamar m. *Medusa, aguamala, pulmón marino*.

aguamiel f. *Hidromel, hidromiel*.

aguantable adj. *Soportable, tolerable, llevadero*.

aguantar tr. *Sostener, resistir, soportar, sufrir, tolerar, sobrellevar, conllevar*. || prnl. *Contenerse, reprimirse, vencerse*.

aguante m. *Fuerza, resistencia, vigor, energía*. || *Sufrimiento, paciencia, tolerancia*.

aguapié m. *Torcedura*; en algunas partes, *torcido*. El vino inferior entre los llamados aguapié, *purrela*.

aguar tr. fig. *Turbar, frustrar, perturbar, interrumpir*.

aguardar tr.-intr. *Esperar.*

aguarrás m. *Esencia de trementina.*

aguaturma f. (planta). *Tupinambo.* ‖ El tubérculo de su raíz, *cotufa, pataca, patata de caña.*

aguaverde f. *Medusa verde.*

aguavilla f. *Gayuba, uvaduz.*

aguazar tr.-prnl. *Encharcar, enaguazar.*

aguazul y **-zur** m. *Algazul.*

agudeza f. *Ingenio, sutileza, perspicacia, gracia.* ‖ *Ocurrencia, *chiste.*

agudo -da adj. *Delgado, puntiagudo, aguzado, afilado.* ‖ *Sutil, perspicaz, ingenioso, ocurrente, gracioso.* ‖ Tratándose del dolor, *vivo, penetrante.* ‖ Tratándose de una sílaba o vocal, *acentuada;* de un vocablo que lleva el acento en la última sílaba, *oxítono.*

agüero m. *Predicción, presagio, pronóstico, augurio.* Para sus matices de significado, v. *Adivinar.* Aunque en el verbo *agorar* predomina el matiz de predecir desdichas, el sustantivo *agüero* no connota esta cualidad, y los *agüeros* pueden ser buenos o malos, felices o desgraciados.

aguerrido -da adj. *Fogueado, belicoso, veterano,* tratándose de tropas. ‖ fig. *Ducho, experimentado, avezado, acostumbrado.*

aguijada f. *Llamadera, aijada.* ‖ *Arrejada, rejada, béstola, limpiadera.*

aguijar tr. *Aguijonear, picar, pinchar, avivar.* ‖ fig. *Estimular, incitar, animar, apresurar.*

aguijón m. *Espina, púa, pincho,* en las plantas. ‖ *Rejo, pincho,* en los insectos. ‖ fig. *Acicate, incitación, estímulo, incentivo, aliciente.*

aguijonear tr. *Aguijar, picar, pinchar, avivar.* ‖ fig. *Estimular, incitar, animar.*

aguileña f. *Guileña, pajarilla.*

aguileño -ña adj. *Aquilino.*

agüista com. Con frecuencia *bañista,* aunque no se administren las aguas en forma de baño. Comp. con las aceps. de *balneario.*

aguja f. MAR. *Brújula, compás.* ‖ *Saeta, saetilla, manecilla,* en el reloj. ‖ Pez teleósteo, *espetón.*

agujerear tr. *Horadar, taladrar, perforar.*

agujero m. *Horado; huraco* (rúst.); *orificio* es tecnicismo empleado en algunas artes y ciencias; *taladro* no sugiere precisamente un agujero de forma más o menos redondeada, sino de cualquier forma; *perforación* hace pensar principalmente en la acción, y no sólo en el resultado o efecto de la misma: se aplica en Medicina, Biología y Minería. El *agujero,* el *orificio* y el *horado* pue-

den ser naturales; el *taladro* y la *perforación* son el efecto de un acto.

agujetero m. Amér. *Alfiletero.*

aguoso -sa adj. *Acuoso, ácueo* (poco usado).

¡agur! interj. fam. *¡Adiós!, ¡abur!*

agutí m. Amér. *Acutí, conejillo de Indias, cobayo, cavia.* En Colomb. y Venez., *acure.*

aguzanieves f. *Aguanieves* (vulg.), *andarríos, apuranieves, avecilla o pajarita de las nieves, pezpita, pezpítalo, pizpita, pizpitillo, caudatrémula, doradillo, motacila, motolita, nevatilla, nevereta.*

aguzar tr. *Afilar, sacar punta.* ‖ fig. *Aguijar, excitar, incitar, estimular, avivar.*

ahelear intr. *Amargar, rehelear.*

ahelgado -da adj. *Helgado.*

aherrojar tr. *Encadenar.* En sentido fig., ambos expresan intensivamente las ideas de *oprimir, subyugar, dominar.*

aherrumbrar tr.-prnl. *Herrumbrar(se), enmohecer(se).*

ahí adv. l. Significa en ese lugar, es decir, hace relación con la segunda persona, mientras que *aquí* designa el lugar próximo a la persona que habla, en este lugar.

ahijar tr. *Prohijar, adoptar.*

ahínco m. *Empeño, tesón, firmeza, insistencia.*

ahitar tr.-intr. *Saciar, *hartar, empachar, empapuzar.* ‖ fig. *Hastiar, fastidiar, enfadar.*

ahíto -ta adj. *Saciado, harto, repleto, empachado, empapuzado.* ‖ fig. *Hastiado, fastidiado, enfadado.*

ahogar tr.-prnl. En el sentido primario de matar impidiendo la respiración, *asfixiar, sofocar.* ‖ Tratándose del fuego o de pasiones y actividades, *apagar, extinguir, sofocar.* ‖ *Oprimir, fatigar, acongojar, agobiar.*

ahogaviejas f. *Quijones.*

ahogo m. *Opresión, fatiga, sofocación.* ‖ *Aprieto, apuro, congoja.* ‖ *Penuria, pobreza, necesidad.*

ahondar tr. *Profundizar, zahondar* (p. us.).

ahora adv. t. *En este instante, en este momento.* Puede significar el momento inmediatamente anterior, *poco ha,* como cuando decimos *ahora ha llegado.* Significa también el momento inmediatamente futuro, *dentro de poco, en seguida,* p. ej., *ahora vendrá.* Admite el diminutivo *ahorita,* muy us. en Canarias y Amér., para puntualizar más el instante o para dar tono amable a la expresión. ‖ Cuando se refiere a un largo lapso de tiempo dentro del cual se halla el presente, *actualmente, hoy día, al presente, en la actualidad.*

ahorcar tr. *Colgar.*

ahorrador -ra adj. *Ahorrativo, económico, guardoso.*

ahorrar tr. *Economizar, guardar,* esp. si se trata de dinero u otros bienes. *Evitar, excusar, reservar,* tratándose de palabras, esfuerzos, compromisos, conflictos, etc.

ahorrativo -va adj. *Ahorrador, económico, guardoso.*

ahorro m. *Economía,* esp. en plural.

ahuecar tr. *Mullir, esponjar, ablandar.* ‖ prnl. fig. *Envanecerse, engreírse, esponjarse, hincharse.* ‖ fam. *Ahuecar el ala* o simplte. *ahuecar, marcharse, largarse.*

ahusado -da adj. En términos científicos, *fusiforme.*

aijada f. *Aguijada.*

ailanto m. *Árbol del cielo, maque.*

airado -da adj. *Irritado, enojado, encolerizado; furioso, enfurecido, rabioso y furibundo* intensifican la expresión y sugieren gestos y ademanes irritados.

aire m. *Viento.* ‖ *Atmósfera.* ‖ fig. *Apariencia, aspecto, porte, figura.* ‖ fig. *Garbo, gracia, gallardía, apostura.*

airear tr. *Orear, ventilar.* Aunque pueden sustituirse a menudo entre sí, *ventilar* sugiere gralte. la idea de una corriente de aire natural o artificial, mientras que para *airear* u *orear* basta el simple contacto del aire libre. Tratándose de una persona que respira al aire libre, prnl. *oxigenarse:* he salido a *oxigenarme.* ‖ prnl. *Resfriarse, acatarrarse.*

airoso -sa adj. *Garboso, gallardo, apuesto.*

aislado -da adj. *Solitario, solo, retirado, apartado, incomunicado.*

aislamiento m. *Retiro, retraimiento, incomunicación, separación, apartamiento.*

aislar tr. *Separar, incomunicar, apartar.* ‖ ref. *Retraerse, retirarse, arrinconarse.*

ajar tr. *Deslucir, maltratar, marchitar, sobar.* ‖ fig. *Humillar, vejar.*

ajarafe m. *Aljarafe, azotea, terrado.*

ajea f. *Artemisa pegajosa, pajea.*

ajebe m. *Alumbre, jebe, enjebe.*

ajedrezado -da adj. *Escaqueado.* Tratándose de BLAS., *equipolado, escacado.*

ajenabe y **-bo** m. *Mostaza, jenable, jenabe.*

ajenar tr.-prnl. *Enajenar, desposeer.*

ajengibre m. *Jengibre.*

ajeno -na adj. *Extraño, impropio.*

ajenuz m. *Arañuela* (planta).

ajetrearse prnl. *Fatigarse, trajinar, zarandearse, azacanearse.*

ajipuerro m. *Puerro silvestre.*

ajonje m. *Aljonje, ajonjo.*

ajonjera f. *Angélica carlina, cardo ajonjero, cepa caballo, ajonjero.*

ajonjolí m. *Alegría; sésamo* designa la planta y también el *alajú* condimentado con ella.

ajote m. *Escordio.*

ajuar m. *Menaje, mueblaje.*

ajumarse prnl. *Embriagarse, emborracharse, achisparse, alumbrarse.*

ajustar tr.-prnl. *Adaptar, acoplar, encajar, acomodar.* ‖ *Contratar, concertar, convenir, pactar.* ‖ IMPR. *Compaginar.*

ajusticiar tr. *Ejecutar.*

alabanza f. **Elogio, encomio, loa, loor, enaltecimiento.*

alabar tr. *Celebrar, elogiar, encarecer, encomiar, loar.* «Hay una graduación de intención y eficacia en las acciones expresadas por estos verbos y en el mérito respectivo de las personas o cosas a que se aplican. Lo que se *celebra* es o parece mejor que lo que se *alaba;* lo que se *elogia,* mejor que lo que se *celebra;* lo que se *encarece,* mejor que lo que se *elogia,* y no se *encomia* sino lo que llega al ápice de la perfección. Se *alaba* y se *celebra* impremeditadamente, y en consecuencia de la impresión que hacen una acción o un objeto. *Elogiar* indica intención previa; *encarecer,* un concepto exagerado; *encomiar,* la inspiración del entusiasmo, afectado o sincero. Para *elogiar, encarecer* y *encomiar* se necesitan más frases y más artificio que para *alabar* y *celebrar.* El hombre de buen gusto *alaba, celebra* y *elogia;* el de imaginación viva y el de sentimientos fogosos *encarecen* y *encomian.* El verbo *encarecer* no se aplica siempre a lo bueno y a lo meritorio, sino que se emplea también con todas las ideas a que se quiere dar fuerza y energía, y así decimos : el hombre infeliz *encarece* sus padecimientos» (M). El verbo *ensalzar* está muy cerca de *encarecer* y *encomiar. Loar* es voz literaria, propia del estilo elevado. ‖ prnl. *Jactarse, preciarse, alardear, gloriarse, canagloriarse, picarse, presumir.*

álabe m. En el carro, *estera, estora.* ‖ En la rueda hidráulica, *sobarbo.* ‖ En un batán o mecanismo análogo, *diente, leva, levador.*

alabearse prnl. *Pandear, *apandar, combarse, torcerse, encorvarse.*

alabeo m. **Curvatura, corvadura, encorvadura, encorvamiento, comba.*

alacrán m. *Escorpión.* ‖ *Alacrán cebollero, cortón.* ‖ *Alacrán marino, pejesapo.*

alacranera f. *Escorpioide.*

alacha y **alache** f. y m. *Boquerón* (pez), *lacha, aleche, aladroque, anchoa.*

aladica f. *Aluda, hormiga alada.*

aladierna y **aladierno** f. m. *Alaterno, ladierno, alitierno, mesto, sanguino.*

aladroque m. *Boquerón* (pez), *anchoa.*

alajú m. *Alejur, alfajor.*

alambicar tr. *Destilar, alquitarar* (ant.). ‖ fig. *Sutilizar, refinar, quintaesenciar, aquilatar, apurar.*

alambique m. *Alquitara,* hoy p. us., aunque muy frecuente en los clásicos. *Alcatara* es arcaísmo inus. *Destilador, destilatorio.*

alaqueca f. *Cornalina, cornelina, cornerina, corniola, restañasangre.*

alarde m. *Ostentación, gala, jactancia, presunción, vanagloria.*

alardear intr. *Alabarse, jactarse, preciarse, gloriarse, vanagloriarse, presumir de.*

alardoso -sa adj. *Ostentoso, jactancioso, alabancioso, vanaglorioso.*

alárgama f. *Alármega, alhármaga, alharma, alhámega, gamarza, arma.*

alargar tr. Se *alarga* un vestido, un discurso; se *estira* una barra de metal, sin añadirle materia nueva; se *prolonga* una calle, un discurso, un camino, un trabajo; se *prorroga* el tiempo de validez o ejercicio de una ley, un plazo, una licencia. ‖ prnl. *Desviarse, alejar.* En ambas aceps., *alongar(se)* es arcaico.

alarma f. *Rebato.* ‖ Si es repentina, *susto, sobresalto;* si es más o menos duradera, *inquietud, intranquilidad, zozobra, temor.*

alarmar tr. *Inquietar, asustar, sobresaltar, intranquilizar, atemorizar.*

alármega f. *Alárgama, alhármaga, alharma, alhámega, gamarza, arma.*

alaterno m. *Aladierna, aladierno, ladierno, alitierno, mesto, sanguino.*

alavanco m. *Lavanco, pato bravío.*

alavense adj.-s. *Alavés.*

alazo m. *Aletazo.*

alazor m. *Azafrán bastardo, romí* o *romín; cártama, cártamo, simiente de papagayos.*

alba f. *Amanecer, albor, aurora.*

albacea com. *Testamentario, albacea testamentario, cabezalero.*

albada f. *Alborada.*

albahaca f. *Alábega, alfábega.*

albahaquilla f. *Albahaquilla de río, parietaria.* ‖ En Chile, *Culén.*

albañal m. *Caño, alcantarilla, cloaca, albollón.*

albarca f. *Abarca.*

albarcoque m. *Albaricoque.*

aibardán m. ant. *Bufón.*

albardar tr. *Enalbardar.*

albardín m. *Barceo, berceo.*

albarejo y **albarico** adj.-s. *Candeal, ceburro.*

albaricoque m. *Albarcoque, albercoque.*

1) **albarrada** f. *Horma* u *hormaza.*

2) **albarrada** f. *Alcarraza, rallo.*

albatros m. *Carnero del Cabo.*

albayalde m. *Carbonato de plomo, cerusa, cerusita, blanco de plomo.*

albear intr. lit. *Blanquear.*

albedrío m. *Arbitrio, voluntad, elección, decisión.* ‖ *Apetito, gusto, antojo, capricho.*

albéitar m. *Veterinario.*

albellón m. *Albollón, desaguadero.*

albercoque m. *Albaricoque.*

albergar tr.-intr. *Cobijar(se), guarecer(se), refugiar(se), hospedar(se), alojar(se).*

albergue m. *Cobijo, refugio, hospedaje.* ‖ Tratándose de animales, y esp. de fieras, *cubil, guarida, manida.*

alberguería f. *Posada.* ‖ *Asilo, refugio.*

albín m. *Hematites, oligisto rojo.*

albinar m. *Manzanilla loca.*

Albión f. *Inglaterra, Gran Bretaña.*

albo -ba adj. lit. *Blanco.*

albollón m. *Desaguadero, albellón, arbellón, arbollón.* ‖ *Albañal, cloaca, alcantarilla.*

albóndiga f. *Albondiguilla, almóndiga, almondiguilla.*

albor m. *Alba, aurora, amanecer.* ‖ m. pl. *Principios, comienzos.*

alborada f. *Albada.* ‖ *Diana.*

alborear intr. *Amanecer, clarear.*

alborga f. *Esparteña.*

alboronía f. *Almoronía, boronía.*

alboroque m. *Botijuela, robla, robra, corrobra, hoque,* us. en diferentes regiones.

alborotado -da adj. *Irreflexivo, atolondrado, precipitado.*

alborotar tr. *Amotinar, excitar, sublevar.* ‖ intr. *Gritar, perturbar, escandalizar, vocear.*

alboroto m. *Tumulto, revuelta, motín, asonada, sedición.* «El *alboroto* es una conmoción ruidosa; el *tumulto* y la *revuelta* son actos de rebeldía contra la autoridad; el *motín* y la *asonada* son *tumultos* organizados y que suponen premeditación. Hay *alboroto* en un teatro cuando el público se encuentra disgustado u ofendido. La presencia de un magistrado impopular en tiempos críticos, suele producir el *tumulto* o la *revuelta.* Las grandes revoluciones empiezan siempre por *motines* o *asonadas.* El móvil del *alboroto* puede ser un movimiento repentino de indignación; el del *tumulto* y la *revuelta,* de pasiones ardientes o arraigadas preocupaciones; pero en el *motín* y en la *asonada* hay un principio más grave y profundo de ambición, de política o de partido» (M). La *sedición* es un levantamiento contra la autoridad constituida, muy cercano a la importancia y gravedad de la *sublevación*. ‖ *Vocerío, algazara, bulla, bullanga, bullicio, gritería, batahola*, pueden ser por motivos alegres, excitantes, gratos, o pueden implicar hostilidad y desorden. En este último caso se acercan a la *bronca* y al *tumulto*. «*Alboroto*, lleva consigo la idea de un gran ruido; *tumulto*, la de un gran desorden. Una sola persona o un corto número de ellas, suele mover *alboroto*; pero el *tumulto* supone siempre que hay en él gran número de gentes» (Ma).

alborozo m. *Regocijo, *alegría, gozo, placer, contento, júbilo*. El *alborozo*, el *regocijo* y el *júbilo* son intensivos, suelen producirse por motivos extraordinarios, y generalmente traen consigo manifestaciones exteriores de tales estados de ánimo.

albotín m. *Terebinto, cornicabra.*

albudeca f. *Badea.*

1) **albur** m. (pez). *Dardo.*

2) **albur** m. *Contingencia, *azar, eventualidad, *casualidad.*

albura f. lit. *Blancura.* ‖ *Alborno, alburno.* La *albura* de la madera que no es aprovechable para la construcción se llama *sámago.*

alcací y **-cil** m. *Alcaucí, alcaucil, alcarcil, arcacil.*

alcahuete, alcahueta m. f. *Encubridor;* f. *Celestina, tercera, enflautadora, proxeneta.*

alcahuetería f. *Tercería, lenocinio, proxenetismo.*

alcaide m. *Castellano.*

alcaldada f. **Exceso, extralimitación, desafuero, polacada, tropelía, atropello, arbitrariedad, abuso.*

alcaller m. *Alfarero.* ‖ *Alfarería.*

alcana f. *Alheña, aligustre, ligustro.*

alcance m. *Seguimiento, persecución.* ‖ m. pl. *Capacidad, talento, inteligencia.*

alcancía f. *Hucha, vidriola, ladronera, olla ciega.*

alcandía f. *Zahína, sahína, daza, sorgo, melca.*

alcantarilla f. *Albañal, cloaca, albollón.*

alcanzado -da adj. *Empeñado, adeudado.* ‖ *Falto, escaso, necesitado.*

alcanzadura f. *Atronadura, atronamiento.*

alcanzar tr. **Lograr, conseguir, obtener;* los cuatro suponen deseo de llegar al fin propuesto y mayor o menor solicitud en los medios empleados para ello. Sin embargo, *alcanzar* y *lograr* ponen más de relieve la idea de esfuerzo. ‖ *Entender, comprender, penetrar.* ‖ *Tocar, *tañer.*

alcaparra f. *Tápara.*

alcaparrosa f. *Caparrosa, aceche, acije.*

alcaraván m. *Árdea, charadrio.*

alcarceña f. *Yero, hiero, herén, yervo.*

alcarcil m. *Alcaucil, alcací, alcacil, arcacil.*

alcarraza f. *Albarrada, rallo.*

alcatraz m. *Pelícano americano, onocrótalo.*

alcaucí y **-cil** m. *Alcachofa silvestre, alcací, alcacil, alcarcil, arcacil.*

alcaudón m. *Caudón, desollador, picagrega, pega reborda, picaza chillona o manchada, verdugo.*

alcayata f. *Escarpia.*

alcázar m. *Fortaleza, castillo.* ‖ *Palacio real.*

alcazuz m. *Regaliz, orozuz, palo duz.*

alce m. *Anta, ante, danta, dante.*

alcedo m. *Arcedo.*

alcoba f. *Dormitorio.*

alcor m. *Colina, collado.*

alcoránico -ca adj. *Coránico.*

alcornoque m. fig. *Torpe, estúpido, necio, tarugo, bodoque.*

1) **alcorque** m. *Corche.*

2) **alcorque** m. *Socava.*

alcrebite m. *Azufre.*

alcribís m. *Tobera.*

alcurnia f. *Ascendencia, linaje, estirpe.* Gralte. *alcurnia* y *prosapia* se emplean en la lengua moderna para designar la ascendencia noble o ilustre.

alcuza f. *Aceitera.*

alcuzcuz m. *Cuzcuz.*

aldaba f. *Llamador, picaporte, aldabón.* ‖ pl. fig. *Valimiento, protección, influencia, padrinos.*

aldeano, -na m. f. *Lugareño, pueblerino, paleto.* ‖ adj. fig. *Inculto, rústico, ignorante.*

alderredor adv. l. *Alrededor.*

aldiza f. *Aciano o aciano menor, liebrecilla.*

aleación f. *Liga.* Si en ella entra el mercurio, *amalgama.*

alear tr. *Ligar,* esp. si se trata de oro o plata.

alebrarse prnl. *Alebrastarse, alebrestarse, alebronarse.* ‖ En varios países de Amér. *alebrestarse* significa alborotarse, erguirse, encabritarse.

aleccionar tr. *Adiestrar, *amaestrar, *enseñar, instruir.*

alece y **aleche** m. *Boquerón, anchoa, alacha, lacha, haleche, aladroque.*

alechugar tr. *Escarolar.*

aledaño -ña adj. *Confinante, colindante, lindante, limítrofe.* ‖ m. *Confín, término, límite.*

alegato m. *Defensa, alegación, razonamiento.*

alegar tr. *Citar. Invocar* tiene sentido más limitado. Significa *alegar* una ley, costumbre o razón. P. ej.: se *alega* o *invoca* un artículo del Código; pero no se *invoca* el ser menor de edad, sino que se *alega.* «Se *alegan* razones, hechos y motivos; se *citan* textos, autores y opiniones. Los pedantes *citan* para ostentar erudición; los sofistas *alegan* sutilezas para deslumbrar a los oyentes. *Citamos* para dar apoyo a lo que decimos; *alegamos* para convencer el entendimiento» (M). En este sentido, *aducir* está muy próximo al sentido de *citar*, *mencionar.*

alegoría f. *Ficción, *símbolo, metáfora continuada.*

alegra f. MAR. *Abocardo.*

alegrar tr.-prnl. Tratándose de personas, *animar, letificar* (lit.), *excitar, regocijar, complacer, placer, alborozar.* Tratándose de cosas, *avivar, hermosear, animar.*

alegre adj. *Gozoso, regocijado, contento, jubiloso, alborozado.* Tratándose del carácter de una persona o de sus dichos y hechos, *jovial, divertido, jocoso* y *jocundo* acentúan la nota de hilaridad. ‖ *Achispado, ajumado, alumbrado.*

alegría f. *Contento, satisfacción, placer, gozo, contentamiento.* El *alborozo,* el *júbilo* y el *regocijo* son intensivos, suelen producirse por motivos extraordinarios, y gralte. traen consigo manifestaciones exteriores de tales estados de ánimo. Por esto se usan a menudo tratándose de alegrías colectivas, festejos, recibimientos, etcétera.

alejar tr.-prnl. *Apartar, retirar, desviar; ahuyentar,* cuando se añade idea de violencia, fuerza o amenaza. *Alongar(se)* es anticuado.

alejur m. *Alajú, alfajor.*

alelado -da adj. *Embobado, atontado, turulato, lelo.*

alemán -mana adj.-s. *Germano, tudesco, teutón.*

alentado -da adj. *Animoso, valiente, valeroso, esforzado.*

alentar intr. *Respirar.* ‖ tr.-ref. *Animar, reanimar, confortar, incitar, excitar.*

alero m. *Rafe* en algunas regiones, *tejaroz.* ‖ *Guardabarros, salvabarros.*

alesna f. *Lezna, subilla.*

aletargar tr. *Amodorrar, adormecer.*

aleto m. *Halieto, pigargo, quebrantahuesos.*

aleudar tr. *Leudar, lleudar.*

aleve adj.-s. *Alevoso, traidor, pérfido, desleal, felón.* «Aleve refiere la idea al carácter; *alevoso,* a las acciones. El hombre *aleve* lo es siempre por naturaleza, porque tal es su condición. El hombre *alevoso* puede serlo momentáneamente por error, por venganza, o por cualquiera otra causa pasajera» (C).

alevosía f. *Traición, perfidia, prodición, felonía, deslealtad.*

alevoso -sa adj.-s. *Aleve, traidor, pérfido, desleal, felón.*

alfábega f. *Albahaca, alábega.*

alfabeto m. *Abecé,* muy frecuente en los clásicos, tiene hoy escaso uso fuera del lenguaje infantil. *Abecedario. Alfabeto* es actualmente el que tiende a predominar, favorecido sin duda por la circunstancia de formar derivados muy usuales en la lengua moderna, como *alfabético, alfabetizar, alfabéticamente. Abecedario* se emplea principalmente tratándose de cartillas y libros destinados a enseñar a leer en la lengua propia. Tratándose de otras lenguas, es más frecuente decir: el *alfabeto* árabe, griego, alemán, etc.

alfajía f. *Alfarjía.*

alfajor m. *Alajú, alejur.*

alfaquí m. *Faquí.*

alfar m. *Alfarería, alcaller* (ant.).

alfarería f. *Cerámica.* ‖ *Alfar, alcaller* (ant.).

alfarero m. *Alcaller* (ant.); *barrero, cantarero.* En lenguaje técnico, y sobre todo tratándose de labores finas, *ceramista.*

alfarjía f. *Alfajía.*

alficoz m. *Cohombro, cogombro.*

alfiletero m. *Cachucho, cañutero, canutero.*

alfócigo m. *Alfóncigo.*

alfóncigo m. *Alhócigo, alfócigo, alfónsigo, pistacho.*

alforfón m. *Fajol, trigo sarraceno, alforjón.*

alforza f. *Lorza.*

alfoz m. *Alhoz.*

algaida f. *Duna, médano, mégano, medaño.*

1) **algalia** f. *Ambarina, civeto.* ‖ *Civeta.*

2) **algalia** f. CIR. *Argalia, catéter, sonda.*

algarabía f. *Gritería, bulla, greguería, vocerío.*

algarada f. *Algara.* ‖ *Tumulto, motín, alboroto, asonada, revuelta.*

algarroba f. *Arveja.* ‖ *Garroba, garrofa.*

algarrobal m. *Garrobal.*

algazara f. *Gritería, vocerío, algarabía, bulla, bullicio, gresca.*

algazul m. *Aguazul, aguazur.*

algorín m. *Troj, troje, truja, alhorí.*

alguacil m. *Esbirro,* desp., se extiende a todos los encargados de ejecutar personalmente órdenes de las autoridades: guardias, consumeros, policías, etc. Satélite.

alguien pron. indef. *Alguno.* «*Alguien* se aplica solamente a personas; *alguno*, a personas, animales y cosas; *porque*, aunque *alguno* significa a veces lo mismo que *alguien*, es porque se suple hombre o persona. Así cuando decimos: *alguno* viene, *algunos* han dicho, y no ha precedido un sustantivo, damos a entender que nos referimos a hombres; pero si decimos *alguno* viene, y estábamos hablando de caballos, quien viene es un caballo y no un hombre» (M). Cuando se refiere a personas, *alguno* es menos indeterminado que *alguien*. «*Alguien* se refiere ilimitadamente a cualquier persona. *Alguno* se refiere limitadamente a una persona indeterminada, de un determinado número o clase: Si viene *alguien* a buscarme, di que no estoy en casa, porque temo que ha de venir a hacerme visita *alguno* de mis acreedores. Esta es la razón porque se dice *alguno* de ellos, y no *alguien* de ellos» (LH).

alguno -na adj. pl. *Varios, ciertos.* ‖ pron. indef. *Alguien.*

alhaja f. *Joya, presea.*

alhámega f. *Alárgama, alharma, alármega, gamarza, arma.*

alhandal m. *Coloquíntida.*

alhárgama f. *Alharma, alárgama, alármega, alhámega, gamarza, arma.*

alheña f. *Alcama, aligustre, ligustro.* ‖ *Roya* (hongo).

alhócigo m. *Alfóncigo, alfócigo, alfónsigo, pistacho.*

alhoja f. *Alondra.*

alholva f. *Fenogreco.*

alhóndiga f. *Almodí, almudí, almudín.*

alhorí m. *Algorín, troj, troje, truja.*

alhorre m. *Meconio, pez.*

alhoz m. *Alfoz.*

alhucema f. *Espliego, lavanda, lavándula.* Los dos últimos son técnicos, usados entre botánicos y perfumistas. *Espliego* es el nombre más usual. *Alhucema* es hoy algo anticuado.

alhurreca f. *Adarce.*

aliacán m. p. us. *Ictericia, morbo regio.*

aliaga f. *Aulaga, árgoma.*

alianza f. *Unión, liga, confederación, coalición.*

aliar prnl.-rec. *Unirse, coligarse, confederarse, ligarse.*

alicaído -da adj. *Triste, desanimado, desalentado, decaído, abatido, aliquebrado.*

alicántara f., **alicante** m. *Amodita.*

aliciente m. *Atractivo, *incentivo, incitativo, estímulo, acicate.*

alidada f. *Dioptra.*

alienable adj. *Enajenable, vendible.*

alienado -da adj.-s. *Loco, demente, vesánico, perturbado.*

alienar tr. *Enajenar, vender, traspasar.*

alienista adj. com. *Psiquiatra, frenópata.*

aliento m. *Respiración.* ‖ *Soplo, vaho.* ‖ fig. *Ánimo, esfuerzo, valor, valentía, denuedo.*

alifafe m. *Achaque, indisposición.*

aligación f. *Aligamiento, ligazón, trabazón.*

aligerar tr. *Abreviar, acelerar, apresurar, avivar.* ‖ *Aliviar, moderar, atenuar.*

aligonero m. *Almez.*

aligustre m. *Alheña, alcama, ligustro.*

alimentar tr. *Nutrir, sustentar, mantener.* ‖ *Sostener, fomentar.*

alimenticio -cia adj. *Substancioso.* En el habla culta o técnica, *nutritivo.* El adj. *alimentario* se aplica a lo propio de la alimentación o referente a ella en sus aspectos social, económico y legislativo. Las disposiciones que dicta una autoridad sobre precios, envases, higiene, etc., de los alimentos, no son *alimenticias*, sino *alimentarias*; el comercio del ramo de la alimentación es *alimentario*, y no *alimenticio.*

alimento m. *Sustento, manutención.* ‖ *Sostén, fomento, pábulo.*

álimo m. *Orzaga, armuelle, marismo, salgada, salgadera.*

alimoche m. *Abanto.*

aliñar tr. *Aderezar, condimentar, sazonar, adobar.* ‖ *Componer, hermosear, ataviar, arreglar, acicalar.*

aliño m. *Condimento, aderezo, adobo.* ‖ *Aseo, arreglo, pulcritud, compostura.*

aliquebrado -da adj. *Alicaído, desalentado, triste, abatido, desanimado, decaído.*

alisar tr. *Pulir, pulimentar, bruñir.* ‖ *Desarrugar.*

alisma f. *Lirón* (planta).

aliso negro m. *Arraclán.*

1) **alistar** tr.-prnl. *Poner o sentar en lista, listar, inscribir, afiliar, matricular.* En su uso prnl., *sentar plaza en el ejército, engancharse.*

2) **alistar** tr.-prnl. *Prevenir, preparar, aparejar, disponer.*

alitierno m. *Aladierno, aladierna, alaterno, ladierno, mesto, sanguino.*

aliviar tr.-prnl. Tratándose de un peso o carga material, *aligerar, descargar.* Tratándose de enfermedad, aflicción o fatiga, *moderar, suavizar, mitigar, endulzar, mejorar, reponer(se), recobrar(se).*

alivio m. *Descanso, consuelo.* ‖ Tratándose de enfermedad, *mejoría.* «El *alivio* es la disminución del padecimiento; *mejoría* es el restablecimiento parcial de la salud. El enfermo siente el *alivio*, y el médico percibe la *mejoría.* Hay *alivio* cuando cesa el dolor; hay *mejoría* cuando desaparecen los síntomas graves. El *alivio* que se experimenta muchas veces poco antes de la muerte no puede llamarse *mejoría*» (M).

aljaba f. *Carcaj, carcax.*

aljarafe m. *Ajarafe, azotea, terrado.*

aljezar m. *Yesar.*

aljezón m. *Yesón.*

aljibe m. *Cisterna.*

aljofaina f. *Jofaina, palancana, palangana.*

aljofifa f. And. *Bayeta.*

aljonje m. *Ajonje, ajonjo.*

alkermes m. *Kermes, quermes, alquermes, carnes.*

alma f. **Espíritu.* ‖ *Ánima* se refiere hoy concretamente a las *almas* de los difuntos que están en el purgatorio. ‖ *Ánimo, aliento, energía, esfuerzo.* ‖ *Persona, individuo, habitante;* p. ej.: no había un *alma* en toda la casa; un pueblo de 4.000 *almas.*

almacenar tr. *Acumular, allegar, guardar, reunir, juntar, acopiar. Almacenar* se refiere de ordinario a mercancías; puede aplicarse también a otras cosas que se acumulan en gran cantidad, por ej., cuando se dice que con las lluvias los embalses han *almacenado* 60 millones de m.³ de agua. *Guardar* añade la idea de conservar o retener lo *reunido, juntado, acopiado,* etc.

1) **almáciga** f. *Almaste, almástec, mástique, almástiga,* ús. entre vidrieros y otros oficios. En BOT. y FARM. *almáciga.*

2) **almáciga** f. *Hoya, plantario, semillero, almácigo.*

1) **almácigo** m. *Lentisco.*

2) **almácigo** m. *Almáciga, semillero, hoya, plantario.*

almádana f. *Almádena, almagana, almaganeta, marra.*

almadía f. *Armadía, balsa.*

almadraba f. *Atunara,* p. us.

almadrabero -**ra** adj.-s. *Atunero.*

almadreña f. *Madreña, zueco, zoco, chanclo, choclo, zoclo.*

almagre m. *Almazarrón, almagra, lápiz rojo, ocre rojo.*

almanaque m. **Calendario.*

almarga f. *Marguera.*

1) **almarjal** m. *Barrillar, armajo.*

2) **almarjal** m. *Marjal, armajal.*

almarjo m. *Barrilla, sosa, armajo.*

almaro m. *Maro.*

almártaga -**tega** f. *Litargirio, litarge.*

almazarrón m. *Almagre, almagra, lápiz rojo, ocre rojo.*

almeja f. *Telina, tellina.*

almenara f. *Ángaro.*

almendruco m. *Alloza, arzolla.*

almeriense adj.-s. *Urcitano.*

almez m. *Aligonero, lironero* (Murcia), *latonero* (Ar.), *lodoño* (Nav.). *Almezo.*

almiar m. *Pajar.*

almibarado -**da** adj. fig. *Meloso, melifluo, dulzón, empalagoso.*

almirez m. Aunque *mortero* y *almirez* son originariamente sinónimos y pueden usarse como tales, en los laboratorios se dice gralte. *mortero,* y en las cocinas predomina *almirez.* Este último, además, suele ser de forma más alargada.

almizclero -**ra** adj. *Cabra de almizcle, cervatillo, portaalmizcle.*

almo -**ma** adj. *Criador, alimentador, propicio, vivificador.* ‖ *Excelente, venerable.*

almocafre m. *Azadilla, escardadera, escardillo, garabato, sacho, zarcillo.*

almocrate m. *Sal amoníaco, cloruro de amonio.*

almodí m. *Alhóndiga, almudí, almudín.*

almogama f. *Redel.*

almohada f. *Cabezal,* bien cuando es pequeña, bien la que es larga, estrecha y ocupa toda la cabecera de la cama; *cabecera,* p. usado.

almohadilla f. *Cojincillo, cojinete.*

almohadón m. *Cojín.*

almohaza f. *Rascadera.*

almóndiga -**guilla** f. *Albóndiga, albondiguilla.*

almoneda f. *Subasta y licitación* pueden referirse a bienes muebles o inmuebles, así como a contratas de obras, servicios públicos, etc. En la *almoneda* se venden sólo bienes muebles. ‖ Cuando se trata de venta, sin licitación de géneros que se anuncian a bajo precio, *almoneda* equivale a *saldo.*

almoraduj -**dux** m. *Moradux, mejorana, amaraco, sampsuco, sarilla.*

almoronía f. *Alboronía, boronía.*

almorrana f. *Hemorroide.*

almorta f. *Alverjón, diente de muerto, tito, cicércula, cicercha, guaja, muela.*

almorzada f. *Almuerza, ambuesta, puñera.*

almotacén m. *Contraste.*

almudí -**dín** m. *Almodí, alhóndiga.*

almuecín y **almuédano** m. *Muecín.*

almuérdago m. *Muérdago, arjueyo.*

almuerza f. *Almorzada, ambuesta, puñera.*

almuerzo m. En su significado tradicional es la comida que se toma antes de la principal; pero modernamente va siendo desplazado por *desayuno*, al paso que *almuerzo* se consolida como denominación de la tradicional *comida* del mediodía. Este cambio de acepción se halla más o menos avanzado según las regiones y clases sociales. Está consolidado en And., Canarias y Amér., y es de uso general en los hoteles de cierta importancia.

alnado -da m. f. ant. *Hijastro, -tra.*

alocado -da adj. *Loquesco, sonlocado, desatinado.*

alocarse prnl. *Enloquecer(se), aloquecerse.*

álce y **áloes** m. La planta se denomina también *olivastro de Rodas*. Tanto la planta como el jugo resinoso, amargo y medicinal que se extrae de ella, *acíbar, lináloe, azabara, zabida* y *zabila*; el primero es el más usual, sobre todo tratándose del jugo. ‖ *Agáloco, calambac.*

alojamiento m. *Hospedaje, posada, aposento, albergue, cobijo.*

alojar tr.-prnl. *Hospedar, aposentar, albergar. Guarecer* y *cobijar* sugieren idea de protección o refugio. Se *guarece* o *cobija* a los pobres que no tienen dónde hacerlo, o a los que se refugian del mal tiempo. En las posadas, fondas y hoteles se *hospeda* o *aposenta* a los viajeros. *Albergar* ocupa a este respecto una estimación intermedia, aunque con frecuencia se inclina también a la idea de amparo o protección. *Alojar* está más próximo a los significados de *hospedar* y *aposentar.*

alondra f. *Alhoja,* p. us.; *terrera, caladre, copetuda.*

alongar tr.-prnl. Es poco us. en la actualidad, aunque frecuente en los clásicos. Hoy se emplea *alargar* y *prolongar.* ‖ En su significado de apartar, llevar o ir lejos, se usa *alejar.* Expresiones como *alongarse un buen trecho,* se sienten como arcaicas.

alopecia f. MED. *Peladera, pelambrera, pelarela, pelona, pelonía.*

aloquecerse prnl. *Alocarse, enloquecerse.*

alosa f. *Sábalo, saboga, trisa.*

alotar tr. MAR. *Arrizar.*

1) **alpaca** f. (rumiante) *Paco, paco llama.*

2) **alpaca** f. *Metal blanco.*

alpechín m. *Morga, murga, tina, tinaco.*

alpinismo m. Se extiende hoy el uso del neol. *montañismo.*

alpinista com. *Montañero,* neologismo que va extendiéndose en su uso.

alquequenje m. *Vejiga de perro, vejiguilla.*

alquería f. *Cortijo, granja, casa de labranza.*

alquilar tr. Se usa con preferencia *alquilar* cuando se trata de viviendas u objetos: se *alquila* una casa, un almacén, una bicicleta. Se usa *arrendar* si se trata de tierras o negocios: se *arrienda* una huerta, un café, impuestos o servicios públicos.

alquiler m. *Arriendo, arrendamiento.* Los tres significan la acción de **alquilar* y el precio en que se alquila una cosa. *Renta* es exclusivamente el precio.

alquimia f. *Crisopeya* era la parte de la *Alquimia* que trataba de convertir los metales en oro.

alquimila f. *Pie de león, pata de león, estela, estelaria.*

alquitara f. **Alambique.*

alquitarar tr. **Alambicar, destilar.* ‖ *Apurar, sutilizar, quintaesenciar.*

alquitira f. *Tragacanto, goma adragante, granévano.*

alquitrán m. *Brea.*

alrededor adv. 1. *En torno.* ‖ adv. cant. *Cerca, poco más o menos, aproximadamente.* ‖ m. pl. *Cercanías, contornos, inmediaciones, afueras, proximidades.*

alrota f. *Arlota.*

álsine f. *Pamplina, picagallina.*

altabaque m. *Tabaque* (cesta).

altabaquillo m. *Centinodia, correhuela, sanguinaria mayor, saucillo.*

altamisa f. *Artemisa.*

altanería f. **Altivez, *soberbia, engreimiento, orgullo, arrogancia, desprecio.*

altar m. *Ara.*

altarreina f. *Milenrama, aquelea, artemisa bastarda, hierba meona, milhojas.*

altea f. *Malvavisco.*

alteración f. *Mudanza, cambio, variación.* «La alteración se refiere al orden y disposición de las partes; *cambio* y *mudanza* representan una *alteración* completa o transformación de una cosa en otra. La *variación* es una *alteración* o cambio accidental y transitorio. Se dice que hay *alteración* en el pulso con respecto a los intervalos que median entre las pulsaciones. *Mudan* o *cambian* de estado el soltero que se casa y el casado que enviuda. Hay *variación* en los afectos del hombre inconstante y en los propósitos del débil» (M). ‖ *Sobresalto, perturbación, trastorno,* son *alteraciones* violentas de la pasión o de la vida social.

alterar tr. **Cambiar, mudar, variar.*

|| *Perturbar, inquietar, conmover, trastornar, turbar.*

altercado y **altercación** m. y f. *Disputa, agarrada, pelotera, cuestión, bronca, cisco* y *altercado* llevan consigo la idea de violencia, en tanto que *discusión, polémica, debate,* pueden desarrollarse en forma apacible y cortés.

alternar tr. *Turnar, sucederse, relevarse.* || *Tratar(se); codearse* y *emparejar* son términos familiares, y se aplican a menudo a personas que procuran tratar a las de clase, posición o educación superiores.

alternativa f. *Opción, elección, disyuntiva.* La *alternativa* supone *opción* u *elección* necesaria entre dos cosas. La *elección* u *opción,* entre dos o más cosas, no implica necesidad de elegir, sino simplemente oportunidad o conveniencia (compárese **escoger* con sus sinónimos). «La *alternativa* es la opción entre dos cosas o acciones; la *disyuntiva* es la opción entre dos proposiciones o ideas. Puedes ir a Cádiz o a Málaga, por mar o por tierra, es una *alternativa*. O los sentidos nos engañan, o sus impresiones son conformes a la verdad, es una *disyuntiva*» (M.)

alteza f. *Altura, elevación;* en términos geográficos, *altitud.* || fig. *Sublimidad, excelencia.*

altilocuente adj. *Altilocuo, grandilocuo, grandilocuente.*

altimetría f. *Hipsometría.*

altisonante adj. *Altísono, pomposo, rimbombante, hueco, hinchado, campanudo.*

altitud f. *Altura, elevación, alteza.* Como término geográfico se prefiere graltе. *altitud.*

altivez f. **Altanería, *soberbia, entono, engreimiento, orgullo, arrogancia, desprecio, desdén.* «La *altivez* puede ser efecto de un sentimiento noble y digno de un alma grande; la *altanería* es producto de un orgullo excesivo. El hombre ofendido en su honor responde con *altivez;* el hombre vano y soberbio trata a los otros con *altanería*» (M). «Un príncipe puede y debe desechar con *altivez* heroica proposiciones degradantes; pero no de un modo *altanero,* ni con tono *altanero,* ni con palabras *altaneras*» (Ma).

altivo -va adj. *Altanero, arrogante, despreciativo, orgulloso, soberbio* (v. **Altivez*).

1) **alto** m. *Detención, parada.*

2) **alto** m. *Altura; elevación del terreno.* || *Piso,* tratándose de una casa. En Amér. se usa graltе. en plural para contraponer los pisos altos a la planta baja: una casa de tres *altos.* || Amér. *Montón:* un *alto* de libros, de papeles, de fardos.

alto -ta adj. *Crecido, talludo.* || *Elevado, encumbrado, eminente, prominente,* todos us. en sentido material o fig. «Lo *alto* es opuesto a lo *bajo;* lo *elevado* es opuesto a lo *llano,* y lo *eminente* es opuesto a lo *liso* o a lo *igual* de una superficie» (C). En general, *eminente* y *prominente* se aplican a lo que sobresale mucho, y en este sentido son calificativos que intensifican la cualidad de *alto.*

altramuz m. *Calamocano, chocho, lupino.*

altura f. *Alto, elevación, eminencia, cumbre; altitud,* esp. en GEOGR. En GEOM., *peralto.* || En pl. *las alturas* significa el *Cielo:* ¡Gloria a Dios en *las alturas!;* y también los organismos más elevados del poder público: hay que hacerse oír en *las alturas.* || fig. *Eminencia, excelencia, superioridad, alteza.*

alúa f. Argent. *Cocuyo.*

alubia f. *Judía, habichuela.*

alucinación f. *Alucinamiento, ofuscación, ofuscamiento, confusión, deslumbramiento, ceguedad* (v. **Alucinar*).

alucinar tr.-prnl. *Ofuscar, confundir.* «Las esperanzas quiméricas, las ilusiones del amor propio, las promesas engañadoras *alucinan.* Las razones sofísticas, las impresiones vehementes, todo lo que es indefinido *ofusca.* Las narraciones complicadas, los raciocinios demasiado sutiles, las cuestiones espinosas *confunden.* El que funda sus esperanzas de ascenso en la sonrisa o en el apretón -de manos de un ministro, se *alucina.* El que sostiene una causa injusta por simpatías o antipatías con las personas interesadas, se *ofusca.* ¿Quién puede leer sin *confundirse* las obras de los filósofos alemanes? La imaginación es la facultad que se *alucina;* la razón la que se *ofusca;* el entendimiento es lo que se *confunde*» (M). || *Cautivar, atraer, ilusionar, seducir, deslumbrar, cegar;* y tomándolo a mala parte, *engañar, embaucar.*

alud m. *Argayo, lurte.* Ús. también el galicismo *avalancha.*

aluda f. *Hormiga alada, aladica.*

aludir tr. *Aludir* es por lo general referirse indirectamente o de paso a alguien o algo. *Mencionar* y *mentar* es nombrar expresamente. *Citar* se refiere a palabras, textos, etc., que se aducen a propósito de lo que se está diciendo. Esta gradación de menor a mayor insistencia corresponde igualmente a los substs. *alusión, mención y cita.*

alumbramiento m. fig. *Parto.*

alumbrado m. *Iluminación.*

alumbrar tr. *Iluminar, *aclarar,* tratándose de lugares, estancias, calles, etc. Si se trata de personas o ceremonias religiosas a las cuales se acompaña con luz, no se dice *iluminar,* sino *alumbrar: alúmbrale* por la escalera; *alumbraban* al Viático numerosos amigos del ilustre enfermo. ‖ Tratando de agua subterránea, *elevar, aflorar.* ‖ intr. *Parir, dar a luz.* ‖ prnl. *Embriagarse.*

alumbre m. *Sulfato de alúmina y potasio.* ‖ *Jebe, ajebe, enjebe.*

alumno -na m. f. *Discípulo, colegial, escolar, *estudiante.*

alunado -da adj.-s. *Lunático.*

alusión f. *Mención, referencia, cita* (v. **Aludir*).

alusivo -va adj. *Referente, tocante.*

álveo m. *Cauce, madre, lecho.*

alverja, -jana f. *Arveja, algarroba.* ‖ Amér. *Guisante.*

alverjón m. *Almorta, diente de muerto, tito, cicércula, cicercha, guija, muela.*

alza f. *Subida, aumento, elevación, encarecimiento.*

alzada f. DER. *Apelación.*

alzamiento m. **Sublevación, levantamiento, insurrección, rebelión, sedición.*

alzar tr. **Levantar, elevar, subir.* ‖ fig. *Ascender, encumbrar.* ‖ prnl. DER. *Apelar.*

allá adv. l. *Allí.* Ambos indican lugar alejado del que habla, pero *allí* es mucho más determinado y preciso que el que denota *allá.* Por esto *allá* admite grados de comparación : *más allá, tan allá.* Compárese **acá y aquí.* ‖ adv. t. Tiene *allá* la misma vaguedad e indeterminación. Un viejo dice : *allá en mi mocedad.* En cambio, si decimos : *allí fue el reír de la gente,* señalamos una ocasión determinada y circunscrita, que equivale a *entonces, en tal momento.*

allanar tr. *Aplanar, explanar, igualar.* ‖ fig. *Vencer, zanjar, resolver.* ‖ prnl. *Sujetarse, avenirse, conformarse, resignarse, prestarse, amoldarse, adaptarse.*

allegado -da adj.-s. *Pariente, deudo.* ‖ *Parcial, partidario.* ‖ adj. *Próximo, cercano.*

allegar tr.-prnl. ant. *Acercar, aproximar, arrimar.* ‖ *Recoger, juntar, reunir, acopiar.* También en esta acep. *allegar* se siente hoy como algo ant.

allí adv. l. y t. Véase **Allá.*

alloza f. *Almendruco, arzolla.*

ama f. *Señora, dueña, propietaria, patrona.* ‖ *Nodriza.*

amable adj. **Afable, atento, cortés, afectuoso, tratable, sociable, sencillo.*

amadamarse prnl. *Adamarse, afeminarse.*

amaestrar tr. *Adiestrar, ejercitar, aleccionar, instruir, *enseñar.* «Se *alecciona* trazando reglas de conducta y gobierno; se *adiestra* haciendo practicar ejercicios; se *enseña* comunicando ideas y doctrinas; se *amaestra* comunicando medios de mejora y perfección. El padre *alecciona* a su hijo, próximo a emprender un viaje. El aprendiz se *adiestra* en el manejo de las herramientas de su oficio. Los profesores *enseñan* ciencias. Se *amaestran* los que aspiran a salir de la medianía» (M). Esta acep. de *amaestrar* que Mora define y se halla registrada en el *Dicc. de la Academia,* fue muy usual en los clásicos y persiste hasta el siglo XIX; pero hoy va quedando en creciente desuso, sin duda a causa de que predomina en *amaestrar* la acep. de domar o enseñar a los animales. Por esto, cuando se aplica a personas hace resaltar la rudeza de éstas. P. ej.: «Muchachos cerriles que aspiraban a ser mancebos en las barberías de la ciudad, hacían allí sus primeras armas, y mientras se *amaestraban* infiriendo cortes y poblando la cabeza de trasquilones y peladuras...» (Blasco Ibáñez, *La Barraca*).

amagar intr.-tr. **Amenazar, conminar.*

amago m. *Amenaza, conminación.* ‖ *Señal, *indicio, síntoma, anuncio, *asomo, barrunto.*

amainar intr. *Aflojar, ceder, disminuir, debilitarse, flaquear.*

amajadar tr. *Redilar, redilear.*

amalgama f. *Malgama.*

amamantar tr. *Lactar* es tecnicismo; la expresión más usual es *dar de mamar.*

amancebamiento m. *Concubinato, *abarraganamiento; amontonamiento* es vulg.

amancebarse prnl. *Amigarse; amontonarse* (vulg.).

amancillar tr. *Mancillar, manchar.* ‖ *Deslucir, afear, ajar.*

amanear tr. *Manear.*

1) amanecer m. *Alba, madrugada, albor, aurora, amanecida.*

2) amanecer intr. *Aclarar, clarear, clarecer* (p. us.), *alborear, alborecer.*

amanerado -da adj. *Afectado, rebuscado, estudiado.*

amaneramiento m. **Afectación, estudio, artificio, rebuscamiento.*

amansar tr. *Domar, domesticar, desembravecer, amaestrar.* «Se *amansan* los animales feroces; se *doman* los cerriles; se *domestican* los mansos y domados. Se *amansa* el león; se *doma* el potro; se *domestica* el perro. El animal *manso* no muerde ni daña; el *domado* sirve; el *domesticado* vive con el hombre, lo acaricia y obedece» (M). *Amaestrar* es ejercitar o enseñar a un animal para que haga determinados actos; p. ej.: los perros *amaestrados* que lucen sus habilidades en el circo. ‖ *Sosegar, apaciguar, tranquilizar, mitigar.*

amantar tr. *Arropar, tapar, abrigar, cubrir.*

amanuense com. *Escribiente, copista, secretario.*

amañado -da adj. *Hábil, habilidoso, mañoso, diestro.* ‖ *Compuesto, falseado, falsificado.*

amañar tr. *Componer, falsear, falsificar.* ‖ prnl. *Darse maña, arreglarse, componérselas, apañarse.*

amaño m. *Artificio, ardid, traza, treta, trampa, triquiñuela, falseamiento, falsificación.*

amapola f. *Ababa, ababol,* ambos p. usados.

amar tr. Su significación es gralte. abstracta: ~ *a Dios, al prójimo.* Es de uso pralte. culto o literario en sus aceps. concretas; corrientemente se usa *querer.*

amáraco m. *Mejorana, almoraduj, almoradux, moradux, sampsuco, sarilla.*

amaranto m. *Borlas, borlones, flor de amor.*

amargado -da adj. *Malhumorado, resentido, pesimista.*

amargar tr. fig. *Acibarar, disgustar, afligir, apesadumbrar, apenar, atormentar.*

amargón m. *Diente de león.*

amarguera f. *Matabuey.*

amargura f. *Amargor, aflicción, pena, pesadumbre, pesar, tribulación, disgusto, sufrimiento, desconsuelo.*

amarinar tr. *Marinar.*

amariposado -da adj. Como tecn., *papilionáceo,* us. esp. en BOT.

amaritud f. *Amargor, amargura.*

amaro m. *Bácara, bácaris, esclarea, maro.*

amarrar tr. *Atar, asegurar, trincar, encadenar.* Esta acep. se usa en América en toda su amplitud. En España se restringe a las ataduras muy sólidas con cables, cadenas, cuerdas; pero no se dice *amarrar* la corbata, el zapato, sino *atar, anudar.* El significado americano es una extensión de la acepción náutica primitiva del vocablo.

amartillar tr. *Martillar, martillear.* ‖ *Armar, montar.*

amasamiento m. *Amasadura.* ‖ *Masaje.*

amasar tr. *Masar.*

amatista f. *Ametista.*

amatorio -ria adj. *Erótico, amoroso.*

ambages m. pl. *Rodeos, circunloquios, perífrasis.*

ámbar m. *Cárabe, electro, succino.*

ambición f. *Codicia.* La *ambición* es la pasión por conseguir riquezas, poder, dignidades, fama, etc., en tanto que la *codicia* se circunscribe generalmente a riquezas o bienes materiales.

ambicionar tr. *Codiciar* (v. *Ambición), *desear, ansiar, anhelar, apetecer, querer. Ambicionar* supone generalmente una esfera de deseos más amplia, activa e intensa que los demás sinónimos.

ambigüedad f. *Anfibología, equivoco, doble sentido, confusión, oscuridad.*

ambiguo -a adj. *Anfibológico, equivoco, de doble sentido, incierto, dudoso, oscuro.* «Es *dudoso* el sentido de una frase cuando contiene alguna alusión oscura, alguna confusión en las ideas, alguna explicación incompleta o defectuosa; es *equivoco* cuando hay en ella voces de doble significado; es *ambiguo* cuando la construcción puede tener distintas interpretaciones. Es *dudoso* el sentido del *tu quoque fili mi* de César a Bruto, porque no se sabe si le hablaba como a hijo verdadero, o simplemente le dirigía una palabra cariñosa. Es *equivoca* la frase española «he comprado un par de botas», porque esta palabra puede significar la bota calzado o la bota de vino. Son *ambiguas* las oraciones latinas de infinitivo con dos acusativos, porque no se sabe cuál de ellos representa el sujeto y cuál el complemento, como la célebre sentencia del oráculo: *dico te romanos vincere posse»* (M). V. además el artículo *Anfibología.*

ámbito m. *Contorno, perímetro.* ‖ *Superficie, espacio.*

ambladura f. *Andadura.*

ambos -bas adj. pl. *Los dos, uno y otro, entrambos, ambos a dos.* «*Ambos* no sirve más que para expresar determinadamente y de un modo abreviado el número de dos personas o cosas de quienes se ha hablado ya, prescindiendo de que estén juntas o separadas. *Entrambos* hace concebir además la idea de la unión y de la comunidad o conveniencia de la cosa; por lo que hablando, v. g., de dos consortes, suele decirse:

esto es muy conducente a la felicidad de *entrambos*. *Ambos a dos* denota con mayor precisión la unión y además indica cooperación voluntaria de las dos personas de quienes se habla. Los adjetivos *ambos* y *entrambos* se aplican indistintamente a las cosas, y son declinables en todos los casos. Decimos : *ambos ejércitos*, de *ambas* partes, con *ambas* manos, por *entrambos* lados, etc. *Ambos a dos* se aplica exclusivamente a las personas, y sólo se usa en nominativo» (C).

ambuesta f. *Almorzada, almuerza, puñera.*

amedrentar tr. Serie intensiva: **Intimidar, atemorizar, amedrentar, *acobardar, arredrar, acoquinar* (fam), *achantar* (vulg.), *amilanar, aterrar.*

amelga f. *Emelga.*

amelo m. *Estrellada.*

amenaza f. *Amago, conminación.*

amenazar tr.-intr. *Amagar*, supone sólo un ligero o comienzo de amenaza o de actitud amenazadora. *Conminar* es intimar a alguien el cumplimiento de algo, so pena de producirle un daño ; es mandar amenazando.

amenguar tr. **Disminuir, menoscabar, mermar, aminorar.* ‖ fig. *Deshonrar, rebajar, infamar.*

ameno -na adj. *Grato, agradable, deleitable, placentero, entretenido, divertido, encantador.*

amento m. BOT. *Candelilla.*

ameos m. *Fistra, ami.*

americana f. *Chaqueta*; en Amér., *saco.* Primitivamente la *americana* era más larga que la *chaqueta.* Hoy ambos términos se confunden.

ametista f. *Amatista.*

ami m. *Ameos, fistra.*

amigable adj. *Amistoso* en general; tratándose de personas, *accesible, afable.*

amigar tr. *Amistar.* ‖ *Reconciliar, avenir.* ‖ prnl. *Amancebarse.*

amígdala f. *Tonsila.*

amigo -ga adj. *Aficionado, inclinado, encariñado, partidario, afecto, adicto, devoto.* ‖ m. *Hombre amancebado.* ‖ f. *Concubina.*

amilanar tr. **Acobardar, atemorizar, aterrar, abatir, postrar.*

aminorar tr. *Minorar, *disminuir, amenguar, mermar, acortar, achicar.* Tratándose de cosas no mensurables, *atenuar, mitigar, amortiguar, paliar.*

amistad f. *Afecto, inclinación, apego, cariño, devoción.* Cuando es estrecha y de mucha confianza, *intimidad.*

amistar tr. *Amigar.* ‖ *Reconciliar, avenir.*

amistoso -sa adj. *Amigable, afable.*

amnistía f. *Indulto.* «*Amnistía* es perdón y olvido de faltas cometidas ; *indulto* es remisión de una pena impuesta. La *amnistía* no supone ni requiere, como el *indulto*, juicio ni acción de tribunal. La *amnistía* no deshonra: el *indulto* no borra la mancha del crimen» (M).

amo m. **Señor, dueño, propietario; patrón* se usa en las embarcaciones menores y en talleres y comercios.

amodorramiento m. *Modorra, sopor, letargo, coma* (MED.).

amodorrarse prnl. *Adormecerse, aletargarse.*

amohecer tr.-prnl. *Enmohecer(se).* En Amér., *amohosarse.*

amojonamiento m. *Mojonación.* Acción de amojonar tierras, *mojona.*

amojonar tr. *Mojonar.*

amolador m. *Afilador.*

amolar tr. *Afilar, dar filo, aguzar.* ‖ fig. *Fastidiar, molestar, cansar, aburrir.*

amoldar tr. *Ajustar, acomodar, adaptar.* ‖ prnl. *Conformarse, avenirse, allanarse, transigir.*

amollar intr. *Ceder, aflojar, desistir.*

amomo m. *Granos del Paraíso.*

amonedar tr. *Monedar, monedear.*

amonestación f. *Admonición, monición* (p. us.), **advertencia, aviso, exhortación.* En todos ellos predomina la intención de avisar o prevenir. Cuando se hace con intención de reprender o castigar un acto ya realizado, *reprensión, *reconvención, regaño, reprimenda.* ‖ f. pl. *Amonestaciones matrimoniales, publicaciones, proclamas.*

amonestar tr. *Advertir, avisar, exhortar.* ‖ *Reprender, reconvenir, regañar.* ‖ *Correr las amonestaciones, proclamas o publicaciones*, para el matrimonio.

amontonar tr. *Juntar, reunir, acopiar, allegar.* Al significado de estos verbos añade *amontonar* la idea de desorden en las cosas que forman montón. *Acopiar* es palabra escogida; *allegar*, ligeramente arcaica. Un erudito, un historiador, *acopian* o *allegan* datos. *Amontonar* se refiere a cosas muy numerosas o en gran cantidad, y en esto coincide con *hacinar* y *acumular*; la diferencia está en que se *amontonan* o *hacinan* cosas materiales, sacos, frutas, equipajes, mercancías, etcétera, en tanto que *acumular* se aplica a lo inmaterial con mayor frecuencia que aquéllos. Se *acumula* el saber, las dificultades, infortunios, alegrías. *Acumular* (y no *amontonar*) se aplica también a las cosas continuas.

Así decimos que se *acumula* la electricidad, el agua, la energía. *Aglomerar* da, como *amontonar*, la idea de poner unas cosas sobre otras, o junto a otras, sin orden ni concierto, pero de modo que estén apretadas, hacinadas, atiborrando el espacio en que se encuentran. *Apiñar(se)* se aplica a personas, lo mismo que *aglomerar(se)* (aunque no exclusivamente); p. ej.: la gente se *apiñaba* o *aglomeraba* al paso del cortejo (no podríamos decir se *amontonaba*). ‖ prnl. *Amancebarse, amigarse.* ‖ *Enfadarse, encolerizarse, irritarse, enojarse, amoscarse.*

amor m. *Cariño, afecto.* «Se tiene *amor* a una persona cuya posesión nos parece la suprema felicidad; se tiene *cariño* a aquella cuya amabilidad excita vivamente ternura; se tiene *afecto* a aquella cuyo mérito excita vivamente nuestra inclinación. El *amor* es una pasión violenta; el *cariño* una pasión tierna; el *afecto* una estimación apasionada. El *cariño* se acerca más al *amor*, porque aquella misma sensibilidad que es el alma del *cariño*, es también propia del *amor*, aunque exagerada y mezclada de contrastes que a veces la convierten en dureza; pero la sensibilidad del *afecto* es más tranquila, porque la inspira el mérito. Por eso en la vida de *afecto* se comprenden otras inclinaciones más sólidas, pues también se llama *afecto* al que se tiene al amigo, al criado fiel, a aquel a quien nos inclinamos por sus prendas u otro motivo, sin la ceguedad del *amor* ni la ternura del *cariño*...» (LH.) El carácter abstracto de la palabra *amor*, hace que el pueblo prefiera en general denominarlo el *querer*.

amoratado -da adj. *Cárdeno.* Lívido, esp. tratándose del color de la cara, de una herida, etc.

amoroso -sa adj. *Cariñoso, tierno, enamorado, afectuoso.* ‖ *Blando, suave, templado, apacible.*

amortiguar tr. *Atenuar, aminorar, mitigar, moderar,* en sus signif. materiales o morales; *paliar,* gralte. en sentido moral: *paliar* una mala noticia.

amoscarse prnl. Serie intensiva: *amoscarse, mosquearse, amostazarse, picarse, escocerse, *sentirse, resentirse, requemarse, enojarse, agraviarse.*

amostazar tr.-prnl. *Irritar, enojar.* En sus usos prnl. v. *Amoscarse.*

amotinar tr.-prnl. *Alzar, sublevar, soliviantar, levantar, insubordinar, insurreccionar.*

amparar tr. *Favorecer, *auxiliar, *ayudar.* ‖ *Proteger, defender, patrocinar, salvaguardar, escudar,* ‖ prnl. *Guarecerse, cobijarse, abrigarse.*

amparo m. *Reparo, defensa, abrigo, asilo, refugio.* ‖ *Protección, favor, patrocinio, apoyo.*

ampliar tr. *Ampliar* es término gral. que puede usarse con toda clase de complementos, reales o fig. Los sgtes. sin. se aplican sólo a determinados complementos; p. ej.: *agrandar* el tamaño: ~ una casa; *ensanchar* la anchura; ~ una calle, un vestido; *aumentar* la cantidad, dimensiones: ~ el capital, la capacidad de un local, el saber; *amplificar* lo pensado, escrito hablado, el sonido; *dilatar* la superficie o el volumen; *desarrollar* un pensamiento, las iniciativas, los negocios. Estos y otros matices pueden ser expresados por *ampliar*. *Incrementar* es voz culta o científica y expresa las ideas de *aumentar* o *añadir*.

amplificar tr. v. *Ampliar.*

amplio -plia adj. *Extenso, vasto, espacioso, dilatado, capaz, ancho, holgado.*

amplitud f. *Extensión,* en sentido recto (la ~ de un salón) o fig. (~ del saber).

ampuloso -sa adj. *Hinchado, redundante, enfático, presuntuoso.*

amueblar tr. *Amoblar, moblar, mueblar,* todos ellos menos us. que *amueblar.*

amuleto m. El *talismán* no se lleva necesariamente encima, a diferencia del *amuleto*. En Amér., *guayaca.* La *mascota* es persona, animal o cosa a la cual se atribuye la virtud de alejar desdichas o atraer la buena suerte.

amurallar tr. *Murar, cercar.*

amurriarse prnl. *Amorrarse, amohinarse, entristecerse.*

amusco -ca adj. *Musco.*

amustiar tr. *Enmustiar, marchitar.*

anacardiáceo -a adj.-s. *Terebintáceo.*

anacoreta com. En los primeros siglos del cristianismo, el *anacoreta,* lo mismo que el *monje* (gr. *monachós,* solitario), vivía solo en lugar retirado. Equivalían, pues, a *solitario, ermitaño* y *eremita.* Hoy *monje* se aplica también al religioso que vive en comunidad, como los antiguos *cenobitas* (gr. *koinós,* común + *bios,* vida).

ánade m. *Pato.*

anadear intr. *Nanear.*

anáfora f. RET. *Epanáfora, repetición.*

anagnórisis f. *Agnición, reconocimiento.*

analectas f. pl. *Antología, *crestomatía, florilegio, selectas.*

análisis amb. En general, *descomposición, distinción, separación.* ‖ *Examen, estudio, observación.*

analizar tr. *Distinguir, separar, descomponer, aislar.* ‖ *Examinar, observar, estudiar.*

analogía f. *Semejanza, parecido, similitud.* La *analogía* y la *similitud* son voces doctas que se aplican con preferencia a lo abstracto, y se usan sobre todo en el lenguaje científico y filosófico. Hablamos del *parecido* o de la *semejanza* entre dos hermanos: pero sería pedantesco decir en este caso *analogía* o *similitud.* En cambio podemos hablar con propiedad de la *analogía, semejanza, parecido* o *similitud* entre dos hipótesis, sistemas filosóficos, etc.

análogo -ga adj. *Semejante, parecido, similar* (v. **Analogía*).

ananá y **-nás** m. *Piña de América.*

anapelo m. *Acónito, napelo, matalobos, pardal, uva lupina, uva verga.*

anarquía f. *Acracia, anarquismo.* ‖ fig. *Desorden, confusión.*

anarquista com. *Ácrata, libertario.*

anástrofe f. GRAM. El *hipérbaton* altera también el orden habitual de las palabras; cuando es extremoso y violento se llama *anástrofe.* El primero es figura de construcción; la segunda, solecismo.

anatema amb. *Excomunión.* ‖ *Maldición, imprecación.*

anatematizar tr. *Excomulgar.* ‖ *Maldecir, reprobar.*

anatomía f. v. *Disección.*

anca f. *Grupa.*

ancianidad f. *Senectud, vejez.*

anciano -na adj.-s. **Viejo. Anciano* sólo se dice de las personas, no de los animales ni de las cosas.

ancla f. *Áncora, ferro.*

ancladero m. *Fondeadero.*

anclar intr. *Echar anclas, fondear, ancorar.*

áncora f. *Ancla, ferro.*

ancorar intr. *Anclar, fondear.*

ancho -cha adj. *Amplio, dilatado, extenso, vasto.* ‖ *Holgado.* ‖ fig. *Ufano, satisfecho.* ‖ m. *Anchura.*

anchoa, anchova f. *Boquerón, alacha, lacha, alache, aladroque, haleche, aleche, alece.*

anchura f. *Ancho, latitud.* ‖ *Libertad, soltura, holgura, desahogo.*

andador -ra adj. *Andarín, andariego.* Se aplican todos a la persona que anda mucho o con rapidez; pero en *andariego* predomina la cualidad del que anda y se mueve de una parte a otra sin pararse en ninguna. *Caminante* es el viajero que anda a pie; de manera que una persona puede ser *caminante* en determinada · ocasión, sin ser *andarina, andadora*

ni *andariega* por naturaleza o por costumbre. De un animal podemos decir que es *andador* o *andarín,* pero no *andariego. Andorrero* tiene sentido despectivo y equivale especialmente a *callejero* o *andariego.*

andadura (paso de) m. *Portante, paso de ambladura.*

andamiaje m. *Andamiada.*

andar intr. Se diferencia de *ir* y *venir* en que éstos llevan asociada la idea de dirección del movimiento (desde aquí, desde ahora: hacia aquí, hacia ahora), en tanto que *andar* se refiere al movimiento en sí mismo. Por esto puede equivaler a *ir* y *venir* cuando el ademán, la situación del movimiento u otras palabras asociadas añaden a *andar* la dirección; p. ej.: *¡Anda!,* lo mismo puede significar *¡Vete!* que *¡Ven!; ~ tras una persona,* o *un negocio,* equivalen a *ir tras,* o *venir tras,* porque la prep. *tras* indica la dirección del movimiento. ‖ Tratándose de una máquina o mecanismo, *funcionar, marchar.* ‖ tr. *Recorrer;* así decimos que un vehículo o un caminante *han recorrido* o *andado* doce kilómetros. *Caminar* equivale a *andar* o trasladarse de un lugar a otro, y se usa como tr. e intr. El empleo de *caminar* es mucho más frecuente en América que en España.

andariego -ga y **andarín -na** adj.. **Andador.*

andarríos m. **Aguzanieves.*

andolina f. **Golondrina, andorina.*

andorga f. Es expresión burlesca, jocosa, de *vientre, barriga, panza, tripa.*

andorrear intr. desp. *Cazcalear, callejear.*

andorrero -ra adj. desp. *Andariego, callejero* (v. **Andador*).

andrajo m. *Argamandel, harapo, guiñapo, zarria, pingajo, pingo.*

andrajoso -sa adj. *Harapiento, haraposo, pingajoso, roto, trapiento, desarrapado, zarrapastroso.*

andrómina f. *Embuste, enredo, mentira, engaño, paparrucha, fullería.*

androsemo m. *Todabuena, todasana, castellar.*

andulario m. *Faldulario, fandulario.*

anea f. *Enea.*

anécdota f. *Historieta, chascarrillo.*

anegar tr.-prnl. Si se trata de una persona o animal, *ahogar.* Tratándose de un terreno, *inundar, sumergir, encharcar.* ‖ prnl. *Naufragar, sumergirse, zozobrar* o *irse a pique* una embarcación.

anejar tr. *Anexar, unir.*

anejo -ja adj.-s. *Anexo, dependiente, agregado, afecto, unido.*

aneldo m. *Eneldo.*

anemona de mar f. *Actinia, ortiga de mar, anemone.*

anestesia f. En general y etimológicamente, *insensibilidad;* pero por *anestesia* se entiende la insensibilidad lograda por medios artificiales como el hipnotismo o la absorción de determinadas substancias.

anestesiar tr. *Insensibilizar* (v. **Anestesia*). Según el procedimiento o el anestésico empleado, se forman verbos especiales, como *cloroformizar, eterizar, raquianestesiar.*

anexar tr. *Agregar, unir, anexionar, incorporar.*

anexión f. *Unión, agregación, incorporación.*

anexo -xa adj.-s. *Anejo, afecto, unido, agregado, dependiente, incorporado.*

anfibolita f. *Afanita.*

anfibología f. Aunque *anfibología* y *ambigüedad* gralte. coinciden, ésta ha tomado por ext. el signif. de *imprecisión, indeterminación, confusión* u *oscuridad* en gral., mientras que *anfibología* sugiere siempre dos o más interpretaciones. Lo anfibológico es siempre ambiguo, pero no al revés. *Dilogía* (LÓG. p. us.) equivale a *doble sentido* de una palabra. El *equívoco* puede tener dos o más sentidos.

anfímacro m. *Crético.*

anfractuosidad f. *Sinuosidad, desigualdad, escabrosidad.*

angarillas f. pl. *Árguenas, árgueñas, convoy.*

angelical y **angélico -ca** adj. «Lo *angélico* pertenece a la naturaleza del ángel; lo *angelical* se le asemeja. Decimos coros *angélicos,* y no *angelicales.* El rostro *angelical,* y no *angélico,* de un niño» (M).

angina f. *Esquinencia, amigdalitis.*

anglesita f. *Sulfato de plomo, vitriolo de plomo.*

anglicismo m. *Inglesismo.*

angloamericano -na adj. *Norteamericano, estadounidense, yanqui.*

angostar tr.-intr. *Estrechar, enangostar, ensangostar.*

angosto -ta adj. *Estrecho.* «Estas dos palabras son casi siempre sinónimas, y así se dice : el vestido *angosto,* el vestido *estrecho;* la calle *angosta,* la calle *estrecha.* Únicamente se nota alguna diferencia entre ellas cuando se aplican a superficies horizontales, en cuyo caso, *estrecho* es lo que está limitado lateralmente por cuerpos salientes o elevados, y *angosto* lo que carece de esta circunstancia...» (M). Esta distinción es poco precisa. A nuestro

modo de ver, *estrecho* se opone a ancho, mientras que *angosto* sugiere dificultad de pasar : una cinta, un encaje, son *estrechos,* no *angostos.* Un desfiladero puede ser *estrecho* o *angosto.* Por otra parte, en los casos numerosos de sinonimia total, *angosto* se siente generalmente como palabra más escogida y literaria, quizá por su menor uso. Compárense : un sendero *angosto* y un sendero *estrecho;* pasillo *angosto* y pasillo *estrecho.*

angostura f. *Estrechura, estrechez.*

angra f. *Ensenada, rada.*

ángulo m. Tratándose de cosas materiales, *esquina* o *rincón,* según se mire por la parte de afuera o la de adentro, respectivamente.

angustia f. Es intensivo de *aflicción, *dolor, *tristeza,* y se acerca en su significado a *congoja, inquietud, ansiedad, tribulación, zozobra, desconsuelo.*

anhelar intr. Es expresión intensiva de **desear* y envuelve vehemencia en el deseo, como *suspirar por, desvivirse, ansiar.*

anhelo m. *Aspiración, deseo; afán, *ansia.* Como estos dos últimos, *anhelo* connota idea de vehemencia.

anillo m. *Sortija, aro.* Se va extendiendo el galicismo de llamar *alianza* al anillo nupcial.

ánima f. **Alma.*

animación f. *Agitación, movimiento, actividad, viveza.* ‖ Tratándose de gente, *concurso, afluencia, concurrencia.*

animado -da adj. *Concurrido, movido, divertido.* ‖ *Alentado, confortado, reanimado, animoso.* ‖ *Agitado, acalorado, excitado.*

animadversión f. **Antipatía, desafecto, ojeriza, animosidad, inquina, tirria, hincha, enemistad.*

animal adj.-s. fig. *Bruto, bestia, torpe, ignorante, grosero, zafio.* ‖ En sentido recto, *animal* comprende todos los seres vivientes de que se ocupa la Zoología. *Bestia* alude generalmente a determinada clase de animales, por oposición al hombre. *Bruto* acentúa el carácter de irracionalidad, de instinto grosero. El hombre, como especie zoológica, es *animal,* pero no *bestia* ni *bruto.*

animar tr. *Alentar, esforzar, confortar, reanimar, excitar.* ‖ *Alegrar, letificar* (lit.), *mover.*

anímico -ca adj. *Psíquico.*

ánimo m. *Valor, valentía, intrepidez.* «Por *ánimo* entendemos la resolución de hacer un esfuerzo, de mantener firmemente un propósito, sea en la defensa, sea en el ataque. *Valor* es una disposición natural a despreciar el peligro. *Valentía* es la práctica del valor. *Intrepidez* es un valor esforzado, que se manifiesta por acciones impetuosas y violentas. Un hombre habitualmente tímido puede tener *ánimo* en fuerza de un convencimiento profundo o de una pasión vehemente. Un hombre de acreditado *valor* puede no hallarse en ocasiones de obrar con *valentía*. La *intrepidez* puede degenerar en arrojo imprudente. El *ánimo* es necesario en todas las ocasiones arduas de la vida; el *valor*, en el combate, en el naufragio, en todas las circunstancias que amenazan la existencia. Con la *valentía* se adquiere distinción en el ejercicio de las armas. La *intrepidez* es una condición forzosa del heroísmo» (M). Otros matices de la misma idea son *esfuerzo*, *denuedo* y *ardimiento*. Cuando no se trata de lucha, defensa o ataque, sino de *energía* moral o física en otras ocasiones de la vida, se acercan mucho a la significación de *ánimo* los siguientes vocablos: *fuerzas, brío, aliento*. Así decimos de un convaleciente que no tiene *ánimo, fuerzas, energía, brío, aliento*, para salir a la calle; y de una persona indecisa, que le falta *ánimo, energía*, etc., para tomar una resolución. En estos casos es frecuente el empleo del plural, *ánimos, fuerzas, energías, bríos, alientos*. ‖ *Intención, voluntad, propósito, designio, pensamiento*, como cuando decimos que tenemos el *ánimo, propósito, designio*, etc., de aceptar o rechazar un proyecto o invitación que nos han hecho, o de votar en pro o en contra de determinado candidato.

animosidad f. *Animadversión, desafecto, ojeriza, inquina, *antipatía, hincha, tirria, enemistad*.

animoso -sa adj. *Valiente, valeroso, intrépido, esforzado, denodado, alentado, resuelto, decidido*. Para sus matices de significado, véase *Ánimo*. «Llamaremos *animoso* al que, impaciente de atacar o acometer, no se para en las dificultades y emprende osadamente. *Valeroso*, al que sostiene el ataque o lid con vigor, que no cede a la resistencia que se le hace, y continúa la acción a pesar de la oposición y de los esfuerzos contrarios que se le presentan. *Valiente*, al que corre el peligro sin miedo, y que prefiere el honor a la vida. *Intrépido* al que arrostra y ve a sangre fría el peligro más evidente, sin aterrarse al aspecto de una muerte inevitable. Diremos, pues,

que el *animoso* se avanza o adelanta; el *valeroso* prosigue; el *valiente* se expone, y el *intrépido* se sacrifica» (Ma).

aniñado -da adj. *Infantil, pueril*.

aniquilar tr. *Destruir, exterminar, arruinar, desbaratar, *anonadar*. *Aniquilar* es, etimológica y literalmente, reducir a la nada, hacer que se extinga una cosa por completo; en tanto que de lo que se *destruye* quedan restos, vestigios o fragmentos. Un bombardeo *destruye* una ciudad, y si decimos que la *aniquila*, es por hipérbole. *Exterminar* se refiere siempre a seres vivos, como cuando decimos que *han sido exterminadas* una plaga de langosta o las plantas parásitas de un jardín. *Arruinar* se aplica a edificios, bienes, hacienda, y metafóricamente a la salud, ánimo, etc. *Desbaratar* es destruir la fuerza que se nos opone, aunque no llegue a destruir a los agentes de ella: se *desbarata* al enemigo en un combate sin *destruirlo* ni *aniquilarlo*. *Anonadar* tiene por su etimología el mismo significado que *aniquilar*; pero apenas se usa hoy en sentido material; en cambio, se emplea preferentemente en la acepción de *abatir, humillar, confundir* o *avergonzar* a una persona.

anís m. Planta y semilla: *matalahúga, matalahúva*. ‖ Licor: *anisado, aguardiente anisado, anisete*. ‖ Anís estrellado: *badiana*.

aniversario -ria adj. *Anual* (p. us. en la actualidad). ‖ m. *Cabo de año*.

1) **anochecer** m. *Anochecida*.

2) **anochecer** intr. *Oscurecer, ensombrecer*.

anodino -na adj.-m. *Sedante, sedativo*. El primero se emplea pralte. en el sentido de lo que produce sosiego general. ‖ fig. *Ineficaz, insustancial, insignificante*.

anómalo -la adj. *Irregular, anormal*. ‖ *Infrecuente, raro, extraño, insólito*.

anona f. *Corrosal*.

anonadar tr. *Abatir, humillar, confundir*. Aunque *aniquilar* y *anonadar* coinciden en su acep. etimológica, el primero se emplea preferentemente en signif. material, y el segundo en sentido moral: la epidemia *aniquila* el rebaño, la noticia me *anonadó*. «*Anonadar* se aplica a las personas solamente; *aniquilar*, a las personas y a las cosas. Decimos que el alma se *anonada* ante la presencia de Dios, y no que se *aniquila*. Por el contrario, hablando de un país, de un caudal, etc., decimos que están *aniquilados*, y no *anonadados*. Si decimos que fulano está *aniquilado*, damos a entender que las enfermedades, la miseria, los desórdenes, etc., han destruido su salud; pero si decimos que está *anonadado*, significamos que está confundido, o avergonzado, o abatido profundamente, o sumergido en el más vivo dolor» (C).

anónimo -ma adj. Tratándose del autor de una obra o escrito, *desconocido, ignorado;* pero si se trata de la obra misma no puede decirse que es *desconocida* o *ignorada*, sino precisamente *anónima*.

anorexia f. MED. *Inapetencia, desgana*.

anoria f. *Noria*. En Marruecos, *cenia*.

anormal adj. *Irregular, anómalo*.

anormalidad f. *Irregularidad, anomalía*.

anorza f. *Nueza blanca*.

anotar tr. *Apuntar. Asentar* tuvo en la lengua antigua el mismo significado, pero hoy su empleo ha quedado restringido a los libros de comercio y cuentas. Un estudiante *anota* o *apunta* las explicaciones del profesor, pero no las *asienta*. Igualmente *anotamos* o *apuntamos* lo que no queremos que se nos olvide. Un comerciante *asienta* una partida en sus cuentas. ‖ Tratándose de añadir anotaciones que aclaren o comenten el sentido de un libro o escrito, *anotar, comentar, glosar*, pero nunca *apuntar* ni *asentar* el libro o escrito en cuestión.

anquilosarse prnl. fig. *Envejecer, inmovilizarse* las cosas inmateriales.

ánsar m. *Ganso, ansarón*.

ansia f. *Aspiración, deseo, afán, *anhelo*. «*Ansia* y *anhelo* son sentimientos más o menos penosos que acompañan al deseo en su último grado de vehemencia. Se diferencian en que el *ansia* obra con más actividad que el *anhelo*, y tiene más analogía con las pasiones fuertes. Con el *ansia* van la *congoja* y el padecimiento; con el *anhelo*, el desvelo y la inquietud. De un servidor escrupuloso en el cumplimiento de su deber no puede decirse que sirve con *ansia*, sino con *anhelo*. El *ansia* no deja tanto lugar a la acción como el *anhelo*. Hay muchos hombres que desean con *ansia* la riqueza, y trabajan con *anhelo* por adquirirla» (M). *Ansiedad* es el estado del que tiene *ansia*. ‖ Cuando en el *ansia* predominan los sentimientos penosos, llega a desaparecer u obscure-

cerse la idea de deseo, y la línea sinonímica va hacia los significados de *aflicción, zozobra, congoja, *angustia, tribulación*. ‖ f. pl. *Náuseas, basca*.

ansiar tr. Es expresión intensiva de *apetecer, *desear, aspirar*, e implica vehemencia en el deseo, como *anhelar, suspirar por, desvivirse*.

ansiedad f. Si predomina el matiz de impaciencia o deseo impaciente, *ansia, inquietud, intranquilidad, agitación*. Cuando aquel sentimiento se hace doloroso, *congoja, zozobra, angustia, tribulación, *dolor*.

anta f. *Alce, ante, dante, danta*. ‖ Bol. *Tapir*.

antagonismo m. *Oposición, contraposición, conflicto*. ‖ *Rivalidad, lucha*.

antagonista com. *Adversario, contradictor, contrario, rival, enemigo*.

antártico -ca adj. *Austral*.

1) **ante** m. *Anta, dante, danta, alce*.

2) **ante** prep. *En presencia de, delante de*. ‖ *Respecto de*.

antecámara f. *Antesala*.

antecedente adj. *Anterior, precedente*. «*Antecedente* es lo que está colocado antes; *anterior* es lo que ha sucedido o existido antes; *precedente* lo que está colocado o ha existido inmediatamente antes de lo actual. Las doctrinas o proposiciones de que se sacan consecuencias son *antecedentes*. Los hechos que han preparado una calamidad son *anteriores*. El capítulo *precedente* es el primero con respecto al segundo; pero no con respecto al tercero o al cuarto» (M). Tratándose de cosas fijas sin idea de sucesión temporal o de orden, se usa *anterior*, y no *antecedente* ni *precedente*; p. ej. cuando hablamos de la parte *anterior* de un edificio. ‖ m. *Dato, noticia, referencia, informe; precedente* es un caso anterior que sirve para juzgar o decidir otros posteriores más o menos parecidos.

anteceder tr. *Preceder* indica anterioridad inmediata en orden, jerarquía o tiempo. *Anteceder* no establece limitación respecto al tiempo. Los hechos que *antecedieron* a un acontecimiento importante son sencillamente anteriores a éste, y pueden ser próximos o lejanos; los que le *precedieron* se hallan en anterioridad inmediata con el acontecimiento en cuestión, o muy próximos a él.

antecesor -ra m. f. *Predecesor* en un cargo o dignidad. ‖ *Ascendiente, antepasado*. En plural, *predecesores, mayores, padres, abuelos, progenitores.*

antedicho -cha p. p. *Predicho, augurado, profetizado.* ‖ adj. *Dicho, sobredicho, nombrado, mencionado.*

anteguerra f. *Preguerra.*

antehistórico -ca adj. *Prehistórico.*

antelación f. *Anticipación* es de uso más general. *Antelación* es voz escogida, de sabor literario, muy frecuente también en el lenguaje administrativo: se anuncia la presentación de los opositores con 15 días de *antelación*; el juez requiere la presencia de un testigo con 24 horas de *antelación.*

antemano (de ~) m. adv. *Antes, anticipadamente, por anticipado, por adelantado.*

antena f. MAR. *Entena.* ‖ ZOOL. *Cuerno, cornezuelo.*

antenado -da m. f. *Hijastro, entenado;* ant. *alnado.*

anteojo m. *Catalejo.* ‖ m. pl. *Gemelos.* ‖ m. pl. *Espejuelos; lentes, quevedos,* cuando se sujetan a la nariz; *gafas,* si la armadura se sujeta detrás de las orejas; *antiparras = gafas,* fam. y vulg.

antepasados m. pl. *Antecesores, ascendientes, abuelos, progenitores, mayores, padres.*

anteponer tr. *Preferir, preponer.*

anteporta = anteportada f. *Portadilla.*

antepuerta f. *Guardapuerta.* ‖ FORT. *Contrapuerta.*

antequino m. ARQ. *Esgucio.*

anterior adj. **Antecedente, precedente. Previo:* «Lo *anterior* no hace más que preceder; lo *previo* precede con relación de necesidad, condición o requisito, a lo que sigue. El sitio de Granada fue *anterior* al descubrimiento del Nuevo Mundo. El contrato se celebra *previo* el avenimiento de las partes. Lo *anterior* puede ser efecto del acaso; lo *previo* nace siempre de la necesidad, de la obligación o de la conveniencia...» (M).

antesala f. *Antecámara,* en los palacios y casas importantes. En las casas corrientes, *recibidor, recibimiento.*

antever tr. *Prever.*

antia f. *Lampuga.*

antiafrodisíaco -ca adj. *Anafrodisíaco.*

anticarro m. *Antitanque.*

anticipación f. *Adelanto, *antelación, anticipo.* ‖ RET. *Ocupación, prolepsis, longanza.*

anticipar tr.-prnl. *Adelantar.*

anticipo m. *Anticipación, adelanto, avance.*

anticuado -da adj. Añade a *viejo* y *antiguo* la idea de que no está

en uso desde hace tiempo; equivale a *desusado, desueto, obsoleto, trasnochado.*

anticuario m. *Arqueólogo* es hoy más us. que *anticuario* para indicar el conocedor de las cosas antiguas por profesión o estudio. Es además de signif. más extensa, puesto que abarca el conocimiento de monumentos antiguos en gral., y no sólo el de objetos de arte, utensilios, etc. En el uso moderno, *anticuario* se aplica esp. al que comercia en antigüedades.

antidáctilo m. *Anapesto.*

antídoto m. *Contraveneno, antitóxico. Antídoto* y *contraveneno* son medicamentos propios para contrarrestar los efectos de un veneno determinado; *antitóxico* (adj.-m.) tiene un sentido más gral. y sirve para anular o eliminar no sólo un veneno o toxina de efectos rápidos, sino también los estados de intoxicación más o menos duradera. A un envenenado con arsénico se le administra inmediatamente un *antídoto* o *contraveneno.* Un régimen alimenticio puede ser *antitóxico.*

antifaz m. **Careta, máscara.*

antifebril adj.-s. MED. *Antitérmico, antipirético, febrífugo.*

antifonal y **-nario** adj.-s. *Tonario.*

antiguamente adv. t. *En lo antiguo, en otro tiempo, otras veces.* «Todos designan el tiempo pasado; pero *antiguamente* lo designa como muy apartado del tiempo presente; *en otro tiempo,* como simplemente separado, y *otras veces* lo designa no solamente como separado de lo presente, sino también como diferente, por los accesorios. Tan injusto es juzgar de lo que se practicaba *antiguamente,* por lo que en el día está en uso, como sería ridículo querer arreglar los usos del día por lo que *antiguamente* se hacía. *En otro tiempo* se rogaba mucho a los convidados para que bebiesen, en el día ni aun se les indica. Las cosas mudan según los tiempos y las circunstancias: lo que *otras veces* era bueno, puede no ser conveniente ahora» (Ma).

antiguo -gua adj. **Viejo, vetusto, añoso, arcaico, remoto. Viejo* y *antiguo* pueden aplicarse a personas y cosas. Cuando *antiguo* se aplica a personas, se refiere, más que a su edad, a sus costumbres, ideas, vestido, etc., y se acerca al sentido de *anticuado.* **Anciano* se dice exclusivamente de personas.

antipatía f. Es voz genérica que abarca todos los matices contenidos en la siguiente serie intensiva : *ojeriza, desafecto, desafección, inquina, animadversión, manía, tirria, hincha* (vulg.), *aversión, repugnancia, repulsión.* Cuando estos sentimientos se combinan más o menos con la voluntad activa del sujeto, pasan a ser *animosidad, mala ley, mala voluntad, malquerencia, encono, rencor, aborrecimiento, rabia, *odio.* «Las personas inspiran *antipatía,* y las cosas *repugnancia.* Miramos con *antipatía* al opresor, al traidor, al sanguinario, al perjuro; se toman con *repugnancia* las medicinas nauseabundas. La *antipatía* es un sentimiento moral ; la *repugnancia* es una sensación física» (M). Sin embargo, la aplicación de *repugnancia* al sentimiento moral que nos inspiran ciertas personas es hoy frecuente como expresión de *antipatía* intensa. Con el mismo sentido intensivo se aplica también a ciertas ideas, doctrinas o prácticas muy distantes de las que tenemos por buenas o gratas.

antipirético -ca adj.-s. MED. *Antifebril, antitérmico, febrífugo.*

antiséptico -ca adj.-s. *Antipútrido, desinfectante.*

antitanque m. *Anticarro.*

antitérmico -ca adj.-s. MED. *Antifebril, febrífugo, antipirético.*

antítesis f. *Oposición, contraposición, contraste.*

antitético -ca adj. *Opuesto, contrario, contrapuesto.*

antitóxico -ca adj.-m. **Antídoto,* contraveneno.*

antojadizo -za adj. *Caprichoso, caprichudo, fantasioso, mudable, versátil, veleidoso, voluble.*

antojo m. *Deseo, capricho, gusto, *fantasía, humorada.*

antología f. *Florilegio, *crestomatía, analectas, selectas.*

antorcha f. *Hacha.*

antro m. **Caverna, gruta, cueva.*

antropofagia f. *Canibalismo.*

antropoide adj.-s. *Antropomorfo.*

antropomorfo -fa adj.-s. *Antropoide.*

anubado -da, anubarrado -da adj. *Anublado, nuboso, nublado, encapotado.*

anublar tr.-prnl. *Nublar, oscurecer, empañar.* ‖ *Marchitar, amustiar.*

anudar tr. fig. *Juntar, unir, asegurar.* ‖ *Continuar, reanudar.* ‖ prnl. *Ennudecer.*

anuencia f. **Consentimiento, aquiescencia, permiso, venia, asentimiento, asenso, aprobación, beneplácito.*

anular tr. *Suprimir, revocar, *abolir, invalidar* alguna orden o disposición ; *deshacer* un trabajo u obra ; *borrar, tachar* lo escrito.

‖ *Desautorizar, incapacitar* a alguien.

anunciar tr. *Predecir, pronosticar, presagiar, augurar.* ‖ **Advertir, prevenir, *noticiar, avisar, informar, proclamar, hacer saber.*

anuncio m. *Predicción, pronóstico, presagio, augurio.* ‖ *Aviso, noticia, advertencia.*

anverso m. *Cara.*

anzuelo m. *Hamo* (desus.). ‖ fig: *Atractivo, aliciente, incentivo.*

añadido m. *Postizo.*

añadidura f. *Aditamento, añadido, complemento.*

añadir tr. *Agregar, sumar, adicionar, incorporar.* ‖ *Aumentar.* «El *aumento* es el resultado de la *adición.* La parte que se agrega a otra para hacerla mayor, es lo que se *añade;* la que se hace mayor con la parte *añadida,* es lo que *aumenta.* Aumenté el número de mis libros, *añadiendo* a los que tenía algunos que me faltaban. Este vecindario se va *aumentando* de día en día ; y no, se va *añadiendo. Aumentó* su caudal *añadiendo* a él el dote de su mujer ; y no, *añadió* el caudal *aumentando* el dote, porque se daría a entender lo contrario de lo que se quería decir» (LH). *Incrementar* es voz culta o científica. Entre *añadir* y *agregar* existe la diferencia siguiente : «Lo que se *añade* compone parte integrante de aquello a que se *añade;* lo que se *agrega* conserva su individualidad : de modo que *añadir* es aumentar el todo, y *agregar* es aumentar el conjunto. *Añadir* supone homogeneidad ; pero *agregar* no requiere esta circunstancia. Cuando se quiere ensanchar o alargar una pieza de ropa, se le *añade* un pedazo del mismo tejido y color. Las guarniciones, los flecos y los adornos postizos se *agregan,* no se *añaden*» (M). *Incorporar* es, por su etimología y significado presente, *añadir* formando cuerpo o conjunto. Una salsa se corta si el aceite que le *añadimos* no se *incorpora* a la masa. Los soldados se *incorporan* a su regimiento, no se *añaden.*

añagaza f. *Señuelo.* ‖ *Ardid, artificio, artimaña, engaño, treta, trampa.*

añalejo m. *Cartilla; burrillo; gallofa,* fam.; *cuadernillo; epacta, epactilla.*

añasco m. *Enredo, embrollo.*

añejo adj. *Añoso, viejo, antiguo.* «*Añoso* es lo que ha durado muchos años ; *añejo* lo que, por haber durado muchos años, ha mejorado o empeorado de condición. En poesía se dice *añosas* selvas, y los aficionados al vino prefieren el *añejo»* (M).

añicos m. pl. *Pedazos, trizas.*

añil m. *Índigo.*

añoranza f. *Nostalgia, morriña;* ant. **soledad.*

añoso adj. *Viejo, vetusto, antiguo, *añejo.*

añublo m. *Niebla.*

añudar tr. ant. *Anudar.*

aojar tr. *Fascinar, atravesar, ojear, hacer o dar mal de ojo.*

aónides f. pl. *Las musas.*

aovado -da adj. *Ovado, oval, ovalado, ovoide, ovoideo.*

aovar intr. *Ovar, poner.*

apabullar tr. *Aplastar, chafar, estrujar.* || fig. *Confundir, avergonzar.*

apacentamiento m. *Tratándose del ganado, pacedura.*

apacentar tr. *Pastorear, dar pasto, apastar. Tiene algún uso pacer con sentido factitivo.* || fig. *Instruir, enseñar, adoctrinar.*

apacible adj. *Dulce, agradable, pacífico, manso, sosegado, tranquilo, reposado; bonancible,* esp. *tratándose del tiempo.*

apaciguar tr. *Poner en paz, pacificar. Tratándose de una riña, despartir.* || **Tranquilizar, sosegar, calmar, aquietar.*

apachico m. Amér. *Lío, bulto.*

apadrinar tr. **Proteger, patrocinar, auspiciar.*

apagado -da adj. *Tratándose de personas o de su carácter, sosegado, apocado. Tratándose del color o del brillo, bajo, débil, mortecino, amortiguado.*

apagar tr. *Extinguir, sofocar.* || fig. *Aplacar, reprimir, contener.* || *Tratándose del color o del brillo, rebajar, amortiguar, debilitar.*

apagavelas m. *Matacandelas.*

apalabrar tr. *Concertar, convenir, tratar, pactar.*

apalear tr. *Varear, golpear* (con palo). || *Palear* (con pala).

apancle m. Méj. *Apantle.*

1) **apandar** tr. fam. *Pillar, guardar, llevarse.*

2) **apandar** intr.-prnl. *Pandear, torcerse, encorvarse, alabearse, combarse. Apandar y pandear se aplican a una superficie más o menos extensa, una pared, una tabla se apandan, pandean, alabean o comban;* pero un bastón o un clavo se *tuercen o encorvan.*

apañado -da adj. *Hábil, mañoso, diestro.* || *Arreglado, ataviado, aderezado, compuesto.* || *Arreglado, remendado, adobado.*

apañar tr. *Recoger, guardar, apandar.* || *Aderezar, ataviar, arreglar, componer.* || *Remendar.* || prnl. *Bandearse, ingeniarse.*

apaño m. *Compostura, remiendo,*

arreglo. || *Maña, habilidad, destreza.*

aparador m. *Cristalera.* || *Credencia.* || *Escaparate.*

aparato m. fig. *Pompa, ostentación, solemnidad, boato, fausto.*

aparatoso -sa adj. *Pomposo, ostentoso.*

aparcamiento m., **aparcar** tr. Véase **estacionamiento.*

aparecer intr.-prnl. *Mostrarse, dejarse ver, manifestarse, surgir, brotar.* || *Hallarse, encontrarse, estar, parecer, figurar.* Así decimos que un nombre *aparece,* se *halla* o *encuentra, está, parece, figura,* en la lista.

aparejar tr. *Preparar, prevenir, disponer, aprestar.* || PINT. *Imprimar.*

aparejo m. *Preparación, disposición.* || *Arreos.* || *Polipasto, polispasto.* || PINT. *Imprimación.* || *Herramientas, instrumental.*

aparentar tr. *Simular, fingir.*

aparición f. *Fantasma, espectro, sombra.*

apariencia f. *Aspecto, forma, figura, traza.* || *Verosimilitud, probabilidad.* || **Ficción, simulación.*

aparrado -da adj. *Parrado.* || fig. *Achaparrado, rechoncho.*

apartado -da adj. *Alejado, retirado, distante, lejano, remoto.* || m. *Apartado de correos,* en varios países de Amér., *casilla.*

apartamiento m. *Alejamiento, retiro, clausura.* || *Habitación, apartamento, piso, vivienda.*

apartar tr. *Escoger, separar, seleccionar.* || **Separar, desunir, distanciar, dividir.* || *Alejar, retirar, desviar, quitar.* || *Disuadir, distraer.*

aparte adv. l. *Separadamente, por separado.* || m. *Párrafo.*

aparvar tr. *Emparvar.* || fig. *Amontonar, reunir.*

apasote m. *Pazote, apazote.*

apastar tr. *Apacentar, pastorear, dar pasto.*

apatía f. *Asadura, calma, cachaza, flema, pachorra.* || *Incuria, indolencia, displicencia, dejadez, desidia, abandono.*

apático -ca adj. *Impasible, indiferente, indolente, dejado, desidioso, abandonado.*

apazote m. *Pazote, apasote.*

apealar tr. Amér. *Manganear.*

apearse prnl. *Descabalgar, desmontar. Si se trata de un vehículo, bajar, descender.*

apechugar intr. *Apechar, cargar, apencar.*

apego m. fig. *Afición, inclinación, afecto, ley.*

apelambrar tr. *Pelambrar.*

apelar intr. *Recurrir, acudir.*

apenar tr. *Afligir, entristecer, apesadumbrar, contrariar, contristar, apesarar.*

apenas adv. m. y c. *Casi no, con dificultad, escasamente.*

apencar intr. *Apechugar, apechar.*

apéndice m. *Prolongación, suplemento, agregado.* ‖ H. NAT. *Cola, prolongación.*

apercibimiento m. *Percibimiento.* ‖ *Aviso, *advertencia de una autoridad.* ‖ *Admonición, amonestación, consejo.*

apercibir tr. *Prevenir, disponer, preparar, aparejar.* ‖ *Amonestar, avisar, advertir. Apercibir tiene además el sentido de comunicar o hacer saber una autoridad las sanciones a que está expuesta la persona requerida.* ‖ prnl. *Darse cuenta, notar, advertir.*

aperdigar tr. **Perdigar.*

aperreado -da adj. *Duro, fatigoso, molesto, trabajoso, arrastrado.*

apersonarse prnl. *Personarse, presentarse, *comparecer.*

apertura f. *Inauguración, comienzo, principio. Apertura e inauguración dan idea de solemnidad.*

apesadumbrar tr. *Afligir, entristecer, apenar, apesarar, atribular.*

apesarar tr. *Afligir, entristecer, apenar, apesadumbrar, contristar.*

apestar tr. *Heder, oler mal.* ‖ *Corromper, viciar.* ‖ *Fastidiar, hastiar, cansar, molestar, enfadar. Apestar añade intensidad o grado a la molestia sufrida.*

apestoso -sa adj. *Fétido, hediondo.* ‖ *Fastidioso, molesto, enfadoso, insufrible, insoportable.*

apetecer tr. fig. **Desear.* «Se desea lo que gusta; se *apetece* lo que se necesita. Hay más sensualidad en el acto de *apetecer* que en el de *desear.* La ciencia, el poder, la fama son objetos legítimos del *deseo.* Se *apetece* el descanso, el manjar, la bebida, el fresco en los días calurosos. *Apetecer* se relaciona con *apetito,* sentimiento que los hombres tienen de común con los animales» (M).

apetencia f. *Apetito, gana de comer;* pero *apetencia* tiene aplicación general a todo lo que es *inclinación o deseo,* especialmente si es sensual o necesario para el cuerpo.

apetito m. Serie intensiva : *apetito, gana, necesidad, hambre, voracidad.* En el habla popular y burlesca, *gazuza, carpanta.* ‖ *Inclinación, deseo.*

apetitoso -sa adj. *Gustoso, sabroso, regalado, delicado, rico.*

apiadarse prnl. *Compadecer(se), condolerse, dolerse, tener compasión o misericordia.*

apilar tr. *Empilar.* En las Antillas, Colomb. y Méj., *apilonar.* ‖ *Amontonar, juntar, allegar.*

apio caballar m. *Esmirnio, perejil macedonio.*

apio de ranas m. *Ranúnculo.*

apiolar tr. fam. burl. *Prender, sujetar.* ‖ *Matar.*

apiparse prnl. *Hartarse, saciarse, atracarse.*

apisonar tr. *Pisonear, repisar.*

aplacar tr. *Amansar, mitigar, moderar, suavizar,* se aplican a lo violento, como el huracán, la ira, la enemistad. *Calmar y sosegar* se extienden a los sentimientos de dolor, temor, impaciencia o desesperación. *Aplacar* se usa en ambos sentidos, pero en general está más cerca de la primera serie sinonímica que de la segunda. Se *aplaca* al iracundo; se *calma o sosiega* al aterrorizado, al dolorido.

aplacible adj. *Agradable, grato, ameno, deleitoso, deleitable, delicioso.*

aplanar tr. *Allanar, explanar, igualar.* ‖ prnl. *Abatir, postrar, desalentar, debilitar, extenuar, aniquilar.*

aplastar tr. *Chafar, estrujar, despachurrar, apabullar.* ‖ fig. *Confundir, avergonzar, humillar, abatir.*

aplaudir tr. *Palmotear.* ‖ p. ext. *Aprobar, alabar, loar, elogiar, encomiar, celebrar.*

aplauso m. *Ovación* cuando el aplauso es grande, ruidoso y tributado por mucha gente; *palmas.* ‖ *Alabanza, loa, elogio, aprobación, encomio.*

aplazamiento m. El *aplazamiento* y la *prórroga* tienen un tiempo determinado; mientras que la *demora,* la *suspensión,* el *retraso,* el *retardo* y la *dilación* son por tiempo indefinido. Cuando el *aplazamiento* y la *prórroga* quieren hacerse sin señalar su término, hay que añadirles expresiones como «hasta nueva orden», «sine die», etc. La *prórroga* es el alargamiento de un plazo sin solución de continuidad; el *aplazamiento* supone solución de continuidad. En varios países de Amér. se usa *postergación* como sinónimo de *aplazamiento.*

aplazar tr. *Prorrogar, demorar, retrasar y diferir* se refieren siempre al tiempo. *Posponer y postergar* se refieren a la situación u orden de colocación en el tiempo, en el espacio o en la estimación. Ambos implican un término de comparación, o punto de partida, desde el cual las cosas se posponen o postergan. *Postergar* es siempre desestimativo en España, aunque no en Amér. «Se *aplaza* para un tiempo determinado; se *difiere* por tiempo indefinido; se *pospone* dejando para después lo que debería hacerse antes; se *posterga* por descuido, injusticia u olvido. Se *aplaza* una discusión para la sesión próxima. El juez *difiere* la sentencia hasta tener más conocimiento del negocio. En una promoción me *pospusieron* al más moderno, y quedé *postergado*. Una cuestión grave puede *aplazarse*, pero no debe *posponerse* a otras menos importantes, ni *diferirse* indefinidamente a riesgo de dejarla *postergada* (M). En varios países de Amér., *postergar* no significa necesariamente desestimación de lo postergado, sino *aplazar*; por la importancia del asunto se *postergó* el acuerdo hasta que se reciba más información.

aplicación f. *Superposición, adaptación.* ‖ Un adorno aplicado sobre una cosa se llama *sobrepuesto* o *aplicación.* ‖ *Asiduidad, esmero, atención, estudio, perseverancia.*

aplicado -da adj. *Cuidadoso, atento, perseverante, asiduo, estudioso.*

aplicar tr. *Superponer, sobreponer, adaptar.* ‖ *Destinar, adjudicar.* ‖ *Atribuir, imputar, achacar.* ‖ prnl. *Esmerarse, perseverar, estudiar, atender.*

aplomo m. *Gravedad, serenidad, circunspección, seguridad en sí mismo.*

apocado -da adj. *Tímido, encogido, pusilánime, corto, *medroso, cobarde.*

apocamiento m. *Cortedad, timidez, encogimiento, pusilanimidad.*

apocar tr. *Aminorar, mermar, acortar, achicar, reducir, limitar, estrechar.* ‖ *Humillar, tener en poco, rebajar, abatir.* ‖ prnl. *Amedrentarse, acobardarse, achicarse, acoquinarse.*

apócrifo -fa adj. Se dice de las Sagradas Letras no reconocidas por la Iglesia. La palabra extendió su aplicación a todo libro, escrito, relato y autor que se considera *falso, fingido, supuesto, fabuloso, no auténtico.*

apoderar tr. *Dar poder.* ‖ prnl. *Adueñarse, apropiarse, dominar, enseñorearse, ocupar; usurpar,* si es contra derecho.

apodo m. *Apodo, mote* y *malnombre* implican gralte. menosprecio, burla, ironía, etc. *Alias* y *sobrenombre,* pueden aludir a cualquier cualidad o circunstancia, buena o mala.

apogeo m. *Auge, esplendor, plenitud, magnificencia.*

apología f. La *apología* y el *panegírico* son discursos o escritos de alabanza; el primero, de personas o cosas; el segundo, sólo de personas. Hacemos la *apología* de un personaje, de una época, de un país. El *panegírico* de un santo, de un escritor ilustre. En sentido general, y sin necesidad de que sea en forma de discurso o escrito, podemos emplear como sinónimos de *apología*: *elogio, encomio, alabanza, justificación, defensa.*

apólogo m. *Fábula, ficción, parábola.*

apoltronarse prnl. *Emperezarse, empoltronecerse.* ‖ *Arrellanarse, repantigarse, repanchigarse.*

aponeurosis f. Es voz científica; en el habla común, *nervio.*

aporcar tr. *Acogombrar, acohombrar.*

aporrear tr. *Golpear.* ‖ fig. *Machacar, importunar, molestar.* ‖ prnl. *Azacanearse, ahincarse, fatigarse, afanarse.*

aportadera f. *Portadera.*

1) **aportar** intr. *Arribar, llegar.*

2) **aportar** tr. *Llevar, conducir.* ‖ *Dar, proporcionar.*

aposentar tr.-prnl. *Hospedar, alojar, albergar.*

aposento m. *Cuarto, estancia, habitación, pieza.*

aposta adv. m. *Adrede, de intento, deliberadamente, ex profeso, de propósito, con· intención, expresamente.*

1) **apostar** tr. *Poner, jugar.*

2) **apostar** tr.-prnl. *Situar, colocar.*

apostasía f. *Abjuración, retractación, deserción.*

apóstata com. *Renegado.*

apostatar intr. Desde el punto de vista de la religión, doctrina, partido, que se abandona, *apostatar* = *renegar* (*apóstata* = *renegado*). Desde el punto de vista de la nueva doctrina, *convertirse* (*converso*), lo cual supone **abjurar* la doctrina anterior o *retractarse* de ella.

apostilla f. *Postila, postilla, acotación.*

apostillar tr. *Marginar, postilar, acotar.*

apóstol m. fig. *Propagandista, propagador.*

apostura f. *Gentileza, gallardía, garbo.*

apotegma m. *Aforismo, máxima, sentencia, dicho, *refrán. Apotegma* suele referirse únicamente a la antigüedad clásica o al Renacimiento.

apoyar tr.-prnl. *Descansar, gravitar, estribar, cargar.* ‖ Tratándose de opiniones, doctrinas, etc., *confirmar, sostener, autorizar, secundar.* ‖ *Favorecer, *ayudar, amparar, *proteger, defender, patrocinar.*

apoyo m. *Sostén, soporte, sustentáculo.* ‖ *Favor, ayuda, amparo,* protección, *auxilio, patrocinio, defensa.

apreciable adj. Perceptible. ‖ Estimable.

apreciación f. Evaluación, valoración, estimación. ‖ Juicio, opinión, dictamen, parecer.

apreciar tr. Estimar, tasar, valuar, evaluar, valorar, justipreciar. ‖ *Estimar, considerar, reputar, preciar. ‖ Percibir.

aprecio m. *Estimación, estima, consideración, afecto.

aprehender tr. Coger, prender, *capturar, *apresar, aprisionar.

apremiar tr. Oprimir, apretar. ‖ Dar prisa, urgir, apurar, instar, acuciar.

apremio m. Urgencia, premura, prisa, necesidad.

aprendiz -za m. f. Principiante en general, y esp. en los oficios manuales. En despachos u oficinas, meritorio, aspirante.

aprensión f. Escrúpulo, recelo, *desconfianza, temor.

aprensivo -va adj. Escrupuloso, receloso, remirado, temeroso.

apresar tr. Aprehender, *capturar, prender, aprisionar. Se puede aprehender o capturar personas, animales y cosas. Se apresan cosas o animales, pero no personas; se prende sólo a personas. Aprehender, capturar o apresar sugieren idea de resistencia o huida; prender no supone necesariamente esta idea. Aprisionar es el acto de reducir a prisión, y también el de sujetar o atar.

aprestar tr. Aparejar, preparar, disponer, prevenir, arreglar. Se aprestan o aparejan las cosas necesarias para un fin, p. ej., un viaje, o las herramientas y materiales de construcción; pero un discurso se prepara o dispone.

apresto m. Prevención. preparativo, preparación.

apresurar tr.-prnl. Dar prisa, *acelerar, activar, avivar, aligerar, apurar, precipitar.

apretado -da adj. fig. Arduo, difícil, peligroso, apurado. ‖ Mezquino, miserable, agarrado, tacaño, cicatero, roñoso, avaro.

apretar tr. Estrechar, comprimir, prensar, oprimir, apretujar. ‖ fig. Acosar, importunar, afligir, angustiar, oprimir.

apretón m. fig. *Conflicto, apuro, aprieto, apretura, ahogo.

apretura f. fig. *Conflicto, apuro, apretón, aprieto, dificultad, ahogo.

aprieto m. *Conflicto, compromiso, dificultad, apuro, apretura, ahogo, brete.

apriorismo m. FIL. Trascendentalismo.

aprisa adv. m. Pronto, de prisa, aceleradamente, rápidamente. «Aprisa expresa la celeridad del movimiento; pronto, la brevedad del tiempo en que se ejecuta una acción. No todo lo que se hace aprisa se hace pronto. Más pronto llega el que va despacio por el camino más corto, que el que anda aprisa por el más largo. Además, pronto puede aplicarse a una acción instantánea, y aprisa se aplica siempre a una acción continuada, como se nota en estos ejemplos: cerró pronto la puerta; pronto salí de la duda; escribe, lee, anda aprisa» (M). Los adverbios de prisa, aceleradamente y rápidamente equivalen a aprisa, y ofrecen las mismas diferencias que éste respecto a pronto.

aprisco m. Corte.

aprisionar tr. Prender, *capturar, *apresar, encarcelar. ‖ Asir, coger, atar, sujetar.

aprobación f. Asentimiento, asenso, anuencia, aquiescencia, *consentimiento, beneplácito, conformidad.

aprobar tr. Asentir, consentir, dar por bueno, admitir, conformarse.

apropiado -da adj. Adecuado, propio, acomodado, oportuno, *conveniente, idóneo.

apropiar tr. Aplicar, acomodar. ‖ prnl. Apoderarse, adueñarse, arrogarse, atribuirse. «Se apropian el dominio, el goce y la posesión; se arrogan la autoridad, el mando, los derechos; se atribuyen las acciones y las cualidades. Las tres grandes naciones del Norte se apropiaron Polonia, dividiéndola entre sí. Un papa se arrogó el derecho de disponer de los tronos de Europa. El plagiario se atribuye las composiciones ajenas» (M). «Uno se apropia un campo, se arroga un título o mando, se atribuye una invención» (Ma).

aprovechado -da adj. Aplicado, diligente, estudioso. ‖ Ventajista, ganguero, ganguista, se toman comúnmente a mala parte; ahorrador, ahorrativo.

aprovechar intr. Servir, valer. ‖ tr. Utilizar. ‖ prnl. Prevalerse, disfrutar.

aprovisionar tr. *Abastecer, proveer, suministrar, surtir, avituallar.

aproximadamente adv. m. Con proximidad, con corta diferencia, próximamente, poco más o menos.

aproximar tr.-prnl. *Acercar, arrimar, juntar.

apterigógeno -na adj.-s. Tisanuro.

aptitud f. Capacidad, idoneidad, suficiencia, disposición, competencia. «La aptitud no supone más que disposición; la *capacidad* supone facilidad de acción; la *idoneidad* incluye la idea de facultades adquiridas. Un joven tiene *aptitud* o *disposición* para las matemáticas, y en poco tiempo adquiere bastante *capacidad* para resolver problemas difíciles. La *idoneidad* para la magistratura requiere saber y experiencia. En un recluta puede haber *aptitud* para aprender el ejercicio; un teniente se halla con bastante *capacidad* para mandar una compañía; pero no en todos los jefes de cuerpo hay la *idoneidad* que se requiere para mandar una división» (M).

apto -ta adj. Se usa, preferentemente para personas, lo mismo que *dispuesto, suficiente* y *capaz; útil* e *idóneo*, para personas o cosas; *competente*, en trabajos intelectuales. «*Apto* explica una idoneidad pasiva; *capaz*, una idoneidad activa: Es *capaz* de ejecutar cualquiera cosa, de acometer a un enemigo más fuerte que él; es *apto* para aprender, para que se le imprima bien en la memoria lo que se le dice. Un buen oficial es *apto* para la carrera militar, y *capaz* para formar el plan de un ataque» (LH). V. *Aptitud*.

apuesto -ta adj. *Ataviado, adornado.* ‖ *Gallardo, airoso, arrogante, garboso, bizarro, galán.*

apuntador -ra m. f. *Consueta*, en algunas partes. ‖ *Traspunte.*

apuntar tr. *Anotar, asentar.* ‖ *Asestar.* ‖ *Señalar, indicar.* ‖ *Aguzar, afilar.* ‖ *Soplar.* ‖ *Insinuar, sugerir.* ‖ prnl. *Torcerse, avinagrarse, *agriarse, acedarse.*

apunte m. *Nota, anotación.* ‖ *Croquis, tanteo, esbozo, boceto, esquicio.*

apurado -da adj. *Necesitado, escaso, pobre.* ‖ *Dificultoso, peligroso, arduo, apretado.* ‖ *Exacto, preciso.*

apuranieves f. *Aguzanieves.*

apurar tr. *Purificar, depurar.* ‖ *Acabar, agotar, consumir.* ‖ *Afligir, atribular, acongojar.* ‖ *Apremiar, urgir, apretar, apresurar, acelerar;* en varios países de Amér., *apurar* equivale a *darse prisa.*

apuro m. *Aprieto, escasez.* ‖ *Aflicción, *conflicto, compromiso, dificultad, ahogo.*

aquejar tr. *Acongojar, afligir, apesadumbrar; atribular, apenar.*

aqueo -a adj.-s. *Aquivo.*

aquí adv. l. y t. Véase *Acá.* ‖ En frases como *aquí tiene razón, aquí me lo ha contado,* usuales en la conversación, adquiere carácter pronominal demostrativo equivalente a *éste, ésta*, designando personas. Se emplea cuando *éste, ésta*, parecerían poco respetuosos o demasiado familiares. Por ejemplo, un inferior no puede designar a un superior diciendo *éste me lo ha ordenado;* en cambio, puede decir *aquí me lo ha ordenado,* si no sabe su nombre o no quiere usarlo. En una discusión callejera entre personas desconocidas entre sí, es frecuente aludirse unos a otros diciendo *aquí le ha insultado, aquí tiene razón.*

aquiescencia f. *Asentimiento, asenso, anuencia, *consentimiento, beneplácito, conformidad, aprobación, venia, permiso.*

aquietar tr. *Apaciguar, pacificar, tranquilizar, sosegar, calmar, serenar.*

aquifoliáceo -a adj.-s. BOT. *Ilicíneo.*

aquifolio m. *Acebo, agrifolio.*

aquilatar tr. *Quilatar* (p. us.). Tanto en sentido recto como fig., *apreciar, graduar, estimar, valorar,* a los cuales añade un matiz de mayor exactitud y minuciosidad. *Aquilatar* los méritos de una persona o la verdad de una noticia supone una medida más precisa, detallada y cuidadosa que la expresada por los demás sinónimos.

aquilea f. *Milenrama, altarreina, artemisa bastarda, hierba meona, milhojas.*

aquilino -na adj. *Aguileño.*

aquilón m. *Viento *norte, septentrión, bóreas, cierzo, tramontana; matacabras* si es fuerte y frío. ‖ *Polo ártico, septentrión.*

aquistar tr. *Conseguir, adquirir, conquistar. Aquistar* es voz literaria y p. us.

aquivo -va adj.-s. *Aqueo.*

ara f. *Altar.*

aráceo -a adj. f. *Aroideo -a.*

arambel m. *Colgadura, harambel.*

arandela f. Tratándose del anillo metálico usado en las máquinas para atenuar el roce, *corona, herrón, vilorta, volandera.*

arandillo m. *Trepajuncos.*

arañar tr. *Rascar, arpar, rasgar, rasguñar.* La acción de *arañar* es más ligera y superficial que la de los demás sinónimos.

arañazo m. *Rascuño, rasguño, uñada, uñarada, arpadura, uñetazo* (intens.).

arañuela f. (planta). *Ajenuz, araña, neguilla.*

arar tr. *Labrar.*

arbellón m. *Albollón.*

arbitraje m. *Juicio, dictamen, decisión.*

arbitrar tr. Añade a *juzgar* la idea de decidir la contienda, discusión, partido deportivo, etc. ‖

Allegar, disponer, reunir, procurar; p. ej.: ~ *medios, fondos, recursos.*

arbitrariedad f. *Extralimitación, desafuero, tropelía, atropello, injusticia, despotismo, iniquidad, ilegalidad.*

arbitrario -ria adj. *Inmotivado, caprichoso.* ‖ *Injusto, ilegal, inicuo, despótico.*

arbitrio m. *Medio, recurso.* ‖ m. pl. *Derechos, impuestos, gabelas.*

árbitro m. *Juez, componedor.*

arbolar tr. *Enarbolar, levantar, izar.* ‖ prnl. *Encabritarse.*

arbollón m. **Albollón.*

arborescente adj. *Dendroide, dendroideo,* son tecnicismos botánicos p. us.

arbotante m. *Botarete.*

arca f. *Caja, cofre.* ‖ *Caja de caudales.*

arcacil m. **Alcaucil, alcaucí, alcacil, alcarcil, alcachofa silvestre.*

arcaduz m. *Caño.* ‖ *Cangilón.*

arcaico -ca adj. *Anticuado, *antiguo, viejo.*

arcano -na adj. **Secreto, misterioso, oculto.* ‖ m. **Secreto, misterio.*

arce m. *Moscón, sácere.*

arcediano m. *Archidiácono.*

arcedo m. *Alcedo.*

arctado -da adj. *Artado.*

archidiácono m. *Arcediano.*

archidiócesis f. *Arzobispado, arquidiócesis.*

archivolta f. *Arquivolta.*

arda f. *Ardilla.*

ardalear intr. *Arralar, ralear.*

árdea f. *Alcaraván, charadrio.*

arder intr. *Quemarse, estar encendido.*

ardid m. *Artificio, maña, amaño, astucia, treta, añagaza, estratagema.*

ardiente adj. *Encendido;* tratándose de líquidos, *hirviente.* ‖ fig. *Férvido, ferviente, fervoroso, vehemente, ardoroso, fogoso, apasionado.*

ardimiento m. *Valor, intrepidez, valentía, denuedo, vigor, ardor.*

ardite m. En la expresión «no valer o no importar un ~», *bledo, cornado, comino, maravedí, ochavo, pito.*

ardor m. fig. *Viveza, vehemencia, entusiasmo, actividad, calor, pasión.*

ardoroso -sa adj. *Ardiente, encendido.* ‖ fig. *Fogoso, vehemente, entusiasta, apasionado, fervoroso, vigoroso.*

arduo -a adj. **Difícil, dificultoso, espinoso, apurado, apretado.*

arena f. *Sablón y sábulo,* la gruesa y pesada. ‖ *Liza, palenque, campo, plaza, estadio;* en las plazas de toros, *redondel, ruedo.*

arenar tr. *Enarenar.*

arenga f. *Alocución, *discurso, oración, peroración.* Expr. despectivas : *soflama, perorata, prédica.* «El capitán hace a sus soldados una *arenga* para animarlos a la pelea. La academia propone un *discurso* para desenvolver o sostener un sistema. El orador propone una *oración* fúnebre para dar al concurso una grande idea de su héroe» (Ma). ‖ **Razonamiento.*

areómetro m. *Densímetro.* Recibe nombres esps. según el líquido de que se trate : *pesalicores, alcoholímetro; pesaleches, galactómetro o lactómetro; oleómetro.*

arete m. *Arillo, pendiente, *arracada, zarcillo, perendengue, verduguillo.*

arfueyo m. *Muérdago, almuérdago.*

argadijo y -dillo m. *Devanadera.*

argalia f. *Algalia, catéter, sonda.*

argallera f. *Jabladera.*

argamandel m. *Andrajo, harapo, guiñapo, pingajo, pingo.*

argamasa f. *Forja, mezcla, mortero.*

argavieso m. *Turbión, manga de agua.*

argemone f. *Chicalote.*

argentado -da adj. *Plateado.*

árgoma f. *Aulaga, aliaga.*

argonauta m. (molusco). *Marinero, nautilo.*

argot m. *Jerga, jerigonza, germanía.* La *germanía* es concretamente el habla de pícaros y delincuentes en los siglos XVI y XVII; pero el Diccionario de la R. Academia extiende esta denominación a todas las épocas. En los siglos XIX y XX, la germanía confunde sus límites con el *caló,* o lenguaje de los gitanos, y con el habla *chula* o *chulapa* de la plebe de Madrid. En Buenos Aires se llama *lunfardo* al habla de los maleantes.

argucia f. *Sutileza, sofisma.*

argüe m. *Cabrestante.*

argüir tr. *Descubrir, probar, mostrar, indicar.* ‖ *Argumentar, objetar, razonar, replicar, impugnar, refutar, discutir.*

argumentar tr. *Argüir, razonar, discutir, impugnar, contradecir, replicar, objetar, refutar.*

argumento m. *Razonamiento.* ‖ **Razón, prueba, demostración, señal.* ‖ *Asunto.*

aria f. *Romanza,* la de carácter sencillo y tierno.

aricar tr. *Arrejacar, rejacar.*

aridez f. *Sequedad, esterilidad.*

árido -da adj. *Seco, estéril, improductivo, infecundo.* Un terreno *árido* o *seco* no produce por falta de humedad. Un terreno *estéril, improductivo* o *infecundo* no produce por diversas causas (composición química, clima, altitud, etc.), entre ellas la falta

de humedad. La cualidad de *seco*
o *árido* es un caso particular de
lo *improductivo, estéril* o *infecundo.* ‖ fig. *Aburrido, fastidioso, cansado, monótono.*
arillo m. **Arete.*
ario -ria adj.-s. *Indoeuropeo.* En libros alemanes se emplea la denominación menos exacta de *indogermánico.*
arisaro m. *Frailillos, candil, rabiacana.*
arisco -ca adj. *Áspero, intratable, huidizo, hosco, huraño,* se aplican generalmente a personas; *arisco,* a personas y animales; *bravío, montaraz* y *cerril* se dice de los animales que viven alejados de la civilización y trato social.
arista f. En las plantas gramináceas, *raspa.*
aristocracia f. *Nobleza.*
aristocratizar tr.-prnl. Dar o infundir carácter aristocrático a instituciones, leyes, costumbres. etc.
aristotélico -ca adj. *Peripatético.*
arjorán m. **Ciclamor.*
arlo m. *Agracejo, agrecillo, alarguez, berberis, bérbero.*
armada f. *Marina* o *flota de guerra, escuadra.*
armadía f. *Almadía, balsa.*
armadija f., **armadijo** m. *Trampa.*
armadillo m. En Amér., *cachicamo.*
armadura f. *Armas, arnés.* ‖ *Armazón, montura.* ‖ *Esqueleto.*
armaga f. *Ruda silvestre.*
armajal m. *Marjal, almarjal.*
armajo m. *Almarjo, barrilla, sosa.*
armar tr.-prnl. *Amartillar, montar,* tratándose de armas de fuego. ‖ *Disponer, concertar, montar,* una casa, tienda, mueble, aparato, etc. ‖ *Disponer, mover, promover.*
armario m. *Estante* es el que no tiene puertas. En Amér., *escaparate.*
armas f. pl. *Armadura.* ‖ *Escudo, blasón.*
armazón f. *Armadura, montura.* ‖ *Esqueleto.*
armella f. *Hembrilla.* /joya.
armilla f. ARQ. *Astrágalo, tondino,*
armisticio m. *Suspensión de hostilidades, tregua.* Aunque a menudo se emplean como equivalentes, la *tregua* es una cesación temporal de hostilidades en todos o parte de los sectores o ejércitos que luchan, la cual no interrumpe la guerra. El *armisticio* y la *suspensión de hostilidades* afectan a todos los ejércitos combatientes de una y otra parte, y hacen cesar la situación de guerra mientras se negocia la paz definitiva.
armonía f. fig. *Harmonía, consonancia, conformidad, concordia, acuerdo, concierto, paz.*

armuelle m. *Bledo.* ‖ *Orzaga, álimo, marismo, salgada, salgadera.*
arnacho m. *Gatuña.*
arnés m. *Armadura.* ‖ m. pl. *Guarniciones, arreos.*
árnica f. *Tabaco de montaña.*
aro m. (planta). *Alcatraz, arón, jaro, jarillo, sarrillo, tragontina, yaro.*
aroideo -a adj.-f. *Aráceo.*
aroma m. *Perfume, fragancia* (sensación de buen olor). ‖ *Esencia, bálsamo, perfume* (cosa que produce o contiene aroma).
aromático -ca adj. *Perfumado, fragante, aromoso, oloroso, odorífero.*
aromatizar tr. *Perfumar, embalsamar.*
arón m. *Aro* (planta).
arpadura f. **Arañazo.* La *arpadura* se hace con las uñas, mientras que el *arañazo* puede producirse con las uñas o con cualquier otra cosa punzante.
arpar tr. **Arañar, rasgar; arpar* significa concretamente arañar con las uñas.
arpía f. *Harpía.* ‖ fig. *Furia, basilisco, bruja.*
arquear tr. *Enarcar, encorvar, doblar, combar.* ‖ intr. *Nausear, basquear.*
arqueo m. MAR. El *desplazamiento* es el peso o volumen del agua que el barco desaloja cuando está sumergido hasta la línea de flotación; el *arqueo* o *tonelaje bruto* es el volumen o capacidad total del navío; el *tonelaje* o *arqueo neto* representa la capacidad útil para el transporte, y se llama también *registro.*
arqueólogo m. v. **Anticuario.*
arquidiócesis f. *Archidiócesis, arzobispado.*
arquiepiscopal adj. *Arzobispal, archiepiscopal.*
arquivolta f. *Archivolta.*
arrabal m. *Suburbio,* sólo se aplica a las grandes ciudades, en tanto que *arrabal* se refiere a toda clase de poblaciones.
arrabiatar tr. Amér. *Rabiatar.*
arracada f. *Pendiente, zarcillo, perendengue* y *arracada,* se distinguen del *arete* o *arillo* en que aquéllos tienen adorno colgante.
arracimado -da adj. *Racimado, en racimo.*
arracimarse prnl. *Racimarse.* ‖ fig. *Engancharse, prenderse* unas cosas con otras.
arraclán m. *Aliso negro.*
arraigado -da adj. fig. *Antiguo, inveterado.*
arraigar tr. *Prender, encepar, agarrar, enraizar.* ‖ *Establecerse, afincarse, enraizarse, radicarse.*
arralar intr. *Ralear.*
arrancada f. Tratándose del acto de emprender la marcha, *empujón,*

arranque; MAR. *viada.* ‖ *Acometida, embestida, estrepada.*

arrancado -da adj. *Arruinado, empobrecido, tronado, pobre.*

arrancar tr. *Desarraigar, extirpar, extraer, sacar, quitar, arrebatar.* ‖ intr. *Partir, *salir.* ‖ intr. fig. *Provenir, traer origen, proceder.*

arranciarse prnl. *Enranciarse.*

arranque m. fig. *Impulso, arrebato, ímpetu, rapto, pronto, arrechucho.* ‖ *Ocurrencia, salida.* ‖ *Principio, comienzo, origen.*

arranquera f. Amér. *Pobreza, miseria, ruina.*

arrapiezo m. *Andrajo, harapo.* ‖ fig. y despec. *Chiquillo, muchacho, rapaz, chaval, mocoso.*

arras f. pl. *Prenda, señal, garantía.*

arrasar tr. *Allanar.* ‖ *Asolar, devastar, arruinar, destruir, talar.* ‖ *Rasar, enrasar.*

arrastradera f. MAR. *Ala del trinquete, rastrera.*

arrastrado -da adj. *Pobre, mísero, desastrado.* ‖ *Duro, aperreado, fatigoso.* ‖ *Pícaro, bribón, pillo, tunante.*

arrastre m. *Acarreo, conducción, transporte.*

arrayán m. *Mirto, murta.*

arrebañar tr. *Rebañar.*

arrebatado -da adj. *Precipitado, impetuoso.* ‖ *Inconsiderado, violento, enfurecido.*

arrebatar tr. Añade a *quitar, llevarse,* la idea de precipitación o violencia. Cuando predomina el matiz de precipitación, *pillar;* si predomina el de violencia, *arrancar.* ‖ *Atraer, encantar, cautivar.* ‖ prnl. *Enfurecerse, irritarse, encolerizarse.*

arrebatiña f. *Rebatiña.*

arrebato m. *Arranque, rapto, pronto, ímpetu, arrechucho.* ‖ *Furor, cólera, enajenamiento.*

arrebujar tr. *Rebujar.* ‖ prnl. *Cubrirse, envolverse, taparse;* cuando se hace con desaliño, *tapujarse, taperujarse.*

arreciar intr.-prnl. *Aumentar, crecer,* con fuerza o ímpetu.

arrecirse prnl. *Entumecerse, entumirse, entorpecerse,* pueden tener otras causas además del frío; pero *arrecirse* es sólo por el frío.

arrechucho m. *Ímpetu, arranque, arrebato, pronto.*

arredrar tr.-prnl. *Intimidar, atemorizar, amedrentar, *acobardar, amilanar, asustar, acoquinar* (fam.), *achantar* (vulg.).

arreglado -da adj. *Moderado, ordenado, metódico, cuidadoso, morigerado.* ‖ *Aliñado, aderezado, compuesto.*

arreglar tr.-prnl. *Ajustar, conformar, supeditar, acomodar,* a una ley, costumbre o regla. ‖ *Clasifi-*

car, ordenar, coordinar. «*Clasificar* es distribuir por clases; *ordenar* y *coordinar* es introducir orden donde falta; *arreglar* es someter a una regla lo que la infringe. Se *clasifican* las cosas que están mezcladas indistintamente; se *ordenan* y se *coordinan* las que están confusas; se *arreglan* las que carecen de regularidad y armonía. Se *clasifican* los cuerpos naturales en la Botánica, en la Geología y las demás ciencias de observación; se *ordenan* y se *coordinan* los documentos de un negociado; se *arreglan* los intereses de una familia, las cuentas de una especulación, los pormenores de una empresa. Para *clasificar* se necesita un sistema; para *ordenar* y *coordinar,* un plan; para *arreglar,* un método» (M). ‖ *Concertar, conciliar, avenir.* ‖ *Componer, reparar, apañar, remendar,* lo que está roto o estropeado. Tratándose de limpieza o adorno, *aliñar, aderezar, aviar, ataviar.*

arregostarse prnl. fam. *Aficionarse, engolosinarse, empicarse, regostarse, tomar gusto.*

arrejacar tr. *Aricar, rejacar.*

arrejaco m. *Vencejo* (pájaro), *arrejaque.*

arrejada f. *Aguijada, rejada, béstola, limpiadera.*

arrejaque m. *Vencejo* (pájaro), *arrejaco.*

arrellanarse prnl. *Apoltronarse, recalcarse, rellanarse, repantigarse, repanchigarse.*

arremangar tr.-prnl. *Remangar(se).*

arremango m. *Remango.*

arremeter tr. Es intensivo de *agredir, cerrar, atacar, *acometer, embestir,* y sugiere idea de rapidez en el ataque. *Asaltar* una plaza o fortaleza, o acometer bruscamente en general.

arremetida f. *Arremetimiento, acometida, ataque, embestida.*

arremolinarse prnl. *Remolinarse, remolinearse.*

arrempujar tr. *Empujar.*

arrendador -ra m. f. *Arrendatario* en general, y esp. en los servicios públicos; tratándose de tierras, *colono, rentero, casero;* tratándose de casas, *inquilino. Locatario* es término jurídico o administrativo.

arrendajo m. *Rendajo.*

arrendamiento m. *Arriendo,* *alquiler;* *locación* es voz administrativa o jurídica. ‖ El precio en que se arrienda, *arrendamiento, arriendo, alquiler, renta.*

arrendar tr. *Alquilar.*

arrendatario -ria adj.-s. *Arrendador.*

arreo m. *Atavío, adorno, aderezo.*

‖ m. pl. *Guarniciones, jaeces, ata-laje.*

arrepentido -da p. p. *Compungido, contrito, pesaroso.*

arrepentimiento m. *Compunción* ofrece matiz atenuado y más íntimo. *Contrición, y atrición* son casi exclusivamente términos religiosos, que se distinguen entre sí dentro de la idea de *arrepentimiento.*

arrepollado -da adj. *Repolludo.*

arrepticio -cia adj. *Endemoniado, espiritado, poseso.*

arrequives m. pl. *Requives, adornos, atavíos.* ‖ fig. *Circunstancias, requisitos.*

arrestar tr. *Prender, detener.*

arresto m. *Detención, prendimiento.* ‖ m. pl. *Arrojo, atrevimiento, valor, resolución, audacia, osadía, intrepidez.*

arria f. *Recua.*

arriar tr. *Bajar.*

arribar intr. MAR. *Llegar.*

arribazón m. *Ribazón.*

arribo m. *Llegada.*

arricete m. *Restinga, restringa.*

arriendo m. **Arrendamiento, *alquiler.* ‖ *Renta.*

arriesgado -da adj. *Aventurado, peligroso, expuesto.* ‖ *Atrevido, osado, audaz, arriscado, imprudente, temerario.*

arriesgar tr. *Arriscar, aventurar, exponer.* ‖ prnl. *Atreverse, osar.*

arrimar tr. **Acercar, aproximar, juntar, unir.* ‖ *Dar, pegar.* ‖ *Dejar, poner a un lado, dar de lado, abandonar, arrinconar, *prescindir.* ‖ prnl. fig. *Apoyarse, acogerse, ampararse.*

arrimo m. *Apoyo, sostén, ayuda, auxilio, amparo, favor, protección.* ‖ *Apego, afición.*

arrinconado -da adj. *Retirado, distante, apartado.* ‖ fig. *Desatendido, olvidado, postergado, aislado.*

arrinconar tr. *Retirar, apartar.* ‖ *Desatender, postergar, dejar, abandonar, arrimar.* ‖ prnl. *Aislarse, retirarse, retraerse.*

arriscado -da adj. *Atrevido, osado, arriesgado, audaz, resuelto, temerario.*

arriscar tr. *Arriesgar, aventurar, exponer.* ‖ prnl. fig. *Engreírse, envanecerse, entonarse.*

arrizafa f. *Ruzafa.*

arrizofita adj. BOT. *Talofítica.*

arroaz m. *Delfín, golfín, puerco marino, tonina.*

arrobamiento m. *Arrobo, embelesamiento.* ‖ *Éxtasis, enajenamiento.*

arrobar tr. *Embelesar, encantar, cautivar, atraer.* ‖ prnl. *Extasiarse, enajenarse, elevarse.*

arrobo m. *Embelesamiento, arrobamiento, éxtasis, enajenamiento.*

arrodillarse prnl. *Hincarse, postrar-*

se, ponerse de rodillas o de hinojos.

arrogancia f. *Altanería, *altivez, *soberbia, engreimiento, orgullo, desprecio, desdén.* ‖ **Jactancia.* ‖ *Valor, bizarría, brío.* La *arrogancia* alude más bien al gesto, al porte y a la palabra; puede haber *arrogancia* en uno que carece de *valor* verdadero.

arrogante adj. *Altanero, altivo, orgulloso, soberbio.* ‖ *Valiente, brioso.* ‖ *Gallardo, airoso, apuesto.*

arrogarse prnl. **Apropiarse, atribuirse.*

arrojado -da adj. *Resuelto, intrépido, valiente, osado, audaz, *atrevido.*

arrojar tr. *Lanzar, *echar, disparar, tirar, despedir.* ‖ *Vomitar, provocar.* ‖ prnl. *Precipitarse, despeñarse, tirarse.* ‖ prnl. *Arremeter, acometer, atacar, abalanzarse, agredir.*

arrojo m. *Resolución, intrepidez, valor, osadía, audacia, atrevimiento, arrestos, *temeridad.*

arrollar tr. *Enrollar, rollar, envolver.* ‖ fig. *Derrotar, vencer, destrozar, aniquilar, batir.* ‖ *Atropellar, llevarse por delante.*

arromadizar(se) tr.-prnl. *Romadizar(se).*

arromanzar tr. *Romancear.*

arropar tr. *Abrigar, cubrir, tapar, amantar, enmantar.*

arropía f. *Melcocha.*

arrostrar tr. *Afrontar, hacer frente, hacer cara, resistir, desafiar.*

arroyo m. *Riachuelo, rivera;* cuando es pequeño, *regajal, regajo, regato.*

arroyuela f. *Salicaria.*

arruga f. *Pliegue, rugosidad.*

arruinar tr. *Demoler, *destruir, devastar, asolar, arrasar, ruinar,* tratándose de cosas. Si se trata de una persona, *empobrecer(se), tronar(se), quebrar.*

arrullar tr. *Enamorar.* ‖ *Adormecer, adormir.*

arrumaco m. *Carantoña, garatusa, cucamona, zorrocloco, caricia, *fiesta.*

arrumazón f. *Rumazón, nublado.*

arsáfraga f. *Berrera.*

arta f. *Llantén, plantaina.* ‖ ～ **de agua:** *zaragatona, coniza, hierba pulguera.*

artado adj. *Arctado.*

artanita y **-ca** f. *Pamporcino, pan porcino, ciclamino.*

arte amb. *Oficio, profesión.* «El *arte* es el conjunto de reglas o prácticas para desempeñar ciertos trabajos manuales. El *oficio* es la profesión o modo de ganar la vida del que ejerce aquellas reglas o prácticas. No todos los que tienen *oficios* son artesanos. No lo son el pastor ni el peón de albañil. Se puede escribir y se ha escrito sobre el *arte* del zapatero en el sentido que damos aquí a esta palabra; pero no sobre el *oficio* correspondiente a aquel arte» (M). «El *oficio* requiere un trabajo material, mecánico o de manos; la *profesión*, un trabajo u ocupación cualquiera; el *arte*, un trabajo de ingenio, sin excluir ni exigir un trabajo material» (Ma). ‖ *Habilidad, destreza, maña, maestría, ingenio, industria.*

artejo m. *Nudillo, juntura, *articulación.*

artemisa y **-misia** f. *Altamisa, anastasia.* ‖ ~ **bastarda:** *Milenrama, altarreina, aquilea, hierba meona, milhojas.* ‖ ~ **pegajosa:** *ajea, pajea.*

artería f. *Amaño, astucia, falsía, engaño, trampa, ardid.*

artero -ra adj. *Mañoso, astuto, malintencionado, falso.*

artesa f. *Duerna, masera.*

artesanía f. *Artesanado, menestralería, menestralía.*

artesano -na adj.-s. *Menestral; artífice* es término docto que denota cierta calidad o maestría especial en el trabajo que realiza; p. ej., el orfebre y el ebanista pueden ser llamados *artífices.*

artesón m. ARQ. *Casetón.* ‖ *Artesonado.*

ártico -ca adj. *Norte, septentrional, hiperbóreo.*

articulación f. *Juntura, junta.* Si es móvil, *coyuntura;* si es inmóvil, *sinartrosis.* La articulación de las falanges, *artejo, nudillo.* ‖ *Pronunciación.*

articular tr. *Unir, enlazar, trabar, coordinar.* ‖ *Pronunciar* es emitir los sonidos que componen las palabras; *articular* es modificar el sonido con los órganos móviles de la boca (Lengua, labios, mandíbulas). *Articular* es una de las partes o actos de la pronunciación.

artífice com. *Artista, autor, creador.* ‖ **Artesano, operario, obrero.*

artificial adj. *Postizo,* tratándose de alguna parte del cuerpo humano: diente, brazo, cabello, etc., *artificial* o *postizo.* En otros casos, *falso, fingido* o *ficticio:* un diamante *artificial* o *falso;* hablaba con voz *artificial, fingida* o *ficticia.*

artificiero m. MIL. *Pirotécnico.*

artificio m. *Arte, habilidad, ingenio.* ‖ *Estudio, amaneramiento, manera, afectación.* ‖ *Disimulo, doblez, astucia, artimaña, cautela, ficción.*

artificioso -sa adj. *Ingenioso, complicado, habilidoso, estudiado.* ‖

Afectado, rebuscado, amanerado. ‖ *Fingido, disimulado, astuto, cauteloso, engañoso, ficticio, artero.*

artilugio m. fig. *Trampa, enredo, engaño, artimaña.*

artillería f. Tratándose de la antigua, *tormentaria* o *arte tormentaria.*

artimaña f. *Trampa.* ‖ fig. *Artificio, astucia, trampa, engaño, artilugio, martingala, ardid, treta.*

artista com. Por su carácter general, comprensivo de todas las Bellas Artes, puede aplicarse a los que cultivan cada una de ellas en particular, p. ej., *actor, ejecutante, comediante; pintor, escultor,* etc.

arto m. *Cambronera.*

arugas f. pl. *Matricaria, expillo, magarza.*

arveja f. *Alverja, alverjana, ervilla, veza.* A menudo se confunden sus denominaciones con las de otras plantas del gén. *Vicia,* esp. la *algarroba.* En Chile, *guisante.*

arzobispado m. *Archidiócesis.*

arzobispal adj. *Archiepiscopal, metropolitano.*

arzobispo m. *Metropolitano.*

asadura f. *Lechecillas.* ‖ *Bofes, corada.* ‖ *Hígado.* ‖ fam. fig. *Pachorra, *apatía, sosería, cachaza.*

asafétida f. *Estiércol del diablo.*

asalariado -da adj.-s. *Pagado, asoldado, asoldadado. Mercenario* se aplica al soldado que no sirve por obligación de su nacionalidad, sino por el estipendio que recibe; cuando se aplica a otras personas, se siente como despectivo: una madre que no quiere criar a su hijo se dice que lo entrega a manos *mercenarias.*

asaltar tr. *Acometer, *arremeter, embestir.* ‖ *Saltear, atracar.* ‖ *Sobrevenir, acudir.*

asalto m. *Acometida, arremetida, embestida.* ‖ *Salteamiento, atraco.*

asamblea f. *Reunión* y *junta* pueden referirse a muchas o a pocas personas; *congreso* y *asamblea* son reuniones numerosas.

asar tr. **Tostar.* ‖ fig. *Importunar, molestar, asaetear.*

ásaro m. *Oreja de fraile, asarabácara, asácara.*

asaz adj. y adv. c. *Bastante, suficiente, harto, mucho, muy. Asaz* es voz anticuada, que hoy se usa sólo en estilo literario elevado u oratorio.

ascalonia f. **Chalote, escalona, cebolla escalonia.*

ascendencia f. *Linaje, alcurnia, estirpe, ascendientes, antepasados.*

ascender intr. *Subir, elevarse.* ‖ Tratándose de cuentas, *importar, montar, sumar.* ‖ Tratándose de empleos o dignidades, *adelantar, promover.*

ascendiente adj. *Antecesor, antepasado.* Los tres pueden emplearse en pl. refiriéndose a los *predecesores* o *mayores,* aunque no sean progenitores de una persona determinada. En este caso tienen la signif. gral. de *los antiguos, los viejos,* los que precedieron en el tiempo. Con el mismo signif. se emplea también *padres y abuelos. Tronco* es el ascendiente común de dos o más líneas o familias. ‖ m. *Influencia, prestigio, valimiento, fuerza moral, autoridad, crédito.*

ascensión f. *Subida, elevación.*

ascenso m. *Adelanto, promoción.*

asco m. *Repugnancia, aversión, repulsión, náuseas.*

ascua f. *Brasa,* cuando es de leña o carbón.

aseado -da adj. **Limpio, curioso, pulcro, cuidadoso.*

asechanza f. *Engaño, perfidia, insidia, asechamiento, asecho.*

asechar tr. Por tener el mismo origen etimológico que *acechar,* ambos verbos han tenido y tienen empleos comunes. Hoy predomina en *acechar* el signif. de observar, espiar, vigilar cautelosamente; en *asechar* se une a esta vigilancia la idea de trampa o engaño para causar un daño. Se puede *acechar* por simple curiosidad o fisgonería; *asechar* es inseparable de un propósito maligno. *Avizorar* coincide con *acechar,* pero en gral. sugiere más viveza y prontitud por parte del sujeto. *Trasechar,* poco usado.

asediar tr. *Cercar, bloquear, sitiar.* ‖ fig. *Importunar, acosar.*

asedio m. *Cerco, bloqueo, sitio.*

asegurar tr. *Consolidar, afianzar, fijar.* ‖ *Garantizar.* ‖ *Afirmar, cerciorar, aseverar, certificar;* cuando se hace por segunda vez, o en apoyo de otra afirmación, *confirmar, ratificar.*

asemejarse prnl. *Semejar, parecerse.* Tratándose de personas o animales, *parecerse, salir a;* decimos de un niño que *se parece, se asemeja* o *sale a* su abuelo. En general, *tirar a, inclinarse a:* este color *tira* a verde; una persona *se inclina* a su rama materna.

asenso m. *Asentimiento, aprobación, anuencia, aquiescencia, *consentimiento.*

asentada f. *Sentada.*

asentaderas f. pl. *Nalgas, posaderas.*

asentado -da adj. *Sentado, juicioso, equilibrado.* ‖ fig. *Estable, permanente.*

asentar tr.-prnl. *Detenerse, posarse, hacer asiento, establecer(se).* ‖ *Aplanar, alisar, apisonar.* ‖ *Afir-*

mar, asegurar. ‖ *Sentar, anotar, inscribir.*

asentimiento m. *Anuencia, asenso, aprobación, *consentimiento, aquiescencia, permiso, beneplácito, venia.*

asentir intr. *Afirmar, aprobar, convenir, consentir.*

aseo m. *Limpieza, curiosidad; pulcritud* es aseo extremado y completo.

asequible adj. *Accesible, alcanzable.*

aserción f. Es voz literaria, lo mismo que *aserto* y *aseveración.* Los tres se usan menos que *afirmación.*

aserrar tr. *Serrar.*

aserrín m. *Serrín.*

aserto m. **Afirmación, aserción, aseveración.*

asesor -ra adj.-s. Como adj., *consultivo;* como subst., *consultor, consejero.*

asesorar tr. *Aconsejar, informar.* ‖ prnl. *Consultar.*

asestar tr. *Apuntar, dirigir.* ‖ *Descargar, hacer tiro.*

aseveración f. **Afirmación, aserción, aserto. Aseveración* es intensivo, y equivale a *confirmación* o *ratificación.*

aseverar tr. *Afirmar, asegurar; aseverar* implica apoyo a lo que se dice, y por esto equivale más propiamente a *confirmar, ratificar.*

aseverativo -va adj. *Afirmativo, confirmativo.* ‖ GRAM. Las oraciones *aseverativas* se llaman también *enunciativas* o *declarativas,* y expresan la conformidad o disconformidad del sujeto con el predicado.

asfalto m. (mineral). *Betún de Judea.*

asfixiar tr. *Ahogar.*

asfódelo m. *Gamón.*

asidero m. *Asa, agarradero.* ‖ fig. *Ocasión, pretexto.*

asiduo -dua adj. *Frecuente.* «Lo *asiduo* es más constante y más periódico que lo *frecuente.* Son visitas *asiduas* las que se repiten con intervalos cortos y con cierta regularidad; son *frecuentes* las que se hacen muchas veces. Lo *asiduo* indica más intención, más empeño que lo *frecuente.* No se dice de un buen empleado público que su asistencia al cumplimiento del deber es *frecuente,* sino *asidua*» (M). Por esto *asiduo* se dice sólo de personas o actos humanos; *frecuente* puede aplicarse también a fenómenos naturales (lluvia, temblores de tierra, etc.) que no admitirían el adj. *asiduo. Puntual* y *perseverante* suponen también la voluntad humana. En cambio, *persistente* y *continuo* pueden ser actos de la Naturaleza, y su significado está más cerca del adj. *frecuente*. Su diferencia se halla en que *frecuente* supone intermitencia mayor o menor : una lluvia *frecuente* se repite con intervalos sin llover; una lluvia *continua* o *persistente* no cesa.

asiento m. En los espectáculos públicos, *localidad*. ‖ *Sitio*, *lugar*, *sede*, *domicilio*. ‖ *Poso*, *sedimento*. ‖ fig. *Cordura*, *sensatez*, *madurez*, *juicio*, *prudencia*. ‖ Tratándose del descenso de los materiales en un edificio, *sentamiento*. ‖ En los libros de cuentas, *anotación*.

asiento de pastor m. *Erizón*.

asignación f. *Sueldo*, *remuneración*, *retribución*, *estipendio*. ‖ Tratándose de un presupuesto, *partida*, *consignación*.

asignar tr. *Destinar*, *señalar*, *fijar*.

asignatura f. *Disciplina*, *enseñanza*, *materia*.

asilo m. *Refugio*, *sagrado*, *retiro*. ‖ fig. *Amparo*, **protección*, *apoyo*, *favor*.

asimetría f. *Disimetría*.

asimismo adv. m. *De igual o del mismo modo*, *igualmente*, *también*.

asir tr. *Coger*, *tomar*, *agarrar*. «El que *agarra* asegura, tiene firme; porque el verbo *agarrar* supone la fuerza necesaria para lograr su efecto. El que *ase*, puede o no asegurar, porque la acción de asir no supone precisa y positivamente la fuerza necesaria para asegurar y tener firme» (LH). ‖ Tratándose de plantas, *arraigar*, *prender*. ‖ rec. *Agarrarse*, *pelearse*, *reñir*.

asistencia f. *Ayuda*, *cooperación*, **auxilio*, *apoyo*, *socorro*, *favor*. ‖ **Concurrencia*, *concurso*.

asistir intr. *Estar o hallarse presente*, *concurrir*. ‖ tr. *Ayudar*, *auxiliar*, *apoyar*, *socorrer*, *coadyuvar*, *favorecer*.

asnacho m. **Gatuña*.

asnilla f. *Caballete*.

asno m. *Burro*, *borrico* y *rucio* son más populares que *asno* y *jumento*. «Cuando decimos *asno* consideramos una producción del reino animal; cuando decimos *burro*, hablamos de un animal doméstico. El naturalista describe el *asno*; el molinero descarga el *burro*. En el estilo culto se prefiere el primer nombre al segundo, y así decimos que la mitología representa a Sileno montado en un *asno*. *Borrico*, *pollino* y *rucio* son nombres familiares del *asno*» (M). ‖ fig. *Corto*, *rudo*, *necio*, *ignorante*.

asobarcar tr. *Sobarcar*.

asociación f. *Sociedad*, *agrupación*, *entidad*, *corporación*, *compañía*.

asociado -da m. f. *Socio*, *consocio*. ‖ *Agregado*, *añadido*, *mezclado*.

asociar tr.-prnl. *Juntar*, *reunir*, *agrupar*.

asolar tr. *destruir*, *arrasar*, *devastar*, *arruinar*. ‖ prnl. Tratándose de líquidos, *posarse*, *sedimentar*.

asoldadar y **asoldar** tr.-prnl. *Tomar a sueldo*, *asalariar*.

asombradizo -za adj. *Espantadizo*, *asustadizo*.

asombrar tr. *Sombrar*, *sombrear*, *ensombrecer*. ‖ *Admirar* y *maravillar* sugieren una causa generalmente placentera. *Asombrar*, *aturdir* y *pasmar* son más intensos, y pueden proceder de causa agradable o desagradable. La lengua antigua usó *asustar* y *espantar* como sinónimos de *asombrar*; pero esta acepción se siente hoy como anticuada.

asombro m. *Susto*, *espanto*; en esta acep., *asombro* va quedando hoy en desuso. ‖ Serie intensiva : *sorpresa*, *admiración*, *maravilla*, *asombro*, *pasmo*, *estupefacción*.

asomo m. **Indicio* y *señal*, cuando se trata de cosas; *asomo* y *amago* se refieren a accidentes o fenómenos, como un *amago* de epidemia o de incendio, un *asomo* de fiebre. Tratándose de pensamientos, **barrunto*, *atisbo*, *presunción*, *sospecha*.

asonada f. *Bullanga*, *alboroto*, *tumulto*, *motín*, *revuelta*, *sublevación*.

asonancia f. *Rima imperfecta*.

asordar tr. *Ensordecer*.

aspálato m. Algunas de las especies, *alarguez*.

aspalto m. *Espalto*.

aspavientos m. pl. *Espavientos*.

aspearse prnl. *Despearse*.

aspecto m. *Apariencia*, *aire*, *cara* y *semblante* se aplican a personas, animales y cosas; *cariz*, a sucesos o fenómenos. Tratándose de personas o animales superiores, *presencia*, *planta*, *porte*; con valor desestimativo, irónico o burlesco, *facha*, *pinta*, *catadura*.

asperarteria f. *Tráquea*, *traquearteria*.

aspereza f. *Escabrosidad*, *rugosidad*. ‖ fig. *Rigor*, *rigidez*, *dureza*, *rudeza*, *desabrimiento*, *ceño*.

asperilla f. *Hierba de las siete sangrías*.

áspero -ra adj. *Rugoso*, *rasposo*, *escabroso*. ‖ fig. *Rígido*, *riguroso*, *rudo*, *desapacible*, *desabrido*. *Intratable*, *hosco*, *ceñudo*, *ríspido* y *rispo* se aplican a personas o a su carácter y maneras.

asperón m. *Piedra afiladera*, *aguzadera*, *amoladera* o *melodreña*.

aspersorio m. *Hisopo, asperges*, tratándose del culto religioso.

aspiración f. *Designio, mira, propósito.* ‖ *Deseo, anhelo, pretensión.*

aspirante adj.-s. *Pretendiente, solicitante, candidato.* En despachos u oficinas, *aprendiz.*

aspirar tr. Si se trata de personas o animales, *aspirar=inspirar;* su contr. es *espirar,* y ambos constituyen el acto de *respirar.* Si se trata de máquinas no existe tal sinonimia; una bomba *aspira,* no *inspira;* su contrario es *impeler.* ‖ Serie intensiva : *desear, aspirar, pretender, anhelar, ambicionar.* Para otros matices, v. **desear.* En esta acep. *aspirar* lleva siempre la prep. *a,* mientras que los demás llevan su compl. directo sin prep.: *aspiro* a este empleo; *deseo, pretendo,* este empleo. ‖ GRAM. *Espirar;* los sonidos así producidos se llaman *espirantes* o *aspirados.*

asqueroso -sa adj. Es intensivo de *sucio.* ‖ *Repugnante, nauseabundo, repelente, repulsivo,* en sus acepciones rectas y figuradas.

asta f. Tratándose de un arma, *fuste;* de una bandera, *palo.* ‖ *Cuerno.*

asterisco m. *Estrella.*

asteroide m. *Planeta menor.*

astrágalo m. (hueso). Es término científico; los nombres generales son *chita, taba, taquín.*

astral adj. *Sideral, sidéreo, estelar.*

astreñir tr. **Astringir.*

astringir tr. MED. *Astreñir, astriñir, restringir, restriñir, estipticar.* ‖ fig. *Sujetar, constreñir.*

astrólogo -ga m. f. *Planetista.*

astroso -sa adj. *Desastrado, desastroso, infeliz, infausto.* ‖ *Harapiento, andrajoso, roto, zarrapastroso.* ‖ *Vil, despreciable.*

astucia f. *Sagacidad, sutileza, picardía.* ‖ *Ardid, treta, maña, añagaza, artimaña.*

astuto -ta adj. **Sagaz, sutil.* Taimado, cuco, artero, zorro y ladino se toman siempre a mala parte.

asueto m. *Descanso, recreo, esparcimiento.*

asunto m. *Tema, cuestión, materia.* «*Asunto* es el objeto particular de que se trata; *materia* es la entidad a la cual pertenece el *asunto* y constituye su calidad. Se propone un *asunto* cuya *materia* ofrezca medios de lucimiento a la erudición y al ingenio. La murmuración es en la sociedad una *materia* inagotable, porque no hay en ella cosa de que no hagan los necios un *asunto* muy serio para ejercerla, supliendo con este cómodo recurso su falta de talento» (LH). ‖ *Argumento.* ‖ *Negocio.*

asuso adv. l. ant. *Arriba.*

asustadizo -za adj. *Espantadizo, asombradizo, miedoso.*

asustar tr.-prnl. *Espantar.* «El verbo *asustar* expresa una acción más pasajera y menos vehemente que el verbo *espantar.* En el primero entra la idea de la sorpresa, en el segundo la del terror. Nos *asustan* un tiro, el ruido del trueno, un grito fuerte. Nos *espantan* un gran peligro, un delito atroz, un suplicio bárbaro. No a todos *asustan* los mismos hechos; pero lo que *espanta* ejerce una acción más general. Hay muchos hombres a quienes no *asusta* el trueno; pero ¿quién no se *espanta* en las convulsiones de un terremoto?» (M). La idea del miedo prevalece, como en *espantar,* en los verbos *amedrentar, atemorizar, acobardar, intimidar, aterrorizar.*

atabal m. *Timbal.* ‖ *Tamboril.*

atabalear intr. *Tabalear, tamborilear.*

atablar tr. *Tablear, allanar.*

atacar tr. *Atiborrar, atestar, apretar.* ‖ **Acometer, *arremeter, agredir, embestir, cerrar, asaltar.* ‖ fig. *Impugnar, combatir.*

atafagar tr. *Sofocar, avahar.* ‖ fig. *Molestar, importunar.*

ataguía f. *Encajonado.*

ataharre m. *Sotacola.* Argent. y Bol., *ataja.*

atajar tr. *Contener, interrumpir, cortar, detener, parar.* ‖ prnl. y fig. *Correrse, avergonzarse, atascarse.*

atalaje m. *Guarniciones, arreos, jaeces.*

atalaya f. *Vigía* se aplica a la torre o altura desde donde se puede atalayar y al hombre que vigila desde ella. *Centinela* y *escucha,* sólo al hombre.

atalayar tr. *Otear* tiene el mismo significado. En general, *espiar, vigilar.*

atanasia f. *Hierba de Santa María.*

atanquía f. *Adúcar.* ‖ *Cadarzo.*

atañer intr. *Tocar, pertenecer, corresponder, *concernir, afectar.* Los dos últimos pertenecen al habla culta. *Atañer,* a pesar de su origen popular, es hoy un término que se siente también como docto.

ataque m. *Agresión, acometida, arremetida, asalto.* ‖ Tratándose de enfermedad, *acceso, accesión, accidente.* Algunos de estos ataques se denominan en el habla usual *cubrimiento, soponcio, patatús.* Cuando se trata de pasiones violentas, *ataque* o *acceso:* ~ de celos, de ira.

atar tr. *Liar* es atar envolviendo : liar o atar un paquete, pero atar (no *liar*) una caballería al pesebre. *Ligar* en esta acep. material es lit. y de muy poco uso; se usa pralte. en las aceps. fig. *amarrar* en España y Amér. En general, *unir*, *juntar*, *sujetar*. ‖ prnl. *Embarazarse*, *atascarse*.

atarantado -da adj. *Tarantulado*. ‖ fig. *Inquieto*, *bullicioso*. ‖ fig. *Aturdido*, *espantado*.

atarazana f. *Tarazana*, *tarazanal*; *arsenal* es hoy el más usado.

atareado -da p. p. *Ocupado*.

atarjea f. *Tajea*.

atarraga f. *Olivarda*.

atarugar tr. *Atestar*, *atiborrar*, *henchir*. ‖ prnl. fig. *Atascarse*, *atajarse*.

atascadero m. *Atolladero*, si se halla en lugar cenagoso. ‖ fig. *Impedimento*, *estorbo*.

atascar tr. *Tapar*, *cegar*, *obstruir*, *atorar*, *atrancar*. ‖ prnl. *Atollarse*; tratándose de las ruedas de un carruaje, *sonrodarse*. ‖ prnl. fig. *Atajarse*, *atarugarse*.

atasco m. *Atanco*, *atranco*, *obstrucción*.

ataúd m. *Caja mortuoria*; *féretro*, lit. o culto.

ataujía f. *Taujía*.

ataviar tr. *Componer*, **adornar*, *engalanar*, *acicalar*, *aderezar*, *hermosear*.

atavío m. *Compostura*, *adorno*, *acicalamiento*. ‖ m. pl. *Adornos*, *traeres*.

atemorizar tr. *Intimidar*, *amedrentar*, **acobardar*, *arredrar*, *asustar*, *espantar*, *acoquinar*, *achantar* (vulg.), *amilanar*, *aterrar*.

atemperar tr. *Temperar*, *moderar*, *templar*, *suavizar*. ‖ fig. *Acomodar*, *ajustar*, *adaptar*.

atenacear y **atenazar** tr. *Tenacear*, *sujetar*, *amarrar*.

atención f. *Cuidado*, *vigilancia*, *solicitud*, *esmero*. ‖ *Consideración*, *miramiento*, *cortesía*, *urbanidad*, *cortesania*. ‖ f. pl. *Ocupaciones*, *negocios*, *quehaceres*, *trabajos*.

atender tr. **Escuchar*, *oír*, *fijarse*. ‖ *Cuidar*, *vigilar*, *ocuparse de*.

atenerse prnl. *Sujetarse*, *amoldarse*, *ajustarse*. Tratándose de instrucciones, mandatos o escritos, *remitirse*, p. ej., un empleado se *atiene* o se *remite* al reglamento.

atento -ta adj. *Fino*, *cortés*, *comedido*, *considerado*, *amable*, *afable*, *solícito*, *obsequioso*, *afectuoso*. «Ser *cortés* es una obligación que nos impone la buena crianza; ser *atento*, es una calidad a que nos inclina la buena educación. El *cortés* puede serlo sin pasar los límites de su obligación; el *atento* no se atiene a ella, y emplea noblemente los medios de agradar o de complacer. Decir de un caballero que es *cortés* no es una lisonja, es sólo decir que no es grosero. Decir que es *atento* es hacer su elogio; es decir que añade a la cortesía el agrado, la complacencia. El *cortés* lo es siempre sin afectación; el *atento* puede ser afectado. Hay hombres que a fuerza de atenciones nos alejan diestramente de su familiaridad y confianza» (LH).

atenuación f. RET. *Lítote*.

atenuar tr. *Adelgazar*. ‖ fig. *Minorar*, *aminorar*, *mitigar*, *suavizar*, *paliar*.

ateo -a adj.-s. *Ateísta*, menos usado que *ateo*, *sindiós*.

atercianado -da adj.-s. *Tercianario*.

aterciopelado -da adj. *Terciopelado*.

aterrar tr. **Acobardar*, *aterrorizar*, *espantar*, *horrorizar*. ‖ *Postrar*, *abatir*, *terrecer*.

atestación f. *Testificación*, *testimonio*, *atestiguamiento*.

1) **atestar** tr. *Henchir*, *llenar*, *atiborrar*, *apretujar*. *Atestar* y *llenar* pueden referirse a personas y cosas : el gentío *atestaba* o *llenaba* un teatro ; las mercancías *atestaban* o *llenaban* un almacén. *Henchir* y *atiborrar* se aplican gralte. a cosas : se *hincha* o *atiborra* un saco. *Atiborrar* y *apretujar* añaden a *llenar* la idea de presión para que las cosas quepan en el espacio o recipiente que ha de contenerlas.

2) **atestar** tr. p. us. *Atestiguar*, *testificar*, *testimoniar*.

atestiguar tr. *Testificar*, *testimoniar*, *atestar* poco usado.

atetar tr. *Amamantar*, *tetar*.

atiborrar tr. *Henchir*, *llenar*.

atildado -da adj. *Compuesto*, *acicalado*, *peripuesto*.

atildar tr. *Tildar* o *poner tildes*. ‖ *Tildar* o *censurar*, *tachar*. ‖ fig. *Componer*, *asear*, a los cuales añade la idea de esmero minucioso; *acicalar*.

atinar intr. **Acertar*, *hallar*, *encontrar*. ‖ **Adivinar*, **acertar*, *descifrar*.

atíncar m. **Bórax*.

atinente adj. *Tocante*, *perteneciente*, *referente*.

atirantar tr. *Poner tirante*. Como término marinero, *tesar*; en MEC., *tensar*.

atisbar tr. *Espiar*, *observar*, *acechar*, *vigilar*.

atisbo m. Cuando se trata de la acción de atisbar, *atisbadura*. ‖ *Indicio*, *vislumbre*, *sospecha*, **barrunto*.

atizar tr. fig. *Avivar*, *fomentar*, *estimular*. ‖ *Atizar* es intensivo de *dar*, *propinar*, *pegar*.

atlante m. ARQ. *Telamón*.

atoar tr. MAR. *Toar*, *remolcar*.

atocha f. *Atochón*, *esparto*.

atochal y **-ar** m. *Espartizal, espartal.*

atolondrado -da p. p. *Irreflexivo,* *aturdido, precipitado.*

atolondramiento m. *Irreflexión,* *aturdimiento, precipitación.*

atolondrar tr.-prnl. *Aturdir(se), precipitar(se).*

atolladero m. *Atascadero, atasco.* ‖ fig. *Dificultad, impedimento, embarazo, aprieto, apuro.*

atónito -ta adj. *Estupefacto, suspenso, asombrado, pasmado;* fam. intens., *turulato, patitieso;* humor. *patidifuso. Helado* sugiere principalmente inquietud o miedo.

átono -na adj. GRAM. *Inacentuado, débil.*

atontadamente adv. m. *Indiscretamente, imprudentemente, neciamente, tontamente.*

atontar tr. *Aturdir, atolondrar, atortolar, entontecer.*

atorar tr. *Atascar, obstruir, cegar.* ‖ prnl. *Atragantarse.*

atormentar tr. *Martirizar, torturar.* ‖ fig. *Afligir, apenar, atribular, acongojar.*

atoro m. *Atasco, aprieto, apuro.*

atorrante adj.-s. Argent. y Bol. *Vagabundo, holgazán, haragán, golfo.*

atortolar tr. *Aturdir, acobardar, acoquinar.*

atosigar tr. *Emponzoñar, envenenar, tosigar.* ‖ *Fatigar, oprimir, dar prisa, apurar.*

atrabajado -da adj. p. us. *Trabajado, abrumado.* ‖ *Trabajoso.*

atrabiliario -ria adj. *Irritable, irascible, destemplado, malhumorado.*

atracar tr. MAR. *Arrimar(se), abordar.* ‖ *Hartar, henchir, rellenar, atiborrar.* ‖ *Saltear, asaltar,* en general; *atracar* es concretamente *saltear* para robar a una o más personas.

atracción universal f. *Gravitación.*

atracón m. fam. *Hartazgo, panzada.*

atractivo -va adj. *Atrayente, seductor, hechicero, encantador.* ‖ m. *Gracia, encanto, seducción, hechizo,* son cualidades físicas o morales de una persona que atraen la voluntad. ‖ m. Tratándose de cosas, *incentivo, aliciente, cebo.*

atraer tr. *Captar, granjear(se),* la voluntad o el afecto ajenos. Con mayor intensidad, *seducir, cautivar, encantar, hechizar.* Tratándose de sentimientos adversos, hechos o fenómenos, *provocar, causar, ocasionar, motivar,* p. ej., la antipatía, el enojo, la lluvia, una tempestad, etc.

atrafagar intr. *Fatigarse, afanarse.*

atrancar tr. *Aherrojar, trancar.* ‖ *Atascar, cegar, obstruir, tapar, atorar.* ‖ *Trancar, tranquear.*

atranco m. *Atasco, atanco, obstrucción.*

atrapamoscas f. *Dionea.*

atrapar tr. *Pillar.* Ambos dan idea de *coger* a una persona o animal que huye, o de valerse de alguna maña o astucia. Se *atrapa* o *pilla* a un ratero, a una mariposa al vuelo, a un lobo en una trampa. ‖ *Conseguir, obtener,* algo provechoso; *pescar* se acerca más a *atrapar* porque connota idea de maña y acecho. ‖ El mismo sentido de astucia o maña puede extenderse hasta el fraude, y entonces *atrapar* se hace sinónimo de *engañar, engatusar.*

atrás adv. l. Denota dirección hacia la parte posterior del que habla o de la persona o cosa nombrada, con menos precisión que *detrás.* ‖ adv. t. *Antes, anteriormente:* quince días *atrás;* un escritor u orador recuerda lo que ha dicho *atrás* o *anteriormente.*

atrasado -da adj. *Alcanzado, empeñado, endeudado.*

atrasar tr.-prnl. Coincide con *retrasar* en todas sus aceps. *Retardar* no se usa hablando del reloj. En gral. sugiere disminución de velocidad motivada por algún entorpecimiento voluntario o físico. Por esto es raro su empleo como intr. Un tren *atrasa, retrasa* (intr.). El maquinista puede *retardar, retrasar* o *atrasar* la marcha (tr.). *Demorar* es lit. o administrativo, y se refiere principalmente a actos o resoluciones: se *demora* un informe pericial, un pleito, un expediente. *Dilatar,* ant. y lit. *Diferir* supone idea de aplazamiento, detención. En *rezagar(se)* predomina hoy la idea de dejar o quedarse atrás en la marcha de una persona o cosa con respecto a otra: el caminante andaba *rezagado* de sus compañeros. También se usa por diferir o detener la ejecución de un acto. ‖ prnl. *Endeudarse, empeñarse.*

atraso m. *Retraso, retardo, demora, dilación;* ‖ *Deuda;* ~ ús. gralte. en plural.

atravesado -da adj. *Avieso, ruin, malintencionado, malo.*

atravesar tr. *Cruzar, pasar; traspasar* es pasar un cuerpo penetrándolo de parte a parte; p. ej.: *atravesar* o *traspasar* con la espada.

atreverse prnl. *Arriscarse* (p. us.). *Arriesgarse, osar;* en *aventurarse* y *exponerse* se siente como más dudoso el éxito que en los demás verbos, más azaroso. ‖ *Insolentarse, descararse, osar.*

atrevido -da adj. *Audaz, osado, arro-*

jado, arriscado, arriesgado, temerario. «Un torero es naturalmente *atrevido,* y lo debe a la fundada confianza que tiene en su habilidad, en su ligereza; pero si apartándose de las precauciones comunes y conocidas del arte, se empeña por vanidad en una suerte arriesgada, decimos que es *osado,* porque desprecia con excesiva confianza un riesgo superior a los medios que puede naturalmente emplear para salir bien del lance, entregándose demasiado a la fortuna o a la casualidad. Si picado de los desprecios del concurso, ciego de cólera o despecho, expone temerariamente su vida en una suerte, contra toda probabilidad de salir bien de ella, decimos que es *arrojado,* que es un *arrojo* lo que hace» (LH). ‖ *Insolente, descarado, desvergonzado, fresco, descocado.*

atrevimiento m. *Audacia, osadía, arrojo.* «El *atrevimiento* supone una resolución de la voluntad acompañada de confianza en nuestras propias fuerzas para conseguir un fin arduo. La *osadía* supone el desprecio de las dificultades o riesgos superiores a nuestras fuerzas, pero acompañado de una excesiva confianza en la fortuna o en la casualidad. El *arrojo* no supone ningún género de confianza, sino una ceguedad con que temerariamente nos exponemos a un riesgo, sin examinar la posibilidad ni la probabilidad de salir bien de él» (LH). «*Atrevimiento, osadía* y *audacia* significan la determinación de ejecutar una acción arriesgada, de arrostrar un peligro o de exponerse a un mal. El *atrevimiento* puede nacer de un impulso impremeditado; la *osadía,* del temple natural o de los hábitos; la *audacia* es un exceso de *osadía* o de *atrevimiento.* El *atrevimiento* puede ser loable, y es muchas veces necesario; la *osadía* nunca deja de ser imprudente; la *audacia* es apasionada, criminal o heroica» (M). ‖ *Insolencia, descaro, desvergüenza, descoco, tupé, avilantez, desfachatez.*

atribuciones f. pl. *Facultades.* «Las *atribuciones* son los actos que debe ejercer el empleado público; sus *facultades* son los usos que puede hacer del poder que la ley le confía. Una de las *atribuciones* del juez es examinar los testigos; una de sus *facultades* es imponer penas al infractor. Los agentes inferiores de la autoridad tienen *atribuciones,* y apenas puede decirse que tienen *facultades*» (M).

atribuir tr.-prnl. *Achacar, imputar, culpar, inculpar, colgar* (fam.), significan *atribuir* algo malo. En cambio se pueden *atribuir* cualidades o defectos, culpas o méritos. Sería un contrasentido *achacar* una virtud. «*Atribuir, achacar* e *imputar* significan aplicar a una persona un hecho o un dicho; pero el hecho o dicho que se *atribuye* no tiene carácter exclusivo; puede ser bueno o malo, loable o digno de censura. El que se *achaca* es imprudente, desacertado o ridículo; el que se *imputa* es inmoral y culpable. Se *atribuye* a los chinos la invención de la pólvora; se *achacan* a Quevedo unas coplas satíricas; Cicerón *imputó* a Catilina el designio de quemar a Roma. La conjetura *atribuye;* la malignidad *achaca;* el odio y la envidia *imputan*» (M). Nótese, además, que *atribuir* y *achacar* pueden aplicarse también a cosas, en tanto que *imputar* sólo se aplica a personas: se *atribuye* o *achaca* a las heladas tardías la pérdida de la cosecha; se *imputa* a uno la responsabilidad o culpa de una acción desastrosa. ‖ prnl. *Apropiarse, arrogarse.*

atribular tr. *Desconsolar, desolar, angustiar, acongojar, atormentar,* todos ellos intensivos de *afligir, apenar.*

atributo m. *Cualidad, propiedad.* ‖ *Símbolo, insignia, emblema.*

atrición f. *Arrepentimiento, compunción.*

atril m. El que es grande y sirve para sostener en las iglesias los libros del coro, *facistol.*

atrio m. *Porche.* ‖ *Zaguán.*

atrocidad f. *Crueldad, inhumanidad.* ‖ *Necedad, enormidad, barbaridad, burrada.* ‖ *Temeridad, imprudencia.*

atronar tr. *Asordar, ensordecer.* ‖ *Aturdir.*

atropellado -da adj. *Precipitado, ligero, irreflexivo, atolondrado, aturdido.*

atropellar tr. *Empujar, dar empellones, arrollar, derribar.* ‖ *Agraviar, ultrajar.* ‖ prnl. *Apresurarse, precipitarse, apurarse.*

atroz adj. *Fiero, cruel, inhumano, bárbaro.* ‖ *Enorme, grave, desmesurado.*

atuendo m. *Atavío, vestido,* a los cuales añade idea de solemnidad. Se habla del *atuendo* de las damas en una ceremonia, o del *atuendo* del salón en que la ceremonia se celebró. ‖ *Aparato, ostentación, boato, pompa.*

atufarse prnl. *Incomodarse, *amos-

carse, enojarse, enfadarse, irritarse.

atufo m. *Enfado, enojo, irritación.*

atún m. *Tonina.*

atunara f. *Almadraba.*

atunero -ra m. *Almadrabero.*

aturdido -da adj. *Atolondrado, irreflexivo, precipitado.* «Un hombre *aturdido* por carácter es irregular en sus movimientos, distraído en la conversación, desordenado en la conducta. En un *atolondrado* se encuentra la exageración de todos aquellos defectos: sus movimientos son violentos y peligrosos; su conversación, desatinada; su conducta, insensata y ridícula» (M).

aturdimiento m. *Turbación, perturbación.* ‖ *Atolondramiento, precipitación, aturrullamiento, irreflexión.*

aturdir tr. **Asombrar, maravillar, desconcertar, pasmar.* ‖ *Atontar, turbar, atolondrar, azarar, aturrullar.* ‖ *Perturbar, consternar.*

aturrullar tr.-prnl. *Desconcertar, atolondrar, aturdir, turbar, azarar.*

atutía f. *Tutía, tucía, tocia.*

audacia f. **Atrevimiento, osadía, arrojo, valor, intrepidez.* ‖ *Insolencia, descaro, desvergüenza, tupé, desfachatez, avilantez.*

audible adj. *Oíble.*

auditorio m. *Público, oyentes, concurrencia.*

auge m. *Elevación, prosperidad, encumbramiento.* ‖ **Apogeo, esplendor, plenitud, culminación.*

augurar tr. *Auspiciar, predecir, pronosticar, profetizar, presagiar, *adivinar, vaticinar.*

augurio m. *Predicción, presagio, pronóstico, *agüero, profecía, vaticinio.*

aula f. *Clase, cátedra.*

aulaga f. *Aliaga, árgoma.*

aumentar tr. *Sumar, añadir, adicionar, agregar, acrecentar.* ‖ **Crecer, *agrandar, *ampliar.*

aumento m. *Acrecentamiento, incremento, crecimiento.* ‖ *Adelantamiento, medro, avance.*

aún y **aun** adv. Se escribe con acento cuando equivale a *todavía;* p. ej.: *aún* no ha venido; *todavía* no ha venido; *aún* o *todavía* llueve. Cuando no son sinónimos, se escribe sin acento *(aun),* p. ej.: *aun* llegando tarde, le recibieron bien; lo sabré pronto, *aun* cuando no me lo digas; no tengo yo tanto, ni *aun* la mitad.

aunar tr. *Unir, asociar, juntar, confederar, unificar.*

aupar tr. *Levantar, subir; aupar* lleva complemento directo de persona: *aupar a un niño;* pero no se diría *aupar* un fardo. ‖

fig. *Enaltecer, ensalzar, encumbrar.*

1) **aura** f. *Vientecillo, céfiro, brisa.* ‖ fig. *Aplauso, aceptación, buen ambiente.*

2) **aura** f. (ave). *Gallinazo.*

aureola o **auréola** f. *Corona, diadema, lauréola, nimbo.* ‖ *Gloria, celebridad, fama, renombre.*

auriga m. *Cochero.* Sólo se usa *auriga* evocando la antigüedad clásica o en estilo elevado.

ausentismo m. *Absentismo.*

auspiciar tr. *Predecir, augurar, *adivinar.* ‖ **Proteger, favorecer, patrocinar, apadrinar.*

auspicio m. *Agüero, augurio, presagio.* Usado en plural, *auspicios* equivale a *señales, indicios* que anuncian o presagian el resultado de algún negocio o acto. ‖ *Protección, favor, patrocinio.*

austeridad f. *Continencia, templanza, temperancia, moderación, sobriedad.* ‖ *Severidad, rigor, rigidez, dureza, aspereza.*

austero -ra adj. Tratándose del sabor, *agrio, áspero, acerbo.* ‖ Tratándose del género de vida o del que lo sigue, *severo, riguroso, rígido.*

austral adj. *Antártico, meridional.*

austro m. **Sur, mediodía.*

1) **autarquía** f. *Autosuficiencia. Autarquía* no se usa tratando de personas singulares, sino de naciones o de grandes compañías industriales: un país goza de *autarquía* económica cuando se basta a sí mismo.

2) **autarquía** f. *Autocracia, cesarismo, *dictadura.*

auténtico -ca adj. *Verdadero, positivo, cierto, seguro, genuino, real.* ‖ *Acreditado, autorizado, legalizado, fidedigno.*

autillo m. (ave) *Cárabo, oto, úlula, zumaya.*

autocracia f. *Autarquía, cesarismo, *dictadura.*

autóctono -na adj. **Aborigen.*

autodecisión f. *Autodeterminación.*

autógrafo -fa adj.-m. *Hológrafo u ológrafo* se usan tratándose de testamentos.

automotor m. En los ferrocarriles, *autovía.*

automóvil m. Es frecuente darle el nombre general de *coche;* Amér., *carro.* Suele designársele abreviadamente *auto.*

autonomía f. *Autogobierno.*

autopsia f. *Necropsia y necroscopia,* ambos p. us.

autor -ra m. f. *Causante, creador.* ‖ El *autor* de alguna obra científica, literaria o artística recibe nombres especiales, como *inventor, *escritor,* etc.

autoridad f. *Poder, mando, facul-*

tad, potestad, jurisdicción. ‖ *Crédito, fe.*

autoritario -ria adj. *Despótico, arbitrario, imperioso, autocrático.*

autorización f. **Consentimiento, permiso, venia, aprobación, anuencia.*

autorizar tr. *Facultar, dar poder.* ‖ *Consentir, permitir, aprobar, acceder.*

autovía m. *Automotor.*

autumnal adj. lit. *Otoñal.*

1) **auxiliar** adj.-s. *Ayudante, asistente, cooperador;* cuando no se trata de personas, *coadyuvante.*

2) **auxiliar** tr. **Ayudar; secundar, apoyar, socorrer, favorecer, amparar.* «A un ejército considerable se le *auxilia* para hacer más poderosa e irresistible su fuerza; a una plaza que sostiene con dificultad un sitio, se la *socorre* para que no se rinda; a un infeliz vencido y derrotado, se le *ampara* para que no perezca... Se *auxilia* al industrioso; se *socorre* al necesitado; se *ampara* al desvalido» (LH).

auxilio m. *Ayuda, apoyo, favor,* para hacer o conseguir algo. *Protección, amparo, refugio, socorro, escudo,* para librar de un peligro. Pueden sustituirse todos entre sí según las circunstancias; todos son intercambiables con *auxilio. Asistencia* significa normalmente ayuda; pero por eufemismo puede equivaler a *socorro.* «Se da el *auxilio* al que ya tiene y le conviene tener más; el *socorro,* al que no tiene lo suficiente; el *amparo,* al que no tiene nada... Se pide *auxilio* para vencer; *socorro,* para no ser vencido; *amparo,* para no perecer» (LH).

avalorar tr. **Valorar, valorizar.*

avance m. *Anticipo, adelanto de* dinero. ‖ *Progreso, marcha.*

avanzar intr. *Adelantar, progresar.* ‖ fig. *Prosperar.*

avaricia f. *Avidez, codicia,* connotan afán de adquirir o ganar. Cuando el medio empleado es no gastar : *tacañería, ruindad, cicatería, mezquindad, miseria, sordidez.*

avaro -ra adj.-s. *Avariento, avaricioso, ávido, codicioso, mezquino, tacaño, ruin, roñoso, cicatero, sórdido, miserable.* «El *avariento* tiene el afán de guardar; el *codicioso* el de adquirir. No se dice ser *avariento* del bien ajeno, ni *codiciar* el bien propio, porque sólo es *avariento* el que posee, y *codicioso* el que desea. El *avariento* no expone nunca su caudal, por miedo de una pérdida. El *codicioso* lo arriesga muchas veces, por el afán de la ganan-

cia. Éste es más digno de compasión, porque siempre ve lejos de sí el objeto en que pone su felicidad ; pero el *avariento* sabe que posee lo que cree que puede hacerle dichoso, y se complace en cierto modo con la falsa idea de que, si se priva de mucho, es por poder lograrlo todo» (LH). Siguiendo esta distinción, *ávido* se agruparía con *codicioso,* y los demás adjetivos estarían al lado de *avaro, avariento.*

avasallar tr. **Dominar, señorear, sujetar, someter, sojuzgar, subyugar.*

avecinarse prnl. *Acercarse, aproximarse.* ‖ *Avecindarse, domiciliarse, establecerse.*

avecindarse prnl. *Avecinarse, establecerse, domiciliarse.*

avejentar tr. *Aviejar, envejecer; revejecer* se usa sólo como intr. y prnl. *Aviejar* y *avejentar* hacen resaltar la idea de poner a uno viejo antes de serlo por la edad.

avenencia f. *Convenio, concierto, conciliación, transacción, arreglo.* ‖ *Unión, conformidad, armonía, compenetración.*

avenida f. *Venida, llena, crecida, desbordamiento, inundación.* Tratándose de un río, *riada, arriada* (p. us.); de un torrente, *torrentada;* de un arroyo, *arroyada.*

avenir tr. *Conciliar, concertar, convenir, arreglar.* ‖ prnl. *Entenderse, ponerse de acuerdo, allanarse, amoldarse.* ‖ *Congeniar.*

aventador m. *Bieldo.* ‖ *Soplador, baleo, soplillo.*

aventajar tr. *Anteponer, preferir.* ‖ *Exceder, superar, sobrepujar, pasar, adelantar.* En su uso prnl. **sobresalir.*

aventurado -da adj. *Arriesgado, peligroso, expuesto, azaroso.*

aventurar tr. *Arriesgar, exponer.* prnl. **Atreverse, osar.*

avergonzar tr.-prnl. Serie intensiva: *Encoger(se), correr(se), empachar(se), ruborizar, sonrojar, abochornar, sofocar.* «*Avergonzar* y *abochornar* expresan una acción que excita un movimiento de malestar, ligado con la idea de reconvención, ofensa o remordimiento; pero la acción expresada por el segundo verbo es más intensa y más grave que la que representa el primero. En el hombre *abochornado* hay un sentimiento más incómodo y más profundo que en el *avergonzado.* Un hombre honrado se *avergüenza* de que se ponga en duda su honradez; el buen padre se *abochorna* de tener un hijo tramposo o petardista» (M).

avería f. *Daño, deterioro, detrimento, menoscabo.* Tratándose de un aparato, instalación o vehículo, *desperfecto, rotura.*

averiguar tr. *Inquirir, indagar, investigar, buscar.*

averno m. *Infierno.*

aversión f. **Antipatía, repugnancia, repulsión, oposición, odio.* «La *aversión* se aplica tanto a las personas como a las cosas... La *aversión* puede degenerar en horror; la *repugnancia* en hastío y en odio; la *oposición* en aborrecimiento. La *repugnancia* es mucho más material que la *aversión*, y ésta más que la *oposición*. Nos causa *repugnancia* un alimento, una medicina, una lectura. Tenemos *aversión* a las personas, a la soledad, a los insectos; se nos *opone* una persona cuyo carácter no conviene con el nuestro. Somos *opuestos* a que se nos contraríe» (C).

avezar tr. **Acostumbrar, habituar, vezar.* En su uso prnl., *hacerse a.*

aviar tr. *Prevenir, preparar, disponer, arreglar, aprestar.* ‖ fam. *Despachar, apresurar.*

avidez f. *Codicia, ansia, voracidad.*

ávido -da adj. *Codicioso, ansioso, insaciable, voraz.*

aviejar tr. **Avejentar.*

avieso -sa adj. fig. *Atravesado, mal inclinado, malo, perverso.*

avigorar tr. *Vigorizar, vigorar.*

avilantarse prnl. *Descararse, insolentarse, desvergonzarse, osar.*

avilantez f. *Descaro, atrevimiento, audacia, osadía, insolencia, desvergüenza.*

avinagrar tr.-prnl. *Acedar, *agriar,* en general. Tratándose del vino, *acetificar(se),* término químico; las voces corrientes son *avinagrar(se), torcerse, volverse.* ‖ fig. prnl. Tratándose del carácter de una persona, *agriarse, exacerbarse.*

avío m. *Prevención, apresto.* ‖ pl. *Utensilios, trastos, menesteres, recado.*

avión m. *Aeroplano.*

avisador -ra m. f. *Llamador.*

avisado -da adj. *Prudente, previsor, *advertido, precavido, cauteloso, astuto.* Cuando predomina el matiz de inteligencia viva y pronta, *despierto, sagaz, listo.*

avisar tr. **Advertir, *noticiar, notificar, prevenir, anunciar, participar, comunicar.* ‖ *Aconsejar, *advertir, amonestar.*

aviso m. *Indicación, anuncio, noticia.* ‖ *Advertencia, amonestación, consejo, observación.* ‖ *Prudencia, discreción, precaución, prevención, cautela.*

avispado -da adj. *Vivo, despierto, agudo, listo.*

avispón m. *Crabón, moscardón.*

avistar tr. *Dar vista a, ver, descubrir.* ‖ prnl. *Entrevistarse, reunirse, personarse.*

avituallar tr. **Abastecer, proveer, suministrar, aprovisionar.*

avivar tr. *Vivificar, reavivar, revivificar, reanimar.* ‖ fig. *Excitar, animar, enardecer, encender, acalorar.* ‖ Tratándose del fuego o de la luz, *atizar, despabilar, espabilar.*

avizorar tr. *Acechar, atisbar, observar, vigilar, espiar, *asechar.*

avucasta f. *Avutarda, avucastro.*

avutarda f. *Aventurada, avucasta, avucastro.*

axila f. Es voz culta o científica; *sobaco* es de uso gral. y popular; *encuentro,* p. us. tratándose del cuerpo humano, pero frecuente si se trata de animales.

axilar adj. *Sobacal.*

axiomático -ca adj. *Incontrovertible; evidente, irrebatible, indiscutible.*

ayo -ya m. f. *Pedagogo,* esp. si se trata de la antigüedad clásica; *preceptor.*

ayuda f. **Auxilio, apoyo, favor, protección, amparo, socorro, cooperación, asistencia.* ‖ *Lavativa, lavamiento, servicial, servicio; enema, clister* o *clistel* son términos médicos; *irrigación* es eufem. moderno.

ayudante m. *Auxiliar, asistente, cooperador.*

ayudar tr. *Cooperar, asistir, secundar, coadyuvar, apoyar, contribuir.* ‖ **Auxiliar, socorrer, amparar.* «*Ayudar* es prestar cooperación; *auxiliar* es ayudar en casos arduos; *socorrer* es remediar el mal y la privación; *amparar* es hacer uso de la autoridad o del poder en *socorro* del que lo implora. Se *ayuda* en la faena; se *auxilia* en los conflictos; se *socorre* en los peligros; se *ampara* mandando o prohibiendo. El que no tiene la fuerza necesaria para levantar un peso, no pide que lo *auxilien,* que lo *socorran* ni que lo *amparen,* sino que lo *ayuden.* El que se ahoga no pide que lo *auxilien,* que lo *ayuden,* ni que lo *amparen,* sino que lo *socorran.* El que se oculta, huyendo de una persecución, no pide a su amigo que lo *ayude,* que lo *socorra* ni que lo *ampare,* sino que lo *auxilie.* El que acude al trono para reparar una gran injusticia, no pide que lo *ayude,* que lo *auxilie* ni lo *socorra,* sino que lo *amparen*» (M). Sin embargo, *amparar* envuelve la idea de *protección,* no sólo de la autoridad, sino también de otras personas, lo cual hace posible que el que se oculta huyendo de una persecución, pida a su amigo no sólo que lo *auxilie* (como dice el ejemplo anterior), sino también que lo *ampare*, lo *proteja* o lo *refugie* en su casa. Se *ampara* también al desvalido.

ayuno -na adj. *En ayunas.* ‖ fig. *Ignorante, inadvertido.*

ayuno m. *Abstinencia, dieta.*

ayuntamiento m. *Municipio, concejo;* en algunas partes, *cabildo, consistorio.*

ayuso adv. l. ant. *abajo, yuso.*

azabache m. *Ámbar negro.*

azafrán m. *Croco* se usa sólo como tecnicismo. ‖ ~ bastardo, **alazor, cártamo, cártama.*

azalea f. *Rosadelfa.*

azamboa f. *Cidrato, cimboga, zamboa.*

azanoria f. *Zanahoria.*

azar m. **Casualidad, acaso.* El *albur,* la *contingencia* y la *eventualidad* son posibilidades casuales en que fiamos el resultado de una empresa que nos parece arriesgada; pero no se estiman como tan inasibles e insospechados como el *azar* y la *casualidad.* Al emprender un negocio, contamos en cierto modo con la *contingencia* o *eventualidad* de pérdidas, y corremos el *albur* de sufrirlas.

azararse prnl. *Turbarse, conturbarse, aturdirse, confundirse, *azorarse.*

azaroso -sa adj. *Aventurado, arriesgado, expuesto, peligroso.*

azoado -da adj. *Nitrogenado.*

azoato m. *Nitrato.*

ázoe m. *Nitrógeno.*

azofaifa f. *Azufaifa.*

azogue m. *Mercurio; argento vivo*

ant.; *hidrargiro* o *hidrargirio* se usan sólo como tecnicismos.

azor m. *Esmerejón, milano.*

azorar tr. *Conturbar, sobresaltar, aturdir.* Coincide con *azararse,* y quizá se han influido mutuamente en su signif., pero *azorarse* es más intenso : un estudiante se *azara* en el examen; la gente huye *azorada* de un incendio, como las palomas cuando viene el azor.

azorramiento m. *Zorrera.*

azotar tr. *Fustigar, hostigar, golpear, mosquear, paporrear, vapular, vapulear, zurrar; flagelar* pertenece al estilo culto o literario. ‖ fig. *Castigar* en general.

azote m. *Azotazo, nalgada, golpe; palo, manotada, latigazo,* según el instrumento que se emplee. ‖ fig. *Calamidad, desgracia, plaga, castigo. Flagelo* es término literario.

azotea f. *Terrado, solana, terraza.*

azucarillo m. *Bolado,* p. us. actualmente; *panal* (And.); *esponjado.*

azucena f. *Lirio blanco.*

azud m. = **azuda** f. *Zúa, zuda.* ‖ *Parada, presa.*

azufaifa f. *Azofaifa, azofeifa, guinja, guinjol, jinjol, yuyuba,* según las regiones.

azufaifo m. *Azufeifo, guinjolero, jinjolero.*

azufre m. *Alcrebite.*

azul de ultramar m. *Lapislázuli.*

azulaque m. *Zulaque.*

azulejar tr. *Alicatar.*

azulejo m. (ave) *Abejaruco, abejero.*

azúmbar m. *Damasonio, almea.* ‖ *Espinacardo.* ‖ *Estoraque.*

azuzar tr. *Achuchar.* ‖ fig. *Incitar, excitar, estimular, irritar, enviscar, enzalamar, enzurizar.*

B

babera f. *Barbote, baberol.* ‖ *Babero.*

babero m. *Babador, pechero, babera. Servilleta* cuando se pone a los niños para comer.

babieca com.-adj. *Bobo, simple, abobado, bobalicón, papanatas, pazguato, tontaina, tonto.*

babonuco m. Cuba. *Babunuco.*

babosa f. *Limaza; limaco* en algunas regiones; *babaza.*

babunuco m. Cuba. *Babonuco, abonuco.*

bacalao m. *Abadejo, curadillo;* ant. *trechuela.*

bacanal f. *Orgía.*

bacante f. *Ménade.*

bácara y **-ris** f. *Amaro, maro, esclarea.*

baciforme adj. BOT. *Abayado.*

bacín m. *Orinal, dompedro, perico, sillico, tito, vaso, zambullo.*

báculo m. *Bastón, palo, cayado,* en general. Tratándose del ∼ pastoral que usan los obispos, se dice *báculo,* y sólo por metáfora puede llamársele *cayado.* ‖ fig. *Apoyo, arrimo, consuelo.*

bache m. *Rodera, rodada, carril, carrilada, releje.* El *bache* supone mayor profundidad, y suele producirse por el paso de muchos vehículos.

bada f. *Rinoceronte, abada.*

badajada f. = **badajazo** m. fig. *Necedad, despropósito.*

badajo m. *Espiga, lengua.* ‖ fig. *Hablador, necio.*

badajocense adj.-s. *Pacense.*

badea f. *Albudeca,* p. us.

badiana f. *Anís estrellado.*

badilejo m. *Llana.*

badulaque m. *Tonto, tarugo, leño, necio.*

baga f. *Gárgola.*

bagaje m. MIL. *Equipaje, impedimenta.*

bagatela f. *Nimiedad, menudencia, minucia, friolera, fruslería, insignificancia.*

bagazo m. *Gabazo.*

bagual adj. Argent. y Bol. *Bravo, indómito, cerril, salvaje.*

baharí m. *Tagarote.*

baicurú m. Argent. *Guaicurú.*

baila f. *Raño, perca, percha, trucha de mar.*

bailar intr.-tr. *Danzar* es término más escogido; evocando la antigüedad, *tripudiar.*

baile m. *Danza* es en gral. más distinguido y elegante que ∼. «*Baile* como sinónimo de *danza,* es un ejercicio que consiste en mover a compás los pies, el cuerpo y los brazos; *danza* es este mismo ejercicio, sometido a ciertas reglas y susceptible de enseñanza» (M). Evocando la antigüedad clásica, *tripudio.*

baja f. *Disminución, decadencia, descenso,* *caída en general; tratándose de cosas materiales, y especialmente de valores económicos, *merma, pérdida, quebranto;* si es grande y súbita, *bajón.*

bajá m. *Pachá* es galicismo.

bajada f. *Descenso,* especialmente cuando es lenta o gradual; si es brusca o violenta, **caída.* ‖ *Cuesta abajo.*

bajar intr.-tr. En todas las acepciones intransitivas, *descender. Abajar* es anticuado o rústico. ‖ **Disminuir, menguar,* **decrecer, decaer.* ‖ Tratándose de precios o valores económicos, *abaratar, rebajar.* ‖ MAR. *Arriar.* ‖ *Apear(se), descender;* si es de una caballería, *descabalgar, desmontar.* ‖ fig. *Humillar, abatir.*

bajel m. *Buque, barco, navío,* son las denominaciones corrientes. *Nave* y *bajel* son términos escogidos, de uso principalmente literario.

bajeza f. *Indignidad, ruindad, vileza, envilecimiento, abyección, rebajamiento.*

bajo -ja adj. *Pequeño, chico.* Tratándose de personas, Argent., *petizo,* Méj., *chaparro.* ‖ Tratándose de color, *descolorido, apagado, mortecino;* del sonido, *grave.* ‖ fig. *Despreciable, vil, ruin, indigno, rastrero, abyecto.*

bajo prep. *Debajo de:* los papeles están *bajo* o *debajo de* la mesa; *bajo* techado o *debajo de* techado. La expresión *debajo de* ha influido en que la prep. *bajo* se una a veces a la prep. *de*, y así puede decirse : *su maldad se ocultaba bajo (de) hermosas apariencias.* El uso de *bajo de* es hoy mucho menos frecuente que entre los clásicos.

1) **bajón** m. MÚS. *Piporro.*

2) **bajón** m. *Caída. Bajón* añade a *descenso, disminución, merma, baja,* la idea de gran cuantía o de brusquedad : un *bajón* en los precios es una *baja* muy considerable y súbita. La botella ha dado un *bajón,* significa una *merma* notable en el licor que contenía.

bajonazo m. TAUROM. *Golletazo.*

bala f. *Proyectil.* ‖ *Fardo, paca, bulto. Bala* se aplica especialmente a determinadas mercancías textiles : *algodón, lana,* etc.

baladí adj. *Insignificante, insustancial, de poca monta, superficial.*

baladre m. *Adelfa, hojaranzo, laurel rosa, rododafne.*

baladronada f. *Bravata, fanfarronada.*

balancear intr.-prnl. *Oscilar.* ‖ *Columpiar, mecer.* ‖ fig. *Vacilar, dudar, titubear.*

balanceo m. *Oscilación, fluctuación, vaivén.* Tratándose de los movimientos del cuerpo al andar, *contoneo.*

balancín m. *Mecedora.* ‖ *Contrapeso, chorizo, tiento.*

bálano o **balano** m. *Glande.* ‖ *Pie de burro.*

balaustre m. *Balaústre, balustre.*

balbucear intr. *Balbucir.* Son equivalentes en su significado, pero *balbucir* es verbo defectivo y sólo se conjuga en infinitivo y en las personas que tienen *i* en la conjugación : *balbucía, balbucieron,* etc. Las demás formas de *balbucir* se suplen con las de *balbucear.* Para otros matices sinonímicos, v. *Mascullar.*

balbucir intr. *Balbucear.*

baldado -da adj. *Tullido, impedido, paralítico, inválido.*

baldaquín y **-quino** m. *Ciborio,* en las iglesias románicas.

1) **balde** m. *Cacimba.*

2) **balde** De ∼, loc. adv. *Gratis, graciosamente.* ‖ En ∼, *en vano, inútilmente.*

baldón m. *Oprobio, injuria, afrenta, vituperio, deshonor.*

baldonar tr. *Baldonear, abaldonar, injuriar, afrentar, vituperar.*

1) **baleo** m. *Ruedo, felpudo.*

2) **baleo** m. Amér. *Tiroteo.*

balista f. ant. *Petraria.*

balompié m. neol. para sustituir el anglicismo *fútbol.* También tiene algún uso el adj. derivado *balompédico,* en competencia con *futbolístico.*

baloncesto m. neol. para designar el juego llamado en inglés *basketball.*

balsa f. *Armadía, almadía, jangada.*

balsamina f. *Nicaragua.* ‖ *Adorno, miramelindos, momórdiga.*

balsamita f. *Jaramago.* ‖ ∼ **mayor,** *berro.*

bálsamo m. fig. *Consuelo, alivio, lenitivo.*

balsar m. *Barzal.*

balsero m. *Almadiero.*

baluarte m. *Bastión; luneta* es un baluarte pequeño. ‖ fig. *Protección, defensa.*

balustre m. *Balaustre, balaústre.*

ballestilla f. *Radiómetro.* ‖ VETER. *Fleme.*

ballico m. *Césped inglés, vallico.*

bambolear intr.-prnl. *Bambalear, bambanear, tambalearse, vacilar.*

bambolla f. *Aparato, ostentación, boato, pompa,* a los cuales añade la idea de ficción o mera apariencia. *Bambolla* es propiamente pompa u ostentación fingida.

banana f. y **banano** m. *Plátano.*

banca f. Designa colectivamente el conjunto de bancos y banqueros: *negocios de* ∼, *la* ∼ *española;* pero a veces se usa también para referirse sólo a uno de dichos establecimientos de crédito. En este último caso (no muy frecuente), es sin. de *banco.* ‖ *Monte* (juego). ‖ Argent. *Escaño.*

bancal m. *Tabla.*

bancarrota f. *Quiebra.* «Uno y otro término significan la cesación o abandono de comercio o de pago; pero *bancarrota* manifiesta propiamente el efecto de la insolvencia o malversación. Hacer *bancarrota* es cerrar la tienda, casa de comercio o de pago, y desaparecer del comercio o de la pagaduría... Hacer *quiebra* es dejar de pagar al vencimiento de los plazos, declararse imposibilitado de pagar, y pedir tiempo para el pago... La *bancarrota,* voluntaria o de intento, fraudulenta o criminal; ...la *quiebra,* forzosa, desgraciada o inocente; y aquí está la principal diferencia que el uso establece entre estas dos voces. La calificación de *bancarrota* es injuriosa; la de *quiebra* no lo es...» (Ma). ‖ fig. *Desastre, hundimiento, descrédito.*

banco m. **Banca.* ‖ *Bandada* (de peces), *cardume, cardumen.*

1) **banda** f. MAR. *Costado, lado.*

2) **banda** f. *Partida, facción, cuadrilla, pandilla.* ‖ Tratándose de animales cuadrúpedos, *manada;*

de peces, aves o insectos, *bandada*.

bandada f. **Banda, muchedumbre* (de aves, peces o insectos); si es de peces, *banco, cardume, cardumen*.

bandarria f. *Mandarria*.

bandearse prnl. *Ingeniarse, apañarse*.

bandera f. *Insignia, enseña, estandarte, pabellón*.

bandería f. *Bando, parcialidad, partido, facción*.

banderilla f. *Palitroque, rehilete*.

banderillear tr. *Parear*.

banderizar tr. *Abanderizar*.

bandidaje m. *Bandolerismo*.

bandido m. *Bandolero, malhechor, salteador, ladrón*.

1) **bando** m. *Edicto*.

2) **bando** m. *Facción, parcialidad, bandería, partido*.

bandolerismo m. *Bandidaje*.

bandolero m. *Bandido, malhechor, salteador*.

banquete m. *Festín, ágape*.

baño m. *Inmersión, sumersión, remojón*. ‖ *Bañera, pila*. ‖ *Capa, mano* de pintura o barniz. ‖ pl. *Balneario*.

baqueta f. *Taco*. ‖ ARQ. *Junquillo*.

baqueteado -da adj. fig. *Acostumbrado, avezado, habituado, experimentado, práctico, experto*.

baquiano -na adj. *Baqueano, práctico, experto, cursado*.

báquico -ca adj. *Dionisíaco* en su significación de perteneciente a Baco o Dioniso. ‖ *Orgiástico*. ‖ *Vinolento, vinoso*.

baquio m. *Pariambo*.

barajar tr. fig. *Mezclar, entremezclar, revolver, confundir*.

baranda f. *Barandilla*. ‖ En las mesas de billar, *banda*.

barandal m. *Pasamano*. ‖ *Barandilla*.

baratija f. *Bujería, chuchería*.

baraustar tr. ant. *Asestar. Barahustar, barajustar y baraustar* son desusados actualmente; en los clásicos significaron, además, confundir, trastornar, acep. que han heredado *desbarajustar, desbarajuste*.

barbaja f. (planta). *Teta*.

barbaridad f. *Atrocidad, enormidad, disparate, dislate, ciempiés*. ‖ *Ferocidad, crueldad, inhumanidad, barbarie* (si es habitual o se considera como carácter permanente).

barbarie f. *Rusticidad, incultura, cerrilidad, salvajismo*. ‖ *Fiereza, ferocidad, crueldad, inhumanidad*.

barbarismo m. Palabra o giro de una lengua extranjera, *extranjerismo*. Según su origen, los *barbarismos* o *extranjerismos* se llaman *galicismos, anglicismos*, *germanismos, italianismos*, etc. ‖ *Barbaridad, barbarie*.

barbarizar intr. *Disparatar, desatinar, desbarrar*.

bárbaro -ra adj.-s. fig. *Atroz, fiero, feroz, cruel, inhumano*. ‖ *Arrojado, temerario, imprudente, alocado*. ‖ *Rudo, inculto, grosero, tosco, salvaje, cerril*.

barbecho m. *Huebra*.

barbería f. **Peluquería*.

barbero m. *Peluquero; fígaro* irón.; *rapabarbas, rapador, rapista*, desp.

barbián -na adj.-s. *Desenvuelto, gallardo, galán, arriscado*.

barbilla f. *Mentón*.

barboquejo m. *Barbiquejo, barbuquejo*. Argent. y Bol. *Barbijo*.

barbotar tr. **Mascullar, musitar, barbotear, barbullar, farfullar*.

barbote m. Argent. *Tembetá* entre los guaraníes; *botoque* en el Brasil.

barbullar m. *Barbotar, barbotear, *mascullar, farfullar*.

barca f. *Lancha, bote, batel*.

barceo m. *Albardín, berceo*.

barco m. *Buque, vapor, navío. Nave* y *bajel* son actualmente términos escogidos, de uso literario.

baritel m. *Malacate*.

baritina f. *Hepatita*.

barítono -na adj.-s. GRAM. Tratándose de la acentuación de las palabras, *llano, grave*.

barloar tr. *Abarloar, arrimar*.

barnizar tr. *Embarnizar*.

barquinazo m. *Tumbo, vaivén, sacudida, vuelco*.

barquino m. **Odre*.

barrabasada f. *Atropello, tropelía, desafuero*.

barrado -da adj. *Abarrado*.

barragana f. *Concubina, manceba, querida*.

barranco m. *Barranca, quebrada, barranquera, torrentera*. ‖ fig. *Dificultad, embarazo, impedimento*.

barreduras f. pl. *Inmundicia, desperdicios, basura*. ‖ *Desecho, residuo*.

barrenar tr. *Taladrar, agujerear, horadar*. ‖ fig. *Conculcar, infringir*, tratándose de leyes, derecho, estatutos, etc.

barreño m. *Terrizo*.

barrer tr. *Escobar*. ‖ fig. *Desembarazar, hacer desaparecer, apartar*.

barrera f. *Valla*. ‖ TAUROM. *Tablas*. ‖ fig. *Obstáculo, impedimento*. ‖ fig. *Salvación, amparo, refugio*.

barriga f. *Vientre, panza, tripa*. **Abdomen* se usa sólo como tecnicismo. *Andorga* es término burlesco, jocoso. ‖ *Comba, curvatura, convexidad*.

barrilete m. En carpintería, *siete*.

barrilla f. *Almarjo, sosa*. ‖ *Mazacote, natrón*.

barrillar m. *Almarjal*.

barrizal m. *Lodazal, cenagal, fangal.* Amér., *barrial.*

barro m. Aunque no puede trazarse línea divisoria fija entre sus denominaciones, *barro* es el nombre más gral., aplicable lo mismo al natural que al que se amasa para algún fin. *Cieno, lama* y *légamo* se refieren al que se halla en el fondo de las aguas, y *tarquín* al que depositan las riadas en los campos. *Limo* puede tener el mismo sentido que los cuatro anteriores, o ser equivalente de *lodo*, que es el que se forma en el suelo con la lluvia. *Fango* es lodo glutinoso y espeso.

barrueco m. *Berrueco.*

barruntar tr. *Prever, conjeturar, presentir, suponer;* si se trata de algo malo o peligroso, *sospechar.*

barrunto m. *Presentimiento, corazonada.* ‖ Se distingue del *indicio* en su carácter puramente subjetivo (v. **indicio*). En esto coincide con *atisbo* y *vislumbre,* que indican también una intuición rudimentaria, imperfecta. Esta intuición puede ser de algo bueno o malo, estimable o desestimable en *barrunto, barrunte* y *atisbo;* pero es gralte. de algo estimable en *vislumbre;* se tienen *barruntos* o *atisbos* de odio, de desesperación; *vislumbres,* de una idea. Cuando es de algo desagradable o sospechoso, *remusgo.*

bártulos m. pl. *Enseres, cachivaches, trastos, utensilios.*

barullo m. *Confusión, desorden, desbarajuste, lío.*

barullón -na y **barullero -ra** adj.-s. **Embrollador, embrollón, lioso.*

barzal m. *Balsar.*

barzón m. *Mediana,* en el arado.

basar tr. *Asentar, cimentar.* ‖ fig. *Fundar, apoyar, fundamentar.*

basca f. *Náuseas, ansias, fatiga* o *fatigas.*

bascosidad f. *Inmundicia, suciedad, porquería, asquerosidad.*

base f. En general, *asiento, apoyo;* en los edificios, *fundamento, *cimiento.* Todos ellos pueden emplearse en sentido fig. ‖ QUÍM. *Hidróxido.*

basilisco m. *Régulo.* ‖ En la frase *estar hecho un basilisco* equivale a *furia.* Si se trata de una mujer, *arpía, bruja.*

bastante adj. *Suficiente;* **asaz* y *harto* son anticuados. ‖ adv. c. *Suficientemente, asaz, harto.* «*Bastante* parece más vago e ilimitado que *suficientemente;* porque *bastante* da una idea absoluta e indeterminada de la abundancia, suponiendo que hay sin escasez lo que se necesita: y *suficientemente* da una idea relativa, contrayéndola determina-

damente a lo que justamente alcanza para no carecer de lo preciso. Y así se dice en un sentido absoluto: fulano es *bastante* rico; y en un sentido relativo a sus obligaciones, se dice que es *suficientemente* rico. El que dice que Leganés es un buen lugar y que hay en él casas *bastante* grandes, no explica más que la magnitud absoluta e indeterminada de las casas de Leganés; y no dirá que hay casas *suficientemente* grandes, a no referirse determinadamente al objeto para el cual se necesita que lo sean» (LH). También en el uso adverbial, *asaz* y *harto* son arcaísmos que sólo se emplean en estilo literario u oratorio.

bastardear intr. *Abastardar, degenerar.*

bastardelo m. *Minutario.*

bastardilla adj.-f. (carácter de letra). *Itálica, cursiva.*

bastardo -da adj. *Ilegítimo, espurio, noto,* aplicado a personas o linajes. ‖ Aplicado a cosas, *falso, bajo, vil, infame;* así hablamos de palabras, acciones, sentimientos *bastardos.* ‖ m. *Boa.*

baste m. y **basta** f. *Hilván.*

bastero m. *Guarnicionero.*

bastión m. *Baluarte.*

basto -ta adj. Aplicado a personas o actos humanos, *tosco, rudo, grosero, ordinario, burdo.*

bastón m. **Palo, vara.*

basura f. *Suciedad, inmundicia, porquería, barreduras.*

batacazo m. *Porrazo, trastazo, costalada.*

batahola f. *Alboroto, bulla, bullicio, tabaola, jarana, jaleo, gritería, algarabía.*

batalla f. Coincide con *combate* en que ambos significan la acción de combatir. Pero la *batalla* es una acción general entre dos ejércitos, a menudo con un plan y una organización de conjunto. El *combate* puede ser general o parcial; una *batalla* puede desarrollarse con varios *combates* en diferentes lugares y tiempos. En un sentido general, tanto la *batalla* como el *combate* pueden expresarse por *lid, lucha, pelea, contienda.*

batallador -ra adj. *Belicoso, guerrero.*

batallar intr. *Pelear, reñir, luchar, lidiar, contender.* ‖ fig. *Disputar, altercar, debatir, porfiar, pugnar.*

batel m. *Barca, bote, lancha.*

bateo m. fam. **Bautizo.*

baticola f. *Grupera.* Amér. *Ataharre.*

batida f. *Reconocimiento, exploración.*

batido -da adj. *Andado, trillado, frecuentado, conocido.*

batidor -ra m. *Escarpidor*, más us. que *batidor; carmenador*, p. us. en esta acep. ‖ MIL. *Explorador, descubridor.*

batintín m. *Gongo.*

batir tr. *Golpear, percutir, azotar.* ‖ *Acuñar.* ‖ *Explorar, reconocer.* ‖ *Derrotar, vencer, arrollar, deshacer.* ‖ prnl. *Combatir, batallar, luchar, pelear, lidiar.*

baúl m. *Mundo.* Ambos suelen emplearse para viajar. *Arca* y *cofre*, además de su forma especial, se asocian hoy más bien a la idea de mueble usado en las casas para guardar ropas y otros objetos.

bautizar tr. *Cristianar* fam. y pop.; *acristianar* (rúst.); *batear*, ant.

bautizo m. *Bateo*, pop. en algunas regiones; *cristianismo* (ant.).

bayeta f. *Aljofifa* (And.), la que sirve para fregar el suelo.

bazo m. *Pajarilla*, esp. del cerdo.

bazucar y **bazuquear** tr. *Zabucar.*

bazuqueo m. *Zabuqueo.*

beatitud f. *Bienaventuranza*, si se refiere a la eterna. En lo temporal, *felicidad, satisfacción, dicha.*

beato -ta adj. *Feliz, bienaventurado.* ‖ **Santurrón, mojigato, gazmoño.*

bebé m. *Nene, rorro.*

bebedizo m. *Filtro.*

bebible adj. *Potable* se usa esp. tratándose del agua, y se refiere más a sus condiciones higiénicas que al sabor; *bebible* se aplica a los líquidos que no son desagradables al paladar.

bebido -da adj. *Chispo, achispado.* Los tres adjs. significan un estado que no llega a *borracho, ebrio* o *embriagado.*

becada f. *Chocha, coalla, chorcha, gallina sorda, gallineta, pitorra.*

becafigo m. *Papafigo, papahído, picafico.*

becoquino m. *Ceriflor.*

befa f. Se diferencia de la **burla* en general en ser grosera e insultante. El significado de *befa* se acerca a *escarnio, ludibrio.* La **burla* puede ser graciosa y no ofensiva, pero la *befa*, el *escarnio* y el *ludibrio* son siempre afrentosos.

befar tr. *Escarnecer, mofar, burlar.*

bejín m. (hongo) *Pedo de lobo.*

belcho m. *Canadillo, hierba de las coyunturas, uva de mar o marina.*

beldad f. *Belleza, hermosura; beldad* se usa muy poco con significación abstracta, y por lo común es sinónimo de «mujer bella».

beldar tr. *Abieldar, bieldar, aventar.*

belén m. *Nacimiento.* ‖ fam. *Confusión, desorden, lío, embrollo, enredo.*

belérico m. *Mirobálano, avellana índica, mirabolano.*

bélico -ca adj. **Guerrero, belicoso, marcial.*

belicoso -sa adj. **Guerrero, bélico, marcial.* ‖ *Agresivo, batallador, pendenciero; pugnaz* es lit. y poco usado.

belitre adj.-s. *Pícaro, pillo, villano, ruin.*

bellaco -ca adj.-s. **Malo, ruin, bajo, villano, perverso, pícaro.* ‖ *Astuto, tuno, taimado, zorro.*

belleza f. *Hermosura.* «Estas dos palabras significan aquel raro conjunto de perfecciones y prendas que encadenan nuestra imaginación, sin que nos sea dado definir la sensación que nos imprime, ni determinar la naturaleza ni el origen del placer que nos causa. La *hermosura*, sin embargo, se dirige más bien a los sentidos, en tanto que la *belleza* parece ser objeto más propio y peculiar del entendimiento. La *hermosura* lleva consigo la idea del goce; la *belleza* envuelve la de la admiración. El hombre sensible, en presencia de la *hermosura*, desea la posesión; el hombre entendido analiza y estudia la *belleza*. La mujer *hermosa* excita el amor; el artista la llama *bella*. Damos el epíteto de *hermoso* a un edificio cuando nos recrea la vista con el esplendor del mármol, la grandeza de las dimensiones y la variedad de los adornos. Lo llamamos *bello* cuando consideramos el mérito de la composición, la proporción del plan y la sabia aplicación de las reglas. No se contempla lo *hermoso*, sino lo *bello*; no se apasiona el corazón de lo *bello*, sino de lo *hermoso*. Las artes de imitación y las letras humanas no se llaman *hermosas*, sino *bellas*» (M).

bello -lla adj. **Hermoso* (v. **belleza*).

bendito -ta adj. *Santo, beato, bienaventurado.* ‖ *Feliz, dichoso.* ‖ irón. Aplicado a personas, *sencillo, simple, cándido, bobalicón.*

benedictino -na adj.-s. [pers.] *Benito.*

benefactor adj. *Bienhechor.*

beneficiar tr. *Favorecer, hacer bien.* ‖ *Aprovechar, utilizar, explotar.*

beneficio m. *Favor, gracia, merced, servicio, bien.* «El *beneficio* socorre una necesidad; el *favor* hace un servicio; la *gracia* concede un don gratuito; la *merced* comprende las tres significaciones, y en algunos casos envuelve la idea de remuneración, como la *merces* de los latinos. El *beneficio* supone poder en el que lo hace; la *gracia,* autoridad y elevada categoría; el *favor* puede hacerse entre iguales. El hombre rico que funda un hospital hace un *beneficio.* El soberano que concede una condecoración, dispensa una *gracia.* El amigo que presta dinero a otro le hace un *favor.* Todas éstas son *mercedes»* (M). Hay que añadir que *merced* en el sentido de remuneración ha quedado hoy en desuso, aunque fue muy frecuente en los clásicos. *Merced* equivalente a *favor* o *gracia,* se siente como voz escogida, literaria. ‖ *Ganancia, utilidad, rendimiento, provecho, fruto.*

beneficioso -sa adj. *Benéfico.* Hay correlación entre *beneficio: beneficioso,* y *beneficencia: benéfico.* Un negocio que produce beneficios es *beneficioso (provechoso, útil, productivo, rentable, fructuoso, lucrativo).* Un establecimiento de beneficencia es *benéfico.* Por *benéfico* entendemos todo lo que hace un bien en general, mientras que *beneficioso* va asociado a la idea de provecho, utilidad para algo o alguien. Queda, sin embargo, una amplia zona de contacto entre ambos sinónimos: un sermón ha sido *benéfico* o *beneficioso* para los fieles; la lluvia ha sido *benéfica* o *beneficiosa* para las tierras, según prevalezca, respectivamente, la estimación del bien que ellas reciben, o la del que reportan para un fin.

beneplácito m. *Aprobación, permiso, *consentimiento, venia.*

benévolo -la adj. *Benigno, bondadoso, indulgente, complaciente, propicio, magnánimo.*

benigno -na adj. *Bondadoso, benévolo, indulgente, humano, clemente.* ‖ *Templado, apacible, suave, dulce.*

benito -ta adj.-s. [pers.] *Benedictino.*

beocio -cia adj. *Estúpido, tonto, necio.*

beodo -da adj. *Borracho, ebrio, embriagado, bebido.*

berberecho m. *Verderol, verderón* (molusco).

berbería f. Amér. *Adelfa.*

berceo m. *Albardín, barceo.*

bergante m. *Bandido, belitre, bribón, pícaro, sinvergüenza.*

berilio m. *Glucinio.*

berlina f. *Cupé.*

berma f. *Lisera.*

bermejo -ja adj. *Rubio, rojizo, rufo.* Aplicado solo al pelo, *taheño.*

bermellón m. *Rúbrica sinópica.*

berrera f. *Arsáfraga.*

berrinche m. Es intensivo de *enojo, enfado, coraje,* y connota generalmente manifestaciones exteriores de estos sentimientos por medio de gestos o gritos, como *rabia* y *furor.* En sentido irónico o despectivo, *rabieta, pataleta, berrenchín.*

berro m. *Balsamita mayor.*

berrueco m. *Barrueco.*

berza f. *Col.*

besana f. *Abesana.*

besar tr. *Besucar, besuquear* (frecuentativos); *hocicar* (desp.); en los clásicos, *dar paz.*

beso m. En estilo solemne o lit., *ósculo.*

bestia f. *Animal.* ‖ com.-adj. fig. *Rudo, bruto, ignorante, bárbaro, zafio.*

bestial adj. *Brutal, irracional.* Para su empleo en la lengua hablada con carácter intensivo general, v. *brutal.*

bestialidad f. *Brutalidad, ferocidad, irracionalidad.* ‖ *Barbaridad, animalada, patochada.*

béstola f. *Arrejada, rejada, limpiadera, aguijada.*

besuquear tr. *Besucar,* frecuentativos; Argent. *besotear; hocicar* y *hociquear* son despectivos.

betarraga y **-rrata** f. *Remolacha.*

betel m. *Buyo.*

betunero m. And. *Limpiabotas.*

bezudo -da adj. Aplicado al hombre o a los animales, *hocicudo, morrudo.*

Biblia f. *Sagrada Escritura* o simplemente *Escritura.*

biblioteca f. *Librería,* esp. si es particular o poco numerosa.

bicoca f. *Pequeñez, nadería, fruslería, bagatela, insignificancia.*

bicha f. Entre personas supersticiosas, que consideran de mal agüero pronunciar la palabra *culebra,* úsase *bicha.* ‖ ARQ. *Bestión.*

bichero m. MAR. *Cloque.*

bieldar tr. *Abieldar, beldar, aventar.*

bieldo m. *Aventador, aviento, bielgo.*

bien m. *Beneficio, favor, merced.* ‖ m. pl. *Hacienda, riqueza, caudal, capital.*

bienandanza f. *Felicidad, fortuna, dicha, suerte.*

bienaventurado -da adj. *Beato, santo.* ‖ *Feliz, afortunado, dichoso.* ‖ *Cándido, inocentón, sencillote, incauto, bendito.*

bienaventuranza f. *Gloria, vida eterna.* ‖ *Prosperidad, felicidad, dicha.*

bienestar m. *Comodidad, regalo.* ‖ *Abundancia, holgura, riqueza.*

bienhadado -da adj. *Afortunado, venturoso, dichoso.*

bienhechor -ra adj. *Favorecedor, protector, amparador, benefactor,* se aplican a personas. *Bienhechor,* *benéfico,* a personas y cosas; **beneficioso,* generalmente a cosas.

bienmandado -da adj. *Obediente, dócil, sumiso.*

bienquisto -ta adj. *Estimado, apreciado, considerado, querido, reputado.*

bienteveo m. Argent. *Benteveo, bentevi.*

bigardo -da adj.-s. *Vago, vicioso, bigardón.*

bigote m. *Mostacho.*

bigotudo -da adj. *Abigotado.*

bija f. *Achiote, achote.*

bilateral adj. Tratándose de un pacto o contrato, *sinalagmático* (DER.).

bilioso -sa adj. fig. *Colérico, atrabiliario, intratable, irritable.*

bilis f. *Hiel, cólera.* || fig. *Desabrimiento, aspereza, irritabilidad.*

billetado -da adj. BLAS. *Cartelado.*

billete m. En los espectáculos públicos, trenes, etc., es frecuente en Amér. la palabra *boleto,* hoy p. us. en España.

binar tr. *Rendar.* || *Edrar.* || intr. *Doblar.*

binza f. *Fárfara* (del huevo).

biografía f. *Semblanza, bosquejo biográfico; vida: vida* de Cervantes.

bioquímica f. *Química biológica.*

bióxido m. *Deutóxido.*

biribís m. *Bisbís.*

birimbao m. *Trompa gallega.*

birlar tr. *Quitar, robar, hurtar. Birlar* connota idea de astucia, maña o enredo.

bisagra f. *Gozne, charnela.*

bisar tr. *Repetir.*

bisbís m. *Biribís.*

bisbisar y **bisbisear** tr. *Musitar, mistar. Cuchichear* supone generalmente hablar a otro en voz baja al oído, mientras que *bisbisear* y *musitar* son acciones propias del soliloquio, como en el rezo o en la lectura a solas (v. **Mascullar*).

biselar tr. *Abiselar.*

bisexual adj.-s. *Hermafrodita.*

bisílabo -ba adj. *Disílabo.*

bisojo -ja adj.-s. *Bizco, ojituerto, reparado.*

bisonte m. *Cíbolo, toro mejicano.*

bisoño -ña adj.-s. *Inexperto, nuevo, novel, novato, bozal.*

bisulco -ca adj. ZOOL. *Fisípedo.*

biza f. *Bonito* (pez).

bizarría f. *Gallardía, valor, esfuerzo.* || *Generosidad, esplendidez, esplendor.*

bizarro -rra adj. *Valiente, esforzado, gallardo.* || *Generoso, espléndido.*

bizco -ca adj. *Bisojo, ojituerto, reparado.*

bizcocho m. *Galleta.*

biznaga f. *Dauco.*

blanco -ca adj. *Albo* es voz literaria. *Cándido* aparece en los clásicos con la significación latina de *blanco;* pero esta acepción es actualmente desusada.

blancura f. *Candor, albura* (ambos lit.), *blancor.*

1) **blandear** intr.-prnl. *Aflojar, ceder; contemporizar,* en la frase «blandearse con uno». || tr.-prnl. **Ablandar.*

2) **blandear** tr. *Blandir.*

blando -da adj. *Tierno.* «*Blando* es lo que no ofrece resistencia a la presión; *tierno,* lo que ofrece poca al golpe, al corte y a la incisión. El pan, la manteca y la masa fresca son sustancias *blandas* y *tiernas,* porque se hallan en aquellos dos casos; pero no se dice que la cama está *tierna,* sino *blanda,* ni el buen asado ha de estar *blando,* sino *tierno.* De la coagulación de ciertos líquidos resultan sustancias *blandas,* pero no *tiernas,* como la leche cuando se convierte en nata» (M). || fig. *Suave, benigno, apacible;* tratándose del tiempo, *templado.* || fig. *Flojo, muelle, cobarde.*

blandura f. *Suavidad, lenidad.* «La *blandura* está en el carácter y en los afectos; la *suavidad,* en los modales y en el lenguaje; la *lenidad,* en el ejercicio de la autoridad. Hay *blandura* en el hombre que cede con facilidad, que padece sin quejarse, que evita toda ocasión de exasperación, enemistad o discordia. Hay *suavidad* en el que sabe insinuarse en los corazones por el temple modesto de su conversación, por la tolerancia de los defectos ajenos, por lo apacible de su trato. Hay *lenidad* en el juez que impone una pena menos severa que la que corresponde al delito» (M). La *benignidad,* como la *blandura,* se refiere al carácter y a los afectos; la *afabilidad,* a los modales y al lenguaje. La *benignidad* puede hallarse en el ejercicio de la autoridad, y es generalmente loable; pero la *lenidad* es censurable, excesiva.

blanquear tr. *Emblanquecer.* || *Enjalbegar, jalbegar.* || intr. *Albear* (lit.).

blasfemador -ra adj.-s. *Renegador, renegón, blasfemante, blasfemo.*

blasfemar tr. *Renegar, jurar, maldecir, vituperar.*

blasfemia f. *Reniego, derreniego* (rúst.), *voto, juramento, maldición.*

blasfemo -ma adj.-s. *Blasfemador, blasfemante, renegador, renegón.*

blasón m. *Heráldica.* || *Escudo, armas.* || *Timbre.* «En el sentido recto, blasón es cada figura de las que componen un escudo de armas; *timbre* es la insignia que lo corona y que indica el grado de nobleza del que lo usa. El castillo, el león, las barras y las cadenas son *blasones* de las armas de España; su *timbre* es la corona real. En el sentido figurado, *timbre* es una acción gloriosa que ensalza y ennoblece, y *blasón* es la fama que por ella se adquiere. Por esto se dice: *blasona* de valiente. Puede decirse con propiedad: no tiene muchos *timbres* de que *blasonar*» (M).

blasonar tr. *Ostentar, presumir, gloriarse, vanagloriarse, jactarse, pavonearse.*

bledo m. *Armuelle.*

blindaje m. *Coraza.*

blindar tr. *Acorazar.*

blondo adj. lit. *Rubio.*

bloquear tr. *Sitiar, asediar, cercar.* ‖ MAR. *Incomunicar.* ‖ Tratándose de créditos, cuentas bancarias, etc., que quedan inmovilizados por orden de la autoridad, *congelar, inmovilizar.*

boa f. *Bastardo.*

boato m. *Ostentación, fausto, pompa, rumbo, lujo.*

bobada f. *Bobería, simpleza, necedad, tontería, tontada, majadería.*

bobina f. *Carrete.*

bobo -ba adj. *Pazguato, paparote, simple, tonto, tarugo, bodoque, bolonio.* En los confines de la bobería y la anormalidad mental se hallan *lelo* y *memo.*

bocací m. *Esterlín.*

bocado m. *Mordisco, dentellada, mordedura.* ‖ *Freno, embocadura.*

bocanada f. *Buchada, buche, sorbo,* si es de un líquido; si es de humo, *fumada.*

bocateja f. *Luneta.*

bocel m. *Cordón, toro.*

boceto m. *Mancha, borrón, esbozo, bosquejo, apunte, croquis.*

bocina f. *Tornavoz.*

bocio m. *Papera.*

bocón -na adj. *Hablador, charlatán, fanfarrón.*

bochinche m. *Tumulto, bronca, barullo.*

bochorno m. *Calor.* ‖ *Rubor, *vergüenza, sonrojo, sofoco, sofocón.*

boda f. *Casamiento, *matrimonio, unión, enlace, desposorio, himeneo.*

bodega f. *Cillero.*

bodegón m. *Casa de comidas, figón, taberna;* el que está en las afueras de una población, *ventorrillo, ventorro.*

bodón m. *Buhedo.*

bodoque m. fig. *Simple, tonto, bobo, tarugo, bolonio.*

bofe m. *Chofe, pulmón, asadura.*

bofetada f. *Galleta,* irón.; *cache-*

te; *guantada, guantazo, tabanazo, manotazo, sopapo, bofetón.*

boga f. *Fama, aceptación, reputación.* ‖ *Prosperidad, auge, felicidad.*

bogar intr. *Remar.* ‖ *Navegar.*

bogavante m. (crustáceo) *Lobagante.*

bohordo m. *Escapo, vara.*

boja f. *Abrótano, guardarropa.*

bojedal m. *Bujedal, bujeda, bujedo.*

bojeo m. MAR. *Circuito, contorno, perímetro.*

bol m. *Ponchera.* ‖ *Tazón.*

bol arménico m. *Rúbrica lemnia.*

bola f. fig. **Mentira, embuste, engaño, paparrucha.* «*Bola* es cualquier noticia falsa; *paparrucha* es la noticia falsa y al mismo tiempo absurda. La *paparrucha* sólo halla crédito en las gentes vulgares e ignorantes. La noticia de una victoria imaginaria es una *bola;* los cuentos de duendes o apariciones son *paparruchas*» (M). En la actualidad, *bulo* se emplea con más frecuencia que *bola* para designar la noticia falsa.

boleta f. desus. *Pase, invitación, billete, entrada.* ‖ *Libranza, libramiento, vale, talón, cheque,* según los casos. ‖ Amér. *Cédula, papeleta.*

boleto m. Amér. *Billete, entrada, localidad, asiento,* en los espectáculos, trenes, etc. *Boleto* es p. us. en España.

1) **boliche** m. *Bolera.*

2) **boliche** m. *Morralla.*

bolillo m. *Majadero, majaderillo, palillo.*

bolo m. fig. *Bobo, tonto, bodoque, simple, bolonio, trompo.*

bollo m. *Abolladura.*

bombarda f. ant. *Lombarda.*

bombero m. *Matafuego.*

bombilla f. *Lámpara.*

bombo m. Es intensivo de *alabanza, elogio, encomio,* y denota exageración ruidosa. En los terrenos mercantil y político da idea de gran aparato publicitario y reiterado en el *anuncio, reclamo, propaganda.*

bonachón -na adj.-s. *Buenazo, bonazo, confiado, crédulo.*

bonaerense adj.-s. [pers.] *Porteño.*

bonanza f. *Tranquilidad, serenidad, *calma,* en el mar. ‖ fig. *Prosperidad.*

bondad f. *Benignidad, benevolencia, humanidad, generosidad, magnanimidad.* ‖ *Blandura, apacibilidad, dulzura, afabilidad, indulgencia, clemencia, mansedumbre, tolerancia.*

bonete m. ZOOL. *Redecilla.*

bonetero m. *Evónimo.*

bonificación f. *Beneficio, mejora.* || *Descuento, abono, rebaja.*

bonitamente adv. m. *Disimuladamente, mañosamente, diestramente.*

bonito m. (pez). *Biza, bonítalo.*

bonito -ta adj. En el lenguaje usual, *bonito* sustituye a menudo a *hermoso* y *bello*, aunque con impropiedad. Estos dos adjs. expresan una cualidad estética más alta que *bonito* (v. *Hermoso* y *Belleza*). *Lindo* sugiere proporción y armonía en las cosas pequeñas, y en gran parte de Hispanoamérica es más usual que *bonito; gracioso* se refiere a la expresión y a los movimientos. Una persona es *linda* por sus facciones; *graciosa* o *agraciada* por su hablar, sus gestos o su andar.

boñiga f. *Moñiga* (vulg. rúst.), *bosta.*

boquera f. *Vaharera.*

boquerón m. (pez). *Alacha, lacha, alache, aladroque, haleche, alece, aleche, anchoa* (muy us.) *anchova.*

boquete m. *Rotura, brecha,* en alguna pared o techo. En general, *agujero, abertura.*

boqui m. Chile. *Coguilera.*

boquilla f. *Brocal.* || *Mechero.* || *Embocadura.*

bórax m. *Borraj, atíncar.*

1) **borde** m. *Extremo, *orilla, canto, margen.*

2) **borde** adj.-s. *Bastardo.*

bordillo m. *Encintado.*

boreal adj. *Norte, septentrional;* tratándose del viento, *matacabras,* especialmente cuando es muy fuerte y frío.

borlas f. pl., y **borlones** m. pl. *Amaranto, flor de amor.*

bornear tr. ARQ. *Retranquear.*

boronía f. *Alboronía, almoronía.*

borrachera f. *Embriaguez, ebriedad.* Burlescos: *curda, turca, mona, jumera, chispa, loba, merluza, papalina, pítima, tajada, zorra,* etc.

borracho -cha adj.-s. *Ebrio, beodo, embriagado,* son términos cultos, ligeramente eufemísticos. *Beodo* designa esp. el borracho habitual. *Achispado, bebido, calamocano,* el que tiene una borrachera ligera o incipiente. Abundan las denominaciones populares y burlescas: *ajumado, curda, curdela,* etc.

borrachuela f. *Cizaña.*

borraj m. *Bórax, atíncar.*

borrajear tr. *Borronear, burrajear, emborronar.*

borrajo m. *Rescoldo.*

borrar tr. fig. *Esfumar, desvanecer.*

borrasca f. *Tormenta, tempestad.* Si es duradera, *temporal.*

borrascoso -sa adj. *Proceloso* (lit.), *tempestuoso, tormentoso.* || fig. *Desordenado, desenfrenado.*

borrico m. *Asno, burro, rucio, jumento.* || fig. *Corto, rudo, necio, ignorante.*

borrón m. *Mancha.* || *Mácula, tacha, defecto, imperfección.*

borronear tr. *Borrajear, burrajear, emborronar, garrapatear.*

borroso -sa adj. *Confuso, nebuloso.*

bosque m. La *selva* es extensa, inculta y muy densamente poblada de árboles, mientras que el *bosque* puede ser grande o pequeño, natural o artificial, espeso o claro. *Monte* es tierra inculta poblada de árboles *(alto)* o de arbustos y matas *(bajo)*. *Floresta* fue equivalente a *bosque* en los libros de caballerías, como corresponde a su origen (l. *foresta);* pero el cruce fonético con *flor* le añadió después la idea de amenidad que hoy le asociamos. El *parque* es un *bosque* natural o artificial dependiente de un palacio o de una gran casa de campo.

bosquejar tr. *Esbozar, abocetar.*

bosquejo m. *Esbozo, boceto, mancha, apunte, croquis.*

bosta f. *Boñiga.*

botador m. IMPR. *Taco.*

botafuego m. *Lanzafuego.*

botar tr. Tratándose de cosas, *tirar, lanzar, arrojar.* || Amér., tratándose de personas, *despedir, echar* de algún lugar o empleo. || intr. *Saltar, brincar.*

botarate m.-adj. *Alborotado, tararira, irreflexivo, atolondrado, precipitado.* || Amér. *Malgastador, manirroto, derrochador.*

botarel m. ARQ. *Contrafuerte.*

botarete m. *Arbotante.*

1) **bote** m. *Salto, brinco.*

2) **bote** m. *Barca, lancha, batel.*

botica f. *Farmacia, oficina de farmacia.*

boticario -ria m. f. *Farmacéutico.*

boto -ta adj. *Romo, obtuso.* || fig. *Rudo, torpe.*

botón m. *Yema, capullo, brote.* || En los timbres eléctricos, *llamador.*

bovedilla f. *Revoltón.*

bovino -na adj. *Boyuno, bueyuno.* Tratándose del ganado, *vacuno.* || adj.-m. ZOOL. *Bóvido.*

boxeador m.-adj. *Púgil* es el que se bate a puñetazos en gral. El *boxeador* es un púgil que se atiene a las reglas del boxeo. Todo *boxeador* es *púgil,* pero no viceversa.

boyante adj. *Acomodado, afortunado, rico, próspero, feliz.*

boyera y **-riza** f. *Boíl; bostar.*

boyuno -na adj. *Bovino.*

braceaje m. *Brazaje.*

bracera f. *Brazal* (de riego).

braga f. *Briaga, honda.* ‖ f. pl. *Calzones.*

bragado -da adj. *Animoso, enérgico, firme, entero, valiente.*

bragazas m.-adj. *Calzonazos.*

brahmán m. *Bracmán, brahmín.*

bramadera f. *Zumba.*

bramante m.-adj. *Cordel, guita; cabuya* en las Antillas.

bramido m. *Mugido,* tratándose de los bóvidos. *Frémito* es voz literaria. ‖ *Rugido.*

branquia f. *Agalla* es el nombre gral. *Branquia* es voz científica.

brasa f. **Ascua.*

bravata f. *Amenaza, fieros, bravuconada, bravuconería.* ‖ *Baladronada, fanfarronada.*

braveza f. **Bravura.*

bravío -a adj. *Montaraz, feroz, indómito, salvaje, cerril, cimarrón, bravo,* tratándose de animales y también del hombre. Tratándose de un terreno o paisaje, *agreste, áspero, fragoso.*

bravo -va adj. *Valeroso, valiente, animoso, esforzado.*

bravucón -cona adj. desp. *Valentón, fanfarrón, matasiete.*

bravura f. *Valor, valentía, ánimo.* ‖ *Fiereza, cerrilidad, ferocidad, braveza.* ‖ «*Bravura* se aplica al hombre y a los animales, y equivale muchas veces a valor, esfuerzo o arrojo. *Braveza* se aplica solamente a los elementos, y equivale a ímpetu violento en sumo grado. Se dice : la *bravura* del león, del toro; la *braveza* del mar, de la tempestad, del huracán, etc. La *bravura* refiere la idea a la unión de las fuerzas del ánimo y del cuerpo. La *braveza* limita la idea a la fuerza puramente material puesta en movimiento» (C).

brazal m. En la armadura, *braceral, bracil, brazalete.* ‖ *Embrazadura* (del escudo). ‖ *Bracera* (del riego). ‖ MAR. *Cerreta, percha, varenga, orenga.*

brazalete m. *Pulsera.*

brea f. *Alquitrán, zopisa.*

1) **brear** tr. *Embrear, alquitranar.*

2) **brear** tr. *Maltratar, tundir, molestar.*

brecha f. *Rotura, *boquete, abertura.*

brega f. *Riña, pendencia, reyerta, pugna, *lucha.* ‖ *Trabajo, ajetreo, fatiga, faena, trajín.*

breñal o **-ñar** m. *Fraga.*

brete m. fig. **Aprieto, dificultad, conflicto, apuro.*

breva f. *Albacora.*

breve adj. **Corto* puede referirse a la extensión, a la cantidad y a la duración; *breve* se aplica hoy únicamente a la duración. Ejemplos : un bastón *corto*; llegó *corto* número de soldados; un

discurso *corto* o *breve;* la sesión ha sido *corta* o *breve. Sucinto, sumario* y *compendioso* se refieren a la exposición oral o escrita de una doctrina, narración, etc. ‖ m. *Rescripto pontificio, buleto.*

brezo m. *Urce.*

brial m. ant. *Guardapiés, tapapiés.* ‖ *Tonelete.*

bribón -bona adj. *Pícaro, bellaco, pillo, tuno, canalla.*

bribonada f. *Picardía, bellaquería, pillada, canallada.*

brillante adj. *Resplandeciente, fulgurante* y *refulgente* expresan de modo más intenso la misma cualidad; *fulgente* y *fúlgido* son lit.; en el habla usual, *reluciente.* ‖ fig. *Admirable, sobresaliente, lucido.*

brillantez f. *Brillo.* ‖ fig. *Lucimiento.*

brillar intr. Serie intensiva : *lucir, relucir, brillar, resplandecer, relumbrar, chispear, centellear.* ‖ fig. *Descollar, sobresalir, lucir.* «En cuanto al uso metafórico, ...*brillar* se aplica a las prendas eminentes del alma, como el genio, el talento y la virtud, y *lucir* a las ventajas exteriores, como la riqueza, el poder y la autoridad. Hablando con propiedad, no puede decirse que en Isabel la Católica *lucían* la piedad cristiana, el don de gobierno y la constancia en las grandes empresas, ni que un magnate opulento *brilla* por sus trenes y sus banquetes. Lo primero se llama *brillar* lo segundo *lucir*» (M).

brillo m. **Lustre, brillantez, resplandor, esplendor.* ‖ fig. *Lucimiento, realce, gloria, notoriedad.*

brincar intr. *Saltar, botar.*

brinco m. *Salto, bote.*

brindar tr.-prnl. *Ofrecer, invitar, convidar, prometer.* ‖ intr. *Dedicar.*

brío m. *Pujanza, resolución, esfuerzo, fuerza, ánimo.* ‖ *Garbo, gallardía.*

briofita adj.-f. *Muscínea.*

británico -ca adj. *Britano* y *británico* se refieren a la antigua Britania. Refiriéndose a la Inglaterra moderna, *inglés;* en esta última acep., *britano* tiene uso exclusivamente literario; *británico* se usa hoy para indicar lo que se halla más o menos vinculado a la corona de Inglaterra y está fuera de los límites estrictos de este país, p. ej. el imperio *británico,* súbdito *británico.*

brocal m. *Pozal, arcén.* ‖ *Boquilla* (de la vaina de un arma).

broma f. *Bulla, diversión, jarana,*

BROMEAR

gresca. ‖ *Burla, chasco, chacota, mofa, guasa.*

bromear intr.-prnl. *Divertirse, jaranear.* ‖ *Chancearse, embromar, burlarse, guasearse.*

bromista adj.-com. *Burlón, guasón, chancero.*

bronca f. *Disputa, riña, pendencia, reyerta, pelotera, cisco, agarrada, trifulca.* ‖ *Reprensión, regañina, reprimenda.* ‖ *Alboroto, protesta, tumulto.*

bronco -ca adj. Tratando de la voz o del sonido, *ronco, destemplado.* ‖ fig. *Áspero, intratable, hosco.* ‖ *Grosero, inculto, tosco, rudo.*

bronquina f. fam. *Quimera, pendencia, altercado.*

broquel m. *Escudo.* ‖ fig. *Defensa, amparo, protección.*

brotar intr. En general, *salir, surgir.* Tratándose de plantas, *nacer, germinar; echar brotes o retoños.* Tratándose del agua, **manar.*

brote m. *Pimpollo, renuevo, retoño.*

broza f. *Hojarasca.* ‖ *Maleza.* ‖ *Desecho.*

brucero m. *Pincelero.*

brugo m. *Mida.*

bruja f. **Hechicera.*

brujo m. **Hechicero, mago.*

brújula f. *Saeta o aguja imantada.* ‖ MAR. *Compás.*

bruma f. **Niebla, neblina;* cuando es espesa y grande, *brumazón.* Aunque *bruma* y *niebla* son equivalentes, se dice generalmente *bruma* en el mar, y *niebla* en tierra.

brumoso -sa adj. *Nebuloso.* ‖ fig. *Oscuro, confuso, incomprensible.*

brusco -ca adj. *Áspero, desapacible, descortés.* ‖ *Súbito, repentino, imprevisto.* ‖ m. *Jusbarba, rusco.*

brusela f. *Hierba doncella.*

brutal adj. Modernamente, en la lengua hablada, *brutal* se añade a muchos substantivos con carácter intensivo general y adquiere los más variados matices : *una velocidad* ∼; *una comida* ∼ [de buena] ; *una mujer* ∼ [de hermosa] ; *un salón* ∼ [de grande, lujoso], etc. Es el mismo sentido intensivo de aplicación muy vasta, que en nuestros días tienen también los adjs. *bestial, colosal, formidable, enorme, estupendo* y otros.

brutalidad f. *Bestialidad, ferocidad, grosería.*

bruto -ta adj. *Necio, incapaz.* ‖ *Vicioso, torpe, desenfrenado.* ‖ *Tosco, rudo, grosero.* ‖ m.-adj. *Animal, bestia.*

bu m. *Cancón, coco.*

bucal adj. *Estomático, tecnicismo.*

bucear intr. *Somorgujar.* ‖ fig. *Explorar, tantear.*

bucle m. *Rizo.*

bucólico -ca adj. *Pastoril, pastoral.*

buchada f. *Buche, bocanada, sorbo.*

buche m. En las aves, *papo.* ‖ En el hombre y en algunos cuadrúpedos, *estómago.* ‖ *Buchada, bocanada, sorbo.* /llana.

budare m. Colomb. y Venez. *Caballa.*

budión m. *Baboso, doncella, gallito del rey.*

buenamente adv. m. *Fácilmente.* ‖ *Voluntariamente.*

bueno -na adj. *Bondadoso, indulgente, benévolo, caritativo, misericordioso, virtuoso, afable.* ‖ Esta estimación ética de las cosas tenidas por *buenas* se extiende a calificar valores lógicos y estéticos : *un buen razonamiento* (exacto, verdadero); *una buena cara* (hermosa, linda). ‖ De las acepciones anteriores pasa a significar la estimación en que tenemos a personas y cosas por cualquier cualidad favorable o grata al punto de vista que adoptemos. Es el adjetivo general para todo juicio positivo de valor. Ejemplos : *un buen* trozo de pan (tamaño); comida *buena* (sabor); estar o sentirse *bueno* (salud); *buena* tela (calidad); un martillo muy *bueno* (utilidad); *buen* marino (aptitud), etc.

bufanda f. *Tapaboca, tapabocas.*

bufido m. *Resoplido.* Bufido del toro, *rebufe.* ‖ fig. *Sofión.*

bufo -fa adj. *Cómico, grotesco, burlesco, chocarrero, ridículo.*

bufón -na adj. *Chocarrero.* ‖ m. f. *Truhán, albardán* (ambos ant.).

bufonada f. *Chocarrería.*

buglosa f. BOT. *Lengua de buey, lenguaza.*

buharda y **-dilla** f. *Bohardilla, boardilla, guardilla, desván.*

buharro m. *Buarro, corneja.*

búho m. *Mochuelo.*

buhonero m. *Gorgotero, mercachifle.*

buitrón m. *Butrino, butrón, carriego.*

bujería f. *Baratija, chuchería.*

bujeta f. ant. *Poma, pomo.*

bujía f. *Vela, candela.*

bula f. *Constitución pontificia.*

bulbo m. Es nombre botánico; ordinariamente se dice *cebolla* o *cabeza.*

bulo m. **Mentira, *bola, embuste.*

bulto m. *Volumen, tamaño.* ‖ *Fardo, paca, bala, lío.*

bulla f. *Trulla, algazara, gritería, vocerío, bullicio, algarabía, ruido.* «Toda *bulla* es *ruido;* pero no todo *ruido* es *bulla.* Aquél es el género, ésta la especie determinada de *ruido* que forman con la voz una o muchas personas. Cuando decimos que se oye *ruido* en la calle, no explicamos por medio de esta voz la especie de *ruido,* ni el agente que lo causa :

puede ser un caballo, un carro, un cuerpo que cae en tierra, etc.; pero si decimos que hay *bulla* en la calle, damos a entender que el ruido que se oye es causado por la gente que habla o grita en ella» (LH).

bullanga f. *Asonada, alboroto, tumulto, rebullicio, motín.*

bullicio m. **Bulla, rebullicio, ruido, algarabía.*

bullicioso -sa adj. *Ruidoso, estrepitoso.* ‖ *Inquieto, desasosegado, revoltoso.* ‖ *Sedicioso, alborotador, agitador.*

bullir intr. *Hervir, agitarse, burbujear,* un líquido. ‖ Tratándose de muchos animales, *moverse, agitarse, hormiguear, gusanear, pulular.*

buque m. **Barco, vapor, navío, embarcación; nave* y *bajel* en estilo elevado o literario.

burbuja f. *Pompa,* esp. si es grande; *campanilla, gorgorita, ampolla.*

burdo -da adj. *Tosco, grosero, basto.*

burguesía f. *Mesocracia, clase media.* Suele distinguirse entre la *grande* y la *pequeña burguesía,* según su mayor o menor caudal.

buril m. *Punzón.*

burla f. *Mofa, pitorreo, rechifla,* intensivo; *sarcasmo* es burla sangrienta o ironía fuertemente mordaz; *befa, escarnio* y *ludibrio* son afrentosos. ‖ *Zumba, vaya, chunga, cantaleta, chanza, broma, guasa,* son gralte. burlas festivas y ligeras; *cuchufleta, chirigota,* significan dicho o palabras en broma inofensiva, lo mismo que *chafaldita.* ‖ *Engaño, fraude.*

burlar intr.-prnl. *Chasquear, desairar, engañar, frustrar.* ‖ prnl. *Reírse, mofarse, chancearse.*

burlesco -ca adj. *Festivo, jocoso, chancero, chistoso.*

burlón -na adj.-s. *Guasón, zumbón, bromista, chancero, socarrón* (intens.).

burrada f. *Necedad, dislate, disparate, tontería, desatino.*

burro m. **Asno, borrico, rucio, jumento.* ‖ fig. *Corto, rudo, torpe, necio, ignorante.*

burujo m. *Bodoque, borujo, gorullo, gurullo.*

buscapiés m. *Carretilla, rapapiés.*

buscar tr. *Inquirir, averiguar, indagar, investigar, pesquisar.* En general, *buscar* se aplica concretamente a personas o cosas: *buscamos* un objeto perdido; *buscamos* a una persona en un lugar. Los sinónimos anteriores se refieren a investigaciones, asuntos, negocios de alguna complejidad. Se *inquiere, indaga, averigua* o *investiga* el paradero de alguien, o la fortuna que posee; pero el perro *busca* la caza. *Pesquisar* es hoy anticuado, y se aplica sólo a lo judicial y policíaco. *Rebuscar* es intensivo o reiterativo de *buscar:* se *busca* un libro en el armario; pero *rebuscarlo* supone una *busca* minuciosa y repetida.

busilis m. *Dificultad, toque, quid.*

buyo m. *Betel.*

buzamiento m. MIN. *Echado.*

buzo m. *Somorgujador,* hoy desus.

C

¡ca! interj. ¡Quiá!

cabal adj. Ajustado, completo, acabado, exacto, entero, íntegro, justo.

cábala f. Conjetura, suposición, pronóstico. En esta acepción suele emplearse el pl. cábalas.

cabalgadura f. Caballería, montura.

cabalgamiento m. RET. Hipermetría, encabalgamiento.

cabalgar intr-tr. Montar.

cabalmente adv. m. Precisamente, justamente, perfectamente.

caballa f. Escombro, sarda.

caballar adj. Equino, hípico, ecuestre. A pesar de su equivalencia etim., cada uno de estos adjs. tiene aplicaciones particulares que a menudo se entrecruzan. Caballar es el de uso más general: ganado, raza, feria, cría ~. Equino es culto y lit., y por lo tanto se presta menos a sus aplic. más populares: se dice, p. ej., raza equina, pero es más raro cría equina. Hípico se refiere pralte. al arte de la equitación: noticias hípicas en los periódicos; concurso hípico si se trata de carreras de caballos, pero concurso caballar si hablamos de una exposición para premiar los mejores ejemplares. Ecuestre se refiere al caballero o a la orden de caballería: orden ecuestre; a los espectáculos en que intervienen caballos amaestrados: circo ecuestre; a las obras artísticas en que aparece un personaje a caballo: retrato, estatua ecuestre. ‖ Caballuno, equino.

caballerete m. desp. Presumido, gomoso, pisaverde, lechuguino, petimetre, currutaco.

caballería f. Cabalgadura, montura.

caballeriza f. Cuadra; presepio es latinismo docto de uso raro.

caballero -ra adj. Jinete, montado. ‖ m. Noble, hidalgo. ‖ m. Usado como vocativo o como substantivo, gralte. equivale a señor, aunque siempre sugiere mayor distinción. Compárese: ha venido un caballero a preguntar por usted, con ha venido un señor; oiga, caballero, con oiga, señor. Como tratamiento antepuesto a un nombre común o propio, se emplea sólo en ciertos casos bien determinados por la costumbre: ~ alumno, en las academias militares y navales; ~ cadete; ~ legionario, etc. (v. *Señor).

caballerosidad f. Nobleza, hidalguía, dignidad, pundonor, lealtad, generosidad.

caballeroso -sa adj. Noble, digno, leal, pundonoroso, generoso, espléndido.

caballeta f. Saltamontes.

caballete m. Parte más elevada de un tejado, lomero, mojinete. ‖ Caballón, camella, camellón.

caballito del diablo m. Libélula. En Cuba y Hond., caballito de San Vicente.

caballitos m. pl. Tiovivo.

caballo m. Trotón. Despectivos: rocín, penco, jamelgo, jaco. Corcel es el caballo ligero, de mucha alzada, que servía para los torneos y batallas. Tiene este animal una extensísima sinonimia derivada del color, raza, talla, edad y usos a que se le destina; muchos de los sinónimos, tanto en América como en España, son de uso regional: bayo, ruano, percherón, petiso (Argent.), etc., etc.

caballón m. Caballete, camella, camellón.

cabaña f. Choza, barraca, rancho.

cabe prep. Cerca de, junto a. Cabe se usa hoy sólo en estilo elevado o arcaizante.

cabeceo m. Balanceo, especialmente tratando de barcos y aviones.

cabello m. Pelo es común al nombre y a los animales. Se llama cabello al pelo de la cabeza humana. Por esto, aunque pelo puede usarse por cabello, como el género que comprende la especie, el empleo de cabello se siente como más noble a causa de su significado diferenciador.

cabestrear intr. Ramalear.

cabestrillo m. Charpa.

cabeza f. *Testa* (culto o irónico). Familiares y jocosos: *calabaza. calamorra, chola, coca, casco.* ‖ *Inteligencia, talento, capacidad, juicio, seso, cerebro.* Burlescos o fam.: *cacumen, caletre, chirumen.* ‖ *Persona, individuo.* ‖ *Jefe, superior, director.* ‖ *Capital* de distrito, comarca, etc. ‖ *Res.* ‖ fig. *Origen, principio, comienzo.*

cabezada f. *Cabezazo. Calabazada, calamorrada* (fam.), *casquetazo.*

cabezal m. **Almohada, larguero.*

cabezalero -ra m. f. *Testamentario, albacea.*

cabezazo m. **Cabezada.*

cabezo m. *Cerro, montecillo, montículo, colina, alcor.*

cabezón -zona adj. *Cabezudo.* Como tecnicismo, *macrocéfalo.* ‖ fig. *Cabezota, *terco, obstinado.*

cabezota com. *Cabezudo, cabezón.* ‖ fig. **Terco, testarudo, obstinado, tozudo.*

cabezudo -da adj. *Cabezón, cabezota.* ‖ En sentido fig. intensifica el valor despectivo de **terco, tozudo, contumaz.*

cabezudo m. *Mújol, múgil, capitón, lisa, liza, matajudío.*

cabezuela f. *Soma, zoma.*

cabida f. *Capacidad, espacio.* ‖ *Extensión, superficie.*

cabillo m. *Rabillo, pezón* (en las plantas); son tecnicismos botánicos *pedúnculo* y *pedículo.*

cabina f. La del teléfono, *locutorio;* la de los barcos, *camarote.*

cabo m. *Punta, extremo, extremidad.* ‖ *Mango.* ‖ *Fin, final.* ‖ *Promontorio,* si es alto y escarpado; *lengua de tierra,* si es estrecho y largo; *angla* (p. us.). ‖ MAR. *Cuerda.*

cabrahígo m. *Higuera de Egipto, higuera silvestre.*

cabrestante m. *Cabestrante, argüe.*

cabrillear intr. *Rielar.* Ambos se diferencian de *brillar* o **resplandecer* en que sugieren luz trémula. Por ejemplo, la luna *riela* en la superficie movediza de las aguas; las aguas *cabrillean* al reflejar su luz.

cabrio m. *Contrapar.*

cabrío -a adj. *Cabruno, caprino.* Tratándose del ganado de esta especie, se dice ganado *cabrío,* no *cabruno* ni *caprino.*

cabriola f. *Pirueta, brinco, salto, voltereta.*

cabrón m. *Bode,* p. us.; *igüedo; buco; macho cabrío,* muy us. por ser malsonante la palabra *cabrón.* El de dos años, *cegajo;* el que no mama y no ha llegado a la edad de procrear, *chivo;* el que tiene más de seis meses y no llega al año, *chivato.*

cabruno -na adj. *Caprino, *cabrío.*

cacahual m. *Cacaotal.*

cacahuet, -huete y **huey** m. *Maní.*

cacao m. *Teobroma,* nombre docto y científico.

cacaotal m. *Cacahual.*

caco m. *Ladrón, ratero, sacre.*

cacomiztle m. Méj. *Basáride* (mamífero).

cacumen m. fam. *Agudeza, perspicacia, penetración, ingenio, talento, caletre.*

cachada f. *Coca.* ‖ Amér. *Cornada, cachazo.*

cachava f. *Cayado.*

cachaza f. *Calma, flema, lentitud, asadura, pachorra, *apatía.*

cachazo m. Amér. *Cachada, cornada.*

cachazudo -da adj. *Lento, calmoso, tardo, apático, flemático.*

cachemir m. *Cachemira, casimir.*

cachet m. GALIC. por *sello* medicinal.

cachetada f. Amér. y Can. *Bofetada.*

cachetero m. *Puntilla.* ‖ *Puntillero.*

cachicamo m. Amér. *Armadillo.*

cachifollar tr. fam. *Escachifollar, deslucir, estropear.*

cachillada f. *Cría, lechigada.* Tratándose de aves o insectos, *nidada;* de lobos, *camada.*

cachipolla f. *Efímera.*

cachiporra f. *Porra.*

cachivache m. desp. *Trasto;* en plural, *trebejos, bártulos, enseres.*

1) **cacho** m. fam. **Pedazo, trozo, porción, fragmento.*

2) **cacho** m. Amér. *Asta, cuerno.*

cachorrillo m. *Pistolete.*

cachupín -pina m. f. Méj. *Cachopin, gachupin.* Esta última es hoy la forma usual en Méj.

1) **cada** m. *Enebro.*

2) **cada** adj. Sirve para referir, uno por uno, o grupo por grupo, a todos los individuos de una colectividad y se dice del conjunto. Entre *cada día se levanta a las siete* y *todos los días se levanta a las siete* no hay diferencia lógica; pero *cada día* insiste en la singularidad repetida, en tanto que *todos los días* se formula como una regla o práctica general. ‖ «*Cada uno* se aplica a un número limitado de individuos; *cada cual* a la generalidad de individuos de la misma especie. Me someto al dictamen de *cada uno* de los presentes. En materias de gusto, *cada cual* tiene el suyo» (M). ‖ *Cada y cuando,* fr. conjuntiva, *siempre que.*

cadalso m. *Patíbulo, horca, suplicio.*

cadarzo m. *Atanquía.*

cadáver m. Tratándose del cuerpo humano, *restos, restos mortales, difunto, muerto.*

cadena f. *Serie, sarta, enlace, sucesión, continuación.* ‖ fig. *Sujeción, dependencia, esclavitud.* ‖ ARQ. *Encadenado.*

cadencia f. *Ritmo, medida, acompasamiento, movimiento.*
cadera f. *Cuadril.*
cadillo m. *Bardana menor.*
cado m. *Madriguera.*
cadozo m. *Remolino, olla.*
caduco, ca adj. *Decrépito, viejo, precario.* «La *caducidad* indica decadencia, ruina próxima; la *decrepitud* anuncia destrucción, últimos efectos de una disolución gradual... *Caduco* se toma por frágil, que no tiene más que un tiempo, que se acerca a su fin... Hay vejez *caduca* y vejez *decrépita*. La *caducidad* es una vejez avanzada y achacosa que va a tocar en la *decrepitud*; ésta es una vejez extremada y, digámoslo así, agonizante, que conduce a la muerte o está cercana a ella...» (Ma). *Precario* se aplica a cosas, no a personas, de poca estabilidad o duración. Decimos, p. ej.: salud, vida, economía, *precaria.* ǁ *Perecedero, pasajero, transitorio.* ǁ BOT. *Caedizo,* p. ej.: árbol de hojas *caducas* o *caedizas,* a diferencia del de hojas *perennes.*
caer intr.-prnl. *Decaer, extinguirse, bajar, descender.* ǁ *Desaparecer, sucumbir, morir, perecer.* ǁ Tratándose de vestidos, peinados, etc., *sentar.* ǁ Tratándose de edificios o cosas semejantes, *derrumbarse, desplomarse,* ambos con valor intensivo.
cagaaceite m. *Cagarrache, charla* (pájaro).
cagachín m. (insecto) *Cagarropa.*
cagado -da adj. fig. fam. *Medroso, tímido, pusilánime, gallina, miedoso, cobarde.*
cagar intr. Eufem.: *defecar, exonerar o evacuar el vientre, hacer del cuerpo, deponer.* ǁ prnl. *Acobardarse.*
cagarrache m. *Cagaaceite.*
cagarropa m. *Cagachín* (insecto).
cagatinta -tas m. *Chupatintas.* Son expr. despectivas de *oficinista, escribiente.*
cagón -gona adj.-s. *Medroso, cobarde.* ǁ Cuba. *Cotorro* (pez). ǁ Cuba. *Aguaitacaimán* (ave).
caguayo m. Cuba. *Iguana* (reptil).
cágüil m. Chile. *Cáhuil.*
cai m. Argent., Perú, Urug. y Venez. *Cay, capuchino.*
caída f. *Descenso, declinación y decadencia* son más abstractos. Predomina en ellos la idea de lentitud y gradación, a diferencia de lo súbito de la *caída* y de sus intensivos *derrumbe* y *desplome;* comp. el *descenso de las cotizaciones en la bolsa,* con *la caída de,* etc.; *descenso y caída de un globo. Descenso* es lit.; su equivalente pop. es *bajada* y su in-

tensivo *bajón:* como *bajada* y *bajón* [de precios]. *Declinación, declive* y *decadencia* pertenecen al habla culta, y se usan casi exclusivamente en sentido metafórico; *la declinación de la tarde; decrepitud* es decadencia extrema. ǁ *Falta, desliz, lapsus.*
caído -da adj. *Desfallecido, decaído, abatido, postrado, amilanado, rendido.* ǁ m. *Muerto en la lucha.*
caimán m. *Lagarto de Indias,* p. us.
caín adj.-s. *Cainita, fratricida.*
cajiga f. *Quejigo.*
cajigal m. *Quejigal.*
cajuil m. Amér. *Marañón.*
1) **cala** f. *Perforación, taladro.* ǁ *Supositorio.*
2) **cala** f. *Ensenada,* esp. si es pequeña.
calaba m. *Calambuco, árbol de María.*
calabacear tr. fig. *Dar calabazas; reprobar, suspender en exámenes.*
calabacero m. (árbol). *Jícaro.*
calabazada f. *Cabezada, cabezazo, casquetazo, calamorrada.*
calabobos m. **Llovizna, cernidillo, mollizna.*
calada f. (vuelo). *Falsada.*
caladre f. **Alondra, terrera, copetuda.*
calagurritano -na adj.-s. *Calahorrano.*
calaíta f. *Turquesa* [piedra preciosa].
calamar m. En las costas cantábricas, *chipirón.*
calambac m. *Agáloco.*
calambre m. *Rampa.*
calambuco m. *Calaba, árbol de María.*
calamidad f. *Desgracia, infortunio, azote, plaga, estrago, desastre.*
calamillera f. *Llares.* Sant., *caramilleras.*
calamina f. *Caramilla, piedra calaminar.*
calamitoso -sa adj. *Desgraciado, desastroso, perjudicial, infortunado, funesto.*
cálamo m. En estilo poético equivale a *caña.* ǁ En lenguaje literario se usa por *pluma* de escribir. ǁ ⁓ aromático, *cálanis.*
calamorra f. fam. **Cabeza.*
calamorrada f. *Cabezada, cabezazo, calabazada, calamorrazo.*
calandrajo m. *Gualdrapa, andrajo.*
calandria f. *Gulloría.*
cálanis m. *Cálamo aromático.*
calaña f. *Índole, calidad, naturaleza. Calaña* puede calificarse con los adj. *buena* o *mala:* ser de buena o mala *calaña.* Cuando no lleva calificativo es siempre desp.: *va con gente de su calaña.*
calar tr. *Mojar, empapar.* ǁ *Penetrar, perforar, atravesar.* ǁ fig. *Adivinar, descubrir, conocer.*
calasancio -cia adj.-s. *Escolapio.*

calavera m. fig. *Perdis, perdido, vicioso, tronera, mujeriego.*

calcáneo m. *Zancajo; calcáneo* es nombre científico.

calcañal -ñar y **-ño** m. *Carcañal, talón.*

calce m. *Calzo, cuña.*

calceta f. *Media.*

calcina f. *Hormigón.*

calco m. *Copia, reproducción, imitación.*

calcular tr. *Contar, computar.* ‖ *Conjeturar, suponer, deducir, creer.*

cálculo m. Tratándose de operaciones aritméticas, *cuenta, cómputo.* «El *cómputo* es un *cálculo* en que entra la comparación de cantidades y el examen de las relaciones que hay entre unas y otras. El que averigua cuánto le producirán sus rentas en un año, hace un *cálculo;* el que compara sus rentas con sus gastos, hace un *cómputo. Cómputo,* por esta razón, se aplica frecuentemente al tiempo, esto es, a la correspondencia de los calendarios de diferentes naciones. Se dice el *cómputo,* y no el *cálculo,* Juliano. Buscar el año de la Héjira que corresponde a la era cristiana es hacer un *cómputo*» (M). Entre *cuenta* y *cálculo* se percibe la diferencia de que la primera se aplica a operaciones relativamente sencillas, mientras que *cálculo* sugiere cifras elevadas, operaciones complicadas o importantes. Se hace la *cuenta* del gasto diario; pero se hace el *cálculo* de la distancia entre dos astros. ‖ *Conjetura, suposición.* ‖ *Piedra;* en plural, *mal de piedra.*

caldas f. pl. *Termas, .baños termales.*

calderón m. MÚS. *Suspensión, fermata.*

calé m. *Gitano.*

caleidoscopio m. *Calidoscopio.*

calendar tr. desus. *Datar, fechar* más us.

calendario m. *Almanaque.* Se usan indistintamente; pero predomina *calendario* cuando se cuelga en la pared y se van arrancando las hojas por días o por meses. *Almanaque* se usa con preferencia cuando tiene forma de libro, y contiene mayor número de noticias astronómicas, meteorológicas, etc., que el de pared. El que predice el tiempo, los eclipses, etc., se llamaba *pronóstico* (hoy p. us.); *lunario* es ant. ‖ Cuando significa el sistema de división del tiempo, se dice *calendario,* y no *almanaque.* Así hablamos del *calendario juliano, gregoriano,* etc.

calentar tr. Tratándose del aire,

caldear. ‖ fig. *Azotar, golpear.* ‖ prnl. fig. *Acalorarse, enfervorizarse, irritarse, enfadarse.*

calentura f. **Fiebre;* si es ligera, *destemplanza.*

calenturiento -ta adj.-s. MED. *Febricitante, febril; calenturoso.*

calenturón m. *Causón,* p. us.

caletre m. *Cacumen, chirumen, pesquis, mollera, magín,* tienen el carácter humorístico, fam. o irónico de *caletre. Tino, acierto, discernimiento, capacidad.*

calicanto m. *Mampostería.*

calidad f. *Cualidad.* «*Calidad* suele significar el conjunto de las *cualidades.* Cuando se dice que un caballo es de buena *calidad,* se da a entender que posee todas las *cualidades* que constituyen el caballo bueno. Por esta razón llamamos *calidad,* y no *cualidad,* a la nobleza : Mujer es de *calidad,* ha dicho Lope de Vega» (M). «Se habla de varias *calidades* de trigo, y de las bellas *cualidades* que distinguen a un sujeto. El género de peor *calidad* suele tener la *cualidad* apreciable de ser barato» (J).

cálido -da adj. *Caliente, *caluroso.* El adj. *cálido* es voz culta por su origen y empleo. Por esto se siente como más selecta y menos intensa; entre un clima *cálido* y un clima *caluroso* no hay más diferencia que la mayor distinción y menor intensidad del primer vocablo. A un orador puede premiársele con aplausos *cálidos* o *calurosos,* pero no *calientes,* porque *caliente* tiene un sentido más material y que se presta menos a las acepciones figuradas. En cambio, no se pediría agua *cálida* ni *calurosa* para afeitarse, sino *caliente.*

calidoscopio m. *Caleidoscopio.*

calientapiés m. *Calorífero.*

calificar tr. *Cualificar* es voz docta que sólo se usa en FIL. y en estilo elevado o pedante, lo mismo que *cualificado, cualificación, cualificativo.* ‖ *Bautizar, llamar, tener por, tildar.* «*Calificar* es señalar en una cosa una calidad; *caracterizar* es señalar en una cosa aquellas calidades que le son más peculiares y propias. El gusto, la afición, los hábitos, influyen en la *calificación;* el análisis y la observación *caracterizan*» (M).

calificativo -va adj. En estilo elevado, *dictado, título,* esp. cuando es por excel.: *merecía el calificativo,* o *el dictado,* o *el título, de noble.* Epíteto es un calificativo que expresa una relación artística, vista y sentida por el escritor con relieve particular.

calígine f. *Niebla, calima, calina, fosca.*

caliginoso -sa adj. *Denso, oscuro, brumoso, calinoso, calimoso, nebuloso.* ‖ *Bochornoso, abochornado,* hablando de la atmósfera o del tiempo.

calima f. *Calina, calígine, fosca. *niebla.*

calimba f. Cuba. *Carimba.*

calina f. **Niebla, calígine, calima, fosca.*

caliza f. *Piedra de cal.* ‖ ～ *lenta, dolomía.*

calma f. *Bonanza.* «En el lenguaje náutico, *calma* es la falta absoluta de viento; *bonanza* es un tiempo sereno y tranquilo. Un buque [de vela] puede navegar en *bonanza,* pero no en *calma*» (M). ‖ *Paz, tranquilidad, sosiego, reposo, serenidad.* ‖ **Apatía, lentitud, cachaza, pachorra, flema.*

calmante adj. *Sedante, sedativo, paliativo, analgésico, narcótico.*

calmar tr. **Tranquilizar, sosegar, adormecer, apaciguar.* Tratándose de un dolor físico o moral, *mitigar, moderar, paliar, suavizar.* ‖ intr. Hablando del viento, *caer;* de una perturbación atmosférica en general, *abonanzar, mejorar, serenar(se).*

calmoso -sa adj. Tratándose de personas, *apático, indolente, tardo, lento, cachazudo, flemático.*

calofrío m. *Calosfrío, escalofrío.*

calología f. *Estética.*

calor m. *Calor* designa el agente o energía física, la elevación de temperatura y la sensación que ésta produce. *Calórico* se toma únicamente en la primera de estas tres acepciones. En la Física antigua se suponía que el *calórico* era un fluido al cual se debían los fenómenos caloríficos; desechada hoy aquella hipótesis, la palabra *calórico* ha caído en desuso. ‖ fig. *Ardor, ardimiento, actividad, fervor, viveza, entusiasmo, energía.* ‖ fig. *Favor, buena acogida.*

calorífero m. *Calientapiés.* ‖ *Radiador.*

caloroso -sa adj. p. us. **Caluroso.*

caloyo m. humor. *Quinto, recluta.*

calumnia f. *Impostura, imputación o acusación falsa, difamación.*

calumniador -ra adj.-s. *Deshonrabuenos, impostor, difamador, infamador.*

caluroso -sa adj. fig. *Caloroso, acalorado, vivo, ardiente.* «*Caluroso* indica un estado o condición permanente; *acalorado,* un estado o situación accidental y transitoria. Está *acalorado* el hombre que corre o se agita, especialmente si lo hace en un clima *caluroso.* La *atmósfera* es *calurosa* en verano. Casi siempre entra la pasión en las disputas *acaloradas*» (M). Una discusión *calurosa* puede tomarse en buena o en mala parte, y ser producida por el interés objetivo que suscita el asunto; en una discusión *acalorada* interviene la pasión desbordada u hostil. Por esto halaga una acogida *calurosa,* y nos lastima si es *acalorada* (v. **Cálido*).

calvario m. *Gólgota.* ‖ *Vía Crucis.* ‖ fig. *Martirio, sufrimiento prolongado, penalidades, amarguras.*

calvinista adj.-com. *Hugonote* es el calvinista francés.

calvo -va adj.-s. *Glabro,* lit.; *pelón, pelado,* fam.

calzonazos m. *Bragazas.*

callado -da adj. *Silencioso, discreto, taciturno, reservado.* «El hombre *callado* lo es por hábito o por índole; el *silencioso* lo es accidentalmente; el *taciturno* es el que calla por pesadumbre o por mal humor. El hombre *callado* es generalmente *discreto.* El orador necesita un auditorio *silencioso.* Los hombres francos desconfían de los *taciturnos*» (M). El hombre *reservado* lo es deliberadamente. *Silencioso* puede aplicarse a cosas: un lugar *silencioso. Tácito* no se aplica a personas, sino a pensamientos, ideas, etc., que no se traducen en palabras, y en este sentido equivale a *callado,* pero no a los demás adjetivos que aquí se enumeran. En una oración gramatical pueden sobrentenderse algunas voces *calladas, tácitas,* u *omitidas.*

callar intr. *Enmudecer.* ‖ tr. *Silenciar, reservar, sigilar* (lit) *pasar por alto, pasar en silencio, omitir.*

calle f. Cuando se habla de la calle en abstracto, *vía: las vías más céntricas de la ciudad* (comprende calles, plazas, etc.); esp. en lenguaje administrativo, *vía pública: prohibida la mendicidad en la vía pública.* Cuando se antepone al nombre específico se usa gralte. *calle,* y sólo en algún caso particular *vía* (Vía Layetana, de Barcelona). *Rúa,* ant., se usa todavía en algunas ciudades del N. de España; *rúa Mayor. Carrera* es hoy poco frecuente. *Carrera* significa *calle* que en otro tiempo fue camino (*Carrera de S. Jerónimo,* en Madrid).

callejear intr. *Pindonguear, pendonear,* ambos despectivos y aplicados gralte. a mujeres.

callista com. *Pedicuro.*

callo m. *Dureza, ojo de gallo o de pollo.* ‖ m. pl. *Doblón de vaca.*

1) cama f. *Lecho,* lit.; *tálamo,* lecho conyugal; *litera, cama fija* en el camarote de los barcos; *yacija*, desp.; *camastro*, desp.

2) **cama** f. *Camba*, en el freno de las caballerías. ‖ En el arado, *degolladura; And., garganta.*

camada f. *Cría, cachillada, lechigada; camada* se aplica preferentemente a los lobos. ‖ *Hilada, lecho.*

camaldulense adj.-s. *Camandulense.*

camama f. fam. *Embuste, falsedad, fraude, engañifa.*

camamila f. *Manzanilla* (planta). *camomila.*

camándula f. fig. fam. *Marrullería, astucia, trastienda, fingimiento, hipocresía, disimulo.*

camandulense adj.-s. *Camaldulense.*

camandulería f. *Gazmoñería, mojigatería.*

camandulero -ra adj. fam. *Marrullero, hipócrita, embustero, camastrón, disimulado, taimado.*

cámara f. *Sala, salón.* Puede designar también cualquier habitación o *aposento* que adquiere circunstancialmente importancia o solemnidad especial. ‖ *Granero, cilla, cillero.* ‖ *Parlamento, Cortes.*

camarada m. f. **Compañero.*

camaranchón m. *Desván, sotabanco, bohardilla, guardilla.*

camarilla f. **Conciliábulo, conventículo.*

cámaro = **camarón** m. *Esquila, quisquilla.*

camarroya f. *Achicoria silvestre.*

camastrón -na m. f.-adj. *Disimulado, taimado, camandulero, marrullero, hipócrita.*

cámbaro m. *Cangrejo de mar.*

cambiante m. *Cambista.*

cambiar tr. *Trocar* (ant. o rural), *permutar, conmutar, canjear* (diplomacia, ejército, comercio). ‖ *Mudar, variar;* cambio en la esencia o en la forma, *transformar, alterar, metamorfosear* (lit.), *transmutar, convertir;* cambio en los accidentes, disposición o forma, *modificar;* en la apariencia, *transfigurar;* de lugar, *trasladar.*

cambio m. **Alteración, mudanza, variación* (v. **Cambiar*); *mutación,* en el teatro y en el estado atmosférico; si se trata de un cambio de domicilio, *mudanza;* cambio de lugar, *traslado.* ‖ Tratándose de dinero, *vuelta;* en la banca, *canje.* ‖ *Cotización* en la Bolsa. ‖ *Trueque* es voz fam. o rúst. en España; en algunos países hispanoamericanos (Méj.), *trueque,* quizás por su sabor arcaizante, se siente más bien como lit. En la diplomacia o el ejército, *canje;* de notas, de prisioneros. *Permuta* es voz jurídica o administrativa (*permuta* de

bienes, de destinos entre funcionarios).

cambista m. f. *Cambiante* se refiere a la persona que cambia dinero en los mercados; en establecimientos de cambio, *cambista* o *banquero.*

cambrón m. *Espino cerval.* ‖ *Zarza.*

cambronera m. *Arto.*

camedrio y **-dris** m. *Carrasquilla.*

camelar tr. (caló). *Galantear, requebrar.* ‖ *Seducir, engañar.*

camelo m. *Chasco, burla, engaño.*

camilo adj.-m. (religioso). *Agonizante.*

caminante adj.-s. *Viandante.* ‖ m. *Espolique.*

caminar intr. **Andar, marchar.* ‖ tr. *Recorrer.*

camino m. *Vía; *senda, sendero,* cuando es estrecho. ‖ fig. *Manera, medio, modo, procedimiento.* ‖ *Viaje.*

camomila f. *Manzanilla, camamila.*

camorra f. *Riña, pendencia, pelotera, marimorena, bronca.*

camorrista adj.-com. *Camorrero, pendenciero, reñidor.*

campanario m. *Campanil.*

campaniforme adj. *Acampanado.*

campanilla f. *Úvula* es tecnicismo; *galillo, gallillo.* ‖ *Burbuja, gorgorita, ampolla.*

campano m. *Cencerro, esquila.*

campante adj. fam. *Ufano, satisfecho, contento, alegre.*

campanudo -da adj. *Altisonante, rimbombante, retumbante, hinchado.*

campánula f. *Farolillo, besico de monja.*

campechano -na adj. *Franco, llano, sencillo, alegre, abierto.*

campeón m. *Vencedor.* ‖ *Paladín, defensor, sostenedor.*

campesino -na adj. *Campestre. Campal* es de aplicación limitada a batalla, lid, etc. *Rural* y *rústico* pueden referirse al campo en gral., o más frec. al campo cultivado y a las labores que en él se realizan. *Rustical* es de uso literario. *Rusticano* se emplea sólo para calificar algunas plantas, con signif. de silvestre: *rábano rusticano.* ‖ s. *Labrador, aldeano, lugareño; destripaterrones, rústico* y *paleto* son despectivos.

campestre adj. **Campesino. *agreste, *silvestre.*

camping m. Anglicismo por *acampada* o *acampamiento.*

campiña f. *Campo, campaña.*

campo m. *Campiña, sembrados, cultivos.*

camposanto m. *Campo santo, *cementerio, necrópolis.*

camueso adj.-s. fig. *Necio, ignorante, tarugo, alcornoque, bodoque, leño.*

camuflar tr. GALIC. por *disfrazar, enmascarar, disimular, encubrir.*

can m. *Perro. Can* es de uso culto o lit. *Chucho* (fam.). ‖ ARQ. *Canecillo, modillón.*

canadillo m. *Belcho, hierba de las coyunturas, uva marina.*

canal m. *Estrecho.* ‖ *Caño, canalón, conducto, reguera, canalizo.* ‖ ARQ. *Estría.* ‖ En los libros, *delantera.*

canalla f. *Gentuza, marranalla.* ‖ adj.-s. *Ruin, bribón, vil, pillo, sinvergüenza.*

canana f. *Cartuchera.*

canasta f. *Canasto, banasta.*

cancamusa f. fam. *Candonga, recancamusa, engañifa.*

cancelar tr. **Abolir, anular.* ‖ *Saldar, extinguir,* tratándose de una deuda.

cancelario m. *Maestrescuela.*

canciller m. *Chanciller.*

candeal adj.-s. *Albarejo, albarico, candial, ceburro, mijo ceburro.*

candelecho m. *Bienteveo.*

candente adj. *Incandescente, rusiente, ígneo.*

candidato -ta m. f. *Aspirante, solicitante, pretendiente.*

candidez f. *Candor, sencillez, inocencia, ingenuidad.* «Aunque *candor* y *candidez* representan la misma idea, tanto en el sentido recto como en el figurado, el uso común atribuye al primero, en sentido figurado, la idea de suma pureza, y al segundo la demasiada sencillez o bobería. Así decimos: conserva el *candor* de la niñez; tuvo la *candidez* de creer cuanto se le dijo» (M). *Candor, sencillez* e *inocencia* están, pues, muy próximos entre sí; *candidez* se acerca a la *simplicidad. Ingenuidad* puede inclinarse a uno u otro matiz según el contexto. Decimos: tiene la *ingenuidad* de un santo; cometí la *ingenuidad* de prestarle dinero.

cándido -da adj. Aunque el matiz significativo de cada uno de los sinónimos depende de la situación y del contexto, pueden señalarse entre ellos dos líneas principales. *Sencillo, candoroso* y **sincero* subrayan la pureza de intención. Cuando esta pureza de intención resulta dañina, y linda más o menos con la tontería, decimos *de buena fe, ingenuo, incauto, simple,* en gradación ascendente. «El hombre *cándido* es el que no tiene malicia ni oculta la verdad; *sencillo,* el que no tiene artificio ni afectación; *simple,* el que tiene poco discernimiento y capacidad. El *cándido* dice todo lo que siente; el *sencillo* lo dice como lo sien-

te; el *simple* cree todo lo que le dicen. *Candoroso,* como lo indica su terminación, es el que abunda en *candidez*» (M).

candonga f. *Cancamusa, recancamusa, engañifa, chasco.*

candor m. **Candidez, sencillez, inocencia, ingenuidad, simplicidad.* ‖ En su acepción primitiva significa *blancura,* y con este sentido aparece con frecuencia en los clásicos. P. ej., Calderón de la Barca dice en *La vida es sueño:*
«Dadme a besar vuestra mano,
en cuya copa de nieve
el alba *candores* bebe.»

candoroso -sa adj. **Cándido, sencillo, *sincero, de buena fe, ingenuo, incauto, simple.*

canelillo m. Cuba. *Canelilla, copalillo.*

canelo m. *Árbol de la canela, canelero.*

canelón m. *Canalón.* ‖ *Calamoco, carámbano, pinganelo, candelizo, cerrión.*

cangilón m. *Arcaduz.*

cangrenarse prnl. *Gangrenarse.*

canguelo m. vulg. **Miedo.* Por su carácter vulg. o jergal, *canguelo* viene a coincidir con *medrana* y *jindama.*

cania f. *Ortiga moheña.*

caníbal adj.-s. *Caríbal,* hoy desus.; *antropófago.* ‖ *Cruel, feroz, sanguinario.*

canibalismo m. *Antropofagia.* ‖ *Ferocidad, crueldad.*

canijo -ja adj. *Encanijado, débil, enclenque, enteco, enfermizo.*

canillera f. *Espinillera.*

canino -na adj. *Perruno.* ‖ m. *Colmillo, diente columelar.*

canje m. **Cambio, trueque, permuta.* En el comercio, *vuelta* o cantidad sobrante que se devuelve al comprador.

canjear tr. **Cambiar, trocar, permutar.*

canon m. *Regla, norma, precepto.* ‖ *Censo.* ‖ *Arriendo.* ‖ m. pl. *Derecho canónico.*

canonicato m. *Canonjía.*

canonjía f. *Canonicato.*

canoro -ra adj. *Melodioso, sonoro.*

cansancio m. *Fatiga; lasitud* es voz escogida o literaria; *reventón* es intensivo, y está producido por un trabajo físico muy duro; *agotamiento* puede sugerir un estado de depauperación que se produce lentamente en el organismo, o ser consecuencia de un gran esfuerzo. «El *cansancio* es el abatimiento de las fuerzas físicas y morales. La *fatiga* añade a esta idea la de violencia y esfuerzo. *Lasitud* es la inmovilidad, la relajación nerviosa y muscular que proviene del *cansancio* y de la *fatiga.* Un hombre que se *cansa* de andar siente *fatiga* al subir una cuesta, y no será extraño que de sus resultas caiga en un estado de *lasitud*» (M). «El *cansancio* es la pérdida de fuerzas causada por el trabajo excesivo; la *fatiga* es el cansancio que se manifiesta por sus efectos. Cuando a un hombre *cansado* le falta aliento y respira con dificultad, tiene *fatiga*. Ésta es el estado visible del *cansancio*, y como se habla del efecto que se ve, y no de la causa que lo produce, decimos que respira, que camina con *fatiga*, y no que camina o respira con *cansancio*» (LH). ‖ *Hastío*, *fastidio*, *aburrimiento*, *tedio*.

cansar tr.-prnl. Los sinónimos pueden agruparse en dos direcciones generales : en su acepción recta, *fatigar*, *agotar*; en su acepción figurada, *fastidiar*, *hastiar*, *aburrir*, *hartar*, *molestar*, *enfadar*, *incomodar*, *importunar*. «La continuación de una misma cosa *cansa*; la pena *fatiga*; se *cansa* uno de estar en pie; se *fatiga* de trabajar. Estar *cansado*, es no poder obrar más; estar *fatigado*, es haber obrado demasiado. A veces se está *cansado* sin haber hecho nada... La *fatiga* es siempre consecuencia de la acción; supone un trabajo rudo, ya por la dificultad o por la duración... En el sentido figurado, un suplicante *cansa* con su perseverancia, y *fatiga* con sus importunidades. Se *cansa* uno de oír, se *fatiga* de perseguir» (Ma). «Decimos que *cansa* lo que disgusta, y *fatiga* lo que incomoda» (LH).

cansera f. *Moledera*, *molestia*, *importunación*.

cansino -na adj. *Lento*, *perezoso*.

cantaleta f. **Burla*, *chanza*, *vaya*, *zumba*, *chunga*, *guasa*.

cantar m. *Copla*, *canción*.

cantárida f. *Mosca de España*, *abadejo*.

cantera f. *Pedrera*.

cantero m. *Pedrero*, *picapedrero*.

cantidad f. *Cuantidad* es forma culta usada en FIL. y a veces en MAT. *Cuantía* se emplea como equivalente a *cantidad* en su significación concreta: hablamos, p ej., de la *cuantía* de un presupuesto. Suele tener además cierto sentido ponderativo, como la *cuantía* de la cosecha.

cantizal m. *Cantal*, *cantorral*.

canto m. **Orilla*, *borde*, *margen*, *esquina*. ‖ *Piedra*, *guijarro*.

cantón m. *Esquina*, *cantonada*. ‖ Tratándose de tropas, *acantonamiento*.

cantonada f. *Esquina*, *cantón*. ‖ *Esquinazo*.

cañacoro m. *Caña de India*.

cañada f. La *colada* y el *cordel* son también vías de paso del ganado, pero más estrechas que la *cañada*. Según las leyes de la Mesta, el *cordel* tiene 45 varas de anchura. Antig. se llamaba también *cañada* y *cordel* el impuesto que pagaban los rebaños por su tránsito por estos caminos.

cañaduz f. *Caña de azúcar*.

cañaheja y **-herla** f. *Férula*.

cañal m. *Cañaveral*, *cañar*.

cañamiza f. *Agramiza*.

cañarroya f. *Parietaria*, *albahaquilla de río*.

cañavera f. *Carrizo*, *cañeta*, *cisca*.

cañaveral m. *Cañal*, *cañar*, *cañedo*, *cañizal*, *cañizar*.

cañería f. *Tubería*.

cañí adj.-s. *Gitano*, *agitanado*.

cañizal y **-ar** m. *Cañaveral*.

cañonera f. *Tronera*.

cañonería f. Tratándose de un órgano, *cañutería*.

cañota f. *Millaca*.

cañutería f. *Cañonería*.

cañutero m. *Alfiletero*.

cañutillo m. *Canutillo*.

cañuto m. *Canuto*.

caos m. fig. *Confusión*, *desorden*.

caótico -ca adj. *Confuso*, *desordenado*, *desarreglado*.

capa f. fig. *Pretexto*, *máscara*, *velo*, *excusa*. ‖ fig. *Encubridor*. ‖ *Baño*, *mano*. ‖ *Tanda*, *tonga*, *tongada*. ‖ GEOL. *Estrato*. ‖ Tratándose del color del caballo y otros animales, *pelo*, *pelaje*.

capacidad f. *Cabida*. ‖ fig. **Aptitud*, *idoneidad*, *inteligencia*, *talento*, *suficiencia*, *competencia*.

capador m. *Castrador*.

capadura f. *Castradura*, *emasculación*.

capar tr. *Castrar*. ‖ fig. *Disminuir*, *cercenar*.

caparazón m. *Telliz*. ‖ *Concha*.

caparra f. *Garrapata*.

caparrosa f. *Alcaparrosa*, *aceche*, *acije*, p. usado.

capataz -za m. f. En las haciendas de campo, *aperador*, *mayoral*.

capaz adj. *Espacioso*, *extenso*, *vasto*, *grande*. ‖ **Apto*, *inteligente*, *competente*, *idóneo*, *experto*, *suficiente*.

capcioso -sa adj. *Artificioso*, *engañoso*, **insidioso*. «Lo *capcioso* se dirige al entendimiento; lo *insidioso* a la voluntad. Un argumento *capcioso* conduce al error; una promesa *insidiosa* conduce a la imprudencia. Es *capcioso* el sofisma; es *insidiosa* la mala intención» (M).

capear tr. TAUROM. *Capotear*. ‖ MAR. *Sortear*.

capelo m. *Píleo*. ‖ ~ *de doctor*, Amér. Meridional y Ant., *capirote*, *muceta*.

capero m. *Cuelgacapas, percha.*

capibara m. Argent. *Capiguara.* En otras partes de Amér., *carpincho, chigüiro.*

capirotado -da adj. BLAS. *Caperuzado, chaperonado.*

capirotazo m. *Capirote, papirote, papirotada, papirotazo.*

capirote m. *Caperuza, capillo.* ‖ *Capirotazo.*

capital adj. *Esencial, principal, primordial, fundamental.* ‖ adj.-f. *Cabeza* de un distrito, provincia, país, etc. ‖ m. *Caudal, bienes, hacienda, dinero;* cuando es de gran cuantía, *fortuna.* En Economía, o tratándose de una empresa, se dice *capital,* y no *caudal,* porque *capital* es el dinero considerado como instrumento de producción y, más propiamente, potencia económica en dinero, crédito, influencia moral, etc., capaz de proporcionar los elementos necesarios para el establecimiento y explotación de una industria o negocio cualquiera. *Caudal* se refiere más bien a la *hacienda* o *bienes* de un particular, y cuando se aplica al *dinero* tiene un significado más determinado y circunscrito que *capital.* Por esto una caja que contiene determinada cantidad de numerario se llama caja de *caudales,* y no de *capitales.*

capitón m. *Cabezudo, mújol, múgil, lisa, liza, matajudío.*

capitulación f. *Pacto, convenio, concierto, ajuste;* pero *capitulación,* frente a sus sinónimos, supone un asunto generalmente importante o grave. ‖ *Rendición, entrega.* ‖ f. pl. *Capitulaciones matrimoniales, capítulos.*

capitular intr.-tr. *Pactar, convenir, concertar, ajustar;* en esta significación, *capitular* supone un asunto generalmente grave o importante. ‖ intr. *Ceder, transigir, rendirse, entregarse;* aunque *capitular* se usa como sinónimo de estos verbos, su significación primaria es negociar o pactar las condiciones de una capitulación o rendición.

capítulo m. *Cabildo.* ‖ m. pl. *Capítulos matrimoniales, capitulaciones.*

capotear tr. TAUROM. *Capear.*

capricho m. *Antojo, deseo, gusto, *fantasía, humorada.*

caprichoso -sa adj. *Caprichudo, antojadizo, fantasioso, mudable, veleidoso, voluble.*

captar tr. *Percibir, aprehender.* ‖ *Recoger:* ~ el agua de un manantial. ‖ tr.-prnl. *Atraer, granjear, conseguir, lograr, obtener:* ~ la benevolencia, las simpatías.

captura f. *Presa, aprehensión, aprisionamiento, apresamiento.*

capturar tr. Se puede *aprehender* o *capturar* personas o cosas; en cambio, *apresar* se refiere a cosas; *prender, siempre a personas.* En los tres primeros hay la idea de resistencia o huida por parte de lo capturado, cosa que no es indispensable en *prender. Aprisionar* y *cautivar* aluden más bien al acto de comenzar la prisión o cautividad; *cautivar* se refiere a personas o animales.

capucha f. *Capucho, capuz, caperuza.*

capuz m. *Capucho, capucha, caperuza.*

capuzar tr. *Chapuzar.*

caquexia f. MED. *Cacoquimia.*

cara f. Desp. vulg., *jeta, hocico.* Apreciativo de la belleza en la mujer, *palmito, jeme.* Estilo elevado, *rostro, faz, haz* (ant.). *Fisonomía* es el aspecto particular de la cara; *semblante,* este mismo aspecto en cuanto revela el estado de ánimo. «*Cara* se aplica muchas veces a todo el aspecto exterior de un objeto, como: mala *cara* tiene el tiempo. Se usa también en locuciones que no admiten como equivalentes ninguna de las otras palabras, como: dar la *cara,* nos pusimos *cara a cara, cara* de pocos amigos, *cara* de pascua, sacar la *cara* por alguno. *Rostro* es voz más elegante que *cara,* y pertenece al estilo culto. *Faz* es nombre poético, artístico y científico de la cara. *Semblante* es el *rostro* afectado por algún sentimiento del ánimo... El *semblante* es triste, severo, risueño o melancólico» (M). ‖ *Anverso.*

carácter m. *Genio, modo o manera de ser, temple; índole* y *condición* son términos cultos; *genial* y *natural* pertenecen al habla popular; *idiosincrasia* es tecnicismo médico que sólo por traslación se aplica a las cualidades morales. «La *índole* es la mayor o menor aptitud del hombre a la benignidad, a la esperanza y a otras cualidades que lo hacen más o menos amable. El *temple* es la disposición a esas mismas cualidades en un momento determinado, y así decimos que un hombre de buena *índole* puede estar de mal *temple. Genio* es la inclinación natural a cierto modo de obrar en ocasiones especiales, como a la precipitación en la duda, a la ira en la ofensa, a la exasperación en las dificultades. *Carácter* es el conjunto de todas las cualidades y hábitos del hombre, tanto los naturales como los adquiridos en el trato con los otros individuos de su especie. La *índole* y el *temple* excitan amor u odio; el *genio* y el *carácter*, la estimación o el desprecio» (M). ‖ *Voluntad, energía, firmeza, entereza: hombre de ∼.* *Severidad, inflexibilidad y rigidez* envuelven un grado mayor o menor de desestimación a causa de su intensidad.

característica f. *Rasgo distintivo, peculiaridad, particularidad, propiedad, singularidad.*

característico -ca adj. *Peculiar, propio, particular, singular, distintivo.*

caracterizar tr. **Calificar* es determinar o señalar una o varias cualidades; *caracterizar* es señalar en una persona o cosa aquellas cualidades más peculiares y propias.

carámbano m. *Candelizo, canelón.*

caramilleras f. pl. Sant. *Llares.*

caramillo m. *Flautillo.* ‖ *Carambillo, jijallo, sisallo, salado, tarrico.* ‖ *Chisme, enredo, lío, embuste.*

carantoñas f. pl. *Halagos, lisonjas, cucamonas, garatusas, zalamerías.*

carapacho m. *Caparazón; concha* en los quelonios y muchos crustáceos.

carasol m. *Solana.*

carbinol m. QUÍM. *Alcohol metílico.*

carbunclo m. *Carbúnculo, rubí, piropo.* ‖ *Carbunco* (enfermedad).

carca adj.-s. desp. *Carcunda, carlista.* Actualmente ha tomado la significación de *clerical.*

carcaj m. *Aljaba, carcax.*

carcajada f. *Risotada.*

carcamal m.-adj. *Vejestorio, carraca.*

carcañal m. *Calcañar, talón.*

cárcel f. **Prisión* es palabra escogida o forense; *chirona, gayola,* fam.; en el habla germanesca, *trena;* en caló, *estaribel.*

cárcola f. *Premidera.*

carcoma f. *Coso;* Ar., *quera.*

carcunda adj.-s. *Carca, carlista.*

carda f. *Cardencha, palmar, peine.*

cardador -ra m. f. *Pelaire.*

cardal m. **Cardizal.*

cardamina f. *Mastuerzo* (planta).

cardamomo m. *Grana del Paraíso.*

cardar tr. *Carduzar.*

cardelina f. **Jilguero.*

cardenal m. *Purpurado.*

cardencha f. *Cardón, escobilla.* La que brota en el tallo de la principal, *regüeldo.* ‖ *Carda* (instrumento).

cardenillo m. *Verdete, verdín.*

cardillo m. *Tagarnina.*

cardinal adj. *Principal, fundamental, esencial, primordial.*

cardizal m. *Cardal, arrezafe, carduzal.*

carduzal m. *Cardizal, cardal, arrezafe.*

carear tr. *Confrontar, poner cara* *a cara,* tratándose de personas. ‖ Tratándose de escritos u otras cosas, *cotejar, confrontar, parangonar, compulsar.*

carencia f. *Falta, privación.*

carente adj. *Falto, desprovisto.*

carestía f. *Falta, penuria, escasez.* ‖ *Encarecimiento, subida, alza,* significan el acto de aumentar el precio; *carestía* es el estado de los precios producido por el encarecimiento.

careta f. *Máscara;* si es de tela, *antifaz.* ‖ La *careta* de alambres que usan los colmeneros, *máscara* o *carilla.*

carey m. *Caray; concha* es la materia que se extrae de esta tortuga.

carga f. *Peso.* ‖ fig. *Tributo, imposición, impuesto, contribución, gravamen, censo, hipoteca, servidumbre,* están comprendidos dentro de la denominación general de *carga.* ‖ fig. *Obligación, cuidado.* ‖ MIL. *Embestida, ataque, acometida, arremetida.*

cargador m. En el fusil, *peine.*

cargante adj. *Enojoso, pesado, fastidioso, molesto, irritante, impertinente, importuno.*

cargar tr. *Estribar, apoyar, descansar, gravitar.* ‖ *Apechugar, apechar, apencar.* ‖ *Acometer, embestir, atacar, arremeter.* ‖ *Achacar, imputar, atribuir.* ‖ *Fastidiar, enojar, molestar, importunar, irritar.* ‖ *Imponer, gravar.* Tratándose de cuentas corrientes, *adeudar.*

cargo m. *Dignidad, empleo, destino, plaza, puesto, oficio.* ‖ *Obligación, cuidado, dirección, custodia.* ‖ *Falta, imputación, reconvención, recriminación, acusación.* ‖ *Adeudo* en cuenta.

cariar tr.-prnl. *Picar(se).*

caricia f. *Halago, cariño, fiesta, mimo.* En estilo fam.: *carantoña, cucamona, garatusa, arrumaco,* suponen cierto melindre y afán de lisonjear; *zalema* es cortesía fingida para conseguir algún fin; *lagotería* y *zanguanga* envuelven la idea de adulación servil.

caridad f. *Compasión, piedad, misericordia, filantropía.* «La *compasión* pertenece a los afectos; en la *piedad* hay afecto y acción: la *misericordia* es la piedad del que tiene autoridad o poder. El *compasivo* siente; el *piadoso* siente y socorre; el *misericordioso* siente, socorre y perdona. Que el hombre sea más o menos *compasivo,* depende de su organización. Que sea más o menos *piadoso,* depende de su moralidad. Que sea más o menos *misericordioso,* depende del dominio que ejerce en sí mismo. La *caridad* es *compasión, piedad, misericordia,* pero en un orden más elevado que el puramente humano; es decir, con el sello que le imprime la religión, y que le da un carácter exclusivamente cristiano» (M). La *filantropía* es puramente humana e independiente de la religión. ‖ *Limosna, socorro.*

caries f. *Picadura* es principio de caries de los dientes. ‖ En los cereales, *tizón.*

cariño m. **Afecto, apego, inclinación, amistad, afección, amor, ternura.* ‖ *Halago, caricia, mimo.*

carlanca f. *Carranca.*

carlear intr. *Jadear, acezar.*

carlismo m. *Tradicionalismo;* mientras vivió D. Jaime de Borbón, se llamó también *jaimismo.* *Comunión tradicionalista.*

carlista adj.-com. *Tradicionalista, jaimista.* Desp.: *carca, carcunda.*

carlovingio -gia adj. *Carolingio.*

carmenador m. *Escarmenador.*

carmenar tr. *Escarmenar.*

carnada f. *Carnaza.* ‖ fig. *Añagaza.*

carnaval m. *Carnestolendas, antruejo.*

carnero m. El carnero padre se llama también *marón, morueco, murueco.*

carnicería f. *Tablajería.* El uso moderno de *carnecería* no es incorrecto, pero es menos general y autorizado que *carnicería.* ‖ fig. *Destrozo, mortandad, matanza.*

carnicero -ra adj.-s. Como tecnicismo de H. NAT. equivale enteramente a *carnívoro.* Pero en el uso común puede señalarse alguna diferencia: «Difieren en que *carnívoro* significa simplemente el que come carne, y *carnicero* el que hace su comida de ella... El animal *carnicero* no come otra cosa que carne; su naturaleza le obliga a vivir de ella sola. El *carnívoro* es el que, entre otras cosas, come carne... El tigre, el león y el lobo se mantienen sólo de carne, y por consiguiente son *carniceros.* El hombre, el perro y el gato, comen y gustan de carne; pero no la necesitan para vivir, pues pueden pasar con otros alimentos, y de consiguiente son *carnívoros*» (Ci). ‖ fig. *Cruel, sanguinario, inhumano.* ‖ m. f. *Tablajero, cortador, cortante, tajante.*

carnívoro -ra adj.-s. **Carnicero.*

caro -ra adj. *Costoso* es lo que cuesta mucho. *Caro* guarda relación con los precios ordinarios; *dispendioso* es lo que supone un gasto excesivo, esp. para los medios del comprador. ‖ *Amado, querido. Caro* se usa corrientemente en las expr. *cara mitad* y

caro amigo. Fuera de ellas, su empleo es literario.

carolingio -gia adj.-s. *Carlovingio.*

carpanta f. burl. fam. *Hambre, gazuza.*

carraca f. fig. Aplicado a personas, *vejestorio, carcamal.*

carraleja f. *Aceitera, cubilla, cubillo.*

carranca f. *Carlanca.*

carrasquilla f. *Camedrio.*

carrera f. *Corrida.* ‖ *Curso, recorrido, trayecto, camino.* ‖ *Profesión,* esp. cuando ésta exige estudios especiales. Sin embargo, en la expr. *hacer carrera* no puede sustituirse por *profesión,* sino que la frase significa prosperar en la ocupación o trabajo que uno tiene, aunque no exija estudio alguno. Un dependiente de comercio puede *hacer carrera* en su ocupación mercantil, o un sastre en su oficio, sin que uno ni otro sean hombres de *carrera.*

carrero m. *Carretero.*

carrete m. *Bobina.*

carretero m. *Carrero.*

carricera f. *Rabo de zorra, vulpino.*

carril m. *Rodada, releje, rodera,* ‖ *Surco.* ‖ *Raíl, riel.*

carrilludo -da adj. *Mofletudo.*

carrizo m. *Cañavera, cañeta, cisca.*

carro m. Amér. *Automóvil.*

carrucha f. *Garrucha, polea.*

carta f. *Misiva* y *epístola* son voces escogidas que pertenecen al estilo elevado. *Epístola* se usa esp. cuando es de carácter o asunto literario. ‖ MAR. **Mapa.* ‖ *Naipe.* «Las *cartas* son los *naipes* considerados respecto a su valor en el juego. Los mejores *naipes* son los más finos; las mejores *cartas* son aquellas que, según las leyes del juego y el estado actual de la partida, son superiores a las demás... Así hablará con tanta impropiedad el que jugando a la treinta y una pida *naipes,* como el que llame fábrica de *cartas* al lugar en que se hacen los *naipes*» (J).

cartabón m. En zapatería, *marco.*

cartaginés -nesa adj.-s. *Cartaginense.* Hablando de la Antigüedad, *púnico;* pero este adj. no se aplica a personas. Decimos, p. ej., guerras *púnicas,* vasos o sepulcros *púnicos;* más que a la ciudad de Cartago, *púnico* alude a la raza de sus pobladores y a los restos de su civilización.

cártama f. = **cártamo** m. *Alazor; azafrán bastardo, romí o romín; simiente de papagayos.*

cartapacio m. *Carpeta, portapliegos.*

cartel m. *Pasquín.*

cartelado -da adj. BLAS. *Billetado.*

cartera f. En las prendas de vestir, *golpe, pata, portezuela.*

cartílago m. *Ternilla* es la denomi-

83

nación corriente; *cartílago* es tecnicismo.

cartuchera f. *Canana.*

carvajal m. *Robledal.*

carvajo y **carvallo** m. *Roble.*

casa f. *Habitación es término general y abstracto; *vivienda* tiene también carácter general; *casa* es la denominación corriente; *morada* y *mansión* son literarios: el Olimpo, *morada o mansión de los dioses;* en el uso corriente añaden idea de distinción o elegancia, p. ej., cuando hablamos de que los invitados fueron recibidos en la *morada o mansión* de los marqueses de X. *Domicilio* pertenece al lenguaje administrativo o legal. *Residencia,* en términos administrativos, es la población o lugar en que se vive: tiene su *residencia* en Granada; aplicado a casa o vivienda, envuelve idea de colectividad: *residencia* de jesuitas, de estudiantes, o bien sugiere distinción, señorío: aquel palacio es la *residencia* del duque de N. ‖ *Casa,* cuando no se refiere sólo al edificio, lleva asociados los afectos familiares que denotan *hogar* y *lar.* ‖ *Familia, linaje.* ‖ *Escaque, casilla.*

casabe m. *Cazabe.*

casamiento m. **Matrimonio, unión.* Tratándose de la ceremonia nupcial, *boda, enlace, nupcias, connubio;* en el habla popular, *casorio.*

1) **casar** m. *Caserío.*

2) **casar** tr. **Abolir, anular, abrogar, derogar.*

3) **casar** tr. fig. *Unir, juntar, ajustar, encajar.*

casca f. *Hollejo.* ‖ *Corteza, curtido, taño.* ‖ *Cáscara.*

cascada f. Si es de gran altura y caudal, *catarata.* Ordinariamente, *salto de agua,* esp. refiriéndose a su aprovechamiento industrial.

cascado -da adj. *Decrépito, gastado, achacoso.*

cascajal y **-jar** m. Sant., *lera;* Ast., *llera.*

cascanueces m. *Rompenueces.*

cascar tr. *Rajar, hender, romper, quebrantar.* ‖ *Golpear, pegar, zurrar.*

casco m. En el sombrero, *copa.* ‖ En las caballerías, *suelo, pezuña, pesuña, vaso.*

cáscara f. *Casca, corteza.* Aunque en rigor *cáscara* es la cubierta rígida que se separa cascando (nuez, avellana, huevo) y *piel* o *monda* la flexible que se separa mondando (patata, manzana), es frecuente llamar *cáscara* a la *corteza* de algunos frutos que se pueden mondar o pelar con los dedos, como la naranja, el plátano, el limón. Tratándose de huevos, se emplean únicamente *cáscara* y *cascarón.*

caseoso -sa adj. Es tecnicismo, lo mismo que *cáseo;* en el habla usual, *quesero -ra.*

caserío m. *Casar.*

casero -ra adj. *Doméstico, familiar.* ‖ *Propietario, dueño, arrendador,* en las fincas urbanas. ‖ En las fincas rústicas, *colono, arrendatario.*

casilla f. *Escaque, casa.* ‖ En el casillero y en algunas cajas, estanterías, etc., *compartimiento.* ‖ En algunos países de Amér., *apartado de correos.*

casillero m. *Clasificador, fichero.*

casino m. *Círculo, sociedad, club.*

caso m. *Suceso,* **acontecimiento, lance,* **ocasión, coyuntura, ocurrencia.*

casquero m. *Tripicallero.*

casquilla f. *Enjambradera.*

casta f. *Raza y *casta* pueden aplicarse a hombres o animales, lo mismo que *generación.* En cambio *linaje, progenie* y *estirpe* se usan sólo tratándose de hombres. *Estirpe* y *prosapia* sugieren cierta nobleza, y se refieren más bien al tronco principal y originario de una familia. *Ralea* es despectivo.

castañal -ñar m. *Castañeda.*

castañuela f. *Crótalo, palillos;* ant. *castañeta.*

castellar m. *Todabuena.*

casticismo m. Tratándose del lenguaje, *pureza, purismo.*

casticista com. *Purista,* tratándose del idioma.

castidad f. *Pureza, honestidad, continencia.* La *continencia* es la abstención de los placeres de la carne; la *castidad* es una virtud superior que implica *continencia,* pero abarca además los pensamientos, palabras, gestos, lecturas, etc.

castigar tr. *Penar, sancionar.* ‖ *Mortificar, afligir.* ‖ Tratándose de escritos, *corregir, enmendar.* Tratándose de gastos, *disminuir, aminorar.*

castigo m. *Punición* es latinismo que sólo se emplea en su sentido más general y abstracto. «*Castigo* es el acto de imponer la *pena;* es el género, y *pena* es la especie. El *castigo* que se impone es la *pena.* El *castigo* que la ley impone al asesinato es la *pena de muerte*» (M). *Sanción* es *pena* que la ley impone. *Corrección* y *correctivo* son *castigos* de menor importancia o gravedad que aquellos en que se impone *pena, sanción* o *condena.* ‖ fig. *Mortificación, aflicción, pesadumbre.*

castizo -za adj. Tratándose del lenguaje, *correcto, puro.*

casto -ta adj. *Continente, honesto, puro.*

castrar tr. *Capar.* ‖ Hablando de colmenas, *catar, cortar.*

casual adj. *Fortuito, contingente, impensado, *eventual.*

casualidad f. **Azar*, acaso* (lit.), *caso fortuito, albur.* En *contingencia, eventualidad, accidente,* puede averiguarse la causa; cabe contar de antemano con posibles *contingencias, eventualidades* y *accidentes;* pero el *azar,* la *casualidad* y el *acaso* son imprevisibles por completo. *Chamba, chiripa* y *suerte* son casualidades favorables, esp. en el juego. La palabra *acaso* pertenece al habla culta y lit., y su significado es gralte. más abstracto que el de *casualidad.* ‖ loc. adv. *Por casualidad* equivale a *por acaso,* siempre con matiz más culto en la segunda.

cata f. **Prueba*, probatura, gustación.*

catabre y **catabro** m. Colomb. En otros países de Amér., *cataure.*

cataclismo m. *Catástrofe, desastre. Cataclismo* es un suceso de mayor magnitud y alcance que *catástrofe* y *desastre.* Hablamos de una *catástrofe* ferroviaria, o del *desastre* causado por el pedrisco en una comarca; pero la guerra atómica sería un *cataclismo* mundial, y una serie de terremotos violentos es un *cataclismo* en la configuración física y geológica de un país.

catador m. *Perito, experto, apreciador.* ‖ Tratándose de vinos, *catavinos* (v. **Enólogo*).

catadura f. *Aspecto, gesto, semblante;* pero *catadura* envuelve un matiz despectivo que la aproxima a *traza, pinta, facha.*

catalineta f. Cuba. *Cataluja, cataluja.*

cataplasma f. FARM. *Embroca, embrocación.*

catapulta f. *Trabuquete.*

catar tr. *Probar, gustar.*

catarata f. **Cascada*, salto de agua.*

catarro m. *Constipado, resfriado.*

catástrofe f. **Cataclismo*, desastre.*

cataure m. Cuba y Venez. *Catabre, catabro, catauro.*

catavinos m. *Catador* (v. **Enólogo*).

catecú m. *Cato, cachú, cachunde.*

catedral adj.-s. Ar. *Seo.*

categoría f. **Clase*, condición, esfera, jerarquía.*

categórico -ca adj. *Absoluto, terminante, imperioso, decisivo, concluyente.*

catequizar tr. fig. *Persuadir, convencer, atraer, conquistar.*

caterético -ca adj. CIR. *Escarótico.*

caterva f. desp. *Multitud, muchedumbre, sinnúmero.*

catinga f. Amér. Merid. *Hedor, hediondez, fetidez.*

cato m. *Cachú, cachunde, catecú.*

católico -ca adj. En su sentido etimológico, **universal.*

cauce m. *Cuérrago, cuérnago, álveo, lecho, madre.*

caucel m. C. Rica, Hond. y Nicar. *Causuelo.*

caución f. **Garantía*, seguridad, fianza.*

caucho m. *Goma elástica, hule.*

caudal m. **Capital*, bienes, dinero, hacienda.* ‖ fig. *Abundancia, cantidad, copia.*

caudatrémula f. **Aguzanieves.*

causa f. *Motivo, móvil.* «La voz *causa,* tomada en el sentido moral como sinónima de la voz *motivo,* explica la razón que tenemos para hacer, decir o pensar alguna cosa, con esta diferencia: que la *causa* explica una razón forzosa que obliga a la acción o al juicio; y *motivo,* una razón voluntaria que mueve, induce, inclina. Se rompió una pierna, y esta es la *causa* de su cojera. Ha heredado un mayorazgo, y este es el *motivo* de haber dejado el servicio» (LH). En sentido general, *origen, razón, *principio, fundamento.* ‖ *Pleito.* ‖ *Proceso.* ‖ *A causa de:* por, por efecto, a consecuencia de, por razón de.

causar tr. *Producir, originar.* ‖ *Motivar, traer, acarrear, ocasionar, provocar, determinar.*

cáustico -ca adj. fig. *Mordaz, agresivo, punzante, irónico, incisivo.*

cautela f. **Precaución*, prevención, reserva, circunspección, desconfianza.* «La *precaución* es hija de la prudencia, y la *cautela* lo es de la astucia. Aquélla sólo quiere preservarse del mal; ésta aspira por lo común a hacerlo. La una se limita a la defensa; la otra emprende, si puede, el ataque... En la *precaución* entra la reserva; en la *cautela* el disimulo» (M). ‖ *Astucia, maña, engaño.*

cautivar tr. **Apresar*, aprisionar, prender, *capturar.* ‖ fig. *Atraer, seducir.*

cautiverio m. *Cautividad, esclavitud.* El *cautiverio* puede aludir al acto de ser hecho cautivo o bien al estado de la persona cautiva; en este último caso coincide con *cautividad,* si bien ésta sugiere, en general, un estado más prolongado: *cautividad* hace pensar en la duración del *cautiverio;* por esto decimos: la *cautividad de Babilonia,* y no el *cautiverio.* Tanto *cautiverio* como *cautividad* indican la falta de libertad de la persona que está en poder de un enemigo; la *esclavitud* significa convertirse en propiedad o hacienda del amo. Todo *esclavo* es un *cautivo*, pero no viceversa.

cautivo -va adj.-s. *Prisionero, preso.* «*Prisionero* se aplica exclusivamente al militar cogido en acción de guerra, y *preso* a cualquier persona a quien se priva de su libertad, ya sea por sentencia de juez, ya por imposición de un superior, ya, en fin, por arbitrariedad del que ejerce la fuerza. La voz *cautivo*... supone inocencia, excita sentimientos de confraternidad, de compasión y de ternura...; y por esta razón se han apoderado los poetas de las voces *cautivo, cautiverio* y *cautividad* para expresar las penas del amor... Es una obra de caridad liberar o redimir al *cautivo*. Es un hecho honroso y obligatorio recobrar a un *prisionero* por cuantos medios sean posibles. Siempre será un delito dar libertad a un *preso*, mientras no lo mande la autoridad a que se halla sujeto» (C).

cauto -ta adj. *Precavido, previsor, prudente, circunspecto.*

caverna f. El *antro* y la *caverna* son cavidades naturales muy profundas. La *cueva* y la *cripta* pueden ser naturales o artificiales, y pueden ser profundas o de escasa profundidad.

cavernícola adj. *Troglodita.*

cavernoso -sa adj. fig. Tratándose de sonidos o ruidos, *bronco, ronco, sordo.*

cavia m. *Conejillo de Indias, cobayo.*

cavidad f. *Concavidad, hueco, seno, vacío.*

cavilar tr.-intr. *Pensar, preocuparse, rumiar.*

caviloso -sa adj. *Pensativo, preocupado, cogitabundo, aprensivo.*

cayado m. *Cachava.* ‖ **Báculo.*

cayote m. *Chayote.*

caza f. *Venación* es de uso exclusivamente docto.

cazar tr. fig. *Atrapar, pillar, pescar, sorprender.*

cazatorpedero m. *Contratorpedero.*

cazcarria f. *Cascarria, zarpa, zarria, zarrapastra.*

cazón m. *Nioto, perro marino, tollo.*

cebar tr. *Sobrealimentar, engordar.* ‖ fig. *Fomentar.* ‖ fig. *Atraer.* ‖ prnl. fig. *Encarnizarse, ensañarse.*

cebo m. fig. *Atractivo, incentivo, aliciente.*

ceburro adj. *Candeal.*

cecear intr. *Zacear.*

ceceoso -sa adj. Aplicado a personas, burl., *zopas, zopitas.* Aplicado a la pronunciación, *ceceante.*

cecial m. *Pescada.*

cecina f. *Chacina.*

cedazo m. *Tamiz,* el muy tupido.

ceder intr. *Someterse, doblegarse, transigir.* ‖ *Replegarse, cejar, aflojar, flaquear.* ‖ *Disminuir, aminorarse, menguar, mitigarse.* ‖ tr. *Dar, transferir, traspasar.*

cedria f. *Cidria.*

cédula f. *Papeleta, ficha.*

cefalitis f. *Encefalitis.*

céfalo m. *Róbalo, lobina, lubina.*

céfiro m. *Poniente* (viento). ‖ poét. *Favonio;* en gral., *brisa, aura, vientecillo.*

cefo m. *Cebo, cepo.*

cegar tr.-prnl. fig. *Cerrar, tapar, obstruir.* ‖ *Ofuscar, obcecar, alucinar.*

ceguedad f. *Ceguera, invidencia;* MED. *ablepsia.* ‖ fig. *Obcecación, ofuscación, ofuscamiento, alucinación.*

cejar intr. *Retroceder, recular.* ‖ fig. *Aflojar, *ceder, flaquear.*

cejijunto -ta adj. *Cejunto.* ‖ fig. *Ceñudo.*

cejuela f. MÚS. *Ceja, cejilla.*

celada f. *Encerrona, emboscada, asechanza, trampa.*

1) **celar** tr. *Vigilar, cuidar, velar.*

2) **celar** tr. *Encubrir, *ocultar, disimular. Celar* es palabra docta, us. sólo en estilo elevado.

celdilla adj. Tratándose de panales, *casilla, alvéolo, vasillo.* ‖ *Hornacina.*

celebrar tr. *Festejar, solemnizar.* Si se trata de una fiesta en recuerdo de una persona o acontecimiento pasados, *conmemorar.* ‖ abs. *Decir misa.* ‖ **Alabar, loar, elogiar, encarecer, encomiar, ensalzar, aplaudir.*

célebre adj. *Renombrado, famoso, insigne, reputado, ilustre, glorioso.* Tratándose de cosas o hechos, *sonado.*

celebridad f. *Nombre, nombradía, notoriedad, reputación, fama, aceptación, boga.*

celeridad f. *Prontitud, rapidez, velocidad, presteza; diligencia* y *actividad* se refieren al obrar, mientras que los demás son de aplicación general. Los astros se mueven con *celeridad, rapidez, velocidad,* pero no con *diligencia* o *actividad,* que se aplican sólo a los actos humanos. «La *celeridad* se refiere al modo; la *prontitud* se refiere al tiempo. En aquélla se supone un movimiento ligero y continuado; en ésta se supone un acto, se prescinde de la continuación del movimiento: Oyó un ruido, se levantó con *prontitud* de la cama, y se vistió con una *celeridad* increíble. El correo viene con *prontitud,* esto es, tarda poco; viene con *celeridad,* esto es, corre mucho» (LH).

celeste adj. *Celestial.* «Lo que pertenece al cielo, es la idea común a estos adjetivos; pero el primero abraza toda la idea, el segundo la modifica. *Celeste* se refiere al cielo; *celestial* se refiere a la divinidad. *Celeste* es, sin restricción, todo lo que pertenece al cielo, bien sea considerado como la morada de los bienaventurados, o bien como la región superior que circunda el universo. *Celestial,* no sólo se limita a aquel primer sentido, sino que aun en él se limita a lo más sublime de su idea, porque se refiere determinadamente a las perfecciones que constituyen la esencia divina, y a lo que participa de sus divinos atributos. La morada *celeste* de los justos; los espíritus *celestes;* el movimiento de los cuerpos *celestes;* la esfera, el globo *celeste.* La sabiduría, la pureza *celestial;* las *celestiales* perfecciones; la vista *celestial* de la divinidad; la *celestial* bienaventuranza. Por este principio llamamos *celeste* al color que nos parece que vemos en el cielo, y no le damos el nombre de *celestial,* como a ninguna otra cosa que pertenece a aquella determinada idea. Y así no se podría decir, sin una absoluta impropiedad, los astros o cuerpos *celestiales,* la esfera *celestial,* azul *celestial*» (LH). *Celestial* equivale, pues, a *paradisíaco, empíreo,* según el deslinde que acabamos de insertar. Sin embargo, cabe a veces el empleo de *celestial* sin referencia a la divinidad; p. ej., hablando de la armonía pitagórica en el movimiento de los astros, decimos armonía o música *celestial,* con más frecuencia que *celeste.*

celestial adj. **Celeste, paradisíaco, empíreo.* ‖ fig. *Encantador, divino, perfecto, delicioso.*

celestina f. *Alcahueta, encubridora.*

celibato m. *Soltería.*

célibe adj.-s. *Soltero.*

celidonia f. *Golondrinera, hierba de las golondrinas, hirundinaria.* ‖ ∼ **menor,** *cabeza de perro.*

celinda f. *Jeringuilla* (planta).

celo m. *Cuidado, esmero, diligencia, ardor, entusiasmo, devoción. Celo* intensifica las ideas expresadas por sus sinónimos y connota además asiduidad o continuidad. El *ardor,* el *entusiasmo* y la *devoción* pueden ser pasajeros; el *celo* es continuado y se manifiesta en la reiteración de actos. ‖ pl. vulg. o fam. *Achares.* Los

celos o envidia de los niños, *pelusa.*

cementerio m. *Camposanto* es nombre popular, predominante en And. y otras regiones; *necrópolis,* en estilo elevado, o entre los arqueólogos : *necrópolis fenicia; cementerio* es de uso gral.; *fosal,* entre campesinos; *rauda,* cementerio árabe.

cena f. *Comida* en And., Canarias y Amér.; muy generalizado también en los hoteles de cierta importancia (compárese **almuerzo*).

cenador -ra adj.-s. *Glorieta, lonjeta.*

cenagal m. *Barrizal, fangal, lodazal.*

cenceño -ña adj. *Enjuto y cenceño* son cualidades constitutivas y naturales de la persona. *Delgado y flaco* pueden ser estados transitorios.

cencerro m. *Campano, esquila,* esp. cuando es de forma acampanada; *zumba* es un cencerro grande.

cenia f. *Azuda, noria.*

ceniciento -ta adj. *Cenizo, cenizoso. Cinericio, cinéreo,* son vocablos doctos, usados solamente en estilo elevado o literario.

cenizo m. *Berza de pastor, ceñiglo.* ‖ *Oídio.*

cenobio m. **Monasterio, convento.*

censo m. DER. *Gravamen, carga, tributo.*

censura f. *Desaprobación, reprobación, impugnación, vituperio.* ‖ *Murmuración, detracción.* ‖ **Crítica, juicio, examen.*

centauro m. *Hipocentauro.*

centella f. *Exhalación, rayo, chispa.*

centellear intr. *Chispear, relumbrar, destellar y centellear* suponen rayos de luz trémulos, o de intensidad y coloración variables. *Brillar, resplandecer y relucir* pueden ser fijos y sin variaciones ni interrupciones.

centena f. *Centenar. Un ciento, unos cientos* equivale a *una centena, unas centenas.*

centenario -ria adj.-s. [pers.] *Quintañón, -ona.*

centinodia f. *Correhuela, sanguinaria mayor, saucillo.*

centralismo m. *Unitarismo.*

centralizar tr. *Concentrar, reconcentrar.* Se *centraliza* el poder, la autoridad, los negocios, la correspondencia, etc., para darles unidad. Se *concentra* o *reúne* en un lugar a los afiliados a su partido; se *concentra* la atención, el pensamiento, los afectos, las disoluciones químicas. El fin de *centralizar* es dar unidad; el fin de *concentrar* es dar fuerza. *Reconcentrar* intensifica el sentido de *concentrar.*

centuria f. *Siglo.*

ceñir tr. *Rodear, cercar, ajustar, apretar, oprimir.* ‖ prnl. *Moderar-*

se, reducirse, limitarse, atemperarse, amoldarse, circunscribirse.

ceño m. *Capote* (fam.), *sobrecejo, sobreceño.*

ceñudo -da adj. *Capotudo, cejijunto, hosco.*

cepa f. fig. *Tronco, raíz, origen, raza, linaje.*

cepillo m. *Escobilla,* us. en Amér. || *Cepo* (arquilla con una ranura).

cerámica f. La *alfarería* sólo emplea el barro para fabricar vasijas, pero no otros materiales. La *tejería* o *tejar* fabrica tejas, ladrillos y adobes. Una y otra son parte de la *cerámica,* en la cual entran también los objetos de loza y porcelana.

cerasta y **-tas** f. *Hemorroo, ceraste, cerastes.*

cerbatana f. *Bodoquera.*

cerca f. *Cerca* y *cercado* son denominaciones generales de lo que rodea algún terreno o heredad. Según los materiales recibe los nombres de *valla, vallado, tapia, estacada, empalizada, seto,* etc.

cercanías f. pl. *Proximidades, inmediaciones, alrededores, contorno.*

cercano -na adj. *Próximo, vecino; *inmediato, contiguo.*

cercar tr. *Rodear, circuir, circundar, ceñir.* Tratándose de terrenos o heredades, *vallar, murar, tapiar.* || *Asediar, sitiar.*

cercenar tr. *Cortar, acortar, chapodar,* si se trata de cosas materiales. En otras significaciones, *disminuir, *limitar, restringir, coartar, reducir.*

cerceta f. (ave). *Zarceta.*

cerciorar tr. *Asegurar, afirmar, certificar, comprobar.*

cerco m. *Aro, cello.* || *Marco.* || *Sitio, asedio.* || *Halo.*

cerchar tr. *Acodar.*

cerda f. *Ceda,* p. us.; *seda* en algunos animales, esp. el jabalí.

cerdo m. *Coche, cocho, cochino, cuino, gocho* (Ast.), *gorrino, guarro, marrano, puerco, tocino* (Ar.). || ~ **marino,** *marsopa.*

cerebro m. *Seso.*

ceremonia f. *Aparato, solemnidad, pompa.* || *Rito.* || *Cumplimiento.* «El *cumplimiento* es una demostración de urbanidad; la *ceremonia* es un cumplimiento exagerado. En el *cumplimiento,* como su nombre lo indica, va envuelta la idea de una regla, de un formulario, con cuya observancia se cumple una de aquellas obligaciones exteriores que el trato humano impone. La *ceremonia* aleja toda franqueza y toda confianza. Un hombre *cumplido* es el que no falta a las consideraciones que las gentes bien educadas se deben mutua-

mente. Un hombre *ceremonioso* es el que da demasiada importancia a estos usos, y no los practica con naturalidad y sencillez» (M).

ceriflor f. *Becoquino.*

cernerse prnl. fig. *Elevarse, remontarse, sublimarse.*

cernícalo m. *Mochete.* || fig. *Rudo, ignorante, tonto, zopenco, zoquete, bruto.*

cerote m. *Cerapez.* || fig. *Miedo.*

cerrado -da adj. fig. *Incomprensible, oscuro, oculto, hermético.* || *Nublado, encapotado, cubierto.* || *Callado, disimulado, silencioso.* || *Torpe, tardo, obtuso, negado.*

cerramiento m. *Cerradura, cierre.* Tratándose de aberturas o tubos, *taponamiento, tapón, obstrucción, cegamiento.*

cerrar tr. *Tapar, cegar.* || *Cicatrizar.* || *Clausurar.* || intr. *Embestir, atacar, acometer, arremeter.*

cerril adj. Tratándose de animales, *bozal, cerrero, montaraz, bravío, indómito.* || Aplicado a pers. fig. *Huraño, grosero, tosco, rústico.*

cerro m. *Colina, alcor, collado.*

certamen m. Equivale a *concurso* cuando éste tiene por objeto estimular con premios el cultivo de las artes, las ciencias o las letras. Pero *concurso* tiene una significación más general que no podría expresarse con la voz *certamen;* p. ej.: *concurso* para adjudicar unas obras o para cubrir un cargo vacante.

certeza f. *Certidumbre, evidencia, convicción, convencimiento, seguridad. Certinidad* es voz docta, de empleo limitado.

certificar tr. *Afirmar, asegurar, cerciorar, aseverar, confirmar.* || *Afianzar, avalar, garantizar, responder.*

cerusa = cerusita f. *Albayalde, carbonato de plomo, blanco de plomo.*

cerval adj. *Cervuno; cervario* (lit.); *cervino.*

cerviguillo m. *Pestorejo, cervigón.*

cerviz f. *Cogote, pescuezo.*

cesar intr. *Acabar, terminar, suspenderse, interrumpir; cejar* equivale a *cesar* o *ceder* en un esfuerzo o empeño, por falta de fuerzas o de voluntad para continuarlos. || *Quedar cesante* en un empleo o cargo.

cesarismo m. *Autocracia, autarquía, *dictadura; despotismo* y *tiranía* acentúan el carácter abusivo e ilimitado con que se ejerce la autoridad.

cesión f. *Renuncia, entrega, donación, abandono, traspaso.*

césped m. *Gallón, tepe.* || *Césped inglés, ballico.*

cespitar intr. p. us. *Vacilar, titubear.

ceugma f. Zeugma.

cianhídrico (ácido) adj. Prúsico.

cíbolo m. Bisonte.

cicatería f. Tacañería, mezquindad, ruindad, avaricia.

cicatero -ra adj. Tacaño, ruin, mezquino, miserable, avaro, agarrado, roñoso.

cicatriz f. La muy visible y extensa, costurón; la que deja una herida en la cara, chirlo.

cicércula = **cicercha** f. *Almorta.

ciclamor m. Algarrobo loco, árbol de Judas, árbol del amor, arjorán, sicamor.

cicloide f. Trocoide.

ciego -ga adj. Invidente. || fig. Ofuscado, obcecado, alucinado.

cielo m. Atmósfera, firmamento. || Empíreo, edén, paraíso, gloria, patria celestial, reino de los cielos, bienaventuranza.

ciempiés m. Escolopendra. || fig. Chapucería, desatino, disparate, barbaridad, despropósito.

ciénaga f. Cenagal, lodazal, fangal, barrizal.

ciencia f. Conocimiento, saber, sabiduría, erudición.

cieno m. Légamo, lama, fango, *barro, lodo.

cierre m. Cerradura, cerramiento.

cierto -ta adj. Seguro, indudable, positivo, real. || Refiriéndose a lo que se dice o afirma, verídico, verdadero, es decir, ajustado a la verdad. «Lo verdadero es la expresión de lo cierto, porque la verdad es la conformidad de la palabra con el hecho. Se dice historia verdadera, y no historia cierta. Lo cierto es lo que existe; lo verdadero, lo que se dice. El hombre sabe que es cierto un acaecimiento. Si lo refiere como lo sabe, refiere la verdad, y su lenguaje es verdadero...» (M).

ciervo m. Venado.

cierzo m. *Norte, septentrión, aquilón, bóreas. El cierzo flojo pero muy frío, zarragán; cierzo que causa tempestades, zarraganillo.

cifra f. Guarismo, número. || *Clave.

cigarra f. Chicharra, áqueta.

cigarro m. Tabaco, cigarro puro, o simplemente puro; veguero, el que está hecho de una sola hoja. || Cigarro de papel, cigarrillo, pitillo.

cigüeña f. En los tornos y otras máquinas, manivela, manubrio.

cilantro m. Culantro.

cilla f. Cámara, cillero.

cima f. Cúspide, cumbre. || fig. Terminación, fin, complemento.

cimbel m. Señuelo.

cimboga f. Azamboa.

cimbra f. Cerchón.

cimiento m. Fundamento. || fig. Raíz, origen, principio.

cinamomo m. Agriaz, agrión, rosariera.

cincoenrama f. Quinquefolio.

cincona f. Quina.

cincuentón -ona adj.-s. Quincuagenario.

cineasta com. Peliculero -ra, fam.

cinegética f. Montería.

cinegético -ca adj. Venatorio.

cineración f. Incineración.

cíngaro -ra adj.-s. Gitano, esp. el de Europa Central.

cingiberáceo -a adj. f. Drimirríceo.

cínico -ca adj. Descarado, impúdico, desvergonzado, procaz.

cinismo m. Impudicia, impudencia, impudor, desvergüenza, procacidad, desvergüenza, desfachatez, descaro.

cinoglosa f. Lapilla, viniebla.

cintura f. Cinto, talle.

ciprés m. Ciparíso, poét.

circón m. Jacinto o jacinto de Ceilán.

circuir tr. Rodear, cercar, circundar, circunvalar.

circuito m. Bojeo, contorno.

circulación f. Tránsito, tráfico.

circular intr. Andar, pasar, transitar.

círculo m. Redondel. || Circuito. || Casino, sociedad, club.

circundar tr. Cercar, rodear, circuir, circunvalar.

circunferencia f. Contorno, periferia.

circunlocución f. Circunloquio, perífrasis, rodeo.

circunloquio m. Circunlocución, rodeo, ambages. En Gram., perífrasis.

circunnavegación f. Tratándose de la antigüedad, o en estilo literario, periplo.

circunscribir tr. Limitar, ceñir, amoldar, concretar, ajustar, restringir.

circunscripción f. Distrito, demarcación, territorio.

circunspección f. Prudencia, cordura, *reserva, discreción, mesura, cautela.

circunspecto -ta adj. Prudente, cuerdo, reservado, discreto, mirado, mesurado.

circunstancia f. Accidente. || Particularidad, requisito, pormenor.

circunstanciado -da adj. Detallado, pormenorizado, especificado.

circunstantes adj.-s. pl. Presentes, concurrentes, asistentes.

circunvalar tr. Cercar, ceñir, circundar, rodear.

circunvecino -na adj. Próximo, cercano, inmediato, contiguo. Circunvecino se usa esp. en plural para designar las cosas que están próximas a un centro común, p. ej., los pueblos *circun-vecinos* de la capital.

cirro m. (nube). *Rabos de gallo.*

cirujano m. *Quirurgo*, p. us.; *sacapotras*, vulg. y desp. aplicado al mal cirujano; *operador.*

cisca f. *Carrizo.*

cisco m. fig. *Alboroto, bullicio, reyerta, pendencia, zipizape, pelotera, riña, *lucha.* ‖ Hacer ∼: *destrozar, hacer trizas.*

cisma m. *Discordia, desavenencia, disensión, escisión, rompimiento, separación.*

cisterna f. *Aljibe.* La preferencia por uno u otro sinónimo varía según las regiones.

cisticercosis f. *Ladrería.*

cita f. *Mención, nota, alusión.*

citar tr. **Aludir, mencionar, mentar, nombrar.* ‖ **Alegar, invocar.*

cítola f. *Tarabilla.*

ciudad f. *Urbe*, esp. la muy populosa.

ciudadano -na adj. *Urbano*, si se refiere a la ciudad : *parques urbanos* o *ciudadanos. Cívico*, cuando toca a la ciudadanía en su aspecto político : *virtudes cívicas* o *ciudadanas. Civil*, si concierne a los ciudadanos : *discordias civiles* o *ciudadanas; convivencia civil* o *ciudadana.*

civil adj. *Sociable, urbano, atento, cortés, afable.*

civilidad f. *Sociabilidad, urbanidad.* ‖ *Civismo.*

civilización f. *Cultura.* «Donde hay leyes, gobierno, administración de justicia y todo lo que constituye el orden civil, hay *civilización.* Donde hay amor al saber, educación literaria y científica, amor a las letras y a las artes, y protección y galardones para los que sobresalen en el cultivo de la inteligencia, hay *cultura.* La *civilización* depende en gran parte del régimen político y de la autoridad; la *cultura*, del temple nacional, de la opinión pública y de las costumbres dominantes. Hay naciones *civilizadas* que están muy lejos de ser *cultas.* Bajo el nombre de nación *civilizada* se comprenden todas las clases que la componen; mas no puede decirse lo mismo de las naciones *cultas*, pues en ellas hay forzosamente clases enteras a las que no puede darse este título» (M).

cizaña f. *Borrachuela, cominillo, joyo, rabillo.* ‖ fig. *Disensión, enemistad, discordia.*

cizañero -ra adj.-s. *Chismoso, insidioso.*

clac m. *Sombrero de muelles.*

cladodio m. *Filocladio.*

clamar intr. **Gritar, dar voces, gemir, lamentarse, quejarse, excla-* *mar; clamar* tiene frente a sus sinónimos un significado solemne, intenso y grave que lo hace especialmente adecuado para multitudes, asambleas; cuando se dice de una persona individual, se atribuye importancia a esa persona o a las circunstancias que la rodean. *Gemir, lamentarse* y *quejarse* suponen pesadumbre, dolor o tristeza; *gritar, dar voces, exclamar* y *clamar* pueden ser producidos por la indignación o el odio.

clamor m. *Grito, voz. Clamor* es un *grito* o *voz* proferidos con vigor o esfuerzo, esp. si es colectivo. ‖ Frente a *queja, gemido, lamentación, lamento,* añade *clamor* mayor intensidad o carácter colectivo.

clamoreo m. *Gritería, vocerío.*

clandestino -na adj. **Secreto, oculto, ilícito, ilegal, subrepticio.*

claraboya f. *Tragaluz.*

claramente adv. m. *Abiertamente, francamente, públicamente, manifiestamente, paladinamente, patentemente, notoriamente.* Tratándose de claridad intelectual o expositiva, *lúcidamente, luminosamente.*

clarear intr. *Amanecer, alborear, apuntar el día* o *el alba.* ‖ Tratándose de nublados, *aclarar, abrir(se), escampar.* ‖ prnl. *Transparentarse, traslucirse, traspintarse.*

claridad f. *Luz, luminosidad.* ‖ *Transparencia, diafanidad, limpidez.* ‖ fig. *Franqueza, sinceridad.*

clarificar tr. *Iluminar, alumbrar.* ‖ **Aclarar.* ‖ Tratándose de líquidos, *defecar, sedimentar.*

clarinada f. *Trompetada, trompetazo.*

clarión m. *Tiza, yeso; gis* es desus. en España, pero corriente en Méjico.

clarividencia f. *Videncia, penetración, perspicacia.*

claro -ra adj. *Luminoso, brillante.* ‖ *Iluminado, alumbrado.* ‖ *Transparente, límpido, cristalino, diáfano.* ‖ fig. *Ilustre, insigne, famoso, esclarecido.* ‖ *Perspicaz, agudo, despierto.* ‖ *Evidente, inteligible, patente, manifiesto, indudable.* ‖ *Franco, abierto, sincero.*

clase f. *Condición, jerarquía, categoría.* «*Clase* expresa los grados de dignidad que se encuentran en la misma *clase*, como la de duque, marqués y conde en la nobleza; la de obispo, canónigo y cura en la eclesiástica. En la democracia pura no hay *clases*; pero hay *categorías*» (M). En este sentido, *categoría* y *jerarquía* son equivalentes. ‖ *Grupo, agrupación.* ‖ *Lección.* ‖ *Aula.*

clasificación f. En H. NAT., *taxonomía.*

clasificador m. *Casillero.*

clasificar tr. *Ordenar, coordinar, arreglar.* «La etimología de estos vocablos indica las respectivas diferencias de sus significados. *Clasificar* es distribuir por clases; *ordenar* y *coordinar* es introducir el orden donde falta; *arreglar* es *someter* a regla lo que la infringe. Se *clasifican* las cosas que están mezcladas indistintamente; se *ordenan* y *coordinan* las que están confusas; se *arreglan* las que carecen de regularidad y armonía. Se *clasifican* los cuerpos naturales en la Botánica y en la Geología y las demás ciencias de observación; se *ordenan* y se *coordinan* los documentos de un negociado; se *arreglan* los intereses de una familia, las cuentas de una especulación, los pormenores de una empresa. Para *clasificar* se necesita un sistema; para *ordenar* y *coordinar*, un plan; para *arreglar*, un método» (M).

cláusula f. DER. *Disposición, estipulación, condición.* ‖ GRAM. *Período.*

clausurar tr. Equivale a *cerrar* un establecimiento por disposición judicial o gubernativa; o bien a *cerrar* o *poner fin* solemnemente a una asamblea, exposición, certamen, etc.

clava f. *Porra, cachiporra, maza.*

clavar tr. *Hincar, hundir.* ‖ *Sujetar, fijar, enclavar.* ‖ fig. *Engañar, perjudicar.*

clave f. MÚS. *Llave.* ‖ *Cifra;* la explicación de los signos empleados para escribir en *cifra* se llama *clave* o *contracifra.*

clavero m. *Clavario.*

clavícula f. *Islilla.*

clemátide f. *Hierba de los lazarosos* o *de los pordioseros.*

clemencia f. *Indulgencia, benignidad, misericordia, piedad.*

clemente adj. *Indulgente, benigno, misericordioso, piadoso.*

clericalismo m. *Teocratismo, ultramontanismo.*

clérigo m. *Eclesiástico, sacerdote, presbítero, tonsurado, cura, capellán.*

cliente com. *Parroquiano y comprador* son denominaciones populares; *cliente* es más escogido. La preferencia por uno u otro depende de la importancia que se atribuye al establecimiento o al comprador habitual. Un vendedor callejero llama a sus *parroquianos;* los anuncios de un gran almacén se dirigen a sus *clientes.*

clientela f. En el comercio, la diferencia entre *clientela* y *parroquia* es la misma que entre *cliente* y *parroquiano*. En las profesiones liberales, siempre *clientela.*

clímax m. RET. *Gradación.*

cloquear intr. *Cloquear* y *clocar* se refieren a la gallina clueca. *Cacarear,* a cualquier gallina.

clorhidrato m. *Cloruro, muriato.*

clorhídrico (ácido) m. *Ácido muriático* o *hidroclórico, espíritu de sal.*

cloruro m. *Clorhidrato.*

club m. *Sociedad, casino, círculo, asociación.*

clueca f. *Llueca.*

coacción f. *Coerción, fuerza.*

coadyuvar tr. *Ayudar, secundar, asistir, auxiliar. Coadyuvar* es palabra docta, propia del habla culta o literaria.

coagulación f. *Cuajamiento.*

coagular tr.-prnl. Se usa como voz científ. El término corriente es *cuajar;* tratándose de la leche, *cortar(se).*

coágulo m. Es voz científ.; como términos corrientes *cuajo, cuajarón, grumo.*

coalición f. *Alianza, liga, confederación.*

coalla f. *Chocha.*

coartar tr. *Coaccionar, coercer, *limitar, restringir, cohibir, sujetar.*

coautor -ra m. f. *Colaborador.*

cobarde adj.-s. *Miedoso, *medroso, apocado, tímido, encogido, pusilánime.* «El *cobarde* no tiene valor; el *tímido* no tiene resolución; el *medroso* lo teme todo. El *cobarde* lo es por carácter y a veces por constitución física; el *tímido,* por educación, por hábito, por falta de trato; el *medroso,* por vicio de la imaginación, por superstición o por efecto de preocupaciones arraigadas. El que huye en la pelea es *cobarde;* el que cede fácilmente a la reconvención, al influjo o a las consideraciones de poca importancia, es *tímido.* El que se asusta en la oscuridad o se estremece al menor ruido, es *medroso*» (M).

cobardía f. *Temor, miedo, pusilanimidad, timidez.*

cobayo m. *Conejillo de Indias, cavia.*

cobertizo m. *Techado, sotechado, tapadizo, tejavana;* el mal construido o muy rústico, *tendajo, tendejón;* en los muelles y estaciones del ferrocarril, *tinglado.*

cobertor m. *Colcha.*

cobijar tr.-prnl. *Cubrir, tapar.* ‖ *Albergar, refugiar(se), guarecer, amparar.*

cobrador m. El *recaudador* es el encargado de la cobranza de caudales, y esp. de los públicos. El *cobrador* es el que recibe inmediatamente el dinero del público: *cobrador* de tranvía, del gas, etc., es oficio más humilde que el de *recaudador*. El que en una sociedad benéfica recibe donativos de personas iguales a él, es *recaudador*, porque no ejerce esta misión por oficio. Un *recaudador* puede tener *cobradores* a sus órdenes.

cobranza f. *Cobro*, **recaudación.*

cobrar tr. *Recibir*, *reembolsarse* (com.); *percibir* es voz más escogida, usada pralte. en la administración; los empleados han *percibido* sus haberes; *recaudar* es cobrar de varias personas, y es la tarea del cobrador o recaudador; *colectar*, recaudar donativos, limosnas, etc. ‖ *Recuperar*, *recobrar*; en sentido fig. *desquitarse*.

cobro m. *Cobranza*, **recaudación.*

coca f. *Hayo*.

cocción f. *Decocción*, *cocimiento*, *cocedura*; *cochura*, esp. si se trata del pan u objetos cerámicos.

cóccix m. *Coxis*, *hueso palomo.*

cocido m. *Olla*, *puchero*, *pote*, según las regiones. *Olla* es el nombre más antiguo; *pote* es propio de Galicia y Asturias; *cocido* predomina en ambas Castillas y Aragón.

cocinar tr. *Guisar*, *aderezar*, *sazonar*, en general. *Condimentar* se usa en sentido general, o bien en el particular de añadir a la comida los condimentos necesarios. El uso de *adobar* y *aliñar* va quedando hoy restringido a ciertas comidas especiales: se *adoban* carnes para su conservación; se *aliña* una ensalada.

cocinero -ra m. f. *Guisandero* en los medios rústicos; *ranchero* en los cuarteles, cárceles, etc., donde se come rancho.

cocinilla y **-ta** f. *Infernillo* o *infiernillo*.

coco m. *Bu*, *cancón*, *papón.*

cócora f. *Impertinente*, *molesto*, *fastidioso*, *enojoso.*

cocotal m. *Cocal.*

cocotero m. *Coco*, *palma de coco*, *palma indiana.*

coche m. *Vehículo* en general; *carruaje*, si va tirado por caballerías. Por extensión se aplica el nombre de *coche* al *automóvil* (en Amér. *carro*), al *tranvía* y al *vagón* para viajeros en el ferrocarril.

cochevís f. *Cogujada*, *totovía*, *tova*, *copada*, *cogujada*, *galerita.*

cochinero -ra adj. *Porcuno.*

1) **cochinilla** f. *Cucaracha*; *cochinilla de humedad* o *gusano de San Antón*; *milpiés*; *porqueta*; *puerca.*

2) **cochinilla** f. *Grana.*

cochinillo m. *Corezuelo*, *lechón.*

cochino -na m. f. **Cerdo.* ‖ fig. *Adán*, *sucio*, *desaseado.*

cochitril m. *Pocilga*, *cuchitril.*

cochura f. **Cocción* en general; pero *cochura* se aplica especialmente a la *cocción* del pan o de objetos de alfarería y cerámica.

codearse prnl. fig. *Tratarse*, *alternar.*

codeso m. *Borne*, *piorno.*

codicia f. *Avaricia*, *ambición*, *avidez.* ‖ En el toro de lidia, *acometividad.*

codiciar tr. **Desear*, *apetecer*, *anhelar*, *ambicionar*, *ansiar.*

codicioso -sa adj.-s. *Interesado*, *interesable*, *ansioso*, *ambicioso*, *ávido.* ‖ fig. *Laborioso*, *hacendoso.*

coepíscopo m. *Obispo comprovincial.*

coercer tr. *Contener*, *refrenar*, *reprimir*, *sujetar*, *coartar*, *constreñir*, *cohibir*, *restringir*, *limitar.* *Coercer* se usa esp. como término jurídico. En esta significación, el sujeto que *coerce* es la ley, la autoridad, el mando.

coercitivo -va adj. *Represivo*, *restrictivo*, *coactivo.*

coetáneo -a adj. **Contemporáneo.*

cofrade com. Tratándose de una cofradía religiosa, *congregante.*

cofradía f. *Congregación*, *hermandad.* La que se considera más antigua o importante que otras, *archicofradía.* ‖ *Gremio*, *agrupación.*

cofre m. *Arca.* ‖ **Baúl*, *mundo*, especialmente si se emplea para viaje.

coger tr. **Agarrar*, **asir*, **tomar.* ‖ *Atrapar*, *pillar*, *alcanzar*, *prender.* ‖ *Recoger*, *recolectar*, *cosechar.* ‖ fig. *Sorprender.* ‖ *Recibir*, *contener*, *abarcar.* Es vulg. el empleo de *coger* por *caber.*

cognomento m. *Agnomento*, *renombre.*

cognoscible adj. *Conocible*, *inteligible*, *comprensible.*

cogote m. *Cerviz*, usado además en aceps. fig., como *levantar la cerviz*, en las cuales no se emplea *cogote*; p. us. *cocote*; *nuca* es voz escogida y se refiere a la parte superior del cogote; *pescuezo* se aplica gralte. a los animales.

cogotera f. *Cubrenuca.*

cogujada f. *Cochevís*, *totovía*, *tova*, *copada*, *cugujada*, *galerita.*

cogujón m. *Cujón.*

cogulla f. *Cusulla*, *cugulla.*

cohechar tr. *Sobornar*; *cohechar* es término de der. y significa *sobornar* a un juez o a un funcionario público.

coherencia f. *Conexión*, *relación*, *enlace*; **cohesión* y *coherencia* se aplican a lo material y a lo inmaterial, en tanto que *congruencia* e *ilación* se refieren sólo a ideas, razonamientos, palabras, etc.

cohesión f. **Adherencia, adhesión, coherencia, cohesión.* Dejando a un lado sus signif. esps. o técnicos, *adherencia* y *adhesión* indican en gral. unión de una cosa a otra, a la cual permanece en cierto modo subordinada: *adherencia* de un líquido a la vasija, de la hiedra al tronco; *adhesión* a un partido político. En *coherencia* y *cohesión*, la unión se produce entre unas cosas y otras, o entre las partes de un todo: *coherencia* de las palabras de un discurso; *coherencia* o *cohesión* de una doctrina; *cohesión* molecular. Lo contrario de *coherencia* o *cohesión* es incoherencia, disgregación, disociación.

cohete m. *Volador.*

cohibir tr. *Reprimir, refrenar, sujetar.*

cohombrillo m. *Calabacilla, cogombrillo, pepino del diablo.*

cohombro m. *Alficoz;* ant. *cogombro;* el *cohombro* silvestre, elaterio. ‖ ~ **de mar,** *holoturia.*

cohonestar tr. *Colorear, colorir, honestar, disimular, disculpar, encubrir.*

coincidir intr. *Convenir, concordar.* ‖ *Ajustarse, encajar.*

cojear intr. *Renquear.*

cojín m. *Almohadón.*

cojinete m. *Almohadilla.* ‖ *Chumacera, palomilla.*

cojo -ja adj.-s. *Renco, rengo, paticojo.*

col f. *Berza.*

cola f. En los cuadrúpedos, *rabo.* ‖ fig. *Fin, final.* ‖ fig. *Resultas, consecuencias.*

colaborar intr. *Cooperar, coadyuvar, ayudar, contribuir* a cualquier obra o trabajo; *colaborar* se aplica con preferencia tratándose de obras de ingenio.

colacionar tr. **Cotejar, confrontar, compulsar, *comparar.*

colada f. **Cañada.*

coladero m. *Colador, pasador.*

coladizo -za adj. *Caladizo.*

colador m. *Coladero, pasador.*

coladura f. fig. *Error, equivocación, inconveniencia, pifia, plancha.*

colateral adj. Tratándose de parentesco, *transversal.*

colcha f. *Cobertor, cubrecama, sobrecama, telliza.*

colchar tr. *Acolchar.*

coleadura f. *Coleo.*

colear intr. *Rabear.*

colecta f. **Cuestación, recaudación.*

colectar tr. *Recaudar, *cobrar.*

colectividad f. **Sociedad.*

colega m. f. **Compañero* es toda persona del mismo oficio o profesión. *Colega* se refiere sólo a las profesiones liberales. Todo *colega* es un *compañero,* pero no viceversa. Los abogados y los médicos se llaman *colegas* o *compañeros* indistintamente; pero los albañiles se llaman entre sí *compañeros,* y no *colegas. Concolega* es la persona del mismo colegio que otra.

colegial m., **colegiala** f. *Educando, escolar, alumno.*

colegir tr. **Inferir, *deducir, concluir, seguirse.*

coleo m. *Coleadura.*

cólera f. **Ira, rabia, furia, furor, irritación, enojo, saña.*

colérico -ca adj. *Iracundo, enojado, sañudo, enfurecido, irritado, furioso, rabioso.*

coletilla f. fig. *Adición, añadidura, coleta.*

colgajo (de frutos) m. *Arlo, ristra, horco.*

colgante adj. *Pendiente, colgandero.*

colgar tr. *Suspender.* ‖ *Ahorcar.* ‖ **Atribuir, imputar, achacar.* ‖ intr. *Pender,* fig. *depender.*

colibrí m. *Pájaro mosca* o *resucitado, picaflor, tominela, tomineja.*

cólica f. *Pasacólica.*

colicano -na adj. *Rabicano.*

coligarse prnl. *Unirse, aliarse, confederarse, asociarse.*

colina f. *Alcor, cerro, collado, cuesto.*

colindante adj. *Contiguo, limítrofe, lindante, confinante.*

colisión f. *Choque, encuentro, encontronazo, topada.* ‖ fig. *Conflicto, pugna.*

colmar tr. *Llenar.* «*Colmar* es *llenar* de modo que lo contenido exceda los límites del continente. Generalmente se emplea el verbo *llenar* a los líquidos, y *colmar* a los granos, legumbres y otros objetos menudos. Consérvase esta diferencia en el sentido metafórico; p. ej.: se *ha llenado* de vanidad porque lo *han colmado* de aplausos» (M). *Satisfacer* guarda con *colmar* la misma relación que *llenar: satisfacer* las aspiraciones de alguien es cumplirlas; *colmarlas* es darle lo que pretendía y algo más.

colmena f. *Corcha, corcho.*

colmenar m. *Abejar.*

colmenilla f. *Cagarria, crespilla, morilla.*

colmillo m. *Canino, diente columelar.*

colocación f. *Situación, posición,* de una cosa con respecto a otra u otras. *Situación* se emplea generalmente tratando de cosas que no cambian de lugar; *posición* y *colocación* aluden a objetos que cambian o pueden cambiar. Hablamos de la *situación* de una casa en una calle o barrio, en una altura, junto al río, etc.; un mueble tiene una *posición* o *colocación* adecuada, inestable, cómoda, etc. ‖ *Empleo, ocupación, acomodo, puesto, plaza.* Entre funcionarios, *destino; cargo* si es de alguna importancia.

colocar tr. **Poner, instalar, situar.* *Colocar* añade a *poner* un matiz de cuidado, esmero u orden de unas cosas con respecto a otras : se *pone* un libro sobre la mesa, pero se *coloca* en la estantería después de servirse de él. *Instalar* supone mayor estabilidad o fijeza : *instalamos* un mueble en una habitación, una tienda o sucursal en un barrio, la calefacción en una casa (v. **Colocación*). Una casa se *sitúa* en un lugar alto, soleado, hacia el mediodía, etc., pero no se *pone* ni se *coloca*. ‖ *Emplear, destinar, dar trabajo, empleo* u *ocupación, ocupar, acomodar* a una persona. ‖ Tratándose de capitales, *invertir, emplear.* Se invierte, *coloca* o *emplea* una cantidad en fincas, hipotecas, valores, etc. ‖ Tratándose de mercancías, *vender, hallar mercado.* Decimos que la naranja se *coloca* bien en Inglaterra, que ciertas confecciones no pueden *colocarse* o *venderse* después de pasada la moda o la temporada.

colocasia f. *Haba de Egipto.*

colocutor -ra m. f. *Interlocutor,* mucho más usado.

colodrillo m. *Occipucio,* científico.

colofonia f. *Pez griega.*

colono m. *Arrendatario, arrendador, casero* (esp. en el País Vasco), *rentero.*

coloquíntida f. *Alhandal,* p. us.

coloquio m. **Conversación, plática, diálogo, charla, conferencia.*

colosal adj. fig. *Excelente, extraordinario.* Para su empleo en la lengua hablada con carácter intensivo general, v. *brutal.*

cólquico m. *Quitameriendas.*

columbrar tr. **Divisar, entrever, distinguir.* ‖ *Conjeturar, sospechar, vislumbrar, barruntar.*

columna f. La *pilastra* y el *pilar* son de base cuadrada o rectangular, y no suelen guardar proporción entre la base y la altura. La *columna* guarda esta proporción, es de base circular y generalmente es mucho más alta que ancha. ‖ fig. *Apoyo, sostén, soporte.* ‖ ~ *vertebral, espinazo.*

columpiar tr. *Mecer, balancear.*

collado m. *Colina, alcor, cerro, cuesto.* «Colina y collado son sinónimos, y significan toda altura de tierra que no llega a ser monte. *Cerro* es la *colina* en que abundan riscos y piedras, y cuyo terreno es escabroso» (M). ‖ *Collada, paso.*

collarín m. *Sobrecuello.*

comadre f. *Partera, comadrona.*

comadrear intr. *Murmurar, chismear, chismorrear, cotillear.*

comadreja f. *Mustela;* Ar., *mustrela.*

comadreo m. *Murmuración, chismorreo, cotilleo.*

comadrón m. *Tocólogo,* científ. *Partero,* vulg.

comadrona f. *Partera, comadre.*

comalia f. *Morriña, zangarriana.*

comando m. MIL. *Mando.*

comarcano, na adj. *Cercano, inmediato, próximo, contiguo, circunvecino, limítrofe, confinante.*

comarcar tr. *Lindar, confinar.*

comátula f. *Lirio de mar.*

comba f. **Curvatura, encorvadura.* ‖ *Saltador.*

combate m. *Pelea, batalla, acción, *lucha, refriega.* Tratándose de ejércitos o escuadras se usa con preferencia *combate, batalla* o *acción. Pelea* y *refriega* son luchas menos importantes o entre pocos contendientes (v. **Combatir*).

combatiente m. *Soldado, contendiente.*

combatir intr.-prnl. *Pelear, luchar, contender.* «*Combatir* supone más formalidades, más preparativos, más orden que *pelear.* Dos hombres que se dan golpes *pelean,* dos que se desafían *combaten.* En las guerras modernas, raras veces se *pelea* cuerpo a cuerpo como en las antiguas. En la *pelea,* se hace más uso de la fuerza física, y en el *combate,* de la destreza y del saber» (M). ‖ tr. fig. *Contradecir, impugnar, refutar, controvertir, discutir.*

combinar tr. *Unir, juntar, coordinar, hermanar, acoplar.*

combustible adj. *Inflamable* añade a *combustible* la idea de arder o prender el fuego con gran facilidad. El alcohol es *combustible* e *inflamable;* del carbón se dice que es *combustible,* pero no *inflamable. Ustible* es un cultismo desusado.

combustión f. *Ustión* (latinismo pedante); *ignición* (lit. científ.); *quema.*

comediante -ta m. f. *Actor, actriz, cómico;* en el antiguo teatro español, *representante, figurante.* ‖ fig. *Hipócrita.*

comediar tr. *Promediar, demediar.*

comedido -da adj. *Moderado, mesurado, discreto, circunspecto, mirado.* ‖ *Atento, cortés, considerado.*

comedón m. *Espinilla.*

comentar tr. *Explicar, glosar, interpretar,* tratándose de un texto.

comentario m. Tratándose de textos, *explicación, comento, ilustración, exégesis, glosa.*

comento m. **Comentario.* ‖ *Patraña, embuste, *mentira.*

comenzar tr. **Empezar, principiar, iniciar.*

comer tr. Expresiones intensivas: *tragar, engullir, devorar* (sugiere avidez), *embocar, embaular, zampar.* Familiares: *manducar, papar, jamar* (vulg.), *hacer por la vida.* Ant. *Yantar.* ‖ *Corroer, roer, desgastar.* ‖ *Gastar, consumir, derrochar, dilapidar, despilfarrar, acabar.* ‖ *Escocer, picar, sentir comezón.*

comercial adj. *Mercante, mercantil.* El primero se aplica sólo a la marina dedicada al comercio: un barco *mercante. Comercial* es más corriente que *mercantil,* pero su sinonimia es completa. Sin embargo, se dice *Derecho mercantil,* con preferencia a *comercial. Marchante* tiene hoy poco uso.

comerciante adj.-s.[pers.]. *Mercader* tiene hoy p. us. y se dice *pralte.* del ambulante que va de un lado a otro con sus mercancías. *Tratante* se dice en los medios rurales del que comercia en ganado o en productos agrícolas. *Mercadante, merchante* y *mercante* son ant. *Mercachifle,* desp.; *negociante* sugiere cierta importancia en su comercio y tratos. *Traficante* sugiere pralte. la actividad y diligencia que pone en sus negocios, y a veces es desp. El *trajinante* no tiene tienda ni población fijas.

comerciar intr. *Mercadear, tratar, negociar, traficar* (v. **Comerciante*).

comercio m. **Negocio, tráfico, trato, especulación.* ‖ *Establecimiento* (comercial), *tienda, almacén, despacho.* Argent. y Chile, *negocio.* ‖ *Trato, comunicación* de unas personas con otras.

cometa m. *Estrella de rabo.* ‖ f. *Birlocha, milocha, pájaro bitango, pájara, pandero, pandorga.*

cometer tr. **Encargar, confiar, encomendar.* ‖ Tratándose de alguna culpa o error, *incurrir, caer.* Si se trata de culpa grave o de un delito, *perpetrar.* Se *comete* una equivocación, una imprudencia; pero sólo se *perpetra* un desafuero, un crimen.

cometido m. *Comisión, encargo, obligación, misión. Cometido* y *misión* son vocablos escogidos, de uso culto.

comezón f. **Picazón, picor, rascazón, hormiguillo; prurito* es voz docta o tecnicismo médico. En sentido fig., *comezón* y *prurito* significan deseo vehemente; por ejemplo, se dice que sentimos *comezón* o *prurito* de discutir algo. No se usarían en este caso los demás sinónimos.

comicios m. pl. *Elecciones.*

cómico -ca adj. *Divertido, gracioso, jocoso, risible, hilarante.* ‖ m. f. *Comediante, actor;* ant. *representante* y *figurante.* Tratándose del teatro grecolatino, *histrión.*

comida f. Burlescos: *bucólica, manduca, pitanza, condumio.* ‖ **Almuerzo.*

comienzo m. *Principio.* Ambos significan la acción de comenzar. Así hablamos del *comienzo* o *principio* de una sesión o de una obra. *Origen* y *nacimiento* aluden más bien a lo que es causa, motivo o *iniciación* de algo presente. El *comienzo* o *principio* de una guerra es la ruptura de hostilidades; su *origen* o *nacimiento* es la causa o circunstancias que la motivaron. *Iniciación* e *inicio* son términos más abstractos, que pueden aplicarse en ambos sentidos.

comilón -lona adj.-s. *Comilón, tragantón, tragón, zampón,* se refieren sólo a la cantidad; *gastrónomo* supone refinamiento. *Voraz* no se dice del hombre más que en sentido fig. Dic. de los animales, del apetito y del fuego.

comínería f. *Menudencia, insignificancia, minucia.*

cominero -ra adj.-s. fam. *Cazolero, cazoletero.*

cominillo m. *Cizaña, borrachuela, joyo, rabillo.·*

comisar tr. *Decomisar.*

comisión f. *Cometido, encargo, mandato, misión.* ‖ *Junta, comité, delegación.*

comiso m. *Decomiso, confiscación. Comiso* se emplea como término jurídico.

comité m. *Junta, comisión, delegación.*

comitiva f. **Acompañamiento, séquito, cortejo.*

comodidad f. *Conveniencia, regalo, bienestar, holgura.* ‖ *Ventaja, oportunidad, facilidad.* ‖ *Utilidad, interés.*

cómodo -da adj. *Conveniente, favorable, holgado, regalado.* ‖ *Oportuno, fácil, acomodado, adecuado.*

comodón -na adj. *Regalón.*

compacto -ta adj. *Denso, macizo,* se refieren preferentemente a la estructura material de un cuerpo. Cuando se reúnen muy estrechamente varios cuerpos, cosas o personas sin confundirse, *apretado, apiñado.* Un bloque mineral, un metal, son *compactos, densos* o *macizos.* Una muchedumbre de gente es *compacta, apretada, apiñada,* como lo son también los granos de una granada.

compadecerse prnl. *Condolerse, apiadarse, dolerse.* ‖ *Armonizarse, compaginarse, ajustarse.* ‖ *Conformarse, ponerse de acuerdo.*

compadraje m. desp. *Compadrazgo, concierto, aconchabamiento, conchabanza, confabulación.*

compadrar intr. *Encompadrar.*

compadrazgo m. *Compaternidad.* ‖ desp. *Compadraje, aconchabamiento, conchabanza, concierto, confabulación.*

compadre m. desp. *Compinche, compañero, camarada.* ‖ *Argent. Fanfarrón, matón, chulo.* Ús. por lo general el dim. *compadrito.*

compaginar tr.-prnl. *Armonizar, compadecer, corresponder, conformar.* ‖ IMPR. *Ajustar.*

compaña f. **Compañía.*

compañerismo m. *Camaradería,* intensifica la confianza con que se tratan los compañeros entre sí.

compañero -ra m. f. *Socio, colega.* «*Compañero* es todo el que acompaña con intención o sin ella, poco o mucho tiempo, como *compañero* de viaje o infortunio. *Socio* es el que se junta con otro para el logro de algún fin, para un negocio, una empresa, como los miembros de una compañía de comercio, de una sociedad de beneficencia, literaria o científica. *Colegas* son los *compañeros* de estudios o de profesión. Todos los *socios* y todos los *colegas* son *compañeros;* pero no todos los *colegas* son *socios* ni todos los socios *colegas*» (M). *Camarada* expresa en gral. un trato de mayor confianza que *compañero.* Como tratamiento usual entre individuos de asociaciones, partidos, etc., se prefiere uno u otro según la costumbre establecida en cada agrupación. P. ej.: los comunistas y falangistas se tratan entre sí de *camaradas;* los socialistas de *compañeros.* El primer tratamiento implica el tuteo; el segundo es compatible con *tú* y con *usted.*

compañía f. *Compaña* supone familiaridad en su empleo; p. ej.: ¡Adiós, María y la *compaña!;* comimos en buena *compaña.* ‖ **Acompañamiento, séquito, cortejo.* ‖ **Sociedad.* ‖ MIL. *Capitanía.*

comparar tr. *Confrontar, colacionar, compulsar, parangonar, cotejar.* «Se *compara* notando la semejanza; se *coteja* para descu-

brir la diferencia. Los poetas *comparan* los sentimientos del alma con los objetos naturales que tienen con ellos alguna analogía, para pintarlos con mayor viveza y naturalidad. Los eruditos *cotejan* documentos y autoridades para notar en qué desacuerdan. El símil retórico es una *comparación,* y no es un *cotejo.* Cuando se examina si la copia difiere algo del original, se *coteja,* no se *compara.* Si fuera cierto, como suele decirse, que las *comparaciones* son odiosas, mucho más lo serían los *cotejos*» (M). *Colacionar, confrontar* y *parangonar* equivalen a *cotejar. Compulsar* se usa sólo tratándose de textos o escritos.

comparecer intr. DER. *Presentarse; personarse* es comparecer en persona, no por delegación. Ambos vbs. son también susceptibles de empleo irón. cuando se aplican en circunstancias que no tienen la formalidad que les es propia, con la significación de llegar a destiempo, o de algún modo que produce risa o sorpresa: no *compareció,* se *presentó* o se *personó* hasta que había terminado la reunión; *compareció,* se *presentó,* con un sombrero estrafalario.

comparsa f. **Acompañamiento, séquito* y *cortejo* suponen importancia o solemnidad. *Comparsa* se usa en el teatro o tratando de un grupo de máscaras. ‖ *Figurante.*

compartir tr. **Repartir, dividir, distribuir, partir.*

compás m. *Brújula, aguja.* ‖ *Ritmo, medida.* ‖ fig. *Regla, medida, norma.*

compasar tr. *Acompasar, medir, arreglar, proporcionar.*

compasión f. *Lástima, conmiseración, misericordia, piedad, caridad.* «*Lástima* es un sentimiento menos vehemente y más pasajero que *compasión.* La primera emana de la impresión que nos causan los males ajenos; la segunda, de una disposición constante, de un afecto natural, de una cualidad sensible y benévola del ánimo. Así es que de la palabra *lástima* no se deriva un adjetivo aplicable al que la siente, sino al objeto que la provoca, y lo contrario sucede con la palabra *compasión,* de que se deriva *compasivo.* Son *lastimeros* o *lastimosos* los infortunios, las enfermedades, el hambre y la persecución. Son *compasivas* las personas en quienes estos males producen *lástima.* La *compasión* pertenece a los afectos; en la *piedad* hay afecto y acción; la *misericordia* es la *piedad* del que tiene autoridad o poder. El *compasivo* siente; el *piadoso* siente y socorre; el *misericordioso* siente, socorre y perdona. Que el hombre sea más o menos *compasivo*, depende de su organización. Que sea más o menos *piadoso*, depende de su moralidad. Que sea más o menos *misericordioso*, depende del dominio que ejerce en sí mismo. La *caridad* es *compasión, piedad, misericordia;* pero en un orden más elevado que el puramente humano; es decir, con el sello que le imprime la religión y que le da un carácter exclusivamente cristiano» (M).

compasivo -va adj. *Piadoso, misericordioso, caritativo* (v. *Compasión*).

compaternidad f. *Compadrazgo.*

compatriota com. *Compatricio, connacional, conciudadano.*

compeler tr. *Obligar, forzar, constreñir.*

compendiar tr. *Abreviar, reducir, resumir.*

compendio m. *Epítome, rudimentos, resumen, sumario, sinopsis, recopilación.* Aunque no puede trazarse divisoria entre ellos, *epítome* y *rudimentos* sugieren exposición elemental para personas que nada conocen de la materia, en tanto que *compendio, resumen, suma* y *sumario* pueden contener materia complicada y extensa, dentro de la brevedad de su exposición. En la *sinopsis,* se ordenan los puntos esenciales en forma de a primera vista puedan abarcarse; suele presentarse como esquema o cuadro. *Recopilación* y *recapitulación* sugieren idea de resumen final de una exposición más extensa; pero pueden equivaler a *resumen, compendio,* o bien ser sinónimos de *compilación.* Todos estos sinónimos, con excepción de *epítome* y *rudimentos,* implican una *síntesis* de la materia tratada.

compendioso -sa adj. *Breve, reducido, abreviado, resumido, sumario.*

compensar tr. *Contrapesar, contrabalancear, equilibrar, equivaler.* ‖ *Resarcir, indemnizar, recompensar.*

competencia f. *Contienda, disputa, rivalidad, emulación.* ‖ *Incumbencia, jurisdicción, autoridad.* ‖ *Aptitud, idoneidad, suficiencia, capacidad, habilidad.*

competente adj. *Bastante, oportuno, suficiente, adecuado.* Así hablamos de edad *competente,* poder *competente.* ‖ *Apto, idóneo, entendido, hábil, capaz.*

competer intr. *Pertenecer, tocar, incumbir, concernir.*

competir intr.-rec. *Emular* es imitar a otro para igualarle o superarle; no incluye idea de lucha, sino de estímulo propio, a diferencia de *competir,* y más aún *rivalizar* y *contender.*

compilador -ra adj.-s. *Recopilador, coleccionador, colector.*

compilar tr. *Reunir, coleccionar, recopilar, allegar.*

compinche com. desp. *Compadre, compañero, camarada.*

complacencia f. *Agrado, complacimiento, contentamiento, contento, satisfacción, alegría.*

complacer tr. *Agradar, placer, satisfacer, gustar, deleitar, alegrar, contentar.*

complaciente adj. *Condescendiente, servicial.* El *complaciente* no tiene más fin que el de agradar a otro; es el propenso a complacer a los demás por la satisfacción que ello le produce. El *condescendiente* abdica algo de su autoridad o poder, para transigir o conformarse con los deseos ajenos. *Servicial* indica un grado más que *complaciente;* podemos ser *serviciales* por abnegación o sentimiento de ayudar al prójimo, o bien por adular a los superiores.

complejo -ja adj. *Complicado, múltiple.* Si atendemos a la dificultad de comprender o manejar una cosa *compleja: dificultoso, difícil, enredado, enmarañado, espinoso, intrincado, laberíntico.*

complemento m. *Suplemento.* ‖ *Perfección, colmo, cumplimiento.*

completamente adv. m. *Cumplidamente, enteramente, plenamente, totalmente, del todo.*

completivo -va adj. Se usa muy poco fuera de la terminología gramatical, donde equivale a *complementario.* Lo *completivo* tiene carácter lógico, mientras que en lo *expletivo* predomina el valor afectivo o estético. ‖ *Acabado, perfecto.*

completo -ta adj. *Entero, íntegro, cabal, acabado, perfecto, lleno.* «Lo *completo* es lo que se compone de las partes necesarias para formar el todo; lo *entero* es lo que comprende estas partes sin separación unas de otras. Un regimiento está *completo* cuando contiene el número de plazas que exige su dotación. Un cuerpo está *entero* cuando no le falta ninguna de sus partes. No está *completa* una obra cuando le falta un tomo; no está *entero* un libro cuando le faltan algunas hojas» (M). *In-*

tegro equivale a *entero; cabal* reúne los matices de *completo* y *entero.* Cuando se trata de un trabajo u obra terminados, decimos que están *completos, acabados* o *perfectos.* Un local, un recipiente, un espacio *completo,* equivale a *lleno.* Así decimos que un tranvía, un teatro, un saco están *completos,* cuando están *llenos.*

complexión f. *Constitución, naturaleza, temperamento.*

complicación f. *Complejidad, complexidad.* ‖ *Embrollo, dificultad, enredo, confusión.*

complicado -da adj. *Complejo* da la idea de mayor trabazón entre los elementos o factores componentes que *complicado;* por esto aquél se sustantiva fácilmente: un *complejo* psíquico. ‖ *Enmarañado, enredado, dificultoso, enredoso, enrevesado, difícil,* aluden al efecto que en nosotros produce lo *complejo.* ‖ *Múltiple* es lo compuesto por gran número de piezas o partes.

complicidad f. *Connivencia.*

complot m. *Conspiración, conjura, conjuración, confabulación.* ‖ *Trama, intriga, maquinación.*

componenda f. *Arreglo, transacción, chanchullo, pastel, compostura.*

componer tr. *Arreglar, acomodar, constituir, formar.* ‖ *Remendar, *reparar, restaurar.* ‖ *Aderezar, aliñar, hermosear, ataviar, adornar, engalanar;* poniendo primor especial en los pormenores, *perfilar, acicalar;* fam. y refiriéndose sólo a personas, *emperejilar, emperifollar.*

comportable adj. *Soportable, tolerable, sufrible, aguantable.*

comportamiento m. *Conducta, proceder.*

comportar tr. *Soportar, sufrir, tolerar, aguantar, conllevar.* ‖ prnl. *Conducirse, portarse, proceder.*

compostura f. *Remiendo,* especialmente si es de poca importancia. Si se trata de algo más importante, *reparación,* y más aún *restauración.* Hablamos de la *compostura* o *remiendo* que se hace al calzado o a una prenda de vestir; de la *reparación* de una máquina descompuesta; de la *restauración* de un monumento artístico. ‖ *Aseo, adorno, aliño.* ‖ *Falsificación, adulteración.* ‖ *Ajuste, convenio, transacción.* ‖ *Modestia, recato, decoro, pudor, mesura, circunspección.* «La *compostura* es hija del respeto que tributamos a la sociedad; el *recato,* del temor de ofender y ser ofendido; el *pudor,* de la pureza de los sentimientos y del instinto de la castidad. La falta

de *compostura* proviene de la mala educación; la falta de *recato,* de la imprudencia; la falta de *pudor,* de la inclinación al vicio. Un hombre sin *compostura* se hace indigno del trato de sus semejantes. Una mujer sin *recato* convida a que se le falte al respeto; y si no tiene *pudor,* da lugar a que se la crea corrompida» (M).

comprar tr. *Adquirir* es término culto, que abarca no sólo la compra, sino todos los medios de adquisición. *Mercar* coincide con *comprar* en su significado, pero hoy se emplea sólo en los medios rurales y entre las clases populares. ‖ *Sobornar, untar.*

comprender tr. *Abrazar, ceñir, abarcar, rodear, *contener, incluir, encerrar.* ‖ **Entender, penetrar, concebir, alcanzar.*

compresible adj. *Comprimible.*

comprimir tr. *Apretar, prensar, estrujar.* ‖ fig. *Oprimir.* ‖ *Reprimir, sujetar, contener.* «*Comprimir* supone quietud en lo que se *comprime; reprimir* supone movimiento. Se *comprimen* los cuerpos elásticos; se *reprimen* el ímpetu, la violencia y la rapidez. Esta misma diferencia se nota en el curso metafórico de las dos voces. Se *comprime* un sentimiento; se *reprime* un arrebato. El que *comprime* su dolor *reprime* el llanto. Si no se *comprime* la cólera en su origen, muy difícil será *reprimirla* en sus explosiones» (M). En el uso metafórico actual, a pesar de la explicación que antecede, se *reprimen* también los sentimientos, y no sólo sus manifestaciones exteriores. Precisamente el psicoanálisis habla de complejos motivados por tendencias o impulsos *reprimidos.* En este sentido, *comprimir* se usa muy poco en nuestros días.

comprobar tr. *Cerciorarse, confirmar, verificar.*

comprometer tr.-prnl. *Exponer, arriesgar,* suponen mayor eventualidad e inseguridad que *comprometer.* El que *expone* o *arriesga* el capital en una empresa está menos seguro del éxito que el que lo *compromete.* ‖ *Obligar(se).* «El acto de *obligarse* supone deber o reciprocidad; *comprometerse* supone oferta gratuita o condición. El que compra se *obliga* a pagar; el depositario se *obliga* a restituir el depósito. El que ofrece hacer un servicio se *compromete;* y lo mismo puede decirse si el servicio depende de alguna eventualidad, como: me *comprometo* a embarcarme, si hace buen tiempo» (M.)

compromiso m. *Convenio, pacto, contrato, acuerdo.* ‖ *Obligación, deber, empeño.* ‖ *Apuro, dificultad, embarazo, aprieto, conflicto.*

compuerta f. *Tablacho.*

compuesto -ta adj. fig. *Mesurado, circunspecto.* ‖ *Arreglado, aliñado, adornado, acicalado.* ‖ m. *Mezcla, mixtura, composición, agregado.*

compulsar tr. *Cotejar, confrontar.

compunción f. *Arrepentimiento, contrición.

compungido -da p. p. *Arrepentido, contrito.* ‖ *Contristado, afligido, pesaroso.*

cómputo m. *Cálculo, cuenta. En ASTR., epilogismo.

común adj. *General, universal* y *común* se oponen a particular o privativo. ‖ *Ordinario, vulgar.* «Lo *común* es lo que abunda, lo que se ve con frecuencia, lo que muchos poseen. Lo *ordinario* es lo ínfimo en calidad, lo que no se distingue por ninguna cualidad o circunstancia notable. Lo *común* depende de la cantidad; lo *ordinario*, de la condición; y así puede suceder que en un mercado mal provisto no sea *común* el paño *ordinario*. Lo *vulgar* es lo que es *común* en el vulgo, lo que pertenece al lenguaje y a los hábitos de las clases mal educadas de la sociedad. Es *común*, aun entre la gente no *ordinaria*, escribir "océano" por "océano", "reasumir" por "resumir", y "abrogarse" por "arrogarse". "Diferiencia", "semos" y "catredal" son dichos *vulgares*. Lo opuesto a lo *común* es lo escaso; lo opuesto a lo *ordinario* es lo fino; lo opuesto a lo *vulgar* es lo culto» (M). ‖ Intensificando el sentido despectivo : *basto, ordinario, grosero, bajo.* ‖ m. *Excusado, retrete.*

comunicación f. *Oficio, escrito, comunicado.* ‖ *Trato, correspondencia.*

comunicar tr. *Impartir, hacer partícipe.* ‖ *Anunciar, participar, noticiar, notificar, avisar, informar, hacer saber, dar parte, manifestar, poner en conocimiento.* ‖ prnl. *Corresponderse, relacionarse.*

comunicativo -va adj. *Sociable, tratable, expansivo, comunicable.*

conato m. *Empeño, esfuerzo, propósito, intención.* ‖ *Amago, iniciación, tentativa.*

concatenación f. *Encadenamiento, eslabonamiento.* ‖ RET. *Epanástrofe.*

concausa f. *Factor.*

concavidad f. *Cuenco, seno, cavidad.*

concebir tr. *Comprender,* *entender, *percibir, penetrar, alcanzar. ‖ *Proyectar, imaginar, crear, idear, pensar.*

conceder tr. *Otorgar, conferir. Conceder* acentúa el matiz de merced o dádiva graciosa : *otorgar* puede provenir de petición o ruego ajeno, o de conveniencia del que *otorga. Conferir* tiene especial solemnidad, y se refiere siempre a honores, atribuciones, poderes o cargos importantes. ‖ *Convenir, admitir, asentir, dar por cierto.*

concejal m. *Múnicipe, regidor municipal, edil.*

concejo m. *Ayuntamiento, municipio. Concejo* se usa especialmente tratando de aldeas pequeñas, y es una forma particular de organización municipal.

concentrar tr. *Reunir,* *centralizar, *reconcentrar.* ‖ prnl. *Reconcentrarse, abstraerse, abismarse, ensimismarse.*

concepto m. *Idea, noción.* ‖ *Pensamiento, sentencia.* ‖ *Opinión, juicio.*

conceptuar tr. *Juzgar, estimar, tener por.*

concerniente p. p. *Relativo, referente, atañente, tocante.*

concernir intr. *Atañer, referirse a, interesar, tocar a. Indican relación mayor o menor de una cosa con otra. *Afectar* implica interés directo o gran intensidad de la relación ; una ley que me *concierne* es una ley que me *afecta*, pero en este último caso resalta más el daño o provecho que espero de ella.

concertar tr.-prnl. *Pactar, ajustar, convenir, acordar, tratar.* ‖ *Componer, ordenar.* ‖ GRAM. *Concordar.*

concesión f. *Permiso, licencia, gracia, privilegio. La concesión* y el *privilegio* se refieren al bien que con ellos hace graciosamente el superior o la autoridad. *Permiso* y *licencia* hacen relación a los obstáculos o estorbos que deja de oponer. El *privilegio* y la *gracia* son de carácter particular y exclusivo. ‖ RET. *Epítrope.*

conciencia f. *Consciencia* se refiere generalmente al saber de sí mismo, al conocimiento que el espíritu humano tiene de su propia existencia, estados o actos. *Conciencia* se aplica a lo ético, a los juicios sobre el bien y el mal de nuestras acciones. Una persona cloroformizada recobra la *consciencia* al cesar los efectos del anestésico. Un hombre de *conciencia* recta no comete actos reprobables.

concierto m. *Orden, armonía, ajuste.* ‖ *Pacto, acuerdo, convenio.*

conciliábulo m. *Conseja* (pop.), *conventículo.* La *camarilla* tiene carácter más o menos permanente. Todos ellos denotan idea de reunión más o menos clandestina, ilícita o de algún modo reprobable. *Sinagoga* (fig.) es hoy desusado. El *corrillo* sugiere *pralte. murmuración* y *chismorreo.*

conciliar tr. *Concordar, armonizar, ajustar, concertar; reconciliar* supone oposición o enemistad previa mucho mayor; p. ej.: *se concilia* a los litigantes de un pleito, y *se reconcilia* a los enemigos. ‖ prnl. *Granjearse, atraerse, ganarse* afectos, simpatías, votos, etc. Cuando se trata de sentimientos hostiles, *concitarse:* se concitó el odio de todos.

concisión f. *Brevedad, sobriedad;* si es extremada, *laconismo.*

conciso -sa adj. *Lacónico,* *sucinto,* se refieren al lenguaje o estilo *breve, sobrio.* «Lo *conciso* da más claridad; lo *lacónico* da más energía. El primero de estos dos estilos omite las palabras ociosas, los rodeos, los adornos inútiles, para exponer la idea con la más exacta precisión; el segundo indica con frases cortas y expresivas lo que debe entender o adivinar el lector. Las demostraciones geométricas, las distinciones de los sinónimos, deben ser *concisas.* Los lacedemonios, que dieron el nombre al estilo *lacónico,* respondieron con un solo *sí* a una larga carta en que el padre de Alejandro les proponía la guerra» (LH). *Lacónico* se siente hoy como una exageración extremosa de *conciso.*

conciudadano -na adj. *Paisano,* cuando se refiere al natural o habitante de una misma ciudad, comarca o región. Tratándose del de una misma nación, *compatriota, compatricio, connacional.*

concluir tr.-prnl. *Acabar,* *terminar, finalizar.* ‖ *Ultimar, rematar.* ‖ *Consumir, agotar, apurar, gastar.* *Colegir, inferir,* *deducir.*

conclusión f. *Fin, final, término.* ‖ *Deducción, consecuencia, resolución, resultado.*

concluyente adj. *Convincente, irrebatible,* en lo que se refiere a la verdad o argumentación. *Decisivo, terminante,* en cuanto a la voluntad, resolución o mandato.

concomer prnl. *Coscarse, escoscarse, recomerse, reconcomerse* (intensivo).

concomitante adj. *Acompañante, asociado. Concomitante* se aplica sólo a cosas (no a personas) que van asociadas u obran conjun-

tamente. Su uso es exclusivo de la terminología científica; p. ej.: hablamos de fenómenos *concomitantes.* Se limita a señalar la idea de asociación, sin decir nada sobre la conexión mutua de los hechos *concomitantes* ni su agrupación causal, a diferencia de *concurrente, relacionado, coordinado.*

concordancia f. *Conformidad, correspondencia, concierto, acuerdo.*

concordar tr. *Convenir, concertar.* ‖ GRAM. *Concertar.*

concordia f. *Conformidad, unión, armonía.* ‖ *Ajuste, convenio, acuerdo.*

concreción f. MED. *Cálculo.*

concretarse prnl. *Reducirse, limitarse, circunscribirse, ceñirse.*

concubina f. *Manceba, querida, barragana.*

concubinato m. *Amancebamiento, abarraganamiento, amontonamiento.*

conculcar tr. *Hollar, pisar, pisotear.* ‖ fig. Tratándose de una ley, convenio, etc., *quebrantar, infringir.*

concupiscencia f. Hablando de riquezas o poder, *ambición, avidez, codicia.* Hablando de los placeres deshonestos, *incontinencia, sensualidad, liviandad.*

concurrencia f. *Público, concurso;* en espectáculos y reuniones, *espectadores, auditorio, asistencia;* si es muy numerosa, *afluencia.* «*Concurrencia, concurso, asistencia.* Las tres palabras significan reunión numerosa de gente; pero la que forma la *concurrencia* es general y promiscua; la que forma el *concurso* se limita a los que se reúnen por deber, por derecho o por invitación; la que forma la *asistencia* se compone de los que toman parte en el objeto de la reunión. En los paseos, en las calles y en los teatros hay *concurrencia;* en las sesiones académicas, en las ceremonias palaciegas, hay *concurso;* en los estrados de los tribunales hay *asistencia* de jueces, escribanos, abogados y relatores. ‖ Tratándose de cosas, sucesos o fenómenos, *coincidencia, convergencia, confluencia.* ‖ *Competencia, rivalidad.*

concurrir intr. *Asistir, reunirse, juntarse.* ‖ *Coincidir, converger, confluir.* ‖ *Ayudar, cooperar, coadyuvar, contribuir.*

concurso m. *Concurrencia, asistencia.* ‖ *Ayuda, cooperación, auxilio.*

concha f. *Caparazón.* ‖ Cada una de las conchas de los moluscos, *valva.*

conchabanza f. *Aconchabamiento,*

confabulación, connivencia, compadraje, compadrazgo.

conchabar tr. En Amér. Merid. y Méj., *asalariar, tomar a sueldo.* ‖ prnl. *Confabularse, concertarse.*

concho m. En varios países de Amér. Merid. se usa por *residuo, sedimento, borra, poso.*

condenación f. *Damnación* en estilo elevado, esp. en los medios eclesiásticos refiriéndose a la eterna. En cambio no podría decirse: la *damnación* de una herejía, sino la *condenación o reprobación.* Tratándose de sanciones penales, *condena, pena, sanción.*

condenar tr. *Reprobar, desaprobar.* ‖ *Castigar, sancionar, penar.* ‖ Tratándose de pasos, puertas, ventanas, etc., *cerrar, incomunicar, tabicar, tapiar, cegar.*

condensar tr. *Cuajar, coagular, espesar, concentrar.* Se *condensan* los gases y los líquidos; sólo los líquidos se *coagulan* y se *cuajan,* cuando se separan de ellos algunas sustancias que llevan en suspensión, como ocurre con la leche y el aceite. Las disoluciones se *espesan* y se *concentran.* ‖ fig. Tratándose de escritos o discursos, *reducir, resumir.*

condescendencia f. *Complacencia, benevolencia, deferencia.* «La *condescendencia* consiste en acomodarse al gusto de otro, en ceder algo en su favor; la *deferencia,* en adherirse a su opinión, en no contradecirlo. La *condescendencia* supone cierta superioridad en el que la ejerce, como lo denota su etimología del verbo latino *descendere.* La *deferencia* puede ejercerse por el igual o por el inferior. El rey tuvo la *condescendencia* de visitarlo. Le di mi voto por *deferencia* al que lo protegía» (M).

condescender intr. *Deferir* implica cortesía o respeto; *transigir* se acomodarse en parte al parecer o voluntad ajena contra el propio deseo u opinión; cuando se hace con algún fin particular, v. *contemporizar.* Para otros matices, v. *consentimiento.*

condición f. *Índole, naturaleza.* ‖ *Carácter, genio, natural.* ‖ *Estado, situación, posición, clase, categoría, calidad.* ‖ *Restricción, cláusula, estipulación, circunstancia.*

condimentar tr. *Sazonar, adobar, aderezar, aliñar.*

condimento m. *Aliño, aderezo, adobo.*

condolencia f. *Compasión, conmiseración.* ‖ *Pésame.*

condonar tr. *Perdonar, remitir.*

condrila f. *Ajonjera juncal.*

conducir tr. *Dirigir, *guiar.* ‖ *Regir, administrar, gobernar.* ‖ *Llevar,*

transportar. ‖ prnl. *Comportarse, portarse, proceder.*

conducta f. *Comportamiento, proceder.*

conducto m. *Tubo, canal, vía.* ‖ fig. *Medio, órgano.* «El *conducto* sirve para transmitir, el *medio* para ejecutar, el *órgano* para representar y para instruir. El subalterno se entiende con la autoridad superior por *conducto* de sus jefes. El jefe realiza sus planes por *medio* de los subalternos. Las noticias se comunican al público por el *órgano* de la prensa, y los agentes diplomáticos son los *órganos* de los gobiernos en sus relaciones mutuas» (M).

condueño com. *Condómino* (DER.).

conduplicación f. RET. *Epanástrofe.*

conexión f. *Enlace, empalme, *relación, unión, correspondencia, trabazón, encadenamiento.*

confabulación f. *Conspiración, complot, conjura, conjuración.* ‖ *Trama, intriga, maquinación, enredo.* ‖ *Conchabanza, aconchabamiento, contubernio, connivencia.*

confabularse prnl. *Conspirar, tramar, conjurarse.* *Conchabarse,* además de ser voz que linda entre lo fam. y lo plebeyo, se aplica generalmente a la confabulación más menuda entre pocas personas. P. ej.: unos cuantos rateros están *conchabados* para declarar ante la policía; los revendedores se *conchaban* para subir el precio en un mercado; pero las grandes empresas se *confabulan* a fin de provocar la carestía de un artículo. *Estar en connivencia* es expresión más suave y significa hallarse en relación o contacto para mañas o fraudes: el prestidigitador estaba en *connivencia* con tres espectadores.

confalón m. ant. *Gonfalón, *bandera.*

confederación f. *Unión, liga, alianza, coalición.* Si se trata de unión de países que forman un Estado federal permanente, *federación.*

confederar tr. *Federar, aliar, unir, coligar.*

conferencia f. *Conversación, coloquio.* ‖ *Disertación.*

conferenciante com. *Conferencista* (Amér.).

conferir tr. *Conceder, otorgar.*

confesar tr. *Manifestar, declarar, reconocer.* ‖ DER. *Declarar, prestar declaración.*

confeso -sa adj.-s. *Converso.* ‖ *Lego, donado.*

confiado -da adj. *Crédulo, cándido, sencillo.*

confianza f. *Esperanza, seguridad, fe.* ‖ *Familiaridad, llaneza, franqueza.*

confiar intr. *Fiarse, abandonar(se).*

«La acción de *fiarse* es más amplia que la de *confiar*, y supone más abandono y seguridad que ésta. En *confiar* no hay más que esperanza; en *fiarse* hay seguridad. El acreedor *confía* en que se le pagará lo que se le debe, y no exige recibo porque se *fía* en la honradez de su deudor» (M). *Abandonarse* significa una confianza extrema. ‖ *Encargar, encomendar, cometer.* ‖ intr.-prnl. *Fiar, esperar, abandonarse.*

confidencial adj. *Reservado, secreto.*

confidente m. f. *Espía.*

configuración f. *Forma, figura, conformación.*

confín m. *Raya, término* y *confín* se aplican con preferencia a grandes propiedades, municipios, comarcas, provincias, etc. *Frontera,* a naciones o países. *Linde* y *lindero,* a propiedades generalmente pequeñas. *Divisoria* se usa sobre todo en Geografía física; p. ej.: la *divisoria* de una cuenca hidrográfica. *Límite* es denominación general que engloba el significado de estos vocablos y puede sustituirlos a todos.

confinamiento m. *Relegación* y *confinamiento* se diferencian de *destierro* en que circunscriben la vida del penado a un área determinada del territorio nacional. ‖ *Encierro, reclusión.*

confinar intr. *Limitar, *lindar, colindar.* ‖ tr. *Desterrar, relegar.* ‖ prnl. *Encerrarse, recluirse, retraerse.*

confinidad f. *Cercanía, contigüidad.*

confirmar tr. *Reafirmar, corroborar, comprobar, aseverar.* ‖ *Ratificar, convalidar, revalidar.* «Se *confirma* lo dudoso, lo incierto, lo que sólo se sabe por probabilidades y conjeturas; se *ratifica* lo que carece de alguna de las condiciones necesarias para su validez. La *confirmación* se refiere a lo presente y lo pasado; la *ratificación* tiene relación con lo futuro. Se *confirman* las noticias, las doctrinas, los rumores, las sospechas. Se *ratifican* las promesas, los tratados, los propósitos. La experiencia *confirma,* la autoridad *ratifica*» (M). En conjunto, *confirmar* tiene más relación con el entendimiento; *ratificar* es sobre todo un acto de la voluntad.

confiscación f. *Comiso* y *decomiso* se aplican a las mercancías. La *confiscación* y la *incautación* se refieren a toda clase de bienes muebles e inmuebles.

confitería f. *Dulcería, pastelería.*

conflicto m. *Pugna, lucha, combate.* ‖ *Disparidad, disidencia, disconformidad, desavenencia, desacuerdo.* ‖ Serie intensiva : *Dificultad,*

compromiso, apuro, apretura, aprieto, apretón, ahogo, reventón.

confluir intr. *Converger, reunirse, juntarse.* ‖ Tratándose de gente, *concurrir;* en este caso *confluir* y *afluir* dan idea de gran número.

conformación f. *Configuración, *forma, figura.*

conformar tr. *Ajustar, concordar.* ‖ prnl. *Resignarse, avenirse, allanarse, acomodarse, adaptarse.*

conformidad f. *Semejanza.* ‖ *Adhesión, avenencia, acuerdo, consentimiento, aprobación.* ‖ *Resignación, sufrimiento, paciencia.*

confortar tr. *Vigorizar, fortalecer, tonificar,* tratándose del cuerpo. ‖ Hablando del ánimo, *animar, reanimar, alentar, consolar, reconfortar.*

confraternizar intr. *Fraternizar.*

confrontar tr. *Carear.* ‖ *Cotejar, compulsar, *comparar.* ‖ intr. *Lindar, colindar, alindar, confinar.*

confundir tr. *Mezclar* (personas o cosas), *involucrar* (ideas, textos). ‖ *Desordenar, trastocar.* ‖ *Equivocar(se), trabucar(se).* ‖ *Alucinar, ofuscar.* ‖ *Humillar, abatir, avergonzar, abochornar, desconcertar, turbar.*

confusión f. *Desorden, mezcla, mezcolanza, desbarajuste.* ‖ *Equivocación, *error.* ‖ *Perplejidad, desasosiego, *turbación.* ‖ *Abatimiento, humillación, vergüenza, bochorno.*

confuso -sa adj. *Mezclado, revuelto, desordenado.* ‖ *Oscuro, dudoso.* ‖ *Turbado, temeroso, avergonzado, abochornado.* ‖ *Confundido.* «De dos maneras puede quedar uno *confundido:* o cuando se le reconviene por una falta que no admite justificación, o cuando sobrepuja los alcances de su inteligencia lo misterioso, lo grande, lo terrible. Queda *confuso* el que recibe ideas oscuras, o aquel a quien se proponen problemas espinosos u oye proposiciones incompatibles entre sí. Las maravillas de la naturaleza nos dejan *confundidos.* El estilo embrollado, las locuciones equívocas, una conducta opuesta al carácter del que la observa, nos dejan *confusos*» (M).

confutar tr. *Refutar, impugnar, rebatir, *contradecir.* «Se *confutan* y se *impugnan* las opiniones; se *rebaten* y se *refutan* las objeciones, los cargos. La diferencia entre los dos primeros verbos consiste en que el que *impugna* lucha, y el que *confuta* vence. La misma se nota entre los dos segundos, aunque éstos denotan una acción más enérgica y esforzada que los dos primeros. Los filósofos modernos *impugnan* las doctrinas de los escolásticos. Los Santos Padres *confutan* las herejías. El fiscal *rebate* los argumentos del defensor. Verres no pudo *refutar* las acusaciones que Cicerón le dirigió» (M).

congeniar intr. *Avenirse.*

congénito -ta adj. *Connatural, ingénito, innato.*

conglutinar tr. *Unir, pegar, aglutinar.* ‖ prnl. *Conglomerarse.*

congoja f. *Desmayo, angustia, fatiga, desconsuelo, aflicción.*

congosto m. *Desfiladero.*

congratulación f. *Felicitación, parabién, pláceme, enhorabuena.*

congratular tr.-prnl. *Felicitar, dar la enhorabuena* o *el parabién.*

congregación f. *Cofradía.* ‖ *Comunidad.*

congregante -ta m. f. *Cofrade.*

congregar tr. **Juntar, reunir.*

congreso m. *Junta, reunión, asamblea.* ‖ *Parlamento, cámara.*

congruencia f. *Conveniencia, adecuación, oportunidad.* ‖ *Ilación, conexión, coherencia.*

congruente adj. *Conveniente, adecuado, oportuno.* ‖ *Enlazado, conexo, coherente, relacionado.*

conjetura f. *Hipótesis y supuesto* pertenecen a la ciencia y tienen una base racional mayor o menor. «La *conjetura* se funda en alguna combinación de circunstancias o antecedentes que hacen probable una cosa. La *presunción* se puede fundar en una simple sospecha, recelo, malicia o preocupación. De aquí es que se dice: sacar una *conjetura*, esto es, deducir de los indicios o antecedentes alguna consecuencia probable. Pero no se saca una *presunción*» (LH). La **suposición* abarca todos los matices de los demás sinónimos; puede ser enteramente gratuita o basarse en diversos grados de probabilidad.

conjeturar tr. **Suponer, calcular, presumir, creer, figurarse,* forman serie de mayor a menor probabilidad por el mismo orden en que van enumerados.

conjugar tr. *Unir, enlazar, armonizar.*

conjunción f. *Unión, enlace, coincidencia.*

conjuntamente adv. m. y t. *Juntamente, simultáneamente, a la vez.*

conjuntiva f. *Adnata.*

conjunto adj. *Junto, unido, contiguo.* ‖ *Mezclado, incorporado.* ‖ m. **Total, agregado, totalidad.*

conjura, conjuración f. *Conspiración, complot.*

conjurado adj.-s. *Conspirador.*

conjurar intr.-prnl. *Conspirar, tramar, maquinar.* ‖ tr. *Exorcizar, alejar.* ‖ *Implorar, instar, suplicar.*

conllevar tr.-prnl. *Aguantar, sufrir, soportar, tolerar, sobrellevar.*

conmemoración f. *Memoria, *recuerdo, rememoración.*

conmemorativo -va adj. *Conmemoratorio, memorativo, rememorativo.*

conminar tr. **Amenazar.* ‖ *Intimar.*

conmiseración f. **Compasión, lástima, piedad, misericordia.*

conmoción f. *Sacudida, sacudimiento, choque.* ‖ *Levantamiento, tumulto, disturbio.*

conmovedor -ra adj. *Emocionante, enternecedor, sentimental, patético.*

conmover tr. *Sacudir, agitar, mover.* ‖ **Afectar, perturbar, *emocionar, turbar, enternecer.*

conmutador m. *Cortacorriente.*

conmutar tr. *Trocar, cambiar, permutar, Conmutar* se usa sólo como término de Derecho (*conmutar* una obligación o una pena por otra) o científico (*conmutar* la corriente eléctrica).

connatural adj. *Natural* y *connatural* se dice de lo que es propio de la naturaleza de un ser viviente; p. ej.: la fiereza es *natural* o *connatural* del tigre. *Nato, congénito* e *ingénito* es lo que en un ser viviente procede desde su nacimiento. Así hablamos de una enfermedad o predisposición *nata, congénita* o *ingénita* por herencia biológica de un individuo determinado, sin que éstas sean *naturales* o *connaturales* de su especie.

connaturalizarse prnl. *Acostumbrarse, adaptarse.*

connivencia f. *Acuerdo, confabulación, conchabanza, aconchabamiento, contubernio. Connivencia* es gralte. una expresión más suave o eufemística, e implica a veces el simple disimulo o tolerancia más o menos culpable.

conocedor -ra adj. *Avezado, práctico, experimentado, experto, perito, versado.* ‖ *Sabedor, enterado, informado, noticioso.*

conocer tr. *Entender, saber, comprender.* ‖ *Percibir, notar, advertir, darse cuenta, percatarse.*

conocible adj. *Cognoscible* se usa principalmente en Filosofía.

conocido -da adj. *Acreditado, nombrado, renombrado, distinguido, notable, notorio.*

conocimiento m. *Cognición* (FIL.). ‖ *Teoría del conocimiento, epistemología.* ‖ *Entendimiento, inteligencia, razón natural, discernimiento.* ‖ pl. *Saber, ciencia, erudición.*

conquiliología f. *Malacología.*

conquiliólogo -ga m. f. *Malacólogo.*
conquistar tr. *Tomar, apoderarse de.* ‖ *Ganar la voluntad, congraciarse, atraer, seducir, persuadir.*
consagrar tr. *Dedicar, destinar. Consagrar* supone eficacia, ardor, abnegación, por parte del sujeto, a la vez que un objeto elevado e importante. No sería propio *consagrar* muchas horas al tocador, al visiteo, etc. En cambio se *consagra* la vida al estudio, a la patria, a la santidad.
consciencia f. **Conciencia.*
consecución f. *Logro, obtención.*
consecuencia f. *Deducción, conclusión.* «*Inferencia* e *ilación* son sinónimos. Se diferencian de la *consecuencia* en que ésta se deduce exclusivamente del raciocinio, y las otras dos pueden ser producto de la analogía, de la observación o de otra operación análoga. La *consecuencia* es inevitable y forzosa [como la *deducción* y la *conclusión*]; la *inferencia* y la *ilación* son eventuales y variables según el modo de ver del agente. Si las premisas son verdaderas, la *consecuencia* no puede ser falsa; pero pueden sacarse *ilaciones* e *inferencias* falsas de hechos verdaderos y de observaciones correctas y exactas. El movimiento del Sol alrededor de la Tierra es una *ilación* errónea de fenómenos reales e incontrovertibles. De premisas verdaderas no puede deducirse más que una sola *consecuencia*; pero de un hecho o de una observación pueden salir muchas *ilaciones*, no sólo diversas entre sí, sino enteramente contrarias unas de otras, como sucede frecuentemente en la práctica de la Medicina» (M). ‖ *Resultado, efecto, *éxito, resulta, secuela.* «El *resultado* es el producto definitivo de una causa o del concurso de muchas causas, y puede ser casual. El *efecto* es igualmente el producto de una o muchas causas; pero es, por decirlo así, más material; o más bien se aplica con más frecuencia a las cosas materiales. El *éxito* es un *resultado* puramente moral. Una providencia tomada por un Gobierno sin las precauciones necesarias, puede tener muy malos *resultados* y fatales *consecuencias*. Es claro que estos *resultados* y estas *consecuencias* serán ya físicas, ya morales, v. gr., la guerra civil, el hambre, la desmoralización, la ignorancia, etc. Una medicina produce *efecto* o *resultado*, pero no *consecuencia* ni *éxito*. Una batalla puede tener muy buen *éxito* y muy malas *consecuencias*. Este es el *resultado* de los *efectos* del rayo. La Física es una ciencia que trata de las causas y *efectos* naturales. La *consecuencia* debe producirse necesariamente... No así el *resultado*, que muchas veces se ignora cuál será» (C). *Secuela* y *resultas* son hechos últimos que siguen o resultan, generalmente de menor importancia.
conseguir tr. *Obtener, *lograr, *alcanzar.*
conseja f. *Cuento, fábula, patraña.* ‖ **Conciliábulo.*
consejero -ra m. f. *Consiliario* es voz docta que sólo se usa en ciertos medios eclesiásticos. En general, *asesor, mentor, guía, maestro.*
consejo m. *Parecer, dictamen, opinión, advertencia, aviso.*
consenso m. *Asenso, *consentimiento.*
consentido -da adj. *Mimado, malacostumbrado, malcriado.*
consentimiento m. Cuando significa aceptación, admisión de un criterio ajeno: *asentimiento, asenso, anuencia, aquiescencia, aprobación, beneplácito.* Si predomina la idea del consentimiento formal para hacer algo: *autorización, venia, licencia, permiso.* Los sinónimos de la 1.ª serie pueden sustituir a los de la 2.ª, y son su expresión atenuada; pero los de la 2.ª no pueden emplearse para significar adhesión puramente intelectual a un pensamiento ajeno. El *consentimiento* que damos a pesar de nuestra opinión o deseo, o venciendo alguna resistencia, *transigencia, tolerancia.* Para otros matices, véase **condescender* y **contemporizar.*
consentir tr.-intr. *Admitir, aceptar, dar por cierto.* ‖ tr. *Permitir, tolerar, condescender, acceder.* ‖ Serie intensiva: *mimar, consentir, mal acostumbrar, mal inclinar, malcriar, enviciar, viciar.*
conservar tr. *Mantener; preservar* de algún daño o deterioro; *cuidar.* ‖ Tratándose de costumbres, virtudes, etc., *continuar, seguir.* ‖ *Guardar. Retener* es intensivo, y envuelve idea de *conservar* o *guardar* una cosa a pesar de algún obstáculo o dificultad; *retener* un libro más tiempo del señalado para devolverlo; *retener* a un visitante que desea o debe marcharse.
considerable adj. *Grande, cuantioso, numeroso, importante.* Si se trata de algún daño, *grave.*
consideración f. *Atención, estudio, reflexión, meditación.* ‖ *Importancia, monta.* ‖ *Urbanidad, res-*

peto, deferencia, miramiento, estima, cortesía.

considerado -da adj. *Respetuoso, mirado, atento, deferente, circunspecto, cortés.*

considerar tr. **Pensar, reflexionar, meditar, examinar.* ‖ *Juzgar, estimar, conceptuar, tener o reputar por.* ‖ *Respetar, estimar.*

consiguiente (por) loc. conj. *Por ello, por tanto o por lo tanto, en consecuencia, así pues.*

consiliario -ria m. f. **Consejero.*

consistencia f. *Duración, estabilidad, solidez, resistencia.* ‖ *Tratándose de la contextura interna de los cuerpos, trabazón, coherencia.*

consolar tr. *Animar, confortar, calmar, tranquilizar, reanimar, alentar.*

consólida f. *Consuelda, suelda.* ‖ *Consólida real, espuela de caballero.*

consolidar tr. *Afianzar, asegurar, fortalecer, robustecer.*

consonancia f. *Armonía, relación, proporción, conformidad.* ‖ *Rima perfecta.*

consonar tr. *Armonizar.* ‖ *Aconsonantar.*

consorte com. *Cónyuge.*

conspicuo -cua adj. *Ilustre, insigne, visible, notable.*

conspiración f. *Conjura, conjuración, complot, maquinación.*

conspirar intr. *Conjurarse, confabularse, maquinar, tramar.*

constancia f. *Firmeza, *perseverancia, persistencia, tesón, tenacidad.* ‖ Con los verbos *dar, hallar, quedar,* y otros, *testimonio, certificación:* quedar ~ *de un hecho, de un acuerdo.*

constante adj. *Firme, perseverante, fiel, persistente, tenaz.* ‖ Dicho de las cosas, *durable, duradero, persistente.*

constar intr. *Componerse, constituir, consistir.* ‖ *Ser cierto, hallarse escrito.*

consternar tr. *Afligir, abatir, conturbar. Consternar* y *desolar(se)* expresan estas ideas con más intensidad.

constitución f. *Complexión, naturaleza, temperamento.* ‖ *Contextura.* ‖ *Ordenanza, ordenamiento, estatuto.*

constituir tr. *Formar, componer.* ‖ *Fundar, erigir, ordenar, establecer, instituir.*

constreñimiento m. *Coacción, apremio.*

constreñir tr. *Obligar, impeler, forzar.*

construir tr. *Edificar, fabricar.* «Los tres verbos se aplican a los artefactos que, además de ser de grandes dimensiones, requieren conocimientos especiales y facul-

tativos. El verbo *edificar* sólo se emplea hablando de las obras que sirven para residencia del hombre, o en que se emplean los mismos materiales que en ellas, como los puentes, los muelles, las cercas de piedra o ladrillo y las fortificaciones. No se dice *edificar*, sino *construir* o *fabricar* un navío o una máquina» (M). *Fabricar* como sinónimo de *edificar* fue usual en los clásicos (*fabricar* o *labrar* una casa), pero hoy es desus. *Erigir* y *levantar* se usan en sentido fig. y apreciativo como sinónimos de *edificar.* Entre *edificar* y *construir* existe además la siguiente diferencia : «*Edificar* se refiere al *edificio* considerado en general, y conducido a su fin según su plan y proporciones. *Construir* se refiere a la operación material de su fábrica, a los trabajos y operaciones mecánicas con que se ejecuta. En tal año se *edificó* este palacio, y se *construyó* con solidez y buenos materiales. Por esto, de las partes de un edificio no se dice que se *edifican*, sino que se *construyen*, porque *edificar* recae sobre el todo. Se *construye* una pared, un tejado, un sótano; no se *edifican*» (LH).

consuelda f. *Consólida, suelda.* ‖ ~ **menor**, *sínfito.*

consuelo m. *Alivio, descanso, aliento, lenitivo.* ‖ *Gozo, alegría.*

consueta m. *Apuntador.* ‖ f. pl. *Sufragios.*

consuetudinario -ria adj. *Acostumbrado, usual.*

consultar tr. *Deliberar, tratar, examinar.* ‖ *Aconsejarse, asesorarse.*

consultivo -va adj. *Asesor, dictaminador; p. ej.:* someten las autoridades un asunto a una junta o comisión *consultiva, asesora* o *dictaminadora.*

consultor -ra adj.-s. *Asesor.*

consumación f. *Extinción, acabamiento, final.*

consumero m. *Portalero.*

consumido -da adj. *Flaco, extenuado, macilento.*

consumidor -ra adj.-s. *Cliente, parroquiano.*

consumir tr. *Destruir, desgastar, acabar, agotar, extinguir.* ‖ *Desazonar, afligir.* ‖ *Gastar, usar,* tratándose de comestibles u otros géneros. ‖ En la misa, *sumir.*

consunción f. *Consumición, consumimiento, gasto, desgaste, destrucción.* ‖ *Agotamiento, extenuación, enflaquecimiento;* MED., *tabes.*

contable m. f. *Contador, tenedor de libros. Contable* es galicismo innecesario.

contado -da adj. *Raro, poco, escaso.* ‖ *Determinado, señalado.*

contador -ra m. f. *Tenedor de libros, contable* (galicismo).

contagio m. *Contaminación, infección, inficionamiento* (v. *Epidemia*). ‖ fig. *Perversión.*

contagioso -sa adj. *Pegadizo, pegajoso, infeccioso.*

contagiar tr. *Pegar, inficionar, infestar, contaminar;* como voz culta o técn., *infectar;* cuando se hace por medios artificiales, *inocular.* ‖ fig. *Malear, pervertir, corromper.*

contaminar tr. *Contagiar, inficionar, infectar, infestar.* ‖ fig. *Pervertir, malear, mancillar, corromper.*

contar tr. *Referir, narrar, relatar,* los tres de uso culto. *Narrar* y *relatar* sugieren extensión en lo contado, mayor que los demás. *Relacionar* se refiere a hechos reales, no imaginarios. ‖ *Computar, calcular.*

contemplaciones f. pl. *Complacencias, miramientos, mimos.*

contemplar tr. *Mirar, considerar, meditar. Contemplar* supone siempre gran atención o afecto particular.

contemporáneo -a adj.-s. *Coetáneo, sincrónico, simultáneo.* Todos indican coincidencia en el tiempo, pero *contemporáneo* (y más aún *coetáneo*) se refiere a un largo período de límites indeterminados: Cervantes y Shakespeare son *contemporáneos. Coetáneo* se usa también aplicado a personas de la misma edad aproximada, o que pertenecen a la misma generación cultural. *Sincrónico* denota correspondencia exacta de hechos o fenómenos : cuadro *sincrónico* de la literatura del siglo XVII; marcha *sincrónica* de dos relojes. *Simultáneo* señala coincidencia precisa en un tiempo definido: la llegada de los dos trenes fue *simultánea.*

contemporización f. *Condescendencia, consentimiento, acomodo, arreglo.* Cuando se hace con miras interesadas, con malos fines o con excesiva transigencia, *pastel, pasteleo.*

contemporizar intr. *Temporizar.* Cuando se hace con miras interesadas, y tomándose a mala parte, *pastelear* (v. *Condescender* y *Consentimiento*).

contender intr. *Pelear, luchar, batallar, lidiar.* ‖ fig. *Competir, rivalizar.* ‖ *Disputar, debatir, discutir.*

contener tr. *Comprender, abrazar, abarcar, encerrar.* «Los objetos contenidos llenan un vacío; los comprendidos cubren una exten-

sión. Una caja *contiene* libros; un reino *comprende* varias provincias. El verbo *abrazar* se refiere a límite o línea exterior, como : los dos mares y los Pirineos *abrazan* la vasta extensión que se llama la Península Ibérica» (M). ‖ *Reprimir, moderar, refrenar, dominar, sujetar,* tanto si se trata de un movimiento real como fig. En su uso prnl., *reportarse* (fig.).

contentamiento m. *Contento, satisfacción, complacencia, alegría.*

contentar tr. *Satisfacer, complacer, agradar.*

contento -ta adj. *Satisfecho, complacido. Encantado, alegre, gozoso, jubiloso,* son expresiones intensivas. ‖ m. *Satisfacción, complacencia, contentamiento.* Con más intensidad : *alegría, júbilo, alborozo, regocijo.* «El *contento* es una situación agradable del ánimo, causada, o por el gusto que se logra, o por el bien que se posee, o por la *satisfacción* de que se goza. Cuando el *contento* se manifiesta exteriormente en las acciones y palabras, es *alegría*... El *contento* reside en el ánimo, y se funda en la reflexión o conocimiento del bien o *satisfacción* que lo causa. La *alegría* excita en la imaginación un movimiento más vivo...» (LH).

contestable adj. *Impugnable, discutible, rebatible, controvertible, refutable.*

contestación f. *Respuesta.* Aunque ambos términos han llegado a ser casi equivalentes en la lengua moderna, la *contestación* se siente en general como más larga y razonada que la *respuesta.* La *respuesta* puede ser un *sí* o un *no;* una *contestación* suele implicar motivos, razones, etc., en relación con la pregunta.

contestar tr. *Responder. Replicar* supone negación o contradicción total o parcial. Se *responde* a una llamada ; se *contesta* una carta ; se *replica* a una proposición con la cual no estamos conformes.

contextura f. *Textura, estructura.*

contienda f. *Lucha, pelea, riña, pendencia.* ‖ *Disputa.*

contiguo -gua adj. *Inmediato, junto, pegado.*

continencia f. *Moderación, templanza.* ‖ *Castidad.*

contingencia f. *Eventualidad, casualidad, posibilidad.* ‖ *Riesgo, probabilidad, accidente.*

continuamente adv. *Incesantemente, sin intermisión, ininterrumpidamente.*

continuar tr. *Proseguir, seguir, per-

sistir. ‖ *Durar, permanecer.* ‖ *Prolongar, alargar.*

continuidad f. *Persistencia, constancia, perseverancia.*

continuo -nua adj. *Incesante, constante, persistente.*

contornear tr. *Rodear, ceñir.* ‖ *Perfilar.*

contorno m. En GEOM., *perímetro;* si se trata de una figura curvilínea, *periferia.* ‖ *Afueras, alrededores, cercanía o cercanías, inmediaciones, proximidad o proximidades, vecindad. Contorno* se usa frecuentemente en plural.

contra m. f. *Dificultad, inconveniente, estorbo, obstáculo.* ‖ *Oposición.*

contraaproches m. pl. *Contratrinchera.*

contrabajo m. *Violón.*

contrabalancear tr. *Compensar, contrapesar.*

contrabandista adj.-s. *Metedor, matutero.*

contrabando m. *Matute* es un contrabando en pequeña escala, y se dice pralte. de la introducción de mercancías en una población sin pagar el impuesto de consumos : entrar, pasar, *matute* o [algo] de *matute. Contrabando* se dice sobre todo tratándose de las aduanas en las fronteras y puertos.

contrabasa f. *Pedestal.*

contracarril m. *Contrarriel.*

contracción f. GRAM. *Crasis.* ‖ *Sinéresis.*

contracifra f. *Clave.*

contradecir tr.-intr. *Contradecir* es oponerse a lo que otro dice, ya sea con razones o argumentos, ya por motivos afectivos o de índole no racional, como el llamado espíritu de contradicción. *Impugnar, objetar, rebatir, refutar* y el p. us. *opugnar* suponen necesariamente contradecir con argumentos, pruebas o razones. Cuando éstas son convincentes *confutar*, p. us. Un niño respondón *contradice* las palabras o mandatos de su padre, no los *impugna* ni *refuta.* Una doctrina es *impugnada* o *refutada* por sus contrarios. *Impugnar* y *rebatir* acentúan el matiz de lucha o polémica que corresponde a su origen etimológico; *refutar* sugiere pralte. el razonamiento frío.

contradicción f. *Oposición, contrariedad.* ‖ *Réplica, refutación.*

contradictorio -ria adj. *Contrario, opuesto.* «Lo *contrario* está en la esencia de las cosas». lo bueno es *contrario* a lo malo, lo justo a lo inicuo; y en el orden físico, la luz a la oscuridad, lo caliente a lo frío. Lo *contradictorio* está en la expresión verbal. Las frases

"quiero y no quiero", "tonto discreto", "selva sin árboles", son *contradictorias.* Lo *opuesto* está en la colocación. El polo ártico es *opuesto* al antártico; la costa *opuesta* a la de Andalucía es la de África. El uso de la voz *opuesto* en lugar de *contrario* es metafórico...» (M).

contraer tr. Tratándose de costumbres, vicios, obligaciones y enfermedades, *adquirir.* ‖ prnl. *Reducirse, ceñirse.* ‖ *Encogerse, estrecharse.*

contrafuerte m. ARQ. *Botarel, espolón, estribo, machón.*

contrahacer tr. Tratándose de cosas, *imitar; falsificar o adulterar,* si se hace con intención de fraude. Tratándose de actos o personas, *remedar, imitar.*

contrahecho -cha adj. *Jorobado, corcovado, giboso.* En general, *deforme.*

contramarca f. *Contraseña.*

contraorden f. *Contramandato.*

contrapesar tr. *Contrabalancear, compensar, igualar, subsanar.*

contrapilastra f. *Traspilastra.*

contraponer tr. fig. *Comparar, cotejar.* ‖ *Oponer.*

contraposición f. fig. *Antagonismo, oposición, rivalidad.*

contrariar tr. *Oponerse, dificultar, entorpecer.* ‖ *Disgustar, mortificar, desazonar.*

contrariedad f. *Oposición.* ‖ *Contratiempo, dificultad, obstáculo, estorbo.* ‖ *Disgusto, desazón, decepción.* En general, la *contrariedad* es menos importante que el *disgusto,* o es su expresión atenuada. Si llueve cuando iba a salir de paseo, siento *contrariedad,* y no *disgusto.* La *decepción* se produce cuando no se cumple algo que esperábamos, y es también más intensa que la *contrariedad.*

contrario -a adj.-s. *Opuesto, dañino, dañoso, nocivo, perjudicial.* ‖ **Contradictorio.* ‖ m. f. *Enemigo, adversario, antagonista, rival.*

contrarrestar tr. *Resistir, hacer frente, afrontar, oponerse, arrostrar.*

contrarriel m. *Contracarril.*

contrarroda f. MAR. *Contrabranque.*

contrarronda f. MIL. *Sobrerronda, segunda ronda.*

contraste m. *Oposición, disparidad, desemejanza.* ‖ En la lengua antigua, *almotacén, marcador,* ambos en desuso.

contrata f. Toda *contrata* es un *contrato, ajuste o convenio;* pero *contrata* se limita por lo general a la ejecución de obras o prestación de servicios; o bien, entre actores, cantantes y toreros, *ocupación o ajuste.*

contratar tr. *Pactar, convenir, acordar, estipular, ajustar.*

contratiempo m. *Percance, accidente, contrariedad, obstáculo.* En ocasiones se acerca al significado intensivo de *desgracia.*

contrato m. *Acuerdo, pacto, convenio, ajuste, compromiso.*

contratorpedero m. *Cazatorpedero.*

contratrinchera f. *Contraaproches* (hoy ant.).

contraveneno m. **Antídoto, antitóxico.*

contravenir tr. *Conculcar, *quebrantar, infringir, violar, vulnerar, transgredir, traspasar, incumplir.*

contraventana f. *Puertaventana.*

contribución f. *Impuesto, tributo, subsidio, carga.* ‖ *Ayuda, aportación, cooperación.*

contribuir tr. *Tributar.* ‖ *Ayudar, asistir, auxiliar, coadyuvar, cooperar, colaborar, aportar.*

contribulado -da adj. p. us. *Atribulado, afligido.*

contrición f. **Arrepentimiento, compunción.*

contrincante m. *Competidor, rival, émulo.*

contristar tr. *Afligir, entristecer, apenar, apesadumbrar.*

contrito -ta adj. *Arrepentido, compungido.*

controversia f. *Discusión, debate, polémica, disputa. Controversia* supone una discusión larga o reiterada, gralte. sobre asuntos filosóficos o religiosos.

controvertible adj. *Dudoso, cuestionable, discutible.*

controvertir intr.-tr. *Discutir, debatir, polemizar, disputar, cuestionar.*

contubernio m. *Confabulación, conchabanza, connivencia. Contubernio* acentúa el carácter vituperable e ilícito.

contumaz adj. *Obstinado, porfiado, *terco, pertinaz, tenaz. Contumaz* significa concretamente el que mantiene porfiadamente un error; por esto en términos religiosos equivale a *impenitente,* y se aplica principalmente al hereje o disidente doctrinal. *Terco* puede referirse al carácter o a la manera de obrar, en tanto que *contumaz* se refiere sobre todo a la manera de pensar. ‖ DER. *Rebelde.*

contundente adj. En sentido material equivale a *tundente, golpeador,* que produce contusión. ‖ fig. *Decisivo, concluyente, terminante, convincente.*

contundir tr. *Golpear, magullar.*

conturbar tr. *Turbar, perturbar, inquietar, intranquilizar.*

contusión f. *Golpe, magulladura, magullamiento.*

convalidar tr. *Revalidar, *confirmar.*

convencer tr. *Persuadir. Convencer* pertenece principalmente al orden intelectual o lógico. Se *convence* con razones, demostraciones, pruebas. Podemos *persuadir* también con ellas; pero *persuadimos* además con emociones, afecto, simpatía personal u otros medios que no actúan precisamente sobre el entendimiento.

convencimiento m. *Convicción, persuasión.*

convención f. *Pacto, convenio.* ‖ *Asamblea, reunión, congreso.*

conveniencia f. *Conformidad, correlación.* ‖ *Concierto, convenio, ajuste.* ‖ *Acomodo, colocación, puesto.* ‖ *Utilidad, provecho, beneficio.* ‖ pl. *Decoro, decencia, urbanidad.*

conveniente adj. *Acomodado, adecuado, proporcionado, idóneo,* son gralte. expresiones objetivas de la aptitud para un fin, mientras que *conveniente, útil, oportuno, provechoso,* añaden un matiz de estimación subjetiva por parte del hablante. ‖ *Conforme, concorde.* ‖ *Decente, proporcionado, propio.*

convenio m. *Ajuste, pacto, acuerdo, arreglo, compromiso, contrato.*

convenir intr. *Acordar, aceptar, coincidir, estar de acuerdo, quedar.* ‖ *Acudir, juntarse, reunirse.* ‖ *Corresponder, pertenecer, ser apropiado.* ‖ prnl. *Ajustarse, concordarse.*

conventículo m. **Conciliábulo.*

convento m. **Monasterio.*

converger y **-gir** intr. *Dirigirse, concurrir, coincidir, encontrarse.*

conversación f. *Coloquio* supone cierta familiaridad o confianza (*coloquio amoroso, íntimo*), cuando no se refiere a un modo de composición literaria (*coloquio pastoril*). *Diálogo* es lit. (*diálogo filosófico,* del teatro, de la novela). *Plática* tiene sabor arcaizante; o bien se refiere al sermón breve que pronuncia el sacerdote al pie del altar. *Charla* es conversación sin objeto determinado, por puro pasatiempo, y más aún *cháchara, palique* y *parloteo,* que acentúan su carácter fam. y sugieren principalmente el sonido animado de las voces. *Entrevista* supone un objeto determinado y serio. *Conferencia* tiene carácter grave, a causa de la importancia del asunto o de los interlocutores.

conversar intr. *Hablar, platicar, departir. Charlar,* cuando se habla sin objeto determinado. *Confe-*

renciar y *entrevistarse* suponen un asunto importante.

conversión f. *Mutación, transmutación, metamorfosis, cambio.* ‖ RET. *Epístrofe.*

converso -sa adj.-s. *Confeso.*

convertir tr.-prnl. **Cambiar, transformar, transmutar, metamorfosear.*

convicción f. *Convencimiento, persuasión.* ‖ *Creencia.*

convidar tr. *Invitar* se estima en general como más elegante que *convidar*. El uso de *convidar* va limitándose cada vez más a comer o beber; e *invitar* se emplea en general. Se *convida* a tomar café, a cenar. Se *invita* a asistir a una reunión, a un paseo; pero también se *invita* a comer o beber. ‖ fig. *Mover, incitar, ofrecer.*

convincente adj. *Persuasivo, concluyente, decisivo. Suasorio* pertenece al estilo elevado.

convite m. *Invitación.* ‖ *Convidada* (fam.); *banquete,* si es importante por su abundancia o suntuosidad.

convocar tr. *Citar, llamar.* La diferencia consiste en que se *convoca* a varias personas para que concurran a un acto o lugar determinado, y se *cita* o *llama* a varias o a una sola.

convocatoria f. *Llamamiento, citación.* Suelen hacerse por escrito.

convólvulo m. *Gusano revoltón.* ‖ *Enredadera.*

convulsión f. *Sacudida* en general. ‖ fig. *Agitación, tumulto, motín.* ‖ La producida por un terremoto, *seísmo, temblor.*

convulso -sa adj. *Agitado, trémulo, tembloroso.*

conyugal adj. *Matrimonial.*

cónyuge com. *Consorte.*

cooperar intr. *Colaborar, ayudar, coadyuvar.*

coordinar tr. *Ordenar, arreglar, *clasificar.* ‖ Tratándose de esfuerzos o medios para una acción común, *concertar, aunar.*

copada f. *Cogujada, cugujada, cochevís, totovía, galerita.*

copero m. ant. *Pincerna.*

copete m. *Tupé.* ‖ *Penacho.*

copetuda f. *Alondra, terrera, caladre, alhoja.*

copia f. *Abundancia, acopio, profusión.* ‖ *Transcripción, traslado, trasunto; duplicado* es segundo documento igual al primero. En ANGLIC. impropio llamar *copias* a los *ejemplares* impresos de un libro, folleto, revista, etc.: de este libro se hicieron 5.000 *ejemplares* (no *copias*). ‖ *Plagio.* ‖ *Reproducción, calco.* ‖ *Imitación, remedo.*

copiante com. *Copista* es el que tiene por oficio copiar: si escribe a mano, *amanuense;* si a máquina, *mecanógrafo. Copiante* se aplica en general a cualquier persona que copia. *Copiador -ra* es un adj.-s. que hoy se usa principalmente en la acep. fig. de *plagiario.* Como m. significa *copiador,* el libro en que se copia correspondencia, o la máquina *multicopista.*

copiar tr. *Transcribir, trasladar.* ‖ *Reproducir, calcar.* ‖ *Imitar, remedar, contrahacer.* ‖ *Plagiar;* en sentido burlesco, *fusilar.*

copioso -sa adj. *Abundante, cuantioso, numeroso, considerable.*

copla f. *Estrofa.*

coplero -ra m. f. desp. *Poetastro, rimador, coplista.*

coráceo -cea adj. *Coriáceo.*

coraje m. *Valor, esfuerzo, arrojo, ánimo, ímpetu.* ‖ *Irritación, ira, enojo, cólera, furia, rabia.*

coral m. *Coralina.*

coralina f. *Coral.* ‖ *Musgo marino.*

corambre f. *Odre, cuero, pellejo.*

coránico -ca adj. *Alcoránico.*

corazón m. fig. *Ánimo, valor, espíritu, esfuerzo.* ‖ *Sensibilidad, sentimiento, amor.* ‖ *Centro, interior, cogollo, riñón;* p. ej.: hablamos del *corazón* de una ciudad, de un madero. ‖ *Corazón de León* (estrella), *Régulo.*

corazonada f. *Arranque, ímpetu, impulso, pronto.* ‖ *Presentimiento, barrunto.* ‖ *Corada, asadura.*

corazoncillo m. *Hipérico, cori, hierba de San Juan.*

corbeta f. *Fragata ligera.*

corcova f. *Joroba, giba, chepa;* científico, *cifosis;* la que tiene prominencia anterior, *lordosis.*

corcovado -da adj.-s. *Jorobado, joroba* (desp.), *giboso, cheposo, corcoveta* (desp.), *contrahecho.*

corcusir tr. *Cusir.*

corchete m. *Gafete.* ‖ IMPR. *Llave.*

corchoso -sa adj. *Suberoso* (tecnicismo).

cordaje m. *Jarcia.*

cordal m. *Puente* (en los instrumentos de cuerda).

corderaje m. Chile. *Borregada.*

cordialidad f. *Afecto, amabilidad.* ‖ *Franqueza, llaneza, sinceridad.*

cordiforme adj. *Acorazonado.*

cordillera f. *Cadena de montañas, sierra.*

cordura f. *Prudencia, juicio, sensatez, seso.*

corea f. *Baile de San Vito.*

coreo m. *Troqueo.*

coriáceo -a adj. *Coráceo.*

corindón m. *Esmeralda oriental;* la variedad azul es el *zafiro.*

corito -ta adj. *Desnudo, en cueros.* ‖ fig. *Encogido, pusilánime.*

coriza m. *Romadizo.*

cormofita adj.-f. *Rizofita.*

cornac y **-ca** m. *Naire.*

cornalina f. *Alaqueca, cornelina, cornerina, corniola, restañasangre.*

cornamenta f. *Cuerna, encornadura, herramienta.*

corneja f. *Chova.* || *Buharro, buaro.*

cornejo m. *Cerezo silvestre, corno, durillo, sangüeño, sanguino, sanguiñuelo.*

cornicabra f. *Cornezuelo* (variedad de aceituna).

cornisamento y **-miento** m. *Entablamento.*

corno m. (arbusto). **Cornejo.*

corona f. *Diadema, aureola, halo, lauréola, nimbo.* || *Reino, monarquía.* || *Tonsura.* || *Coronilla.*

coronilla f. *Corona.*

coroza f. *Rocadero.*

corporación f. *Asociación, entidad, comunidad, sociedad.* La *corporación* es generalmente de carácter público. Probablemente por influencia del inglés, es frecuente en varios países de Amér. llamar *corporaciones* a las grandes sociedades industriales.

corporal adj. *Somático; corpóreo* puede referirse tanto al cuerpo de los seres vivos como al inanimado, en tanto que *corporal* se refiere al cuerpo humano o animal, y se opone a espiritual, anímico, etc. *Corpóreo* se opone a incorpóreo, inespacial.

corpulento -ta adj. *Gordo, grueso, voluminoso, corpudo.*

corral m. *Corraliza, corte, cortil.*

correal m. *Estezado.*

corrección f. *Enmienda, retoque, rectificación, modificación.* || *Reprensión, censura, castigo, correctivo.* || RET. *Epanortosis.* || *Cortesía, urbanidad, comedimiento.*

corredor m. *Pasillo, pasadizo.*

corregir tr. *Enmendar, retocar, modificar, subsanar, salvar.* Todos ellos están englobados en el significado general de *corregir*, pero cada uno de estos verbos tiene aplicaciones especiales. Se *enmiendan* los defectos, las equivocaciones. *Retocamos* los pormenores. *Modificamos* el pensamiento, las ideas, la forma. Se *subsanan* los olvidos, los defectos, los posibles malentendidos. || *Advertir, amonestar, reprender, castigar.* || *Moderar, templar, suavizar, atemperar.*

correr intr. *Transcurrir, pasar.* || *Huir, escapar.* || *Deslizarse, resbalar.* || tr. *Recorrer, viajar.* || *Acosar, perseguir.* || prnl. *Avergonzarse, confundirse, abochornarse.* || *Extenderse, propagarse, divulgarse, propalarse.*

correría f. *Incursión, razzia;* tratándose de gente a caballo, *algara, cabalgada,* ambos ant.

correspondencia f. *Conexión, relación.* || *Relación, trato, reciprocidad.* || *Correo.*

corresponder intr. *Tocar, *pertenecer, incumbir, atañer, concernir.* || rec. *Escribirse.* || *Amarse, quererse, atenderse.*

corretaje m. *Correduría.* || *Comisión.*

corrido -da adj. *Experimentado, avezado, ducho.* || *Avergonzado, confundido, abochornado.* || Tratándose del tiempo, *transcurrido, pasado.*

corriente adj. *Actual, presente.* || *Aceptado, admitido, común, usual, ordinario.* || adv. m. *De acuerdo, conforme, está bien.*

corrillo m. **Conciliábulo, conventículo.*

corrimiento m. *Deslizamiento.* || fig. *Vergüenza, rubor, empacho, bochorno, confusión.*

corroborar tr. **Confirmar, robustecer, reafirmar, *ratificar, apoyar.*

corrobra f. *Alboroque, robra, robla.*

corroer tr. **Roer, desgastar.*

corromper tr. *Echar a perder, dañar, pudrir.* || fig. *Viciar, *pervertir, depravar.* || *Sobornar, cohechar, untar.* || fam. *Incomodar, molestar, fastidiar.* || intr. *Oler mal, heder.*

corrosal m. *Anona* (arbolito).

corrosivo -va adj. *Mordaz,* esp. en sentido fig.; *mordicante, mordiente,* tratándose de acción química, *mica.*

corrupción f. *Descomposición, putrefacción.* || *Depravación, perversión.* || La *corruptela* no llega a tal grado de maldad como el *soborno* y el *cohecho;* es una mala costumbre o un abuso introducido contra la ley. || *Mal olor, hedor.*

corsario m. *Pirata.* En el mar Caribe tuvo los nombres de *filibustero* y *bucanero.*

cortacorriente m. *Conmutador.*

cortado -da adj. *Ajustado, proporcionado.* || Tratándose del estilo o la expresión, *clausulado, inciso.*

cortadura f. *Corte, incisión* (tecn.), *sección.* || *Grieta, abertura, hendidura.*

cortafrío m. *Tajadera.*

cortalápices m. *Sacapuntas.*

cortante adj. *Tajante.*

cortapicos m. *Tijereta* (insecto).

cortapisa f. *Traba, restricción, limitación, condición, dificultad, estorbo.*

cortar tr. *Dividir, separar, tajar.* Tratándose de alguna parte del cuerpo, *sajar, amputar.* || *Recortar.* || *Suspender, detener, atajar, interrumpir.* || prnl. *Turbarse, embarullarse.* || Tratándose de la leche, *cuajar, arrequesonarse, coagularse* (cientif.).

1) **corte** m. *Filo.* ‖ *Incisión* (tecn.), *cortadura; tajo,* si es grande o hecho con violencia.

2) **corte** f. **Acompañamiento, cortejo, comitiva, séquito.* ‖ *Amér. Tribunal de justicia.* ‖ pl. *Parlamento, cámara, asamblea nacional.*

cortedad f. **Vergüenza, apocamiento, encogimiento, empacho, timidez.*

cortejar tr. *Galantear, *enamorar.*

cortejo m. **Acompañamiento, comitiva, séquito.*

cortés adj. *Atento, afable, amable, considerado, obsequioso, fino, urbano.*

cortesano -na adj. **Cortés, atento, afable, amable, fino.* ‖ m. *Palaciego.*

cortesía f. *Urbanidad, educación, finura, amabilidad, afabilidad.* ‖ *Cumplimiento, cumplido.* ‖ *Regalo, obsequio.*

cortezuela f. *Crústula* (cientif.).

cortijo m. *Alquería, granja. Cortijo* se emplea esp. en Andalucía. En Amér., *rancho.*

cortinilla f. *Visillo.*

corto -ta adj. *Breve* se aplica a la duración, en tanto que *corto* puede referirse a la extensión y a la duración. *Sucinto, sumario, compendioso,* se refieren a la exposición oral o escrita de una materia, relato, explicación, etc. «*Corto* se refiere a la materia; *breve,* al tiempo; *conciso, al modo.* Un capítulo de pocos renglones es *corto,* porque no hay en él mucha materia; es *breve,* porque se lee en poco tiempo: es *conciso,* porque en pocas palabras dice todo lo que hay que decir» (LH). ‖ *Escaso, reducido.* ‖ *De pocos alcances, limitado.* ‖ *Tímido, encogido, apocado, vergonzoso.*

cortón m. *Alacrán cebollero, grillo cebollero, grillotalpa.*

coruscar intr. poét. *Brillar, resplandecer.*

corva f. *Jarrete;* cientif. *tarso.*

1) **corvejón** m. *Jarrete.*

2) **corvejón** m. *Cuervo marino.*

corvo -va adj. *Curvado, recorvo, arqueado, combado.*

coscoja f. *Chaparra, maraña, mata rubia o matarrubia.*

coscojal y -**jar** m. *Marañal.*

cosecha f. *Recolección, recogida.*

cosechar intr.-tr. *Recoger. Recolectar* es voz escogida y lit.

cosicosa f. *Quisicosa, quesiqués, adivinanza, enigma.*

cosmografía f. *Uranografía.*

cosmógrafo m. *Uranógrafo.*

cosmopolita adj. **Universal, mundial, internacional.*

cosmopolitismo m. *Internacionalismo.*

cospel m. *Flan, tejo.*

1) **costa** f. *Coste, costo.* El uso no los diferencia con claridad. *Costa* es el más antiguo, y en gral. se aplica hoy al gasto de lo que consumen dos o más personas, o a lo que no se paga en dinero: pagar la *costa* en un café; pagar la *costa* de la risa; sufrió la *costa* de su negligencia en trabajos y disgustos. En el lenguaje judicial, pagar *las costas. Coste* es el precio en dinero: el *coste* de un mueble, precio de *coste. Costo* se usa principalmente aplicado al conjunto de una obra importante, o entre economistas: *costo* de un puente; *costo* de producción. *Precio* se refiere pralte. al *coste* por unidad (kg., metro, litro, etc.), aunque también se aplica al importe total en sus aceps. rectas o figuradas. *Coste* y *costo* están ampliamente atestiguados desde el siglo XVI; pero en ninguna época aparecen con significación delimitada entre uno y otro. En nuestro tiempo se emplean ambos con la misma indeterminación. Acaso no puede percibirse entre ellos más que los fluctuantes matices de preferencia que acabamos de exponer.

2) **costa** f. *Costera, litoral.*

costado m. *Flanco, lado, banda.* ‖ En la genealogía, *línea.*

costal m. *Quilma, saco.*

costalada f. *Batacazo, trastazo.*

coste m. **Costa, costo, precio.*

costear tr. **Pagar, abonar, satisfacer, sufragar.*

costo m. *Coste, *costa, precio.*

costoso -sa adj. **Caro, dispendioso, gravoso.*

costra f. *Corteza, encostradura.* ‖ *Postilla.*

costumbre f. *Hábito,* en la lengua culta y lit. ‖ *Uso, usanza, práctica.*

costura f. *Cosedura* (p. us.), acción de coser; *cosido;* en CIR. y H. NAT., *sutura.*

cotejar tr. *Parangonar, *comparar.* Cuando se trata de escritos, ediciones, etc., *compulsar, confrontar.*

cotidiano -na adj. *Cuotidiano, diario.*

cotilleo m. *Chisme, murmuración, habladuría.*

1) **coto** m. *Término, límite.*

2) **coto** m. *Postura, tasa.*

3) **coto** m. Amér. Merid. *Bocio, papera.*

cotral adj. *Cutral.*

coxal adj. *Hueso innominado.*

coyunda f. *Cornal, cornil.* ‖ fig. *Matrimonio.*

coyuntura f. La *coyuntura* es la *articulación* o *juntura* movible de un hueso con otro. ‖ **Oca-*

sión, sazón, circunstancias, tiempo, oportunidad, coincidencia.

crascitar intr. Crocitar, croscitar.

crasis f. GRAM. Contracción.

craso -sa adj. Grueso, gordo. Tratándose de líquidos, espeso.

creador -ra adj.-s. Dios. ‖ Inventor, autor, productor. ‖ Fundador.

crear tr. Criar es de aplicación más material y concreta: criar un niño, animales, vinos. Crear es más universal y abstracto: Dios creó el mundo, después creó el hombre; el papa crea cardenales; por esto se usa con preferencia crear en las demás aceps. de este artículo. ‖ Instituir, fundar, establecer. ‖ Producir, inventar, hacer; tratándose de obras literarias o musicales, componer.

crecer intr. Aumentar, en sus aceps. intr. Crecer, desarrollarse, sugieren un aumento progresivo, mientras que en aumentar y subir puede ser progresivo o de una sola vez. Acrecentar y acrecer coinciden con crecer en indicar acción progresiva; pero se diferencian de él en que siempre son tr. ‖ Adelantar, progresar.

crecida f. Aumento o subida del agua en los ríos y arroyos. Cuando llegan a salir de madre, llena, desbordamiento, riada, avenida.

crecido -da adj. Grande, numeroso, cuantioso.

crecimiento m. Desarrollo, aumento.

crédito m. Asenso, asentimiento. ‖ Reputación, fama, autoridad, prestigio, renombre. ‖ Confianza, responsabilidad, solvencia.

credo m. fig. Doctrina, programa.

credulidad f. Candidez, sencillez, ingenuidad. En el habla familiar, tragaderas, tragadero, creederas.

crédulo -la adj. Confiado, *cándido, sencillo, candoroso, incauto.

creencia f. Convicción, asentimiento, opinión, conformidad. ‖ Crédito, fe, confianza. ‖ Religión, secta.

creer tr. Tener fe, dar por cierto. ‖ Pensar, juzgar, conjeturar, entender, opinar, estimar.

creíble adj. Según su menor o mayor grado: posible, probable, verosímil, verisímil, creedero.

1) **crema** f. Natillas.

2) **crema** f. GRAM. Diéresis.

cremación f. En sentido general y en el habla corriente, quema, quemazón. Cremación es voz docta que se usa en la significación concreta de cremación de cadáveres, y también de basuras y desperdicios.

crematístico -ca adj. *Pecuniario, monetario.

crencha f. Raya; carrera, p. us.; partidura.

crepúsculo m. Lubricán.

cresa f. Queresa, querocha. En algunos lugares se llama moscarda. ‖ La que suele criarse en el tocino y el jamón, saltón.

crespo -pa adj. Encarrujado, retorcido, rizado, ensortijado, rizo.

crestomatía f. Trozos escogidos. Antología y florilegio no tienen necesariamente carácter docente, aunque lo tienen con frecuencia. Analectas y selectas son menos usuales.

crestón m. Farallón, farellón.

criadero m. Plantel, vivero, tratándose de plantas. ‖ Mina, venero.

criadilla f. Testículo. ‖ Patata. ‖ ～ de tierra, turma; una de sus variedades más apreciadas es la trufa.

criado -da m. f. Fámulo y familiar se usan en los medios eclesiásticos: sirviente, servidor y doméstico son voces más escogidas; mozo, -za se usan pralte. en los medios rurales, o designan a los que se ocupan en los menesteres más humildes. Nombres burl. de la criada: fregona, menegilda, maritornes. Es frecuente llamarla sirvienta, muchacha de servir o de servicio. En Argent., mucamo, -ma.

crianza f. Amamantamiento, lactancia. ‖ Educación, instrucción. ‖ Urbanidad, atención, cortesía, modos.

criar tr. *Crear. ‖ Producir. ‖ Amamantar, lactar. ‖ Educar, instruir.

criatura f. Niño, chico, chiquillo, crío. ‖ fig. Hechura.

criba f. Harnero, cribo, zaranda.

cric m. Gato (para levantar pesos).

criminalista com. Penalista.

criminar tr. Acusar, *acriminar, imputar.

crioscopia f. Criología.

cripta f. Bóveda.

crisálida f. Ninfa (en los insectos).

crisis f. En las enfermedades, mutación, cambio. ‖ Peligro, riesgo.

crisopeya f. *Alquimia.

crispar tr. Contraer, encoger; la acción de crispar es repentina y pasajera.

cristal m. En un espejo, escaparate, etc., luna.

cristalino -na adj. Claro, transparente, diáfano.

cristianar tr. Bautizar, acristianar. Ant. y en algunas comarcas, batear.

criterio m. Juicio, discernimiento.

crítica f. Juicio, examen, censura. «La censura condena, la impugnación ataca, la crítica juzga. La censura supone autoridad en el que la pronuncia; la impugnación, oposición de principios o doctrinas; la crítica, superioridad real o supuesta de conocimientos, de inteligencia y de gusto... Ni la *censura* ni la *impugnación* celebran; la *crítica*, no sólo celebra, sino que aplaude cuando es imparcial y desapasionada» (M). ‖ *Murmuración, detracción.*

criticable adj. *Censurable, reprensible.*

criticar tr. *Examinar, juzgar.* ‖ *Censurar, reprender, reprobar.*

criticón -na adj.-s. desp. *Reparón, murmurador, motejador.*

crocitar intr. *Crascitar.*

croquis m. *Diseño, tanteo, esbozo, boceto.*

crótalo m. *Castañuela.* ‖ *Culebra o serpiente de cascabel.*

crucifijo m. *Cristo.*

crudeza f. fig. *Aspereza, desabrimiento, rigor, rigidez, rudeza.*

cruel adj. *Feroz, brutal, salvaje, sanguinario,* se aplican a personas y animales, o también a sus actos. *Despiadado, inhumano, bárbaro,* sólo a personas y actos humanos. *Sangriento* se dice únicamente de los actos. ‖ Tratándose de pasiones y afectos, *duro, violento, riguroso, crudo, excesivo, doloroso, angustioso, lacerante.*

crueldad f. *Ferocidad, barbarie, inhumanidad, brutalidad, sevicia.* ‖ *Dureza, violencia, rigor.*

cruento -ta adj. *Sangriento.*

cruzar tr. **Atravesar, pasar.*

cuaderna f. MAR. *Orenga.*

cuaderno m. *Libreta.*

cuadra f. *Caballeriza, establo.* ‖ Amér. *Manzana* (de casas).

cuadrado -da adj.-s. *Cuadro.* ‖ fig. *Perfecto, cabal, exacto.* ‖ m. MAT. *Segunda potencia.*

cuadrar intr. *Agradar, gustar, satisfacer, cuajar, llenar, convenir.* En Colomb., *cuacar.* ‖ MAT. *Elevar al cuadrado.*

cuadricular tr. PINT. *Cuadrar, recuadrar.*

cuadril m. *Anca.* ‖ *Cadera.*

cuadrilátero -ra adj.-s. *Tetrágono.*

cuadrilongo adj. *Rectangular.* ‖ m. *Rectángulo.*

cuadrilla f. *Grupo, equipo* (en los deportes). ‖ desp. *Partida, pandilla, gavilla.*

cuadrisílabo -ba adj. *Cuatrisílabo, tetrasílabo.*

cuadro m. *Cuadrado.* ‖ *Rectángulo.* ‖ *Lienzo, pintura.* ‖ *Marco.*

cuajada f. *Cáseo* (técn.) ‖ *Requesón.*

cuajaleche m. *Amor de hortelano.*

cuajar tr.-prnl. **Condensar, coagular* (técn.), *espesar, concentrar, solidificar.* ‖ intr. *Gustar, agradar, cuadrar, llenar, satisfacer.* ‖ intr.-prnl. *Lograrse, tener efecto.* ‖ prnl. fig. *Llenarse, poblarse.*

cuajo m. *Coágulo* (técn.).

cualidad f. *Carácter, propiedad,* *atributo, peculiaridad.* «*Cualidad* es una de las muchas condiciones que forman el conjunto del ser. *Propiedad* es una de las *cualidades* que distinguen un ser de otro. *Peculiaridad* es una *cualidad* más rara que la *propiedad,* y que constituye una distinción más calificada. Por las *cualidades* de las cosas juzgamos su mérito respectivo. Una de las *propiedades* del imán es atraer el hierro. Es *peculiaridad* de la sensitiva cerrar sus hojas cuando se las toca» (M). La *característica* es un *carácter* distintivo o diferenciador. *Atributo* es *cualidad* o *propiedad* esencial o inherente de un ser; p. ej., cuando decimos que la inmaterialidad es atributo del alma. ‖ **Calidad.*

cuantía f. **Cantidad.*

cuantidad f. **Cantidad.*

cuantioso -sa adj. *Numeroso, abundante, copioso.*

cuartear tr. *Partir, dividir.* ‖ *Descuartizar.* ‖ prnl. *Agrietarse, abrirse, henderse, rajarse.*

cuarteo m. *Esguince.*

cuartilla f. (en el casco de las caballerías). *Cerruma, ceruma, trabadero.*

cuartizo m. *Cuartón.*

cuarto m. *Habitación, pieza, aposento, estancia.* ‖ En una casa de vecinos, *vivienda, piso.* ‖ **Dinero;* en esta acepción suele usarse el pl. *cuartos.*

cuartón m. *Cuartizo.*

cuasi adv. c. *Casi; cuasi* es forma docta que sólo se usa en estilo elevado o como primer elemento de compuestos: *cuasicontrato, cuasidelito.*

cuate -ta adj.-s. Méj. *Mellizo, gemelo.*

cuatí m. Amér. Merid. *Coatí.* En Ecuad., *cusumbe;* Colomb., *susumbe.*

cuatrero adj.-s. *Abigeo.*

cuatrisílabo -ba adj. *Cuadrisílabo, tetrasílabo.*

cubierta f. *Cobertura, cobija.* ‖ *Sobre* (de papel).

cubil m. **Guarida, manida.*

cubilar intr. *Majadear.*

cubo m. MAT. *Tercera potencia.* ‖ *Hexaedro regular.*

cubrir tr. *Ocultar, tapar, vestir.* ‖ fig. *Disimular, disfrazar, velar, encubrir.* ‖ *Proteger, defender.* ‖ *Techar.*

cucamonas f. pl. *Carantoñas, garatusas, zalamerías.*

cucaracha f. *Corredera, curiana.*

cuco -ca adj. *Pulido, bonito, mono, lindo.* ‖ *Taimado, astuto, sagaz.* ‖ m. *Cuclillo.*

cucurucho m. *Cartucho.*

cuchareta adj.-s. (variedad de trigo). *Cascaruleta.*

cuchichear intr. *Chuchear, bisbisear.*

cuchipanda f. *Francachela.*

cuchitril m. *Cochitril, pocilga.* ‖ *Tabuco, chiribitil, zaquizamí.*

cuchufleta f. *Chirigota, chufleta, chafaldita, chanza.*

cuenca f. *Órbita.* ‖ *Valle.*

cuenta f. *Cálculo, cómputo.* ‖ *Razón, motivo, explicación, satisfacción.* ‖ *Cuidado, incumbencia, cargo, obligación.*

cuentero -ra adj.-s. *Cuentista, chismoso, cuentón.*

cuento m. *Fábula, conseja, patraña, historieta.* ‖ *Relato, narración.* ‖ *Chisme, habladuría, embuste, enredo.* ‖ *Cómputo, cuenta.*

cuerda f. Si es gruesa y de esparto, *soga;* MAR., *cabo.* ‖ ~ **dorsal,** *notocordio.*

cuerdo -da adj. *Prudente, juicioso, reflexivo, sensato, sesudo.*

cuerna f. *Áliara, liara.* ‖ *Cornamenta.* ‖ *Trompa o cuerno de caza.*

cuerno m. *Asta.* ‖ ~ **de caza,** *cuerna.* ‖ ~ **de la abundancia,** *cornucopia.*

cuero m. *Pellejo, piel.* ‖ *Pellejo, odre, corambre, zaque.*

cuerpo m. *Tronco* (en el cuerpo humano). ‖ *Cadáver.* ‖ *Espesor, grosor, grueso.* ‖ IMPR. *Tamaño, grandor.* ‖ Tratándose de líquidos, *consistencia, densidad.*

cuérrago m. *Cauce, álveo, lecho, madre, cuérnago.*

cuerva f. *Graja.*

cuervo m. Cuervo merendero, *grajo.* ‖ Cuervo marino, *mergánsar, mergo.*

cuesco m. *Hueso* (de fruta).

cuesta f. *Costanera, costera, subida, pendiente.* Si la inclinación es grande, y generalmente corta, *repecho.*

cuestación f. *Recaudación, colecta.* Todos significan la acción y efecto de recoger dinero para un fin; pero *recaudación* tiene carácter gral., en tanto que *cuestación* y *colecta* se emplean con preferencia cuando se trata de donativos voluntarios para fines benéficos o religiosos. En estilo fam. se dice también *echar un guante.*

cuestión f. *Pregunta.* La *cuestión* no es una *pregunta* cualquiera, sino la que se hace o propone para averiguar la verdad de una cosa controvirtiéndola. Sería galicismo usar *cuestión* con carácter general como equivalente de *interrogación* o *pregunta.* ‖ *Asunto, tema, punto, problema,* sobre los cuales hay que deliberar o resolver. ‖ *Discusión, disputa, pendencia, reyerta, riña.*

cuestionable adj. *Dudoso, discutible, controvertible.*

cuestionar tr. *Discutir, controvertir, debatir, disputar, polemizar, reñir.*

cueva f. El *antro* y la *caverna* son cavidades naturales muy profundas. La *cueva,* la *gruta* y la *cripta* pueden ser naturales o artificiales, y pueden ser profundas o de escasa profundidad. ‖ *Sótano, subterráneo; bodega.*

cugujada f. **Cogujada.*

cuidado m. *Atención, solicitud, esmero, prudencia, tiento.* ‖ *Precaución, vigilancia, recelo, cautela.* ‖ *Sobresalto, temor, cuita, zozobra, inquietud.*

cuidar tr. *Atender, velar por, mirar por, vigilar.* ‖ *Asistir.* ‖ *Guardar, conservar, mantener.*

cuita f. *Trabajo, aflicción, desventura, cuidado, zozobra, angustia.*

cuitado -da adj. *Afligido, desventurado, desgraciado.* ‖ *Apocado, tímido, infeliz, pusilánime.*

culantrillo m. *Culantrillo de pozo, cabellos de Venus.*

culatazo m. *Retroceso, coz.*

culebra f. Entre gentes supersticiosas que creen de mal agüero pronunciar esta palabra, dícese comúnmente *bicha.* ‖ Culebra de cascabel, *crótalo.*

culminante adj. *Elevado, dominante, prominente, eminente, cimero.* ‖ fig. *Superior, sobresaliente, principal.*

culpa f. *Falta, delito, pecado.* La *falta* puede ser voluntaria o involuntaria. La *culpa,* el *delito* y el *pecado* son voluntarios. El *delito* y el *pecado* son *culpas;* contra las leyes humanas, el *delito;* contra la ley divina, el *pecado.*

culpar tr. *Achacar, acusar, imputar, culpar, echar la culpa, inculpar,* significan **atribuir* algo malo, inmoral o delictivo.

culterano -na adj.-s. *Gongorino.*

cultivar tr. *Labrar, laborar.* ‖ fig. Tratándose de facultades, aptitudes, ciencias, etc., *ejercitar, estudiar, practicar, desarrollar.* ‖ fig. *Mantener, estrechar,* el trato, las amistades, etc.

cultivo m. *Labor, labranza, laboreo.* ‖ fig. *Cultura.*

culto -ta adj. *Instruido, educado, civilizado, ilustrado, cultivado, erudito.* ‖ m. *Liturgia* es el *culto* público y oficial de la Iglesia; *servicio religioso* o *divino,* o simplemente *servicio. Adoración, homenaje* y *reverencia* se relacionan más bien con los sentimientos, aunque pueden aplicarse también a lo profano.

cultura f. **Civilización, educación.*

‖ *Instrucción, ilustración, erudición, saber.*

cumbre f. *Cima, cúspide.*

cumiche m. Amér. Central, *benjamín.* En Venez., *cuneco.*

cumpleaños m. *Días:* hoy celebra sus *días.*

cumplidamente adv. m. *Ampliamente, enteramente, cabalmente, abundantemente, largamente, colmadamente.*

cumplido -da adj. *Completo, entero, lleno, cabal.* ‖ *Largo, abundante.* ‖ *Correcto, cortés, fino, atento, amable.* ‖ m. **Cumplimiento, cortesía, obsequio, halago, ceremonia.*

cumplidor -ra adj. *Exacto, puntual, diligente, aplicado.*

cumplimentar tr. *Felicitar, visitar, saludar. Cumplimentar* supone jerarquía en la persona cumplimentada: la comisión pasó a *cumplimentar* al ministro, al alcalde, etc. ‖ *Ejecutar, efectuar, cumplir,* un mandato o encargo.

cumplimiento m. *Cumplido, ceremonia.* «El *cumplimiento* es una demostración de urbanidad: la *ceremonia* es un cumplimiento exagerado. En el *cumplimiento,* como su nombre lo indica, va envuelta la idea de una regla, de un formulario, con cuya observancia se cumple una de aquellas obligaciones exteriores que el trato humano impone. La *ceremonia* aleja toda franqueza y toda confianza. Un hombre *cumplido* es el que no falta a las consideraciones que las gentes bien educadas se deben mutuamente. Un hombre *ceremonioso* es el que da demasiada importancia a estos usos, y no los practica con naturalidad y sencillez» (M). *Cumplimiento y cumplido* son equivalentes. En cuanto pueden significar palabras amables o gratas para el que las escucha, equivale a *halago* o *lisonja:* decir un *cumplido* o *cumplimiento* a una señora.

cumplir tr. *Ejecutar, realizar, *obedecer, observar, efectuar.* ‖ abs. En la milicia y en las penitenciarías, *licenciarse.* ‖ prnl. *Verificarse, realizarse;* p. ej.: *cumplirse* una profecía, una amenaza.

cúmulo m. *Montón, rimero, acumulación, aglomeración, suma, multitud, muchedumbre.*

cuna f. *Brizo,* hoy p. us. ‖ fig. *Patria.* ‖ *Familia, estirpe, linaje.* ‖ *Origen, principio, comienzo.*

cunar tr. *Acunar, mecer, cunear.*

cundir intr. *Extenderse, difundirse, propagarse, multiplicarse.* Tratándose de noticias, ideas, etc., *divulgarse.* ‖ *Dar de sí.*

cuñado -da m. f. *Hermano o hermana político -ca.*

cuotidiano -na adj. *Cotidiano, diario.*

cúpula f. *Dombo, domo, media naranja.* ‖ En algunos buques blindados, *torrecilla, torre.*

cupulífero -ra adj.-s. BOT. *Fagáceo.*

cuquería f. *Astucia, taimería.*

cura m. *Sacerdote, eclesiástico, clérigo.* ‖ f. *Curación.*

curado -da adj. *Adobado, acecinado, endurecido, seco, curtido.*

curaduría f. *Curatela.*

curalotodo m. *Sanalotodo, panacea.*

curar intr. *Cuidar, poner cuidado, atender.* ‖ *Sanar.* ‖ tr. *Remediar.* ‖ *Preparar, adobar, acecinar;* tratándose de pieles, *curtir.*

curda f. fam. *Borrachera, embriaguez, mona, jumera, pítima, turca.* ‖ adj.-s. *Borracho, ebrio.*

curiana f. **Cucaracha.*

curiosear intr. *Averiguar, investigar, indagar, rebuscar.* ‖ intr.-tr. desp. *Fisgar, fisgonear, espiar, bachillerear.*

curioso -sa adj.-s. *Indagador, averiguador, observador.* El que procura averiguar lo que no debiera importarle, *fisgón, espía, indiscreto.* ‖ adj. *Interesante, notable.* ‖ *Limpio, aseado, pulcro.*

currutaco -ca adj.-s. fam. *Figurín, gomoso, petimetre, paquete, pisaverde, lechuguino.*

cursado -da adj. *Experimentado, experto, perito, curtido, versado.*

cursar tr. *Frecuentar.* ‖ *Estudiar, seguir,* tratándose de enseñanzas, disciplinas o carreras. ‖ *Dar curso, tramitar.*

cursiva adj.-f. *Bastardilla, itálica.*

curso m. *Camino, recorrido.* Tratándose de ríos, arroyos, etc., *corriente.* ‖ «Hablando de negocios, *curso* es la serie de trámites, pasos o diligencias, por los cuales llegan a su consumación. *Giro* es la dirección que se les da para conseguir la consumación que se desea. Viendo la *lentitud* con que procedía el *curso* de la pretensión, fue necesario darle otro *giro*» (M). *Tramitación y trámite* pertenecen al lenguaje administrativo.

curtido -da adj. *Avezado, versado, acostumbrado, experimentado, cursado, ejercitado.*

curtidor m. *Noguero.*

curtiduría f. *Tenería;* Amér., *curtiembre.*

curtir tr. *Adobar, aderezar.* ‖ fig. *Acostumbrar, avezar, ejercitar.*

curvatura f. *Corvadura,* esp. si se trata de cosas materiales, no de conceptos geométricos; *encorvadura, encorvamiento* cuando significan el efecto de encorvar[se];

alabeo si se trata de maderas u otras superficies; *comba* sugiere gralte. la idea de convexidad. Todos ellos se hallan dentro del concepto abstracto de *curvatura*, preferido en MAT., ASTRON. y otras ciencias puras o aplicadas.

cúspide f. *Cima, cumbre.*

custodia f. *Escolta, guarda, guardia.* ‖ *Ostensorio.*

custodiar tr. *Guardar, velar, proteger, conservar, defender.* Los verbos *escoltar, vigilar* y *custodiar* pueden connotar idea de protección o defensa, o bien que se *escolta, vigila* o *custodia* a un preso para que no se escape.

cutí m. *Cotí, terliz.*

cutis m. *Piel* se aplica lo mismo al hombre que a los animales; *cutis* es la piel del hombre, y especialmente la de la cara. *Epidermis* es la capa más externa de la piel tanto en el hombre como en los demás seres vivos. Cuando hablamos del *cutis* fino o basto de una persona, nos referimos a la *epidermis*.

cutre adj.-s. *Tacaño, ruin, mezquino, miserable, avaro.*

cuzcuz m. *Alcuzcuz.*

CH

chabacano -na adj. *Grosero; de mal gusto, ordinario, vulgar.*

chácara f. Amér. Merid. **Chacra.*

chacina f. *Cecina.*

chacolotear intr. *Chapalear, chapear.*

chacota f. *Broma, zumba, chanza, burla. Chacota* connota además las ideas de bullicio, alegría ruidosa, manifestación externa de la *burla.*

chacra f. Amér. *Alquería, granja.* En Amér. Merid., *chácara.* Colombia y Ecuad., *chagra.*

chacha f. *Tata.* Ambos pertenecen al habla infantil para designar a la *niñera.*

cháchara f. *Charla, palique, parloteo, garla* (v. **Conversación*).

chacharero -ra adj.-s. fam. *Charlatán, garlador.*

chafaldita f. *Cuchufleta, pulla, *burla.*

chafallón -na adj.-s. fam. *Chapucero, desmañado, charanguero.*

chafar tr.-prnl. *Aplastar, estrujar.* ‖ *Ajar, arrugar, deslucir.* ‖ fig. *Apabullar, confundir, avergonzar.*

chafarote m. desp. o burlesco. *Sable, espada, espadón.*

chagual m. Argent., Chile y Perú. *Cháguar, caraguatá, cháhuar.*

chaira f. *Tranchete, trinchete, cheira.* ‖ *Afilón, eslabón.*

chalado -da adj. fam. *Alelado, lelo, chiflado, guillado, tocado.* ‖ *Enamorado.*

chalán -na adj.-s. *Tratante, traficante,* a los cuales añade la idea de astucia y maña en sus tratos. *Chalán* se aplica esp. al tratante en ganados.

chalote m. *Ajo chalote, escalona, escaloña, ascalonia* y *cebolla escalonia.*

chamba f. *Chiripa, suerte, *casualidad, azar.*

chamiza f. *Chamarasca, chámara.*

chamizo m. *Tugurio, cuchitril, chiribitil.*

chamuscar tr. *Socarrar.*

chamusco m., chamusquina f. *Socarrina.*

chancear intr.-prnl. *Bromear, embromar, burlar.* Colomb., Cuba y P. Rico, *changuear.*

chancero -ra adj. *Bromista, burlón, guasón.*

chanclo m. Si es de madera, *choclo, zoclo, zueco, madreña, almadreña,* según las regiones.

chanchullo m. *Manejo, trampa, enjuague, combinación* (fam. *combina*), *pastel.*

chanflón -na adj. *Tosco, grosero, mal formado, deforme.*

chano, chano m. adv. *Paso a paso, poco a poco, pian piano.*

chantre m. *Capiscol;* en algunas iglesias, *primicerio.*

chanza f. *Broma, burla, chirigota, chanzoneta, guasa.*

chapalear intr. *Chapotear.* ‖ *Chacolotear.*

chaparro m. *Mata parda.*

chaparrón m. De menor a mayor intensidad, *chaparrada, chaparrón, chubasco.* Los tres coinciden en ser de corta duración.

chapear tr. *Chapar, enchapar.*

chapeta f. *Chapa, roseta.*

chapodar tr. *Desvastigar.*

chapotear intr. *Chapalear, guachapear.*

chapucear tr. *Chafallar; frangollar* añade idea de apresuramiento en la labor desmañada.

chapucero -ra adj. *Desmañado, charanguero, chafallón, frangollón.*

chapurrear tr.-intr. *Chapurrar, champurrear.*

chapuzar tr. *Capuzar, zampuzar, zapuzar.*

chaqueta f. **Americana.* En Amér., *saco.*

charadrio m. *Alcaraván, árdea.*

charca f. *Poza.* La que queda en la orilla de un río después de una avenida, *pozanca. Charco, lagunajo* y *tollo* (Ar.), charca pequeña que se forma en el pavimento.

charla f. *Cháchara, palique, parloteo, garla* (v. **conversación*).

charlar intr. *Garlar, chacharear, parlotear.*

charlatán -na adj.-s. *Churrullero, *hablador, parlanchín, sacamuelas, cotorra.* ‖ *Embatido, embaucador, engañador, farsante, impostor, embustero.*

charlatanería f. *Locuacidad, palabrería; garrulería,* si es vulgar o pedestre; el *charlatanismo* es además engañoso.

charneca f. *Lentisco, almácigo, mata.*

charnela f. *Bisagra.* ‖ *Gozne.*

charqui m. Amér. Merid. *Charque.*

charrán adj.-s. *Pillo, tunante, granuja, malvado. Charrán* es intensivo, y connota suciedad en sus actos y procedimientos.

chasca f. *Chavasca, frasca, ramulla.*

chasco m. *Burla, broma, engaño.* ‖ *Decepción, fiasco, desencanto, desilusión, desengaño.*

1) **chasquear** tr. *Burlar, engañar, embromar.* ‖ *Frustrar, decepcionar, desilusionar.*

2) **chasquear** tr. *Restallar.* ‖ intr. *Crujir.*

chasquido m. *Estallido, crujido, restallido;* tratándose de la madera, *traquido.*

chato -ta adj. *Romo.*

chaval -la m. f. fam. *Muchacho, joven, mozo.*

chavea m. And. *Rapaz, rapazuelo, muchacho.*

cheche m. Cuba y P. Rico. *Jaque, valentón, perdonavidas, chulo, fanfarrón.*

cheira f. *Chaira, tranchete, trinchete.*

chepa f. *Corcova, joroba, giba.*

cheposo -sa adj. *Corcovado, jorobado, giboso.*

cherna f. *Mero.*

chico -ca adj. *Pequeño,* en general. Tratándose de personas, *bajo;* o bien, *joven.* Tratándose de espacios o cantidades, *reducido, insuficiente.* Tratando de longitudes, *corto.* ‖ adj.-s. *Niño, muchacho.*

chicoleo m. *Donaire, galantería, flor, piropo, requiebro.*

chicoria f. *Achicoria.*

chicharra f. *Cigarra.*

chicharro m. *Chicharrón.* ‖ *Jurel.*

chicharrón m. *Chicharro, gorrón.*

chichear intr.-tr. *Sisear.*

chichón m. *Porcino, tolondro, tolondrón, turumbón.*

chiflado -da adj. *Maniático, guillado, tocado, desequilibrado, lelo.* ‖ *Enamorado.*

chifladura f. *Manía, guilladura, idea fija.* ‖ *Capricho, fantasía, tema.* ‖ *Enamoramiento.*

chillar intr. *Chillar* es propio de personas y de ciertos animales. *Chirriar* y *rechinar* se dice de cosas que luden o rozan. Un niño asustado, un ratón, *chillan;* la

carreta *chirría;* una máquina mal engrasada *rechina.*

chillería f. *Vocerío, vociglería, gritería.* ‖ *Bronca, regaño, regañina, reprensión,* cuando se hacen a gritos.

china f. *Lampatán* (raíz medicinal). ‖ *Porcelana.* ‖ Cuba y P. Rico, *naranja.*

chinchorrería f. *Impertinencia, pesadez, molestia.* ‖ *Chisme, cuento, patraña.*

chinchorrero -ra adj. *Impertinente, cargante, chinchoso, chinche, fastidioso, molesto.*

chipriota y **-te** adj.-s. [pers.] *Ciprino, ciprio* se emplean sólo tratando de la antigüedad.

chiquilicuatro m. fam. *Zascandil, mequetrefe, danzante, chisgarabís.*

chiquillada f. *Niñería, niñada, muchachada.*

chiquillo -lla m. f. *Niño, criatura, crío, muchacho.* Si es muy pequeño, *rorro, bebé.*

chiribita f. *Chispa.* ‖ *Margarita* (flor).

chiribitil m. *Tabuco, tugurio, cuchitril, zaquizamí.*

chirigota f. *Cuchufleta, chiste, chanza, broma.*

chirimbolo m. desp. *Cachivache, baratija, chisme, trasto, utensilio.*

chiripa f. *Chamba, chiripa, suerte* son *azares* o *casualidades* favorables, esp. en el juego.

chiripero m. *Chambón.*

chirlata f. *Timba, garito, casa de juego;* la de ínfima especie es propiamente la *chirlata.*

chirle adj. fam. *Insípido, insubstancial, insulso, soso.* ‖ m. *Sirle, sirria.*

chirlo m. *Herida, corte, cuchillada, tajo.* ‖ *Cicatriz, costurón.*

chirona f. fam. *Cárcel, prisión.*

chirriar intr. *Rechinar, gruñir, *chillar.*

chirumen m. fam. *Cacumen, caletre, magín.*

chisgarabís m. fam. *Zascandil, mequetrefe, chiquilicuatro, danzante.*

chisme m. *Cuento, historia, murmuración, reporte* (ant.), *insidia, enredo, lío.* ‖ *Baratija, chirimbolo, cachivache, trasto.*

chismorrear intr. *Comadrear, cotillear, chismear, murmurar.*

chismorreo m. *Comadreo, cotilleo, murmuración.*

chismoso -sa adj.-s. *Cuentista, cuentón, murmurador, cizañero.*

chispeante adj. fig. *Ingenioso, agudo. Chispeante* se aplica al escrito, discurso o estilo en que abundan aquellas cualidades.

chispa f. *Chiribita.* ‖ *Relámpago, rayo, exhalación, centella,* cuando salta entre las nubes, o entre las nubes y la tierra; la *centella* sugiere menor intensidad. Todos estos vocablos denotan *chispas* atmosféricas, meteorológicas. Pero la *chispa* y la *descarga* eléctrica pueden saltar también en las máquinas eléctricas y en los cables conductores. ‖ fig. *Penetración, viveza, ingenio, agudeza, gracia.* ‖ **Borrachera.*

chispo -pa adj. *Achispado, bebido, beodo, borracho, ajumado.*

chistar intr. *Rechistar,* intensivo.

chiste m. *Gracia, graciosidad, agudeza.* «Lo que constituye el *chiste* es la gracia; lo que constituye la *agudeza* es el ingenio. El *chiste* puede consistir en el equívoco, en la exageración y hasta en lo absurdo. La *agudeza* requiere arte, astucia y destreza. Una gran mentira puede ser *chistosa,* pero no *aguda.* Es *agudeza* el sofisma al que no se encuentra fácil solución» (M). *Chuscada, chirigota* y *cuchufleta* acentúan el matiz de burla.

chistoso -sa adj. *Ocurrente, decidor,* se aplican sólo a personas. A personas, dichos o hechos, *gracioso, donoso, chusco. Agudo* e *ingenioso* se dice de personas o de dichos; pero no de lances o sucesos reales

chita f. *Astrágalo* (hueso). ‖ *Tejo* juego), *chito.*

chito m. *Mojón, tango, tanguillo, tángano, tarusa.* ‖ *Chita* (juego).

chivato m. fig. *Soplón, delator.*

chocante adj. *Raro, extraño, sorprendente, singular.*

chocar intr. *Topar, encontrarse.* ‖ fig. *Pelear, combatir, disputar.* ‖ *Extrañar, sorprender.*

chocha f. *Becada, coalla, chorcha, gallina sorda, gallineta, pitorra, chochaperdiz.*

chochear intr. *Caducar.*

chofeta f. *Copilla, chufeta, escalfeta.*

cholo -la adj.-s. Amér. *Mestizo.*

1) **chopo** m. *Álamo negro.*

2) **chopo** m. *Fusil.*

choque m. *Encuentro, topada, colisión. Topetazo, trompada* y *encontronazo* son intensivos. ‖ fig. *Contienda, pelea, combate, disputa.*

choquezuela f. *Rótula.*

chorro m. *Caño.* Cuando es delgado, *hilo.*

chotacabras f. *Engañapastores, zumaya.*

choteo m. Cuba y P. Rico. *Burla, pitorreo, rechifla.*

choza f. *Cabaña, barraca.* Si es pequeña, *chozo, chabola.*

chubasco m. **Chaparrón, aguacero.*

chubasquero m. *Impermeable.*

chuchería f. *Fruslería, baratija, friolera.* La *chuchería* sugiere delicadeza o lindeza.

chucho m. *Perro.* ‖ interj. ¡*Zuzo!*

chueco -ca adj. Amér. *Estevado, patituerto.*

chulo -la m. f. *Majo, guapo.* ‖ *Valentón, perdonavidas.* ‖ *Rufián.*

chumbera f. *Nopal, tunal, higuera chumba o de Indias.*

chunga f. *Zumba, cantaleta, broma, guasa,* son **burlas* festivas y ligeras.

chupada f. *Succión.*

chupado -da adj. fig. *Flaco, extenuado, delgado, consumido.*

chupar tr. *Succionar* es tecn., o pertenece al estilo selecto. ‖ *Embeber, absorber.*

chupatintas m. *Cagatintas.* Ambos son denominaciones despectivas o burlescas del *oficinista.*

chuscada f. *Donaire, gracia, ocurrencia, chiste.*

chusco -ca adj. *Chistoso, gracioso, ocurrente, donoso.*

chusma f. *Gentuza, gentualla, zurriburri, churriburri.*

D

dable adj. *Hacedero, factible, posible.*

dactilar adj. *Digital.*

dactilografía f. *Mecanografía.*

dádiva f. *Don, donación, donativo, *regalo.* «La *dádiva* y el *don* consisten simplemente en la enajenación voluntaria de lo que se posee, en favor de otra persona; la *donación* es una *dádiva* hecha de un modo formal y solemne; el *donativo* es una *dádiva* hecha al gobierno, a una corporación o a un establecimiento. Un regalo entre amigos es *don* o *dádiva*. Las *donaciones* suelen hacerse por escrituras públicas. En las urgencias de la patria, los buenos ciudadanos se esfuerzan en hacer *donativos* en favor de la causa pública» (M).

dadivoso -sa adj. *Desprendido, *generoso, liberal. Rumboso, espléndido* y *magnífico* son expresiones intensivas y en ellas se mezcla más o menos la idea de ostentación. Cuando se acentúa el matiz de desinterés, *dadivoso* se acerca a *caritativo.*

dado -da adj. *Concedido, supuesto, aceptado, admitido.* Tienen todos valor concesivo o condicional unidos a la conj. *que,* en las expresiones *dado que, concedido que, supuesto que, aceptado que, admitido que.*

daltonismo m. *Acromatismo.*

dalla f. *Guadaña, dalle.* El uso preferente de *dalle* o *dalla* varía según las comarcas. *Guadaña* es término de empleo general y predominante en la lengua literaria.

damajuana f. *Castaña, garrafón.*

damascado -da adj. *Adamascado.*

damería f. *Melindre, delicadeza, remilgo.* ‖ fig. *Reparo, escrupulosidad.*

damnación f. **Condenación.*

damnificar tr. **Dañar, perjudicar.*

danés -sa adj.-s. [pers.]. *Dinamarqués. Dánico* es p. us.

danta f. *Anta.* ‖ *Tapir.*

danza f. **Baile.*

danzante m. f. *Bailarín, danzarín.* ‖ *Necio, ligero, chisgarabís, mequetrefe, zascandil, entrometido.*

dañar tr.-prnl. *Damnificar* es lit., jurídico, administrativo, y envuelve una idea más gral. y abstracta que *dañar;* la inundación *ha damnificado* a los pueblos ribereños, pero ha *dañado* los cimientos de una casa. *Perjudicar* tiene a menudo matiz atenuado; es producir un daño indirecto o parcial. ‖ *Estropear, echar a perder, menoscabar, malear.*

dañino -na adj. *Nocivo, dañoso, perjudicial, pernicioso.*

daño m. *Perjuicio.* «El *daño* es más material y más directo que el *perjuicio.* Se hace *daño* rompiendo lo íntegro, trastornando lo ordenado, ensuciando lo limpio. Se hace *perjuicio* oponiendo obstáculos, infringiendo derechos, negando favores. El *perjuicio* resulta muchas veces del *daño.* El *daño* que hace la oruga en la cosecha causa gran *perjuicio* al labrador. La intemperie, las comidas indigestas, el abuso de las fuerzas físicas, no hacen *perjuicio,* sino *daño.* El que no paga lo que debe no hace *daño,* sino *perjuicio* al acreedor» (M). *Mal, detrimento* y *menoscabo* están próximos al significado de *daño* por su carácter directo y a menudo material. El *detrimento* se refiere a la integridad o conservación de una cosa. El *menoscabo* a la cantidad.

dañoso -sa adj. *Nocivo, dañino, perjudicial, pernicioso.*

dar tr. *Donar, regalar, entregar.* «*Dar* es ceder o pasar a otro la posesión de una cosa; *entregar* es ponerle materialmente en posesión de ella; y así, ni el que *da* es siempre el que *entrega,* ni el que *entrega* es siempre el que *da.* El rey *da* con liberalidad, y el tesorero *entrega* con exactitud. A los niños se les debe inclinar a que *den* limosna a los verdaderos pobres, y, para que se les imprima bien esta doctrina, conviene que la *entreguen* ellos mismos y se acostumbren a ver de cerca la verdadera necesidad. El que hace una limosna por su mano a un mendigo, emplea al mismo tiempo las dos acciones de *dar* y de *entregar*» (LH). *Donar* implica solemnidad, y suele hacerse por escritura pública. *Regalar* da idea de obsequiosidad y cortesía. ‖ *Otorgar, conceder, facilitar, proporcionar, ofrecer*. ‖ *Producir, rentar, rendir, redituar*. ‖ *Aplicar, poner*, p. ej., una mano de pintura, un remedio. ‖ intr. *Caer, topar, pegar*, contra; en sentido fig., *incurrir*. ‖ *Acertar, adivinar, atinar*. ‖ *Mirar, encararse, orientarse*; p. ej.: los balcones *dan* a la plaza. ‖ prnl. *Entregarse, rendirse, ceder*.

data f. *Fecha* es hoy más us. que *data*. ‖ *Abono* en cuenta, *haber*.

datar tr. *Fechar; calendar* (desus.). ‖ *Adatar, abonar, acreditar*. Hoy se usa con preferencia *abonar*.

dátil m. (molusco). *Uña*.

dato m. *Antecedente, noticia*. ‖ *Documento, nota*.

daza f. *Zahína, sahína, alcandía, sorgo, maíz, melca*.

debajo adv. l. *Abajo. ‖ *Bajo* [adv. y prep.]. «Una diferencia análoga a la que existe entre *encima* y *sobre* creo que distingue las voces *debajo* y *bajo*: esto es, un cuerpo está *debajo* de otro cuando ocupa un lugar inferior en una misma línea vertical; está *bajo* de otro cuando éste gravita *sobre* él, cuando están en contacto inmediato, o a lo menos cuando no consideramos los cuerpos intermedios. Está *bajo* la losa, quiere decir que la losa lo cubre, que está *sobre* él; está *debajo* de la losa quiere decir que la losa está *encima*, esto es, más arriba, aunque no lo toque ni lo cubra. Por esto se dice *bajo* llave, es decir, dependiente de la llave; *bajo* mi tutela, *bajo* mi dirección, es decir, que tengo cierta autoridad, cierto derecho *sobre* la cosa de que se trata... y en ninguno de estos casos le puede sustituir el adverbio *debajo*» (J). *Debajo*, cuando antecede a un nombre o palabra equivalente, pide la prep. *de*: *debajo de* la mesa, *debajo de* tutela y en este caso tiene el mismo valor que *bajo* (prep.).

debate m. **Discusión, controversia, disputa*.

debatir tr. *Altercar, discutir, contender, disputar*.

debe m. *Cargo*, hoy p. us.; *adeudo*.

deber m. *Obligación. Aunque ambos significan lo mismo y pueden sustituirse entre sí, el *deber* se siente más como de naturaleza moral, espiritual, mientras que la *obligación* nos constriñe en la práctica. Un empleado tiene *obligación* de llegar puntual a su oficina, y tiene el *deber* de esmerarse en el trabajo. Parece, pues; como si el *deber* naciese de nosotros mismos y la *obligación* nos viniese impuesta desde fuera. Donde no llegan las *obligaciones* tabulables, alcanza el sentimiento del *deber*. La diferencia entre ambos sinónimos puede ser, pues, de estimación afectiva.

deber tr. *Estar obligado, tener obligación*. ‖ *Adeudar*. ‖ *Deber de* seguido de infinitivo, es una expresión perifrástica que significa suposición o posibilidad. *Debe de estar* en su casa equivale a *supongo que está* en ella. *Deber*+infinitivo significa *estar obligado: debe estar* en su casa equivale a *tiene obligación de estar*. Aunque abundan los ejemplos antiguos y modernos de confusión entre *deber* y *deber de*, conviene mantener la diferencia entre ambas locuciones, que se apoya en la autoridad de la Academia Española y de los mejores gramáticos.

débil adj. *Endeble, flojo*. Tratándose de la salud o las fuerzas físicas de una persona, *decaído, desfallecido, debilitado*; si la falta de fuerzas es habitual o de larga duración, *enclenque, enfermizo, raquítico*.

debilidad f. *Endeblez*. Tratándose de las fuerzas corporales, *astenia* (med.), *decaimiento, descaecimiento, desfallecimiento, flaqueza, flojera, flojedad*. ‖ fig. *Flaqueza* y *debilidad* se emplean eufemísticamente por *falta, culpa, pecado, vicio*.

débito m. *Adeudo* y *débito* sólo se emplean en estilo elevado o en la terminología jurídica o bancaria: su *débito* asciende a 27.000 pesetas. La voz corriente es *deuda*.

decadencia f. *Declinación, declive, decadencia, descenso*. Predomina en estos sustantivos la idea de lentitud o gradación, a diferencia de lo súbito de la *caída. *Decrepitud* es *decadencia* extrema.

decaer intr. *Declinar*. ‖ *Debilitarse, flaquear*, la salud, las fuerzas. ‖ Tratándose de la riqueza, el número, etc., *menguar, disminuir, aminorarse*.

decálogo m. *Tablas de la Ley, mandamientos*.

decantar tr. *Propalar, ponderar, engrandecer.*

decencia f. *Recato, compostura, honestidad, aseo.* ‖ *Decoro, dignidad.* «La *decencia* consiste en el conjunto de exterioridades que corresponden a la clase del sujeto de quien se trata : así el vestido *decente* en un labrador puede no serlo en un magistrado. El *decoro* es una *decencia* más grave, más ostentosa y más aparente. La *dignidad* es el *decoro* conveniente a una categoría elevada o a las grandes prendas del ánimo. El hombre sensato viste y amuebla su casa con *decencia*, y trata a los otros con *decoro*. El hombre de honor rechaza con *dignidad* la calumnia» (M).

decentar tr. *Encentar, encetar.*

decepción f. *Engaño, chasco, burla.* ‖ *Desilusión, desengaño, desencanto,* son gralte. más intensos.

decidido -da adj. *Resuelto, audaz, emprendedor, valiente.*

decidir tr. *Resolver,* *determinar.*

decimoctavo -va adj. *Dieciocheno,* poco usado.

decimocuarto -ta adj. *Catorceno,* hoy p. us.

decimonono -na adj. *Decimonoveno.*

decimoquinto -ta adj. *Quinceno.*

decimosexto -ta adj. *Dieciseiseno,* p. us.

decimotercero -ra, decimotercio -cia adj. *Treceno, tredécimo.*

decir tr. *Manifestar,* *hablar.* ‖ *Afirmar, asegurar, sostener, opinar.*

decisión f. *Resolución, determinación, partido.* ‖ *Arbitraje, fallo, sentencia.* ‖ *Firmeza, valentía, audacia.*

decisivo -va adj. *Concluyente, terminante, definitivo.*

declarar tr.-prnl. *Exponer, explicar,* *manifestar, decir.* ‖ *Decidir, fallar, resolver.* ‖ intr. *Deponer, testificar, atestiguar.*

declinación f. *Decadencia, descenso,* *caída.* ‖ Tratando de los astros, *ocaso.*

declinar intr. *Decaer, menguar, disminuir, debilitarse.* ‖ *Renunciar, dimitir, rehusar.* Por su empleo selecto, *declinar* es una manera elegante de *rehusar*: se *declina* un honor, una alta representación, y se *rehúsa* una oferta cualquiera.

declive m. *Pendiente, inclinación, rampa, cuesta.* ‖ fig. *Decadencia,* *caída, declinación.*

decocción f. *Cocción, cocimiento.*

decolorar tr. *Descolorar, desteñir, despintar. Decolorar* se usa esp. en la terminología científica.

decomisar tr. *Comisar,* *confiscar, incautar.*

decomiso m. *Comiso,* *confiscación, incautación.*

decorar tr. *Adornar, hermosear, ornar, ornamentar.* ‖ *Condecorar.*

decoro m. *Decencia, respeto, respetabilidad, honor, estimación, dignidad.*

decrecer intr. *Disminuir, menguar, aminorar,* en sus acep. intr. A pesar de ser intercambiable con cualquiera de ellos, *decrecer* sugiere gralte. un proceso más o menos continuado, que lo hace más propio para indicar una disminución progresiva : los días *decrecen* hasta el 21 de diciembre. En cambio, no sería propio para expresar una disminución que se produce una sola vez. Comp. con el sentido de acción progresiva del simple *crecer*, frente a *aumentar.*

decrepitar intr. *Crepitar, chisporrotear.*

decrepitud f. *Decadencia, declinación, declive.* ‖ *Chochez.*

decretar tr. *Ordenar, decidir, resolver, determinar.*

decurso m. *Transcurso, sucesión, continuación, paso.*

dechado m. *Muestra, modelo.* ‖ fig. *Ejemplo, modelo.*

dédalo m. *Laberinto, enredo, maraña, confusión, lío.*

dedicar tr. *Ofrecer.* Consagrar supone mayor solemnidad, y más todavía *ofrendar.* ‖ *Emplear, destinar, aplicar, asignar, ocupar.*

deducción f. *Consecuencia, conclusión, resultado, derivación.* ‖ *Rebaja, descuento, disminución, resta.*

deducir tr. *Colegir,* *inferir, concluir, seguirse* (impersonal), fuera del lenguaje filosófico, no significan más que alcanzar un resultado por medio del razonamiento, lo mismo que *deducir.* Son sin. en el habla ordinaria. Pero cuando quiere dárseles todo su rigor conceptual, *deducir* significa partir de un principio gral. (método lógico de la deducción), a diferencia de *inducir* (de lo particular a lo gral.), equivalente a *colegir. Inferir* y *concluir* denotan llegar a una conclusión por vía deductiva o inductiva, indistintamente. ‖ *Rebajar,* *descontar, restar.*

defección f. *Deserción, huida, abandono. Defección* es voz más abstracta y menos usual. En un partido, doctrina o ideal, hablamos de la *defección* de algunos con cuya opinión, voto o apoyo podíamos contar. En el ejército la *deserción* es un delito definido.

defecto m. *Falta, tacha, imperfección, vicio, deficiencia.* «El *de-*

fecto está en el carácter, y la *falta* en la conducta. La distracción es un *defecto*, y el hombre distraído comete muchas *faltas*. Hablando de las cosas materiales, el *defecto* consiste en un vicio de composición, y la *falta* en la ausencia de alguna circunstancia esencial o necesaria. Un libro escrito en mal estilo tiene un *defecto;* si carece de índice, tiene una *falta»* (M).

defender tr. *Amparar,* **proteger, sostener, resguardar, preservar.* «Se dice *defender* una causa, *sostener* una empresa, *proteger* las ciencias y las artes. Es uno *protegido* por sus superiores, y puede ser *defendido* y *sostenido* por sus iguales. Es *protegido* uno por los demás; pero puede *sostenerse* y *defenderse* por sí mismo. *Proteger* supone poder, y no exige acción; *defender* y *sostener* la exigen; pero el primero supone acción más marcada. Un estado pequeño en tiempo de guerra es, o *defendido* abiertamente, o secretamente *sostenido* por otro más grande y poderoso, que se contenta con *protegerlo* en tiempo de paz» (Ma). ‖ *Disculpar, exculpar, justificar, abogar, excusar.*

deferencia f. *Consideración, respeto, atención, miramiento;* **condescendencia.*

deferente adj. *Respetuoso, considerado, atento, mirado.*

deficiencia f. **Defecto, falta, imperfección, tacha.*

definido -da adj. *Delimitado,* preferentemente si se trata de imágenes o cosas materiales; *determinado* con referencia a conceptos, cantidades.

definitivo -va adj. *Concluyente, decisivo, terminante.*

deflagrar intr. Ús. esp. en QUÍM. y pirotecnia. En sentido gral. lit., *flagrar.*

deformar tr. Es voz culta que se aplica tanto a lo material como a lo fig.: ~ un sombrero, ~ el carácter de un niño, ~ la verdad *(desfigurar).* En el habla pop. y tratándose de cosas materiales, *desformar, disformar* (p. us.).

deforme adj. *Disforme* acentúa el aspecto feo, desproporcionado, monstruoso, de la anomalía. Compárese: tenía un pie *deforme* y tenía un pie *disforme. Informe* es lo que no tiene la forma normal. *Desfigurado, desproporcionado.*

deformidad f. Entre *deformidad* y *disformidad* existe la misma diferencia de matiz que entre *deforme* y *disforme.*

defraudar tr. *Estafar, quitar, engañar.* ‖ *Frustrar, malograr.*

defunción f. *Muerte, fallecimiento, óbito.*

degenerar intr. *Decaer, empeorar, declinar, perder.*

deglutir intr. *Tragar, engullir. Deglutir* e *ingerir* son palabras escogidas.

degollar tr. *Yugular.* ‖ fig. *Destruir, arruinar.*

degradar tr. *Deponer, destituir, postergar.* ‖ *Humillar, envilecer, abatir, rebajar.*

dehesa f. *Redonda, acampo, coto.*

deificar tr. *Divinizar.* ‖ fig. *Ensalzar, exaltar, endiosar.*

dejación f. *Cesión, desistimiento, abandono, renuncia.*

dejadez f. *Pereza, negligencia, descuido, desidia, incuria, indolencia.* ‖ *Decaimiento, flojera, debilidad.*

dejado -da adj. *Negligente, perezoso, descuidado, desidioso, abandonado,* **indolente.* ‖ *Desaseado, desaliñado, sucio, adán.*

dejar tr. *Soltar,* **abandonar, desistir, apartarse, retirarse.* ‖ *Prestar.* ‖ *Consentir, permitir.* ‖ *Omitir, olvidar, pasar por alto.* ‖ *Producir, rentar, redituar.* ‖ prnl. *Descuidarse, abandonarse.*

dejo m. *Dejación.* ‖ *Acento, deje, dejillo.* ‖ *Gusto, gustillo, saborcillo, deje; resabio* si el sabor es desagradable.

delación f. *Denuncia, acusación, soplo* (fam.).

delatar tr. *Acusar, denunciar, revelar, descubrir, soplar* (fam.).

delator -ra adj.-s. Desp.: *acusón, soplón, fuelle, malsín;* entre niños, *acusica, acusique;* en las cárceles, cuarteles, etc., *chivato* (pleb.). Aunque a menudo todos ellos coinciden con *denunciador, denunciante, acusador,* éstos pueden proceder abierta y públicamente, mientras que *delator* y sus equivalentes tienen algo de clandestinidad o espionaje (véase **Espía).*

delegado -da adj.-s. *Representante, comisionado, encargado.*

delegar tr. *Comisionar, facultar, encargar, encomendar.*

deleitable adj. *Deleitoso, ameno, placentero, delicioso, agradable, apacible, encantador.*

deleitar tr. *Agradar, gustar, regalar, encantar, embelesar.*

deleite m. **Gusto, agrado, placer, delicia, encanto, embeleso.*

deletéreo -a adj. *Mortífero, mortal, venenoso. Deletéreo* se dice especialmente de los gases, emanaciones, vapores, etc.

deleznable adj. *Inconsistente, frágil, desmenuzable, disgregable, quebradizo.*

delfín m. *Arroaz, golfín, puerco marino, tonina.*

delgado adj. *Enjuto, cenceño, flaco.*
«El hombre *delgado* lo es por constitución, como lo es el huesudo, el robusto, el nervioso; el *flaco* lo es por haber perdido carnes de resultas de una enfermedad, mudanza de clima u otro cualquier accidente» (M). *Enjuto* y *cenceño* se refieren a la constitución más todavía que *delgado*. ‖ *Fino, tenue.*

deliberadamente adv. m. *Adrede, aposta, intencionadamente, premeditadamente.*

deliberar intr. *Examinar, discutir, debatir.* Añade *deliberar* la idea de cuidado o atención particular.

delicadeza f. **Finura, miramiento, suavidad, atención, cortesía,* en el trato. ‖ *Sensibilidad, ternura,* en los sentimientos. ‖ *Cuidado, escrupulosidad, primor,* en las obras o el trabajo. ‖ *Susceptibilidad.*

delicado -da adj. *Fino, mirado, atento, suave, cortés.* ‖ *Tierno, sensible.* ‖ *Débil, enfermizo.* ‖ *Susceptible, sentido, cosquilloso, quisquilloso, picajoso.* ‖ Tratándose de cosas, *suave, tenue, quebradizo.* ‖ *Exquisito, sabroso.* ‖ *Difícil, arriesgado, expuesto.*

delicia f. **Gusto, agrado, goce, placer, regalo, deleite, encanto.*

delicioso -sa adj. *Deleitable, deleitoso, placentero, encantador, ameno, apacible.*

delimitar tr. *Limitar, deslindar, demarcar; definir,* tratándose de conceptos. ～ significa señalar los límites. Se diferencia de *limitar* en varios sentidos, p. ej., un país *limita* con otro u otros, no *delimita* con ellos; pero si hay litigio sobre fronteras, los gobiernos las *delimitan* o señalan de común acuerdo. Asimismo, si la autoridad *limita* las atribuciones de un funcionario, quiere decir que las reduce o acorta; las *delimita* cuando las fija o señala.

delincuente adj.-s. *Malhechor, reo.*

delinear tr. *Diseñar, dibujar.*

deliquio m. *Desmayo, desfallecimiento.* El *deliquio* es un desfallecimiento placentero, que puede coincidir en ciertos casos con *arrobamiento* y *éxtasis.*

delirar intr. *Desvariar, alucinarse, enajenarse.* ‖ *Fantasear, ilusionarse.* ‖ *Desbarrar, disparatar, desatinar.*

delirio m. *Desvarío, enajenación, perturbación, alucinación.* ‖ *Ilusión, quimera, fantasía.* ‖ fig. *Despropósito, disparate, desatino, dislate.*

delito m. *Culpa, crimen.*

demacrarse prnl. *Enflaquecer, desmejorar, desmedrarse.* El verbo *demacrarse* es de significación intensiva en relación con los demás.

demanda f. *Solicitud, petición, súplica, ruego.* ‖ *Busca, empeño, intento, empresa.* ‖ Tratándose de mercancías, **pedido, salida, despacho.*

demandar tr. *Pedir, solicitar, suplicar, rogar.* Cuando no se trata de acción judicial, el verbo *demandar* se siente como arcaizante. ‖ *Buscar, empeñarse, intentar.* También en esta acep. *demandar* es término escogido o anticuado.

demarcar tr. *Limitar, delimitar, deslindar.*

demasía f. **Exceso, sobra.* ‖ *Atrevimiento, insolencia, osadía.* ‖ *Desmán, desafuero, abuso, desorden.* ‖ *Maldad, delito.*

demasiado -da adj. *Excesivo, sobrado.* ‖ adv. c. *Excesivamente, demasiadamente, en demasía.*

demediar tr. *Promediar.*

demencia f. *Locura, vesania, enajenación mental.*

demente adj.-s. **Loco, orate, vesánico, alienado, perturbado, enajenado.*

demérito m. *Desmerecimiento, imperfección;* tratándose de la fama, reputación, etc., *desdoro.*

demoler tr. *Deshacer, derribar, derruir, arruinar;* si la demolición es total y hasta los cimientos, *arrasar.*

demonio m. **Diablo.*

demora f. *Tardanza, dilación, retraso.* «La *demora* envuelve la idea de suspensión de la acción o del movimiento; la *tardanza* [y el *retraso*] son simplemente la consumación de un hecho en tiempo posterior al preciso o señalado. La *dilación* es el exceso de duración en una obra comenzada, sin suponer solución de continuidad en el tiempo empleado. Hay *demora* en un viaje cuando un viajero se detiene en el camino para visitar un amigo. *Tarda* el correo, quiere decir que no llega a la hora en que se aguardaba. Hay *dilación* en la terminación de la audiencia, cuando hacen largos discursos los abogados» (M). Cuando deliberadamente se retrasa la celebración de un acto hasta un plazo determinado, **aplazamiento,* y en varios países de Amér., *postergación.*

demorar tr. *Retrasar, diferir, dilatar* (ant.), *retardar* (v. **atrasar* y **aplazamiento*). ‖ intr.-prnl. *Detenerse, pararse.*

demostrar tr. *Probar, evidenciar, patentizar.* ‖ *Manifestar, mostrar.*

demulcente adj. m. *Emoliente.*

denegación f. *Negativa* o *negación* en gral. *Denegación* y *desestimación* pertenecen al lenguaje jurídico o administrativo.

denegar tr. *Desestimar, *negar.*

dengoso -sa adj. *Melindroso, remilgado.*

dengue m. *Melindre, remilgo.*

denigrar tr. *Infamar, desacreditar, desprestigiar, vilipendiar.* ‖ *Injuriar, ofender.*

denodado -da adj. *Esforzado, intrépido, valiente, animoso, decidido, resuelto.*

denominar tr. **Nombrar, llamar, designar.*

denostar tr. *Injuriar, insultar, ofender, vilipendiar, ultrajar. Denostar* es *injuriar* a uno de palabra o en su presencia.

denotar tr. *Indicar, significar, señalar, anunciar.*

densidad f. *Peso específico.*

denso -sa adj. *Pesado.* ‖ *Compacto, apiñado, apretado;* tratándose de líquidos, *espeso.*

dentellada f. **Mordedura.*

dentista adj.-com. *Odontólogo* y *estomatólogo* son tecn.; desp., *sacamuelas. Dentista* es el nombre general.

dentro adv. l. y t. v. **Adentro.*

denuedo m. *Brío, esfuerzo, intrepidez, valor, decisión, resolución, arrojo.*

denuesto m. **Insulto, injuria, ofensa, dicterio, improperio.*

denuncia f. *Delación, acusación, soplo.*

denunciante com. **Delator, denunciador, acusador, soplón* (fam.). *Delator* y *soplón* connotan clandestinidad u ocultación de la denuncia; en tanto que el *denunciante* procede con la claridad del que ejercita un derecho.

denunciar tr. *Delatar, descubrir, revelar, acusar.* «La idea común de los verbos *denunciar* y *delatar* es la de descubrir la infracción de la ley o de la obligación al juez o persona competente. Pero *denunciar* supone un objeto en que tiene menos parte el interés personal que el deseo de evitar el daño o el delito. *Delatar* supone un objeto en que tiene menos parte el deseo de la justicia que el interés personal. *Denuncia* la conspiración que descubre un buen ciudadano, un hombre que desea la pública tranquilidad; y la *delata* uno de los cómplices por miedo al castigo. *Denuncia* una mala vecindad el que desea evitar el escándalo a su familia. *Delata* un contrabando el que espera la recompensa que a él le toca» (LH).

deontología f. **Ética.*

departir intr. **Conversar, hablar, platicar.*

depauperar tr. *Empobrecer.* ‖ *Debilitar, extenuar.*

dependencia f. *Subordinación, sujeción.*

deplorable adj. **Lamentable, lastimoso, sensible, triste.*

deplorar tr. *Lamentar, sentir, dolerse.*

deponer tr. *Destituir,* esp. si se trata de una autoridad; *dejar cesante, separar del servicio,* si se trata de un empleado. ‖ *Atestiguar, testificar, declarar.*

deportación f. **Destierro, extrañamiento, exilio, proscripción.*

depravación f. *Envilecimiento, perversión, corrupción, desenfreno.*

depravar tr.-prnl. *Viciar, corromper, malear, *pervertir, envilecer.*

deprecación f. *Ruego, súplica. Deprecación* es intensivo y supone gran vehemencia.

deprecar tr. **Rogar, suplicar, instar. Impetrar* y *deprecar* denotan gran ahínco y rendimiento.

depreciar tr. Es voz más escogida que *abaratar,* y por ello se usa esp. en Economía, banca y grandes negocios. Se *deprecia* la moneda, los valores públicos, y se *abarata* el pan.

depredación f. *Saqueo, robo, pillaje.* ‖ *Malversación.*

depresión f. *Baja, descenso.* ‖ *Hundimiento, concavidad:* ~ del terreno. ‖ *Humillación, degradación.* ‖ *Abatimiento, melancolía, desaliento, desánimo.*

deprimir tr. *Humillar, rebajar, degradar.* ‖ *Abatir, desalentar, desanimar.*

depurar tr. **Purificar, limpiar.* ‖ fig. *Acrisolar, perfeccionar.*

derecha f. *Diestra.*

derechamente adv. m. *Rectamente, en derechura, directamente.* ‖ *A las claras, francamente, abiertamente.* ‖ *Justamente, con rectitud.*

derecho -cha adj. *Recto, seguido, directo.* ‖ *Justo, fundado, legítimo.* ‖ *Vertical, erguido.* ‖ *Diestro.* ‖ m. *Facultad, opción.* ‖ *Justicia, razón.* ‖ *Anverso, cara.* ‖ m. pl. *Impuesto, tributo, gabela.*

derivar intr.-prnl. *Originarse, proceder, deducirse, seguirse, emanar.* ‖ mar. *Abatir.* ‖ tr. *Encaminar, conducir, dirigir.*

derogar tr. **Abolir, anular, suprimir.*

derramado -da adj. *Gastador, malgastador, manilargo, manirroto, derrochador, despilfarrador, disipador, pródigo.*

derramar tr.-prnl. *Esparcir, verter, diseminar.* ‖ fig. *Publicar, divulgar, extender.* ‖ prnl. *Desembocar, desaguar.*

derredor m. *Circuito, contorno, re-dedor.*

derrengar tr.-prnl. *Desriñonar, descaderar.*

derretir tr.-prnl. *Liquidar, licuar, regalar* y *derretir* tratándose de sólidos blandos, como la cera, las resinas, manteca, etc. Hablando de metales, *fundir.* ‖ prnl. fig. *Enamorarse, enardecerse.* ‖ *Inquietarse, impacientarse.*

derribar tr. *Tirar, tumbar, echar al suelo, echar a rodar.* Tratándose de construcciones, *demoler, derrumbar, derruir, hundir, arruinar.* ‖ *Postrar, abatir.*

derrocadero m. *Despeñadero, precipicio, derrumbadero.*

derrocar tr. *Despeñar, precipitar.* ‖ *Derribar, derrumbar, demoler, derruir.*

derrochador -ra adj.-s. *Pródigo, derramado, malgastador, manirroto, despilfarrador, dilapidador.*

derrochar tr. *Dilapidar, malgastar, malbaratar, despilfarrar, disipar.*

derroche m. *Despilfarro, dilapidación, prodigalidad.* ‖ fig. *Abundancia, profusión.*

1) derrota f. En tierra, *camino, senda, sendero, vereda.* En el mar, *rumbo, rota, ruta, derrotero.*

2) derrota f. *Vencimiento, rota, desbaratamiento.*

derrotado -da adj. *Roto, andrajoso, harapiento, destrozado, pobre, arruinado.*

derrotar tr. *Vencer, desbaratar, batir, destrozar.*

derrotero m. MAR. *Rumbo, rota, ruta, derrota.* ‖ *Dirección, camino.*

derruir tr. *Derribar, demoler, arruinar.*

derrumbadero m. *Despeñadero, derrocadero, precipicio.*

derrumbar tr.-prnl. *Precipitar, despeñar.* ‖ *Derruir, demoler, arruinar, desplomar(se).*

desabor m. *Sinsabor, insipidez, desabrimiento.*

desabrido -da adj. *Insubstancial, insulso, *insípido, soso, desaborido.* ‖ Hablando del carácter o del trato, *áspero, desapacible, displicente, desagradable.*

desabrigar tr. *Destapar, desarropar.* ‖ fig. *Desamparar.*

desabrimiento m. *Desazón.* ‖ *Aspereza, displicencia.*

desacato m. *Irreverencia, falta de respeto.* ‖ *Desobediencia, insumisión, rebeldía.*

desacierto m. *Error, yerro, equivocación.* Intensivos: *desatino, disparate, dislate, torpeza.*

desacomodado -da adj. *Parado, desocupado; si se trata de un funcionario, cesante.* ‖ *Incómodo.*

desaconsejar tr. *Disuadir.*

desacorde adj. *Disconforme, discordante, desavenido.* ‖ Tratándose de voces o instrumentos músicos, *destemplado, desentonado, desafinado.*

desacostumbrado -da adj. *Insólito.*

desacostumbrar tr. *Deshabituar, desavezar.* Para sus matices distintos, v. *Acostumbrar.*

desacuerdo m. *Discordia, disconformidad, desavenencia, desunión.*

desafección f. *Antipatía, desafecto, malquerencia, animosidad.*

desafecto -ta adj. *Contrario, opuesto.* ‖ m. *Antipatía, desafección, desestimación, malquerencia, aversión, animosidad.*

desafiar tr. *Retar, provocar.* ‖ *Competir, rivalizar.*

desafinar intr.-prnl. *Desentonar.*

desafío m. *Reto.* Cuando está sujeto a ciertas reglas, v. *duelo.* ‖ *Rivalidad, competencia.*

desaforado -da adj. *Desatentado, desordenado.* ‖ *Desmedido, desmesurado, enorme, descomunal.*

desafortunado -da adj. *Desventurado, malaventurado, *desgraciado, desdichado, infortunado, infeliz.* Tratándose de tiempos, sucesos, señales, etc., *infausto, aciago.*

desafuero m. *Demasía, desmán, *exceso, abuso, atropello, tropelía, arbitrariedad.*

desagradable adj. En la actualidad es frecuente, entre personas educadas, usarlo como eufemismo en lugar de adjs. más intensos, como *molesto, irritante, enojoso, penoso, fastidioso,* etc.

desagradar intr. *Disgustar, descontentar, enfadar, enojar, fastidiar, molestar.*

desagradecido -da adj. *Ingrato.* «Para ser *desagradecido* basta no agradecer el beneficio; pero el *ingrato* añade a ello la injusticia de su mal proceder. Aquél puede serlo por indolencia; éste lo es siempre por malicia. El *desagradecido* mira con indiferencia el bien que recibe; el *ingrato,* lo mira como una carga que le irrita contra su bienhechor; y a veces sirve de estímulo a su odio, no sólo el beneficio que le pesa, sino aun la injusticia misma de su propia *ingratitud*» (LH).

desagradecimiento m. *Ingratitud.*

desagrado m. *Disgusto, descontento, fastidio, enojo, molestia.*

desagravio m. *Reparación, satisfacción.*

desagregar tr. *Disgregar, disociar, dispersar.*

desaguadero m. *Despedida, desagüe.*

desaguar tr. *Vaciar;* tratándose de tierras encharcadas, marismas, etc., *sanear, secar.* ‖ fig. *Disipar, consumir.* ‖ intr. *Desembocar, derramar, verter.*

desaguisado m. *Entuerto, agravio,*

atropello, descomedimiento. ‖ *Desacierto, disparate, barbaridad.*

desahogado -da adj. *Descarado, descocado, fresco, desenvuelto, desvergonzado.* ‖ *Desembarazado, despejado, amplio, espacioso, libre, holgado.* ‖ *Desempeñado, desentrampado.*

desahogar tr.-prnl. *Consolar, aliviar,* ‖ **Desfogar.* ‖ prnl. *Repararse, recobrarse.* ‖ *Expansionarse, espontanearse.*

desahogo m. *Alivio, consuelo, descanso, reposo.* ‖ *Desembarazo, libertad, holgura.* ‖ *Expansión, esparcimiento.* ‖ *Descaro, descoco, frescura, desvergüenza, atrevimiento.*

desahuciar tr. *Desesperanzar, desengañar.* ‖ *Despedir, expulsar, lanzar.*

desairado -da adj. *Desgarbado, desgalichado.* ‖ *Desatendido, desdeñado, chasqueado, burlado.*

desairar tr. *Desatender, desestimar, desdeñar, despreciar.*

desaire m. *Desatención, desestimación, desdén, disfavor, desprecio, descortesía, grosería.*

desajustar tr. *Desencajar, desmontar, desconcertar.* ‖ prnl. *Desconvenirse, desavenirse.*

desalentar tr. *Desanimar, *acobardar, descorazonar, arredrar, atemorizar, amedrentar, intimidar, acoquinar.*

desaliento m. *Decaimiento, desánimo, abatimiento, postración.*

desaliño m. *Negligencia, descuido, desaseo, desatavío, desidia, dejadez.*

desalmado -da adj. *Cruel, inhumano, bárbaro.*

desamparar tr. **Abandonar, dejar, desasistir, desatender.* «Se desampara al que se halla necesitado; se abandona al que se halla en riesgo... El rico que no socorre a su familia pobre, la desampara; pero si lo hace cuando ésta se halla en un inminente riesgo de perecer o de sacrificar su honor, la abandona. El desamparado puede no deber su desgracia a la malicia; pero el abandonado la debe siempre a un descuido reprensible o a una intención maliciosa. Un niño que ha perdido sus padres y no tiene quien le cuide, está desamparado. Un joven a quien sus padres han echado de su casa, o no cuidan de su crianza y conducta, está abandonado» (LH). ‖ *Ausentarse, marcharse, irse.*

desanimar tr. *Desalentar, *acobardar, descorazonar, atemorizar, arredrar.*

desánimo m. *Decaimiento, desaliento, abatimiento, postración.*

desapacible adj. *Desagradable, destemplado, duro, áspero.*

desaparear tr. *Desparejar.*

desaparecer intr. *Desparecer* (ant.), *ocultarse, esconderse, perderse.* ‖ *Fugarse, huir, desvanecerse.*

desapego m. *Despego, desafecto, desvío, frialdad.*

desapercibido -da adj. *Desprevenido, descuidado, desprovisto.* ‖ Es GALIC. cuando se usa por *inadvertido.*

desapiadado -da adj. *Despiadado, cruel, inhumano.*

desaplicado -da adj. *Desatento, desaprovechado, holgazán, perezoso.*

desapoderado -da adj. *Precipitado, atolondrado.* ‖ fig. *Furioso, violento.*

desaprobar tr. *Reprobar, vituperar, censurar, condenar* (todos intensivos); *improbar,* desus. En exámenes, *suspender.*

desaprovechar tr. *Perder, malbaratar, desperdiciar, malgastar.*

desarbolar tr. *Desmantelar.*

desarmar tr. *Desmontar, descomponer, desarticular.*

desarraigar tr. *Arrancar, desplantar.* ‖ *Extinguir, extirpar.*

desarreglar tr. *Desordenar, descomponer, alterar, trastornar, desajustar, desorganizar.*

desarreglo m. *Desorden, desajuste, desconcierto, desorganización, desbarajuste.*

desarrollar tr. *Descoger, desenrollar, desenvolver, desplegar.* ‖ *Perfeccionar, fomentar, aumentar;* prnl.: *crecer, progresar, adelantar.* ‖ *Extender, ampliar, explicar, exponer.*

desarrollo m. *Crecimiento, incremento, aumento, adelanto, progreso, desenvolvimiento.* ‖ *Explicación, exposición.*

desarropar tr. *Desabrigar, destapar.*

desarrumar tr. MAR. *Desatorar.*

desaseado -da adj. *Descuidado, dejado, desaliñado, sucio,* en general. Aplicado a una persona, *adán* (intensivo).

desasir tr.-prnl. *Soltar, desatar, desprender.* ‖ prnl. *Desinteresarse, desapropiarse.*

desasosegar tr.-prnl. *Inquietar, desalmar, intranquilizar, desazonar.*

desasosiego m. *Inquietud, intranquilidad, ansiedad, desazón, malestar.*

desastrado -da adj. *Desgraciado, infeliz.* ‖ adj.-s. *Roto, desarrapado, zarrapastroso, haraposo, harapiento, andrajoso.*

desastre m. *Calamidad, devastación, asolamiento, ruina, catástrofe, cataclismo.*

desatancar tr. *Desatascar, desatrampar, desatrancar.*

desatar tr.-prnl. *Desligar, desenla-*

zar, deshacer, soltar. ‖ prnl. *Desencadenarse, desenfrenarse,* hablando de las fuerzas naturales o de las pasiones.

desatascar tr. *Desatollar.* ‖ *Desatancar, desatrancar, desatrampar.* ‖ fig. *Sacar de apuros.*

desatención f. *Inatención, distracción.* ‖ *Incorrección, descortesía, descomedimiento, *grosería.*

desatender tr. *Descuidar, abandonar, olvidar;* abs. *distraerse.* ‖ *Desoír, desasistir, desestimar.*

desatentado -da adj.-s. *Desatinado, desconcertado, inconsiderado.* ‖ adj. *Excesivo, riguroso, desordenado.*

desatento -ta adj. *Distraído, descuidado.* ‖ *Descortés, inconsiderado, grosero.*

desatiento m. *Desasosiego, inquietud, destiento, sobresalto, alteración.*

desatinado -da adj. *Desarreglado, desatentado.* ‖ *Disparatado, descabellado, desacertado, absurdo.*

desatino m. *Disparate, despropósito, desacierto, dislate.* ‖ *Locura.*

desaturdir tr.-prnl. *Desatolondrar.*

desavenencia f. *Discordia, desunión, desacuerdo, disentimiento, disconformidad.*

desavío m. *Desaliño, desorden, incomodidad.*

desazón f. *Desabrimiento, insipidez, aspereza.* ‖ fig. *Disgusto, pesadumbre, sinsabor, descontento.* ‖ *Inquietud, desasosiego, malestar.*

desazonar tr. *Molestar, fastidiar, enojar, enfadar, disgustar.* ‖ prnl. fig. *Destemplarse, descomponerse, indisponerse.*

desbandarse prnl. *Dispersarse, desparramarse, huir, desperdigarse.* ‖ *Desertar.*

desbarajuste m. *Desarreglo, desorden, confusión, desconcierto. Desbarajuste* es expresión intensificada de estos sustantivos. En lo social o político, *desorganización, desgobierno.*

desbaratar tr. **Deshacer, descomponer, desconcertar, arruinar.* ‖ *Disipar, malgastar, malbaratar, derrochar, despilfarrar.* ‖ intr. *Disparatar, desatinar.*

desbarrar intr. *Disparatar, desatinar, desbaratar.*

desbastar tr. *Descortezar.* ‖ fig. *Desasnar, educar, afinar.*

desbocado -da adj. fig. *Deslenguado, malhablado, maldiciente, lenguaraz.*

desbordamiento m. Tratándose de ríos o arroyos, *llena, riada.* ‖ fig. Tratándose de la conducta, *desenfreno.*

descabellado -da adj. fig. *Desatinado, disparatado, desacertado, irracional, absurdo.*

descaderar tr.-prnl. *Derrengar.*

descaecimiento m. **Abatimiento, decaimiento, desfallecimiento, postración. Descaecimiento,* muy frecuente en los clásicos, es hoy poco usado.

descalabazarse prnl. *Descrismarse, calentarse la cabeza.*

descalabrar tr.-prnl. *Romper la crisma o el bautismo;* fam. *descabezar; escalabrar.*

descalabro m. *Contratiempo, infortunio, desgracia, daño, pérdida.* ‖ *Derrota.*

descalcador m. MAR. *Maquillo.*

descalificar tr. *Desconceptuar, deshonorar.*

descaminar tr. *Desaviar, desviar, desencaminar, descarriar.*

descamisado -da adj. fig. *Pobre, desarrapado, harapiento.*

descansado -da adj. *Tranquilo, sosegado, reposado.*

descansar intr. *Reposar.* ‖ *Yacer, dormir.* ‖ Tratándose de un campo, *quedar en barbecho.* ‖ *Apoyarse, gravitar, estribar, pesar, cargar.* ‖ *Confiar.*

descansillo m. *Meseta, descanso, mesilla, rellano.*

descanso m. *Respiro* es breve descanso o interrupción del trabajo; **reposo* sugiere mayor quietud o descanso prolongado. ‖ *Alivio, desahogo.* ‖ *Descansillo, meseta, mesilla, rellano.* ‖ *Asiento, apoyo, sostén.*

descarado -da adj.-s. *Deslavado, desvergonzado, atrevido, descocado, insolente, deslenguado.*

descargo m. *Data, haber,* en las cuentas. ‖ *Satisfacción, disculpa, excusa, justificación.*

descaro m. *Descompostura, descoco, desvergüenza, atrevimiento, insolencia, desfachatez.*

descarriar tr. *Descaminar, desviar, desencaminar.*

descartar tr. *Apartar, quitar, suprimir, desechar, eliminar, dejar a un lado, dar de lado.*

descasar tr. **Divorciar.* ‖ *Desaparejar, desarticular, descoyuntar, desajustar.*

descendencia f. *Prole, sucesión, hijos.* ‖ *Casta, estirpe.*

descender intr. *Bajar.* ‖ fig. *Rebajarse, degradarse, caer.* ‖ **Decrecer, *disminuir.* ‖ *Derivarse, seguirse.* ‖ *Proceder, originarse.*

descenso m. *Bajada.* ‖ **Caída, declinación, decadencia.*

descifrar tr. Supone *leer, interpretar,* lo que está escrito en cifra o en caracteres o lengua desconocidos. ‖ *Comprender, desentrañar, penetrar.*

desclavar tr. *Desenclavar,* p. us.

descoagular tr. *Descuajar* es de uso general; *descoagular* es término científico.

descoco m. *Descaro, desvergüenza, desfachatez.*

descoger tr. *Desplegar, desenrollar, extender.*

descolorar tr.-prnl. *Descolorir,* más us.; *decolorar* es científico; *desteñir, despintar.*

descollar intr. *Sobresalir, resaltar,* en sentido material o fig. *Despuntar, distinguirse,* sólo tienen uso figurado.

descombrar tr. *Desescombrar, escombrar.*

descomedido -da adj. *Excesivo, desproporcionado, desmedido, desmesurado, exagerado.* ‖ *Descortés, desatento, inconsiderado, grosero.*

descomedimiento m. *Descortesía, desatención, desconsideración, grosería.*

descomponer tr. *Desencajar, desajustar, desarreglar, descoyuntar.* ‖ «Se *descompone* de muchos modos: rompiendo, degradando, turbando la acción recíproca de las partes de un todo. Se *desordena* alterando la colocación que deben guardar las partes entre sí. Se *descompone* un mecanismo por la rotura de algún muelle o de alguna rueda. Se *desordena* una librería cuando se separan los tomos de la misma obra, o cuando se mezclan las obras sin la debida clasificación. *Trastornar* es llevar al extremo el *desorden. Desorganizar* es llevar al extremo la *descomposición*» (M). *Desbaratar, desconcertar,* equivalen aproximadamente a *trastornar* por su sentido intensivo. ‖ prnl. Tratándose de una substancia o de un cuerpo animal o vegetal, *pudrirse, corromperse.* ‖ *Desazonarse, enfermar, indisponerse.* ‖ Tratándose del ánimo, *desconcertarse, desbaratarse, desquiciarse, alterarse.*

descomunal adj. *Extraordinario, monstruoso, enorme, gigantesco.*

desconceptuar tr. *Descalificar, desacreditar, deshonorar.*

desconcertar tr. *Desordenar, turbar, alterar, confundir, desbaratar.* ‖ Tratándose de los huesos, *dislocar, descoyuntar.* ‖ prnl. *Desavenirse, desacordarse.* ‖ *Salir de quicio, desquiciarse,* por el enojo u otra pasión violenta; *azorarse, turbarse,* por la duda, el miedo, la timidez, etc.

desconfiado -da adj. *Receloso, escamado* (fam.). El *desconfiado* por costumbre o carácter, *suspicaz, mal pensado, escamón* (fam.).

desconfianza f. Serie intensiva : *inconfidencia* (lit.); *prevención; aprensión,* cuando es infundada o poco fundada; *desconfianza, recelo, escama, malicia, sospecha. Suspicacia* es desconfianza habitual. v. *Miedo.*

desconfiar intr. *Recelar, sospechar, maliciar, escamarse.*

desconocer tr. *Ignorar.*

desconocido -da adj. *Ignoto, ignorado, incógnito, incierto.* Tratándose del autor de un escrito o libro, *anónimo. Ignoto* e *incógnito* son palabras escogidas, de uso docto.

desconsuelo m. *Aflicción, pena, angustia, pesar, amargura.*

descontar tr. *Rebajar, deducir.* Los tres verbos tienen el significado de restar o quitar algo de una cantidad o precio. Pero *descontar* y *deducir* se aplican principalmente en la banca, en el alto comercio o en la administración pública, en tanto que *rebajar* sugiere un ambiente más popular o de comercio al por menor. En la tasación de un impuesto se *deduce* o *descuenta* una cantidad o tanto por ciento por tal o cual concepto. El vendedor *rebaja* el precio de un artículo por fin de temporada, o porque el parroquiano regatea. Fuera de sus usos comerciales o aritméticos, sólo son sinónimos *descontar* y *rebajar,* pero no *deducir:* De un relato o noticia que nos parecen exagerados o inseguros *descontamos* o *rebajamos* algo, no *deducimos.*

descontentadizo -za adj. *Difícil, chinche, chinchorrero, desabrido, áspero.*

descontento -ta adj. *Disgustado, malcontento, quejoso.* ‖ m. *Disgusto, desagrado, queja, enojo, enfado, irritación.*

desconveniencia f. *Incomodidad, disconveniencia, desacomodo.*

desconvenir intr. *Disconvenir, desavenirse, disentir, desacordarse.*

descorazonar tr. *Desanimar, desalentar, desmayar, intimidar, *acobardar.*

descortés adj.-s. *Desatento, desconsiderado, descomedido.* Intensivamente, *malcriado, grosero.*

descortesía f. *Desatención, descomedimiento, desconsideración, impolítica.* Con significación intensiva, *groseria.*

descortezar tr. *Escoscar.* ‖ fig. *Desbastar, desasnar, educar.*

descrédito m. *Desdoro, deslustre, mancilla, deshonor, desconceptuación.* ‖ *Insolvencia.*

descreído -da adj. *Incrédulo, irreligioso, escéptico.*

describir tr. *Trazar, delinear, dibujar,* p. ej., un arco, una elipse. ‖ *Reseñar, explicar; especificar,* si la descripción es circunstanciada y minuciosa.

descrismar tr. fig. *Romper la crisma* o *el bautismo, descalabrar.*

‖ prnl. *Calentarse la cabeza, descalabazarse.*

descuartizar tr. *Cuartear, despedazar, destrozar.*

descubierta f. MIL. y MAR. *Reconocimiento.*

descubiertamente adv. m. *Claramente, patentemente, sin rebozo, sin rodeos, abiertamente.*

descubierto m. *Déficit, deuda.*

descubrir tr. *Destapar.* ‖ *Hallar, encontrar, *inventar.* «*Descubrir* es *hallar* o *encontrar* lo que está oculto. *Inventar* es imaginar los medios de conseguir un fin. La acción de *descubrir* puede ser efecto del cuidado o de la casualidad; la de *inventar* lo es siempre del designio, del estudio, del cuidado... Se *descubre* una mina, no se *inventa*; se *inventa* una máquina, no se *descubre*» (LH). ‖ *Revelar, manifestar, denunciar.*

descuento m. *Rebaja, deducción, reducción* (v. **Descontar*).

descuidado -da adj. *Dejado, negligente, desidioso, abandonado.* ‖ *Desaliñado, desaseado, adán.* ‖ *Desapercibido, desprevenido.*

descuidar tr. *Omitir, abandonar, desatender, olvidar, dejar.*

descuido m. *Inadvertencia, omisión, olvido,* se refieren a un solo acto. Cuando el *descuido* es un hábito o una disposición de ánimo: *negligencia, incuria, desidia, dejadez, abandono.* ‖ *Desliz, falta, tropiezo.*

desdecir intr. *Venir a menos, descaecer.* ‖ *Despegarse, despintarse, no pegar, desentonar, deslucir.* ‖ prnl. *Retractarse, volverse atrás.*

desdén m. *Indiferencia, despego, menosprecio, desprecio.*

desdeñar tr. *Desestimar, desairar, menospreciar, *despreciar, desechar. Desdeñar* supone en todos los casos una actitud altiva.

desdicha f. *Infelicidad, infortunio, desventura, mala suerte.*

desdoblar tr. *Extender, desplegar.*

desdoro m. *Deslustre, mancilla, mancha, descrédito.*

desear tr. El sentimiento de deseo puede unirse a otros matices psíquicos. P. ej. los vbs. *aspirar a, *querer, codiciar, ambicionar,* sugieren voluntad activa del sujeto, en mayor o menor grado, para procurarse lo deseado. Los vbs. *suspirar por, ansiar, anhelar* (intensivos de *desear*) no suponen necesariamente actividad por parte del sujeto. Otras significaciones especiales dependen de la cosa deseada; p. ej.: *se apetece* un buen vino, *se codicia* la riqueza, *se ambiciona* un cargo. «Se *desea* lo que gusta; se *apetece* lo que se necesita. Hay más sensualidad en el acto de *apetecer* que en el de *desear.* La ciencia, el poder, la fama son objetos legítimos del *deseo.* Se *apetece* el descanso, el manjar, la bebida, el fresco en los días calurosos. *Apetecer* viene de *apetito,* sentimiento que los hombres tienen de común con los animales» (M).

desechar tr. *Excluir, separar, apartar.* ‖ *Rechazar, expeler, arrojar, tirar.* ‖ *Desestimar, reprobar, menospreciar.*

desecho m. *Residuo, desperdicio, sobras, restos.*

desembarazado -da adj. *Desocupado, despejado, libre, expedito, espacioso.*

desembarazo m. *Desenfado, despejo, soltura, desenvoltura, desempacho, desparpajo.* El *desembarazo,* el *despejo* y la *soltura* en decir u obrar proceden del talento, de la gracia y de la costumbre, y los tres vocablos son estimativos o elogiosos. *Desenfado, desenvoltura, desempacho* y *desparpajo* contienen un matiz desestimativo más o menos marcado. El *desenfado* y la *desenvoltura* sugieren cierto impudor; el *desempacho,* falta de atención a los obstáculos u objeciones; el *desparpajo* supone cierto desprecio de los miramientos sociales. «Un buen actor acciona con *desembarazo* y recita su papel con *despejo.* Un buen esgrimidor maneja la espada con *soltura.* Fue muy notable el *desenfado* con que Napoleón tomó la corona del altar y se la puso él mismo en la cabeza. Es digno de risa el *desparpajo* con que los charlatanes encarecen la eficacia de sus remedios. La policía contiene dentro de ciertos límites la *desenvoltura* de algunas bailarinas» (C).

desembocar intr. *Salir, ir a parar.* ‖ *Desaguar, verter.*

desembolso m. *Pago, entrega.* ‖ *Gasto, dispendio, coste.*

desembrollar tr. *Desenredar, desenmarañar, aclarar* (fig.).

desembuchar tr. *Desbuchar.* ‖ fig., fam. *Declarar, cantar, confesar, descubrir.*

desemejante adj. *Diferente, dispar, disímil.*

desemejanza f. **Diferencia, disimilitud, disparidad, discrepancia.*

desempleo m. *Paro, desocupación.*

desenalbardar tr. *Desalbardar.*

desencadenarse prnl. *Desatarse, desenfrenarse.*

desencajar tr. *Desquiciar, desajustar.* ‖ prnl. *Demudarse, descomponerse.*

desencanto m. *Desilusión, desengaño, chasco, decepción.*

desenfado m. *Desempacho, desenvoltura, desahogo, despejo, *desembarazo.* ‖ *Descanso, recreo, diversión, esparcimiento.*

desenfrenar tr. *Desfrenar.* ‖ prnl. *Desmandarse, enviciarse.* ‖ *Desencadenarse, desatarse,* hablando de las fuerzas naturales o de las pasiones.

desengañar tr. *Decepcionar, desilusionar, desencantar.*

desenlace m. *Desenredo, solución, resolución.*

desenlazar tr. *Deslazar, desatar.* ‖ fig. *Resolver, solucionar.*

desenmarañar tr. *Desenredar, desembrollar, aclarar* (fig.).

desenojar tr.-prnl. *Desatufar(se), desempacar(se), desencapotar(se),* los tres más o menos irón.; *aplacar(se).* ‖ *Desenfadarse, esparcirse.*

desenredar tr. *Desenmarañar, desembrollar.* ‖ prnl. *Desenvolverse, arreglarse, componérselas, salir del paso.*

desentenderse prnl. *Prescindir, omitir, zafarse.* ‖ *Hacerse el desentendido, pasar por alto, ignorar* deliberadamente.

desenterrar tr. **Exhumar.*

desentonar intr. *Desafinar.* ‖ *Desdecir, despegarse, no pegar.* ‖ prnl. *Descomedirse, descomponerse, salir de tono.*

desentono m. fig. *Salida de tono, descompostura, descomedimiento, inconveniencia.*

desentumecer tr. *Desadormecer, desentumir.*

desenvoltura f. **Desembarazo, desenfado, despejo.* ‖ *Desvergüenza, desfachatez, descoco, impudor.*

deseo m. *Apetito, codicia, aspiración, anhelo, ansia, ambición* (v. **Desear*).

desequilibrado -da adj. *Maniático, chiflado, guillado, tocado, ido, mochales* (vulg.).

deserción f. **Defección, huida, abandono.*

desertor -ra adj.-s. **Prófugo, tránsfuga.*

desesperación f. *Desesperanza, desespero, exasperación, despecho.* La *exasperación* es más extrema y vehemente que la *desesperación.* «La *desesperación* nace de la pesadumbre, del dolor, del amargo sentimiento que ocasionan la injusticia, la persecución y la mala fortuna. El *despecho* proviene de la ira, del deseo de venganza, de un odio profundo y encarnizado. El *despecho* es más hostil que la *desesperación,* y no puede ocultarse como ésta bajo una calma engañadora» (M).

desesperar intr.-prnl. *Desesperanzar.* ‖ tr. *Impacientar, irritar, enojar, exasperar.*

desestimar tr. *Desdeñar, *despreciar, menospreciar.* El verbo *subestimar,* hoy en uso, significa estimar en menos de lo justo, verdadero o exacto. ‖ *Denegar, desechar, rechazar. Desestimar* pertenece al lenguaje jurídico o administrativo : se *desestima* un recurso, una solicitud.

desfachatez f. *Descaro, tupé, desvergüenza, descoco, cara dura, frescura.*

desfallecer intr. *Decaer, debilitarse, flaquear, desmayar(se), flojear, desanimarse, desalentarse.*

desfallecimiento m. *Debilidad, decaimiento, *abatimiento, desaliento, desmayo, desánimo.*

desfavorable adj. *Contrario, adverso, perjudicial.*

desfigurar tr. *Deformar.* ‖ *Disfrazar, enmascarar, encubrir, disimular, falsear, fingir.* ‖ prnl. *Inmutarse, demudarse.*

desfile m. *Cuando se trata de un desfile militar grande y solemne, parada.*

desfogar tr. *Desahogar.* «La acción expresada por *desfogar* es más violenta que la significada por *desahogar. Desfogar* la cólera es estallar en injurias, recriminaciones y malas palabras. El que se queja, el que confía un secreto que le pesa, se *desahoga.* Un rato de diversión es un *desahogo* para el hombre ocupado. *Desfogar* una pasión es entregarse a todos los excesos que ella dicta o provoca» (M).

desfollonar tr. *Deslechugar.*

desfondar tr.-prnl. *Descular.*

desfortalecer tr. *Desmantelar.*

desgana f. *Inapetencia, anorexia* (MED.). ‖ *Hastío, tedio.*

desgañitarse prnl. *Desgargantarse, desgaznatarse;* en Cuba y P. Rico, *desgalillarse.*

desgarrar tr.-prnl. *Rasgar, romper.* ‖ *Despedazar.* «*Desgarrar* es dividir con violencia; *despedazar* es hacer pedazos. El toro *desgarra;* el tigre *despedaza*» (M).

desgarro m. *Rotura, rompimiento, siete.* ‖ *Desvergüenza, descaro, desfachatez, descoco.* ‖ fig. *Fanfarronada, bravata.*

desgarrón m. *Rasgado, rasgón, siete, rotura.* ‖ *Jirón.*

desgobierno m. *Desorden, desconcierto, desarreglo, desbarajuste.*

desgracia f. *Cuando se refiere a un caso o acontecimiento desgraciado, percance, accidente, contratiempo, desastre.* ‖ *El mal que constituye un motivo permanente de aflicción, desventura, desdicha, infortunio, infelicidad, malaventura, adversidad.* Refiriéndose a la suerte adversa, *mala* *sombra, mala pata.* ‖ *Sosería, desgarbo, insulsez, asadura.*

desgraciado -da adj.-s. *Desventurado, malaventurado, desdichado, infeliz, infortunado; infausto* no suele aplicarse a personas, sino pralte. a tiempos o sucesos, lo mismo que *aciago:* un día, un acontecimiento, *infausto* o *aciago. Desafortunado* sugiere más bien un matiz atenuado con respecto a los demás sinónimos.

desgraciar tr.-prnl. *Malograr, echar a perder, frustrar, estropear.*

desgrasar tr. *Desengrasar.*

desgreñar tr. **Despeinar, desmelenar, despelotar, despeluznar, despeluzar.*

deshabitado -da adj. **Inhabitado, abandonado* y *deshabitado* pueden referirse a un lugar o país, o bien a una casa que tuvo habitantes y ya no los tiene. En el primer caso, la serie sinonímica ofrece los siguientes grados: *despoblado, desierto, yermo.*

deshacer tr. *Desarmar* y *desmontar* suponen orden, plan y concierto. Cuando se *deshace* algo sin orden o designio alguno, *destruir, descomponer, desconcertar, romper, destrozar, estropear, desbaratar.* ‖ *Derretir, licuar, liquidar,* un cuerpo sólido; *desleír, disolver,* en un líquido. ‖ prnl. *Enflaquecerse, extenuarse.*

desharrapado -da adj. *Desarrapado, roto, andrajoso, harapiento.*

deshollinador -ra adj.-s. *Limpiachimeneas, fumista.*

deshonestidad f. *Impudicia* o *impudicicia, impudor, inhonestidad, torpeza.* ‖ *Desvergüenza, descoco, indecoro.*

deshonor m. **Deshonra.*

deshonra f. *Deshonor.* Cuando es pública, **afrenta, ignominia, oprobio, ultraje.*

desiderable adj. Es latinismo pedante, de uso muy restringido. Las voces corrientes son *deseable, apetecible, codiciable.*

desidia f. *Negligencia, incuria, descuido, dejadez, *pereza, holgazanería.*

desierto -ta adj. *Despoblado, *deshabitado, *inhabitado, solitario.* ‖ m. *Yermo.*

designar tr. **Nombrar, denominar.* ‖ *Significar, denotar.* ‖ *Señalar, indicar, destinar, dedicar.*

designio m. *Pensamiento, plan, proyecto.* «*Designio* es la determinación de obrar de cierto modo y con cierto objeto. *Proyecto* tiene un matiz más vasto y complicado que *designio. Plan* es el conjunto de los medios de ejecución del *proyecto.* Resolverse a especular es un *designio;* concebir la idea de una especulación mercan-

til determinada es formar un *proyecto;* el *plan* fija el capital y las otras condiciones que han de llevar a cabo la empresa» (M). ‖ *Intención, intento, propósito, mira, *fin.*

desigual adj. *Diferente.* ‖ *Quebrado, áspero, barrancoso, accidentado.* ‖ fig. *Arduo, dificultoso.* ‖ *Inconstante, vario, variable, mudable, caprichoso, voluble.*

desigualdad f. **Diferencia.*

desilusión f. *Desesperanza.* ‖ **Decepción, desengaño, desencanto.*

desinencia f. GRAM. *Terminación flexional.*

desinfectante adj.-m. *Antiséptico.*

desintegrar tr. **Disgregar, desagregar, disociar.*

desinterés m. *Desasimiento, despego,* se aplican principalmente en sentido moral o religioso. *Abnegación* es un *desinterés* extremado o heroico. *Largueza, liberalidad,* tratándose de bienes materiales. *Generosidad* y **desprendimiento* comprenden lo material y lo moral.

desinteresado -da adj. *Desprendido, *generoso, liberal.*

desistir intr. *Renunciar, cesar, cejar.* ‖ DER. *Abdicar, separarse, abandonar.*

desleal adj.-s. *Infiel, pérfido.* Intensivos: *felón, traidor, traicionero, aleve, alevoso.*

desleír tr.-prnl. **Disolver, diluir.*

deslenguado -da adj.-s. *Lenguaraz, malhablado, desbocado, desvergonzado, insolente.* El *maldiciente* y el *mala lengua,* lo son en ausencia de la persona de quien murmuran.

desligar tr. *Desatar, desanudar.* ‖ fig. *Absolver, dispensar, dejar en franquía.* ‖ MÚS. *Picar.*

deslindar tr. *Demarcar, delimitar.* ‖ fig. *Aclarar, distinguir, determinar.*

desliñar tr. *Enmondar.*

desliz m. *Resbalón.* ‖ fig. *Ligereza, descuido, falta, error, lapsus, culpa.*

deslizarse prnl. *Resbalar, escurrirse, irse los pies.* ‖ *Escabullirse, escaparse.*

deslumbrar tr. *Traslumbrar, encandilar, ofuscar, cegar.* ‖ fig. **Alucinar.*

deslustrar tr. *Empañar.* ‖ fig. *Desacreditar, deslucir.*

desmadejado -da adj. *Desmazalado, flojo, decaído.*

desmamar tr. *Destetar.*

1) **desmán** m. **Exceso, desorden, demasía, tropelía, atropello.*

2) **desmán** m. *Ratón almizclero.*

desmandado -da adj. *Desobediente, indócil.* ‖ *Desbandado, desgobernado.*

desmandarse prnl. *Desobedecer, re-*

belarse. ‖ *Descomedirse, propasarse, excederse.* ‖ *Desmanarse* se dice del ganado que se aparta de la manada. *Desbandarse* y *desmandarse* se aplican a hombres o animales que se *separan* de un grupo, bando o bandada. La diferencia consiste en que *desbandarse* sugiere la disolución del grupo o bando, mientras que *desmandarse* puede hacerlo un solo individuo o pocos.

desmañado -da adj.-s. *Inhábil, desmanotado, chapucero* (intensivo), *torpe.*

desmayar intr. **Acobardarse, desalentarse, desanimarse, desfallecer, amilanarse.* ‖ prnl. *Desvanecerse, perder el sentido.*

desmayo m. *Desaliento, desánimo.* ‖ *Síncope, desvanecimiento, soponcio.* ‖ *Sauce llorón o de Babilonia.*

desmazalado -da adj. *Desmadejado, flojo, decaído.*

desmedido -da adj. *Desproporcionado, excesivo, *enorme, desmesurado.*

desmedrar intr.-prnl. *Decaer, debilitarse, enflaquecer, encanijarse.*

desmelenar tr. *Desgreñar, despeinar, despeluzar, despeluznar.*

desmembrar tr. *Descuartizar.* ‖ *Dividir, separar, desintegrar, escindir.*

desmemoriado -da adj. *Olvidadizo.*

desmenuzar tr. *Despavesar, triturar, picar.* Tratándose del pan o cosas análogas, *desmigajar.*

desmerecimiento m. *Demérito* es el efecto de desmerecer, en tanto que *desmerecimiento* designa acción y efecto de desmerecer. Tratándose de la reputación, fama, etc., *desdoro.*

desmesurado -da adj. *Excesivo, desmedido, enorme.* ‖ *Descortés, insolente, descomedido.*

desmirriado -da adj. *Esmirriado, flaco, extenuado, consumido.*

desmontar tr. *Desarmar, desarticular.* ‖ intr.-prnl. *Descabalgar, apearse, bajar.*

desnudar tr. *Desvestir.*

desnudo -da adj. *Corito, en cueros; nudo* es de uso literario y se aplica fig. y generalmente a lo abstracto : la *nuda verdad.* ‖ fig. *Pobre, necesitado, indigente, mísero.* ‖ *Patente, claro, sin rebozo, sin rodeos.*

desobedecer tr. *Desmandarse, rebelarse.*

desobediente adj. Serie intensiva : *indócil, malmandado, díscolo, rebelde, reacio, reluctante* (lit.).

desocupado -da adj.-s. *Ocioso.* ‖ *Parado, desempleado, desacomodado; cesante,* si se trata de un funcionario o empleado de oficina. ‖ *Vacío, desembarazado.*

desocupar tr. *Desembarazar, vaciar.*

desoír tr. *Desatender, desestimar, no hacer caso.*

desolar tr. *Asolar, devastar, arrasar, destruir.* ‖ prnl. *Afligirse, angustiarse, apenarse, desconsolarse. Desolarse* es expresión intensificada.

desolladura f. *Despellejadura.*

desollar tr. *Despellejar, escorchar.*

desorden m. *Desarreglo, desconcierto, desorganización, desgobierno, desbarajuste* (intensivo). ‖ *Alboroto, tumulto, motín, asonada.*

desordenado -da adj. Tratándose de cosas que están sin ordenar, *inordenado.* Aplicado a personas, *barullón, desarreglado, desgobernado.*

desordenar tr. **Descomponer, desorganizar, desarreglar, trastornar, desconcertar, desbaratar.*

desorganizar tr. **Descomponer, desordenar, desarreglar, trastornar, desbaratar, desbarajustar.*

desorientar tr. *Extraviar, descaminar, despistar.* ‖ fig. *Confundir, ofuscar, turbar, embarullar.*

desove m. *Muga.*

despabiladeras f. pl. *Espabiladeras, molletas, tenacillas.*

despacio adv. m. *Lentamente, paulatinamente, poco a poco.* «Despacio no explica otra idea que la lentitud de la operación en sí misma. *Poco a poco* exprime la lentitud progresiva del movimiento que nos acerca al fin : fui ganando *poco a poco* terreno. Si se sustituye por la voz *despacio* presentará sólo la idea de la lentitud con que nos movimos, y no la del movimiento lento, pero continuado, con que fuimos adelantando. Más claramente se advierte esta diferencia cuando decimos: una gotera arruina *poco a poco* una casa; la arruina *despacio* querría decir que tarda en arruinarla, pero no explicaría la repetición progresiva de esfuerzos que la gotera va empleando para causar al fin aquel efecto» (LH). ‖ m. En los clásicos y en Amér., *tardanza, dilación, lentitud.*

despacioso -sa adj. *Espacioso, tardo, lento, paulatino.*

despachar tr. *Abreviar, concluir, apresurarse.* ‖ *Resolver, decidir.* ‖ *Enviar, remitir, mandar.* ‖ *Despedir, echar.* ‖ *Vender, expender.* ‖ fig. *Matar.*

despacho m. *Parte* en gral.; según el medio empleado, *telegrama, telefonema, cablegrama, radiograma, radiofonema.* ‖ *Venta, salida.*

despachurrar tr.-ref. *Despanzurrar, espachurrar, aplastar, destripar, reventar.*

despalmar tr. MAR. *Espalmar.* ‖ En carpintería, *achaflanar.*

despanzurrar tr. *Despachurrar, espachurrar, reventar.*

desparejar tr. *Desaparear.*

desparpajo m. **Desembarazo, desenvoltura, desempacho, desenfado.*

desparramar tr. *Esparcir, extender, desperdigar, diseminar, dispersar.*

despartir tr. *Separar, apartar.* ‖ *Apaciguar, poner paz.*

despatarrar tr.-prnl. *Espatarrar.*

despavorido -da adj. *Espavorido, pavorido, espantado, aterrado, horrorizado.*

despectivo -va adj. *Despreciativo, desdeñoso.*

despecho m. **Desesperación.*

despedazar tr. *Destrozar, descuartizar, deshacer, desgarrar.*

despedida f. *Despido.*

despedir tr. *Lanzar, arrojar, soltar, echar.* ‖ *Esparcir, difundir.* ‖ *Despachar, licenciar* a una persona; *dar pasaporte* es expresión fam. o irónica, según los casos. *Expulsar* y *echar* significan *despedir* con violencia.

despegado -da adj. *Áspero, desabrido, arisco, huraño.*

despegar tr. *Separar, apartar, desunir.* ‖ abs. *Levantar el vuelo.* ‖ prnl. *Desdecir, desentonar, no pegar.*

despego m. *Desapego, desafección, desafecto, frialdad, aspereza, desabrimiento.*

despeinar tr. *Desmelenar, despeluzar, despeluznar* y *desgreñar* son intensivos de *despeinar.* Para *despeinar* a una persona se necesita que esté peinada, cosa que no requieren los demás verbos. *Despeluzar* y *despeluznar* suponen mayor violencia cuando se aplican a personas; con más frecuencia se aplican a cosas, como pieles, felpa, etc., así como *espeluzar* y *repeluzar.*

despejado -da adj. *Espabilado, inteligente, desenvuelto, listo.* ‖ *Espacioso, ancho.* ‖ Hablando del tiempo, *sereno, claro.*

despejar tr. *Desembarazar, desocupar.* ‖ *Aclarar, desembrollar.* ‖ prnl. *Aclararse, serenarse, escampar.*

despejo m. **Desembarazo, soltura, desenvoltura, desempacho.* ‖ *Inteligencia, talento, viveza, listeza.*

despeluzar tr. *Espeluzar, respeluzar, despeluznar* (v. **Despeinar*).

despellejar tr. *Desollar.* ‖ fig. *Murmurar, cortar un traje, hablar mal.*

despeñadero -ra m. *Derrocadero, derrumbadero, precipicio.*

despeñar tr. *Precipitar, derrocar, desgalgar.*

desperdiciar tr. *Desaprovechar, malbaratar, *malgastar, despilfarrar.*

desperdicio m. *Desecho, sobra, residuo, resto.*

desperdigar tr. *Esparcir, desparramar, diseminar, dispersar.*

desperezarse prnl. *Esperezarse, estirarse.*

desperfecto m. *Deterioro, detrimento, avería.* ‖ *Falta, defecto, tacha.*

despiadado -da adj. *Desapiadado, cruel, inhumano, impío.*

despido m. *Despedida.*

despierto -ta adj. *Avisado, advertido, espabilado, listo, vivo, despejado.*

despilfarrar tr. *Desperdiciar, prodigar, *malgastar, malbaratar, derrochar, dilapidar.*

despintar tr. *Decolorar, descolorar, desteñir, deslucir.* ‖ *Desdecir, desentonar, degenerar.*

despistar tr. **Desorientar.*

desplegar tr. *Descoger, extender, desdoblar, desenrollar.*

desplomar tr. *Desaplomar, inclinar.* ‖ prnl. *Caerse, derrumbarse.*

despoblado m. *Desierto, yermo.*

despojar tr. *Desposeer, quitar, robar.* ‖ prnl. *Desprenderse, renunciar, desapropiarse.* ‖ *Desnudarse.*

despojo m. *Botín, presa.* ‖ *Tripicallos.* ‖ m. pl. *Sobras, desperdicios, restos.*

despolvorear tr. **Espolvorear.*

desposeer tr. *Desapropiar, desaposesionar, expropiar, despojar, quitar.* ‖ prnl. *Desprenderse, renunciar.*

déspota m. *Autócrata, dictador.* ‖ *Tirano, opresor.*

despótico -ca adj. **Absoluto, tiránico, arbitrario, abusivo.*

despotismo m. *Autocracia, poder absoluto, *dictadura.* ‖ *Tiranía, arbitrariedad, opresión.*

despreciar tr. *Desestimar, subestimar, tener en poco* y *menospreciar,* son generalmente más atenuados que *despreciar.* Los cuatro primeros indican formar una opinión o valoración baja de cosas o personas. Se puede *desestimar, subestimar* o *tener en poco* por error o mala información; pero sea verdadero o falso nuestro parecer, se trata siempre de un juicio de valor, al cual acompaña en *menospreciar* una actitud desdeñosa más o menos débil, que se acentúa notablemente en *despreciar.* ‖ *Desairar, desdeñar* y *desechar* significan *despreciar* manifiesta y ostensiblemente; aluden al gesto, palabras o conducta con que hacemos visible nuestro *desprecio.* *Deprimir, denigrar* y *vilipendiar* suponen vehemente deseo de hacer daño, e implican siempre injusticia y mala voluntad.

DESPRECIATIVO 134

despreciativo -va adj. *Despectivo, menospreciativo,* cuando hablamos del gesto, sentido de las palabras o modo de decirlas; si se trata de calificar el carácter de una persona, diremos que es *despreciativa* o *desdeñosa,* no *despectiva* ni *menospreciativa.*

desprecio m. *Desestimación, subestimación* y *menosprecio* guardan la misma relación con *desprecio* que ha sido explicada en el artículo *Despreciar. ‖ *Desaire, desdén, vilipendio.*

desprender tr. *Separar, soltar, despegar, desasir, desunir.* ‖ prnl. *Renunciar, desapropiarse.* ‖ *Deducirse, inferirse, seguirse.*

desprendido -da adj. *Desinteresado,* *generoso, liberal.

desprendimiento m. *Desapego, desasimiento, desinterés, abnegación.* «El *desprendimiento* comprende únicamente las cosas materiales; la *abnegación,* los goces, los deseos y los derechos. Ceder una ganancia legítima, vender a precio ínfimo por complacer a un amigo, renunciar a una herencia en favor de un pariente pobre, son rasgos de *desprendimiento.* Sustraerse a bien merecidos aplausos, abogar en favor de un rival, hacer un gran beneficio ocultando la mano benéfica, son rasgos de *abnegación*» (M). El *desapego* y el *desasimiento* de los bienes materiales denotan falta de amor a ellos, y son propios de santos o de hombres superiores. ‖ *Largueza, generosidad, liberalidad.*

desprestigiar tr. *Desacreditar, denigrar, vilipendiar, difamar.*

desprevenido -da adj. *Descuidado, desapercibido, inadvertido, impróvido* (lit.).

despropósito m. *Disparate, dislate, desatino.* Coincide *despropósito* con estos sustantivos en lo que tiene de erróneo o desacertado; pero *despropósito* añade idea de inoportunidad, fuera de sazón u ocasión. Puede ocurrir que un *despropósito* no sea en sí mismo erróneo o disparatado, pero como no viene a cuento ni tiene que ver con las circunstancias en que se comete, resulta tan desacertado o absurdo como un *disparate, dislate* o *desatino.*

desprovisto -ta adj. *Falto, privado, carente.*

después adv. t. y l. Como adv. t., *luego, posteriormente, más tarde, ulteriormente.* ‖ Como adv. l., *detrás.* ‖ *A continuación, seguidamente,* pueden expresar, como *después,* relaciones de tiempo, de lugar y de orden.

despuntar tr. *Descerar* tratando de

colmenas. ‖ intr. *Descollar, sobresalir, distinguirse, destacarse, resaltar.*

desquiciar tr. *Desencajar, desajustar, descomponer.*

desquitarse prnl. *Resarcirse.* ‖ *Vengarse, despicarse.*

desquite m. *Resarcimiento;* es galicismo la voz *revancha.* ‖ *Venganza, despique.*

desrabotar tr. *Rabotear.*

destacarse prnl. *Descollar, sobresalir, despuntar, resaltar, distinguirse.*

destapar tr. Tratándose de un recipiente, *abrir.* ‖ *Descubrir.* ‖ *Desabrigar, desarropar.*

destello m. *Relumbre, relumbro, relumbrón, centelleo.*

destemple m. *Disonancia, desentono, desafinación.* ‖ *Indisposición, destemplanza.* ‖ *Alteración, desconcierto.*

desteñir tr. *Despintar, descolorar, decolorar.*

desterrar tr. *Expulsar, deportar, extrañar.*

destetar tr.-prnl. *Desmamar; despechar* (p. us.), sólo tratándose de niños, no de animales.

destierro m. *Exilio, ostracismo, extrañamiento, proscripción, confinamiento, deportación.* Los tres primeros son lit. *Destierro* es la voz corriente, usada también en la terminología forense; *proscripción* es FOR. y tiene el mismo sentido. *Confinamiento* y *relegación* (p. us.), se diferencian de los anteriores en que circunscriben la vida del penado a un área determinada del territorio nacional. La *deportación* es expulsión del territorio; el deportado es extranjero; si es nacional, consiste en su traslado a un punto lejano, gralte. colonial, del cual no puede salir: *deportación* a Guinea. Desde años recientes, *exilio* designa esp. la situación del que vive emigrado de su país por motivos políticos.

destinar tr. *Dedicar, emplear, ocupar, aplicar.*

destino m. *Hado, sino, fortuna, suerte, estrella.* ‖ *Fin, finalidad, aplicación.* ‖ *Empleo, puesto, plaza, colocación, ocupación.* El *destino* supone un empleo fijo, y por esto se usa especialmente entre funcionarios; no se llamaría así una ocupación eventual.

destituir tr. *Deponer; ambos se usan especialmente si se trata de un cargo de autoridad. Tratándose de empleados, *dejar cesante, dar el cese, separar del servicio.*

destornillado -da adj. *Inconsiderado, precipitado, sin seso, alo-*

cado, atolondrado, desquiciado, chiflado.

destornillar tr. *Desatornillar, desenroscar.* ‖ prnl. fig. *Atolondrarse, desconcertarse, precipitarse, alocarse.*

destreza f. **Habilidad, arte.* Cuando denota facilidad o rapidez de movimientos, *agilidad, soltura.* La *destreza* en el trabajo manual se llama también *mano, buena mano, maña, primor.* Si se estima en alto grado, *maestría, pericia.*

destripar tr. *Despanzurrar, despachurrar, espanzurrar.*

destrizar tr. *Trizar, desmenuzar.*

destrocar tr. *Descambiar.*

destronar tr. *Desentronizar.*

destrozar tr. *Despedazar, romper, destruir.* Tratándose de reses, *descuartizar.* ‖ *Batir, desbaratar, derrotar, arrollar.*

destruir tr. *Arruinar, *aniquilar, deshacer, desbaratar, destrozar, devastar, asolar.* «*Destruir* y *arruinar* son sinónimos en un sentido recto; pero en la acción de *destruir* se descubre siempre voluntad y objeto. La acción de *arruinar* puede ser efecto de circunstancias involuntarias y casuales. Los enemigos *destruyen* los edificios. El tiempo *arruina* los palacios. Por esto se dice que una casa amenaza *ruina*, y no *destrucción*, porque supondría voluntad y objeto en la acción de *destruirse*» (LH).

desuncir tr. *Desyugar.*

desunión f. *Separación, desajuste.* ‖ fig. *Desavenencia, desacuerdo, discordia, división.*

desusado -da adj. *Desacostumbrado, inusitado, insólito, inusual.* Cuando se trata de algo que tuvo uso y ya no lo tiene, *desueto.*

desustanciar tr.-prnl. *Deslavar, deslavazar.*

desvaído -da adj. *Pálido, disipado, descolorido, desteñido.*

desvalido -da adj. *Desamparado, abandonado.*

desvalijar tr. *Robar, despojar, arrebatar.*

desván m. *Buharda, buhardilla, bohardilla, boardilla, camaranchón, guardilla, sobrado, zaquizamí.*

desvanecerse prnl. *Disiparse, evaporarse, desaparecer.* ‖ *Desmayarse.*

desvanecimiento m. *Vahído, mareo, desmayo, síncope.*

desvariar intr. *Prevaricar;* fig. y fam., *delirar, desbarrar, disparatar.*

desvarío m. *Delirio* en sentido recto y fig. En sentido fig., *ilusión, quimera, disparate.*

desvelarse prnl. fig. *Inquietarse, esmerarse, extremarse, desvivirse.*

desveno m. *Montada.*

desventaja f. *Inferioridad, menoscabo, inconveniente.*

desventura f. **Desgracia, desdicha, infortunio, infelicidad, malaventura, adversidad.*

desventurado -da adj. *Desgraciado, infortunado, desdichado, desafortunado, malhadado, malaventurado.* ‖ *Cuitado, pobrete, infeliz, pobre de espíritu.* ‖ *Avariento, mísero, miserable.*

desvergonzado -da adj.-s. *Sinvergüenza, poca vergüenza, descarado, descocado, procaz; inverecundo* pertenece al leng. culto. ‖ «*Desvergonzado, audaz, atrevido.* Los tres designan en gral. la disposición de un alma a quien nada se le da de cuanto temen los demás. *Desvergonzado* dice más que *atrevido*, y siempre se toma en mal sentido. *Audaz* supone más que *atrevido* y también se toma en mal sentido muy a menudo. El *desvergonzado* no tiene pudor; el *audaz* no tiene respeto ni reflexión; el *atrevido* no tiene temor. El *atrevimiento* con que siempre debe decirse la verdad, jamás debe degenerar en *audacia*, y mucho menos en *desvergüenza*» (Ma).

desvergüenza f. *Inverecundia* (lenguaje culto); *sinvergüencería, sinvergonzonería, insolencia, cara dura, procacidad;* tomándolos en mala parte se usan también con este significado *valor, osadía, audacia, atrevimiento.*

desvestir tr. *Desnudar.*

desviar tr.-prnl. *Apartar, descaminar, alejar, separar.* ‖ fig. *Disuadir, desaconsejar, desarrimar.*

desvío m. *Desviación.* ‖ fig. *Despego, desapego, desafecto, frialdad, desagrado.*

desvivirse prnl. *Despulsarse, desvelarse, perecerse, extremarse.*

desyerbar tr. *Desherbar, escardar.*

desyugar tr. *Desuncir.*

detall (al ⁓) m. adv. *Al por menor. Al menudeo, a la menuda.*

detallado -da adj. *Circunstanciado, pormenorizado, minucioso.*

detalle m. *Pormenor, minucia.* ‖ *Fragmento, parte, porción.*

detallista com. *Minorista.*

detención f. *Parada, alto, estación.* ‖ *Dilación, tardanza, demora, retraso.* ‖ *Prolijidad, detenimiento.* ‖ *Arresto, prendimiento, aprisionamiento, apresamiento, aprehensión.*

detener tr. **Parar, atajar, suspender.* ‖ *Arrestar, aprisionar, aprehender, prender.* ‖ *Retener, conservar.* ‖ prnl. *Retardarse, demorarse, retrasarse, tardar.*

detentar tr. **Usurpar.*

deteriorar tr. *Estropear, averiar, echar a perder, dañar.* «*Deterio-*

rar, degradar. Se *deteriora* lo útil; se *degrada* lo bello. Una máquina se *deteriora* rompiendo o descomponiendo alguna de sus partes; se *degrada* una estatua mutilándola, o una fachada privándola de alguno de sus adornos. Lo *deteriorado* no sirve; lo *degradado* afea» (M).

deterioro m. *Desperfecto, avería, daño, detrimento, menoscabo.*

determinación f. *Resolución, decisión.* ‖ *Audacia, osadía, valor, arrojo, denuedo.*

determinar tr. *Resolver, decidir.* «Se *determina* consultando sólo a la voluntad; se *resuelve* examinando la razón que hay para ello; se *decide* pesando dos o más razones opuestas. La voluntad *determina;* el entendimiento *resuelve;* el juicio *decide:* ayer había *determinado* salir de caza, y viendo que llovía, *resolví* quedarme en casa; pero al fin, luchando entre la afición y la comodidad, me *decidí* a salir» (LH). «Se *determinan* medidas; se *resuelven* dudas o problemas; se *deciden* conflictos y contestaciones. *Determinar* indica superioridad de autoridad o de poder; *resolver,* superioridad de inteligencia; *decidir,* superioridad de justicia. Una sentencia judicial *determina,* porque manda hacer algo; *resuelve* porque aclara lo oscuridad de los hechos y de los derechos que se ventilan, y *decide,* porque corta una disputa» (M). ‖ *Fijar, precisar, señalar, delimitar.* ‖ *Causar, producir, ocasionar, motivar.*

detersivo -va y **detersorio -ria** adj.-m. MED. *Detergente, abluente.*

detestable adj. *Abominable, execrable, pésimo, aborrecible, odioso.*

detestar tr. *Condenar, maldecir, execrar.* ‖ *Aborrecer, abominar, odiar.*

detonación f. *Estampido, estallido.*

detractor -ra adj.-s. *Maldiciente, infamador, calumniador, denigrador.*

detrás adv. 1. *Atrás* localiza más vagamente que *detrás:* comp. *están detrás* con *están atrás* (= hacia atrás), si bien la diferencia es a menudo poco perceptible. *Atrás* admite grados de comparación (más, menos, tan *atrás*), y *detrás* no los admite. ‖ El uso de *tras,* en este caso, se siente como lit.: iban *tras (de)* él; están *tras (de)* la puerta.

detrimento m. *Deterioro, menoscabo, avería.* ‖ *Daño, quebranto, pérdida, perjuicio.*

deuda f. *Débito, adeudo.*

deudo -da m. f. *Pariente, allegado.*

devanadera f. *Argadijo, argadillo.*

devastar tr. *Destruir, arrasar, asolar.*

devoción f. *Veneración, fervor; unción* es gran *devoción* que se pone en palabras o actos. ‖ Fuera de lo religioso, *inclinación, afecto, afición, entusiasmo.*

devolver tr. *Restituir, reintegrar; retornar* y *tornar* son términos literarios. «*Devolver* supone posesión; *restituir* supone propiedad. Ocupo el asiento que otro deja vacío; si lo reclama, se lo *devuelvo.* Las prendas robadas se *restituyen* a sus dueños. *Devuélveme* los documentos que te presté, para *restituirlos* al archivo» (M). ‖ *Vomitar.* ‖ prnl. En Amér. se emplea *devolverse,* como sinónimo de *volverse, regresar:* me *devolví* a casa.

devorar tr. *Engullir, devorar, embocar, embaular,* todos sugieren avidez en **comer.* ‖ fig. *Consumir, destruir.*

devoto -ta adj.-s. *Piadoso, religioso.* ‖ *Afecto, apegado, aficionado, admirador, entusiasta, partidario.*

dextrosa f. *Dextroglucosa, glucosa.*

diablo m. *Demonio.* Expr. eufemísticas: *diantre, dianche, diaño* (Ast.), *demontre, demonche, demongo* (Ast. y And.); *el malo, el enemigo, el maldito, patas* (familiar), *pateta* (fam.) *patillas, la serpiente, el tentador.*

diabólico -ca adj. *Infernal, demoníaco, satánico, luciferino.* ‖ *Malo, perverso.*

diacatolicón m. *Catalicón, catolicón.*

diácono m. *Levita.*

diáfano -na adj. *Transparente, claro, cristalino.*

diaforético -ca adj. MED. *Sudorífico.*

diálogo m. **Conversación, coloquio, plática,* en general; en el teatro se dice sólo *diálogo.* ‖ «El *diálogo* no está consagrado exclusivamente al teatro, como lo está el monólogo; ni el *coloquio,* en su valor usual, es grave y filosófico como el soliloquio. El *coloquio* es propiamente una conversación familiar y libre, no sujeta a ninguna regla particular; pero el *diálogo* es conferencia seguida, en que se discurre, y que está sujeta a reglas. Decimos los *coloquios* de Erasmo y los *diálogos* de Platón o de Cicerón» (Ci).

diario -ria adj. *Cotidiano, cuotidiano.* ‖ m. *Periódico diario.*

diatérmico -ca adj. FÍS. *Diatérmano.*

diatriba f. La *diatriba* puede ser oral o escrita; el *libelo* es escrito. La primera puede ser de carácter violento o injurioso, en tanto que el *libelo* es siempre injurioso, infamatorio. La *diatri-*

ba puede ser seria y respetable; el *libelo* no.

dicción f. *Palabra, voz, vocablo, término.*

diccionario m. *Léxico; lexicón,* esp. el de lenguas ant.; *vocabulario, glosario,* esp. si es parcial de una comarca, autor, oficio, etc. *Tesoro,* nombre de ciertos *diccionarios* de gran erudición. *Enciclopedia* o *diccionario enciclopédico,* el que contiene todos los conocimientos humanos en artículos ordenados alfabéticamente, o los especiales de una ciencia.

diccionarista com. *Lexicógrafo.*

dictadura f. *Autocracia, autarquía* y *cesarismo,* cuando todos los poderes los ejerce una sola persona. Los tres son más lit. y menos corrientes que *dictadura; despotismo* y *tiranía* acentúan el carácter abusivo e ilimitado con que se ejerce la autoridad, y se aplican también fuera de la política.

dictamen m. *Informe, *opinión, parecer, juicio, voto.*

dictaminar intr. *Informar.*

díctamo m. *Orégano.* ‖ ∼ blanco, *fresnillo.*

dictar tr. *Expedir, promulgar, pronunciar.* ‖ *Inspirar, sugerir.*

dicterio m. *Insulto, improperio, denuesto.*

dicha f. *Felicidad, ventura, suerte, fortuna, prosperidad.*

dicho -cha p. p. *Citado, mencionado, mentado, susodicho, antedicho.* ‖ m. *Proverbio, *refrán.*

dichoso -sa adj. *Feliz, venturoso, afortunado, fausto, bienhadado.*

diéresis f. GRAM. *Crema.*

diestro -tra adj. *Derecho.* ‖ *Hábil, mañoso, versado, experto, perito.* ‖ m. *Torero.*

difamar tr. *Desacreditar, denigrar. Infamar* tiene significado más gral., puesto que puede *infamarse* a una persona, no sólo publicando cosas contra su fama, sino también por otros medios. Por ej., hay sanciones penales que *infaman,* pero no *difaman. Disfamar* es poco usado.

diferencia f. *Desigualdad* en gral.; esp. si se trata de cantidad, dimensión, etc. *Desemejanza* y *disimilitud,* tratándose de cualidades o aspecto general de personas o cosas. *Disparidad, discrepancia* y *divergencia* se aplican pralte. a las diferencias de criterio, palabras, opiniones, o de cualidades morales. ‖ *Resto, resta, residuo.* ‖ fig. *Disgusto, disputa, disentimiento, desavenencia.*

diferenciar prnl. *Distinguirse, diferir, discrepar, distar.*

diferente prnl. *Distinto, diverso, desigual, desemejante, divergente.*

diferir tr. *Retardar, demorar, *aplazar, retrasar, atrasar, dilatar.* «*Dilatar* es *diferir, retardar* alguna cosa. Pero en rigor lo que se *difiere* es la acción que se suspende por algún tiempo; lo que se *dilata* es el tiempo en que no tiene efecto la acción. Porque en la verdadera fuerza de sus significaciones, *diferir* es suspender, *dilatar* es prolongar. Cuando se *difiere* la paz, no es la paz lo que se *dilata,* sino la guerra. Se *difiere* un congreso, esto es, no tiene lugar por ahora; se *dilata,* esto es, dura más tiempo de lo que se creía. Con relación al riguroso sentido de estas voces, se desean *dilatados* años de vida, y no *diferidos*» (LH). ‖ intr. *Distinguirse, diferenciarse, desemejar, discrepar.*

difícil adj. *Dificultoso, arduo, trabajoso, penoso, embarazado, complicado, enrevesado.* «Lo *difícil* se aplica a lo esencial de una empresa o negocio; lo *dificultoso* a los pormenores, a las pequeñeces, a los obstáculos más incómodos que graves. Para lo *difícil* se necesitan poder y resolución: para lo *dificultoso,* paciencia y tacto. Es *difícil* vadear un río caudaloso; es *dificultoso* un camino sembrado de hendiduras y de piedras. Lo *arduo* es lo muy *difícil;* lo que necesita más tiempo que lo *difícil*» (M). ‖ Hablando del carácter de una persona, descontentadizo, chinche, áspero, desabrido.

dificultad f. *Entorpecimiento, *estorbo, inconveniente, embarazo, obstáculo, óbice, impedimento, traba.* ‖ *Conflicto, contrariedad, apuro, aprieto.* ‖ *Duda, reparo, objeción.*

dificultar tr. *Estorbar, embarazar, entorpecer, obstaculizar, complicar.*

dificultoso -sa adj. *Difícil, arduo, embarazoso, penoso, trabajoso, enrevesado, complicado.*

difumar tr. *Esfumar, esfuminar, disfumar.*

difundir tr.-prnl. *Extender, esparcir.* ‖ fig. *Divulgar, propagar, *propalar.*

digestivo -va adj.-s. MED. *Eupéptico; estomacal.*

digital adj. *Dactilar.* ‖ f. *Dedalera* (planta).

dignarse prnl. *Servirse, tener a bien, tener la bondad,* pueden emplearse como fórmulas de cortesía de uso general. *Dignarse* es expresión solemne sólo aplicable a Dios, la Virgen, los santos, o a personas de muy elevada jerarquía.

dignidad f. *Decencia, decoro, gravedad.*

digno -na adj. *Merecedor, acreedor.* ‖ *Adecuado, proporcionado.* ‖ *Decoroso, decente, grave.*

dilación f. *Demora, tardanza, retraso.*

dilapidar tr. *Disipar* y *dilapidar* son lit. o cultos; en el habla corriente predominan *derrochar, malgastar, malbaratar, despilfarrar, echar a rodar.*

dilatación f. *Expansión* se dice esp. de la *dilatación* de los gases.

dilatado -da adj. *Espacioso, extenso, vasto, grande.*

dilatar tr.-prnl. *Extender, alargar, agrandar, ampliar, ensanchar, prolongar,* si se trata del espacio o del tiempo. **Diferir, aplazar, retardar,* tratándose del tiempo.

diligencia f. **Actividad, rapidez, prontitud.* ‖ *Cuidado, esmero, atención, celo, aplicación.* ‖ *Trámite.*

diligenciar tr. *Tramitar.*

diligente adj. *Activo, rápido, pronto.* ‖ *Cuidadoso, atento, celoso, aplicado, esmerado, *solícito.*

dilogía f. *Ambigüedad, *anfibología, doble sentido, equívoco.*

dilucidar tr. *Explicar, aclarar, elucidar, esclarecer, poner en claro.*

diluir tr. *Desleír, *disolver.*

dimanar intr. *Proceder, provenir, emanar, originarse, nacer, venir, seguirse.*

dimensión f. *Magnitud, tamaño, extensión, medida.*

dimisión f. *Renuncia, *abdicación, cesión.*

dimitir tr. *Renunciar, declinar, *rehusar.*

dinamarqués -sa adj.-s. *Danés.*

dinero m. *Moneda. Plata,* esp. en América. Abundan los nombres fam. más o menos burl.: *guita, pasta, monises, cacao, cuartos, mosca, pecunia, perras, tela,* etc. En el léxico bancario y comercial, el dinero disponible se llama *numerario* o *efectivo.* ‖ *Caudal, capital, bienes, hacienda, fortuna, peculio.*

dintel m. *Cargadero, lintel.*

diócesi y **-sis** f. *Obispado, mitra, sede.*

dionea f. *Atrapamoscas.*

dionisíaco -ca adj. *Báquico.*

diorita f. *Diabasa.*

diplomacia f. fig. **Tacto, sagacidad, circunspección.*

diplomático -ca adj. fig. *Circunspecto, sagaz, disimulado, ladino.*

diputar tr. *Destinar, elegir, designar.*

dique m. *Malecón.*

dirección f. *Gobierno, gestión, administración, mando.* ‖ *Sentido, camino, rumbo, derrotero.* ‖ *Señas.*

directo -ta adj. *Derecho, recto, seguido.*

director -ra m. f. *Directivo, dirigente. Director* es el que dirige un establecimiento, corporación, grupo, sociedad, etc.; su cargo es unipersonal. El *directivo* y el *dirigente* forman parte de una dirección o junta que dirige; su autoridad es compartida por otros, y no unipersonal como la del *director. Directivo* se emplea con preferencia en una agrupación, sociedad, etc., en tanto que la denominación de *dirigente* se aplica principalmente en los partidos políticos, en los movimientos populares o sociales. En una escuela preguntamos por el *director;* en un casino o sociedad, por un *directivo;* en una huelga, los patronos o las autoridades se ponen al habla con los *dirigentes* obreros. Cuando se emplean como adjetivos, la diferencia se borra en gran parte; y así hablamos de la acción *directora, directiva* o *dirigente* que una persona o junta desarrollan.

dirigir tr. *Enderezar, guiar, orientar, encaminar, conducir.* ‖ *Gobernar, *regir, administrar, mandar.*

dirimir tr. *Resolver, fallar, decidir, terminar.*

discernir tr. *Distinguir, discriminar, diferenciar, apreciar, percibir.* «*Discernir* es un acto puramente mental; *distinguir* es un acto mental, que puede ser verbal igualmente, en cuyo caso la distinción es la expresión del *discernimiento.* Como actos puramente mentales, *discernir* supone más claridad y prontitud en la percepción; y *distinguir,* más finura y sutileza. Antes de *distinguir* se *discierne.* Para *distinguir* lo verdadero de lo falso se necesita a veces mucho *discernimiento*» (M). *Discriminar* y *diferenciar,* como actos mentales, suponen mayor minuciosidad. ‖ Es GALIC. el empleo de *discernir* por *otorgar* o *conceder* un premio, un honor.

disciplina f. *Doctrina, enseñanza.* ‖ *Asignatura.* ‖ *Subordinación, dependencia, obediencia, orden.*

discípulo -la m. f. *Alumno, *estudiante, escolar, colegial.*

díscolo -la adj. *Desobediente, indócil, indisciplinado, rebelde, reacio, avieso, perturbador, revoltoso.*

disconformidad f. *Desconformidad* es p. us. Cuando significa oposición o diferencia de opiniones, *desacuerdo, discordancia, disentimiento.* Si la oposición es de voluntades, *discordia, desavenen-*

cia, desunión, disensión. Sin embargo, esta agrupación de sinónimos no es rigurosa, y todos ellos pueden pasar de un grupo a otro.

discontinuo -nua adj. *Interrumpido, intermitente.* En MAT., *discreto.*

discordia f. **Disconformidad, desacuerdo, discordancia, disentimiento,* en las opiniones. *Desavenencia, desunión, disensión,* en las voluntades.

discreción f. *Sensatez, prudencia, tacto, moderación, mesura, circunspección.* ‖ *Reserva, recato.*

discrepancia f. **Diferencia, divergencia.* ‖ *Disentimiento, *disconformidad, desacuerdo.*

discrepar intr. *Diferenciarse, distar.* ‖ *Divergir, disentir, discordar.*

discreto -ta adj. *Juicioso, prudente, sensato, mesurado, cuerdo.* ‖ *Agudo, ingenioso.* ‖ *Reservado, recatado.*

discriminar tr. *Distinguir, *discernir, diferenciar, especificar.* ‖ Tratándose de personas, *separar, seleccionar, excluir,* por motivos de raza, nacionalidad, política, religión, etc.

disculpa f. *Descargo, *excusa, defensa, exculpación.* ‖ *Pretexto, rebozo, socapa.*

disculpar tr. *Defender, excusar, justificar.* ‖ **Perdonar, absolver, exculpar.*

discurrir intr. *Andar, correr;* tratándose del tiempo, *transcurrir, pasar.* ‖ *Reflexionar, pensar, razonar, calcular.* ‖ tr. *Idear, inventar, inferir, conjeturar.*

discurso m. Hablando del tiempo, *curso, paso, transcurso.* ‖ *Raciocinio, reflexión.* ‖ En estilo elevado, evocando la antigüedad clásica, y en su significado más abstracto de obra del género oratorio, *oración, peroración:* ～ fúnebre, ～ de Cicerón contra Verres. Las diferentes clases de discursos reciben nombres especiales: La *alocución* es discurso breve (oral o escrito) que un superior dirige a sus subordinados : ～ a las tropas. *Arenga* es discurso solemne y enardecedor; su expr. desp. es *soflama.* La *disertación* y la *conferencia* versan sobre temas científicos o artísticos; la primera puede ser oral o escrita, la segunda es oral. El discurso religioso pronunciado por un sacerdote en la iglesia se llama *sermón,* y si es breve, y gralte. pronunciado al pie del altar, *plática.* En la oratoria forense, *acusación* y *defensa;* ambos se llaman también *informe. Perorata, soflama* y *prédica* son expr. desp. aplicables a cualquier clase de discurso, sobre todo cuando es de tonos vehementes.

discusión f. *Debate, disputa.* «La *discusión* es el examen de una *cuestión* en que toman parte varias personas, y en que cada una suministra ideas y observaciones, con el objeto de llegar a una solución satisfactoria. El *debate* es una *discusión,* en que las opiniones se dividen, y en que cada cual procura sostener la suya con razones y pruebas. *Disputa* es un *debate* tenaz y acalorado. En la *discusión* puede no haber discordia; siempre la hay en el *debate* y en la *disputa.* En la *discusión* se discurre, se raciocina y se analiza; en el *debate* se contradice, se refuta y se prueba; en la *disputa* se grita y se agrian las pasiones» (M). Cuando en una *disputa* se extrema la violencia, se convierte en *altercado.* La *polémica* y la *controversia* son semejantes al *debate.* La *polémica* supone más hostilidad que el *debate,* y puede ser oral o escrita. La *controversia* suele tratar de temas especulativos, teóricos, sin el propósito de tomar una decisión.

discutible adj. *Dudoso, cuestionable, controvertible, impugnable, disputable, problemático.*

disección f. Etimológicamente significa lo mismo que *anatomía,* y ambos términos pueden emplearse y se han empleado como equivalentes. Hoy, sin embargo, tiende a diferenciarse el nombre de *anatomía* (ciencia, estructura orgánica) del de *disección* (acción de disecar).

diseminar tr. *Esparcir, desparramar, desperdigar, sembrar, dispersar.*

disensión f. *Disconformidad, desacuerdo, disentimiento.* ‖ *Discordia, contienda, disputa, riña.*

disentir intr. *Discrepar, discordar, desacordarse.*

diseño m. *Traza, delineación, croquis, boceto.*

disertación f. *Conferencia, *discurso, razonamiento.*

disfavor m. *Desaire, desatención.* Si se comete con arrogancia o grosería, *desplante.*

disforme adj. **Deforme.* ‖ *Desfigurado, desproporcionado, monstruoso.*

disfrazar tr. *Desfigurar, embozar, ocultar.* ‖ *Disimular, simular, encubrir.*

disfrutar tr. *Percibir, aprovecharse, utilizar.* ‖ intr. *Gozar, alegrarse, complacerse, divertirse, regocijarse.*

disgregar tr. *Desagregar, disociar, dispersar.* Con frecuencia pueden sustituirse entre sí, pero tienen matices esp. que los hacen más aptos para ciertos usos. *Desagregar* sugiere separar dos o más cosas que estaban agregadas o unidas, en tanto que *disgregar* se refiere a una rotura o separación más íntima de las partes que componen un todo : cortarse una salsa es *desagregarse;* una roca se *disgrega* por la acción de la atmósfera. Mayor es aún la idea de quebrantamiento de un todo unitario en *desintegrar:* ~ un país, la materia. *Disociar* es pralte. us. en QUÍM. Cuando se trata de una agrupación de seres individuales, *dispersar:* la multitud, el rebaño, se *dispersan.*

disgustar tr. *Desagradar, desazonar, incomodar, molestar, contrariar, enfadar, repugnar.* «*Disgustar* y *desagradar* en su sentido recto tienen muy diferente significación, porque *disgustar* representa una acción puramente física, esto es, la que produce en nuestros sentidos la sensación opuesta al *gusto;* y *desagradar* representa una acción moral, esto es, la que produce en el ánimo la sensación opuesta al *agrado.* Pero el verbo *disgustar* se usa también figuradamente en el sentido moral, y en tal caso se refiere generalmente a todo lo que no satisface a la voluntad; *desagradar,* conservando siempre la fuerza de su sentido recto, se refiere a lo que no satisface al ánimo y debiera satisfacerle por obligación, atención u otros motivos. El enojo del padre *disgusta* a los hijos, y la desobediencia de los hijos *desagrada* al padre. *Disgusta* el malhumor de un amigo y *desagrada* el de un criado. *Disgusta* el mal tiempo, y *desagrada* la mala fe» (LH). Estas diferencias que el autor señalaba en su tiempo se han simplificado en el habla culta de hoy : *Desagradar* es expresión atenuada de *disgustar;* soportamos mejor lo que nos *desagrada* que lo que nos *disgusta.* Los demás vbs. arriba enumerados están más cerca de *disgustar* que de *desagradar.* ǁ *Apenar, afligir, apesadumbrar.*

disgusto m. *Desazón, repugnancia, asco, hastío.* ǁ *Pesadumbre, aflicción, pena, inquietud, contrariedad.* ǁ *Contienda, desavenencia, diferencia.* ǁ *Enfado, tedio, fastidio.*

disidencia f. *Desacuerdo, escisión, cisma, ruptura.*

disimilitud f. *Desemejanza,* **diferencia.*

disimulado -da adj.-s. *Engañoso, falso, hipócrita, fingido.*

disimular tr. *Encubrir, ocultar, ta-*

par. ǁ *Disfrazar, fingir, desfigurar.* ǁ *Tolerar, disculpar, perdonar, permitir, hacer la vista gorda* (fam.).

disipar tr. *Desvanecer, dispersar.* ǁ *Desperdiciar,* **malgastar, derrochar, prodigar.* ǁ prnl. *Evaporarse, desvanecerse, desaparecer, borrarse.*

dislate m. *Disparate, desatino, despropósito, absurdo.*

dislocar tr. *Desconcertar, descoyuntar, desencajar, desarticular.*

disminución f. *Descrecimiento, decrecimiento, mengua, menoscabo, merma.*

disminuir tr. En sus aceps. tr., *amenguar, aminorar; reducir, menoscabar* y *mermar* se refieren al número o al tamaño; *acortar,* a la longitud y duración; *bajar* y *rebajar* (altura, precio y número); *abreviar* (duración). ǁ intr. **Decrecer, menguar.*

disociar tr. *Desunir, separar,* **disgregar, desagregar.*

disoluto -ta adj. *Licencioso, vicioso, corrompido, depravado.*

disolver tr. *Desleír* es disgregar un cuerpo en un líquido, aunque no se disuelva en él : *desleír* una salsa en aceite. Todo lo que se *disuelve* se *deslíe,* pero no al revés. *Diluir* es sin. de *desleír,* aunque de uso culto o científico. En QUÍM. significa disminuir la concentración de una solución, añadirle más disolvente. ǁ *Separar, desunir, disgregar.* ǁ *Destruir, deshacer, aniquilar.*

disonar intr. *Malsonar.* ǁ fig. *Discrepar, chocar, extrañar.*

disparar tr. *Arrojar, lanzar, tirar, despedir;* tratándose de armas de fuego, *descargar, tirar.* ǁ prnl. *Desbocarse, precipitarse.*

disparatar intr. *Desbarrar, desatinar.*

disparate m. *Desatino, dislate, absurdo, despropósito.* «*Disparate* y *desatino* se aplican a todo hecho o dicho fuera de razón y propósito; pero cada uno tiene su extensión y energía particular. El *disparate* recae sobre hechos o dichos fuera de propósito por falta de reflexión, o por incoherencia o disparidad de ideas. El *desatino* recae sobre hechos o dichos fuera de propósito por falta de *tino,* esto es, de inteligencia, de prudencia, de razón. Es un *disparate* decir que el olmo puede llevar peras. Es un *desatino* decir que no se debe respetar la persona de un padre o de un soberano. Es un *disparate* el ir a pie, pudiendo ir en coche. Es un *desatino* el exponerse a un riesgo inminente de la vida. Un hombre de buen humor suele decir *dis-*

parates que divierten, y no desacreditan su talento; pero nunca dice *desatinos*» (LH). ‖ *Atrocidad, demasía, barbaridad.*

disparidad f. *Diferencia, desemejanza, desigualdad, discrepancia.*

disparo m. *Tiro.*

dispendioso -sa adj. **Caro, costoso.*

dispensar tr. *Dar, conceder, otorgar, distribuir.* ‖ *Eximir.* ‖ *Excusar, *perdonar, disculpar, absolver.*

dispersar tr. *Separar, diseminar, esparcir, *disgregar.* ‖ *Derrotar, romper, desbaratar, desordenar, ahuyentar.*

displicencia f. *Indiferencia, desagrado, aspereza, desabrimiento.* ‖ *Desaliento, apatía, indolencia, dejadez.*

disponer tr. *Arreglar, colocar, ordenar, aderezar.* ‖ *Preparar, prevenir.* «*Disponer* es un trabajo más elevado y más grande que *preparar*. Se *dispone* el plan, y se *preparan* los medios para ejecutarlo. El que concibe la idea primitiva de una operación, el que posee la llave de ella, el que ha previsto sus consecuencias, es quien *dispone*. El que facilita los recursos, el que apronta los materiales, el que remueve los obstáculos, es quien *prepara*. La *preparación* está más cerca del hecho que la *disposición*. El jefe *dispone* y el subalterno *prepara*. Un padre dice a su hijo: *disponte* a marchar, y *prepara* lo necesario» (M). ‖ *Deliberar, mandar, decidir, preceptuar, determinar, resolver.*

disposición f. *Colocación, ordenación, arreglo, distribución.* ‖ *Aptitud, suficiencia, capacidad, idoneidad, talento, ingenio.* ‖ *Mandato, decisión, resolución, orden, precepto.* ‖ *Preparativo, prevención, medida, medio.*

dispositivo -va adj. **Instrumento, mecanismo.*

dispuesto -ta adj. *Apuesto, gallardo.* ‖ *Hábil, apto, idóneo, despejado, despierto, habilidoso, inteligente.* ‖ *Preparado, prevenido, listo.*

disputa f. **Discusión, debate, altercado, agarrada, cuestión, contienda.*

disputar tr. *Discutir, cuestionar, altercar, controvertir.* ‖ *Competir, emular, contender.*

distancia f. *Trecho, espacio; si es de tiempo, intervalo.* ‖ *Diferencia, desemejanza, disparidad.* ‖ *Desafecto, discrepancia, frialdad, despego.*

distante adj. *Apartado, alejado, *lejano, remoto, lejos.* «*Distante* representa la idea del espacio que hay desde un punto a otro de un modo determinado y relativo; *lejos* [y *lejano*] de un modo absoluto e indeterminado. Se mide lo *distante*, esto es, la *distancia* o espacio determinado que hay entre dos puntos: no se mide lo *lejos*. Esta voz prescinde de toda dimensión. Está una legua *distante* de aquí, y no una legua *lejos*. Vino de muy *lejos*, y no de muy *distante*; porque con aquella voz parece que, en cierto modo, se pondera la *distancia*, suponiéndola indeterminada» (LH).

distar intr. fig. *Diferenciarse, discrepar, diferir.*

dístico m. *Pareado, más us. en la poesía moderna. Dístico* se dice gralte. tratando de la versificación griega y latina.

distinción f. *Elegancia.* ‖ *Prerrogativa, excepción, honor, honra.*

distingo m. *Distinción, reparo, restricción, sutileza.*

distinguido -da adj. *Elegante, selecto, notable, ilustre, esclarecido, señalado.*

distinguir tr. *Diferenciar, separar, especificar, discriminar, *discernir.* ‖ *Caracterizar.* ‖ **Divisar.* ‖ *Honrar.* ‖ prnl. *Sobresalir, descollar, resaltar, despuntar, señalarse.*

distintivo m. *Marca, señal, insignia, divisa.*

distinto -a adj. *Diverso, diferente; desemejante, dispar.* «*Distinto* es lo que no tiene identidad con otra cosa. *Diverso* lo que no es homogéneo con otra cosa; *diferente* lo que no tiene todas las cualidades, todos los accidentes y toda la forma de otra cosa. Lo *distinto* se refiere al ser, y por esto decimos que la Trinidad se compone de tres personas *distintas*. Lo *diverso* se refiere a la sustancia, y así el vegetal es un ser *diverso* del animal. Lo *diferente* se refiere a las circunstancias accidentales, y por esto decimos que los hombres son *diferentes* en estatura, en color, etc. No decimos que las personas de la Trinidad son *diversas*, ni *diferentes*, sino *distintas*. No decimos que el vegetal es un ser *distinto* ni *diferente* del animal, sino *diverso*. No decimos que un hombre alto es *distinto*, ni *diverso* de uno pequeño, sino *diferente*» (M). «Un perro y un gato son animales de *distinta* especie, de *diferente* figura y de diversas inclinaciones» (LH). *Desemejante* y *dispar* se dice de las cosas *diferentes* que no se parecen entre sí o cuyas diferencias son muy marcadas. ‖ *Claro, preciso, inteligible.*

distracción f. *Entretenimiento, diversión, pasatiempo, recreo.* ‖

Omisión, olvido, inadvertencia, lapsus.

distraer tr.-prnl. *Desatender, apartar, desviar.* ‖ Tratándose de fondos o caudales, ~ es un eufemismo por *defraudar, malversar.* ‖ *Entretener, recrear, divertir.*

distribución f. *Reparto, partición, división, repartición.*

distribuir tr. **Dividir, repartir, partir.*

disturbio m. *Perturbación, asonada, alboroto, tumulto, motín.*

disuadir tr. *Desaconsejar, desarrimar.*

disyuntiva f. **Alternativa.*

ditirambo m. fig. *Alabanza, encomio, *elogio.* El *ditirambo* supone exageración extremosa.

divagar intr. *Vagar, errar.*

divergencia f. fig. **Diferencia, disparidad, discrepancia.*

diversidad f. *Variedad.* ‖ *Desemejanza, diferencia, disparidad.*

diversión f. *Distracción, entretenimiento, pasatiempo, recreo, solaz, esparcimiento.* La *diversión* engloba los matices de todos estos sinónimos, pero se siente hoy en general como más intensa. *Distracción, recreo, solaz* y *esparcimiento* connotan descanso o interrupción del trabajo o preocupaciones, desviando la atención de ellos. *Entretenimiento* y *pasatiempo* son recursos para llenar el rato sin aburrirse. El empresario de espectáculos que ofreciese al público *entretenimiento* o *recreo*, y no *diversión*, se quedaría corto en su propaganda.

diverso -sa adj. **Distinto, diferente, desemejante, dispar.* ‖ pl. *Varios, variados, muchos.*

divertido -da adj. *Festivo, alegre, jovial, jocoso, regocijado.*

divertir tr. *Recrear, *entretener, distraer, solazar.*

dividir tr. Como operación aritmética, *partir.* ‖ Tratándose de cosas, *fraccionar, partir, separar, fragmentar.* Según el medio empleado o las cosas a que se aplica, *dividir* puede ser sinónimo de *cortar, seccionar, segmentar(se)*, etc. ‖ *Repartir, distribuir.* «Se *divide* por partes iguales; se *reparte* por partes desiguales; se *distribuye* según la parte que a cada uno de los partícipes corresponde. *Dividir* la caza entre los cazadores quiere decir que a cada uno se da igual número de piezas. *Repartir* limosnas es dar dinero a los pobres, sin consideración a la cantidad que cada uno recibe. *Distribuir* el producto de un decomiso es dar tanto al denunciador, tanto a la hacienda pública, etc.» (M). ‖ fig. *In-*

disponer, malquistar, enemistar, desavenir, desunir.

divieso m. *Forúnculo, furúnculo.*

divinamente adv. m. *Perfectamente, admirablemente.*

divinizar tr. *Deificar.* ‖ fig. *Endiosar.*

divisa f. *Distintivo, señal, marca, insignia.* ‖ *Lema, mote.* ‖ *Moneda extranjera.*

divisar tr. *Distinguir* es ver con claridad suficiente para saber de qué se trata. A medida que la visión va siendo menos distinta establecemos cierta gradación entre *divisar, entrever, columbrar, vislumbrar.*

división f. *Partición, repartición, reparto, distribución.* ‖ fig. *Desunión, discordia, desavenencia.*

divorciar tr. *Descasar* tiene sentido gral. de separar a los cónyuges; *divorciar* tiene valor legal.

divulgar tr. Cuando se trata de ciencias, conocimientos, doctrinas, etc., *vulgarizar, difundir.* Si se trata de noticias, rumores, *publicar, pregonar, difundir, esparcir, sembrar, propagar* (v. **Propalar*).

dobladillo m. *Repulgo.*

doblar tr. *Duplicar.* ‖ *Plegar.* ‖ *Torcer, arquear, encorvar, doblegar.* ‖ *Tocar a muerto, clamorear.* ‖ prnl. *Ceder, doblegarse, someterse, allanarse, plegarse, ablandarse, blandearse.*

doblegar tr. *Torcer, arquear, encorvar, doblar.* ‖ fig. *Doblar, ablandar, blandear.*

doblez m. *Pliegue, repliegue.* ‖ amb. fig. *Duplicidad, doble juego, doble trato, mala fe, hipocresía, fingimiento, simulación, disimulo.*

doblilla f. ant. *Durillo, escudillo.*

dócil adj. *Obediente, sumiso.* ‖ *Apacible, suave, dulce, manso.*

docto -ta adj. *Instruido, entendido, ilustrado, *erudito, sabio.*

doctrina f. *Enseñanza.* ‖ *Opinión, teoría, sistema.*

doctrinar tr. ant. *Adoctrinar, aleccionar, instruir, *enseñar.*

dolencia f. *Achaque, *enfermedad, padecimiento, mal.*

dolerse prnl. *Quejarse, lamentarse.* ‖ *Compadecerse, apiadarse, condolerse.* ‖ *Arrepentirse.*

doliente adj. *Enfermo.* ‖ *Dolorido, apenado, desconsolado, afligido, contristado.*

dolo m. *Engaño, fraude, simulación.*

dolor m. *Mal.* Entre niños, *pupa.* ‖ *Aflicción, *pena, pesar; pesadumbre* sugiere a veces arrepentimiento; *tristeza* implica un estado de ánimo de cierta duración; *desconsuelo, tormento, su-*

plicio, angustia, tortura, son intensivos; v. **Tristeza.*

dolorido -da adj. *Apenado, desconsolado, doliente, afligido, apesarado.*

doloroso -sa adj. *Lamentable, lastimoso, penoso, angustioso.*

domar tr. *Domesticar, *amansar, desembravecer, amaestrar.* || fig. *Sujetar, reprimir, dominar.*

domeñar tr. *Dominar, sujetar, avasallar, someter, rendir.*

domesticar tr. **Amansar, desembravecer, domar, amaestrar.*

doméstico -ca adj.-s. *Sirviente, criado.*

domiciliarse prnl. *Avecindarse, establecerse.*

domicilio m. **Casa, morada, residencia, *habitación.*

dominante adj. *Imperioso, absoluto, avasallador.* || *Preponderante, predominante.*

dominguero -ra adj. fam. *Endomingado.*

dominar tr. Serie intensiva : *dominar, señorear, sujetar, someter, supeditar, sojuzgar* (implica violencia), *avasallar, subyugar.* || *Sobresalir, descollar.* || prnl. *Reprimirse, contenerse.*

dominguillo m. *Tentemozo, matihuelo, tentetieso, siempretieso.*

dominicos m. pl. *Predicadores.*

dominio m. *Poder, propiedad, pertenencia.* || *Superioridad, autoridad, imperio, predominio, potestad, poder.* || *Soberanía, imperio, señorío,* hablando del territorio en que se ejerce el *dominio.*

domo m. *Cúpula, dombo, media naranja.*

don m. **Dádiva, presente, *regalo, ofrenda.* || *Gracia, habilidad, talento, aptitud.* || *Cualidad, prenda, dote, excelencia.*

donación f. *Cesión, don, *dádiva, *regalo.*

donado -da m. f. *Hermano,* en oposición a Padre profeso. Desp. *hermanuco.*

donador -ra adj.-s. *Donante.*

donaire m. *Discreción, gracia, donosura,* se refieren al modo de decir, moverse o hacer algo. *Gracejo,* sólo al modo de hablar o escribir, y envuelve matiz festivo. || *Chiste, agudeza, ocurrencia.* || *Gentileza, gallardía, soltura.*

donativo m. **Dádiva, *regalo, cesión, donación.*

donde adv. l. v. **Adonde.* || pron. rel. *Que, el que, el cual.*

dondequiera adv. l. *Doquier, doquiera.*

dondiego m. *Arrebolera, dompedro, donjuán, diego.*

donoso -sa adj. *Donairoso, ocurrente, gracioso, chistoso.*

donostiarra adj.-s. *Easonense.*

dorar tr. Tratándose de metales (esp. plata), *sobredorar.* || fig. *Paliar, encubrir, atenuar, endulzar, dulcificar, suavizar.*

dormir intr.-prnl. **Adormecerse, adormilarse,* significan empezar a dormirse o dormirse a medias. *Reposar* y *descansar,* aunque expresan idea diferente y más general, se usan a veces por *dormir* como expresiones selectas. || *Pernoctar.* || prnl. *Descuidarse, abandonarse, confiarse.*

dormitivo -va adj.-m. *Somnífero, hipnótico.*

dornajo m. *Dornillo, barcal.*

dorso m. *Espalda.* || *Revés, reverso.*

dotación f. *Asignación.* || *Tripulación.* || *Personal.*

dote f. *Excelencia, prenda, cualidad, don.*

dragomán m. ant. *Trujamán, truchimán, intérprete.*

dragón m. (planta). *Becerra, boca de dragón, dragoncillo.*

dragontea f. *Culebrilla, serpentaria, taragontía, zumillo.*

dría, dríada y **-de** f. *Hamadríada -de.*

dualidad f. *Dualismo.* || En QUÍM. y GEOL. *Dimorfismo.*

dúctil adj. fig. *Blando, condescendiente, acomodadizo, acomodaticio.*

ducho -cha adj. *Experimentado, diestro, versado, entendido, perito.*

duda f. **Incertidumbre, irresolución, perplejidad, vacilación, indecisión.* || *Problema, cuestión.* || *Escrúpulo, sospecha, recelo, aprensión.*

dudar intr. **Vacilar, fluctuar, titubear.*

dudoso -sa adj. *Inseguro, *incierto, problemático* y *dudoso* se dice de los hechos, noticias, relatos, etc., que ofrecen duda. Tratándose del sentido de las palabras, *equívoco, ambiguo.* «Es *dudoso* el sentido de una frase cuando contiene alguna alusión oscura, alguna confusión en las ideas, alguna explicación insegura o defectuosa; es *equívoco* cuando hay en ella voces de doble significado; es *ambiguo* cuando la construcción puede tener distintas interpretaciones. Es *dudoso* el sentido del «*tu quoque, fili!*» de César a Bruto, porque no se sabe si le hablaba como a hijo verdadero, o simplemente le dirigía una palabra cariñosa. Es *equívoca* la frase española «he comprado un par de botas», porque esta palabra puede significar la bota, calzado, o la bota de vino. Son *ambiguas* las oraciones latinas de infinitivo con dos acusativos, porque no se sabe cuál de ellos representa el sujeto y cuál el complemento, como la célebre sentencia del oráculo: *dico te romanos vincere posse»* (M). ‖ Cuando *dudoso* se refiere a la persona que duda, equivale a *vacilante, indeciso, perplejo.* «La diferencia consiste en que *dudoso* es el que no se decide a creer, y *perplejo,* el que no se decide a obrar. El hombre está *dudoso* cuando las razones que tiene para dar asenso a lo que se le dice son de tanta fuerza como las que tiene para negárselo; está *perplejo,* cuando, entre dos resoluciones que se le presentan, no sabe cuál es la que ha de adoptar. En el *dudoso* está el entendimiento en equilibrio; en el *perplejo* lo está la voluntad» (M).

1) **duelo** m. *Desafío, lance de honor, encuentro, combate.*

2) **duelo** m. *Dolor, aflicción, pena, pesar, desconsuelo.*

duende m. *Martinico, trasgo.*

dueño m. **Señor, propietario, amo, patrón; patrono y empresario en la industria y el alto comercio.*

duerna f. *Artesa, masera.*

dulce adj. fig. *Suave, agradable, deleitable, deleitoso, placentero.* ‖ *Afable, bondadoso, apacible, indulgente, complaciente, dócil.*

dulcería f. *Confitería, pastelería.*

dulcificar tr. *Endulzar;* FARM. *edulcorar.* ‖ *Suavizar, mitigar, atenuar, calmar, sosegar.*

dulzura f. *Dulzor.* ‖ fig. *Afabilidad, bondad, suavidad, mansedumbre, docilidad.*

duna f. *Médano, medaño, mégano; algaida,* p. us.

dundo -da adj. Amér. Central y Colomb. *Tonto. Dundeco -ca* en los mismos países.

duodécimo -ma adj.-s. *Dozavo.* ‖ adj. *Doceno, decimosegundo.*

dúplica f. DER. *Contrarréplica.*

duplicidad f. *Doblez, falsedad, fingimiento, hipocresía, doble trato.*

duración f. *Dura se aplica únicamente a cosas materiales que se desgastan con el uso: un calzado de mucha dura. No se diría, en cambio, de una pasión, que tiene larga o mucha dura.*

duradero -a adj. *Durable, estable, perdurable, permanente, persistente, constante. Durable y estable se dice de lo que dura o*

puede durar; *duradero* es lo que realmente dura. Lo que por sus condiciones propias hace pensar en una larga vida futura, es *durable* o *estable;* p. ej.: muchas instituciones humanas, leyes, etc., lo cual no quiere decir que, después de hacer la prueba de ellas, resulten en todos los casos *duraderas.* Por esto en las cosas materiales, como una prenda de vestir, se prefiere decir que son *duraderas. Perdurable* es lo que dura siempre, como la vida *perdurable* o *eterna; permanente* es lo que dura siempre o largo tiempo, dentro de la relatividad humana, sin sufrir cambio. *Persistente* da la idea de acción o sucesión repetida o reiterada, como un ruido *persistente,* un mal tiempo *persistente.* Lo *constante* connota resolución, voluntad: durar: un amor *constante,* una aplicación *constante.*

durar intr. *Tirar es durar trabajosamente: el enfermo va tirando;* ese traje *tirará* todo el invierno. *Durar* se aplica propiamente a los seres inanimados, en tanto que *vivir* es propio de los seres animados; pero uno y otro vbs. se intercambian a menudo, si bien predomina en cada caso el matiz estático de *durar* y el dinámico de *vivir;* decir que un hombre *dura* muchos años es expresión irónica; cuando decimos que un edificio *vive* desde hace dos siglos, pensamos en el movimiento, utilidad, etc., que hay en él. Las instituciones, costumbres, recuerdos, etc., *duran* o *viven* según el matiz predominante. *Perdurar* es intensivo; significa *durar* mucho o siempre; *subsistir, permanecer.*

duraznillo m. *Hierba pejiguera; persicaria.*

dureza f. *Solidez, consistencia, resistencia.* ‖ fig. *Severidad, aspereza, rigor, rudeza, violencia.* ‖ *Callosidad, induración.*

durillo m. *Tino* (arbusto). ‖ *Doblilla.* ‖ *Cornejo, corno, cerezo silvestre, sangüeño, sanguino, sanguiñuelo.*

duro -ra adj. *Resistente, consistente, fuerte, compacto.* ‖ fig. *Severo, rudo, áspero, violento, cruel, despiadado, inhumano.* ‖ *Penoso, trabajoso, cansado, insoportable, intolerable.*

ébano m. *Abenuz.*

ebonita f. *Vulcanita.*

ebrio -bria adj. **Borracho, embriagado, beodo.*

ebúrneo -ea adj. *Marfileño.*

eclesiástico m. *Clérigo, sacerdote, cura, presbítero, tonsurado.*

eclipsar tr. fig. *Oscurecer, deslucir, sobrepujar, aventajar, exceder.* || prnl. *Ausentarse, desaparecer, evadirse, escaparse, huir.*

eco m. *Repercusión, resonancia, tornavoz.*

economía f. *Crematística,* especialmente en lo que se refiere al dinero. || *Ahorro.* || *Escasez, parquedad, miseria.*

economizar tr. *Ahorrar, guardar, reservar.*

ecuánime adj. *Sereno, juicioso, ponderado, imparcial.*

ecuestre adj. **Caballar.*

ecuménico -ca adj. **Universal.*

echacantos m. fam. *Tiracantos.*

echada f. *Echazón.*

echaperros m. *Perrero.*

echar tr. *Arrojar, lanzar, tirar, despedir.* «*Echar* es una acción menos violenta que *arrojar* y *lanzar*. Se *echa*, y no se *arroja* ni se *lanza*, agua en el vaso, dinero en el bolsillo, trigo en el costal. *Arrojar* y *lanzar* son sinónimos, y suponen esfuerzo y violencia. Usados estos verbos como prnles. conservan la misma diferencia. No se *echa* uno en un precipicio, sino que se *arroja* o se *lanza*. *Echarse* en la cama no es lo mismo que *lanzarse* o *arrojarse* en la cama. En el primer caso se expresa una acción ordinaria y tranquila [*tenderse, tumbarse*]; en el segundo, la de un hombre agitado por la pasión u oprimido por el cansancio» (M). || *Despedir, despachar, licenciar.* En este caso, *echar* a un criado supone más violencia que *despedirlo, licenciarlo* o *despacharlo*, y el sentido se acerca al de *expulsar.* || prnl. *Abalanzarse, precipitarse, arrojarse. Echarse sobre* equiva-

le a *acometer* en muchas ocasiones. || *Tenderse, tumbarse.*

edén m. *Paraíso.*

edicto m. *Mandato, decreto, bando.*

edificio m. *Construcción, obra, fábrica* (ant.). El *edificio* está destinado a habitación del hombre o usos análogos : vivienda, museo, cuartel, oficinas, etc. Un puente, un dique, son *construcciones*, no *edificios* (v. **Construir*).

edificar tr. **Construir, erigir, levantar, obrar. Fabricar* y *labrar* son ant. || fig. *Dar ejemplo.*

edil. m. *Concejal, munícipe, regidor municipal.*

editar tr. *Publicar, imprimir.*

educación f. *Enseñanza.* La *educación* abarca la personalidad entera del hombre, corporal y espiritual, en todos sus aspectos. La *enseñanza* se dirige sobre todo a la inteligencia y al saber. El significado de *enseñanza* se acerca al de *instrucción* y *adoctrinamiento.* || *Buena crianza, urbanidad, cortesía, modos.*

educando -da adj.-s. *Colegial, escolar, alumno, discípulo, estudiante.*

educar tr. **Enseñar, dirigir.* || *Desarrollar, afinar, perfeccionar.* || Tratándose de animales, *domar, amaestrar.*

efectivo -va adj. *Real, verdadero, cierto, positivo.* || m. *Dinero, numerario.*

efecto m. *Resultado, consecuencia, producto.* «Aunque en el sentido metafórico *efecto* y *producto* se usan como sinónimos, no lo son en el sentido recto. El *efecto* no proviene tan visiblemente de la causa como el *producto*. La ligazón entre el *efecto* y la causa puede ser dudosa; la del *producto* no puede serlo No es patente a todos que las mareas sean *efecto* de las variaciones lunares; pero nadie duda que la cosecha es *producto* del sembrado, ni que la fruta es *producto* del árbol. El *producto* tiene una existencia real; el *efecto* no la tiene siempre. La muerte es *efecto*, y no *producto* de la *enfermedad* o de la herida. No se dice los *efectos*, sino los *productos*, de un capital, de una industria, del ejercicio de una profesión» (M). ‖ *Impresión, sensación.* ‖ *Mercancía, mercadería, valor mercantil.* Efectos públicos : *títulos, valores.* ‖ pl. *Muebles, enseres.*

efectuar tr. *Ejecutar, *realizar, cumplir, llevar a cabo o a efecto.*

efervescencia f. *Hervor, burbujeo.* ‖ fig. *Ardor, agitación, exaltación.*

eficacia f. *Actividad, energía, poder, virtud.* Tratándose de sentimientos o de su expresión, **vehemencia.* ‖ *Eficiencia.*

eficaz adj. *Activo, fuerte, enérgico, poderoso.* ‖ *Eficiente.*

efigie f. *Imagen, representación, figura,* tienen mayor amplitud, y pueden referirse a personas, abstracciones y cosas reales o imaginarias. La *efigie* es la *representación* de una persona o, en sentido fig., de una personificación : la *efigie* de un rey, la *efigie* del dolor. *Retrato* es la reproducción o representación de una persona o cosas reales. *Efigie* sugiere cierta dignidad o estimación.

efímero -ra adj. Aunque en rigor etimológico se dice de lo que dura un solo día, se usa a menudo por *pasajero, fugaz, huidizo, perecedero, breve.*

efluvio m. *Emanación, irradiación.*

efod m. *Superhumeral.*

efugio m. *Evasiva, escapatoria, salida, rodeo, subterfugio,* dan igualmente la idea de recurso para huir de una dificultad o compromiso. *Efugio* es lit. y menos us. *Evasiva* sugiere gralte. frase, pregunta o cualquier medio usado en la conversación para desviar o eludir algo que en ella nos es desagradable. *Subterfugio* está con frecuencia muy cerca de *pretexto:* es un pretexto, gralte. desestimable, para salir del paso. **Excusa.*

efusión f. *Derramamiento.* ‖ fig. *Expansión, afecto, ternura, cordialidad.* La *efusión* supone gran intensidad en estos sentimientos y en el modo de expresarlos.

egida y **égida** f. fig. *Protección, patrocinio, amparo, defensa.*

egregio -gia adj. *Ilustre, insigne, célebre, afamado, famoso,* son el resultado social de la calidad *egregia* de una persona o cosa: sus méritos *egregios* le hicieron *famoso, célebre,* etc. En rigor, *egregio* significa que excede a los demás en sentido meliorativo. Se es *egregio* en lo bueno, en

lo excelente; se puede ser *excepcional* en lo bueno y en lo malo.

ejecutar tr. **Realizar, efectuar, hacer, poner por obra, llevar a cabo.* ‖ *Obedecer, cumplir, observar,* tratándose de una ley o mandato. ‖ En Música y Declamación, *interpretar.* ‖ *Ajusticiar.*

ejemplo m. *Modelo, pauta, norma, dechado, regla.*

ejercitar tr.-prnl. *Adiestrar, practicar.*

ejido m. *Campillo, salida.*

elaborar tr. *Preparar, confeccionar.*

eléboro m. *Hierba ballestera* o *de ballestero.* ‖ ~ blanco, *vedegambre.*

electrizar tr. fig. *Exaltar, avivar, inflamar, entusiasmar.*

electro m. *Ámbar.* ‖ *Oro verde.*

electroterapia f. *Galvanismo, galvanoterapia,* se usan hoy menos que *electroterapia.*

elefancía f. MED. *Mal de San Lázaro, elefantiasis.*

elegancia f. *Distinción, selección, gusto.* ‖ RET. *Figura.*

elegíaco -ca adj. *Lastimero, lamentable, triste.*

elegido -da adj. *Predestinado.* ‖ *Predilecto, preferido.*

elegir tr. **Escoger, optar, preferir, seleccionar.*

elemental adj. fig. *Primordial, fundamental.* ‖ *Obvio, evidente.* ‖ *Rudimentario, sencillo.*

elemento m. *Cuerpo simple.* ‖ *Componente, parte, ingrediente.* ‖ pl. *Rudimentos, nociones, principios.* «*Elementos* son los primeros y fundamentales principios de las ciencias y las artes; *rudimentos* son los primeros pasos de su enseñanza. Cuando no hay enseñanza, no hay *rudimentos;* pero hay *elementos* siempre que hay cuerpo de doctrina» (M). *Nociones* tiene el mismo carácter docente que *rudimentos. Principios* puede equivaler a *elementos,* cuando se refiere a los fundamentos de una ciencia o arte, y a *rudimentos* cuando alude a los primeros pasos de su enseñanza (v. **Compendio*). ‖ *Medios, recursos.*

elevación f. *Altura, eminencia, prominencia.* En GEOGR., *altitud* o *altura* sobre el nivel del mar. ‖ *Ascenso, ascensión,* en sentido recto y figurado.

elevado -da adj. **Alto, eminente, prominente.* ‖ *Sublime, noble.* ‖ *Crecido, numeroso, subido,* tratándose de cantidad, precio, etc.

elevar tr. *Alzar, *levantar.* Tratándose de construcciones, *erigir, edificar, construir.* ‖ fig. *Enaltecer, encumbrar, engrandecer, ennoblecer.* ‖ *Promover, ascender.* ‖ prnl. *Transportarse, enajenarse,* *remontarse.* ‖ *Engreírse, envanecerse, ensoberbecerse.*

eliminar tr. *Suprimir, quitar, descartar, separar, prescindir de, excluir.* ‖ MED. *Expeler.*

elogiar tr. **Alabar, celebrar, encarecer, encomiar, loar, ponderar, ensalzar, enaltecer.*

elogio m. *Alabanza, enaltecimiento, loa* (lit.), *encomio* (intensivo). *Apología y panegírico son discursos o escritos de alabanza; el primero de personas o cosas, el segundo sólo de personas. Bombo es elogio exagerado y con gran publicidad. La alabanza no necesita fundarse en razones o motivos; el elogio suele fundamentarse o explicarse.*

elucidar tr. *Aclarar, dilucidar, poner en claro, explicar.*

eludir tr. **Evitar, rehuir, esquivar, soslayar, sortear.*

emanación f. *Efluvio, irradiación.*

emanar intr. fig. *Derivarse, dimanar, proceder, provenir, nacer.*

emancipar tr. *Libertar;* tratándose de un esclavo, *manumitir.*

embadurnar tr. *Untar, embarrar, manchar, pintarrajear.*

embaír tr. *Embaucar, embabucar, engañar, alucinar.*

embajada f. *Mensaje, recado.*

embalsamar tr. *Perfumar, aromatizar.*

embalse m. *Pantano,* esp. si es de gran extensión y de formación natural; *rebalsa* y *rebalse* suelen aplicarse al embalse pequeño, y pueden ser naturales o artificiales.

embarazar tr. *Estorbar, retardar, dificultar, entorpecer, obstaculizar.*

embarazo m. *Impedimento, *estorbo, dificultad, entorpecimiento, obstáculo, tropiezo.* ‖ *Preñez, preñado, gravidez.* ‖ *Encogimiento, timidez, turbación, empacho.*

embarcación f. Es nombre genérico que comprende *barco, buque, nave, navío, bajel,* etc., y también las *embarcaciones menores,* como *barca, bote, gabarra, remolque,* etc. ‖ **Embarco, embarque.*

embarco m. *Embarque, embarcación.* «*Embarco* es la acción de embarcarse; *embarque,* la de ser embarcado. Por esto la primera sólo se aplica a los seres racionales; la segunda puede convenir a las personas y a las cosas. Se dice el *embarque* de los heridos y el *embarco* de las tropas; el *embarque* de los presos y el *embarco* de los pasajeros, distinguiendo siempre la acción del que se embarca por sí mismo de la acción del que es embarcado por mano o mandato de otro. El *embarque* de un regimiento lo verificará el jefe del puerto o del departamento; su *embarco* lo verifica el mismo regimiento» (J.). Tratándose de mercancías, *embarque. Embarcación* se usa hoy poco en este sentido.

embargo (sin) loc. conj. *No obstante, empero, con todo, a pesar de ello.*

embarque m. **Embarco, embarcación.*

embarrancar prnl.-intr. *Atascar(se), atollarse,* en sus significados recto y figurado. ‖ MAR. *Varar, encallar.*

embarullar tr. Se distingue de *embrollar* en que éste implica a menudo idea de fraude o mala intención. En su uso prnl. son equivalentes. Puede uno *embrollarse* o *embarullarse* al contestar una pregunta o resolviendo un problema. ‖ *Enredar, revolver.*

embate m. *Acometida, embestida. Embate* se usa especialmente tratándose de fuerzas naturales como el mar o la tempestad, o en sentido fig. (los *embates* de la fortuna). No se diría: los *embates* de un toro, los *embates* entre dos personas que riñen, sino *acometidas* o *embestidas.* En cambio sí se emplea los *embates* del enemigo en la guerra, porque su ímpetu y número los asemejan a las fuerzas de la naturaleza.

embaucar tr. *Embabucar, embaír, engañar, seducir, encandilar, alucinar.*

embaular tr. fig. *Tragar, engullir, embocar, zampar.*

embeber tr. *Absorber, empapar, impregnar.* ‖ *Embutir, encajar, incorporar, agregar.* ‖ prnl. fig. *Embebecerse, embelesarse, absorberse.*

embeleco m. *Embuste, engaño, *mentira, superchería, engañifa.*

embelesar tr. *Suspender, encantar, cautivar, arrebatar.*

embellecer tr. *Hermosear, adornar, ataviar.*

emberrenchinarse prnl. **Encorajinarse, sulfurarse, encolerizarse.*

embestida f. *Acometida, arremetida, ataque, *embate.*

embestir tr. **Acometer, atacar, *arremeter.*

emblema m. **Símbolo, jeroglífico, empresa, representación, lema.*

embobar tr.-prnl. *Abobar, embelesar, entontecer, admirar, suspender, asombrar, pasmar.*

embocar tr. *Tragar, engullir, embaular.*

émbolo m. *Pistón.*

embolsar tr. *Entrujar,* hipérbole humorística. ‖ *Cobrar.*

emborrachar tr.-prnl. *Embriagar.* ‖ fig. *Atontar, adormecer, aturdir.*

emborrar tr. *Atiborrar, henchir.*

emborrazar tr. fig. *Enalbardar, re-bozar.*

emboscada f. *Celada, zalagarda.* ‖ fig. *Asechanza, encerrona.*

embotar tr.-prnl. *Desafilar, mellar; despuntar,* si es en la punta. ‖ fig. *Enervar, debilitar.*

embotellar tr. fig. *Acorralar, cercar.* ‖ *Inmovilizar.* ‖ *Aprender, estudiar, memorizar.*

embozar tr. *Embozalar.* ‖ fig. *Encubrir, disfrazar, ocultar.*

embravecer tr. *Irritar, enfurecer, encolerizar.*

embrazadura f. *Brazal.*

embriagar tr.-prnl. *Emborrachar.* ‖ *Marear, perturbar, atontar, aturdir.* ‖ *Enajenar, extasiar, arrebatar, transportar.*

embriaguez f. **Borrachera.* ‖ *Enajenación, enajenamiento.*

embrión m. fig. *Principio, germen.*

embrollador -ra adj.-s. *Embrollón, embrollador* y *lioso* pueden incluir idea de fraude o mala intención, lo cual no ocurre en *barullón.*

embrollar tr. *Enredar, confundir, *embarullar, enmarañar, revolver.*

embrollo m. *Enredo, confusión, barullo, maraña, lío.* ‖ *Embuste, *mentira, trápala.*

embrujo m. *Hechizo, encantamiento;* si es dañino, *maleficio.*

embuchado m. *Embutido.*

embuste m. *Trápala, embustería* y *embuste* significan **mentira* artificiosamente disfrazada. *Farsa, embeleco, embrollo, engaño,* implican además intención fraudulenta.

embutir tr. *Llenar, rellenar, apretar, atiborrar.* Tratándose de carne picada, *embuchar.* ‖ *Encajar, ajustar, incrustar, engastar.*

emeritense adj.-s. [pers.] *Merideño.*

emético -ca adj.-m. *Vomitivo.*

emigración f. **Migración, transmigración. Éxodo* es gralte. *emigración colectiva.*

emigrar intr. *Transmigrar, expatriarse.*

eminencia f. *Elevación, altura.* ‖ *Saliente, resalte.* ‖ fig. *Excelencia, sublimidad, superioridad.*

eminente adj. *Alto, elevado, prominente,* tratándose de lugares. ‖ Aplicado a personas o actividades humanas, *superior, distinguido, notable, ilustre, excelente, insigne, egregio.*

emisario -ria m. f. *Embajador, mensajero, enviado.*

emitir tr. *Arrojar, exhalar, despedir, lanzar.* Tratándose de ondas hertzianas, *radiar, radiodifundir.* ‖ Tratándose de moneda, *acuñar;* de billetes o valores, *poner en circulación.* ‖ *Manifestar, expresar, hacer público.*

emocionar tr.-prnl. *Emocionar(se)* se refiere a toda clase de sentimientos : entusiasmo, alegría, pena. *Conmover(se)* puede tener los mismos sentidos, pero gralte. se aplica a sentimientos penosos, compasivos o tiernos, como *afectar(se)* o *enternecer(se).*

emoliente adj.-m. MED. *Demulcente.*

emolumento m. *Gaje* y *gratificación* coinciden con *emolumento* en ser utilidades accesorias que corresponden a un cargo o empleo. Aunque estas denominaciones varían según las disposiciones administrativas de cada país y época, *emolumentos* envuelve cierta dignidad que lo hace aplicable principalmente a cargos o profesiones importantes: los *emolumentos* de un presidente del Consejo de Administración de una Sociedad Anónima, de un notario, etc. *Gaje* y *gratificación* son hoy aplicables a empleos modestos.

empachar tr.-prnl. *Estorbar, impedir.* ‖ *Ahitar, *hartar, estomagar, indigestar.* ‖ prnl. *Avergonzarse, cortarse, embazarse, embarazarse.*

empacho m. *Indigestión.* ‖ *Estorbo, embarazo, obstáculo, impedimento.* ‖ *Cortedad, *vergüenza, encogimiento, turbación.*

empalagar tr. fig. *Hastiar, fastidiar, cansar, aburrir.*

empalagoso -sa adj. *Dulzón, dulzarrón.* ‖ fig. *Mimoso, sobón, pegajoso, fastidioso, zalamero.*

empalizada f. *Estacada, palizada.*

empalmar tr. *Unir, juntar, ligar, enlazar, entroncar.*

empantanar tr. *Inundar, encharcar.* ‖ *Embalsar.* ‖ fig. *Atascar, estancar, paralizar, detener.*

empañar tr. *Deslustrar, quitar el brillo; oscurecer, enturbiar,* quitar la transparencia. *Empañar* comprende ambos significados, tanto en su sentido recto como en el fig. de *deslucir, desacreditar, manchar.*

empapar tr. *Absorber, embeber, impregnar.* ‖ prnl. fig. *Poseerse, imbuirse, penetrarse.*

empapuciar -pujar y **-puzar** tr. fam. **Hartar, ahitar, empachar.*

empaque m. El *empaque* implica *seriedad* y *afectación.* Sus sinónimos más próximos son *tiesura* y *estiramiento;* en la manera de hablar y escribir, *énfasis.*

emparrado m. *Pérgola.*

emparrillado m. *Enrejado.*

emparvar tr. *Aparvar.*

empaste m. PINT. *Pasta.*

empecer intr. *Impedir, obstar. Empecer* es palabra docta, que sólo se usa en estilo culto y literario.

empecinarse prnl. *Obstinarse, aferrarse, porfiar.*

empedernido -da adj. *Endurecido.* El *empedernido* se obstina en su error, o persiste en su costumbre o vicio: sectario *empedernido*, fumador *empedernido.* El *endurecido* es insensible a las súplicas y a los males ajenos, y por esto está próximo a *cruel, implacable, inexorable, despiadado.*

empedrar tr. Según la clase de piedra empleada, se usan vbs. derivados esps., como *adoquinar, engravar, enguijarrar, enlosar.*

empega f. *Pegunta, marca.*

empegar tr. *Peguntar, empeguntar, marcar.*

empelazgarse prnl. fam. *Andar a la greña.*

empellón m. **Empujón, rempujón.*

empeñar tr. *Pignorar* se usa preferentemente en DER., o tratándose de valores públicos. Si se trata de inmuebles que se empeñan por escritura notarial, *hipotecar.* Se *empeña* una prenda u objeto que se deja en manos del prestamista como garantía de pago. ‖ prnl. *Endeudarse, entramparse.* ‖ *Obstinarse, insistir, porfiar, emperrarse* (intens. y fam.). ‖ *Empezarse, trabarse:* ~ una batalla.

empeño m. *Pignoración.* ‖ *Afán, ansia, anhelo.* ‖ *Tesón, constancia, obstinación, ahínco, porfía, tema.* «El *empeño* supone algún interés, ya sea el que nos resulta de conseguir aquello en que nos *empeñamos,* ya sea el de evitar el sacrificio de nuestro amor propio a la opinión o voluntad ajena. La *tema* supone más propiamente indocilidad o espíritu de contradicción. Uno y otro pueden ser pasivos, esto es, sostener pasivamente su objeto o su capricho. La *porfía* es la demostración activa de la *tema* o del *empeño,* cuando éstos encuentran alguna resistencia u oposición. Un hombre hace *empeño* de salir con su gusto, de satisfacer su deseo, de sostener su opinión; hace *tema* de no escuchar los consejos de sus amigos, de privarse de sus propios gustos y satisfacciones: si se lo desaprueban, *porfía,* sostiene con tenacidad el objeto de su *empeño* o el capricho de su *tema*» (LH).

emperador m. Tratándose de la antigua Roma, *césar.* En otros países, *káiser* (Alemania), *zar* (Rusia), *mikado* (Japón). *César* puede también aplicarse por antonomasia a cualquier jefe del Estado que ejerce el poder absoluto sin limitaciones.

emperejilar tr.-prnl. *Empapirotar, empaquetar, emperifollar, acicalar, adornar.*

empero conj. adversativa. *Pero, mas,*

sino. A diferencia de estas conj., *empero* puede ir al final del período: «Las condiciones habían mejorado; no fueron aceptadas *empero.*» Esta construcción es enfática y acentúa el carácter exclusivamente literario que *empero* tiene hoy de por sí.

emperrarse prnl. fam. *Obstinarse, empeñarse, encastillarse, porfiar.* *Emperrarse* supone actitud malhumorada, gestos de enojo, además de la obstinación.

empezar tr. *Comenzar, principiar, *emprender, acometer. Iniciar* se refiere a un acto o serie de actos: *iniciar* una conversación, unas negociaciones; pero no se diría *iniciar* un melón, sino *empezarlo. Iniciar* y *principiar* son vocablos más doctos y selectos que *empezar* y *comenzar;* por ello estos últimos se prefieren en su significado material y concreto. ‖ intr. *Nacer, tener principio, originarse.*

empinarse prnl. *Ponerse de puntillas,* si se trata de una persona; tratándose de un cuadrúpedo, *enarmonarse; encabritarse* se dice esp. del *caballo.* ‖ fig. *Alzarse, elevarse, levantarse, erguirse.*

empingorotado -da adj. *Encopetado, ensoberbecido, engreído.*

empíreo m. **Cielo, paraíso.*

empírico -ca adj. **Experimental.*

emplasto m. *Parche,* esp. cuando es delgado; *bizma, pegado.*

emplazar tr. *Colocar, poner, situar.* Se ha generalizado su uso (*emplazar* un monumento en el parque), sobre todo en el tecnicismo militar: *emplazar* una batería.

empleado -da m. f.-adj. Se dice esp. del que trabaja en una oficina, a diferencia del obrero manual, del técnico o facultativo y del *dependiente* de comercio. *Funcionario* es el empleado público; pero no todos los *funcionarios* desempeñan puestos de oficina; p. ej.: un médico forense, un capataz de obras públicas o un guardia municipal.

emplear tr. Tratándose de personas, *ocupar, colocar, acomodar, destinar.* ‖ Tratándose de cosas, *usar, aplicar; servirse, valerse, destinar* y *utilizar* se dice de cosas y personas. ‖ Tratándose de dinero, *invertir, gastar, aplicar;* si se hace con el fin de obtener renta de un capital, *colocar* o *invertir.*

empleo m. *Destino, colocación, ocupación, puesto, acomodo, cargo.* ‖ Tratándose de cosas, *uso, utilización, aplicación.*

empobrecer tr. *Depauperar* se aplica esp. al empobrecimiento fisiológico de los seres vivos: una raza *depauperada* por la mala alimentación, las epidemias. Sólo en estilo culto puede usarse la sinonimia etim. en otras aceps.: la quiebra del banco ha *depauperado* el país. ‖ prnl.-tr. *Decaer, venir a menos.*

empollar tr. *Encobar. Incubar* es término docto de uso general. Se *incuban* los gérmenes de una enfermedad en un cuerpo vivo; la gallina *incuba* los huevos. Pero *empollar* y *encobar* se dice exclusivamente de las aves. ‖ fig. Entre estudiantes, *estudiar.*

emponzoñar tr. fig. **Envenenar.* ‖ *Inficionar, corromper, dañar.*

emporcar tr. *Ensuciar, manchar.*

emprendedor -ra adj. *Resuelto, decidido, activo, audaz.*

emprender tr. *Comenzar, empezar, principiar, iniciar, acometer, *entablar. Emprender* y *acometer* suponen cierta importancia o dificultad en la obra que se *emprende: emprendemos* o *acometemos* una tarea larga, un negocio arriesgado, una construcción costosa o importante, una guerra. En todos estos casos, los demás verbos no significarían más que "dar comienzo". Entre *comenzar* o *empezar* un viaje y *emprenderlo,* se ve en seguida que en este último caso estimamos el viaje en cuestión como largo, trabajoso, quizás expuesto a algún percance.

empresa f. *Proyecto, intento, designio.* ‖ *Símbolo, lema;* en la antigua caballería, *mote.* ‖ COM. *Sociedad, Compañía.*

empujar tr. Son vulg. *rempujar* y *arrempujar.* Este último connota mayor fuerza y violencia. Pertenecen a la lengua culta o técnica *impeler, impulsar, propulsar.* En algunas provincias del N., *emburriar.* ‖ fig. *Excitar, incitar, estimular.*

empujón m. *Envión, envite, empellón. Impulso, impulsión* y *propulsión* son términos cultos (a menudo figs.) o tecnicismos us. en mecánica; además denotan fuerza continuada, mientras que *empujón, empellón, envite* y *envión* son momentáneos. *Rempujón* (vulg.).

empuje m. *Impulso, impulsión, fuerza, propulsión.* ‖ fig. *Brío, arranque, resolución.*

empulguera f. *Pulguera.*

emulación f. *Rivalidad, competencia.* «Por la *emulación* se desea sobresalir; por la *rivalidad* se desea vencer. En la *emulación* luchan el mérito, la aplicación, el valor, el talento y la virtud; en la *rivalidad,* la pasión, la ambición y los intereses. Los *émulos*

pueden ser amigos, pero no los *rivales.* Hay *emulación* en los estudios, en los descubrimientos, en los trabajos científicos, en los servicios públicos. Hay *rivalidad* en la política, en el amor, en la solicitud de los empleos. La *emulación* excita el celo y la actividad; la *rivalidad,* el odio y la envidia» (M).

emular tr. **Competir, rivalizar.*

émulo -la adj.-s. *Competidor, rival.*

enaguachar tr. *Aguachar, enaguar.*

enaguazar tr.-prnl. *Aguacharnar, encharcar.*

enajenar tr. *Vender, traspasar.* ‖ tr.-prnl. *Transportar(se), extasiar(se), encantar(se).* ‖ *Perturbar(se), enloquecer.*

enálage f. *Traslación.*

enalbardar tr. *Albardar.* ‖ fig. *Rebozar.*

enaltecer tr. *Ensalzar, exaltar, elevar, honrar, engrandecer.* ‖ *Elogiar, alabar, encomiar.*

enaltecimiento m. **Elogio, alabanza, exaltación.*

enamorar tr. *Galantear, requebrar, cortejar, hacer la corte.* «*Enamorar* es procurar comunicar la pasión que un hombre siente a la mujer que se la ha inspirado. *Galantear* es emplear, con el mismo objeto, finezas, atenciones, regalos y otras demostraciones de galantería. *Cortejar* es *galantear* con ostentación y con alarde, acompañando en público a la mujer amada. La pasión verdadera *enamora,* la generosidad *galantea,* la vanidad *corteja*» (M).

enamoricarse prnl. irón. *Engolondrinarse, enamoriscarse.*

enano -na adj. *Diminuto, pequeñísimo.* ‖ m. f. *Pigmeo, liliputiense, gorgojo;* Argent., *petizo;* Méj., *chaparro.*

enarbolar tr. *Arbolar, izar.*

enardecer tr. fig. *Inflamar, excitar, avivar, entusiasmar.*

encadenamiento m. *Prisión.* ‖ *Conexión, trabazón, enlace, relación, unión, concatenación, eslabonamiento, engarce.*

encadenar tr. *Aprisionar.* ‖ *Inmovilizar, sujetar, atar.* ‖ fig. *Avasallar, esclavizar.* ‖ *Trabar, enlazar, unir, eslabonar, engarzar, relacionar.*

encajar tr. *Ajustar, embutir, engastar.* ‖ *Dar, arrojar, tirar, soltar.* ‖ *Endilgar, endosar.*

encaladura f. *Encostradura.*

encalar tr. *Blanquear, enjalbegar.*

encallar intr. *Varar.* ‖ fig. *Atascarse, detenerse.*

encaminar tr. *Dirigir, guiar, orientar.* ‖ *Enderezar, encarrilar, encauzar.*

encandilar tr. *Deslumbrar, cegar.* ‖ fig. *Alucinar, ilusionar, seducir.*

encanillar tr. *Encañar, encañonar.*

encantador **-ra** adj. *Cautivador, atrayente, seductor.* ‖ m. f. **Hechicero, brujo, mago.*

encantar tr. *Hadar, hechizar, embrujar.* ‖ fig. *Embelesar, cautivar, seducir, atraer, sugestionar, fascinar.*

encanto m. *Encantamiento, hechizo, embrujamiento, sortilegio.* ‖ *Embeleso, seducción, fascinación.*

encapotarse tr. *Nublarse, oscurecerse, anubarrarse.*

encaramar tr. *Levantar, subir.* En su uso prnl., *trepar.* ‖ fig. *Alabar, encarecer, ensalzar.* ‖ *Elevar, engrandecer, encumbrar. Encaramar(se)* tiene cierto sabor despectivo, y se aplica al que asciende a puestos o cargos superiores a su merecimiento. En el mismo sentido se usa *trepar.*

encarar tr. *Afrontar, hacer frente, enfrentar.* ‖ Tratándose de armas de fuego, *apuntar, dirigir.*

encarcelar tr. *Aprisionar.* Fam. o vulg.: *enchiquerar, enchironar, enjaular.*

encarecer tr. fig. **Alabar, ponderar, *exagerar, abultar.*

encarecimiento m. *Subida, alza, carestía.* ‖ *Instancia, empeño, insistencia.* ‖ *Exageración, ponderación.*

encargar tr. *Confiar* supone cierta actitud amable o afectiva hacia el que recibe el encargo. *Encomendar* y *encargar* aluden al hecho objetivo : el primero es voz más selecta, y más aún *cometer*; éste y *someter* se aplican con preferencia tratándose de un informe pericial, dictamen, etc. Comp. los matices de : *confiar, encomendar, encargar, cometer* y *someter* la dirección de una sucursal. ‖ *Recomendar, prevenir.* ‖ *Pedir, hacer un pedido.*

encargo m. *Encomienda, encomendamiento, recado, cometido.* ‖ En el comercio, *pedido.*

encariñarse prnl. *Aficionarse, prendarse, enamorarse.*

encarnado **-da** adj. *Colorado, rojo.*

encarnadura f. *Carnadura.*

encarnizado **-da** adj. *Encendido, ensangrentado.* ‖ *Reñido, sangriento, cruento, porfiado.*

encarnizamiento m. *Crueldad, ferocidad, ensañamiento.*

encarnizarse prnl. *Cebarse.* ‖ fig. *Encruelecerse, ensañarse, enfurecerse.*

encarrilar tr. *Encaminar, dirigir, guiar, enderezar, encauzar.*

encartar tr. *Procesar, encausar;* fam., *empapelar.*

encastillarse prnl. fig. *Obstinarse, empeñarse, emperrarse, cerrarse a la banda.*

encausar tr. *Procesar, encartar;* fam., *empapelar.*

encauzar tr. fig. *Encaminar, dirigir, guiar, encarrilar, enderezar.*

encebadamiento m. *Enfosado.*

encéfalo m. Es cientif., lo mismo que *masa encefálica.* En el habla corriente, *meollo, seso o sesos, sesera;* tratándose de un animal, *sesada.*

encella f. *Formaje.*

encendedor **-ra** adj.-s. Encendedor mecánico, *mechero.*

encender tr. *Incendiar* es causar el incendio de una cosa no destinada a arder ; se *enciende* la lumbre, una luz ; el rayo *incendia,* no *enciende,* el bosque. *Inflamar* es *encender* lo que produce llama, o bien un combustible que arde con gran facilidad, como el gas, el alcohol. *Inflamar* no se usa en el sentido de *encender* voluntariamente algo. En los motores de combustión interna se dice que la chispa eléctrica *enciende* o *inflama* la gasolina. ‖ fig. *Excitar, enardecer, entusiasmar.* ‖ prnl. *Ruborizarse, enrojecer, sonrojarse.*

encerado m. *Pizarra, pizarrón.*

encerrar tr. *Aprisionar, recluir.* ‖ fig. *Incluir, contener, comprender, abarcar.*

encerrona f. *Celada, emboscada.*

encierro m. *Reclusión, prisión, calabozo, celda.* ‖ *Retiro, clausura, recogimiento, apartamiento.*

encima adv. l. *Sobre.* «Úsanse indistintamente para explicar la situación, o el lugar que ocupa una cosa respecto de otra, como cuando decimos : está *encima* de la mesa, ha quedado *sobre* la mesa... El adverbio *encima* explica solamente la situación local de un cuerpo respecto del que se halla debajo de él. La preposición *sobre* representa, no sólo la situación, sino también, y más propiamente, la gravitación que ejerce un cuerpo sobre otro. Y no es extraño que los confunda el uso, porque el cuerpo que está *encima* gravita naturalmente *sobre* el que está debajo... En lugar de ponerlo debajo, le puso *encima.* Se descubre la torre por *encima* de la montaña. Se ve el sol por *encima* del tejado. En estos casos en que sólo se trata de una situación local, no se podría emplear la preposición *sobre* con la misma propiedad que en los siguientes, en que se considera al cuerpo con relación determinada a su gravitación : yo estaba *sobre* un pie ; la casa está fabricada *sobre* buenos cimientos ; se apoya *sobre* una mesa ;

reposa *sobre* el duro suelo. De aquí es que los físicos dicen que un cuerpo pesa, gravita, ejerce su atracción o su impulso *sobre* otro, y no *encima* de otro. Según este mismo principio, se distinguen claramente dos ideas diferentes en estas dos proposiciones: daban golpes *encima* de mi cabeza; daban golpes *sobre* mi cabeza. Con la primera supongo que los golpes se daban en un paraje más elevado, y que correspondía perpendicularmente a mi cabeza, o en la habitación que estaba *sobre* la mía. Con la segunda doy a entender que yo recibía los golpes en la cabeza misma. Por esto se dice también en el sentido moral: *sobre* mi conciencia, *sobre* mi honor, *sobre* mi palabra, para denotar que lo que se asegura o se promete se sostiene, carga y se apoya en la conciencia, el honor o la palabra; y no se puede decir: *encima de mi honor o mi conciencia»* (M). ǁ adv. c. *Además.*

encintado m. *Bordillo.*

enclenque adj. *Enfermizo, canijo, débil, raquítico, enteco.*

enclocar intr.-prnl. *Enllocar.*

encobar tr. *Incubar* (cientif. o culto) **empollar.*

encocorar tr. *Molestar, fastidiar, enfadar, enojar.*

encoger tr.-prnl. *Contraer(se).* ǁ prnl. *Apocarse, acobardarse.*

encogimiento m. *Contracción, constricción* (tecn.). ǁ fig. *Apocamiento, cortedad, timidez, empacho.*

encolerizar tr. **Enojar, irritar, enfurecer, sulfurar, exacerbar.*

encomendar tr. **Encargar, confiar.*

encomiar tr. **Alabar, encarecer, loar, elogiar.*

encomienda f. *Encargo, recado.* ǁ pl. *Recuerdos, memorias.*

encomio m. *Alabanza, *elogio, encarecimiento.*

enconar tr. *Irritar, inflamar.* ǁ fig. *Avivar, exasperar.*

encono m. *Animadversión, resentimiento, malquerencia, rencor, aborrecimiento, saña.*

encontradizo -za adj. *Topadizo.*

encontrado -da adj. *Opuesto, contrario, antitético, contradictorio.*

encontrar tr.-prnl. **Hallar. Topar y dar con* suponen un encuentro inopinado, imprevisto o casual. ǁ prnl. y rec. *Tropezar, chocar, topar.* ǁ *Oponerse, enemistarse, discordar, desavenirse.*

encontrón y **-tronazo** m. **Choque, colisión, topada, topetazo, trompada.*

encopetado -da adj. *Empingorotado, ensoberbecido, engreído.*

encorajinarse prnl. *Enfadarse, irri-* tarse, encolerizarse. El f. *corajina* tiene matiz irónico y significa «arrebato de ira». Estas connotaciones se hallan también en el vb. *encorajinarse,* y por esto su sentido está muy próximo a *emberrenchinarse, sulfurarse.* Los tres sugieren arrebato de ira acompañado de gestos y voces.

encorar tr. *Encorecer.*

encorvadura f. **Curvatura, alabeo, corvadura.*

encorvar tr. *Corvear, recorvar, curvar, arquear, torcer.*

encrasar tr. *Engrasar, abonar.*

encrespar tr. *Ensortijar, rizar, engrifar.* ǁ fig. *Enfurecer, irritar, embravecer.*

encrucijada f. *Crucero, cruzada,* menos usados que *encrucijada; cruce.* En Méj. *crucero* es la voz preferida en el uso corriente.

encubridor -ra adj.-s. *Capa, tapadera* (ambos fam.). Tratándose de amorios, *alcahuete.*

encubrir tr. **Ocultar, recatar, esconder, solapar, disimular, tapar.*

encuentro m. *Coincidencia,* ǁ *Hallazgo.* ǁ *Colisión, choque, topada, topetazo.* ǁ MIL. *Choque, refriega.*

encuitarse prnl. *Acuitarse, desasosegarse, afligirse, apesadumbrarse.*

encumbrar tr.-prnl. *Levantar, alzar, elevar, erguir(se).* ǁ fig. *Enaltecer, ensalzar, engrandecer.* ǁ prnl. *Envanecerse, engreírse, ensoberbecerse.*

encharcar tr.-prnl. *Aguazar, enaguazar, enaguachar, empantanar.*

endeble adj. **Débil, flojo.*

endemoniado -da adj.-s. *Demoniaco, energúmeno, poseso.* ǁ *Perverso, nocivo. Endemoniado* se usa con carácter intensivo gral., de aplicación muy extensa, lo mismo que *endiablado:* un peso *endiablado,* velocidad *endiablada,* lección *endiablada.*

endemoniar tr. *Espiritar.* ǁ prnl. fig. *Irritarse, encolerizarse, darse a los demonios.*

endentar tr. *Encastrar, engargantar; engranar* y *encajar* son los más usuales.

endentecer intr. *Dentar.*

enderezar tr. *Destorcer.* ǁ *Erguir, plantar, alzar, levantar.* ǁ *Encaminar, dirigir, guiar, encarrilar, encauzar.*

endeudarse prnl. *Empeñarse, entramparse.*

endiablado -da adj. **Endemoniado.*

endilgar tr. *Encajar, endosar.*

endiosar tr. *Deificar, divinizar.* ǁ prnl. fig. *Ensoberbecerse, engreírse, envanecerse.*

endomingado -da adj. *Dominguero.*

endosar tr. fig. *Endilgar, encajar.*

endrina f. *Amargaleja, andrina.*

endrino m. *Andrino* (p. us.), *asarero.*

endulzar tr. *Dulcificar;* FARM. *Edul-*

corar. ‖ fig. *Suavizar, mitigar, atenuar, sosegar, calmar.*

endurecer tr. *Indurar* (MED.). ‖ *Robustecer, fortalecer.*

endurecido -da adj. **Empedernido.*

endurecimiento m. *Callosidad, dureza, induración* (MED.). ‖ fig. *Dureza, obstinación, tenacidad.* ‖ *Crueldad.*

enebral m. *Nebreda.*

enebro m. *Cada, junípero.*

enema m. *Ayuda, lavativa.*

enemiga f. *Enemistad, inquina, malquerencia, mala voluntad, odio.*

enemigo -ga adj.-s. *Contrario, adversario.* ‖ *Opuesto, refractario, hostil.* ‖ m. *Diablo, demonio.*

enemistad f. *Aversión, malquerencia, odio, rencor.* «La *enemistad* se funda en el odio; el *rencor* es el deseo de venganza. La *enemistad* es más franca y más abierta que el *rencor*; en éste entra la idea de la concentración y del disimulo. La *enemistad* puede ser un estado pasivo; el *rencor* obra cuando halla ocasión favorable» (M).

enemistar tr. *Malquistar, indisponer, encizañar.*

energía f. **Fuerza, potencia, poder.* ‖ *Eficacia, actividad, dinamismo.* ‖ *Vigor, fibra, fortaleza.* ‖ *Tesón, firmeza, voluntad.*

enérgico -ca adj. *Eficaz, activo, poderoso.* ‖ *Vigoroso, fuerte.* ‖ *Tenaz, tesonero, firme.*

energúmeno -na m. f. **Endemoniado, poseso.* ‖ fig. *Furioso, alborotado, enfurecido.*

enervar tr. *Debilitar, embotar.*

enfadar tr. **Enojar, irritar, fastidiar, incomodar, desagradar.*

enfado m. *Desagrado, molestia, fastidio.* ‖ **Enojo, *ira.* ‖ *Afán, trabajo.*

enfadoso -sa adj. *Desagradable, pesado, cansado, engorroso, fastidioso, molesto, enojoso.*

enfático -ca adj. GRAM. *Expletivo, insistente.* ‖ *Afectado, altisonante, petulante, engolado.*

enfermedad f. *Mal* es el nombre más pop. *Dolencia* es voz docta, de signif. atenuativa, más o menos generalizada en el habla corriente según los países. *Morbo* es técn. o culto. *Padecimiento* sugiere el dolor físico. *Achaque* tiene carácter habitual o crónico. *Indisposición* y *destemple* son alteraciones ligeras de la salud. *Afección* se emplea siempre con un determinativo que la localiza: *afección* laríngea, cardíaca.

enfermizo -za adj. *Achacoso, enteco, enclenque, valetudinario.* ‖ *Malsano, morboso.*

enfermo -ma adj.-s. *Malo* en esta acep. sólo se usa con el vb. "es-

tar" y no puede substantivarse: estoy *malo*. Los matices diferenciales entre *doliente, paciente, achacoso, indispuesto* y *destemplado* son iguales a los explicados en el art. **Enfermedad.*

enflaquecer tr.-intr. *Adelgazar, desengrosar, enmagrecer.* ‖ *Debilitar, enervar.* ‖ intr. prnl. *Desmayar, flaquear, flojear.*

enfosado m. *Encebadamiento.*

enfrente adv. l. *Delante, frente a, frontero.* ‖ adv. m. *En contra, en pugna.*

enfriar tr.-intr.-prnl. *Resfriar, refrescar, *refrigerar.* ‖ fig. *Entibiar, amortiguar.* ‖ prnl. *Resfriarse, acatarrarse.*

enfundar tr. *Encamisar.*

enfurecer tr.-prnl. *Irritar, *enojar, sulfurar, encolerizar, exasperar.* ‖ prnl. *Alborotarse, alterarse, encresparse.*

enfurtir tr. *Infurtir, abatanar.* ‖ *Apelmazar.*

engaitar tr. *Engatusar, engañar.*

engalanar tr. **Adornar, ataviar, hermosear, acicalar.*

engallado -da adj. *Erguido, derecho, arrogante.*

enganchar tr. *Agarrar.* ‖ fig. *Atraer, seducir.* ‖ *Alistar, reclutar;* en su uso prnl. *sentar plaza* (MIL.).

engañador -ra adj. *Engañoso, mentiroso.* El que engaña con apariencia de verdad, *impostor;* dícese sólo de personas.

engañar tr. *Seducir, atraer, inducir, ilusionar;* cuando se hace con halagos, *engatusar, engaitar.* ‖ *Mentir.* ‖ *Entretener, distraer.* ‖ prnl. *Equivocarse, confundirse, errar.*

engaño m. *Mentira, falsedad, fraude, superchería, farsa.* ‖ *Error, equivocación.*

engañoso -sa adj. *Ilusorio, falaz, mentiroso.* «Lo *falaz* tiene más apariencia de verdad que lo *engañoso.* Una promesa que no se cumple es *engañosa;* es *falaz* si halaga con la certeza aparente de su ejecución. Para ser *falaz* se necesita más ingenio que para ser *engañoso.* Es *engañoso* el que da noticias falsas; es *falaz* el que aparenta cualidades que no posee. Los asertos y las exterioridades son *engañosos;* los argumentos y las razones son *falaces*» (M). De acuerdo con esta distinción podríamos establecer esta serie sinonímica creciente: *aparente, ilusorio* (aplicables sólo a cosas); *falaz, engañoso, mentiroso* (a personas y cosas).

engarce m. *Engace, encadenamiento, eslabonamiento.* ‖ *Engaste.*

engarzar tr. *Trabar, encadenar, eslabonar, engazar.* ‖ *Engastar.*

engastador -ra adj.-s. *Enjoyelador.*

engastar tr. *Encajar, embutir.*

engaste m. *Montadura, guarnición.*

engatusar tr. *Encantusar, encatusar, engaitar, engatar,* todos menos us. que *engatusar.*

engendrar tr. *Procrear.* ‖ *Generar, originar, ocasionar, causar, producir.*

englobar tr. *Incluir, comprender, encerrar, reunir.*

engolado -da adj. *Enfático, altisonante, presuntuoso, petulante, afectado.*

engolfarse prnl. *Enfrascarse, absorberse, concentrarse.*

engolosinar tr. *Cebar, atraer, incitar, estimular.* ‖ prnl. *Arregostarse, regostarse, aficionarse, tomar gusto.*

engorde m. *Ceba, recría.*

engorro m. **Estorbo, embarazo, impedimento, molestia.*

engrandecer tr. *Aumentar, acrecentar, ampliar, agrandar.* ‖ *Realzar, elevar, enaltecer.* ‖ *Alabar, elogiar, exagerar, ponderar.*

engrasar tr. *Encrasar, abonar.* ‖ *Untar, lubricar, lubrificar.*

engreírse prnl. *Ahuecarse, hincharse, soplarse, infatuarse, ufanarse, envanecerse, inflarse.*

engrescar tr. *Excitar, enzarzar, enredar.*

engrosar tr. *Aumentar, engordar, engruesar.*

engullir tr. *Tragar, chascar; ingurgitar* (MED.).

enhiesto -ta adj. *Erguido, levantado, derecho, inhiesto* (p. us.).

enhorabuena f. *Norabuena, felicitación, parabién, pláceme.*

enhoramala adv. m. *Noramala, nora tal.*

enhornar tr. *Ahornar.*

enigma m. *Adivinanza, adivinaja* (rúst.) y *quisicosa* tienen carácter popular y pertenecen a la tradición oral. Son enunciados que hay que descifrar. El *acertijo* puede ser oral, gráfico o consistir en un objeto cuyas manipulaciones hay que atinar. *Enigma* es culto: las palabras que lo componen tienen significado oscuro, anfibológico, simbólico. ‖ *Misterio, arcano.*

enigmático -ca adj. *Misterioso, oscuro, secreto, incomprensible, arcano, inexplicable.*

enjalbegar tr. *Blanquear, encalar.*

enjuague m. fig. *Chanchullo, gatuperio, pastel, componenda.*

enjugar tr. **Secar* en general; hablando de tierras demasiado empapadas, *sanear.* ‖ Tratando de una deuda o déficit, *cancelar, extinguir.* ‖ prnl. *Adelgazar, enflaquecer.*

enjuiciamiento m. DER. *Instrucción.*

enjuiciar tr. DER. *Encausar, procesar.*

enjundia f. *Gordura, grasa, unto, injundia.* ‖ fig. *Sustancia, meollo.*

enjuta f. ARQ. *Sobaco, embecadura.*

enjuto -ta adj. *Delgado, seco, flaco, cenceño.*

enlace m. *Unión, conexión, trabazón, relación, encadenamiento.* ‖ **Matrimonio, casamiento, boda, nupcias.*

enlazar tr. **Juntar, trabar, atar.* ‖ *Unir, relacionar, encadenar.*

enlucir tr. Tratándose de las paredes exteriores del edificio, *guarnecer.*

enmallarse prnl. *Mallar,* intr.

enmarañar tr. *Enredar;* tratándose del cabello, *desgreñar, encrespar.* ‖ fig. *Confundir, embrollar, revolver.*

enmascarar tr. fig. *Encubrir, disfrazar, disimular, ocultar.*

enmendar tr. Tratándose de defectos, faltas o errores, *corregir, reparar, rectificar.* Tratándose de daños, *resarcir, subsanar, reparar, indemnizar, satisfacer.*

enmohecer tr. *Florecer(se), mohecer.*

enmudecer intr. *Callar, guardar silencio.*

ennegrecer tr.-prnl. *Denegrecer, denegrir, negrecer.* ‖ *Oscurecer, nublarse.*

enojar tr.-prnl. Serie intensiva: *desazonar, molestar, fastidiar, enfadar, enojar, irritar, encolerizar, ensañar; exacerbar, enfurecer, exasperar, sacar de quicio.*

enojo m. *Enfado.* «*Enojo* es un sentimiento más vehemente que *enfado.* El *enfado* se parece más al *fastidio,* y el *enojo* a la *cólera.* Sin embargo, las ofensas *enfadan;* y si son graves, *enojan. Enoja* el insulto; *enfada* la falta de urbanidad. Hay otra diferencia: El *enfado* puede provenir de cosas inanimadas, como el ruido y la inclemencia de las estaciones; el *enojo* procede siempre de acciones humanas» (M). «Lo que se opone a nuestro gusto o a nuestra inclinación, nos *enfada.* Lo que falta a la obediencia, a la obligación o al respeto que se nos debe, nos *enoja.* Por esto el *enfado* puede causarse indiferentemente por las personas o por las cosas; porque unas y otras pueden disgustarnos. *Enfada* el calor, el polvo, ruido, un hablador. Pero el *enojo* sólo se puede causar por las personas» (LH). ‖ **Ira, indignación, irritación, coraje.* ‖ *Molestia, pena, trabajo.*

enólogo -ga adj.-s. La técnica del ∼ es científica; la del *catador, mojón* o *catavinos,* es empírica y basada pralte. en el aroma y sabor de los vinos y sus mezclas.

enorme adj. *Desmedido, desmesurado, descomunal, excesivo, colosal.* «Lo *enorme* es lo demasiado grande, sin relación fija a un tipo determinado. Lo *desmedido* es lo demasiado grande en comparación del tamaño ordinario de las cosas de la misma especie. *Excesivo* es lo que peca y ofende por exceder sus límites naturales. Comúnmente se aplica lo *enorme* [y *colosal*] a las masas; lo *desmedido* [y *desmesurado*] a la extensión, y lo *excesivo* a la cantidad. Las pirámides de Egipto son *enormes* [o *colosales*]. Decimos del desierto de Sahara que es una llanura *desmedida* [*desmesurada*]. El avaro se queja del precio *excesivo* de los mercados» (M). Para el empleo de *enorme* en la lengua hablada con carácter intensivo general, véase *Brutal.*

enormidad f. fig. *Despropósito, desatino, atrocidad, barbaridad.*

enraizar intr. *Arraigar.*

enramada f. *Ramada.*

enranciar tr.-prnl. *Arranciar(se), ranciar(se).*

enrarecer tr. *Rarefacer,* us. sólo como tecn.; *rarificar.*

enrarecimiento m. *Rarefacción.*

enredadera f. *Convólvulo.*

enredador -ra adj. *Revoltoso, travieso.* || *Chismoso, embustero, lioso, trapisondista, embrollón.*

enredo m. *Maraña, trama, embrollo.* || *Travesura, inquietud.* || *Mentira, chisme, embuste, lío, intriga.* «*Enredo* e *intriga.* En ambas acciones hay manejo, cautela, engaño, intención oscura y generalmente maligna. La diferencia de la aplicación de estas voces consiste en la de la clase de personas que toman parte en la operación que ellas expresan. Si es un hombre común, se le llama *enredador*; si es un palaciego, se le llama *intrigante.* Lo que en una casa de vecindad es *enredo,* es *intriga* en la diplomacia» (M). || En el poema épico, el teatro y la novela, *trama, intriga.*

enrejado m. *Enverjado.*

enrevesado -da adj. *Revesado, enredado, enmarañado, intrincado, confuso.*

enriquecer tr. fig. *Adornar, avalorar, engrandecer.* || intr.-prnl. *Prosperar, progresar, florecer.*

enriscado -da adj. *Riscoso, peñascoso, escabroso.*

enrollar tr. *Arrollar.*

enronquecer intr. Cuando es a causa del esfuerzo en gritar, *desgañitarse.*

enronquecimiento m. *Ronquera, afonía.*

ensalzar tr. *Exaltar, engrandecer,* enaltecer, glorificar. || *Alabar, elogiar, ponderar, encomiar.*

ensanchar tr. *Enanchar, extender, dilatar, *ampliar.* || prnl. *Envanecerse, engreírse, hincharse.*

ensañamiento m. En general, *crueldad, ferocidad, saña.* Cuando denota insistencia y deleite en causar daño, *encarnizamiento, refinamiento.*

ensañar tr. *Enfurecer, irritar.* || prnl. *Encarnizarse, cebarse.*

ensarmentar tr. *Acodar.*

ensartar tr. *Enhilar, enfilar.* || *Enhebrar.* || *Atravesar, espetar.*

ensayar tr. *Probar, reconocer, experimentar.* || *Adiestrar, amaestrar, ejercitar.* || *Intentar, tratar, procurar.*

ensayo m. *Prueba, experimento, reconocimiento.* || *Ejercicio, adiestramiento.* || *Tentativa, intento.*

ensenada f. *Rada, bahía.*

enseña f. *Insignia, estandarte, bandera.*

enseñanza f. *Educación, instrucción, doctrina.* || *Advertencia, ejemplo.*

enseñar tr. *Doctrinar* es hoy anticuado; *adoctrinar* y *aleccionar* se usan en el sentido de advertir o dar instrucciones a uno sobre lo que debe hacer o decir en ocasión determinada; *adiestrar* es ejercitar en un trabajo manual o en un deporte, movimiento del cuerpo, etc.; *amaestrar* puede coincidir con *adiestrar*, pero en su empleo moderno significa pralte. domar animales o ejercitarlos para que hagan determinados movimientos a voluntad del domador. Todos estos vbs. se usaron en la lengua clásica con el significado de transmitir conocimientos, ciencias, etc., pero en la lengua moderna es rara esta acep. *Instruir* se refiere a lo intelectual; significa también dar advertencias, informes o indicaciones para un acto determinado o como norma gral. de conducta. *Enseñar* es el de uso más extenso, y su significación abarca la de todos estos sinónimos. *Educar* (v. *Educación*). || *Mostrar, exhibir, exponer.* || prnl. *Habituarse, acostumbrarse, ejercitarse.*

enseñorearse prnl. *Adueñarse, apoderarse, apropiarse, posesionarse.* || *Dominar, avasallar, sujetar.*

enseres m. pl. *Muebles, utensilios, útiles, instrumentos. Enseres* es una denominación general que comprende a todos estos sinónimos y adquiere el sentido particular de cada uno de ellos según el contexto y la situación.

ensimismarse prnl. *Abstraerse, reconcentrarse, absorberse.*

ensombrecer tr. *Oscurecer, dar sombra.* ‖ prnl. fig. *Entristecerse.*

ensoñar tr. *Soñar o soñar despierto, trasoñar.*

ensopar tr. *Sopear; sopetear,* frecuentativo. ‖ Amér., *empapar, poner hecho una sopa.*

ensortijar tr. *Rizar, enrizar; retortijar* es intensivo.

ensuciar tr. *Manchar, emporcar; impurificar;* tratándose de aguas u otros líquidos, *enturbiar.* ‖ fig. *Deslustrar, deslucir, enlodar.* ‖ prnl. *Defecar, evacuar. Ensuciarse* se usa como eufemismo.

ensueño m. *Ensoñación, sueño.* ‖ *Ilusión, fantasía.*

entablado m. *Entarimado.* ‖ *Tablado, tillado.*

entablar tr. *Disponer, preparar, emprender.* «*Entablar* significa una acción menos eficaz que *emprender.* Antes de *emprender,* se *entablan* los preparativos de la empresa; las negociaciones se *entablan* antes de *emprender* una guerra» (M). ‖ En el mismo orden de ideas, y avanzando desde la preparación a la acción, *entablar* equivale asimismo a *comenzar, trabar;* p. ej.: una batalla, un debate.

entalamadura f. *Toldo.* /bar.

1) **entallar** tr. *Tallar, esculpir, gra-*

2) **entallar** tr. Tratándose de vestidos, *ajustar; ceñir* se refiere más bien a la cintura.

entallecer intr.-prnl. *Tallecer, guiar.*

entarquinar tr. *Enlegamar.*

ente m. FIL. *Ser.*

enteco -ca adj. *Enfermizo, débil, flaco, enclenque, canijo, esmirriado.*

entenado -da m. f. *Hijastro, antenado, alnado* (ant.).

entender tr. *Comprender.* «Se entienden las palabras y se comprenden los pensamientos, las ideas, las razones y las doctrinas. Se dice de un hombre que *entiende* muchas lenguas, y que *comprende* las sutilezas metafísicas. El verbo *entender* toma la segunda significación cuando se le añade la partícula *de,* como : *entiende* de Medicina. Lope de Vega dice : "¿*Entiendes,* Fabio, lo que voy diciendo?" Y fray Luis de Granada : "¿Quién *comprende* tus maravillas, oh Señor !"» (M). En general, *entender* está más cerca de la percepción ; y *comprender,* de la razón. ‖ *Deducir, inferir, pensar, juzgar, creer.*

entendido -da adj. *Sabio, docto, perito, experto, diestro, hábil.*

entendimiento m. *Inteligencia, intelecto.* ‖ *Talento, capacidad, *mente;* en el habla popular, *entendederas, meollo, cabeza.*

enterado -da adj. *Instruido, informado, sabedor, noticioso, impuesto.*

enteramente adv. m. *Cabalmente, totalmente, íntegramente, completamente, por entero.*

enterar tr. *Informar, instruir, imponer, noticiar, hacer saber.*

entereza f. *Integridad, perfección.* ‖ fig. *Fortaleza, firmeza, carácter, rectitud.* ‖ *Severidad, inflexibilidad.*

enternecer tr. *Ablandar.* ‖ *Emocionar, conmover, afectar.*

entero -ra adj. *Completo, cabal, íntegro, cumplido, exacto.* ‖ *Recto, justo, firme, enérgico.* ‖ *Sano, fuerte, robusto.*

enterramiento m. *Entierro, sepelio, inhumación.* ‖ *Sepulcro, sepultura.*

enterrar tr. *Inhumar,* si se trata de un cadáver; *sepultar* y *soterrar* pueden aplicarse a las cosas. ‖ fig. *Arrinconar, relegar, olvidar.*

entibación f. MIN. *Enmaderación.*

entidad f. *Consideración, importancia, valor, sustancia.* ‖ *Colectividad, corporación.*

entierro m. *Enterramiento. Inhumación* y *sepelio* son voces escogidas, de cierta solemnidad, tratándose de un cadáver. Tratándose de cosas no se emplea *sepelio.* ‖ Refiriéndose al cadáver y a su acompañamiento, *sepelio* y *conducción del cadáver* son también expresiones escogidas.

entoldar tr. *Toldar.* ‖ fig. *Engreírse, envanecerse.*

entonar tr. *Tonificar, robustecer, vigorizar.* ‖ prnl. *Envanecerse, engreírse.*

entonces adv. t. *A la sazón.* ‖ adv. m. *En tal caso, siendo así.*

entontecer tr.-intr. *Atontar.*

entorpecer tr. *Turbar, oscurecer, embotar, atontar.* ‖ *Estorbar, dificultar, obstaculizar, embarazar, retardar, impedir.*

entorpecimiento m. *Turbación, embotamiento, atontamiento.* ‖ *Estorbo, rémora, obstáculo, dificultad, embarazo, retraso, impedimento.*

entrada f. *Ingreso,* o acción de ingresar o entrar en una sociedad, corporación, establecimiento docente, etc. ‖ *Ingreso* o cantidad que se percibe : libro de *entradas* y *salidas,* o de *ingresos* y *gastos.* ‖ *Acceso, paso, puerta.* ‖ *Billete;* ant. y Amér., *boleto.* ‖ *Principio, comienzo.*

entramparse prnl. *Empeñarse, endeudarse.*

entraña f. *Víscera.* ‖ fig. *Centro, interior, profundidad.*

entrañable adj. *Íntimo, cordial, profundo.*

entrar intr.-tr. *Penetrar, meterse, introducirse* [v. **adentrar(se)*]. ‖ *Encajar, ajustar, caber.* ‖ *Desembocar, afluir, desaguar.* ‖ *Ingresar.* ‖ *Empezar, comenzar; dar principio.* ‖ *Invadir, irrumpir,* ponen *acción súbita o violenta.*

entreacto m. *Intermedio.*

entrecuesto m. *Solomillo.*

entredicho m. *Interdicto* (DER.), *prohibición.* ‖ *Poner en entredicho, dudar, reservar, abstenerse.*

entrega f. *Fascículo.* ‖ ARQ. *Cola.* ‖ *Rendición, capitulación.*

entregar tr. *Dar, poner en manos.* ‖ prnl. *Abandonarse.* ‖ *Rendirse, someterse, capitular.* ‖ *Dedicarse, consagrarse.*

entrelazar tr. *Entretejer, trabar, enlazar.*

entrelinear tr. *Interlinear, entrerrenglonar.*

entreliño m. *Almanta.*

entremeterse prnl. *Entrometerse, injerirse, inmiscuirse, mezclarse, introducirse, meterse, implicarse.*

entremetido -da adj. *Entrometido, indiscreto, intruso.*

entrenar tr.-prnl. GALIC. por *ejercitar, adiestrar, habituar, ensayar.*

entrenudo m. BOT. *Cañuto.*

entrepaño m. *Anaquel.*

entrerrenglonar tr. *Entrelinear, interlinear.*

entresacar tr. **Escoger, elegir, florear.*

entretanto adv. t. *Mientras, mientras tanto, ínterin.*

entretejer tr. *Entrelazar, enlazar, trabar.* ‖ fig. *Incluir, intercalar, interpolar.*

entretener tr.-prnl. *Divertir, recrear, distraer, solazar.* «El que *entretiene* llama la atención y hace pasar agradablemente el tiempo. *Divertir* es ocupar la imaginación con ideas placenteras. La acción de *recrear* no recae solamente en la imaginación, sino también en la inteligencia y en los sentimientos. La conversación de un tonto puede *entretener* algún rato. Una novela bien escrita *divierte*; los placeres del campo *recrean*, así como la poesía y la narración de un hecho noble y generoso» (M). ‖ tr. *Dar largas, dilatar, alargar.*

entretenimiento m. *Recreo, diversión, distracción, solaz, pasatiempo.* ‖ *Manutención, conservación.* Esta acep. es moderna y de origen francés cuando se aplica a cosas, como el *entretenimiento* de una máquina, o los gastos de ~ de una industria. En los clásicos se usó en el sentido de ayuda de costa, pensión que se daba a una persona para su manutención.

entrever tr. **Divisar, distinguir,*

columbrar, vislumbrar. ‖ fig. *Conjeturar, adivinar, barruntar.*

entrevista f. *Conferencia, *conversación.*

entristecer tr.-prnl. *Apenar, afligir, acongojar, apesadumbrar.*

entrojar tr. *Atrojar, entrujar.*

entrometerse prnl. *Entremeterse, inmiscuirse, mezclarse, injerirse.*

entrometido -da adj. *Entremetido, intruso.*

entroncar tr. *Emparentar.* ‖ *Empalmar, enlazar.*

entuerto m. *Tuerto, *agravio, desaguisado.*

entumecer tr.-prnl. *Entumirse, envarar, entorpecer,* todos con el sentido de impedir o dificultar el movimiento de un miembro. Cuando el impedimento es total, *paralizar.*

enturbiar tr. **Empañar, oscurecer.* ‖ fig. *Alterar, turbar.*

entusiasmo m. **Exaltación, pasión, fervor, frenesí* (intens.).

entusiasta adj.-s. *Admirador, devoto, apasionado.*

enumeración f. *Cómputo, cuenta.*

envanecerse prnl. *Entonarse, esponjarse, hincharse, engreírse, infatuarse, vanagloriarse, jactarse.*

envanecimiento m. **Soberbia.* En *toldamiento, toldo, entono, ahuecamiento, esponjamiento, presunción, humos,* sugieren pralte. el porte, ademanes o voz con que la vanidad se manifiesta; *fatuidad* y *petulancia* connotan ridiculez; *desvanecimiento* es ant.

envarar tr.-prnl. *Entumir, entumecer, entorpecer.*

envejecer intr.-prnl. *Aviejar(se), aviejentar(se)* y *reviejecer(se)* significan *envejecer* antes de tiempo. ‖ Tratándose de una costumbre, tradición, fórmula, *inveterarse.*

envenenar tr. *Atosigar, tosigar, entosigar, intoxicar.* Los tres primeros se usan hoy muy poco en esta acep. estricta. *Intoxicar* como térm. médico equivale a *envenenar*; pero en el habla ordinaria se atribuye a aquél menos intensidad que a éste: se *intoxica* uno con el alcohol, tabaco, etc., pero se *envenena* con arsénico. Como tecn., *intoxicar* en ambos casos. *Emponzoñar* e *inficionar* se usan poco en este sentido, y han tomado, en cambio, las significaciones de *infectar* y *enconar.* ‖ fig. *Agriar, enconar.*

envés m. *Revés.*

enviar tr. *Mandar,* aplicable, en general, a personas y cosas. ‖ *Remitir.* «Se *envían* o se *remiten* las cosas materiales; pero se *envían,* y no se *remiten,* las que no lo son. *Enviamos* o *remitimos* mercancías, encargos, regalos, productos de la naturaleza o del arte; pero no se *remiten*, sino se *envían*, noticias, avisos, consejos, recuerdos de amistad y expresiones de afecto. Tampoco se aplica el verbo *remitir* a la persona humana. El padre no *remite*, sino *envía*, su hijo al colegio; el amo no *remite*, sino *envía*, el criado a la plaza. Si queremos expresar nuestro desprecio al que lo merece, no lo *remitimos*, sino lo *enviamos*, a paseo» (M). *Expedir* alude al acto de despachar o poner en camino las mercancías, correspondencia o emisario hacia su destino. *Remesar* es *enviar* remesa de dinero o mercancías, sobre todo cuando se sabe o supone que las remesas son varias.

enviciar tr. *Mal acostumbrar, *pervertir, *consentir.* || prnl. *Viciarse, corromperse, inficionarse.*

envidia f. *Dentera,* esp. deseo de comer lo que otro come. *Pelusa,* envidia propia de los niños.

envilecer tr. *Degradar, rebajar, humillar.* || *Corromper, encenagar, pervertir, prostituir.*

envío m. *Remesa, expedición.*

envión m. *Empujón, empellón, envite.*

enviscar tr.-prnl. *Enligar(se).*

envolver tr. fig. *Mezclar, complicar, implicar, involucrar.*

enzarzar tr. fig. *Malquistar, encizañar, azuzar.* || prnl. *Liarse, enredarse.* || *Reñir, pelearse, disputar.*

epidemia f. *Peste,* esp. si causa gran mortandad. Entre animales, *epizootia.* Enfermedad habitual en alguna región o localidad, *endemia* (en el hombre), *enzootia* (entre animales). *Epidemia* que se extiende mucho o que afecta a casi todos los individuos, *pandemia.*

epiglotis f. *Lengüeta, lígula.*

epígrafe m. *Inscripción, *letrero.* || *Título, encabezamiento, rótulo.* En los libros antiguos, *rúbrica.*

epilepsia f. Nombre vulg. *Mal caduco* o *de corazón, gota coral.* MED. *Morbo comicial* (p. us.).

epílogo m. *Recapitulación, conclusión, terminación.*

episcopal adj. *Obispal.*

epispástico -ca adj.-s. *Rubefaciente.*

epistemología f. *Gnoseología, Teoría del conocimiento.*

epístola f. *Carta, misiva.*

epíteto m. *Adjetivo, calificativo.*

epítome m. *Compendio, resumen, sumario.*

época f. *Era, tiempo, temporada, estación.*

equidad f. *Igualdad, justicia, rectitud, imparcialidad.*

équido -da adj.-m. *Solípedo.*

equilibrio m. fig. *Contrapeso, armo-*

nía, igualdad, proporción.* || *Ecuanimidad, mesura, sensatez.*

equilibrista adj.-s. Cuando trabaja sobre una cuerda o alambre, *funámbulo.*

equimosis f. MED. *Cardenal, roncha, moretón, moradura.*

equino -na adj. *Caballar.*

equipolente adj. LÓG. *Equivalente.*

equitativo -va adj. *Justo, imparcial, recto, igual, moderado, ecuánime.*

equivocación f. *Error, yerro, confusión, inadvertencia, falta, errata.*

equivocarse prnl. *Confundirse, errar, engañarse.*

equívoco -ca adj. *Anfibológico, ambiguo, *dudoso.* || *Sospechoso, oscuro.* || m. *Anfibología, ambigüedad.*

erario m. *Fisco, tesoro público.*

erección f. *Fundación, institución, establecimiento.* || *Construcción, edificación.*

eremita m. *Ermitaño, anacoreta.*

erguir tr. *Levantar, alzar, enderezar.* || prnl. fig. *Engreírse, ensoberbecerse, engallarse.*

erial adj.-m. *Lleco, erío.*

erigir tr. *Fundar, establecer, instituir.* «*Erigir* es construir un edificio o monumento, y puede consistir en un hecho solo y aislado. *Fundar* es crear y dotar una empresa que ha de ser permanente. *Instituir* es fundar una empresa permanente, imponiéndole condiciones y reglas para su gobierno. *Establecer* es mandar; y como no es posible *erigir, instituir* ni *fundar* sin ejercicio de algún mando, todo lo que se *erige,* se *funda* o se *instituye,* se *establece.* Carlos III erigió la Puerta de Alcalá, y *fundó* o *instituyó* o *estableció* las colonias de Sierra Morena» (M). || *Construir, levantar, edificar. Erigir* es palabra escogida, que sugiere una construcción importante o conmemorativa. Se *construye, edifica* o *levanta* una casa; se *erige* un museo, palacio, monumento o estatua.

erizado -da adj. *Hirsuto, híspido, espinoso.*

erizo de mar m. *Equino.*

erizón m. *Asiento de pastor, aulaga merina.*

ermitaño -ña m. f. *Eremita* y *anacoreta,* designan al asceta que vive en soledad, y especialmente a los primeros ascetas cristianos que se retiraban al yermo. Por *ermitaño* suele entenderse hoy el que vive en una ermita y cuida de ella. || *Paguro, solitario* (crustáceo).

erosión f. *Desgaste, roce, corrosión.*

erótico -ca adj. *Amatorio, amoroso.*

erraj m. *Herraj, herraje, piñuelo.*

errante adj. *Radio -a, erradío* (ant.), *errabundo, vagabundo, erradizo;* v. *Nómada.*

errar intr. *Equivocarse, engañarse, desacertar, fallar, marrar.* ‖ *Faltar, pecar.* ‖ *Vagar.*

errátil adj. *Errante, incierto, variable.*

erróneo -ea adj. *Equivocado, desacertado, falso, inexacto, errado.*

error m. *Inadvertencia y confusión* acentúan en gral. el carácter involuntario del *error*, y por ello tienen con frecuencia matiz eufemístico. *Equivocación* es igualmente más suave que *error*. *Yerro, falta, desatino* (intens.), pueden referirse a un error intelectual o a un error en la conducta; *desacierto* es su expr. atenuada; *coladura* y *pifia*, su expr. burlesca. *Gazapo* es descuido involuntario en lo que se habla o escribe; *errata* o *yerro*, error material en lo escrito. «El *error* consiste en lo que creemos; el *yerro* consiste en lo que obramos. La voluntad se decide impelida del *error* que la lisonjea o persuade; y la acción que resulta de esta decisión es un *yerro*. Cualquiera otro defecto que no nace de *error*, sino de malicia, no es *yerro*, sino culpa. Incurrimos en el *error* de creer al falso amigo que nos vende; y cometemos el *yerro* de comunicarle nuestros secretos. A veces son verdaderos *errores* las opiniones de los entendimientos más ilustrados. A veces pasan por *yerros* las acciones más prudentes» (LH).

eructar intr. *Erutar, regoldar* (vulgar); Ar. y Ast., *rotar*. «*Regoldar* es uno de los más torpes vocablos que tiene la lengua castellana» (Cervantes); por eso D. Quijote recomendaba a Sancho que no lo emplease.

eructo m. *Regüeldo,* vulg.

erudito, ta adj.-s. *Ilustrado, instruido, docto, sabio.* «*Erudito* es el hombre muy versado en datos y en libros científicos; *docto*, el que ha profundizado, a fuerza de estudios, uno o muchos ramos de conocimientos humanos; *sabio*, el que sabe mucho, y con sus trabajos y meditaciones ensancha el dominio de las ciencias. Para ser *erudito* bastan la investigación y la memoria; para ser *docto* se necesitan además alta inteligencia y espíritu analizador y metódico; para ser *sabio*, comprensión vasta y copia de ideas fecundas y originales» (M).

ervilla f. *Arveja.*

esbelto -ta adj. *Gallardo, airoso, elegante. Esbelto* se refiere a la belleza de la forma proporcionada entre la altura y el grosor. *Gallardo, airoso* y *elegante* pueden referirse a la forma, al adorno y a los movimientos.

esbozo m. *Bosquejo.*

escabel m. *Escañuelo.*

escabroso -sa adj. *Abrupto, fragoso, desigual.* ‖ fig. *Duro, áspero, dificultoso,* p. ej. hablando del estilo o de un problema. ‖ *Libre, inconveniente, verde.*

escabullirse prnl. *Escaparse, escurrirse, escurrir el bulto, deslizarse, desaparecer, descabullirse.*

escafoides adj.-m. *Hueso navicular.*

escálamo m. *Tolete, escalmo.*

escalar tr. *Subir, trepar.*

escalio m. *Escajo.*

escalofrío m. *Repeluzno, calofrío, calosfrío.*

escalón m. *Peldaño, grada.*

escama f. *Desconfianza, recelo, sospecha, suspicacia, malicia.*

escamón -na adj. *Desconfiado, receloso, suspicaz.*

escamondar tr. *Podar, mondar.*

escampado -da adj. *Descampado, raso, despejado, desembarazado.*

escanda f. *Escalla, escaña, carraón, álica, espelta* (variedad especial que a menudo se confunde con la *escanda*).

escándalo m. *Desenfreno, desvergüenza, mal ejemplo.* ‖ *Escandalera, gritería, alboroto, tumulto.*

escantillón m. *Chantillón;* ARQ. *sagoma.*

escapar intr.-prnl. *Huir, evadirse, fugarse. Escabullirse, escurrirse* y *deslizarse* significan escaparse sin ser notado o con disimulo.

escapatoria f. *Huida, fuga, evasión, escurribanda* (fam.). ‖ *Efugio, excusa, subterfugio, recurso, evasiva, pretexto.* ‖ *Salida.*

escápula f. *Omóplato.*

escaque m. *Casa, casilla.* ‖ BLAS. *Jaquel.*

escaqueado -da adj. *Equipolado, escacado,* ambos referentes a BLAS.

escaramujo m. *Agavanzo, galabardera, gavanzo, mosqueta silvestre, zarzaperruna.*

escarbar tr. *Arañar, rascar.*

escarcha f. *Helada blanca* o simplemente *helada; rosada, escarche.*

escardar tr. *Desherbar, desyerbar, sachar, sallar, escardillar.*

escardillo m. *Almocafre.*

escarificador m. CIR. *Sajador.*

escarmiento m. *Advertencia, aviso, desengaño.* ‖ *Castigo, pena, corrección.*

escarnio m. *Befa, burla, mofa, ludibrio.* El *escarnio* es propiamente la befa afrentosa.

escarola f. *Endibia.*

escarpado -da adj. *Abrupto.*

escarpia f. *Alcayata,* p. us.

escasamente adv. m. *Limitadamente, parvamente.* ‖ *Apenas, con dificultad.*

escasez f. *Cortedad, mezquindad, tacañería.* ‖ *Penuria, pobreza.* «La voz *penuria* expresa mayor falta de lo necesario que la voz *escasez.* Cuando hay *escasez* de trigo se nota el alza de precio; pero cuando hay *penuria,* no está lejos el hambre. Una familia que vive en *escasez* no debe llamarse tan pobre como la que vive en *penuria*» (M). ‖ *Exigüidad, parvedad, insuficiencia, poquedad.* Cuando la *escasez* es total o muy grande, *falta, carencia.* ‖ *Carestía.*

escaso -sa adj. *Corto, poco, limitado, insuficiente.* ‖ *Falto, incompleto.* ‖ *Mezquino, tacaño.*

escatimar tr. *Cercenar, escasear, disminuir, acortar, limitar.*

escenario m. *Tablas, escena.*

escisión f. *Partición, rotura, cortadura, desgarro.* ‖ fig. *Rompimiento, desavenencia, ruptura, cisma.* ‖ FÍS. *Fisión.*

esclarecer tr. *Aclarar, dilucidar, poner en claro.* ‖ *Ennoblecer, afamar, ilustrar.*

esclarecido -da adj. *Insigne, ilustre, famoso, preclaro.*

esclavitud f. *Servidumbre.* ‖ fig. *Sometimiento, sujeción, opresión.*

esclavo -va adj.-s. *Siervo.* En Lacedemonia, *ilota.*

escobajo m. *Raspajo, raspa.*

escobilla f. *Cepillo. Escobilla* se usa mucho en América.

escocer tr. *Picar.* ‖ *Escaldarse, sahornarse.* ‖ fig. **Sentirse, resentirse, dolerse, requemarse.*

escocia f. *Nacela, sima.*

escoda f. *Trinchante.*

escoger tr. *Seleccionar, elegir, preferir, optar por, florear. Escoger* es el término genérico y equivale principalmente a separar unas cosas de otras, lo bueno de lo malo, agradable, útil, etc. Como el substantivo *escogimiento* ha desaparecido prácticamente del uso, sustituido por *selección,* éste ha generalizado el vb. *seleccionar,* que no se diferencia de *escoger* más que en el uso limitado a separar entre personas o cosas las más adecuadas para un fin, acto u operación que se trata de realizar: *seleccionar* animales para mejorar la raza; *seleccionar* jugadores para formar un equipo. *Elegir,* dentro del significado gral. de *escoger,* sugiere pralte. la preferencia por una o pocas personas o cosas entre otras: *elegir* diputados o concejales; *elegir* tres cartas, de la baraja; *elegir* tela para un vestido; *elegir* platos en la minuta

de un restaurante. *Optar por* o *entre, preferir* o decidirse entre varias posibilidades: *optamos por* quedarnos en casa. *Florear* y *entresacar* son frecuentativos, y signif. ir escogiendo las cosas mejores entre muchas: *floreamos* en la banasta de las ciruelas; su equivalente *triar* es poco usado.

escolar m. *Alumno, colegial, *estudiante, educando, discípulo.*

escolopendra f. *Ciempiés, cientopiés.*

escolta f. **Acompañamiento, custodia, guarda, convoy.*

escollo m. fig. *Peligro, riesgo.* ‖ *Obstáculo, dificultad, tropiezo.*

escombrar tr. *Desescombrar, descombrar.*

escombro m. *Desecho, cascote.* ‖ MIN. *Zafra.*

esconder tr. **Ocultar, encubrir, tapar, recatar.* ‖ fig. *Encerrar, contener, incluir.*

escondite m. *Escondrijo.* ‖ *Dormirlas* (juego). En Madrid y otras partes, *ori.*

escorchapín m. *Corchapín.*

escorchar tr. *Desollar.*

escordio m. *Ajote.*

escoria f. *Cagafierro.* ‖ *Lava.* ‖ fig. *Desecho, hez, horrura.*

escorial m. *Grasero.*

escorpena y **-pina** f. *Diablo marino, rascacio, rescaza.*

escorpión m. *Alacrán.*

escorzonera f. *Salsifí de España,* o *negro.*

escozor m. *Escocimiento, quemazón, resquemor.* ‖ fig. *Resentimiento, reconcomio.*

escribano del agua m. (insecto). *Esquila, tejedera.*

escrita f. *Escuadro.*

escritorio m. *Escribanía.* ‖ *Despacho.*

escrúpulo m. *Escrupulosidad, exactitud, esmero, precisión.* ‖ *Duda, recelo, aprensión, temor.*

escrutar tr. *Indagar, examinar, reconocer, averiguar. Escrutar* y **escudriñar* añaden a estos verbos la idea de gran cuidado y minuciosidad o prolijidad. ‖ En elecciones, *contar, computar.*

escuálido -da adj. *Flaco, macilento, extenuado, chupado.*

escuchar tr. *Atender.* «Se *escucha* para oír; se *atiende* para comprender, y así *atender* requiere más esfuerzo que *escuchar.* El que *escucha* no pone en ejercicio más que el sentido del oído. El que *atiende* observa los gestos y los movimientos. El primer verbo se aplica al ruido de las cosas inanimadas, pero no el segundo» (M). ‖ En otra acep., *escuchar* y *atender* equivalen a *dar oídos, hacer caso, tomar en consideración,* como en: *escuchar* una proposicion, los dictados de la conciencia, los avisos de un amigo.

escudar tr. *Amparar, resguardar, defender, salvaguardar, *proteger.*

escudo m. *Broquel.* Evocando la antigüedad clásica, *égida.* ‖ fig. *Amparo, salvaguardia, defensa, protección, patrocinio.*

escudriñar tr. *Examinar, inquirir, averiguar. Escrutar, escudriñar y rebuscar* connotan gran cuidado, minuciosidad o prolijidad. *Escudriñar y rebuscar* son preferidos cuando se trata de cosas materiales, y así decimos *escudriñar o rebuscar* los cajones, los armarios, los bolsillos, los rincones de una casa, en busca de algo que hemos perdido. *Escrutar* es preferido para lo que no es material; p. ej.: se *escrutan* los movimientos, la expresión, los gestos de un interlocutor para adivinar sus sentimientos; escrutamos los indicios que nos conducen a confirmar o desechar una sospecha.

escueto -ta adj. *Descubierto, libre, desembarazado.* ‖ *Estricto, sin rodeos, sin ambages.*

escupir intr. *Esputar y expectorar* son voces cultas de signif. atenuativa; *gargajear* (frecuent.) es palabra baja. ‖ *Revenirse*, tratándose de la humedad : la pared se *reviene. Rezumar*, cuando la humedad es grande.

escupitajo m. *Escupidura, *esputo.*

escurridor m. *Colador.* ‖ *Escurreplatos.*

escurrir intr.-prnl. *Gotear, destilar.* ‖ *Deslizar, resbalar.* ‖ prnl. *Escapar, huir, escabullirse.*

esdrújulo -la adj.-s. *Proparoxítono.*

esencial adj. *Invariable, *integrante, substancial, permanente.* ‖ *Principal, indispensable, necesario.*

esfigmómetro m. *Pulsímetro.*

esforzado -da adj. *Alentado, animoso, valeroso, valiente, denodado.*

esfumar tr. *Esfuminar, difuminar.* ‖ prnl. *Disiparse, desvanecerse, desaparecer.*

esfumino m. *Disfumino, difumino.*

esgucio m. ARQ. *Antequino.*

esguín m. *Murgón.*

esguince m. *Desguince, cuarteo, regate.*

eslabonar tr.-prnl. *Unir, enlazar, relacionar, trabar, encadenar.*

eslavo -va adj.-s. *Esclavón, esclavonio*, ambos poco usados.

eslizón m. *Sepedón, sipedón.*

esmerejón m. *Azor, milano.*

esmero m. *Solicitud, cuidado, celo, escrupulosidad, pulcritud.*

esnob com. *Novelero.*

esnobismo m. *Novelería.*

esotérico -ca adj. *Oculto, reservado, misterioso, cabalístico.*

espaciar tr. *Distanciar, separar.* ‖ ref. *Extenderse, dilatarse.* ‖ *Esparcirse, recrearse.*

espacioso -sa adj. *Ancho, amplio, dilatado, vasto, extenso.* ‖ *Despacioso, lento, pausado; flemático, calmoso.*

espada f. *Garrancha* (burl.), *hoja* (fig.), *tizona, colada, acero.* ‖ m. *Matador* (TAUROM.).

espadaña f. (planta). *Gladio, gladíolo, gradíolo, maza sorda.*

espadar tr. *Espadillar, tascar.*

espalda f. *Costillas:* llevar un cajón sobre las *costillas; dorso* es voz culta y literaria.

espaldar m. *Espaldera, espalera, respaldo.*

espaldilla f. *Omóplato.*

espalto m. PINT. *Aspalto.*

espantadizo -za adj. *Asombradizo, asustadizo.*

espantajo m. fig. *Espantapájaros.* ‖ fig. *Estantigua, adefesio, esperpento.*

espantar tr. **Asustar, amedrentar, acobardar, atemorizar.* ‖ *Ahuyentar, echar.*

espanto m. **Susto, sobresalto, *miedo, temor, pavor.* ‖ *Amenaza.*

espantoso -sa adj. *Horrendo, horroroso, hórrido, horripilante, pavoroso*, que en general se sienten como intensivos.

español -la adj.-s. *Hispano e hispánico* aluden hoy a la antigua Hispania, o se aplican en conjunto a todos los países de origen y lengua españoles. ‖ En diferentes países hispanoamericanos se usan denominaciones irónicas o burl., como *gachupín, godo, chupetón, gallego.*

españolado -da adj. *Españolizado, hispanizado.*

esparavel m. (red). *Atarraya, tarraya.* ‖ ALBAÑ. *Manga.*

esparcimiento m. *Solaz, diversión, distracción, entretenimiento, recreo.*

esparcir tr. *Separar, desparramar, derramar, extender, espaciar.* ‖ fig. **Divulgar, propagar, publicar, propalar.* ‖ prnl. *Solazarse, recrearse, distraerse, divertirse.*

espartizal m. *Atochal, atochar, espartal.*

esparto m. *Atocha, atochón.*

espata f. *Garrancha.*

especial adj. *Singular, particular, peculiar.* ‖ *Adecuado, propio, a propósito.*

especialidad f. *Singularidad, particularidad, peculiaridad.*

especie f. *Clase, grupo, categoría.* ‖ *Pretexto, apariencia, color, sombra.* ‖ *Caso, suceso, hecho, asunto, negocio.* ‖ *Noticia, voz, fama.*

especificar tr. *Enumerar, detallar, pormenorizar, precisar.*

especioso -sa adj. *Aparente, engañoso, artificioso, falso.*

espectáculo m. *Función, representación, diversión.* ‖ *Contemplación, visión.*

espectador -ra adj.-s. *Presente, circunstante; mirón* designa con cierta ironía, burla o desdén, a la persona que presencia pasivamente un juego, trabajo o suceso callejero. ‖ pl. Tratándose del conjunto de los que asisten a un espectáculo público: *concurrentes, concurrencia, público.*

espectro m. *Aparición, sombra, visión, fantasma.*

especulación f. Coinciden *especulación* y *contemplación* en su carácter desinteresado y ajeno a fines prácticos, en tanto que la *meditación* y la *reflexión* pueden versar sobre asuntos o cosas de utilidad. La *contemplación* connota generalmente pasividad por parte del sujeto; la *especulación* es activa, aunque se mueve siempre en el terreno del conocimiento desinteresado. En el sentido en que *teoría* se opone corrientemente a *práctica*, aquélla puede identificarse con la *especulación.* Pero, por otra parte, la *teoría* es ya un sistema organizado, construido, como resultado de la *especulación* que le da origen. Las *especulaciones* de un sabio le conducen a una *teoría* que trata de explicar y relacionar determinados fenómenos. ‖ *Lucro, ganancia, provecho, beneficio,* son el resultado que se obtiene o se espera de una *especulación* comercial.

especular tr. *Examinar, estudiar, observar. Especular* connota además atención cuidadosa para reconocer una cosa, en mayor grado que los sinónimos enumerados, y por esto en ocasiones se acerca al sentido de *aquilatar.* ‖ intr. *Meditar, reflexionar, contemplar* (v. **Especulación*). ‖ *Comerciar, traficar, negociar.*

espejear intr. *Relucir, *resplandecer, reflejar.*

espejuelo m. *Selenita* (yeso). ‖ *Cebo, atractivo, engaño.* ‖ m. pl. *Lentes, gafas, anteojos, antiparras.*

espelunca f. *Cueva, gruta, antro, caverna.*

espeluznar tr.-prnl. *Despeluzar, despeluznar.* ‖ *Horripilar, estremecer, aterrar, horrorizar.*

espeque m. *Leva, palanca.*

esperanza f. *Confianza, creencia; ilusión* cuando tiene poco o ningún fundamento real.

esperar tr. *Confiar, creer. Esperar* es más gral. que *aguardar* y pue-

de sustituirle siempre. *Aguardar* alude pralte. al acto físico o a la actitud moral de hallarse en *espera* de algo próximo: te *aguardaré* en la esquina.; *aguardo* un telegrama. En la lengua moderna es poco frecuente usarlo para indicar una esperanza de realización lejana. Por esto cuando los predicadores, quizá por arcaísmo, hablan de la *bienaventuranza que aguardamos,* expresan una espera más acuciosa que la que nos darían con *esperamos.*

espermatozoo m. *Espermatozoario, espermatozoide, zoospermo, microgameto.*

esperpento m. *Adefesio, estantigua, espantajo.*

espeso -sa adj. *Denso, condensado,* tratándose de fluidos. ‖ Si se trata de sólidos, *apretado, aglomerado, macizo, cerrado; tupido,* si las cosas apretadas se entrecruzan como en un tejido. ‖ *Grueso, recio.*

espesor m. *Grueso, grosor,* de un cuerpo sólido. Hablando de fluidos, *densidad, condensación.*

espía com. *Confidente* (eufem.); *soplón* (desp.); *fuelle* (burl.); *espión* (v. **Delator*). Tratándose de espionaje militar o político suelen aplicarse las denominaciones eufemísticas de *observador, confidente, agente secreto.*

espiar tr. *Atisbar, acechar, observar, escuchar.*

espibia f., **espibio** y **-bión** m. VETER. *Estibia.*

espicanardi f. **espicanardo** m. *Azúmbar, nardo.*

espigadilla f. *Cebadilla.*

espiguilla f. *Hierba de punta.*

espina f. *Aguijón, pincho.* ‖ *Espina blanca, cardo borriqueño.* ‖ *Espina santa, cambrones.* ‖ fig. *Pesar, pena.* ‖ fig. *Escrúpulo, recelo, cuidado, sospecha.*

espinazo m. *Columna vertebral, espina dorsal.*

espinela f. *Décima.*

espinillera f. *Canillera.* En la armadura antigua, *esquinela.*

espino m. *Níspero espinoso o silvestre, oxiacanta.* ‖ *Espino cerval o hediondo, cambrón.*

espinoso -sa adj. fig. *Arduo, difícil, intrincado, dificultoso.*

espiral f. adj. *Hélice, espira.*

espíritu m. *Alma, mente.* «Son los tres nombres del principio inmaterial que anima al ser humano. Se le llama *espíritu* cuando se le distingue de todo lo corpóreo y sensible; *alma,* cuando se le considera como reunión de todas las facultades que nos distinguen de la naturaleza bruta; *mente,* cuando sólo se quiere hablar del ejercicio de la inteligencia. El *espíritu* se eleva a Dios por medio de la contemplación. El *alma* padece, se apasiona, se explaya en la efusión de la amistad; y de estos ejemplos se deduce que la palabra *alma* comprende la voluntad, la cual está excluida de las otras dos voces, porque ni el *espíritu* ni la *mente* quieren. *Alma* es el *espíritu* que está o ha estado unido al cuerpo: por esto decimos el *espíritu*, la *mente* de Dios, pero no el *alma*; pero decimos "las facultades del *alma*" y "los filósofos disputan sobre el *alma* de los brutos". Por esta misma analogía el *espíritu*, considerado como principio o fuente de la vida, no se llama *espíritu* ni *mente*, sino *alma*, y de aquí vienen estas expresiones inexactas, pero significativas: tiene mucha *alma*; se le cayó el *alma* a los pies; es un *desalmado*» (M). ‖ *Energía, ánimo, valor, brío.*

esplendente adj. *Brillante, resplandeciente, esplendoroso, reluciente.*

esplendidez f. *Abundancia, largueza, liberalidad, generosidad, rumbo.* ‖ *Magnificencia, ostentación, fausto, suntuosidad.*

espléndido -da adj. **Generoso, liberal, rumboso.* ‖ *Magnífico, suntuoso, ostentoso.*

esplendor m. *Resplandor, *lustre, brillo.* ‖ *Nobleza, magnificencia, gloria, fama.*

espliego m. *Lavanda, lavándula, alhucema* (ant.). Los dos primeros son técnicos, usados entre botánicos y perfumistas.

esplín m. *Tedio, hastío, aburrimiento.* El *esplín* es propiamente un estado duradero de melancolía o hipocondría, que produce *tedio* de todo. El *tedio*, el *hastío* y el *aburrimiento* pueden ser pasajeros y circunstanciales, mientras que el *esplín* se lleva dentro, como una disposición de ánimo motivada por causas físicas o morales.

espolear tr. *Aguijar, picar.* ‖ fig. *Incitar, estimular, acuciar, excitar, mover.*

espoleta f. *Espiga, pipa.*

espolique m. *Cambiante, lacayo, mozo de espuela o de espuelas.*

espolón m. MAR. *Rostro, punta.* ‖ *Tajamar.*

espolvorear tr. En algunos países de Amér. (Colombia y Chile) y en el uso vulgar de España, *despolvorear; polvorear, polvorizar.* ‖ *Despolvorear*, quitar o sacudir el polvo.

esponjar tr. *Ahuecar, mullir.* ‖ prnl. *Envanecerse, engreírse, hincharse, infatuarse.*

espontanearse prnl. *Expansionarse, desahogarse.*

espontáneo -a adj. En ocasiones puede coincidir con *automático, indeliberado* y **voluntario*, pero éstos no implican necesariamente idea de espontaneidad. *Automático o maquinal*, dan idea de energía puramente mecánica: movimientos *espontáneos o automáticos. Indeliberado* signif. sin intervención del entendimiento: su contestación fue *espontánea o indeliberada. Voluntario* en sentido de *espontáneo*, denota que se produce sin coacción: su voto fue *voluntario o espontáneo.*

esporádico -ca adj. *Ocasional, aislado, excepcional, suelto.* Esporádico es lo que se produce sin enlace ostensible con antecedentes ni consiguientes; p. ej.: casos *esporádicos* de una enfermedad.

esportillero m. *Trascantón.*

esposo -sa m. f. *Marido y mujer.* Fam. esposa, *cara mitad, media naranja, costilla.*

espuela f. fig. *Acicate, incentivo, estímulo.* ‖ Espuela de caballero (planta), *consólida real.*

espuerta f. *Espuerta grande, gralte. sin asas, sera.* El *serón* es una especie de *sera* más larga que ancha.

espumar tr. *Despumar.* ‖ intr. *Espumear.*

espurio -ria adj. *Bastardo, ilegítimo.* ‖ fig. *Falso, adulterado, falsificado.*

esputar tr. **Escupir, expectorar.*

esputo m. *Esputo y expectoración* son voces cultas que atenúan lo repugnante de *escupido, escupidura, flema*, y más aún de *escupitajo, gargajo.*

esquela f. *Carta, misiva, nota.*

esqueleto m. *Osamenta, osambre.*

esquena f. *Raspa.*

esquenanto m. *Esquinante, esquinanto; paja de camello, de esquinanto o de Meca.*

esquero m. *Yesquero.*

esquila f. *Campano, cencerro.*

esquilar tr. *Trasquilar;* esquilar después del invierno, *marcear.*

esquilimoso -sa adj. *Melindroso, remilgado, dengoso.*

esquilmar tr. *Agotar, empobrecer.*

esquina f. *Cantón, cantonada.*

esquinazo m. *Cantonada.*

esquivar tr. *Evitar, rehuir, eludir, rehusar.* Se *esquiva o rehúye* un golpe, un tropezón material o moral, apartándose, soslayándolos o huyendo. *Evitar* supone prever el peligro o dificultad en que podemos encontrarnos, y procurar que no sobrevengan. *Eludimos* una respuesta comprometedora, una decisión, una situación peligrosa o molesta en que nos hallamos. *Rehusamos* lo que se nos da u ofrece. ‖ prnl. *Retirarse, retraerse, excusarse, apartarse.*

esquivez f. *Desapego, aspereza, desagrado, desdén.*

esquivo -va adj. *Huraño, arisco, huidizo.* ‖ *Despegado, áspero, desagradable, desdeñoso.*

estable adj. *Permanente, duradero, durable, firme, sólido.*

establecer tr. *Implantar, instaurar, instituir,* acentúan el matiz de que es algo nuevo lo que se establece, y se aplican gralte. a cosas inmateriales [ley, costumbre, premio, fundación, etc.], en tanto que *fundar, *erigir* y *establecer* se aplican también a lo material [ciudad, campamento]. ‖ *Ordenar, estatuir, decretar.* ‖ prnl. *Avecindarse, instalarse, domiciliarse.*

establo m. *Corte* (p. us.); *presepio* es latinismo docto de raro uso; *cuadra, caballeriza; bostar* (el de bueyes), ant., *boyera, boyeriza; pocilga* (el de cerdos).

estaca f. *Palo, garrote.*

estacada f. *Empalizada, palizada.*

estación f. *Tiempo, temporada, época.* ‖ *Parada, detención.*

estacionamiento m. En algunos países de lengua española se extiende el uso del barbarismo *parquear* (ing. *to park*) y del subs. *parquing.* Del mismo origen son las adaptaciones *aparcar* y *aparcamiento.* La Academia Española ha admitido *aparcar:* «Colocar transitoriamente en lugar público señalado al efecto, coches u otros vehículos.» El *aparcamiento* supone, pues, un lugar o espacio acotado para este fin, y puede ser de pago o gratuito; el *estacionamiento* (verbo *estacionarse*) es un lugar cualquiera de la vía pública donde se permite que los coches puedan permanecer detenidos más o menos tiempo sin verse obligados a circular. *Parada* es el lugar fijo donde se hallan los automóviles de alquiler a disposición del público.

estadía f. *Detención, estancia, permanencia.*

estadista m. *Repúblico, hombre de Estado.*

estadounidense adj. [pers.]. *Norteamericano, yanqui.*

estafa f. *Engaño, fraude, timo, petardo.*

estafermo m. *Pasmarote.*

estafisagria f. *Albarraz; hierba piojenta* o *piojera; uva taminea* o *taminia.*

estallar intr. *Explotar; detonar* alude al ruido que produce. *Reventar.*

estampa f. *Lámina, grabado.* ‖ *Im-*

prenta. ‖ *Huella, señal, impresión, vestigio.*

estampido m. *Detonación; tiro* o *disparo,* el producido por un arma de fuego.

estancar tr.-prnl. *Detener, suspender, paralizar, empantanar.* ‖ *Monopolizar.*

estancia f. *Estación, estada, estadía, morada, permanencia.* ‖ *Aposento, habitación, cuarto.*

estandarte m. *Insignia, bandera, pendón.*

estanque m. *Alberca.*

estantigua f. *Espantajo, esperpento, adefesio.*

estar tr. *Encontrarse, hallarse, permanecer, vivir.* ‖ *Existir, *ser.*

estatificar tr. *Nacionalizar.*

estatuir tr. *Establecer, determinar, ordenar, decretar, mandar.* ‖ *Demostrar, asentar, dar por cierto.*

estatura f. *Talla, altura* y *estatura* se aplican a personas. Tratándose de animales, *altura* o *alzada.*

estay m. MAR. *Traversa.*

este m. «*Este* y *Levante* son voces técnicas de la Geografía y de la Náutica. En la rosa náutica sólo se emplea la primera. Las dos se aplican indiferentemente al viento que procede de donde nace el sol. *Oriente* pertenece al lenguaje común y al poético. Un navío no hace rumbo al *Oriente,* sino al *Este* o al *Levante...* No es lo mismo pueblos de *Levante* que pueblos de *Oriente:* en el primer caso sólo se considera la posición geográfica; en el segundo, entran las ideas de costumbres, clima, historia, religión, etc. Es impropio decir: las naciones del *Este* o del *Levante* enseñaron la Filosofía a los griegos» (M).

esteatita f. *Jabón de sastre, jaboncillo.*

estema m. ZOOL. *Ocelo.*

estenógrafo -fa m. f. *Taquígrafo.*

estentóreo -rea adj. *Ruidoso, retumbante, fuerte.*

estepilla f. *Jara blanca,* o *estepa blanca.*

estéril adj. Tratándose de la hembra que no tiene hijos, *machorra, mañera;* aplic. al ganado, *horra;* refiriéndose a la mujer, *nulípara.* ‖ En sentido fig. *improductivo, infecundo, infructífero, *árido, vano, ineficaz, infructuoso.*

esterilla f. *Alfardilla.*

estero m. *Estuario, restañadero.* ‖ Amér. Merid. *Aguazal, cenagal.*

estertor m. *Estertor del moribundo, sarrillo.*

estética f. *Calología* (p. us.).

esteva f. *Mancera, mangorrillo.*

estiércol m. *Fimo, excremento;* en algunas regiones, *fiemo; hienda.*

estigma m. *Marca, señal, huella,*

vestigio. ‖ fig. *Afrenta, desdoro, infamia, deshonra.*

estilar intr.-prnl. *Usar, acostumbrar, practicar, soler, estar de moda.*

estilo m. *Carácter, peculiaridad.* ‖ *Modo, manera, forma.* ‖ *Uso, costumbre, moda, práctica.*

estima f. *Consideración, aprecio, estimación.*

estimación f. *Aprecio, consideración, afecto, estima.* «Se *estiman* las cualidades que constituyen al hombre honrado, fiel, cumplidor de su palabra y seguro en su trato. Se *aprecian* las cualidades que constituyen al hombre distinguido por su mérito. El *aprecio* recae, no sólo en el valor moral del individuo, sino en su afabilidad, en su talento, en la nobleza de su conducta, en los servicios que ha prestado. La *estimación* lleva consigo la confianza en el sujeto *estimado;* el *aprecio* se hermana con el afecto y la amistad» (M). ‖ *Evaluación, valoración, tasación.*

estimar tr. *Evaluar, *valorar, tasar, apreciar, justipreciar.* Podemos *apreciar, estimar y evaluar* aproximadamente, poco más o menos. *Tasar* es señalar el valor exacto de las cosas. *Tasan* los peritos, o bien las autoridades que establecen el precio a que deben venderse las mercancías. *Justipreciar,* como indican los componentes de la palabra, es señalar el precio justo, no sólo por ser exacto, sino principalmente por ser equitativo. ‖ *Considerar, apreciar, conceptuar, respetar.* ‖ *Juzgar, creer, entender, opinar.*

estimular tr. *Aguijonear, picar, punzar.* ‖ fig. *Excitar, avivar, incitar.*

estímulo m. *Incitación, incentivo, aliciente, acicate.* Cuando el *estímulo* es engañoso, *cebo, señuelo.*

estío m. *Verano* es de uso general. *Estío* se siente como propio del habla culta o literaria.

estipendio m. *Remuneración, paga, *sueldo, salario.*

estipular tr. *Convenir, concertar, acordar, contratar.*

estirado -da adj. *Entonado, empacado, orgulloso, altivo, altanero.*

estirar tr. *Alargar, prolongar.* ‖ *Dilatar, extender.* ‖ prnl. *Desperezarse.*

estirón m. *Tirón.* ‖ *Crecimiento,* sobre todo cuando es rápido; ese niño ha dado un *estirón.*

estirpe f. **Casta, linaje, progenie, alcurnia, prosapia.* Propiamente la *estirpe* es la raíz y tronco de una familia o linaje.

estival adj. *Veraniego; estivo* es término poético.

estocada f. *Hurgón,* o *hurgonazo,* burl. En los clásicos, *cuchillada.*

estocafís m. *Pejepalo.*

estofa f. *Calidad, clase;* pero *estofa* se toma generalmente a mala parte, y así hablamos de baja o mala *estofa* refiriéndonos a personas. Equivale, pues, a *ralea, calaña.*

estoico -ca adj.-s. Fuera de su significado filosófico preciso, se emplea en sentido fig. por: *imperturbable, inalterable, impasible, insensible.*

estolidez f. *Estupidez, necedad, insensatez, estulticia.*

estomacal adj. *Gástrico.* ‖ adj.-s. *Digestivo, eupéptico* (MED.).

estomagar tr. *Empachar, ahitar, indigestar.* ‖ fig. *Fastidiar, hastiar, enfadar, aburrir, cargar.*

estomático -ca adj. MED. *Bucal.*

estomatólogo, ga m. f. *Dentista, odontólogo.* Aunque se usan de ordinario como equivalentes, *estomatólogo* trata propiamente de las enfermedades de la boca en general, mientras que el *dentista* y *odontólogo* se concretan a los dientes.

estoraque m. *Almea, azúmbar.*

estorbar tr. *Embarazar, dificultar, obstaculizar, entorpecer, *impedir.*

estorbo m. Serie intensiva: *Dificultad, inconveniente, entorpecimiento, embarazo, engorro, *obstáculo, óbice, estorbo, rémora, traba, tropiezo, impedimento.*

estrafalario -ria adj. *Extravagante, estrambótico, excéntrico.*

estragar tr. *Viciar, corromper, dañar, estropear, agotar, arruinar.*

estrago m. *Agotamiento, ruina, destrucción, devastación, asolamiento.*

estragón m. *Dragoncillo.*

estraperlo m. *Mercado negro.*

estratagema f. *Ardid, astucia, treta, artificio, engaño.*

estrato m. GEOL. *Capa, lecho.*

estrechar tr. *Angostar, enangostar.* ‖ *Reducir, apretar.* ‖ *Precisar, obligar, forzar.* ‖ **Perseguir, acosar, apurar, apremiar.*

estrechez f. fig. *Escasez, pobreza, privación, indigencia, miseria.* ‖ *Aprieto, apuro, apremio.*

estrecho -cha adj. Tratándose de un lugar de paso, **angosto;* de un recinto, *ahogado, reducido.* ‖ *Ajustado, apretado, ceñido.* ‖ *Riguroso, estricto.* ‖ *Miserable, tacaño, limitado, mezquino, escaso.* ‖ m. *Paso, pasaje, canal.*

estregadura f. Como términos técnicos, *fricción, confricción.*

estregar tr. *Confricar* (tecn.), *fro-*

tar, friccionar (culto, tecn.); *refregar* y *restregar* son intensivos.

estrella f. fig. *Hado, destino, sino, fortuna, suerte.*

estrellamar f. *Hierba estrella.*

estremecerse prnl.-tr. **Temblar. Estremecerse* supone un movimiento agitado y súbito, bien por causas físicas, como la fiebre o las convulsiones epilépticas, bien por la alteración repentina del ánimo ante una noticia, emoción, etc. En este caso puede ser sinónimo de *conmoverse, alterarse, sobresaltar. Trepidar* se aplica únicamente a las cosas : *trepida* o *se estremece* el suelo al pasar el tren ; un cañonazo hace *trepidar* o *estremecer* los cristales de las casas próximas.

estreno m. Úsase esp. hablando de espectáculos; en las demás aceps. puede usarse *estrena* o *estreno.* Asistimos al *estreno* de una comedia. La muchacha estaba contenta con la *estrena* o *estreno* de un vestido precioso.

estreñido -da adj. *Restreñido.* ‖ fig. *Tacaño, mezquino, apretado, miserable, avaro.*

estrépito m. *Estruendo, fragor, ruido.*

estría f. *Canal, raya.*

estriar tr. *Acanalar, rayar.*

estribar intr. *Entibar, refirmar; restribar* es intensivo. ‖ fig. *Apoyarse, fundarse, descansar, gravitar.*

estribillo m. *Contera.* ‖ **Muletilla.*

estribo m. *Estribera, codillo, estafa.* ‖ ARQ. *Entibo.*

estricto -ta adj. *Estrecho, ajustado, preciso, exacto, riguroso, ceñido.*

estridente adj. *Chirriante, rechinante, agudo.* En sentido fig., *agrio, áspero, destemplado, ruidoso;* p. ej. : los conceptos *estridentes* de un orador o de un artículo periodístico.

estro m. *Inspiración, numen, vena.*

estropajo m. *Fregador.*

estropajoso -sa adj. *Trapajoso, balbuciente.* ‖ *Andrajoso, roto, harapiento, desaseado.*

estropear tr. *Lastimar, lisiar, lesionar.* ‖ Tratándose de cosas, *ajar, maltratar, dañar, deteriorar, averiar, echar a perder, malograr.*

estropicio m. *Destrozo, rotura.* El *estropicio* connota estrépito, y es generalmente impremeditado; por ej. : se le cayó la bandeja e hizo un *estropicio* con la vajilla.

estructura f. *Contextura, organización, distribución, orden.*

estruendo m. *Fragor, ruido, estrépito.* Todos connotan *ruido* intenso que se repite o prolonga más o menos. Una explosión, un trueno, producen *estruendo* cuando el eco las repite. ‖ fig. *Confu-*

sión, bullicio. ‖ *Aparato, pompa, ostentación.*

estrujar tr. *Apretar, prensar, exprimir, comprimir.* ‖ *Magullar.* ‖ fig. *Agotar, oprimir;* p. ej.: *estrujar* al pueblo con los impuestos.

estuario m. *Estero.*

estuco m. *Estuque, escayola, marmoración.*

estudiado -da adj. *Fingido, afectado, amanerado. Estudiado,* con esta acepción, es galicista; pero su uso está ya muy extendido.

estudiante com. *Escolar, alumno, colegial, discípulo. Escolar* ofrece sinonimia con *estudiante;* pero los niños que asisten a las escuelas primarias son *escolares,* y no *estudiantes. Alumno* hace relación con el establecimiento donde cursa sus estudios o con los profesores : *alumno* de la Escuela de Náutica, *alumno* del profesor N. *Discípulo* señala relación con el maestro : *mis discípulos,* dice un profesor, de modo más afectivo que *mis alumnos;* soy *discípulo* de usted expresa adhesión personal mayor que *alumno.* El *alumno* deja de serlo al terminar sus estudios ; en cambio, puede uno llamarse siempre *discípulo* de un maestro. *Colegial* se aplica al alumno de un colegio de primera o segunda enseñanza, o al interno en un colegio universitario.

estudiantina f. *Tuna.*

estudio m. *Análisis, observación, investigación, aprendizaje, aplicación.* ‖ *Libro, obra, escrito, tratado, monografía,* etc., según su extensión y otras cualidades. ‖ Tratándose de artistas, *taller.*

estulto -ta adj. *Necio, estúpido, tonto, estólido.*

estupefacción f. *Estupor, pasmo* y *estupefacción* denotan un asombro extremado.

estupefaciente adj.-s. *Narcótico, soporífero.*

estupefacto -ta adj. *Atónito, pasmado.* Los tres son expresiones intensificadas de *asombrado* o *maravillado.* Burl., *patitieso, patidifuso.*

estupendo -da adj. *Admirable, asombroso, portentoso.* Para su empleo en la lengua hablada con carácter intensivo general. v. **Brutal.*

estúpido -da adj. *Necio, estólido, estulto, torpe, romo.*

estuquista m. *Estucador.*

esturión m. *Marón, marión, sollo.*

esviaje m. ARQ. *Viaje, oblicuidad.*

etéreo -rea adj. *Impalpable, sutil.* ‖ fig. *Puro, celeste, elevado, sublime.*

eterno -na adj. *Eternal* y *sempiterno* pertenecen al estilo solemne. *Eviterno* y *perdurable* es lo que tiene principio pero no fin, lo mismo que los términos corrientes *perpetuo*, *inmortal* e *imperecedero;* los cuatro últimos se aplican por hipérbole a lo que dura mucho o tiene duración indefinida : su recuerdo será *inmortal*, *imperecedero*, *perdurable*. «Todo lo *eterno* es *perpetuo*, porque no llega jamás a determinarse el fin de su duración. La gloria *eterna* de los bienaventurados es *perpetua*. Pero no todo lo *perpetuo* es *eterno*. Y así decimos : movimiento *perpetuo*, destierro *perpetuo*, privilegio *perpetuo*, y no *eterno;* porque la idea que se quiere representar es la de la duración indeterminada, no la de una duración infinita» (LH). Aunque *infinito* y *eterno* se intercambian a veces, el adj. *infinito* es de categoría espacial y significa lo que no tiene límite; *eterno* se refiere al tiempo o la duración sin fin.

ética f. *Moral*. *Deontología* es la parte de la *ética* que establece los deberes, esp. profesionales : *deontología médica, jurídica, empresarial.*

etiqueta f. *Ceremonial.* ‖ *Ceremonia, cumplido, cumplimiento.* ‖ *Marbete, rótulo.*

etiquetero -ra adj. *Cumplimentero, ceremonioso.*

etites f. *Piedra del águila.*

étnico -ca adj. *Racial.* ‖ GRAM. *Gentilicio.*

etrusco -ca adj.-s.[pers.]. *Tirreno, tusco.*

etusa f. *Cicuta menor.*

eucaristía f. *Sacramento del altar; Santísimo Sacramento* o simpl. *El Santísimo; El Señor, Nuestro Amo;* la *comunión; viático,* el que se administra a los enfermos en peligro de muerte; *pan de los ángeles, pan eucarístico.*

euforbio m. *Gorbión, gurbión.*

eupéptico -ca adj.-s. MED. *Digestivo, estomacal.*

éuscaro -ra y **eusquero -ra** adj.-s. *Vasco, vascuence.*

evacuar tr. *Desocupar, desembarazar, abandonar.* ‖ *Expeler, exonerar.* ‖ *Cumplir, desempeñar.*

evadir tr. *Evitar, esquivar, eludir.* ‖ prnl. *Fugarse, escaparse, huir.*

evaluación f. *Apreciación, cálculo, valuación, valoración.*

evaluar tr. **Valorar, *estimar, valuar.*

evaporar tr. *Vaporar, vaporear; volatilizar* sugiere, en gral., un estado gaseoso más tenue e imperceptible que el que se obtiene evaporando, o bien menor intervención aparente de agentes exteriores. ‖ fig. *Disipar, desvane-*

cer. ‖ prnl. *Desaparecer, fugarse, huir, evadirse.*

evasión f. *Fuga, huida.*

evasiva f. **Efugio, escapatoria, subterfugio.*

evento m. **Acontecimiento.* Se usa *evento* esp. en las frases *a todo, a cualquier evento, a todo riesgo, sea como sea.*

eventual adj. *Casual.* «En lo *eventual* hay probabilidad de que suceda; lo *casual* es imprevisto. Se llaman provechos *eventuales* los que emanan del ejercicio de una profesión o de las obvenciones anexas a un empleo. Son *casuales* los encuentros inesperados, las coincidencias raras. Son *eventuales* los honorarios de los letrados, la pérdida de una batalla y las subidas y bajas de los fondos públicos. Por *casualidad* se descubre un tesoro; una mala cosecha es una *eventualidad* para la que deben estar dispuestos los gobiernos previsores» (M). *Fortuito, inseguro, incierto, posible.*

eventualidad f. **Casualidad, contingencia, accidente, posibilidad.*

evidente adj. *Patente, visible, manifiesto, ostensible, palpable, claro, indudable, axiomático.*

evitar tr. *Prevenir, precaver. Eludir, *esquivar, sortear, rehuir* y *soslayar* sugieren un peligro, dificultad, estorbo en que uno se encuentra de modo efectivo, o que amenaza como inmediato. Por ej.: se pone una señal en la calle para *evitar* accidentes, no para *eludirlos, esquivarlos, sortearlos* o *soslayarlos,* los cuales supondrían un accidente real o inmediato. Los cuatro denotan, además, cierta maña o rodeo, cosa que no es indispensable en *evitar.*

evocar tr. *Llamar, invocar, conjurar.* ‖ fig. *Recordar, rememorar.*

evolución f. *Desarrollo, transformación.* La *evolución* no es una *transformación* cualquiera, sino una transformación gradual. ‖ *Movimiento, cambio, variación;* p. ej.: las *evoluciones* de una danza. Tratándose de una formación militar o naval, *maniobra.*

evolucionismo m. *Transformismo.*

exacción f. *Impuesto, prestación, multa,* todos con carácter de exigencia o conminación. ‖ Cuando la hace un funcionario público en provecho propio, *concusión.*

exacerbar tr. *Enfadar, irritar, *enojar, exasperar, encolerizar.* ‖ *Recrudecer, enconar, agravar.*

exactitud f. *Puntualidad, regularidad, precisión, veracidad, fidelidad.*

exacto -ta adj. *Puntual, cabal, regular, preciso, justo, verdadero, fiel.* «Es *exacto* el que no falta :

es *puntual* el que no tarda. El que hace lo que debe, es *exacto;* el que lo hace cuando debe, es *puntual.* Un religioso es *exacto* en ir al coro, porque nunca deja de ir; es *puntual,* porque nunca llega tarde» (LH).

exageración f. Si es en las palabras, *hipérbole, ponderación, encarecimiento, andaluzada.* Si es en los actos, *extremosidad.*

exagerar tr. *Abultar, encarecer, ponderar, extremar; desorbitar, exorbitar y sacar de quicio,* significan *exagerar* hasta el punto de deformar la verdad o realidad de las cosas fuera de todo asidero racional. *Exagerar* y *encarecer:* «*Exagerar* recae más propiamente sobre las circunstancias que hacen notable la cosa *exagerada; y encarecer,* sobre las que la hacen apreciable, conservando el verbo en este sentido figurado (en que es sinónimo de *exagerar*) la propiedad de su sentido recto. Se *exagera* el número de los enemigos, se *encarece* el valor de nuestras tropas. Se *exageran* las incomodidades de la guerra, y se *encarece* el mérito de haber servido al rey en ella. Un historiador *exagera* los hechos que refiere; un mercader *encarece* el primor de la alhaja que vende. Un casamentero *exagera* las riquezas y *encarece* las buenas prendas de la dama que propone. Se *exagera* la cosa por buena o por mala; pero sólo se *encarece* por buena. El murmurador, que *exagera* los defectos de los otros, *encarece* su propia sinceridad y su odio a la murmuración» (LH).

exaltación f. *Entusiasmo.* «Todas las pasiones son susceptibles de *exaltación,* sólo las nobles y generosas pueden llegar al estado de *entusiasmo.* El hombre se *exalta* en el amor, en la hostilidad, en la ira, en el fanatismo; se *entusiasma* por la religión, por el patriotismo, por la virtud, por la victoria. La *exaltación* depende del temperamento; el *entusiasmo,* de los afectos y de la imaginación» (M).

exaltado -da adj. *Entusiasta, apasionado, fanático.*

exaltar tr. *Elevar, ensalzar, enaltecer, realzar, glorificar.* ‖ prnl. *Entusiasmarse, acalorarse, arrebatarse, sobreexcitarse, apasionarse, enardecerse.*

examen m. *Indagación, observación, análisis, estudio, reconocimiento.* ‖ *Prueba.*

examinar tr. *Investigar, inquirir, indagar, observar, reconocer, analizar, estudiar.* ‖ tr.-prnl. *Probar.*

exangüe adj. *Desangrado.* ‖ fig. *Aniquilado, debilitado.* ‖ *Muerto.*

exánime adj. *Inánime, muerto.* ‖ *Debilitado, exangüe, desmayado.*

exasperar tr. **Enojar, irritar, exacerbar, exaltar.*

excarcelar tr. *Desencarcelar, libertar. Excarcela* o *desencarcela* el juez o la autoridad de quien depende un preso. *Libertar* y *liberar* tienen sentido general, propio y figurado.

excedente adj. *Excesivo.* ‖ m. *Sobrante, residuo, resto, exceso.*

exceder tr. *Sobresalir, descollar, aventajar, sobrepujar, superar.* ‖ ‖ *Sobrar, restar.* ‖ prnl. *Propasarse, extralimitarse.*

excelente adj. *Notable, superior, óptimo, descollante, sobresaliente, egregio.* En sus aplicaciones particulares puede tener extensa sinonimia. P. ej.: tratándose de sabores, *delicioso, exquisito;* tratándose de méritos, *relevante, eminente,* etc., etc.

excelso -sa adj. *Eminente, altísimo.*

excéntrico -ca adj. *Raro, extravagante.*

excepcional adj. *Extraordinario, insólito, singular.* En la terminología científica, *esporádico.*

excepto adv. m. *Fuera de, salvo, a excepción de, menos, descontando.*

exceptuar tr. *Excluir, separar, salvar.*

excerpta y **-erta** f. *Colección, recopilación, extracto.*

excesivo -va adj. **Enorme, desmedido, desmesurado, inmoderado.* ‖ *Superfluo, sobrante, demasiado, excedente.*

exceso m. *Sobra, sobrante, excedente, demasía.* Más allá de lo necesario en adornos, lujos, gastos, palabras: *superfluidad.* Exceso de palabras: *redundancia, pleonasmo* (GRAM). De gastos: *derroche, despilfarro.* ‖ *Demasía, desmán, desafuero, abuso, desorden, delito.* Si el exceso lo comete persona constituida en autoridad, *extralimitación, desafuero, alcaldada, polacada, tropelía, atropello, arbitrariedad.*

excitar tr. *Estimular, provocar, mover, inducir, instigar, incitar.* «Se *excitan* los sentimientos, las ideas, los deseos; se *incita* a la acción y al movimiento. La lectura de un viaje *excita* la curiosidad; el ejemplo del que se pone en viaje *incita* a imitarle. Se puede *excitar* por medios indirectos, por casualidad o sin intención; mas para *incitar* se necesitan esfuerzos, voluntad y energía. Una narración, una bella ficción, *excitan* el interés del auditorio; la arenga de un general *incita* a la pelea» (M). *Excitar* y *mover*: «Se *excitan* o se *mueven* los afectos; pero el verbo *excitar* es más a propósito cuando se trata de los afectos o movimientos del alma fuertes y sublimes, como el valor, la indignación, la venganza; y el verbo *mover*, cuando se trata de los suaves y sencillos, como la compasión, la ternura, la piedad. *Excita* un poeta el terror, pintando los horrores de una batalla; *mueve* el orador la ternura, pintando el cariñoso afán de una madre afligida» (LH).

excluir tr. *Separar, descartar, apartar, suprimir, exceptuar, eliminar;* cuando se hace con violencia, *echar, expulsar* (personas o cosas), *expeler* (cosas).

excomulgar tr. En la lengua clásica, *descomulgar* (hoy rúst. o vulg.).

excrementicio -cia adj. *Fecal.*

excremento m. *Heces.*

exculpar tr. **Perdonar, dispensar, remitir, excusar, justificar.*

excursión f. *Correría, viaje.*

excusa f. *Disculpa, exculpación.* Si el motivo es más o menos simulado, *pretexto, rebozo, socapa, socolor; retrechería* (fam.) es maña o artificio para eludir un deber; v. **Efugio.* «*Excusa* es una evasión, *disculpa* es una justificación; *pretexto* es un motivo ligero o falso. Se alega una *excusa* para negar un favor, para no cumplir con una cita, para no ejecutar lo prometido. Se presenta una *disculpa* para evitar el castigo, para invalidar una acusación, para defenderse de un cargo. Se busca un *pretexto* para meterse uno donde no le llaman, para ausentarse el empleado de la oficina, para salir un convidado del banquete antes de tiempo» (M).

excusar tr. **Perdonar, exculpar, disculpar, justificar, eximir. ‖ Rehusar, evitar.*

execración f. *Abominación, aborrecimiento. ‖ Maldición, *imprecación, condenación.*

execrar tr. *Condenar, maldecir, imprecar. ‖ Aborrecer, abominar.*

exégesis f. *Interpretación, explicación, exposición, comentario. Exégesis* se usa con preferencia tratándose de la Sagrada Escritura u otros textos religiosos.

exención f. *Excepción, franquicia, privilegio.*

exentar tr. *Eximir, dispensar.*

exento -ta adj. *Desembarazado, libre, dispensado, franco. ‖ Descubierto.*

exequias f. pl. *Funeral o funerales; honras u honras fúnebres,* se di-

ce, lo mismo que *exequias,* en estilo elevado.

exhalación f. *Rayo, centella. ‖ Vaho.*

exhalar tr. *Despedir, desprender, gases, vapores u olores. ‖ Lanzar, emitir, quejas, suspiros,* etc.

exhausto -ta adj. *Agotado, apurado.* Tratándose del organismo, *extenuado, exangüe.*

exhibición f. *Manifestación, presentación, ostentación.*

exhibir tr. *Manifestar, mostrar, presentar, exponer, ostentar.*

exhortación f. *Ruego, invitación, consejo, admonición, amonestación, incitación. ‖ Plática.*

exhortar tr. *Invitar, rogar, suplicar, aconsejar, amonestar, incitar, animar, excitar.*

exhumar tr. *Desenterrar* es de uso más general y corriente; *exhumar* pertenece a la lengua culta, y se aplica a lo que consideramos de mayor importancia o dignidad: se *exhuma* un cadáver, un tesoro, se *exhuman* viejas historias en los archivos; en todos estos casos podríamos usar igualmente *desenterrar.* No decimos, sin embargo, que se *exhuma* la raíz de un árbol o los cimientos de una casa, sino que se *desentierran.*

exigir tr. *Mandar, ordenar, reclamar. ‖ Pedir, necesitar, requerir;* p. ej.: el cuidado de esta planta *exige* mucho esmero. «*Exigir,* es *querer.* Ser necesario o necesitarse es la idea común entre ambos verbos... *Exigir* parece que supone una necesidad indispensable; *requerir,* una necesidad de conveniencia. Sin lo que se *exige,* no puede o no debe existir una cosa; sin lo que se *requiere,* no puede existir bien, como conviene o como se desea. Todo arte u oficio *exige* un estudio proporcionado a su dificultad, y *requiere* gusto y afición en el que lo profesa. La tierra *exige* cultivo; el baile *requiere* gracia» (H).

exiguo -gua adj. *Insuficiente, escaso, corto, pequeño, reducido, insignificante.*

exilio m. **Destierro, extrañamiento, ostracismo.*

eximio -mia adj. *Relevante, excelente, superior, sobresaliente, egregio.*

eximir tr. *Dispensar, libertar, relevar, exentar, perdonar.*

existir intr. **Ser, vivir.* «*Existir* es haber salido de la nada, ocupar el espacio, formar parte de la creación. *Vivir* es ejercer funciones vitales, tener órganos en estado de actividad, recorrer una serie de períodos que terminan en la destrucción. Lo que *existe* es algo; lo que *vive* obra por su propia virtud. La tierra, el mar, los astros, el fuego, *existen;* los animales y las plantas *viven.* *Vivir* es el modo de *existir* de los seres organizados. La *vida* se comunica, lo que no podría decirse, sino impropiamente, de la *existencia.* Puede haber *existencia* pero no *vida,* sin asimilación de partes» (M).

éxito m. *Resultado, consecuencia.* «El *éxito* es el último de una serie de hechos encaminados a un mismo fin, y que determina si este fin se consigue o se frustra. El *resultado* es un hecho preparado por los hechos anteriores y que participa de su tendencia y carácter. La *consecuencia* es un hecho aislado, que emana de los que lo han precedido, pero que puede no tener analogía con ellos. El *éxito* de una batalla es la victoria; el *resultado* es la conquista, y puede tener por *consecuencia* la sublevación de los conquistados, la ruina de la nación vencida o un cambio en el equilibrio político de los gabinetes. No siempre es tan feliz el *resultado* como el *éxito.* El *éxito* de la tentativa de César para apoderarse del mando supremo fue el que apeteció; su *resultado* le fue funesto. ¿Quién aguardaba que la *consecuencia* de aquellos grandes sucesos fuese la fundación del imperio de Augusto?» (M).

éxodo m. *Emigración, *migración, transmigración.*

exonerar tr. *Aliviar, descargar.* ‖ *Destituir, deponer.*

exorbitante adj. *Excesivo, desmesurado, demasiado, enorme, descomunal.*

exordio m. *Introducción, preámbulo, prefacio.* RET. *Isagoge.*

exornar tr. **Adornar, hermosear, engalanar, ornar, embellecer, ornamentar.*

expansión f. *Dilatación, extensión.* ‖ *Desarrollo, crecimiento.* ‖ *Difusión, divulgación.* ‖ *Efusión, confianza, comunicación, desahogo.* ‖ *Recreo, solaz, esparcimiento, distracción, diversión.*

expansionarse prnl. *Desahogarse, espontanearse, explayarse, franquearse.* ‖ *Recrearse, solazarse, divertirse.*

expansivo -va adj. *Comunicativo, franco, cariñoso, efusivo.*

expectoración f. **Esputo.*

expectorar tr. **Escupir, esputar.*

expedición f. *Envío, remesa.* ‖ *Desembarazo, prontitud.*

expediente m. *Arbitrio, recurso, pretexto, motivo, medio.*

expedir tr. *Despachar, cursar, dar curso.* ‖ **Enviar, remitir, remesar.*

expeditivo -va adj. *Diligente, pronto, rápido.*

expedito -ta adj. *Libre, desembarazado, despejado.*

expeler tr. *Arrojar, echar, lanzar.* Tratándose de personas se usa gralte. *expulsar;* v. **Excluir.*

expender tr. *Vender, despachar.* ‖ *Gastar.*

experimental adj. *Empírico.* Aunque muchas veces confunden su significado, *empírico* se dice de lo que es resultado de la experiencia, la observación o la práctica, en tanto que *experimental* sugiere principalmente el experimento provocado a voluntad. Una demostración *experimental* se hace con experimentos que se exhiben. Una demostración *empírica* apela a la experiencia recordada por el autor y por su público. Aplicado a personas, se usa únicamente *empírico;* un filósofo, un médico, *empírico,* no *experimental.*

experimento m. *Experiencia.* El *experimento* se hace determinando voluntariamente un fenómeno. La *experiencia* es el conocimiento que se adquiere con la práctica. Todo *experimento* es una *experiencia,* pero no viceversa.

experto adj. *Práctico, experimentado, ejercitado, versado, perito, avezado, diestro.* «El *práctico* obra por hábito y por rutina; el *experto* obra por principios y en virtud de reglas. El *práctico* no adquiere más que facilidad; el *experto* tiene además estudios y doctrinas» (M). En la misma línea de *práctico* se hallan *ejercitado, avezado* y *diestro.* En la de *experto* se hallan *perito* y *versado.* Un catavinos es un *práctico* en el reconocimiento de los vinos y sus mezclas. Un enólogo es un *perito, experto* o *versado* en la fabricación, análisis, conservación y mejora de los vinos, con conocimientos científicos que sirven de base a su experiencia.

expiación f. *Castigo, pena, reparación, satisfacción.*

expiar tr. *Purgar, pagar, reparar.*

expirar intr. **Morir, fallecer.* ‖ *Terminar, acabar, concluir, finalizar.*

explanar tr. *Allanar, aplanar, igualar, nivelar.* ‖ *Declarar, *explicar, exponer, desarrollar.*

explayar tr. *Ensanchar, dilatar, extender.* ‖ prnl. *Esparcirse, recrearse, divertirse, solazarse.* ‖ *Confiarse, franquearse, espontanearse, desahogarse, expansionarse.*

expletivo -va adj. GRAM. *Enfático, *completivo.*

explicación f. *Aclaración, exposi-*

ción, declaración. ‖ Justificación, exculpación, satisfacción.

explicar tr.-prnl. Declarar, expresar. ‖ Aclarar, exponer, interpretar. Explanar y desarrollar sugieren una explicación extensa : se explana o desarrolla una teoría, un sistema. ‖ Enseñar, profesar. ‖ Exculpar, justificar, satisfacer. ‖ prnl. Comprender, darse cuenta, entender.

explícito -ta adj. Expreso, claro, manifiesto, determinado.

explorar tr. Reconocer, examinar, investigar, sondar, sondear.

explotar intr. Estallar, reventar. ‖ tr. Aprovechar, utilizar.

expoliar tr. Despojar, robar, quitar.

expolición f. RET. Conmoración.

exponer tr. *Manifestar, declarar, explicar, interpretar. ‖ Exhibir, mostrar. ‖ Arriesgar, aventurar.

exposición f. Explicación, interpretación. ‖ Exhibición, presentación, muestra. ‖ *Riesgo, peligro.

expósito -ta adj.-s. Echadillo, echadizo, inclusero, enechado; en algunas partes, peño.

expremijo m. Entremiso.

expresamente adv. m. Claramente, manifiestamente, explícitamente. ‖ Adrede, de intento, de propósito, aposta, exprofeso.

expresar tr. Manifestar, significar, decir. ‖ Interpretar, simbolizar.

expresivo -va adj. Significativo, elocuente. ‖ Afectuoso, cariñoso.

expreso -sa adj. Claro, especificado, explícito.

exprimidera f., **exprimidero** m. Estrujadera.

expuesto -ta adj. Arriesgado, aventurado, peligroso.

expugnar tr. Tomar, conquistar, apoderarse.

expulsar tr. Arrojar, echar (personas o animales). Expeler (cosas).

expurgar tr. Limpiar, purificar, depurar.

exquisito -ta adj. Sabroso, delicioso; excelente, primoroso, delicado.

éxtasis m. Rapto, transporte. Frente a ellos éxtasis y arrobo sugieren un estado más bien pasivo. ‖ Fuera de lo religioso, los sentimientos que producen éxtasis son placenteros, en tanto que el rapto y el transporte son de gran tensión activa, agradables o desagradables : abnegación, valor, ira, celos, amor, odio, etc. A ambos equivalen arrebatamiento y arrebato.

extemporáneo -nea adj. *Intempestivo, inoportuno, inconveniente.

extender tr.-prnl. Desplegar, desdoblar, desenvolver, tender. ‖ Amplificar, ampliar. ‖ Difundir, esparcir, divulgar, propagar. ‖ Alcanzar, llegar.

extenso -sa adj. Vasto, espacioso, dilatado. En sentido fig., lato, prolongado.

extenuar tr.-prnl. Enflaquecer, debilitar, agotar.

exterior adj. *Externo, extrínseco. ‖ m. Superficie, periferia, exterioridad. ‖ m. Traza, porte, apariencia, aspecto, fam. o burl., facha, pinta.

exterminar tr. Aniquilar, extinguir, destruir. ‖ Asolar, devastar, desolar.

externo -na adj. Exterior, extrínseco. «Lo exterior es lo que está fuera del cuerpo o en su superficie; lo externo es lo que está fuera y separado del cuerpo. Los objetos de los sentidos son exteriores o externos; pero los órganos de los sentidos no son externos, sino exteriores. No decimos el aspecto externo, sino el aspecto exterior de una cosa. Algunas veces exterior es substantivo, como : ese hombre es de un exterior agradable. Extrínseco, en el lenguaje científico, es sinónimo de exterior» (M).

extinguir tr. Apagar un incendio, la luz; aniquilar, destruir, tratándose de seres vivos, epidemias, gérmenes, etc. ‖ prnl. Cesar, acabar; morir, expirar.

extintor m. Matafuego.

extirpar tr. Arrancar, desarraigar, destruir.

extracción f. Origen, linaje, estirpe, nacimiento, clase. Extracción se acompaña ordinariamente de adjetivos que denotan desestimación en mayor o menor grado. No se dice : de ilustre o esclarecida extracción. Se dice en cambio : de extracción baja, plebeya, humilde, modesta, etc.

extractar tr. Resumir, abreviar, compendiar.

extracto m. Resumen, compendio. ‖ Substancia, esencia.

extraer tr. Sacar, separar.

extralimitación f. *Exceso, arbitrariedad, desafuero, tropelía, atropello, alcaldada.

extralimitarse prnl. Excederse, propasarse, pasar de la raya.

extramuros adv. l. Fuera de puertas.

extranjerismo m. Barbarismo.

extranjero -ra adj. Extraño, exótico. Extranjero y extraño se aplican a personas y a cosas; exótico sólo a cosas; p. ej. : mercancías, costumbres, lenguas, exóticas o extranjeras. Cuando ambos son equivalentes, exótico se prefiere cuando alude a países muy remotos. Un producto que procede de Polinesia, una costumbre de la India, se calificarán de exóticos más a menudo que si vienen de

Italia o de Francia. ‖ m. f. *Meteco y bárbaro conservan el sentido desp. que tenían en Grecia.*

extrañamiento m. **Destierro, ostracismo, proscripción, exilio, deportación.*

extrañar tr. *Desterrar, deportar.* ‖ prnl. *Sorprenderse, admirarse, chocar.*

extrañeza f. *Rareza, singularidad.* ‖ *Sorpresa, admiración.*

extraño -ña adj. **Extranjero, exótico.* ‖ *Ajeno, impropio, inadecuado, inoportuno.* ‖ *Sorprendente, chocante.* ‖ *Extraordinario, *raro, singular, insólito.*

extraordinario -ria adj. *Singular, excepcional, *raro, extraño.* ‖ *Sorprendente, chocante.*

extravagante adj. *Raro, chocante, estrafalario, estrambótico.*

extravenar tr. En su uso prnl., *trasvenarse.*

extraviar tr.-prnl. *Desviar, desorientar, descaminar, perderse.* ‖ prnl.

fig. *Errar, desacertar, equivocarse.* ‖ *Descarriarse, pervertirse.*

extremado -da adj. *Exagerado, excesivo, extremo, extremoso.*

extremarse prnl. *Esmerarse, desvelarse.*

extremaunción f. *Santos Óleos, Unción.*

extremidad f. *Extremo, punta, remate, fin.* ‖ *Miembro.*

extremo -ma adj. *Último.* ‖ *Exagerado, extremado, excesivo, sumo.* ‖ m. *Extremidad, remate, fin, punta.* ‖ *Término, límite.* ‖ m. pl. *Extremosidades, exageraciones, encarecimientos.*

extrínseco -ca adj. **Externo, exterior, inesencial.*

exuberancia f. *Abundancia, plenitud, prodigalidad, profusión, copia.*

exudar intr.-tr. *Rezumar, destilar.*

exutorio m. MED. *Fontículo, fuente.*

exvoto m. *Milagro, presentalla, voto, ofrenda.*

F

fábrica f. *Manufactura.* ‖ *Edificio, construcción.*

fabricar tr. *Manufacturar, elaborar.* ‖ **Construir, edificar, obrar.* ‖ fig. *Inventar, imaginar, forjar.*

fábula f. *Apólogo.* ‖ *Mito.* ‖ *Ficción, invención, falsedad.* ‖ *Rumor, hablilla, habladuría.*

fabuloso -sa adj. *Mítico, mitológico, legendario.* ‖ *Imaginario, fingido, ficticio, inventado, falso.* ‖ *Increíble, excesivo, exagerado, extraordinario, inadmisible.*

facción f. *Parcialidad, bando, bandería,* se diferencian de *facción* en que ésta implica rebelión o sedición, en tanto que *parcialidad, bando y bandería* no connotan necesariamente aquellas ideas. Por esto *facción* se acerca más a *partida* o *guerrilla,* con la diferencia de que las incluye, es decir, el conjunto de *partidas* o de *guerrillas* que se levantan por una misma causa forman la *facción.* Además la *facción* supone guerra civil, y las *partidas* o *guerrillas* pueden actuar contra un enemigo extranjero.

faccioso -sa adj. *Rebelde, sedicioso, sublevado.*

fácil adj. *Sencillo, hacedero, cómodo.* ‖ *Probable.* ‖ *Dócil, tratable, manejable.* ‖ Tratándose de una mujer, *frágil, liviana, ligera.*

facilitar tr. *Favorecer, posibilitar.* ‖ **Proporcionar, proveer, suministrar.*

facineroso -sa adj.-s. *Delincuente, malhechor, criminal, bandido, forajido, malvado.*

facsímile m. *Reproducción, imitación.*

factible adj. *Hacedero, realizable. Factible* es lo que se puede hacer, lo que es **posible* hacer. *Hacedero* tiene el mismo significado, pero además denota que se puede hacer con facilidad.

facticio -cia adj. *Artificial, artificioso.*

factura f. *Hechura, ejecución.* ‖ *Cuenta.*

facultad f. *Potencia, capacidad, aptitud.* ‖ *Poder, potestad, derecho, *atribuciones.* ‖ *Licencia, permiso, autorización, consentimiento.*

facultar tr. *Autorizar, dar poder o atribuciones.* ‖ *Permitir, consentir, acceder.*

facultativo -va adj. *Potestativo.*

facundia f. **Verbosidad, labia, locuacidad, verba.*

facha f. *Traza, figura, aspecto, apariencia, pinta* (vulg.). ‖ *Mamarracho, adefesio.*

fachada f. *Frontis, frontispicio.* La *fachada* es la parte exterior de un edificio, y a menudo se entiende por la principal, aunque puede tener cuatro, si el edificio está aislado (*fachada* del norte, de poniente, etc.). *Frontis y frontispicio* es la *fachada* principal.

fachenda f. *Vanidad, presunción, ostentación, jactancia, farol.* ‖ m. *Fachendoso, vanidoso, presumido, jactancioso.*

fachendoso -sa adj. *Fachenda, vanidoso, presumido, jactancioso, fachendista, fachendón.*

faena f. *Trabajo, quehacer, labor, tarea.*

fajar(se) tr.-prnl. Amér. *Acometer, embestir, golpear, pegar.*

fajo m. *Haz, atado, atadijo.*

falacia f. *Engaño, mentira, ficción, falsedad, fraude.*

falaz adj. **Engañoso, mentiroso, fingido, ficticio.* ‖ *Artero, embustero, engañador, embaucador.*

falcinelo m. *Morito.*

falda f. *Saya, sayas, halda* (ant.). ‖ *Regazo.*

faldulario m. *Andulario, fandulario.*

falsabraga f. FORT. *Contramuralla, contramuro.*

falsear tr. *Contrahacer, corromper, adulterar, falsificar, desnaturalizar.* ‖ intr. *Flaquear, flojear, debilitarse, ceder.*

falsedad f. **Mentira, engaño, impostura, disimulo.*

falsía f. *Falsedad, deslealtad, infidelidad, doblez.*

falsificar tr. *Falsear, contrahacer.*

Adulterar, mistificar, esp. tratándose de alimentos o productos químicos. *Sofisticar,* esp. tratando de conceptos, razones, argumentos, palabras.

falso -sa adj. *Engañoso, mentiroso, ficticio, fingido, sofístico, falaz, erróneo, equivocado.* ‖ *Falsificado, adulterado, mistificado, contrahecho, espurio, apócrifo, subrepticio.* ‖ *Traidor, felón, desleal, perjuro, infiel, alevoso.* ‖ *Endeble, inestable, flojo.*

falta f. *Defecto, imperfección, tacha, deficiencia.* ‖ *Privación, ausencia, carencia, escasez.* ‖ *Culpa, descuido, pecado.* ‖ *Error, equivocación, yerro, desacierto.*

faltar intr. *Hacer falta.* «Lo que *falta* se necesita para completar un todo; lo que *hace falta* se necesita para satisfacer un deseo o una necesidad. Cuando digo "me *falta* dinero", doy a entender que no tengo todo el que tenía. Cuando digo "me *hace falta* dinero", quiero decir que no tengo todo el que deseo o necesito» (M). ‖ *Quedar, restar:* en todo lo que *falta, queda* o resta del año. ‖ *Consumirse, acabarse:* el aliento, el pan. ‖ Por eufemismo, *fallecer, morir.* ‖ *Ofender, injuriar.*

falto -ta adj. *Carente, necesitado, defectuoso, escaso, desprovisto.*

faltriquera f. *Faldriquera,* lo mismo que *faltriquera,* designaban pralte. el bolsillo que llevaban las mujeres en las sayas o una bolsa que se ataban debajo de ellas o del delantal. Hoy va quedando en desuso fuera de las aldeas. Su aplicación p. ext. a cualquier bolsillo es ahora poco usada.

falla f. *Defecto, imperfección, falta, tacha.*

1) **fallar** tr. *Decidir, determinar, sentenciar, resolver.*

2) **fallar** intr. *Frustrarse, marrar, faltar, fracasar.*

fallecer intr. *Morir, fenecer, expirar, finar.*

fallecimiento m. *Muerte, defunción, óbito.*

fallido -da adj. *Frustrado, fracasado.* ‖ Hablando de un comerciante, banquero, etc., *quebrado.* Hablando de una cantidad, crédito o partida, *incobrable.*

fallo m. Si es de un juez o un tribunal de justicia, *sentencia.* Si es de persona competente para resolver un asunto disputado, *resolución, decisión.* El *fallo* de los árbitros o amigables componedores, *laudo.*

fama f. *Nombre, nombradía, renombre, notoriedad, reputación, celebridad, gloria.* La *fama* equivale a veces a la *opinión* pública sobre una persona, que puede ser favorable o adversa: se puede tener *fama* de sabio o de ignorante, de honrado o de tramposo. En los demás sinónimos la opinión es favorable, salvo que el contexto dé a entender que se toman a mala parte.

famélico -ca adj. *Hambriento.* Tratándose de un famélico o hambriento habitual, *hambrón.*

familia f. *Parentela.* ‖ *Linaje, estirpe, raza, casta.* ‖ *Prole, hijos, descendencia.*

familiaridad f. *Llaneza, franqueza, confianza.* La *familiaridad* es en el trato algo más que lo expresado por los demás sustantivos. Donde están indicadas la *franqueza,* la *llaneza* y la *confianza,* puede ser inconveniente y aun grosera la *familiaridad.*

familiarizar tr.-prnl. *Adaptar, acostumbrar, avezar, habituar.*

famoso -sa adj. *Renombrado, célebre, insigne, señalado, sonado.* El *famoso* puede serlo en lo bueno o en lo malo.

fámulo m. *Criado, doméstico, sirviente. Fámulo* se usa principalmente en los conventos u otros medios eclesiásticos.

fanal m. *Farola.*

fanático -ca adj. *Apasionado, exaltado, intolerante, intransigente.*

fanatismo m. *Apasionamiento, exaltación, intolerancia, intransigencia.* El *fanatismo* añade a estas ideas la cualidad de desmedido y ciego.

fanerógamo -ma adj. *Espermatofita, sifonógamo.*

fanfarria f. *Baladronada, bravata, jactancia, fanfarronada.* La *baladronada,* la *bravata* y la *fanfarronada* son propias del que quiere hacerse pasar por valiente. La *fanfarria* y la *jactancia* están más cerca de la vanidad y de la ostentación en general. Es *fanfarria* presumir de rico, de guapo.

fanfarrón -na adj.-s. fam. *Matasiete, perdonavidas, valentón, bravucón.*

fanfarronada f. *Jactancia, presunción, petulancia, vanagloria, fanfarria.*

fangal m. *Barrizal, lodazal, cenagal.*

fango m. *Barro, lodo.*

fantasía f. *Imaginación.* ‖ *Capricho, antojo.* «Fantasía, considerada como acto, y no como facultad del espíritu, es una combinación de ideas que no tiene su tipo en la naturaleza; una ficción compuesta de elementos creados por la imaginación y que carecen de fundamento en la realidad. *Capricho* es un concepto, idea o acto de la voluntad que se forma fuera de las reglas comunes y del giro ordinario de las acciones humanas. *Antojo* es un deseo vehemente que no nace de las necesidades de la vida, sino de un apetito desordenado o de un ánimo voluntarioso. La *fantasía* no es incompatible con el genio; el *capricho* no es incompatible con el buen gusto; el *antojo* es incompatible con la sana razón y con la prudencia» (M). ‖ *Presunción, entono, ostentación.*

fantasioso -sa adj. *Vano, presuntuoso, presumido, ostentoso, entonado, vanidoso.* ‖ *Caprichoso, antojadizo.*

fantasma m. *Aparición, espectro, sombra, visión, quimera.*

fantástico -ca adj. *Quimérico, imaginario, fantasmagórico, fantasmal.* ‖ *Caprichoso, extravagante, fingido, ficticio.* ‖ *Presuntuoso, entonado.*

fantoche m. *Títere.* ‖ *Fardón, figurón, fantasmón.*

faquí m. *Alfaquí.*

faquín m. *Ganapán, cargador, mozo de cuerda.*

faralá m. *Falbalá, farfalá.*

farfalloso -sa adj. *Tartamudo, tartajoso.*

farfantón m. adj. *Fanfarrón, valentón, pendenciero, matasiete, bravucón.*

fárfara f. *Tusílago, uña de caballo.*

farfolla f. fig. *Faramalla.*

farfullar tr. *Barbotar, barbotear, *mascullar, barbullar.*

farináceo -a adj. *Harinoso,* semejante a la harina por su consistencia, color, etc. *Farináceo* puede de tener el mismo sentido en el habla culta o técnica (aspecto *farináceo*); o bien calificar lo referente a la harina: industria *farinácea* o *harinera* (no *harinosa*).

farmacéutico -ca adj. *Oficinal, medicamentoso.* ‖ m. f. *Boticario,* nombre popular; *farmacopola,* poco usado.

farmacia f. *Botica.*

farmacopea f. *Recetario.*

farolear intr. *Fachendear, presumir, darse tono, jactarse.*

farolero -ra adj.-s. *Ostentoso, fachendoso.* ‖ *Farolón* aumenta el sentido desp. *Papelero* y *papelón* aluden a pralte. al rango social que ostenta.

farolillo m. *Besico de monja, campánula.*

farolón -na adj.-s. *Fantoche, figurón.*

farra f. Amér. Merid. *Juerga, jarana, parranda.*

farragoso -sa adj. *Desordenado, confuso, mezclado, enmarañado.*

farsa f. fig. *Enredo, tramoya, *mentira, patraña, ficción, fingimiento, hipocresía.*

fascículo m. *Entrega, cuaderno.*

fascinación f. *Aojamiento, embrujo, hechizo.* ‖ *Alucinación, deslumbramiento, seducción, engaño.*

fascinar tr. *Aojar, hechizar, embrujar, encantar.* ‖ *Alucinar, engañar, deslumbrar, seducir.*

fase f. fig. *Aspecto, período, estado.*

fastidiar tr.-prnl. *Hastiar, enfadar, disgustar, cansar, *aburrir.* ‖ *Molestar, *enojar.*

fastidioso -sa adj. *Hastioso, tedioso, latoso, aburrido, pesado, cargante, importuno, enfadoso.*

fastos m. pl. *Anales.*

fastuoso -sa adj. *Ostentoso, espléndido, suntuoso, rumboso, lujoso.*

fatal adj. *Inevitable, inexorable, predestinado.* ‖ *Desgraciado, adverso, funesto, nefasto, aciago, malhadado.*

fatalidad f. *Hado, destino.* ‖ *Desgracia, adversidad, infelicidad, infortunio.*

fatídico -ca adj. *Funesto, aciago, nefasto.*

fatiga f. *Agitación, sofocación, ahogo, *cansancio.* ‖ pl. *Náuseas.* ‖ pl. *Penalidades, trabajos, molestias.*

fatigar tr. *Cansar, agotar, extenuar.* ‖ *Vejar, molestar, importunar.*

fatigoso -sa adj. *Fatigado, agitado,* ‖ *Cansado, trabajoso, penoso.*

fatuidad f. *Presunción, hinchazón, vanidad, petulancia.* ‖ *Necedad, tontería.*

fatuo -tua adj. *Vano, presuntuoso, presumido, petulante.* ‖ *Necio, tonto.*

fausto m. *Ostentación, suntuosidad, magnificencia, pompa, boato.*

fausto -ta adj. *Feliz, afortunado, venturoso, dichoso.*

favor m. *Socorro, *auxilio, ayuda.* ‖ *Protección, amparo, patrocinio, privanza, influencia.* ‖ *Beneficio, gracia, merced, servicio.*

favorable adj. *Propicio, benévolo, benigno, acogedor.*

favorecer tr. *Ayudar, auxiliar, socorrer.* ‖ *Secundar, apoyar.* ‖ *Proteger, patrocinar, auspiciar.*

favorito -ta adj. *Preferido, predilecto, privilegiado.* ‖ m. f. *Valido, privado.*

faz f. *Rostro, *cara.* ‖ *Anverso, haz, cara.* ‖ *Superficie.* «Se dice *faz* cuando no se quiere hablar sino de lo que es exterior y visible sin relación a lo que no se presenta. Se dice *superficie* cuando se intenta poner lo que está fuera en oposición con lo que no se presenta. De todos los ani-

males que pueblan la *faz* de la
tierra, sólo el hombre es capaz
de conocer todas las propiedades
de este globo; y entre los hombres, la mayor parte no percibe
más que la *superficie;* sólo sabe
penetrar en lo interior el ojo
perspicaz de un corto número
de filósofos» (Ma). ‖ fig. *Cariz,
aspecto* del tiempo o de los acontecimientos.

fe f. *Dogma, creencia, religión.* ‖
Confianza, crédito. ‖ *Seguridad,
aseveración, afirmación.* ‖ *Fidelidad, rectitud, lealtad, honradez.*

febricitante adj. *Calenturiento.*

febrífugo -ga adj.-m. MED. *Antitérmico, antipirético.*

febril adj. fig. *Ardoroso, desasosegado, agitado.*

fecundar tr. *Fecundizar, fertilizar.*
Fecundar es propio de los seres
vivos; *fecundizar* es hacer producir lo que no producía o producía poco, y si se trata de la
tierra, *fertilizar.*

fecundidad f. «La *fecundidad* es
la facultad de producir mucho;
la *fertilidad* es la abundancia
de la producción. Un terreno
fecundo se *fertiliza* por medio
de la labor y del abono» (M).
Tratándose de la tierra, *fertilidad, feracidad.*

fecundo -da adj. *Prolífico.* ‖ *Productivo, fructuoso, fértil; feraz*
se dice exclusivamente del campo. «Lo que materialmente produce con abundancia es *fecundo.* La *fecundidad* de varias especies o individuos constituyen
fértil el todo que componen.
Una tierra, un campo es *fértil*
cuando en él hay muchas plantas *fecundas.* La provincia en
donde se coge mucho vino o mucho aceite, no es *fecunda,* es
fértil. Las olivas, las vides que
producen materialmente aquellos frutos, son *fecundas.* Por la
misma razón, entre los animales no se llaman *fértiles* las hem-
bras, sino *fecundas»* (LH). En
sentido fig., decir que un ingenio es *fecundo* sugiere que está
dotado de facultades creadoras;
fértil alude más bien a la variedad de conocimientos o recursos. La enseñanza de un profesor es *fecunda,* no *fértil,* si suscita iniciativas, ideas, entre los
discípulos.

fecha f. *Data,* hoy poco usado.

fechar tr. *Datar,* menos us. que *fechar; calendar,* muy p. us. si no
se trata de documentos o crono-
logía antiguos.

federación f. *Confederación.*

federativo -va adj. *Confederativo.*

felicidad f. *Dicha, ventura, ventu-
ranza, contento, satisfacción, bie-*

nestar. ‖ Cuando significa un
suceso feliz, *suerte, fortuna.*

felicitación f. *Enhorabuena, parabién, pláceme, congratulación.*

feliz adj. *Dichoso, venturoso, afortunado, fausto,* se aplican a personas o cosas. *Contento y satisfecho,* sólo a personas. ‖ *Oportuno, acertado, atinado, eficaz.*

felonía f. *Deslealtad, traición, infidelidad, infamia, perfidia, alevosía.*

felpa f. fig. *Paliza, zurra, tunda,
solfa, tollina.* ‖ *Regañina, rapapolvo, reprimenda.*

femenino -na adj. *Femenil y femi-
neo* (p. us.) son voces escogidas
que se aplican pralte. a cualidades estimables: gracia, ternura
femenil o *feminea.* Mujeril sugiere a menudo defectos o debi-
lidades de la mujer: habladu-
rías *mujeriles,* miedo *mujeril;*
por esto tiene a veces matiz despectivo: comp. adornos *mujeriles, femeninos* o *femeniles. Afeminado* se dice de la persona
que parece mujer, o de las cosas, actos, etc., que parecen de
mujer sin serlo: hombre *afeminado,* modales *afeminados.*

fementido -da adj. *Infiel, desleal,
pérfido.* ‖ *Engañoso, falso.*

fenecer intr. **Morir, fallecer.* ‖
Acabarse, terminarse, concluirse.

fenicio -cia adj.-s. [pers.] *Sidonio,
fénice.*

fénico adj. *Ácido ~. Ácido carbó-
lico, fenol.*

fenol m. *Carbol.*

fenomenal adj. *Fenoménico.* ‖ *Tremendo, desmesurado, descomu-
nal, extraordinario.* Se usa con
carácter intensivo general (comp.
*Brutal).

fenómeno m. En FIL. y en las ciencias conserva la acepción etimológica de *apariencia, manifestación.* ‖ *Monstruo.* ‖ fig. *Portento,
prodigio.*

feo -a adj. Los dim. *feúco, feúcho,*
pueden tener carácter atenuativo,
más o menos cariñoso según los
casos; lo mismo ocurre con el
aumentativo *feote,* que oscila
entre la atenuación y el menosprecio; *mal parecido* y *mal en-
carado* se aplican sólo a personas; *antiestético,* a cosas. ‖ Con
carácter intensivo pueden usarse muchos adj. como *atroz, horrible, monstruoso,* etc. ‖ m.
Desaire, grosería.

feracidad f. *Fertilidad, *fecundidad.*

feraz adj. *Fértil, *fecundo, productivo, fructuoso.*

féretro m. *Ataúd, caja mortuoria.*

fermentar intr. Es tecn. En el habla corriente, *rehervir* o *agriarse*
las conservas; *agriarse* la leche,

el vino y otros líquidos; *leudar, aleudar*, la masa del pan; *hervir, rehervir*, el mosto; *pudrirse*, el estiércol.

ferocidad f. *Fiereza, crueldad, inhumanidad.*

feroz adj. *Fiero, cruel, despiadado, inhumano.*

férreo -a adj. fig. *Duro, tenaz, resistente, inflexible.*

ferrería f. *Forja.*

fértil adj. **Fecundo; feraz* se dice de tierras y cultivos, y tiene menor uso fig. que sus sinónimos. *Ubérrimo*, muy fértil.

fertilidad f. **Fecundidad; feracidad* si se trata del campo; *abundancia.*

fertilizante m. *Abono.*

fertilizar tr. *Fecundizar, abonar, encrasar, engrasar* (los dos últimos p. us.). Según el abono o medio empleado se usan verbos especiales, como *entarquinar, estercolar, nitratar, meteorizar.*

ferviente adj. *Fervoroso, ardiente, férvido, cálido, entusiasta.*

fervor m. *Devoción, piedad.* ‖ *Celo, ardor, entusiasmo.*

festejar tr. *Agasajar, celebrar, obsequiar, *halagar, regalar.* ‖ *Cortejar, galantear.*

festín m. *Banquete, convite.*

festividad f. *Fiesta, solemnidad, conmemoración.*

festivo -va adj. *Chistoso, agudo, ocurrente, divertido.* ‖ *Alegre, regocijado, gozoso, jovial.*

festón m. ARQ. *Colgante.*

fetiche m. *Ídolo.*

fetidez f. *Hediondez, hedor, fetor, peste, pestilencia.*

feto m. *Engendro.*

feudatario -ria m. f. *Tributario, vasallo.*

fiado (al ⁓) m. adv. *A crédito* se usa en la banca y en el comercio al por mayor. *Al fiado*, en las ventas al por menor.

fiador -ra m. f. *Fianza, segurador, garante, garantizador.*

fiambrera f. *Tarta, tartera.*

fianza f. **Garantía, caución.* En DER., *satisfacción.* ‖ *Fiador, garante.* ‖ *Prenda.*

fiar tr. *Asegurar, garantir, garantizar, responder.* ‖ **Confiar.*

fiasco m. *Fracaso, chasco.*

fibra f. Si es de la carne o de la madera, *hebra.* ‖ fig. *Vigor, energía, resistencia, fortaleza.*

fibroso -sa adj. *Hebroso* en las acepciones no técnicas: carne, madera, *hebrosa.*

ficción f. *Fingimiento* se aplica con preferencia a gestos, palabras, actos concretos: sus lágrimas eran puro *fingimiento*; su expr. fam. es *pamema*; si el fingimiento es para darse importancia, *paripé. Ficción* y *simulación* pertenecen a la lengua culta, y pueden referirse a actos no materiales y largo tiempo continuados: el gobierno practicaba una *ficción* (o *simulación*) de democracia; *apariencia* equivale a ambos, con la diferencia de que no implica necesariamente la intención de fingir; aquel gobierno tenía tan sólo *apariencia* de autoridad. ‖ *Fábula, invención.*

ficticio -cia adj. *Fingido, falso, inventado, imaginado, fabuloso.* ‖ *Convencional, supuesto.*

fidedigno -na adj. *Fehaciente.* ‖ *Verídico, veraz, confiable.*

fidelidad f. **Lealtad.* «La *fidelidad* es la observancia de la fe prometida; la *lealtad* es la *fidelidad* que se acredita con hechos notables. En la *lealtad* hay más actividad, más sentimiento, más entusiasmo que en la *fidelidad*. Es *fiel* a sus juramentos el que ejecuta con exactitud lo que ha jurado; es *leal* a una causa el que se sacrifica en su defensa» (M). ‖ *Exactitud, veracidad, puntualidad, constancia.* ‖ *Probidad, escrupulosidad.*

fiebre f. *Calentura* en general. Si es ligera, *destemplanza.* Si es alta y dura poco, *calenturón, causón.* ‖ fig. *Excitación, actividad.*

fiel adj. *Leal, firme, constante.* ‖ *Exacto, verdadero, verídico, puntual.* ‖ *Probo, escrupuloso.* ‖ adj.-s. *Religioso, creyente.* ‖ m. *Lengüeta.*

fiereza f. *Ferocidad, crueldad.*

fiero -ra adj. *Cruel, sanguinario, brutal, feroz.* ‖ fig. *Duro, intratable.* ‖ *Salvaje, agreste, montaraz, cerril, bravío.* ‖ *Horroroso, horrendo, terrible.*

fiesta f. *Festividad, conmemoración.* ‖ *Alegría, regocijo, diversión. Festejos* es el conjunto de celebraciones, diversiones, etc., con que se conmemora una fecha determinada. ‖ *Chanza, broma.* ‖ *Agasajo, halago, caricia.* En estilo fam. *Carantoña, cucamona, garatusa, arrumaco* y *zorrocloco* suponen cierto melindre y afán de lisonjear. *Zalema* sugiere pralte. cortesía fingida para conseguir algún fin; *lagotería* y *zanguanga* envuelven la idea de adulación servil. ‖ f. pl. *Vacaciones.*

figón m. *Bodegón, fonducho, tasca.*

figura f. **Forma, configuración.* ‖ *Aspecto, apariencia.* ‖ *Rostro, cara.* ‖ *Efigie, imagen.* ‖ *Personaje.*

figurar tr. *Representar, delinear.* ‖ *Aparentar, fingir, simular.* ‖ intr.-prnl. *Imaginarse, fantasear, suponer, creer.*

fijar tr. *Clavar, hincar, asegurar, consolidar.* ‖ *Pegar, encolar.* ‖ *De-*

terminar, precisar. ‖ prnl. *Atender, reparar, darse cuenta.*

fijeza f. *Firmeza, seguridad.* ‖ *Persistencia, continuidad.*

fijo -ja adj. *Firme, asegurado, seguro.* ‖ *Permanente, estable, inalterable, invariable, inmóvil.*

fila f. *Hilera;* si la forman personas que esperan vez, *cola;* la formada por cosas puestas en orden una tras otra, *ringla, ringle, ringlera.*

filete m. *Cimbria, cinta, listel, listón, tenia* (ARQ.). ‖ *Bistec, solomillo.*

filfa f. *Mentira, embuste, patraña, engaño, engañifa.*

filibustero m. *Bucanero.*

filípica f. *Invectiva, reprensión, reprimenda; peluca y felpa* en estilo familiar.

filo m. *Corte, tajo.*

filón m. *Hebra, vena, veta.*

filtrar tr. *Destilar, pasar, colar.*

filtro m. *Bebedizo.*

fin amb. **Término, remate, acabamiento, conclusión, final.* ‖ m. *Intención, intento, propósito, designio, mira,* hacen pensar pralte. en los motivos o en la actitud subjetiva del que hace la acción. *Meta, *objeto, objetivo, finalidad,* sugieren más bien el término real a que tiende. ‖ A fin de que, **para que, a que,* con objeto de.

final m. *Acabamiento, conclusión, remate, consumación, término.*

finalidad f. *Fin, objeto, motivo, objetivo.*

finalizar tr. *Acabar, concluir, *terminar, rematar.* ‖ intr. *Extinguirse, acabarse.*

finar intr. *Fallecer, *morir, expirar.*

finchado -da adj. *Vano, engreído, vanidoso, presuntuoso, hinchado.*

fineza f. *Atención, cortesía.* ‖ *Obsequio, *regalo, presente.*

fingimiento m. *Simulación, *ficción, engaño, hipocresía, doblez.*

fingir tr. *Simular, aparentar, hacer creer.*

finiquitar tr. *Saldar, cancelar.* ‖ *Acabar, concluir, terminar.*

finlandés -sa adj.-s. [pers.] *Finés.*

fino -na adj. *Delicado, primoroso.* ‖ *Delgado, sutil.* ‖ *Cortés, cumplido, atento, amable, urbano.* ‖ *Astuto, sagaz.*

finura f. *Delicadeza, amabilidad, urbanidad, cortesía.* «La *finura* está en los modales y en la parte exterior; la *delicadeza* en los sentimientos y en la conducta. Sirve la *finura* para agradar en el trato; para realzar el precio de un obsequio; para disfrazar la lisonja. Sirve la *delicadeza* para suavizar una verdad amarga; para combatir un error sin agraviar al que lo sostiene; para negarse a prestar un servicio sin enojar al que lo exige. En la *delicadeza* se reflejan más las prendas del alma que en la *finura.* Los hombres *finos* gustan en el trato; los hombres *delicados* son más útiles y seguros en los negocios» (M).

firmamento m. *Cielo, bóveda celeste.*

firmante adj.-s. *Signatario, infrascrito.*

firmar tr. *Signar* encierra cierta solemnidad, y sólo se aplica tratándose de documentos de gran importancia pública o internacional. *Suscribir* se usa en lenguaje administrativo (el que *suscribe*); fuera de él es voz selecta.

firme adj. *Estable, sólido, seguro, fijo.* ‖ fig. *Constante, invariable, entero.* ‖ m. *Afirmado:* el *firme* o *afirmado* de una carretera.

firmeza f. *Estabilidad, seguridad, fortaleza, solidez.* ‖ fig. *Entereza, constancia, tesón.*

fisco m. *Erario, Tesoro público.*

fisgar tr. *Husmear, curiosear, atisbar, huronear, fisgonear.*

fisgón -na adj. *Husmeador, curioso, fisgoneador, entrometido.*

fisión f. FÍS. *Escisión.*

fisonomía f. *Fisionomía* es voz culta o técnica; **cara, rostro.* ‖ *Aspecto, cariz.*

fisura f. *Hendidura, grieta, raja.*

fitología f. *Botánica.*

fitopatología f. *Patología vegetal.*

flabeliforme adj. *Flabelado.*

fláccido -da adj. *Lacio, flojo, blando.*

flaco -ca adj. **Delgado, seco, enjuto.* ‖ *Flojo, endeble, débil.*

flagelar tr. *Azotar, fustigar.* ‖ fig. *Vituperar.*

flagrar intr. En QUÍM. y pirotecnia, *deflagrar.*

flamante adj. *Lúcido, brillante, resplandeciente.* ‖ *Nuevo, reciente, fresco.*

flamear intr. *Llamear.* ‖ *Ondear, flotar, ondular, undular.*

flamenco m. (ave) *Picaza marina.*

flaquear intr. *Debilitarse, flojear, decaer.* ‖ fig. *Ceder, cejar, aflojar, desalentarse, desanimarse, desmayar.*

flaqueza f. **Debilidad.*

flauta f. *Tibia* es voz latina que sólo se usa aludiendo a la Antigüedad o en lenguaje poético.

flautín m. *Octavín.*

flecha f. *Saeta.* ‖ *Sagita.*

flechar tr. *Asaetear.* ‖ fig. *Atraer, enamorar.*

flechaste m. MAR. *Nigola.*

flegmasía f. MED. *Flogosis.*

fleje m. *Zuncho, suncho.*

flema f. *Apatía, calma, cachaza, lentitud, pachorra.*

flemático -ca adj. *Apático, lento,*

imperturbable, cachazudo, calmoso.

fleme m. *Ballestilla*.

flemón m. *Párulis* (MED.).

flexible adj. fig. *Dócil, manejable, doblegable, adaptable*.

flirtear intr. *Coquetear, galantear*.

flojedad f. *Debilidad, flaqueza, desaliento, decaimiento*. ‖ *Pereza, negligencia, descuido, indolencia, incuria*.

flojo -ja adj. *Débil, flaco*. ‖ *Perezoso, negligente, indolente, descuidado*.

flor f. fig. *Piropo, requiebro, galantería*.

florear tr. **Escoger, entresacar*.

florecer intr. fig. *Prosperar, progresar, *medrar, desarrollarse*. ‖ prnl. *Enmohecerse*.

florecimiento m. fig. *Prosperidad, desarrollo, progreso, adelanto*.

florero m. *Ramilletero*.

florescencia f. *Floración*.

floresta f. **Bosque, selva*.

florilegio m. *Antología, *crestomatía, trozos escogidos o selectos*.

flota f. Si se trata de barcos de guerra, *escuadra o armada*. En los demás casos tiene denominaciones que la especifican, p. ej.: ~ *pesquera, petrolera*; ~ o *marina mercante*.

flotar intr. **Nadar, sobrenadar*. ‖ *Ondear, flamear, undular, ondular*.

fluctuar intr. *Vacilar, ondear, oscilar*. ‖ fig. **Vacilar, dudar, titubear*.

fluir intr. *Correr, manar, brotar*.

flujo m. Tratándose de la marea, *influjo, montante*. ‖ fig. *Abundancia*.

fluorita f. *Espato flúor, fluorina*.

fobia f. *Repugnancia, aversión, temor*.

foca f. *Becerro marino, carnero marino, lobo marino, vítulo marino*.

fofo -fa adj. *Esponjoso, blando, ahuecado*.

fogoso -sa adj. *Ardiente, ardoroso, *impetuoso, violento, brioso, vehemente*.

fogueado -da adj. *Aguerrido, avezado, acostumbrado, experimentado, ducho*.

foja f. *Falaris, focha, gallareta*.

follón m. *Gresca, tumulto, bronca, desbarajuste*.

fomentar tr. fig. *Excitar, promover, proteger, avivar, aumentar, impulsar*.

fonda f. *Posada, parador y mesón* son alojamientos populares, principalmente de labradores y arrieros; fuera de poblado, *venta*. *Hostería, hostal y hospedería* se sienten como algo más elegantes. *Pensión* sugiere cierta idea de estabilidad, o larga permanencia de los huéspedes, y más aún pupilaje y casa de huéspedes. *Fonda* ocupa categoría intermedia entre los anteriores y el *hotel*, considerado como superior. En la estimación relativa de estas denominaciones hay diferencias de épocas y lugares.

fondeadero m. *Anclaje, surgidero, ancladero*.

fondear tr. *Dar fondo; anclar* cuando se hace por medio de anclas.

fondo m. *Hondo, hondón*. ‖ MAR. *Obra viva*. ‖ *Lecho*. ‖ pl. *Caudal, capital*. ‖ *Índole, condición, carácter*.

fonética f. *Fonología*. Si trata especialmente de dar normas para la pronunciación correcta, *ortología*. En las lenguas clásicas, y a imitación suya en las modernas hasta época reciente, *prosodia*, que hoy tiende a ser sustituida por *fonética o fonología*.

fonolita f. *Perlita*.

fontanar m. *Hontanar, fontanal, manantial*.

forajido -da adj.-s. *Facineroso, bandido, salteador*.

forcejear intr. *Resistir, luchar, bregar, forcejar, esforzarse*.

forja f. *Fragua, ferrería*.

forjar tr. *Fraguar*. ‖ fig. *Inventar, fingir, imaginar, proyectar*.

forma f. *Figura, configuración, conformación*. «*Forma y figura* significan el aspecto exterior de las cosas, considerado en su unidad y sin relación con las partes que lo componen. *Configuración* es ese mismo aspecto, considerado en las relaciones que estas partes tienen entre sí; de modo que las dos primeras voces se aplican a las *formas y figuras* simples, como cuando decimos "en *forma* o en *figura* de pirámide, de embudo, de campana"; y "*configuración* del esqueleto, del paisaje, del edificio". Sin embargo, no es perfecta la sinonimia entre *forma* y *figura;* porque, cuando usamos esta segunda voz, incluimos en ella la idea de las propiedades, y así no decimos que el triángulo es una *forma*, sino una *figura*. Se mide un arco del meridiano para determinar, no la *forma*, sino la *figura* de la tierra» (M). La *conformación* es la disposición interior en que se hallan las partes de un todo, y puede equivaler a *estructura*. ‖ Tratándose de libros, *formato*. ‖ *Molde*. ‖ *Modo, manera*. ‖ f. pl. *Modales, conveniencias*.

formal adj. *Expreso, explícito, preciso, determinado*, tratándose de actos, documentos, etc. ‖ *Serio, juicioso, veraz, puntual, exacto,* se aplican pralte. al carácter o a la conducta de una persona.

formalidad f. *Requisito.* ‖ *Seriedad, compostura.* ‖ *Exactitud, puntualidad, juicio, veracidad.*

formalizar tr. *Concretar, precisar.* ‖ prnl. *Incomodarse, ponerse serio, enfadarse.*

formar tr. *Moldear, fabricar, hacer.* ‖ *Constituir, componer.* ‖ *Instituir, establecer, organizar.* ‖ *Educar, instruir, adiestrar, criar.* ‖ prnl. *Desarrollarse, crecer.*

formidable adj. *Espantoso, *temible, tremendo, imponente.* ‖ *Enorme, colosal, gigantesco.* ‖ Para su empleo con carácter intensivo general, v. **Brutal.*

fórmula f. *Forma, pauta, norma, regla, modelo.* ‖ *Receta, prescripción.* ‖ *Apariencia, etiqueta;* p. ej.: asistir por *fórmula* o por pura *fórmula.*

fornido -da adj. *Robusto, membrudo, corpulento, recio.*

forraje m. *Pasto, herrén.*

fortalecer tr. *Vigorizar, robustecer, tonificar.* ‖ *Reforzar, fortificar, consolidar.* ‖ *Confortar, animar, reconfortar.*

fortaleza f. *Solidez, robustez, resistencia, vigor, firmeza.* ‖ *Fuerte, fortificación, castillo.*

fortificar tr. **Fortalecer.*

fortuito -ta adj. *Inopinado, casual, impensado* (v. **Casualidad*).

fortuna f. *Azar, *casualidad, acaso, suerte.* ‖ *Destino, sino, estrella.* ‖ *Ventura, dicha.* La *fortuna* es la suerte favorable, en tanto que la *ventura* y la *dicha* son el estado que la *fortuna*, u otras causas, crean o producen. ‖ *Hacienda, bienes, capital.* ‖ *Borrasca, tormenta, tempestad.*

forúnculo m. *Divieso.*

forzar tr. *Obligar, constreñir, compeler, *violentar.* ‖ *Violar.*

forzoso -sa adj. *Obligatorio, *necesario, preciso, inexcusable, imprescindible.*

forzudo -da adj. *Robusto, hercúleo, vigoroso.*

fosa f. *Sepultura, enterramiento, huesa, hoyo, hoya.*

fosca f. *Calina, calima, caligine, *niebla.*

fosforero -ra m. f. *Cerillero -ra.*

fósforo m. *Cerilla; mixto* es anticuado.

fosilizarse prnl. *Petrificarse.*

foso m. *Zanja.* ‖ En los castillos y fortificaciones, *cava.*

fotografía f. *Retrato.*

fotógrafo m. *Retratista,* vulg.

fracasar intr. *Frustrarse, malograrse.*

fracaso m. *Malogro, frustración, fiasco.*

fracción f. *División, fraccionamiento.* ‖ **Parte, fragmento, trozo,*

porción, **pedazo.* ‖ *Número quebrado.*

fraccionario -ria adj. Tratándose de un número, *quebrado.*

fraccionar tr. *Dividir, partir; fragmentar y romper* si se trata de cosas materiales.

fractura f. *Rotura.*

fracturar tr. **Romper, quebrantar.*

fragancia f. *Aroma, perfume.*

fragante adj. *Aromático, oloroso, perfumado.*

frágil adj. *Quebradizo.* ‖ *Endeble, débil.* ‖ fig. *Caduco, perecedero.*

fragmento m. *Pedazo, *parte, fracción, trozo.*

fragor m. *Ruido, estruendo, estrépito.* El *fragor* no es un *ruido* cualquiera, sino precisamente un *ruido* prolongado y resonante.

fragoroso -sa adj. *Ruidoso, resonante, estruendoso, estrepitoso.*

fragoso -sa adj. *Abrupto, escabroso, áspero, intrincado, quebrado, accidentado.*

fragua f. *Forja.*

fraguar tr. *Forjar.* ‖ fig. *Idear, imaginar, proyectar.* Tratándose de una intriga, conspiración, delito, etc., *urdir, tramar, maquinar.* ‖ intr. ALBAÑ. *Cuajar, trabar, endurecerse.*

fraile m. Como tratamiento antepuesto al nombre, ús. la forma apocopada *fray:* Fray Luis de León. En el habla corriente, *fraile* no se circunscribe a determinadas órdenes, sino que es sinónimo de **religioso, monje.*

frambuesa f. *Sangüesa.*

frambueso m. *Churdón, chordón,* que se aplican también a la frambuesa; *fraga,* tecn.; *sangüeso.*

francachela f. *Cuchipanda,* fam. o desp., *comilona, gaudeamus.*

francalete m. *Zambarco.*

francés -sa adj.-s. [pers.] Refiriéndose a la Francia romana o en estilo lit., *galo.* Refiriéndose a la Francia de la alta Edad Media, *franco.* Desp.: *franchute, gabacho.*

francesilla f. (planta). *Marimoña.*

francmasonería f. *Masonería.*

franco -ca adj. *Liberal, dadivoso, generoso.* ‖ *Sencillo, *sincero, ingenuo, llano, natural.* ‖ *Desembarazado, despejado, libre.* ‖ *Exento, exceptuado, gratuito, dispensado.*

frangollar tr. **Chapucear, chafallar.*

franja f. *Faja, lista, tira, banda.*

franqueza f. *Exención, franquicia.* ‖ *Liberalidad, generosidad.* ‖ **Ingenuidad, sinceridad, llaneza, lisura, naturalidad, sencillez.*

franquicia f. *Exención, gratuidad, privilegio.*

fraternal adj. *Fraterno.* Para sus

diferencias, v. *Maternal* y *materno; *paternal* y *paterno*.

fraternidad f. *Hermandad*.

fraternizar intr. *Confraternizar*. ‖ fig. *Alternar, tratarse*.

fraude m. *Estafa, engaño, *mentira, falsificación*.

fraudulento -ta adj. *Mentiroso, engañoso, falaz; falsificado, contrahecho*.

frecuentativo -va adj.-s. GRAM. *Reiterativo*.

frecuente adj. *Repetido, *asiduo, acostumbrado, reiterado*. ‖ *Usual, común, ordinario, corriente*.

frecuentemente adv. m. *A menudo, con frecuencia*.

fregado m. fig. *Enredo, lío, embrollo*. ‖ *Pelea, riña, batalla*.

fregar tr. *Frotar, restregar*. ‖ fig. Amér. *Fastidiar, molestar*.

freile m. Como tratamiento antepuesto al nombre propio, *frey*.

frenar tr. *Refrenar, reprimir, sofrenar*, se aplican al caballo o en sentido fig., lo mismo que *frenar*. Tratándose de máquinas, *frenar*, pero no los demás sinónimos. ‖ fig. *Moderar, sujetar*.

frenesí m. *Locura, furia, enajenación, delirio*. ‖ fig. *Exaltación, excitación*.

frenético -ca adj. *Loco, enajenado, delirante*. ‖ fig. *Furioso, rabioso, exaltado*.

frenópata m. *Alienista, psiquiatra*.

frente amb. *Fachada, frontis, frontispicio*.

fresco -ca adj. *Reciente, nuevo*. ‖ fig. *Rollizo, lozano, sano*. ‖ *Sereno, impasible*. ‖ *Desvergonzado, frescales, desahogado, desenfadado*.

fresquedal m. *Verdinal*.

frialdad f. *Frío. Frigidez* es término culto o literario. ‖ *Indiferencia, desafecto, desapego, despego*.

fricación f. Úsase como tecn. en GRAM.: *fricación* de una consonante. Tratándose de restregar cosas materiales, *fregamiento, fricción, rozamiento*.

frígido -da adj. lit. técn. *Frío*.

frigorífico m. *Nevera*.

frío -a adj. fig. *Indiferente, desafecto, desapegado, despegado*. ‖ *Tranquilo, impasible, imperturbable, impávido*.

friolera f. *Fruslería, bagatela, nadería, futesa*.

friso m. *Rodapié, zócalo*.

frívolo -la adj. *Ligero, veleidoso, inconstante, inconsecuente, insustancial*. ‖ *Fútil, vano*.

frondosidad f. *Espesura, lozanía*.

frontera f. *Raya, confín, límite*.

fronterizo -za adj. *Rayano, confinante, limítrofe*. ‖ *Frontero*.

frontispicio m. *Frontis, *fachada, delantera*.

frontón m. ARQ. *Fastigio*.

frontudo -da adj. *Frentón*.

frotación f. *Frotamiento, rozamiento, roce, frote*.

frotar tr. *Estregar; fregar, refregar* y *restregar* son intensivos; *ludir* (lit.); *friccionar* tiene el significado preciso de dar friegas; *rozar* es tocar ligeramente la superficie de un cuerpo, y no tiene necesariamente el carácter reiterativo de los demás: el automóvil pasó *rozando* el árbol (una sola vez).

fructífero -ra adj. *Fructuoso, productivo, provechoso, lucrativo, beneficioso*.

fructificar intr. *Frutar* se aplica sólo a los árboles y plantas, en tanto que *fructificar* tiene además empleos fig. *(producir):* las buenas obras *fructifican* siempre (no *frutan*). *Frutecer* es comenzar a fructificar o a echar fruto las plantas.

frugalidad f. *Templanza, morigeración, sobriedad, mesura, moderación*, se aplican a las costumbres y a todo lo que se hace o se dice. *Abstinencia* y *continencia*, de todo lo material o sensual. *Frugalidad* es *parquedad* en comer y beber; es por consiguiente una especie dentro del género que representan los sustantivos enumerados en primer lugar.

fruición f. *Complacencia, placer, goce*.

frumentario -ria adj. Es voz culta rebuscada. En el habla gral., *triguero, cerealista*.

fruslería f. *Pequeñez, nimiedad, bagatela, futilidad, friolera, futesa, nadería*.

frustrarse prnl. *Malograrse, fracasar*.

frutar intr. *Fructificar*.

fruto m. *Fruta* es únicamente el *fruto* comestible de las plantas. ‖ fig. *Utilidad, provecho, producto, beneficio, ganancia*.

fuego m. *Incendio*. ‖ *Hogar, lumbre*. ‖ fig. *Vivacidad, ardor, pasión, vehemencia*.

fuente f. *Manantial, fontanar, hontanar*. ‖ fig. *Principio, origen, fundamento*.

fuera adv. l. y t. *Afuera*. ‖ *Fuera de, excepto, salvo*. ‖ *Fuera de que*, loc. conj., *además, aparte de que*.

fuero m. *Jurisdicción, poder*. ‖ *Privilegio, exención*. ‖ pl. fig. *Arrogancia, presunción, humos*.

fuerte adj. *Sólido, resistente, duro*. ‖ *Robusto, vigoroso, recio, forzudo*. ‖ *Animoso, varonil, enérgico, firme, esforzado*. ‖ *Versado, perito, sobresaliente*. ‖ m. *Fortaleza, castillo*.

fuerza f. *Energía, *vigor*. La *fuerza* es acción; la *energía* es la fuente de donde la *fuerza* dimana. La *energía* eléctrica o nuclear pueden convertirse en *fuerza* motriz. El *vigor* es la *energía* del hombre, de los animales, de las personificaciones o de la expresión. En sentido fig., pueden emplearse sin *vigor* ni *energía* argumentos que tienen en sí mucha *fuerza*. No decimos estilo *fuerte*, sino *vigoroso* y *enérgico;* y un cuadro no se pinta con *fuerza*, sino con *vigor* o *energía*. ‖ *Fortaleza*. «La *fuerza* es para obrar; la *fortaleza* para resistir. Un hombre necesita mucha *fuerza* para levantar un gran peso. Los cimientos de una casa necesitan mucha *fortaleza* para sostener el peso de su fábrica. Un varón justo, que conoce la *fuerza* de las pasiones, se reviste de una *fortaleza* de ánimo superior a ellas para resistir el ímpetu de sus estímulos» (LH). *Fortaleza* es, pues, sinónimo de *resistencia, solidez*. ‖ fig. *Autoridad, poder, coacción, eficacia*, de una ley, mandato, estado, etc. ‖ fig. *Violencia, ímpetu, impetuosidad*.

fuetazo m. Amér. *Latigazo*.

fuga f. *Huida, evasión*. ‖ Tratándose de un fluido, *escape, salida*.

fugarse prnl. *Escaparse, huir, evadirse*.

fugaz adj. *Huidizo*. ‖ *Efímero, pasajero, transitorio, caduco, breve, fugitivo*.

fugitivo -va adj.-s. *Prófugo* se dice esp. del que huye de la autoridad legítima. ‖ adj. *Fugaz, breve, efímero*.

fulano -na m. f. *No sé cuántos; fulano, mengano, zutano, perengano,* designa una serie de personas indeterminadas e hipotéticas, pero distintas entre sí.

fulgente adj. *Brillante, resplandeciente, fúlgido*.

fulgor m. *Resplandor, brillo, brillantez, centelleo, destello*.

fulgurar intr. *Brillar, resplandecer, centellear. Fulgurar* intensifica el sentido de los demás sinónimos.

fúlica f. *Gallina de río, gallineta, polla de agua, rascón*.

fuliginoso -sa adj. *Holliniento*. ‖ *Denegrido, oscurecido, tiznado*.

fulminar tr. *Lanzar, arrojar*. ‖ fig. *Dictar, imponer*.

fullero -ra adj.-s. *Tahur, tramposo*.

fumaria f. *Palomilla, palomina*.

fumoso -sa adj. *Humoso, humeante*.

funámbulo -la m. f. *Equilibrista*.

función f. *Oficio, ejercicio*. ‖ *Espectáculo, diversión*.

funcionar intr. *Ejecutar*. ‖ Tratándose de máquinas, *andar, marchar, moverse*.

funda f. *Manguita*.

fundación f. *Establecimiento, creación;* tratándose de edificios, ciudades, etc., *erección*.

fundamental adj. *Básico, primordial, principal, esencial*.

fundamento m. **Cimiento, base, apoyo, sostén*. ‖ fig. *Razón, causa, motivo*. ‖ *Origen, principio*. ‖ *Seriedad, formalidad, sensatez, juicio*.

fundar tr. **Erigir, instituir, establecer*. ‖ *Apoyar, estribar, basar, fundamentar*.

fundente adj.-s. QUÍM. Y METAL. *Flujo, flúor*.

fundibulario m. ant. *Hondero*.

fundíbulo m. ant. *Fonébol*.

fundición f. *Fusión*. ‖ *Hierro colado*.

fundir tr. **Liquidar, licuar*. ‖ prnl. *Unirse, juntarse, fusionarse*. ‖ Amér. *Arruinarse, hundirse*.

fúnebre adj. *Funerario, funéreo, funeral*. ‖ fig. *Luctuoso, lúgubre, sombrío, funesto*. ‖ *Tétrico, macabro*.

funesto -ta adj. *Aciago, infortunado, *fatal*. ‖ *Doloroso, triste, desgraciado, desastroso*.

fungoso -sa adj. *Esponjoso, fofo*.

furia f. MIT. Los griegos llamaban a las *Furias* con los nombres de *Erinias* y *Euménides*. ‖ *Furor, *ira, cólera, rabia, saña. «Furor* denota más bien la agitación violenta interior, y *furia* la agitación violenta exterior. El *furor* está dentro de nosotros; la *furia* nos saca fuera de nosotros. Nos posee el *furor*, nos enajena la *furia*. Contenemos el *furor*, nos abandonamos a la *furia*» (Ci). ‖ *Violencia, ímpetu, impetuosidad*.

furibundo -da adj. *Airado, colérico, furioso, rabioso*. ‖ *Violento, impetuoso*.

furioso -sa adj. *Airado, colérico, iracundo, rabioso, furibundo*. ‖ *Loco, frenético*. ‖ *Violento, impetuoso, terrible*.

furtivamente adv. m. *Ocultamente, a escondidas, a hurto, a hurtadillas*.

fusca f. *Pato negro*.

fusiforme adj. Se emplea como tecn. cientif.; en el habla corriente, *ahusado*.

fusil m. Entre soldados, *chopo*. Es frecuente designarlo con el nombre de su sistema o marca, omitiendo la palabra *fusil:* un *máuser*, un *rémington*, etc.

fusión f. *Licuación, liquidación*. ‖ fig. *Unión, mezcla, compenetración*.

fusionar tr. *Fundir, *liquidar, licuar*. ‖ fig. *Unir, juntar, mezclar, compenetrar(se)*.

fuste m. *Caña, escapo*.

fustigar tr. *Azotar, flagelar, hostigar, mosquear.* ‖ fig. *Censurar, vituperar.* La diferencia consiste en que *fustigar* supone mayor acritud y violencia que *censurar* y *vituperar.* Además se *fustiga* a uno en su presencia, o bien en público, por escrito o de palabra; se puede *censurar* o *vituperar* en público o en privado.

fútbol m. *Balompié.*

futesa f. *Friolera, fruslería, bagatela, nadería, nimiedad, futilidad, pequeñez.*

fútil adj. *Pequeño, frívolo, nimio, insustancial.*

futilidad f. **Fruslería.*

futuro -ra adj. *Venidero.* Cuando está sustantivado, *porvenir, mañana.* ‖ m. f. *Novio, prometido.*

G

gabán m. *Abrigo, sobretodo.*
gabarro m. *Haba, nódulo.* ‖ *Pepita, moquillo.*
gabela f. **Tributo, impuesto, contribución.* ‖ DER. *Carga, gravamen.*
gabinete m. *Gobierno, ministerio.*
gachas f. pl. *Puches, papas, poleadas;* las de harina de maíz, *polenta.*
gachón -chona adj. *Gracioso, expresivo, salado, atractivo, donairoso.*
gachupín -ina adj.-s. Méj. Denominación irón. o burl. del *español. Cachupín* es hoy desus.
gafas f. pl. **Anteojos, antiparras, espejuelos.*
gaje m. *Emolumento, gratificación, estipendio, salario* (v. **Sueldo*). ‖ *Prenda, señal.*
gala f. *Vestido, adorno, ornato.* La *gala* supone lujo o suntuosidad. ‖ *Alarde, ostentación.* Así decimos *hacer gala* de valiente, erudito, etc.
galaico -ca adj. *Gallego.*
galaicoportugués adj.-s. *Gallegoportugués.*
galán m. *Airoso, apuesto, garboso, galano, gentil, majo.* ‖ *Pretendiente, novio.*
galano -na adj. *Adornado, elegante, gallardo.*
galante adj. *Atento, obsequioso, galanteador, lisonjeador.* ‖ *Amoroso, amatorio, erótico;* p. ej.: vida *galante.*
galantear tr. **Enamorar, cortejar, hacer el amor, hacer la corte, festejar, obsequiar, lisonjear.* En los clásicos fue muy usual *servir: sirvo* a una dama. Esta acep. proviene de las fórmulas del amor cortesano y de los libros de caballerías.
galantería f. *Obsequio* y *gentileza* pueden aplicarse a cualquier acción o expresión obsequiosa. Cuando la *galantería* es de palabra, *flor, requiebro, piropo, lisonja.* ‖ *Generosidad, cortesía, cortesanía.*
galanura f. *Gracia, gentileza, ele-*

gancia, gallardía, donosura, donaire.
galardón m. **Premio, recompensa.* El *galardón* tiene a menudo carácter honorífico, mientras que el *premio* y la *recompensa* pueden tener valor material.
galbana f. *Pereza, holgazanería.*
galega f. *Ruda cabruna.*
galeno m. **Médico.*
galerita f. **Cogujada.*
gálgulo m. *Rabilargo* (pájaro).
galicista adj. *Afrancesado.*
gálico -ca adj. Se aplica sólo a cosas, en tanto que *galo* se dice de personas y cosas; p. ej.: un jefe *galo,* la raza *gala,* o *gálica.*
galillo m. *Campanilla, úvula.*
galo -la adj.-s. [pers.] v. **Francés.*
galopillo m. *Marmitón, pinche.*
galopín m. *Pícaro, pillo, bribón.*
galvanómetro m. *Reómetro* se llamó el primer instrumento destinado a medir la intensidad de la corriente eléctrica y determinar su sentido; el *galvanómetro* es un reómetro perfeccionado.
galladura f. *Engalladura, prendedura.*
gallardía f. *Gentileza, galanura, buen aire, desenfado, despejo.* ‖ *Bizarría, ánimo, valor, arrojo.*
gallardo -da adj. *Apuesto, desembarazado, airoso, galán, gentil.* ‖ *Bizarro, valeroso, arrojado, animoso.* ‖ fig. *Grande, excelente, hermoso.*
gallareta f. *Foja* (ave).
gallarón m. *Sisón* (ave).
gallear intr. *Envalentonarse, jactarse, presumir.* ‖ *Sobresalir, descollar, mandar.*
gallego -ga adj.-s. [pers.]. *Galaico* es de uso lit., o se aplica a tiempos antiguos: *galaicos* y astures. *Galiciano* es hoy ant.
gallera f. *Reñidero.* En Cuba, *gallería.*
gallina f. *Pita.* ‖ ~ *de Guinea, pintada.* ‖ ~ *de río, fúlica.* ‖ ~ *sorda, chocha.* ‖ fig. **Medroso, cobarde.*
gallo m. *Gallo silvestre, urogallo.* ‖ (pez) *Ceo, pez de San Pedro.*
gallocresta f. (planta labiada). *Cres-*

*ta de gallo, ormino, orvalle, ri-
nanto.*
gallón m. *Tepe, césped.*
gamo m. *Dama, paleto.*
gamón m. *Asfódelo, gamonita.*
gamopétalo -la adj. BOT. *Monopétalo.*
gamosépalo -la adj. BOT. *Monosépalo.*
gamuza f. *Rebeco, robezo, rupica-
bra, rupicapra.*
gana f. *Apetito, hambre.* ‖ *Deseo,
afán, gusto, voluntad.*
ganadería f. En su aspecto científico, crianza de ganado, *zootec-
nia.*
ganadero -ra adj. *Pecuario,* como:
riqueza ganadera o pecuaria de
una comarca.
ganancia f. *Negocio. Utilidad, beneficio, rendimiento,* se sienten
como términos selectos, preferidos en las leyes. *Granjería,
lucro, logro,* sugieren avidez en
la ganancia y se toman a menudo a mala parte o como sinónimos de *usura. Provecho, producto, fruto,* son de signif. muy
gral. y pueden aplicarse al concepto de ganancia.
ganar tr. *Lograr, adquirir, reunir.*
‖ *Triunfar, vencer, aventajar, exceder, sobrepujar, superar.* ‖ *Conquistar, tomar, dominar.* ‖ *Alcanzar, llegar.* ‖ *Captarse, granjearse,
atraerse.* ‖ intr. *Prosperar, mejorar.*
gandul -la adj.-s. *Perezoso, holgazán, haragán, tumbón.* ‖ *Vagabundo, vago.*
gandulear intr. *Holgazanear, haraganear, vagabundear.*
1) **ganga** f. *Momio, breva, sinecura,
prebenda, canonjía,* son empleos
o cargos más o menos durade-
ros. La *ganga* puede tener también este carácter, o bien ser
una ganancia que se obtiene una
sola vez. Comprar un objeto ex-
cepcionalmente barato es una
ganga. Un puesto provechoso y
de poco trabajo es un *momio,*
una *breva, sinecura,* etc.
2) **ganga** f. *Escoria.*
gangueo m. *Gangosidad, *nasalización, nasalidad.*
ganguista adj. *Ganguero, ventajero, ventajista.*
ganoso -sa adj. *Deseoso, ansioso,
afanoso, ávido, anheloso.*
gañido m. *Ladrido.*
garante adj.-s. *Fiador, garantizador.*
garantía f. *Seguridad, protección,
afianzamiento.* ‖ *Garantía* es el
término más gral., que puede
reemplazar a todos sus sinónimos. *Señal,* parte del precio que
se adelanta al hacer un encargo
o para obligarse a comprar algo.
Prenda es un objeto mueble con
que se garantiza el cumplimiento de una obligación, esp. un

préstamo. Si la garantía es in-
mobiliaria, *hipoteca. Fianza* es
cantidad que se deposita para
asegurar el cumplimiento de
una obligación de cualquier género. Cuando la fianza es personal, la persona que empeña su
palabra o firma por otro se llama indistintamente *fianza* o *fiador. Caución* se usa sólo como
término bancario o jurídico.
garantir tr. *Garantizar, responder,
asegurar.*
garatusa f. *Carantoña, arrumaco,
fiesta.
garbanzo m. And., *chícharo.*
garbo m. *Gallardía, gentileza, aire,
gracia, buen porte, elegancia.* ‖
Desinterés, largueza, rumbo.
gardenia f. *Jazmín de la India.*
garduña f. *Fuina.*
garfio m. *Corvo, gancho.*
gargajear intr. *Escupir.*
gargajo m. *Esputo, flema.*
garganta f. *Gola, gorja; pasapán*
es humorístico y fam. *Garguero,
gaznate, gañote,* son denominaciones fam. o vulg. ‖ *Desfiladero, hoz.*
garguero m. *Gañote, gaznate.*
garitero m. *Tablajero.*
garito m. *Timba, chirlata.* Entre
los clásicos, *garito* era el lugar
donde jugaban los fulleros, y
tenía también los nombres de
gazapón, mandracho y *tablero.*
garlito m. fig. *Celada, trampa, cepo, añagaza.*
garrafal adj. fig. *Exorbitante, enorme, monumental. Garrafal* suele
decirse de la mentira, del error,
o de conceptos parecidos.
garrapata f. *Arañuelo, caparra.*
garrapatear intr. *Garabatear.*
garrocha f. *Sacaliña.* ‖ *Pica.*
garrotillo m. *Crup, difteria.*
garrucha f. *Polea.*
gárrulo -la adj. *Hablador, charlatán.* ‖ *Vulgar, pedestre, ramplón.*
gastador -ra adj. *Manirroto, derrochador, disipador, *pródigo.*
gastar tr. *Consumir, desgastar, deteriorar, estropear.* ‖ *Expender,
desembolsar.* ‖ *Usar, llevar.*
gasto m. *Consumo.* ‖ *Desembolso.*
gastronomía f. *Arte culinaria, co-
cina.*
gastrónomo -ma m. f. *Comilón.*
El *gastrónomo* es el aficionado
a comer bien y con refinamiento. *Comilón* y *tragón* son los
aficionados a comer mucho, en
gran cantidad.
gata f. *Micha, miza, minina, mo-
rronga, morroña,* son denominaciones fam. y cariñosas.
gatear intr. *Trepar, encaramarse.* ‖
Andar a gatas.
gato m. Denominaciones fam. y
cariñosas: *micho, minino, mizo,
morrongo, morroño.*

gatuña f. *Aznacho, asnallo, aznallo, detienebuey, gata, uña gata.*

gatuperio m. *Embrollo, lío, enjuague, chanchullo, intriga.*

gaudeamus m. *Fiesta, regocijo.* ‖ *Festín, francachela.*

gavanzo m. *Escaramujo.*

gaveta f. *Naveta.*

gavia f. MAR. La gavia del trinquete, *velacho.*

gavilán m. (ave). *Esparver, esparvarán.* ‖ (en la espada) *Arrial, arriaz.*

gavilla f. *Haz.* ‖ fig. *Pandilla, cuadrilla.* La voz *gavilla* se toma comúnmente a mala parte; como: una *gavilla* de rufianes, de malhechores, de rateros, etc.

gavión m. *Cestón.*

gaviota f. *Paviota, gavina.*

gayomba f. *Piorno, retama macho* o *de olor.*

gayuba f. *Aguavilla, uvaduz.*

gazapo m. fig. *Mentira, embuste, bola.* ‖ **Error.* El *gazapo* es un error de poca monta al hablar o escribir. *Lapsus, descuido, yerro,* en lo hablado o escrito; *errata,* en lo impreso.

gazmoñero -ra, gazmoño -ña adj. *Mojigato, timorato.* Que afecta devoción, *misticón, santurrón, beato, beatón.*

gaznápiro -ra adj.-s. *Palurdo, torpe, zoquete, ceporro, tonto, patán, simple.*

gazuza f. fam. burl. *Carpanta, *hambre.*

gélido -da adj. *Helado, glacial.*

gemelo -la adj.-s. Tratándose de personas, *melgo, mielgo,* y más gralte. *mellizo.*

gemido m. *Quejido, lamento.*

gemir intr. *Quejarse, lamentarse, clamar.*

general adj. **Común,* aquello de que muchos participan; *usual, frecuente, corriente, vulgar.* Lo *general* pertenece a todos o casi todos. *Universal* se refiere a todos los individuos sin excepción. P. ej. comp.: ésta es la creencia *común, general, universal.* Un principio *general* engloba a todos en conjunto. Un principio *universal* afecta a cada uno de los casos a que se aplica, sin exceptuar ninguno.

generar tr. *Engendrar.*

género m. *Clase, grupo.* ‖ *Modo, manera.* ‖ **Mercancía.* ‖ *Tela, tejido.*

generoso -sa adj. *Desprendido, desinteresado, rumboso, dadivoso, liberal,* se intercambian fácilmente, pero sugieren diversos motivos en el que tiene alguna de estas cualidades. El *desprendido* y el *desinteresado* lo son pralte. por falta de apego al dinero, poder, etc.; el *generoso,* por magnanimidad; el *dadivoso,* por caridad o filantropía. El *rumboso,* por ostentación, lujo. *Liberal* fue muy us. en los clásicos, y equivale a generoso y dadivoso; hoy se usa menos en esta acep.; *espléndido* es intensivo y se acerca a rumboso. *Magnífico* acentúa a la vez los matices de ostentación y generosidad. Cuando estas cualidades se llevan a un extremo censurable para el que habla, v. **Pródigo.* ‖ *Magnánimo, noble.*

génesis f. *Origen, principio.*

genio m. *Carácter, *índole, temple, natural, condición.* ‖ *Disposición, aptitud.*

gentil adj.-s. *Idólatra, pagano.* ‖ *Gracioso, apuesto, galano, gallardo, airoso, donoso.*

gentileza f. *Gracia, galanura, garbo, desembarazo, bizarría.* ‖ *Ostentación, gala.* ‖ *Urbanidad, cortesía.*

gentilicio -cia adj. GRAM. *Étnico.*

gentilidad f. *Paganismo, gentilismo.*

gentío m. *Multitud, muchedumbre.*

gentuza f. desp. *Gentualla, chusma.*

genuino -na adj. *Puro, propio, natural, legítimo, auténtico, verdadero, real.*

germano -na adj.-s. [pers.]. *Alemán, teutón; tudesco* fue muy usual en la lengua clásica, pero es de escaso uso en la actualidad.

germen m. El nombre popular es *machuelo.* ‖ *Embrión, rudimento, semilla.* ‖ fig. *Principio, origen.*

germinar intr. *Nacer, brotar, crecer, desarrollarse.* ‖ fig. *Principiar, originarse.*

gestación f. En los animales vivíparos, *preñez.* ‖ fig. *Preparación, maduración, elaboración.*

gestero -ra adj. *Parajismero, visajero, gesticulador.*

gesticulación f. *Mímica* puede usarse como sinónimo; pero generalmente indica un fin artístico o imitativo.

gesto m. **Actitud, ademán.* En su sentido gral. de movimiento expresivo son intercambiables entre sí. En su signif. más concreto, *gesto* es movimiento expresivo de la cara, o de brazos y manos; *ademán, manoteo,* se refieren pralte. a movimiento de manos y brazos; *actitud* es postura, que sugiere inmovilidad o cierta fijeza: *actitud* orante. *Mueca* y *visaje* se refieren precisamente a la cara, e indican gesto desagradable, feo o grotesco. *Mohín* es gesto gracioso o simpático para el que habla. ‖

Aspecto, cara, semblante, aire, apariencia.

giba f. *Corcova, joroba, chepa.* ‖ fig. *Molestia, incomodidad, carga.*

giboso -sa adj.-s. *Corcovado, jorobado, contrahecho.*

gigantesco -ca adj. fig. *Enorme, desmesurado, colosal, excesivo.*

gimotear intr. *Lloriquear, hipar.* En And. y Chile, *gemiquear.*

gimoteo m. *Lloriqueo.* En And. y Chile, *gemiqueo.*

ginesta f. *Retama, hiniesta.*

girasol m. *Giganta, gigantea, mirabel, mirasol, sol de las Indias, tornasol.*

giro m. *Vuelta, rotación;* cada uno de los giros o vueltas de un movimiento giratorio, *revolución* (tecn.). ‖ *Dirección, aspecto, cariz, *curso.*

gitano -na adj.-s. *Calé; cíngaro* se aplica pralte. a los gitanos de Europa central. ‖ *Cañí, agitanado.*

glaciar m. *Helero* es el nombre general. *Glaciar* es científico, aunque va extendiéndose su uso en el habla común.

gladio y **gladíolo** m. *Espadaña* (planta).

glasto m. *Hierba pastel,* o simplte. *pastel.*

globo m. *Esfera.* ‖ *Tierra, mundo.* ‖ *Aeróstato.*

gloria f. *Bienaventuranza, cielo, paraíso.* ‖ *Fama, honor, celebridad, renombre.* ‖ *Esplendor, magnificencia, majestad.* ‖ *Placer, gusto, delicia.*

gloriarse prnl. *Preciarse, jactarse, alabarse, vanagloriarse, hacer gala de.* ‖ *Complacerse, alegrarse.*

glorificar tr. *Alabar, honrar, ensalzar, exaltar.*

glosa f. *Explicación, comentario, anotación, nota.* «La *glosa* es más literal que el *comentario,* y se hace casi palabra por palabra; el *comentario* es más libre y menos escrupuloso en separarse de la letra» (Ma).

glosario m. *Vocabulario* (v. **Diccionario*).

glosopeda f. *Fiebre aftosa.*

glotón -na adj. *Comilón, tragón.*

glotonería f. *Gula* es intensivo, hasta convertirse en vicio o pecado. *Golosina* es afán de comer o beber cosas exquisitas; *tragazón* es voracidad sin reparar en la calidad.

gnómico -ca adj. *Sentencioso, aforístico.*

gnomon m. *Índice.*

gnoseología f. *Epistemología. Teoría del conocimiento.*

gnosticismo m. *Docetismo.*

gobernar tr. *Dirigir, conducir, guiar, *regir, administrar, manejar.*

gobierno m. *Gobernación, *régimen, dirección, mando, manejo.* ‖ *Gabinete, ministerio.* ‖ *Timón, gobernalle.*

gobio m. *Cadoce.*

goce m. *Disfrute, posesión.* Tratándose de sensaciones agradables, *placer.*

gola f. *Garganta.* ‖ *Gorguera.* ‖ *Cimacio.*

goleta f. *Escuna.*

golfán m. *Nenúfar.*

golfo m. *Seno.*

golfo -fa m. f. *Pilluelo, vagabundo.*

golondrina f. *Andorina, andolina, andarina.*

golosina f. *Gollería.*

goloso -sa adj.-s. *Lamerón,* fam.; *laminero, glotón.*

golpe m. *Encuentro, topada, topetazo, encontronazo.* ‖ *Percusión.* ‖ *Latido.* ‖ *Multitud, abundancia, copia, muchedumbre.* ‖ *Salida, ocurrencia.*

golpear tr. *Pegar* es castigar a golpes. *Percutir* es tecn. médico, o voz lit. en otras aceps.: *percutir* en el tórax; *percutir* los tambores (lit.).

gordo -da adj. *Craso, graso, mantecoso.* ‖ *Abultado, voluminoso.* Tratándose de personas, **grueso, corpulento, obeso.* «El adjetivo *grueso* considera el volumen con relación al espacio; el adjetivo *gordo* lo considera con relación al espacio y a la materia. Un hombre *corpulento* tiene naturalmente una mano *gruesa,* y en esta idea no vemos más que su volumen; pero una mano *gorda* nos representa la idea de su carnosidad, de la abundancia de la materia de que se compone. Se mide lo *grueso,* no lo *gordo,* porque la medida sólo recae sobre el espacio. *Gordo* no se aplica con tanta propiedad a las materias compactas y resistentes como *grueso.* Es *grueso* un árbol, es *gorda* una pantorrilla» (LH). ‖ fig. *Importante, grande.* ‖ m. *Sebo, manteca, grasa.*

gordolobo m. *Varbasco, verbasco.*

gorgojo m. *Mordihuí.*

gorguera f. *Gola.*

gorjeo m. *Gorgorito.* En los pájaros, *trino, trinado.*

gorrión -na m. f. *Pardal.*

gorrón -na adj.-s. *Gorrista, gorrero, mogrollo, pegadizo, pegote, parásito.*

gota f. (enfermedad). La que padecen los pies, *podagra;* la de las manos, *quiragra.* ‖ *Gota coral, epilepsia.*

gotear intr. *Destilar, escurrir.*

gótico -ca adj. *Ojival.*

gozar tr. *Disfrutar, poseer.* ‖ intr.

Regocijarse, divertirse, recrearse, disfrutar, complacerse.

gozne m. *Charnela, gonce, bisagra.*

gozo m. *Alegría, placer, gusto, goce, satisfacción, contento, júbilo.* «Gozo se aplica sólo a lo moral; *gusto*, a lo físico, y sólo figuradamente a lo moral. El *gusto* que me causó su vista llenó de *gozo* mi corazón. No se dice el *gusto* del alma, sino el *gozo*; ni el *gozo* de comer una pera, sino el *gusto*. Aplicados uno y otro solamente a lo moral, el *gozo* supone un efecto más inherente, más sublime y causado por objetos más nobles; el *gusto*, una sensación menos sólida y causada por objetos más comunes. El *gozo* de los bienaventurados; el *gusto* de pasear solo» (LH).

gozoso -sa adj. *Complacido, satisfecho, alegre, contento, jubiloso.*

grabar tr. *Labrar, cortar, esculpir.*

gracia f. **Beneficio, favor, merced, don.* ‖ *Perdón, indulto.* ‖ *Benevolencia, amistad, afabilidad, agrado.* ‖ *Garbo, donaire, sal, salero, ángel, atractivo, encanto.* ‖ *Chiste, agudeza, ocurrencia.*

gracioso -sa adj. *Atrayente, bonito;* tratándose de personas, *agraciado.* ‖ *Garboso, donairoso, saleroso.* ‖ *Chistoso, agudo, ocurrente.* ‖ *Gratuito, de balde.*

1) **grada** f. *Peldaño, escalón.*

2) **grada** f. AGR. *Rastra.* ‖ En los monasterios de monjas, *reja, locutorio.*

gradación f. *Escalonamiento, progresión, sucesión, serie.* ‖ RET. *Clímax* si la gradación es ascendente, p. ej. «acude, corre, vuela»; *anticlímax*, si es descendente, p. ej. «una hora, un minuto, un instante».

gradual adj. *Escalonado, sucesivo, graduado, progresivo.*

graduando -da m. f. *Laureando*, hoy desus. Según el grado que se va a recibir, úsanse *licenciando* y *doctorando.*

grafito m. *Lápiz plomo, plombagina, plumbagina.*

graja f. *Cuerva.*

grajo m. *Cuervo merendero.*

grande adj. En sentido material puede equivaler a otros adjs. que indican tamaño, como *alto, vasto, espacioso, largo, profundo, extenso, voluminoso*, etc. *Magno* se refiere a la grandeza moral: Alejandro *Magno*. Cuando se aplica a cosas materiales, supone siempre cierta dignidad o nobleza: aula *magna* de la Universidad. ‖ *Prócer, magnate.*

grandeza f. *Grandor, tamaño, magnitud.* «La *grandeza*, considerada físicamente, representa al cuerpo con relación al exceso de su volumen, respecto del regular y común de otros cuerpos, y sin relación determinada a sus medidas y proporciones; la *magnitud* le representa bajo una idea determinada, con relación a sus propiedades y medidas. Se admira la extraordinaria *grandeza* del sol, y se mide por medio de los instrumentos astronómicos su verdadera *magnitud*. El *tamaño* representa tan̄ ién determinadamente su volu. nen, pero se usa con más propiedad cuando se trata de cuerpos más pequeños, de los de nuestro uso, de los que manejamos, de los que podemos medir fácilmente; y *magnitud* cuando se trata de cuerpos muy grandes o inaccesibles. Se calcula la *magnitud* de un planeta; se compra una caja de un *tamaño* proporcionado. Ni el *tamaño* se aplicaría con propiedad al planeta, ni la *magnitud* a la caja...» (LH). ‖ *Grandiosidad, magnificencia, esplendidez.* ‖ *Generosidad, nobleza, magnanimidad, elevación.* ‖ *Majestad, gloria, esplendor, poder.*

grandor m. *Tamaño, *grandeza, magnitud.*

granero m. *Hórreo, troj*, preferidos en determinadas regiones y diferenciados más o menos por su forma y disposición. *Granero* es término gral. aplicable siempre.

granillo m. (en los pájaros). *Culero, helera.*

granito m. *Piedra berroqueña.*

granizo m. *Pedrisco; piedra*, si es grueso.

granjear tr. *Adquirir, ganar.* ‖ tr.-prnl. *Conseguir, captar, atraer.*

granuja m. *Pillo, pillete, golfo, bribón, pícaro.*

granzas f. pl. *Ahechaduras.*

grapa f. *Gafa, laña.*

grasa f. *Grasa* se aplica como nombre gral., pero hay nombres especiales según sus clases: la líquida se llama *aceite*; la sólida, *manteca*, preferentemente la del cerdo y la de algunos frutos, como el cacao; *lardo*, la del cerdo; *sebo*, en los rumiantes; *unto*, la sólida o líquida que se emplea para untar, y en algunas regiones el tocino o el tejido adiposo de cualquier animal; *mantequilla*, la que se extrae de la leche. En el organismo animal, como tecn., *adiposidad.* ‖ *Pringue, mugre.*

grasiento -ta adj. *Pringado, untado.*

graso -sa adj. *Pingüe, mantecoso, untuoso.*

gratificación f. *Paga, remuneración, recompensa.*

gratificar tr. *Remunerar, recompensar, pagar.*

gratis adv. m. *Gratuitamente, de balde, graciosamente.*

gratitud f. *Agradecimiento, *reconocimiento.*

grato -ta adj. **Agradable, gustoso, placentero.*

gratuito -ta adj. *De balde, gratis, gracioso.* ‖ *Infundado, arbitrario.*

gravamen m. DER. *Carga.* Dentro del concepto general de *carga* o *gravamen* se incluyen sus formas particulares, como *censo, hipoteca, servidumbre, tributo,* etc.

grave adj. *Pesado.* ‖ fig. *Importante, considerable.* ‖ *Difícil, arduo, peligroso, dificultoso, espinoso.* ‖ *Serio, severo.* ‖ Tratándose de sonidos, *bajo.* ‖ GRAM. *Llano, paroxítono.*

gravedad f. *Pesantez, peso, pesadez, pesadumbre* (si es grande), son los términos más grales. *Gravedad* es tecn. de signif. más abstracta. ‖ fig. *Seriedad, formalidad.* «La *gravedad* está en el carácter; la *seriedad,* en los modales; la *formalidad* es la *seriedad* revestida de ciertas formas convencionales que le dan más peso. La *gravedad* reina en los pensamientos; la *seriedad* y la *formalidad,* en las acciones y en la conversación. Un hombre superficial y ligero nunca será *grave,* por más *serio* que se ponga; pero hablará con *formalidad* cuando la ocasión lo exija» (M).

gravitar intr. *Pesar, descansar, apoyarse, cargar, estribar.*

gravoso -sa adj. *Oneroso, costoso, caro.* ‖ *Molesto, pesado, insufrible, inaguantable.*

graznar intr. *Gaznar, voznar.*

greda f. *Tierra de batán,* la empleada para desengrasar los paños.

gredal adj. *Blanquizal, blanquizar, calvero.*

gresca f. *Bulla, algazara, vocerío.* ‖ *Riña, pendencia, altercado, cuestión, reyerta, trifulca.*

griego -ga adj.-s. [pers.]. *Heleno.* ‖ Aplicado a cosas, *helénico.*

grieta f. *Quiebra, abertura, hendidura.* En lenguaje técnico, *fisura.*

grifa f. *Marihuana.*

grifo m. *Llave;* si es grande, *grifón;* si es pequeño, *espita.*

grillarse prnl. *Agrillarse.*

grillete m. *Calceta.*

grima f. *Desazón, inquietud, disgusto, desagrado, horror.*

gringo -ga adj.-s. *Extranjero* y esp. *inglés.* En Hispanoamérica, *norteamericano.* ‖ m. En el significado de lenguaje ininteligible, *griego, algarabía.*

gripe f. El nombre tradicional español es *trancazo.* Tiende a disminuir el uso del italianismo *influenza,* muy frecuente en el siglo XIX.

grita f. *Gritería, vocerío, algarabía.* ‖ *Abucheo, bronca.*

gritar intr. *Desgañitarse, chillar, vociferar,* los tres intensivos; *vocear.*

griterío y **-ría** m. y f. *Grita, vocerío, vocería, vocinglería, algarabía.*

grito m. **Voz, clamor.* «*Grito* es la emisión de voz más esforzada que en el tono ordinario de la conversación. *Clamor* es el *grito* excitado por un sentimiento vehemente y penoso. Se *grita* para llamar a alguno, para expresar aplauso y alegría; pero el *clamor* indica peligro, petición esforzada, aflicción o desgracia. El que habla con un sordo emplea el *grito;* el que implora la misericordia divina en un gran conflicto, emplea el *clamor*» (M).

grosería f. Expresiones atenuadas: *impolítica, desatención, incorrección, inconveniencia, descomedimiento, descortesía.* Exprs. intensivas: *patanería zafiedad, patochada, tochedad, ordinariez,* sugieren pralte. *grosería* cometida por ignorancia o rusticidad.

grosero -ra adj. *Descortés, desatento, descomedido.* ‖ *Patán, ordinario, *tosco, rústico, basto.*

grosor m. *Grueso, espesor, cuerpo.*

grotesco -ca adj. *Ridículo, extravagante, risible.*

grúa f. *Titán,* grúa gigantesca.

grueso -sa adj. *Corpulento, abultado, voluminoso, *gordo.* «El hombre *grueso* lo es por constitución; el *gordo* lo es por haber adquirido carnes. No se dice del niño que nació *gordo,* sino *grueso*» (M). ‖ m. *Espesor, grosor, cuerpo.*

grumo m. *Coágulo, cuajo, cuajarón.*

gruñir intr. fig. *Rezongar, refunfuñar.* ‖ *Chirriar, rechinar.*

gruta f. *Caverna, cueva, antro.*

guachapear intr. *Chapotear, chapalear.*

guadaña f. *Dalle, dalla,* según las comarcas. En sentido fig., sólo *guadaña:* la ~ de la Muerte.

gualdo -da adj. *Amarillo.*

guamá m. Cuba. *Guama* o *guamo* en Colomb.; *guaba* o *guabo* en Amér. Central y Ecuad.; *pacay* en Argent., Bol., Colomb. y Perú.

guantada f. y **-tazo** m. *Manotada, manotazo, tabalada, bofetada.*

guardabrisa m. (en el automóvil) *Parabrisa.*

guardacantón m. *Guardarruedas, marmolillo, recantón, trascantón, trascantonada.*

guardameta m. *Portero.*

guardar tr. *Custodiar, cuidar, vigilar, preservar, proteger, defender.* ‖ *Observar, cumplir, obedecer, acatar, respetar.* ‖ **Conservar, retener.*

guardia f. *Defensa, custodia, amparo, protección.*

guardilla f. *Buharda, buhardilla, boardilla, desván, sotabanco.*

guardoso -sa adj. *Ahorrador, escaso, tacaño.*

guarecer tr.-prnl. *Acoger, asilar, cobijar, refugiar, amparar, defender.*

guarida f. *Manida; cubil se refiere pralte. a las fieras; madriguera es cueva estrecha y profunda, donde se guarecen animales pequeños, como el conejo; cado equivale a madriguera. Hay numerosos nombres esp. deriv. de los distintos animales: osera, lobera, raposera, topera, etc.* ‖ fig. *Amparo, refugio, asilo.* En este sentido, *guarida* se toma a mala parte: *guarida* de ladrones, de contrabandistas, etc.

guarniciones f. pl. *Jaeces, arreos, arneses.*

guasa f. **Burla, chanza, broma, chunga.*

guasón -na adj. *Burlón, bromista, chancero.*

gubernamental adj.-s. *Ministerial.*

gubia f. *Gurbia,* ant. en España y usado en América.

guedeja f. *Vedeja.*

guerrero -ra adj. *Belicoso, bélico, marcial, militar.* «*Guerrero* es todo el que hace la guerra; *belicoso* es el aficionado a la guerra, el que se place en ella, el que la hace por inclinación o por gusto; *marcial* es lo que dice relación o tiene analogía con la guerra. Pirro, hombre de carácter *belicoso,* aunque gran *guerrero,* no siempre fue afortunado en sus empresas *marciales* [o *militares*]. *Bélico* es sinónimo de *marcial*» (M). ‖ m. *Soldado, militar.*

guerrillero m. *Partidario.* ‖ Debe evitarse el GALIC. *partisano.*

guía com. *Conductor, guiador, adalid.* ‖ fig. *Director, mentor, maestro, consejero.*

guiar tr. *Dirigir, mostrar, indicar, encaminar, orientar, aconsejar, conducir.* «*Guiar* es ir delante mostrando el camino; *conducir* es *guiar* con autoridad; *llevar* es *guiar* por fuerza, por influjo o por seducción. Una columna de fuego *guió* a los israelitas en el desierto; Moisés los *condujo* a la tierra prometida, y los reyes de Babilonia los *llevaron* al cautiverio» (M). «Se *guía* mostrando, enseñando el camino,

yendo delante. Se *conduce* dirigiendo... *Guiar* hace relación directamente a los medios; *conducir* hace relación directamente al fin. Un traidor nos *guía* por un rodeo, para *conducirnos* al paraje donde está emboscado el enemigo. Por esta razón, en la acción de *guiar* puede no tener parte la voluntad del que *guía;* pero siempre la tiene la del que *conduce,* en la acción de *conducir.* Una estrella nos *guía;* un amigo nos *conduce*» (LH).

guiguí m. *Taguán.*

guija f. *Callao, peladilla de río.* ‖ **Almorta.*

guillado -da adj. *Maniático, chiflado, tocado, lelo.*

guimbalete m. MAR. *Pinzón.*

guinda f. *Cereza póntica.*

guindilla f. *Cerecilla, pimiento de cerecilla o de las Indias.*

guiñada f. *Guiño.*

guiñapo m. *Andrajo, harapo.*

guiñar tr. *Cucar.*

güira f. *Higüero, hibuero, totumo.*

guisar tr. *Cocinar.*

guiso m. *Guisado, manjar.*

guita f. *Bramante.* ‖ vulg. o fam. *Dinero, cuartos, plata, pasta.*

guitarrillo m. *Requinto, guitarro.*

gula f. **Glotonería.*

gulusmear intr. *Gazmiar, golosinear.*

gustar tr. *Probar, paladear, saborear.* ‖ *Agradar, placer, complacerse.* «*Gustar* y *agradar* sólo se pueden usar uno por otro en un sentido figurado, porque en su sentido recto *gusta* lo que satisface a los sentidos, lo que deleita materialmente; *agrada* lo que deleita el ánimo, lo que satisface a la imaginación. *Gusta* una bella figura, un manjar regalado. *Agrada* la virtud, la sencillez de la aldea» (LH). «Lo que *gusta* hace una impresión más viva, aunque no tan durable como lo que *agrada.* Gusta lo que halaga los sentidos; *agrada* lo que lisonjea la imaginación y lo que la razón aprueba. Creemos que se habla con impropiedad cuando se dice: me *agrada* este manjar, este color, este caballo. Semejantes cosas *gustan,* pero no *agradan.* Confirma esta opinión el uso frecuente que hacemos del verbo *gustar* para indicar una disposición del ánimo, un deseo transitorio y momentáneo, como cuando se pregunta: ¿*gusta* usted?, para invitar a uno a que coma de lo que se le presenta. La misma diferencia se nota en los adjetivos derivados de los dos verbos. De un hombre que tiene buen trato y modales finos no se dice que es *gustoso*, sino *agradable*» (M).

gustoso -sa adj. *Sabroso, apetitoso.* ‖ *Agradable, grato.*

gusto m. *Sabor.* Tratándose de vinos, *embocadura.* Sabor de los manjares en general, *paladar.* ‖ **Placer, deleite, delicia.* «El *placer* es más intenso y vehemente que el *gusto*, y el *deleite* lo es más que el *placer. Delicia* es un *deleite* prolongado. El *gusto* satisface, el *placer* recrea, el *deleite* y la *delicia* embriagan» (M). ‖ *Satisfacción, agrado, complacencia.* «*Afición* y *gusto*. El *gusto* no es más que el placer que se siente en satisfacer nuestras inclinaciones, aun cuando sean pasajeras. La *afición* es este mismo *gusto*, fundado en el conocimiento de las cosas que nos lo inspiran... La palabra *afición* trae consigo la idea de la ciencia, del arte, del estudio y de la observación, al paso que la palabra *gusto* no indica más que la sensación que nos causa tal o tal cosa. Si decimos que nos *gusta* la pintura, nos limitamos a expresar el efecto que causan en nuestra alma los cuadros; pero si decimos que somos *aficionados* a la pintura, damos a entender que tenemos gusto en practicar o estudiar este arte...» (C). En estilo epistolar y de cortesía, la fórmula «tengo el *gusto* de...» se sustituye a menudo por «tengo el *agrado* de...», esp. en Amér. ‖ *Antojo, capricho, gana.*

H

habanera f. *Danza* se aplica también a la *habanera* y a algunos bailes semejantes a ella; p. ej., la *danza puertorriqueña,* o la ant. *contradanza criolla.*

haber m. *Hacienda, caudal, capital.* ‖ Us. pralte en pl. *Paga, retribución, gratificación.* ‖ En las cuentas corrientes, *data,* hoy anticuado.

habichuela f. *Judía, alubia.*

habilidad f. En toda la amplitud de significado le corresponde *arte.* Cuando se estima en alto grado, *maestría, pericia.* Como es un concepto genérico, susceptible de muchas aceps. particulares, clasificamos los sinónimos en los siguientes grupos, a los cuales remitimos al lector: habilidad corporal, manual, v. *destreza;* habilidad intelectual, v. *ingenio;* habilidad en el trato social, v. *tacto.* «El que sabe hacer una cosa bien y con conocimiento de lo que hace, tiene *habilidad;* el que la hace materialmente bien y con facilidad, tiene *destreza.* Aquélla se refiere directamente al saber; ésta se refiere directamente al ejecutar. Un artífice tiene *habilidad* cuando sabe ejecutar bien la obra que le encargan, y *destreza* en el manejo material de los instrumentos de su profesión. Un maestro tiene *habilidad* para enseñar, cuando sabe el buen método y los medios que debe emplear para ello. Una araña forma con *destreza* su tela» (LH).

habitación f. *Vivienda, morada, mansión, domicilio, residencia, casa. Habitación* es el término más gral. y abstracto; *vivienda* tiene también carácter gral.; *morada* y *mansión* son lit.: el Olimpo, *morada* de los dioses; en el uso corriente añaden idea de distinción o elegancia; *domicilio* pertenece al lenguaje administrativo o legal; *residencia,* en términos administrativos, es

la población en que se vive: tiene su *residencia* en Granada; aplicado a *vivienda,* envuelve idea de colectividad: *residencia* de jesuitas, de estudiantes; o bien sugiere distinción, señorío: aquel palacio es la *residencia* de los condes de N. *Casa,* cuando no se refiere sólo al edificio, lleva asociados los afectos familiares que denotan *hogar* y *lar.* ‖ *Cuarto, pieza, aposento, estancia.* ‖ HIST. NAT. *Habitat.*

habitante m. *Morador* es voz escogida cuyo uso se circunscribe por lo general a la lengua escrita. El *residente* puede significar el que vive en un lugar sin ser natural de él, o el que lo habita transitoriamente; p. ej.: los españoles *residentes* en Colombia, los *residentes* en un internado universitario. *Vecino* alude a la conducta legal o administrativa del que está domiciliado o avecindado en una población.

habitar tr. *Vivir; morar* y *residir* son palabras escogidas que envuelven cierto señorío y elegancia. Sería pedantesco preguntar a una persona: ¿dónde *mora* usted? En cambio, se dice que los dioses *moran* en el Olimpo. *Residir* alude con preferencia al país, provincia o ciudad, pero no al domicilio. Una persona *reside* en Cuba, en Entrerríos, en Montevideo; pero *vive* en tal calle y número. *Habitar* es tr.; p. ej.: *habita* una cueva, una casa céntrica. En su uso intr. corresponde a *vivir:* vive o *habita* en una cueva, en un piso alto, etc.

habitat m. HIST. NAT. *Habitación.*

hábito m. *Costumbre.* ‖ *Práctica, uso, usanza.*

habitual adj. *Acostumbrado, usual, corriente, ordinario.*

habituar tr. *Acostumbrar, avezar, familiarizar.* ‖ prnl. *Hacerse, avezarse, acostumbrarse, adaptarse.*

habla f. *Lenguaje, lengua, idioma, dialecto.*

hablador -ra adj.-s. *Cotorra, coto-*

rrera, charlatán, parlanchín, hablanchín, parlador, todos ellos desp. El *hablador* es la persona *locuaz*, que habla mucho; pero puede ser que no hable mal. Puede haber sabios *habladores* o *locuaces*. El *charlatán* habla siempre sin ton ni son, sólo por hablar, y sin decir nada que valga la pena de oír. ‖ *Indiscreto, chismoso.*

habladuría f. *Hablilla, rumor, murmuración, chisme, cuento.*

hablar intr. *Decir.* «El que oye al que *habla*, percibe el sonido de la voz humana cuando pronuncia voces articuladas; el que oye al que *dice*, entiende el sentido de las palabras. Por esto *hablar* es verbo neutro, y *decir* es verbo activo y necesita siempre régimen. Sucede muchas veces que oímos *hablar* a otro sin que sepamos lo que dice. Hay hombres que poseen el don de *decir* mucho *hablando* poco. Puede *decirse* a un hombre de pocos alcances : *habla* poco, para no *decir* disparates» (M). ‖ *Perorar, discursear.* ‖ *Conversar, departir, platicar, conferenciar.* ‖ prnl. *Comunicarse, tratarse.*

hablilla f. *Habladuría, parlería, rumor, mentira, cuento, chisme, murmuración.*

hacedero -ra adj. *Factible, agible, realizable, *posible.*

hacer tr. *Producir, formar, fabricar, construir.* ‖ *Disponer, aderezar, arreglar, componer.* ‖ *Causar, ocasionar, motivar.* ‖ *Ejecutar, realizar, practicar.* ‖ intr. *Importar, convenir.* ‖ prnl. *Crecer, aumentar.* ‖ *Habituarse, acostumbrarse, avezarse, adaptarse.* ‖ *Fingirse, simular.*

hacienda f. *Heredad, heredamiento, predio.* ‖ *Fortuna, capital, caudal, bienes,* excepto si se trata de la hacienda pública.

hacinamiento m. *Aglomeración, amontonamiento.*

hacinar tr. *Enhacinar* (p. us.), *amontonar, aglomerar, acumular.*

1) **hacha** f. *Antorcha.*
2) **hacha** f. *Segur* es una hacha grande para cortar.

hada f. *Hechicera.*

hado m. *Destino, fortuna, fatalidad;* los nombres populares *estrella* y *sino (signo)* proceden de la Astrología.

hagiografía f. *Santoral.*

halagar tr. *Acariciar* sugiere pralte. el sentido material de hacer caricias. *Lisonjear, incensar,* es halagar con alabanzas. *Agasajar, festejar,* aluden a demostraciones exteriores de afecto, estimación o respeto; *obsequiar, regalar,* hacen pensar en dádivas o comodidades que se procuran al halagado. *Adular* se toma a mala parte, y envuelve la idea de *halagar* a una persona con fines interesados.

halago m. *Caricia, mimo, lisonja, agasajo, festejo, fiesta, adulación.*

haleche m. *Boquerón* (pez).

halieto m. *Aleto, pigargo, quebrantahuesos.*

hálito m. *Aliento.* ‖ *Vapor, emanación.*

halo m. *Cerco, corona.* ‖ *Aureola, resplandor.*

hallar tr. *Encontrar.* «La acción de *encontrar* no supone precisamente la de haber buscado lo que se encuentra; pero la acción de *hallar* supone la de haber buscado lo que se *halla.* Al pasar por la plaza he *encontrado* una procesión; a dos leguas de Madrid *encontré* el parte. Nadie diría que *halló* una procesión o el parte, a no querer dar a entender que los andaba o iba buscando. A la verdad, si decimos que el que huye por un atajo desconocido se expone a *encontrar* al enemigo, no puede dejarse de percibir mayor exactitud y propiedad en el uso del verbo *encontrar,* contra nuestra voluntad, al enemigo de quien huimos, que en el uso del verbo *hallar* al enemigo que no buscamos. Se ofrece el *hallazgo* de una cosa perdida que se busca. Hacerse *encontradizo* es hacer como que no se busca, como que la casualidad lo ofrece» (LH). *Topar* supone *encontrar* súbita o bruscamente. ‖ *Inventar.* ‖ *Averiguar, descubrir.* ‖ *Notar, observar.* ‖ prnl. *Estar, encontrarse.*

hallazgo m. *Invención, encuentro, descubrimiento,* según los matices del verbo *hallar.*

hamaquear tr. *Mecer, columpiar.*

hambre f. Serie intensiva, *apetito, gana, necesidad* (eufem.), *hambre, voracidad.* Fig. Pop. burl. *gazuza, carpanta.* ‖ fig. *Deseo, afán, anhelo, ansia.*

hambriento -ta adj.-s. *Famélico.* ‖ fig. *Deseoso, ansioso, codicioso.*

haploclamídea adj. *Monoclamídea.*

haragán -na adj.-s. *Holgazán, perezoso, tumbón, gandul, poltrón.*

harapiento -ta adj. *Andrajoso, roto, haraposo, pingajoso.*

harapo m. *Andrajo, guiñapo, pingajo.*

harem y **harén** m. *Serrallo.*

harinoso -sa adj. *Panoso, *farináceo.*

harpillera y **arpillera** f. *Halda,* la que se emplea para envolver fardos, pacas, etc.; *malacuenda; rázago.*

hartar tr. *Saciar, satisfacer.* Har-

tar con exceso, *atracar, ahitar;*
hasta padecer indigestión, *empachar, empapuciar, empapujar, empapuzar.* ‖ fig. *Fastidiar, hastiar,
cansar, aburrir.*

hartazgo m. *Panzada, tripada,
atracón, repleción, empacho.*

harto -ta adj.-s. *Repleto, ahito, lleno, saciado, satisfecho.* ‖ fig. *Cansado, fastidiado, hastiado.* ‖ adv.
Bastante, sobrado, asaz.

hastiar tr. *Fastidiar, aburrir, dar
la lata, cansar, empalagar, cargar.*

hastío m. *Repugnancia.* ‖ fig. *Disgusto, tedio, fastidio, aburrimiento, cansancio.*

hato m. *Manada, rebaño.* ‖ fig. *Pandilla, gavilla, cuadrilla, hatajo.*

1) **haz** m. *Fajo.* Aunque su empleo
varía según las regiones, el *haz*
suele ser más grande que el *fajo.*
Por esto se dice preferentemente
fajo tratándose de papeles, cartas,
billetes de banco, etc., y *haz* de
leña, de hierba. *Gavilla; mostela,*
poco usado.

2) **haz** f. *Cara, rostro, faz.* ‖ *Anverso.*

hazaña f. *Proeza, heroicidad.*

hebdomadario -ria adj. *Semanal.* ‖
adj.-s. *Semanario.*

hebraísmo m. *Judaísmo.*

hecatombe f. *Sacrificio, inmolación.*
‖ *Matanza, mortandad, carnice-
ría.*

hechicería f. *Magia, brujería, encantamiento.* ‖ *Hechizo, sortilegio.*

hechicero -ra adj.-s. *Jorguín -na,* de
uso esp. en las prov. del N. (vasc.
sorgina). *Brujo -ja* connota feal-
dad física e intervención dia-
bólica. *Mago, mágico y encantador* van asociados a la idea de
ciencia o sabiduría de lo oculto.
Nigromante, nigromántico, se refieren a la evocación de los muer-
tos o a la magia negra. *Hada* no
es persona humana, sino ser sobrenatural femenino; connota hermosura (aunque transitoriamente puede adoptar apariencias
feas), y su influencia es siempre
benéfica. ‖ fig. *Fascinador, seductor, encantador.*

hechizar tr. *Encantar, embrujar.* ‖
fig. *Cautivar, seducir, embelesar,
fascinar.*

hechizo m. *Encantamiento, sortilegio, embrujo.* Si es dañino, *maleficio.* Dentro del concepto general de *hechizo* se hallan numerosas formas particulares, como
aojamiento, bebedizo, filtro, etc.
‖ fig. *Atractivo, encanto, seducción, fascinación.*

hecho m. **Acción, acto, obra.* ‖
**Acontecimiento, suceso, caso,
acaecimiento.*

hecho -cha adj. *Perfecto, acabado,
cumplido.* ‖ (v. *Hacerse).

hechura f. *Disposición, figura, forma.* ‖ *Confección.*

heder intr. *Apestar.* ‖ fig. *Enfadar,
cansar, molestar.*

hediondez f. *Hedor, fetidez, peste,
pestilencia.*

hediondo -da adj. *Fétido, apestoso.*
‖ fig. *Sucio, repugnante, obsceno.* ‖ *Molesto, enfadoso.*

hedor m. *Fetor,* p. us.; *hediondez,
fetidez, peste, pestilencia.*

helado -da adj. *Glacial, gélido* (lit.),
congelado. ‖ *Frío, yerto, tieso.*
‖ fig. *Suspenso, atónito, pasmado, estupefacto, sobrecogido.* ‖
m. *Sorbete.*

helar tr. *Congelar.* ‖ fig. *Pasmar,
sobrecoger.*

helénico -ca adj. *Griego.*

helenio m. *Énula campana, hierba del ala, raíz del moro.*

helenismo m. *Grecismo, greguismo.*

helenizar tr. *Grecizar.*

heleno -na adj.-s. [pers.] *Griego.*

helero m. *Glaciar.*

helvecio -cia y **helvético -ca** adj.-s.
[pers.] *Suizo.*

hematíe m. *Eritrocito, glóbulo rojo.*

hematites f. *Oligisto rojo.*

hemisférico -ca adj. *Semiesférico.*

hemisferio m. *Semiesfera.*

hemorroide f. *Almorrana.*

henchir tr. **Llenar, rellenar, colmar.* ‖ prnl. *Hartarse, llenarse.*

hender tr.-prnl. *Agrietar, abrir, rajar, resquebrajar.* ‖ fig. *Atravesar, cortar.*

hendidura f. *Grieta, quiebra, hendedura, rendija, raja, resquebradura, resquebrajadura. Fisura* es
tecnicismo.

hepatita f. *Baritina.*

heptasílabo -ba adj.-s. *Septisílabo.*

heraldo m. *Faraute.* ‖ fig. *Mensajero, adalid.*

heredad f. *Heredamiento, predio,
hacienda, finca rústica.*

herejía f. *Heterodoxia.*

herén f. *Yeros.*

herir tr. *Golpear, batir, percutir,
contundir, pegar, dar.* ‖ *Pulsar,
tocar.* ‖ *Lesionar.* ‖ fig. *Lastimar,
agraviar, ofender.*

hermafrodita adj. H. NAT. *Bisexual,
bisexuado.*

hermanar tr. *Unir, uniformar, armonizar.*

hermandad f. *Fraternidad, confraternidad.* ‖ *Cofradía, congregación.* ‖ *Gremio, sindicato.* ‖ *Mutualidad.*

hermoso -sa adj. *Bello* es voz culta que se aplica pralte. en sus
aceps. abstractas : *Bellas* Artes;
el sentimiento de lo *bello; hermoso* se aplica preferentemente
a lo concreto, y es de uso más
gral. en la lengua médida. En el
habla popular, el calificativo más
usado es *bonito,* y con él se sustituye a *bello* y *hermoso;* tratándose de personas, la palabra
más usual es *guapo. Lindo, gra-*

cioso, precioso, magnífico, encierran matices esp.; *venusto* se aplica al cuerpo de la mujer.

hermosura f. **Belleza.*

hernia f. *Potra* (vulg.), esp. la inguinal; *quebradura, relajación.*

hernioso -sa adj.-s. *Herniado; potroso,* vulg.; *quebrado.*

hernista m. *Potrero,* vulg.

héroe m. *Protagonista.* ‖ Refiriéndose a la antigüedad clásica, *semidiós.*

herpe m. Es frecuente, sobre todo como tecn., denominarlo con el nominativo latino *herpes.*

herradero m. *Hierra, hierre,* el primero muy us. en América, el segundo en Andalucía.

herreruelo m. (pájaro). *Cerrojillo, cerrojito.*

herrete m. *Cabete.*

herrumbre f. *Orín, herrín, robín, rubín, moho.* ‖ **Roya.*

hervidero m. *Muchedumbre, multitud, abundancia.*

hervor m. *Ebullición,* térm. culto, de uso pralte. científico. ‖ fig. *Ardor, fogosidad.*

hervoroso -sa adj. *Impetuoso, ardoroso, fogoso, ardiente.*

hesitación f. **Perplejidad, vacilación, irresolución, indecisión.*

hesitar intr. p. us. *Dudar, *vacilar.*

Hespérides f. pl. *Pléyades.*

hético -ca adj.-s. *Tísico.* ‖ *Flaco, débil, extenuado.*

hexagonal adj. *Sexagonal.*

hexágono -na adj.-s. *Seisavo, sexángulo.*

hez f. *Lía,* gralte. en pl.: las *lías* del vino; *pie, zupia, madre, solera,* esp. del vino; **sedimento; turbios,* esp. del aceite.

hibernés -sa adj.-s. *Irlandés; hibérnico* e *hibernés* son voces doctas que sólo se aplican con referencia a la antigua Irlanda (Hibernia).

híbrido -da adj. En rigor, *híbrido* es el que procede de dos especies distintas (como el mulo), y *mestizo,* de dos variedades o razas de la misma especie.

hidalgo -ga m. f. *Noble, hijodalgo.* ‖ adj. *Generoso, caballeroso, distinguido.*

hidrargirio m. *Azogue, mercurio.*

hidrato m. QUÍM. *Base, hidróxido.*

hidroavión m. *Hidroplano.*

hidrofobia f. *Rabia.*

hiel f. *Bilis.* ‖ fig. *Amargura, pena, aflicción, disgusto.*

hierbabuena f. *Hierba santa,* y más corrientemente, *menta.*

hierra y **hierre** f. y m. *Herradero.*

higiene f. *Profiláctica.*

hijo -ja m. f. fig. *Descendiente, natural, originario, nacido.* ‖ *Resultado, consecuencia, fruto, producto.* ‖ *Rebrote, retoño, renuevo.*

hiladillo m. *Rehiladillo.*

hilera f. *Fila, hila* (p. us.); si se trata de personas que esperan vez, *cola.*

hilván m. *Basta y baste,* p. usados.

hincar tr. *Clavar, plantar.* En la lengua antigua, *fincar.*

hincha f. **Antipatía, ojeriza, enemistad, odio.*

hinchado -da adj. *Finchado, vanidoso, vano, presumido, presuntuoso, infatuado.* ‖ *Hiperbólico, afectado, pomposo, opado, redundante.*

hinchar tr. *Inflar, soplar.* ‖ fig. *Exagerar, extremar.* ‖ prnl. *Envanecerse, fincharse, engreírse, ensoberbecerse, infatuarse.*

hiniesta f. *Retama, ginesta.*

hinojo marino m. *Empetro, perejil de mar o marino.*

hipar intr. *Gimotear, lloriquear.*

hipérbaton m. *Transposición.* Cuando es extremadamente violento se llama *anástrofe.*

hipérbole f. RET. En el habla corriente, *exageración, ponderación, andaluzada.*

hiperbóreo -a adj. *Ártico.*

hiperclorhidria f. MED. *Acedía, acidez.*

hipermetría f. *Cabalgamiento, encabalgamiento.*

hipertono m. FÍS. *Armónico.*

hípico -ca adj. **Caballar.*

hipnótico -ca adj.-s. MED. *Somnífero.*

hipnotizar tr. *Magnetizar.*

hipocampo m. *Caballo de agua, de mar o marino.*

hipocresía f. *Fingimiento, ficción, simulación, doblez, fariseísmo.*

hipócrita adj.-s. *Engañoso, disimulado, tartufo, falso; farisaico y fariseo,* esp. si finge piedad o austeridad.

hipodérmico -ca adj. *Subcutáneo.*

hipófisis f. *Cuerpo pituitario, glándula pituitaria.*

hipopótamo m. *Caballo de agua.*

hipotaxis f. GRAM. *Subordinación.*

hipotecar tr. **Empeñar, gravar.*

hipótesis f. *Suposición, supuesto, presunción, *conjetura.*

hipsometría f. *Altimetría.*

hirco m. *Cabra montés.*

hirsuto -ta adj. *Erizado, híspido.* ‖ fig. Aplicado a personas, *áspero, intratable.*

hisopillo m. (planta). *Morquera.*

histerismo m. *Mal de madre.*

histórico -ca adj. *Averiguado, cierto, verdadero, positivo, seguro.*

histrión m. **Actor, representante, cómico, comediante.*

hito m. *Coto, mojón, poste, muga, muñeca, pilón, señal, término.*

hocicar tr. *Hozar.* ‖ desp. *Besuquear.*

hocico m. *Morro, jeta.* ‖ desp. *Cara.*

hocicón -na, hocicudo -da adj. *Bezudo, morrudo, picudo.*

hocino m. *Honcejo.*

hogar m. fig. *Casa, domicilio, lar, fuego, humo:* en esta aldea hay ochenta *fuegos* o *humos.*

hoguera f. *Candelada,* p. us. En las máquinas, *hogar,* tanto si arden con llama como sin ella.

hoja f. La *hoja* de papel en un libro o manuscrito, *folio;* de madera o metal, *chapa, lámina.* ‖ fig. *Espada.*

hojalata f. *Lata* u *hoja de lata.*

holandés -sa adj.-s. [pers.] *Neerlandés.*

holandeta, holandilla f. *Mitán.*

holgado -da adj. *Ancho, desahogado, espacioso.* ‖ *Desocupado, ocioso.*

holganza f. *Descanso, quietud, reposo.* ‖ *Ociosidad, holgazanería, pereza, poltronería.* ‖ *Placer, regocijo, gozo, contento.*

holgar intr. *Descansar, reposar, tomar aliento.* ‖ *Sobrar.* ‖ prnl. *Alegrarse, contentarse, regocijarse, gozarse.* ‖ prnl. *Divertirse, entretenerse.*

holgazán -na adj.-s. *Perezoso, poltrón, gandul, maltrabaja, pamposado, galbanero, harón* (p. us.), *haragán, vago, tumbón.* Exprs. atenuadas: *indolente, negligente, remiso, remolón.*

holgazanear intr. *Gandulear, haraganear, vaguear.*

holgazanería f. **Pereza, desidia, ociosidad, haraganería, gandulería.*

holgorio m. *Jolgorio, regocijo, fiesta, jarana, diversión, bullicio, juerga.*

holgura f. *Anchura, amplitud, desahogo, comodidad.*

holocausto m. *Sacrificio.*

holoturia f. *Cohombro de mar.*

hollar tr. *Pisar, pisotear; conculcar* es término literario, y no se usa en sentido material. Se *conculca* una ley y se *pisa* o *huella* un terreno. ‖ fig. *Abatir, humillar, atropellar, menospreciar.*

hombradía f. *Hombría, entereza, valor.*

hombre m. *Especie humana, género humano, humanidad.* «Las cuatro voces se aplican a la totalidad de seres racionales; pero hay en sus respectivas aplicaciones muy notables diferencias. Cuando decimos de un modo general *el hombre,* consideramos un ser dotado de ciertas facultades, de ciertos derechos y de ciertas relaciones, y así decimos: los derechos *del hombre,* el dominio *del hombre* sobre la naturaleza. Cuando decimos *la especie humana,* entendemos una fracción del reino animal, y tenemos a la vista sus analogías o sus anomalías con respecto a las otras especies; por ejemplo: la *especie humana* se acomoda a todos los climas. Cuando decimos *género humano* y *humanidad,* aludimos a la parte más noble y elevada de la creación, a la que domina la tierra por su inteligencia y por su voluntad. Sin embargo, *humanidad* es voz más filosófica, más abstracta y más poética que *género humano;* tiene más relación con los sentimientos nobles y generosos. La Escritura dice: "todo *hombre* miente", y no toda la *humanidad,* ni toda la *especie humana,* ni todo el *género humano.* Decimos: "el *hombre* es el más desnudo de los animales"; o "de todas las *especies* de animales, la *humana* es la más desnuda", en cuyos casos no diremos el *género humano* ni la *humanidad.* Podemos decir: "La filosofía fue un gran paso dado por la *humanidad* o por el *género humano*"; pero no diremos que el *género humano,* sino la *humanidad,* clamaba por la abolición de la tortura» (M). ‖ *Varón.*

hombría de bien f. *Probidad, integridad, honradez.* «La *hombría de bien* consiste en el exacto cumplimiento de la obligación moral. La *probidad* es una *hombría de bien* probada, y que resiste a todo impulso externo, como la seducción, el interés y la amenaza. La *integridad* es una *probidad* escrupulosa, severa, producto de una resolución meditada y firme. La *honradez* apoya el cumplimiento de los deberes en el honor, y teme que lo contamine la menor mancha. La *hombría de bien* es lo menos que puede exigirse del miembro de una sociedad morigerada. La *probidad* es indispensable en el ejercicio de cargos de responsabilidad y delicadeza. La *integridad* fortalece la conducta irreprensible con el convencimiento y el raciocinio. La *honradez* participa del carácter de un tributo que pagamos a la opinión de nuestros semejantes» (M).

homenaje m. *Pleito homenaje.* ‖ *Sumisión, acatamiento, respeto, veneración.* ‖ *Celebración, exaltación.*

homomorfismo m. *Isomorfismo.*

hondero m. *Pedrero.* Entre los romanos, *fundibulario.*

hondo -da adj. *Profundo.* «La idea fundamental de la significación de estas dos voces es la concavidad o, más bien, el desnivel en sentido inferior; pero *profundo* no se aplica a los objetos pequeños, y así no decimos un plato *profundo*, sino un plato *hondo*. El fondo de lo *profundo* dista más del nivel superior que el de lo *hondo*. La concavidad absoluta no basta para constituir la *profundidad*» (M). ‖ fig. *Recóndito, arcano, misterioso, abstruso*. ‖ Tratándose de sentimientos, *intenso, extremado*. ‖ m. *Fondo, hondón*.

hondura f. *Profundidad*.

honestidad f. *Decencia, decoro, honra*. ‖ *Recato, pudor, castidad*.

honesto -ta adj. *Decente, decoroso*. ‖ *Recatado, pudoroso, púdico, casto*. ‖ *Honrado, íntegro*. ‖ *Recto, justo, equitativo, razonable*.

hongo m. *Seta*.

honor m. *Honra*. «El *honor* es independiente de la opinión pública; la *honra* es, o debe ser, el fruto del *honor*, esto es, la estimación con que la opinión pública recompensa aquella virtud. Mostró el *honor* que tenía. Un hombre de *honor* es la *honra* de su familia. Se hereda el *honor*, y no la *honra*; ésta se funda después, en las acciones propias y en el concepto ajeno. Se *honra*, y no se *da honor*. El favor puede *honrar*, pero no restituir el *honor* al que una vez lo ha perdido» (LH). «*Honor, pundonor, honra*. El *honor* consiste en un sentimiento de que el hombre se halla animado, en la conducta que se traza, en los principios que le sirven de norma en sus operaciones. El *pundonor* es el esmero con que procura mantener ileso el *honor*. La *honra* depende de la opinión de los otros hombres. El *honor* es una propiedad que no puede arrancarnos la acción extraña. El hombre de *honor* no permite que se le quite la *honra*. El *pundonor* es todavía más delicado que el *honor* mismo: es la manifestación externa del *honor*, y consiste más bien en las acciones que en los sentimientos. Se quita la *honra* a un hombre atribuyéndole una acción villana; se ofende su *honor* proponiéndosela; la indignación con que la rechaza es hija del *pundonor*» (M). Entre los matices que reflejan la estimación social, figuran: *renombre, reputación, fama, gloria*; en la lengua clásica, *opinión*. ‖ *Honestidad, recato, castidad*. ‖ *Distinción, cargo, dignidad, empleo*. ‖ m. pl. *Ceremonial, agasajo*; p. ej.: le rindió honores una compañía de infantería; hacía los honores la dueña de la casa.

honorario -ria adj. *Honorífico*. To-

do lo que es *honorario* es *honorífico*, es decir, da honor. El cargo de presidente *honorario* de una sociedad es un cargo *honorífico*; pero un nombramiento para una dignidad elevada, una condecoración, son *honoríficos*, aunque no sean *honorarios*. *Honorario* es, pues, una especie dentro del género *honorífico*. ‖ m. pl. *Sueldo, gajes, *paga, emolumentos, estipendio*.

honorífico -ca adj. **Honroso*. ‖ **Honorario*.

honra f. **Honor, pundonor*. ‖ *Honestidad, recato, castidad*. ‖ *Reputación, renombre, fama, gloria*.

honradez f. **Hombría de bien, probidad, integridad, rectitud*.

honrado -da adj. *Probo, íntegro, recto, leal, hombre de bien*. ‖ *Apreciado, estimado, respetado, venerado, enaltecido*.

honrar tr. *Respetar, venerar*. ‖ *Enaltecer, distinguir, favorecer, realzar, ensalzar*.

honroso -sa adj. *Decoroso, decente, honesto*. ‖ *Honorífico*. «*Honroso* es lo que abunda en honra; *honorífico* lo que la da. Esta distinción está conforme con la composición y la etimología de las voces; porque la terminación *-oso* indica abundancia, como *bondadoso*, abundante en bondad; *malicioso*, abundante en malicia... Los hechos son *honrosos* y las distinciones son *honoríficas*. La conducta y las acciones *honrosas* se premian con distinciones *honoríficas*» (M).

hontanar m. **Manantial, fontanar, venero*.

horadar tr. *Agujerear, horadar y taladrar*, si se trata de objetos, muebles, paredes; *perforar* se usa como voz culta, tecn. médico, o tratándose de cosas grandes: la herida ha *perforado* el intestino; *perforar* una montaña para abrir un túnel.

horca f. *Horcón, horqueta, horquilla*. ‖ *Ristra*.

horma f. *Molde*. ‖ *Albarrada*.

hormigón m. *Calcina*, p. us.; *concreto; mazacote; derretido; nuégado, garujo*.

hormigos m. pl. *Nuégado*.

hormiguear intr. *Gusanear, bullir, pulular, agitarse, moverse*.

hormiguillo m. *Cosquilleo, picazón*.

hornazo (v. *hornacho*) m. *Mona*, en And., Levante y Cataluña.

hornillo m. MIN. *Recámara*.

horóscopo m. El *horóscopo* es la observación que hacían los astrólogos del estado del cielo al nacer una persona, para predecir su porvenir. Denota, pues, una forma particular de *predic-*

ción, pronóstico, vaticinio, augurio, adivinación, profecía.

horrendo -da adj. *Horrible, horroroso, hórrido, horripilante, espantoso, pavoroso, monstruoso.*

hórreo m. **Granero, troj.*

horrible adj. *Horrendo, horroroso,
hórrido, horripilante, espantoso,
pavoroso, monstruoso.*

horripilar tr. *Horrorizar, espantar,
aterrar.*

horro -rra adj. *Manumiso, liberto.*
‖ *Libre, desembarazado.*

horror m. *Aversión, repulsión, fobia.* ‖ *Espanto, pavor, terror,
consternación.*

horrorizar tr. *Espantar, horripilar,
aterrar, consternar.*

horroroso -sa adj. *Repugnante, repulsivo, feísimo, monstruoso.* ‖
*Horrible, horrendo, horripilante,
hórrido, espantoso, pavoroso, aterrador.*

hortelano -na m. f. *Huertano,* preferido en algunas regiones (Murcia). Como nombre técnico o
culto, *horticultor.*

hortera f. *Dornillo.*

hosco -ca adj. *Ceñudo, fosco, áspero, intratable, huraño.*

hospedaje m. *Alojamiento, albergue, posada.* Para las diferentes
clases de hospedajes, v. **Fonda.*

hospedar tr.-prnl. *Alojar(se), al-
bergar(se), aposentar(se), posar,*
intr., ant.

hostelero -ra m. f. *Posadero, mesonero, hotelero, fondista.* En la
lengua clásica, *huésped.*

hostería f. *Posada, mesón, parador,
hostal, *fonda.*

hostia f. *Forma;* después de la con-
sagración, *sagrada forma, pan
eucarístico.*

hostigar tr. *Azotar, fustigar, mosquear, picar.* ‖ *Perseguir, hostilizar, molestar, acosar.*

hostil adj. *Adversario, contrario,
enemigo.*

hostilidad f. *Enemistad, enemiga,
oposición.* ‖ *Agresión, ataque,
acometida.*

hostilizar tr. *Molestar, hostigar,
perseguir.* ‖ *Acometer, atacar.*

hotel m. **Fonda.*

hoya f. *Hoyo,* comúnmente más
pequeño que la *hoya.* ‖ *Sepultura, fosa, huesa.*

hoz f. *Segadera, segur.*

hozar tr. *Hocicar.*

hucha f. *Alcancía, vidriola, ladronera, olla ciega.*

hueco -ca adj.-s. *Cóncavo, vacío.*
«Si *hueco* es lo *cóncavo* o *vacío*
por dentro, habremos de considerar como sinónimas estas tres
voces; pero *cóncavo* y *hueco* de
ningún modo parece que se pueden mirar como tales; porque
la primera de estas calidades es
una circunstancia propia del

cuerpo, y la segunda es puramente una negación de su solidez, sea la figura la que fuese.
Y así un cuerpo cuyas superficies interiores sean planas, podrá
estar *hueco* sin ser *cóncavo.* Lo
vacío parece distinguirse menos
de la idea que representa la voz
hueco. Veamos cuál puede ser
la diferente propiedad y extensión de estas dos voces. *Vacío*
supone una negación accidental
de aquellas cosas que el cuerpo
suele o puede contener, y no
contiene actualmente. *Hueco* supone una negación positiva, no
precisamente de aquellas cosas
que puede contener el cuerpo,
distintas de la materia o materias de que se compone, sino
de aquella parte del mismo cuerpo que falta en lo interior de
él para constituirle sólido. Es
hueca la bola de un campanario, porque está construida de
un modo que no tiene más materia que la que basta para formar su superficie esférica. Está
vacío un jarro cuando no tiene
dentro licor alguno. *Hueco* tiene
relación al espacio; *vacío* prescinde del espacio, y sólo hace relación a lo que no contiene
el cuerpo. Una vejiga *hueca,* deja de serlo si se la priva de su
extensión y capacidad, aplastán-
dola, comprimiéndola, retorcién-
dola o de otro modo; pero no
deja de estar *vacía* de cualquier
modo y en cualquiera figura o
disposición que se halle» (LH).
‖ *Mullido, esponjoso.* ‖ fig. *Presumido, vano, fatuo, presuntuoso, orondo.* ‖ *Afectado, hinchado.* ‖ *Retumbante, rimbombante.*
‖ m. *Discontinuidad, interrupción, laguna.* ‖ m. *Vacante.*

huelgo m. *Aliento, resuello, respiración.* ‖ *Holgura, anchura, desahogo.*

huelveño -ña adj.-s. [pers.] *Onu-
bense.*

huella f. *Estampa, holladura, pisada, patada, vestigio, señal, *indicio. Rastro y pista* denotan el
conjunto de *huellas* o *indicios*
con que se va siguiendo el camino recorrido por personas o
animales.

huemul m. Chile. *Güemul.*

huérfano -na adj.-s. *Pupilo* designa al *huérfano* respecto de su
tutor. ‖ fig. *Desamparado, solo.*

huertano -na adj.-s. **Hortelano.*

huesa f. *Sepultura, fosa, hoya, hoyo.*

huesoso -sa adj. *Óseo,* culto y técn.

huesudo -da adj. *Osudo.*

hueva f. *Ovas.*

huevera f. (en las aves). *Madrecilla.*

huevo de pulpo m. *Liebre marina.*

huida f. *Fuga, evasión.*

huir intr.-prnl. *Volver el rostro, escapar, fugarse, evadirse; largarse* (fam. o irón.), *tocárselas* (íd. íd.); *tomar soleta, tomar las de Villadiego* (ambos irón.); *entre soldados, chaquetear* (burl.). «No siempre *escapa* el que *huye*. Huir sólo explica la fuga; *escapar* añade a la idea de la fuga la del logro de su objeto. Si no se alcanza o se detiene al que *huye*, se *escapa* sin remedio. Al ir a prenderle, se les *huyó*; le siguieron, pero al fin se les *escapó*» (LH). ‖ intr.-tr. *Apartarse, evitar, rehuir, esquivar, eludir.*

humanidad f. *Género humano, especie humana, *hombre.* ‖ *Benignidad, benevolencia, compasión, piedad, misericordia, caridad, filantropía.* ‖ f. pl. *Bellas letras, Buenas letras, Literatura, Humanismo.*

humanizarse prnl. *Humanarse.* ‖ fig. *Ablandarse, desenojarse, suavizarse, dulcificarse.*

humano -na adj. fig. *Benigno, benévolo, compasivo, generoso, caritativo, misericordioso.*

humeral adj. *Banda, cendal, paño de hombros.*

humildad f. **Modestia.*

humilde adj. *Dócil, obediente, sumiso.* ‖ *Modesto, oscuro, pobre.*

humillante adj. *Degradante, depresivo, vergonzoso.*

humillar tr. *Someter, abatir, doblegar, sojuzgar, rebajar, degradar, avergonzar.*

humor m. *Genio, índole, condición, carácter,* denotan un complejo de cualidades permanentes en una persona. El *humor* y el *temple* denotan una disposición de ánimo que puede ser permanente o variable. Un hombre de *genio* o *carácter* bondadoso y apacible puede estar un día de mal *humor* o de mal *temple*, y sorprendernos con asperezas que contradicen su *índole* o *condición*; o bien, una persona intratable nos acoge con amabilidad inesperada en un momento de buen *humor*. ‖ *Humorismo* o *sentido del humor*, en el carácter y en las Bellas Artes.

humorada f. *Antojo, capricho, fantasía, extravagancia, ventolera.*

humos m. pl. fig. *Vanidad, *envanecimiento, engreimiento, altivez, *soberbia.*

hundir tr. *Sumir, meter, clavar.* ‖ *Confundir, avergonzar, vencer.* ‖ *Destruir, arruinar, derribar, destrozar.*

huracán m. *Ciclón;* en el mar de la China, *tifón;* en el golfo de Guinea, *tornado.*

huraño -ña adj. *Furo, arisco, esquivo, hosco, insociable.* Cuando esta cualidad llega a ser una aversión al género humano, *misántropo.*

hurgar tr. *Menear, remover, manosear.* ‖ fig. *Incitar, pinchar, atizar, excitar, conmover.*

huronear tr. *Fisgar, fisgonear, husmear, escudriñar, curiosear.*

hurtar tr. *Gatear, soplar, limpiar, quitar, sustraer. Hurtar* es menos delictivo que *robar;* el *robo,* en el derecho penal, supone fractura, escalamiento u otra violencia material. ‖ *Plagiar, soplar, limpiar.* ‖ *Desviar, apartar, separar, evitar.*

husada f. *Mazorca.*

husmear tr. fig. *Olfatear, oler, oliscar.* ‖ *Indagar, escudriñar, fisgar, fisgonear, curiosear, huronear.*

I

icnografía f. *Ignografía.*
icor m. MED. *Sanie, sanies.*
icoroso -sa adj. *Sanioso -sa.*
ictericia f. *Morbo regio; aliacán* (p. us.).
ictiófago -ga adj.-s. *Piscívoro.*
idea f. *Concepto, representación, imagen.* ‖ *Opinión, juicio, noción.* «La *noción* es una *idea* imperfecta y vaga; es el rudimento de la *idea.* La *noción* se convierte en *idea* por medio de la atención. La lectura rápida de una obra no da más que *nociones* sobre su contenido. No es éste el modo de adquirir *ideas*» (M). ‖ *Plan, proyecto, designio, intención, propósito.* ‖ *Ingenio, inventiva, imaginación.* ‖ *Doctrina, creencia, razonamiento.* ‖ *Manía, obsesión, tema, capricho.*
ideal adj. *Perfecto, sublime, elevado, excelente, puro, ejemplar.* ‖ m. *Modelo, prototipo, arquetipo.* ‖ *Deseo, ilusión, ambición, sueño.*
idear tr. *Inventar, imaginar, discurrir, trazar, proyectar.*
idéntico -ca adj. *Igual, equivalente.*
identidad f. *Igualdad, equivalencia.* ‖ *Autenticidad.*
ideología f. *Ideario.*
idioma m. *Lengua, lenguaje, habla.*
idiosincrasia f. *Índole, temperamento, *carácter. Idiosincrasia* es tecnicismo usado en MED. y FISIOL., e indica *peculiaridad* o *particularidad* individual.
idiota adj.-s. *Imbécil.* ‖ *Estúpido, tonto, bobo, necio.*
idolatría f. *Fetichismo, paganismo.* ‖ fig. *Adoración, veneración, culto.*
idoneidad f. **Aptitud, capacidad, disposición, competencia, suficiencia.* ‖ *Conveniencia, adecuación.*
idóneo -a adj. *Apto, capaz, dispuesto, competente, suficiente.* ‖ **Conveniente, adecuado.*
idumeo -a adj.-s. [pers.] *Edomita.*
iglesia f. *Congregación, comunidad.* ‖ *Secta.* ‖ *Templo.*
ignición f. *Combustión, incandescencia.*

ignominia f. *Oprobio, deshonra, afrenta, deshonor, *infamia.*
ignorante adj.-s. *Ignaro, nesciente,* lits.; *lego, iletrado* e *iliterato* se circunscriben a significar falto de cultura. *Profano,* el que es ajeno a una ciencia o doctrina determinada.
ignorar tr. *Desconocer.* ‖ *Desentenderse* de una persona o cosa, *pasar por alto* deliberadamente.
ignoto -ta adj. **Desconocido, ignorado, incógnito.*
igual adj. Tratándose de la forma, *uniforme;* de valor o cantidad, *equivalente;* de naturaleza o aspecto, *idéntico;* de calidad, categoría o clase social, *par. Par, parejo, parigual, igual* e *idéntico* puede usarse intens. para denotar una gran semejanza (v. **Semejante*). Las formas prefijas gr. *homo-* e *iso-* se emplean en numerosas voces cultas; por ej.: *homogéneo, homónimo, isotermo, isomorfismo.* ‖ *Llano, unido, plano.* ‖ *Constante, invariable, regular.*
iguala f. *Conducta,* en Aragón y otras regiones.
igualar tr. *Equiparar, equilibrar, compensar.* ‖ *Allanar, aplanar, explanar, nivelar.*
igualdad f. Tratándose de cantidades o valores, *equivalencia;* de forma, *uniformidad;* de calidad, categoría o clase social, *paridad.* ‖ La *igualdad* en el temple o disposición del ánimo equivale a *ecuanimidad.* ‖ Hablando del sentimiento de justicia, *equidad* o **justicia distributiva,* que consiste en dar a cada uno lo suyo; *imparcialidad.*
igualmente adv. m. *Indistintamente, por igual.* ‖ *También, asimismo.*
ijada f. *Vacío.*
ilación f. *Inferencia, *consecuencia.* ‖ *Trabazón, nexo, conexión, coherencia.*
ilegal adj. **Ilícito, ilegítimo, prohibido.*

ilegible adj. *Indescifrable, ininteligible.*

ilegítimo -ma adj. Tratándose de personas, v. **Bastardo.* Si se trata de productos, *falsificado, adulterado, mistificado, fraudulento.* En general, *ilícito, ilegal.*

íleo m. *Volvo, vólvulo.*

ileso -sa adj. **Indemne, incólume, intacto.*

ilicírreo -a adj.-s. BOT. *Aquifoliáceo.*

ilícito -ta adj. *Indebido; ilegal* es sólo contrario a la ley. Puede haber acciones moralmente *ilícitas* o *indebidas* sin ser precisamente *ilegales.* Lo *ilícito* se refiere sólo a las acciones; lo *prohibido,* lo *ilegal* y lo *ilegítimo* comprenden las acciones y las cosas. Antes de que las leyes declarasen que los tóxicos son artículos *prohibidos* o *ilegales,* la conciencia recta consideraba *ilícito* su comercio.

ilimitado -da adj. *Indefinido, indeterminado.* ‖ *Incalculable, infinito.*

iliterato -ta adj. *Iletrado.*

ilota com. **Esclavo, siervo.* El *ilota* era el *esclavo* entre los lacedemonios; hoy se usa p. ext. como equivalente de *esclavo,* o aludiendo a la Antigüedad.

iluminar tr. **Alumbrar.* ‖ *Ilustrar, esclarecer, *aclarar.* ‖ *Inspirar.*

ilusión f. *Alucinación, deslumbramiento, desvarío, delirio, confusión.* ‖ *Quimera, sueño, engaño, ficción.*

ilusionar tr. *Engañar, seducir, atraer, encandilar, deslumbrar.*

iluso -sa adj. *Engañado, seducido, cándido, soñador.*

ilusorio -ria adj. *Aparente, quimérico, engañoso, ficticio, falso.*

ilustración f. *Esclarecimiento, aclaración, explicación, comentario, exégesis.* ‖ *Instrucción, civilización, cultura.* ‖ *Estampa, lámina, grabado, figura.*

ilustrado -da adj. *Docto, instruido, culto, erudito, sabio, letrado.*

ilustre adj. *Linajudo, noble, esclarecido, blasonado.* ‖ *Insigne, célebre, renombrado, prestigioso, ínclito, egregio, eximio.*

imagen f. *Figura, retrato, reproducción, representación;* tratándose de personas, *efigie.* ‖ *Idea, símbolo, figura* (RET.). ‖ *Semejanza.*

imaginación f. *Fantasía.* «La *imaginación* es la facultad por medio de la cual combinamos los hechos naturales en un orden distinto de la realidad. La *fantasía* es esta misma facultad aplicada a objetos que no existen en la naturaleza. El enfermo *imaginario* es el que se figura padecer males que no siente; el poeta *fantástico* es el que crea monstruos, gigantes, seres puramente ideales. Virgilio, en los amores y en la muerte de Dido, y Cervantes en la pintura del carácter de su héroe, hicieron uso de la *imaginación;* pero el primero en la descripción del Averno, y el segundo en la de la cueva de Montesinos, ostentaron gran vigor de *fantasía*» (M).

imaginar tr. *Representar(se), crear, inventar, forjar.* ‖ *Presumir, sospechar, suponer, conjeturar.*

imaginario -ria adj. *Irreal, ficticio, inventado, fabuloso.*

imán m. *Piedra imán, calamita, caramida, magnetita.* ‖ fig. *Atractivo.*

imbécil adj. *Idiota, alelado, tonto, estúpido, estólido, estulto, bobo.*

imbecilidad f. *Idiotez, alelamiento, estulticia, estupidez, tontería, bobería.*

imberbe adj. *Lampiño, barbilampiño.*

imbuir tr. *Infundir, persuadir, inculcar.*

imitar tr. *Seguir: seguir* o *imitar* a los clásicos. *Remedar* y *contrahacer* sugieren gralte. imitación imperfecta o falsificada. *Plagiar, copiar,* tratándose de escritos u obras literarias.

imitativo -va, imitatorio -ria adj. Cientif. culto, *mimético.*

impaciencia f. *Desasosiego, inquietud, intranquilidad, ansiedad.*

impacientar tr.-prnl. *Desasosegar, inquietar, intranquilizar, irritar.* En su uso prnl. y fam.: *quemarse, desesperarse, pudrirse, repudrirse,* todos intensivos.

impaciente adj. *Malsufrido.*

impanación f. *Empanación.*

impar adj. *Sin par, sin igual, sin segundo.* ‖ *Non.*

imparcial adj. *Recto, justo, equitativo.*

imparcialidad f. *Equidad, igualdad, justicia, rectitud.*

impartir tr. **Repartir, compartir.*

impasible adj. *Imperturbable, indiferente, insensible.*

impávido -da adj *Imperturbable, sereno, impertérrito.* ‖ *Denodado, valiente, arrojado.* ‖ Amér. Merid. *Fresco, descarado, sinvergüenza, cara dura.*

impedido -da adj.-s. *Imposibilitado, tullido, paralítico, baldado.*

impedimento m. **Estorbo, *obstáculo, dificultad, traba.*

impedir tr. *Estorbar, imposibilitar, embarazar, dificultar, obstaculizar, empecer, embargar.* «*Impedir* supone un obstáculo directo. *Estorbar* supone, con más propiedad, un obstáculo indirecto,

IMPELER 202

y no pocas veces una mera dificultad o embarazo. El padre *impide* con su autoridad que su hijo salga de casa. La compañía de un amigo suele *estorbar* a veces que hagamos nuestra voluntad. Muchas son las leyes que se han promulgado en todas partes para *impedir* los desafíos; pero la loca presunción del amor propio, a que damos impropiamente el nombre de honor, ha *estorbado* en todos tiempos el logro de las prudentes ideas de los legisladores. Un cuerpo opaco interpuesto entre los ojos y el objeto, *impide* el verle; una niebla no lo *impide*, pero *estorba* para verle bien. Los grillos no *impiden* el andar, pero *estorban*» (LH). «Se *impide* antes de empezar la acción; se *estorban* su consumación y su progreso. La falta de recursos le *impide* viajar. *Estorban*, para viajar, las dificultades del camino. Las mismas causas que *impidieron* por espacio de tantos siglos el renacimiento de las letras en Europa, siguieron después *estorbando* sus progresos» (M).

impeler tr. *Empujar, impulsar.* ‖ *Incitar, excitar, estimular.*

impenetrable adj. fig. *Indescifrable, ininteligible, incomprensible.* ‖ *Callado, secreto.*

impenitencia f. *Contumacia.*

impenitente adj.-s. *Contumaz.*

impensado -da adj. *Inesperado, imprevisto, fortuito, casual, inopinado.*

imperar intr. *Dominar, mandar, predominar, prevalecer.*

imperativo -va adj. *Imperioso* sugiere arrogancia en la forma; *perentorio* supone apremio o urgencia en el mandato. Aplicado a personas, *dominante, autoritario.*

imperceptible adj. *Insensible, indiscernible, inapreciable.*

imperecedero -ra adj. *Perdurable, perpetuo, inmortal, eterno.*

imperfección f. *Defecto, falta, tacha, vicio.*

imperfecto -ta adj. *Incompleto, defectuoso,* tienen signif. intensiva en relación con *deficiente* e *imperfecto,* que se sienten como más o menos eufemísticos. ‖ GRAM. *Inacabado.*

impericia f. *Inhabilidad, insuficiencia, inexperiencia, ineptitud, incompetencia.*

imperio m. *Dominio, autoridad.* ‖ fig. *Altanería, soberbia, orgullo.*

imperioso -sa adj. **Imperativo, autoritario, dominador.* ‖ *Arrogante, altanero, soberbio, orgulloso.* ‖ *Indispensable, imprescindible.*

impermeabilizar tr. Según los materiales empleados y los objetos a que se aplican se usan verbos esp., como *alquitranar, embrear, calafatear, recauchutar,* etc.

impermeable m. *Chubasquero, gabardina, trinchera.*

impertérrito -ta adj. *Imperturbable, impávido, inconmovible, impasible, sereno, denodado, valeroso.*

impertinencia f. *Despropósito, inconveniencia.* ‖ *Importunidad, pesadez, chinchorrería.*

impertinente adj. *Inconveniente, *importuno, inoportuno.* ‖ *Molesto, fastidioso, cargante, pesado, chinche, chinchorrero, chinchoso, importuno.*

imperturbable adj. *Impasible, impávido, impertérrito, tranquilo, sereno, inalterable.*

impetrar tr. **Rogar, solicitar.*

ímpetu m. *Impulso, impetuosidad, fuerza, violencia.*

impetuoso -sa adj. *Vehemente, violento, fogoso, arrebatado, precipitado.* «El hombre *impetuoso* lo es en sus acciones; el *vehemente,* en sus sentimientos y en su conducta; el *violento,* en sus pasiones; el *fogoso,* en su imaginación. Así es que el *ímpetu* está en los movimientos; la *vehemencia,* en el lenguaje; la *violencia,* en la exasperación; la *fogosidad,* en los deseos. El que obra impremeditadamente, con arrebato y sin reflexionar en las consecuencias, es *impetuoso;* el que exige, pide, incita u ordena con insistencia y con energía, es *vehemente;* el que atropella toda consideración, y quiere que todo ceda a su voluntad, es *violento;* el que se exalta con facilidad, exagera cuanto piensa y cuanto siente, y se entusiasma con los más leves motivos, es *fogoso*» (M). ‖ Aplicado a cosas, *fuerte, violento* : viento, ataque ∼; corriente, marea, *impetuosa.*

impío -a adj. *Irreligioso, descreído, incrédulo.*

implacable adj. *Inexorable, inflexible, cruel, duro, despiadado, inhumano, vengativo.*

implantar tr. **Establecer, instaurar, instituir, fundar.*

implicar tr. *Envolver, contener, enredar.* ‖ *Traer consigo, suponer, significar.*

implícito -ta adj. *Callado, tácito.*

implorar tr. **Rogar, suplicar, *invocar, impetrar.*

impolítico -ca adj. *Descortés, inurbano, grosero, incivil, rústico.* «Es mayor defecto ser *grosero* que simplemente *impolítico,* y lo es más aún el ser *rústico*. El *impolítico* es por falta de buenos modos, y a nadie agrada; el *grosero* por tener modos desagradables, y a todos es insoportable; el *rústico* los tiene chocantes, y nadie puede sufrirle. La *impolítica* es el defecto de gentes de una mediana educación; la *grosería* lo es de los que la han tenido mala, y la *rusticidad* de los que no han tenido ninguna. En el trato del mundo se sufre al *impolítico*, se huye del *grosero*, y no se quiere trato con el *rústico*» (Ma).

impoluto -ta adj. *Limpio, inmaculado.*

imponente adj. *Espantoso, pavoroso, aterrador, terrorífico.* ‖ *Respetable, grandioso, venerable, majestuoso.*

imponer tr. *Gravar, cargar, obligar, exigir.* ‖ *Instruir, enseñar, informar, enterar.* ‖ *Dominar.* ‖ *Amedrentar, acobardar, aterrar.* ‖ *Infligir, aplicar.*

importancia f. *Valor, alcance, significación, consideración, interés, monta.*

importante adj. *Valioso, sustancial, considerable, interesante, conveniente, calificado.*

importar intr. *Convenir, hacer al caso, atañer, interesar.* ‖ tr. *Sumar, montar, valer, subir, elevarse.*

importe m. *Cuantía, valor, precio, coste, suma.*

importunar tr. *Incomodar, molestar, fastidiar, cansar, cargar, enfadar.*

importuno -na adj. **Intempestivo, extemporáneo, inoportuno, impertinente.* «Lo que es fuera de tiempo, es *importuno*; lo que es fuera de propósito, es *impertinente*. La disonancia que causa lo *importuno* no consiste en la calidad de la cosa en sí misma, sino en la ocasión en que se emplea, en la falta de oportunidad. La disonancia que causa lo *impertinente* está en la misma calidad de la cosa que no conviene, no pertenece a lo que se dice o se hace. Las chanzas no son de modo alguno *impertinentes* en una comedia, pero pueden ser *importunas*. El adjetivo *inoportuno*... parece por su misma formación más conforme que *importuno* a este sentido» (LH). ‖ *Molesto, enfadoso, cargante, fastidioso.*

imposibilitado -da adj. *Tullido, impedido, baldado, paralítico.*

imposibilitar tr. *Impedir.* ‖ prnl. *Tullirse, baldarse.*

imposible adj. *Irrealizable, imprac-*

ticable, quimérico. ‖ *Inaguantable, intratable, insufrible.*

imposición f. *Coacción, coerción, mandato, exigencia.* ‖ *Gravamen, carga, tributo, impuesto, obligación.*

impostor -ra adj.-s. *Calumniador, difamador, infamador.* ‖ *Engañador, embaucador, falsario.*

impostura f. *Calumnia, difamación.* ‖ *Engaño, mentira, falsedad, superchería, engañifa.*

impracticable adj. *Irrealizable, imposible.* ‖ *Intransitable, inaccesible.*

imprecación f. *Maldición, execración.* «La *imprecación* es la expresión vehemente del mal que se invoca contra alguno. La *maldición* es la invocación del poder divino en daño de otro. La *execración* es la manifestación del horror que inspira alguna persona u objeto. La *imprecación* supone debilidad o miedo; la *maldición*, deseo de justicia o de venganza; la *execración*, un sentimiento profundo de rencor o de antipatía» (M).

imprecar tr. *Maldecir.*

impregnar tr. *Empapar, embeber.*

impremeditación f. *Irreflexión, imprevisión.*

imprenta f. *Tipografía.*

imprescindible adj. *Forzoso, necesario, obligatorio, indispensable, insustituible.*

impresión f. *Tirada.* ‖ *Huella, impronta, señal, marca, estampa.* ‖ *Efecto, sensación, emoción.*

impresionable adj. *Sensible, excitable, emotivo.*

impresionar tr. *Conmover, afectar, emocionar.*

impresor m. *Tipógrafo.*

imprevisión f. *Impremeditación.* ‖ *Descuido, negligencia, ligereza.*

imprevisto -ta adj. *Impensado, desprevenido, inesperado, inopinado.* ‖ *Repentino, súbito.*

imprimación f. *Aparejo.*

imprimar tr. *Aparejar; entre pintores, emprimar.*

imprimir tr. *Tirar.* ‖ *Estampar.*

ímprobo -ba adj. *Trabajoso, penoso.*

improcedente adj. *Extemporáneo, inoportuno, impertinente, inadecuado.*

improductivo -va adj. *Infecundo, infructífero, infructuoso, estéril, baldío.*

impronunciable adj. *Inefable, indecible.*

improperio m. **Insulto, injuria, denuesto, dicterio.*

impropio -pia adj. *Inadecuado, inconveniente.* ‖ *Ajeno, extraño.*

improvisación f. *Repente, repentización, in promptu.*

improvisador -ra adj.-s. *Repentista.*

improvisamente adv. m. Tratándose de producciones de ingenio, *in promptu*.

improvisar tr. *Repentizar*.

imprudencia f. *Imprevisión, irreflexión, impremeditación, ligereza, descuido*. Cuando se comete con grave riesgo, *temeridad*.

imprudente adj. *Ligero, irreflexivo, precipitado, atolondrado, aturdido; confiado, temerario*.

impudencia f. *Descaro, atrevimiento, descoco, desvergüenza, desfachatez, impudor, cinismo*.

impúdico -ca adj. *Impudente, desvergonzado, cínico*. ‖ *Deshonesto, libidinoso, libertino*.

impudor m. *Deshonestidad, libertinaje, lujuria*. ‖ *Cinismo, desvergüenza, descoco, desfachatez*.

impuesto m. *Tributo, carga, contribución, arbitrio, gabela*.

impugnar tr. *Contradecir, refutar, rebatir, *confutar, *censurar, criticar*.

impulsar tr. *Empujar, impeler*. ‖ *Incitar, estimular, excitar, instigar*.

impulso m. *Empujón, impulsión, empuje*. ‖ *Instigación, incitación, estímulo*.

imputar tr. *Atribuir, achacar*.

inacabable adj. *Interminable, inagotable*.

inaccesible adj. *Inalcanzable, inasequible*. ‖ *Impracticable, intransitable*.

inacentuado -da adj. *Átono*.

inactivo -va adj. *Ocioso, parado, quieto*. ‖ *Inerte*.

inadecuado -da adj. *Impropio, inapropiado, inconveniente*.

inadvertencia f. *Distracción, descuido*. La *inadvertencia* y la *distracción* son involuntarias y disculpables; el *descuido* nace de negligencia reprensible. Cuando se trata de un *error, la palabra *inadvertencia* atenúa la censura y tiene carácter eufemístico.

inadvertido -da adj. *Desadvertido; desapercibido* es galicismo en esta acepción.

inagotable adj. *Inacabable, interminable, inextinguible*.

inaguantable adj. *Insoportable, intolerable, insufrible*.

inalterable adj. *Permanente, fijo, invariable, indestructible*. ‖ *Imperturbable, impasible, impertérrito*.

inane adj. *Vano, fútil, inútil*.

inanimado -da adj. *Insensible, exánime, muerto, inánime*.

inapagable adj. *Inextinguible*.

inapetencia f. *Anorexia, disorexia* (MED.). En el uso gral., *desgana*.

inapreciable adj. *Inestimable*. ‖ *Imperceptible, indiscernible, insensible*.

inaudito -ta adj. fig. *Monstruoso, atroz, escandaloso, increíble*.

inca m. *Inga*.

incandescencia f. *Ignición, combustión*.

incansable adj. *Infatigable*.

incapacidad f. *Ineptitud, incompetencia, inhabilidad, torpeza*. ‖ *Insuficiencia, escasez, penuria*.

incapacitar tr. *Inhabilitar*.

incapaz adj. *Insuficiente, pequeño*. ‖ *Inepto, inhábil, torpe, incompetente, ignorante*.

incauto -ta adj. *Crédulo, cándido, inocente, simple*.

incendiar tr. *Encender, inflamar*.

incendiario -ria adj.-s. *Quemador*. ‖ fig. *Escandaloso, subversivo*.

incendio m. *Conflagración*, p. us. en sentido material; *quema, fuego, siniestro* (lit.).

incensar tr. *Turibular* y *turificar* son voces doctas p. us. ‖ fig. *Halagar, lisonjear, adular*.

incensario m. *Turíbulo* es latinismo docto poco usado.

incentivo -va m. *Incitativo, atractivo, cebo, estímulo, acicate, aguijón*.

incertidumbre f. *Duda*. «La *incertidumbre* proviene de la falta o escasez de conocimientos. La *duda*, de la escasez o insuficiencia de las razones o pruebas en que se funda una opinión o un hecho. Virgilio dice: *incerti quo fata ferant*; estoy *incierto*, no sé dónde me llevará el destino. Lo *dudo*, respondemos cuando se nos da una noticia inverosímil. La *incertidumbre* excluye la creencia; la *duda* excluye el convencimiento» (M). Cuando la *incertidumbre* no se refiere al conocimiento u opinión, sino a la resolución que debemos tomar: *perplejidad, irresolución, vacilación, indecisión*.

incesante adj. *Continuo, constante, persistente, seguido*.

incienso m. *Olíbano; incienso* en granos menudos, *orobias*.

incierto -ta adj. *Dudoso*. «Lo *dudoso* supone en el ánimo indeciso razones, motivos o antecedentes que, inclinándose igualmente a opiniones o acciones diversas, suspenden su resolución. Lo *incierto* supone falta de aquellas mismas razones, motivos o antecedentes que constituyen lo *dudoso*, lo cual deja al ánimo sin facultad o luz suficiente para fijar su resolución o su persuasión. Es *dudoso* el partido que se debe tomar en una guerra civil. Es *incierta* la hora de nuestra muerte» (LH). ‖ *Inseguro*, *vacilante, inconstante.* ‖ *Desconocido, ignorado, ignoto.*

incisión f. *Incisión* pertenece al lenguaje culto o técnico. El término gral. es *corte, cortadura*; si es grande, *tajo.*

incisivo -va adj. *Cortante.* ‖ fig. *Punzante, mordaz, satírico, cáustico.*

incitar tr. En gral., *incitar* expresa un matiz atenuado de *excitar. Instigar, inducir, provocar, estimular, mover.*

incitativo -va adj.-s. **Incentivo.*

inclemencia f. *Rigor, dureza, crueldad.*

inclinación f. Tratándose del terreno o de una superficie, *declive, pendiente.* En general, *oblicuidad.* ‖ **Propensión, tendencia, predisposición.* «La *inclinación* nos arrastra; la *propensión* nos expone. Aquélla es puramente moral; ésta es moral y física. En la *inclinación* tiene mucha parte la voluntad; no así en la *propensión,* que es toda de la naturaleza, y por esta razón se dice que debemos corregir nuestras malas *inclinaciones,* y no nuestras malas *propensiones.* Un muchacho sale mal *inclinado,* y no mal *propenso.* Por el contrario, decimos: soy muy *propenso* al catarro, al temor, a la cólera; Fulano es muy *propenso* a constiparse, a la tos, a la jaqueca. En estos ejemplos se nota inmediatamente que la voluntad no tiene parte alguna. La *inclinación* supone cierto gusto, cierta preferencia, y por esto se emplea esta palabra para denotar el primer grado del amor; o como sinónimo de *afecto*» (C). ‖ *Afición, afección, afecto.*

inclinar tr. *Desviar, torcer.* ‖ fig. *Incitar, persuadir, mover.* ‖ intr.-prnl. *Parecer(se), asemejar(se).* ‖ prnl. *Tender, propender.*

ínclito -ta adj. *Ilustre, esclarecido, renombrado, famoso, afamado, célebre. Perínclito* significa *ínclito* en sumo grado.

incluir tr. *Abarcar, comprender, encerrar, contener.*

inclusero -ra adj.-s. **Expósito, echadizo, enechado.*

incoar tr. *Comenzar, empezar, iniciar. Incoar* es palabra docta que se usa sólo en la terminología gramatical, jurídica y administrativa: se *incoa* un expediente, un proceso; los verbos que expresan una acción incipiente se llaman *incoativos.*

incógnito -ta adj. *Desconocido, ignorado, ignoto.*

incoherente adj. *Discontinuo, dis-*

perso, disgregado, inconexo, incongruente.

incólume adj. **Indemne, ileso, intacto.*

incombustible adj. *Calorífugo* (poco usado).

incomodar tr. *Desagradar, molestar, disgustar, enfadar, fastidiar, enojar, irritar.*

incómodo -da adj. *Embarazoso, desagradable, molesto, fastidioso.* «Lo *incómodo* estorba y disminuye el goce; lo *molesto* produce malestar y pena. El asiento en que no hay bastante holgura para que todos los miembros tengan sus movimientos libres, es *incómodo.* El asiento duro, con prominencias y desigualdades que obligan a tomar una posición violenta, es *molesto.* El sentido metafórico de estas voces observa la misma gradación. Una visita demasiado larga *incomoda;* una reconvención agria *molesta*» (M).

incompleto -ta adj. Falto de algún trozo o parte, *descabalado, truncado, fragmentario.* Sin terminar, *inacabado, no acabado.* Que tiene faltas o defectos, **imperfecto, defectuoso.*

incomprensible adj. *Ininteligible, incognoscible, inexplicable.* ‖ *Oscuro, embrollado, enigmático, misterioso, arcano.*

incomunicar tr. *Aislar.* Con fines militares o sanitarios y tratándose de un litoral, territorio, etc., *bloquear, acordonar.* ‖ prnl. *Retirarse, recogerse, aislarse.*

inconcebible adj. *Inimaginable, increíble, incomprensible.* ‖ *Sorprendente, extraordinario, extraño.*

inconcuso -sa adj. *Indudable, innegable, incontrovertible, incontestable, firme, seguro.*

incondicional adj. *Absoluto.*

inconexo -xa adj. *Incoherente, incongruente.*

inconfesable adj. *Vergonzoso, indecible, infando, nefando.*

incongruente adj. *Incoherente, inconexo.*

inconmensurable adj. *Inmenso, infinito, inmensurable.*

inconmovible adj. *Firme, estable, inmutable, inalterable.* ‖ fig. *Impasible, impertérrito.*

inconsecuente adj. *Inconstante, voluble, ligero, veleidoso, veleta.* ‖ *Ilógico.*

inconsiderado -da adj. *Irreflexivo, precipitado, atolondrado, imprudente.* ‖ *Irrespetuoso, descortés, descomedido.*

inconsistente adj. *Débil, flojo, frágil, quebradizo, blando.*

inconstancia f. *Inestabilidad, ins-*

tabilidad. || *Versatilidad, volubilidad, veleidad, inconsecuencia.*

inconstante adj. **Inestable, mudable, instable, vario, variable.* || *Voluble, veleidoso, versátil, inconsecuente, tornadizo, veleta.* «El adjetivo *inconstante* se refiere a los afectos; *voluble,* a los afectos y a la conducta. Es *inconstante* el que cambia con frecuencia los objetos de su afecto. Es *voluble* el que no se fija en ninguna ocupación, en ninguna empresa, en ningún estudio» (M).

incontable adj. *Innumerable, incalculable.* || *Numerosísimo.*

incontestable adj. *Indudable, inconcuso, innegable, incontrovertible, irrebatible, incontrastable, irrefutable.*

incontinencia f. *Deshonestidad, liviandad, lascivia, lujuria, desenfreno.*

incontinenti adv. t. *En seguida, inmediatamente, al instante, prontamente, seguidamente.*

incontrastable adj. *Invencible, inconquistable, inexpugnable, irresistible.* || *Incontestable, irrebatible, indiscutible.* || fig. *Irreductible, pertinaz.*

incontrovertible adj. *Irrebatible, indiscutible, incuestionable, indisputable, incontrastable.*

inconveniencia f. *Incomodidad, desconveniencia.* || *Desconformidad; inverosimilitud.* || *Falta, *grosería, incorrección, descortesía.*

inconveniente adj. *Descortés, incorrecto, grosero.* || m. *Impedimento, dificultad, *estorbo, traba, obstáculo.* || *Daño, perjuicio, desventaja.*

incorporar tr. *Unir, juntar, reunir, agregar, integrar.* || prnl. *Levantarse.*

incorpóreo -a adj. *Inmaterial.*

incorrección f. *Falta, defecto, error.* || **Grosería, inconveniencia, descortesía.*

incorrecto -ta adj. *Defectuoso, imperfecto, erróneo, equivocado.* || *Descortés, grosero, incivil.*

incorruptible adj. fig. *Insobornable, íntegro, recto.* || *Puro, virtuoso.*

incredulidad f. *Descreimiento, impiedad.* || *Escepticismo.*

incrédulo -la adj. En materia religiosa, *descreído, impío.* En general, *escéptico.* || *Desconfiado, receloso.*

increíble adj. *Inverosímil, inconcebible, inimaginable.*

incremento m. *Aumento, desarrollo, crecimiento.*

incriminar tr. **Acriminar, imputar, acusar.*

incrustación f. **Taracea, marquetería, embutido.*

incubar tr. *Empollar, encobar.*

incuestionable adj. *Indiscutible, indudable, indisputable, irrebatible, innegable, incontrovertible.*

inculcar tr. *Infundir, imbuir.*

inculpabilidad f. *Inocencia.*

inculpado -da adj.-s. *Acusado, reo, procesado.*

inculpar tr. *Culpar, acusar, imputar, achacar, *atribuir.*

inculto -ta adj. *Yermo, abandonado, baldío, salvaje.* || *Ignorante, rústico, grosero, ineducado.*

incumplir tr. **Quebrantar, vulnerar, conculcar, pisar.*

incurable adj. *Insanable.*

incuria f. **Apatía, negligencia, indolencia, descuido, desidia, dejadez.*

incurrir intr. *Caer.*

incursión f. *Correría, *invasión, irrupción.*

indagar tr. *Inquirir, averiguar, investigar, buscar, pesquisar.*

indebido -da adj. **Ilícito, ilegal, injusto.*

indecencia f. *Deshonestidad, obscenidad, indecentada.* || *Indecoro, insolencia, grosería, porquería.*

indecible adj. **Inefable, inenarrable, indescriptible, inexplicable.* || *Infando, nefando.*

indecisión f. *Duda, *perplejidad, vacilación, irresolución, indeterminación, hesitación.*

indeciso -sa adj. *Dudoso, perplejo, vacilante, irresoluto.*

indecoroso -sa adj. *Indecente, grosero, insolente, indigno.* || *Obsceno, deshonesto.*

indefenso -sa adj. *Inerme, desarmado, desguarnecido.* || fig. *Desamparado, abandonado.*

indefinido -da adj. *Indeterminado, ilimitado.*

indeleble adj. *Imborrable; inalterable, inextinguible.* «En el sentido recto, lo *indeleble* es lo que no se borra; *inextinguible,* lo que no se apaga. El sentido figurado guarda una perfecta analogía con estas dos significaciones, porque lo *indeleble* pertenece al entendimiento, y lo *inextinguible* a la voluntad. Cuando la imagen de una mujer llega a ser *indeleble* en el corazón de un enamorado, su pasión puede llegar a ser *inextinguible*» (M).

indeliberado -da adj. *Irreflexivo, involuntario, instintivo, *espontáneo.*

indemne adj. *Ileso* puede sustituirle, pero comúnmente se usa tratándose de lesión o daño corporal, en tanto que *indemne* se refiere a daño de cualquier clase; *incólume, intacto.*

indemnizar tr. *Reparar, compensar, resarcir.*

independencia f. *Libertad, autode-*

terminación, autonomía, emancipación. ǁ *Entereza, firmeza, resolución.*

indescifrable adj. *Ilegible.* ǁ *Incomprensible, ininteligible, impenetrable.*

indescriptible adj. *Inenarrable.*

indestructible adj. *Inalterable, permanente, fijo.*

indeterminado -da adj. *Indefinido, ilimitado, vago.* ǁ *Indeciso, irresoluto, perplejo.*

indicar tr. *Mostrar, denotar, señalar, significar.*

índice m. *Lista, tabla.*

indicio m. Desde el *indicio* hasta la *prueba* hay varias gradaciones : *asomo* e *indicio* son las más alejadas de la *evidencia; les* siguen *señal* y *manifestación. Síntoma* es término MED., que p. ext. se aplica también en el habla corriente. Cuando el *indicio* es de algo ya pasado o terminado, se llama, por orden de intensidad, *vestigio, rastro, huella, reliquia.* «*Indicio, y señal* cuando se usa como sinónimo de *indicio,* son las circunstancias que pueden contribuir al descubrimiento de un hecho oculto; pero la *señal* es más patente, y depende más directamente del hecho que el *indicio.* Una puerta descerrajada es *señal,* y no *indicio,* de violencia. La ocultación de la persona a quien se atribuye aquel acto, no es *señal,* sino *indicio* de su culpa. El humo es *señal,* no *indicio,* de fuego; las huellas correspondientes a las dimensiones de los pies de una persona, son *indicios* de su tránsito por el sitio en que se descubren» (M).

indiferencia f. *Frialdad, insensibilidad.*

indígena adj-s. [pers.] **Aborigen, originario, natural, nativo.*

indigencia f. *Pobreza, miseria, necesidad, estrechez.*

indigente adj. *Pobre, necesitado, menesteroso, miserable.*

indigestión f. *Empacho.*

indignación f. **Ira, enojo, enfado, irritación, cólera.*

indignar tr. *Irritar, enfadar, enojar, encolerizar, enfurecer.*

indignidad f. *Bajeza, vileza, ruindad.*

indigno -na adj. *Bajo, malo, bellaco, vil, ruin, despreciable.* ǁ *Impropio, inadecuado, incorrecto.*

indio -dia adj.-s. [pers.] *Indo, indostánico, hindú,* cuando se trata de la India (Indias Orientales).

indisciplina f. *Desobediencia, indocilidad, insumisión, insubordinación, rebeldía.*

indiscreto -ta adj. *Curioso, entrometido, importuno, intruso.* ǁ *Hablador, lengua larga.*

indiscutible adj. *Cierto, seguro, innegable, incontestable, irrebatible, incontrovertible, indisputable.*

indispensable adj. *Necesario, preciso, imprescindible, obligatorio, sine qua non, esencial.*

indisponer tr. *Enemistar, encizañar, malquistar.* ǁ prnl. *Enfermar.*

indisposición f. El *destemple* y la *indisposición* son alteraciones leves de la salud, o que se consideran como pasajeras, a diferencia de **enfermedad, dolencia, mal, achaque.*

indispuesto -ta adj. *Maldispuesto, destemplado, enfermo.*

indisputable adj. *Indiscutible, innegable, irrebatible, incontestable.*

individualismo m. *Particularismo, egoísmo.*

individuo m. *Persona* alude a la entidad de cada ser humano en particular; *individuo* es la *persona* en cuanto forma parte de un grupo o colectividad; p. ej.: *individuos* de tropa. A medida que una *persona* se despersonaliza, y funde en un grupo social sus caracteres peculiares, se convierte en uno de tantos, en *individuo.* Por esto la palabra *individuo* adquiere a menudo carácter marcadamente despectivo, para designar una *persona* cuyo nombre y condición no hacen al caso, se ignoran o no se quieren decir. Este sentido despectivo acerca la voz *individuo* a *sujeto, prójimo, socio;* y mucho más el f. *individua,* que sólo se usa con ironía o desprecio.

indócil adj. *Desobediente, malmandado, díscolo, reacio, indisciplinado, rebelde.*

indocto -ta adj. *Ignorante, inculto.*

indoeuropeo -a adj.-s. *Ario.*

índole f. *Temple, genio, carácter, condición, natural.* «La *índole* es la mayor o menor aptitud del hombre a la benignidad, a la esperanza y a otras cualidades que lo hacen más o menos amable. El *temple* es la disposición a estas mismas cualidades en un momento determinado, y así decimos que un hombre de buena *índole* puede estar de mal *temple. Genio* es la inclinación natural a cierto modo de obrar en ocasiones especiales, como a la precipitación en la duda, a la ira en la ofensa, a la exasperación en las dificultades. *Carácter* es el conjunto de todas las cualidades y hábitos del hombre, tanto los naturales como los adquiridos en el trato con los otros individuos de su especie. La *índole* y el *temple* excitan amor u odio; el *genio* y el *carácter*, la estimación o el desprecio» (M).

indolencia f. *Apatía, incuria, negligencia, dejadez, flojera, pereza.*

indolente adj. *Dejado, perezoso, negligente.* «Es uno *indolente* por falta de sensibilidad; *dejado* por falta de ardor; *perezoso* por falta de acción; *negligente* por falta de cuidado. Nada mueve al *indolente;* él vive con tranquilidad y sin temor de las fuertes pasiones. Es difícil animar al *dejado;* en cuanto hace, va lentamente. En los *perezosos* es preferible el deseo de la quietud y del reposo a las ventajas que proporciona el trabajo. La distracción y descuido es la dote del *negligente;* todo se le escapa y no se cuida de ser exacto. La *indolencia* embota el gusto. La *dejadez* teme la fatiga. La *pereza* huye del trabajo. La *negligencia* ofrece dilaciones y deja escapar la ocasión. Creo que el amor es entre todas las pasiones la más a propósito para vencer la *indolencia*. Paréceme que se ataca con más facilidad la *dejadez* con el temor del mal que con la esperanza del bien. La ambición ha sido siempre el enemigo mortal de la *pereza*. Los intereses personales y considerables no dan lugar a la *negligencia*» (Ma).

indómito -ta adj. *Indomable, fiero, arisco.* ‖ *Bravío, salvaje, cerril.*

inducción f. *Instigación, incitación.*

inducir tr. *Instigar, incitar, mover, persuadir, atraer.*

indudable adj. *Indubitable, innegable, incuestionable, inequívoco, cierto, seguro, evidente.*

indulgencia f. *Benevolencia, benignidad, condescendencia, tolerancia.* ‖ *Perdón, remisión.*

indulgente adj. *Benigno, benévolo, condescendiente, tolerante.*

indultar tr. **Perdonar, remitir.*

indulto m. *Perdón, remisión, *amnistía.*

industria f. *Destreza, maña, traza, habilidad, maestría.* ‖ *Fabricación, manufactura, elaboración.*

industrioso -sa adj. *Diestro, hábil, habilidoso, mañoso.*

inefable adj. Aplíc. a lo que tiene tan altas cualidades que es imposible explicarlas; la dicha ～ de los bienaventurados. *Infando*, por el contrario, es aquello de que no se puede hablar por vergonzoso o abominable. *Impronunciable* e *indecible* pueden referirse a lo bueno y a lo malo: un gozo, un enojo, unas palabras;

cuando son desestimativos sugieren pralte. dificultad material, o inconveniencia moral o social. *Inenarrable* tiene carácter intensivo y, a menudo, ponderativo: *ovación, entusiasmo, lucha inenarrable;* en este aspecto coincide con *indescriptible.*

ineludible adj. *Inexcusable, inevitable.*

inenarrable adj. *Indecible, indescriptible, *inefable.*

ineptitud f. *Incapacidad, inhabilidad.* Tratándose de aptitud intelectual, *incompetencia.*

inequívoco -ca adj. **Indudable.*

inercia f. *Flojedad, inacción.*

inerme adj. *Desarmado, indefenso.*

inescrutable adj. *Inaveriguable, incomprensible, imperscrutable* (poco usado), *arcano.*

inesperadamente adv. m. *Impensadamente, inopinadamente.*

inesperado -da adj. *Imprevisto, impensado, inopinado.* «Inesperado supone conocimiento de la posibilidad de una cosa, que no se espera en una ocasión o circunstancia determinada. *Imprevisto* supone ignorancia de la posibilidad de la cosa. La muerte de un hético que se queda hablando, puede ser *inesperada* según las circunstancias, pero nunca puede ser *imprevista*. Un buen general *prevé* en la guerra los lances que parecen más remotos, y está siempre dispuesto a las sorpresas que parecen menos posibles, porque estos accidentes, aunque *inesperados*, nunca deben ser para él *imprevistos*» (LH).

inestable adj. *Instable*, lit. Tratándose del tiempo atmosférico, o en sentido fig., *inconstante, mudable, vario, variable. Ligero, veleidoso, versátil, voltario, voltizo, tornadizo, voluble,* se aplican a personas. *Movedizo*, a personas y cosas.

inestimable adj. *Inapreciable.*

inevitable adj. *Ineludible, inexcusable, forzoso.* ‖ *Fatal.*

inexacto -ta adj. *Erróneo, equivocado, falso.*

inexorable adj. *Inflexible, implacable, duro, cruel.*

inexperto -ta adj. *Ingenuo, candoroso.* ‖ *Principiante, novicio, novato.*

inexplicable adj. *Incomprensible, extraño, misterioso, arcano, indescifrable.*

inexpresivo -va adj. **Soso.*

inextinguible adj. *Inapagable.* ‖ *Inagotable, inacabable.* ‖ *Duradero, *indeleble.*

inextricable adj. *Enmarañado, embrollado, enredado, intrincado, confuso.* La significación de *inex-*

tricable es intensiva en relación con sus sinónimos; es decir, expresa las mismas cualidades en mayor grado.

infalible adj. *Seguro, cierto.*

infamar tr. **Difamar, desacreditar, deshonrar, vilipendiar, afrentar.*

infame adj.-s. *Deshonrado, desacreditado. ‖ Malo, vil, perverso, indigno, ignominioso, despreciable.*

infamia f. *Ignominia, vileza, indignidad.* «La *infamia* y la *ignominia* son el efecto de la afrenta pública con que queda difamado el que la recibe. La distinción que me parece que se halla entre estas dos voces es que la *infamia* es la tacha misma que envilece; la *ignominia* es la humillación vergonzosa que padece el que recibe la afrenta. La *infamia* es siempre efecto de una afrenta merecida, o no reparada. La *ignominia* puede ser efecto de una violencia injusta e irreparable. Para un hombre vil no hay *ignominia*, porque en él no es vergonzosa la afrenta. Para un hombre de honor no hay *infamia*, porque la *ignominia* a que le puede conducir una suerte injusta podrá humillarle, pero no envilecerle» (LH). ‖ *Deshonra, descrédito.*

infancia f. *Niñez.*

infando -da adj. *Impronunciable, vergonzoso, indigno* (v. *Inefable).

infantil adj. *Aniñado* es lo que parece de niño sin serlo: cara, voz, *aniñada;* entendimiento *aniñado. Pueril* es lit. y se aplica gralte. a lo psíquico; temor *pueril,* ideas *pueriles.* P. ext. signif. poco importante. *Infantil* es de uso gral.: juegos, ojos, ideas, *infantiles.* ‖ *Inocente, cándido, ingenuo.*

infatigable adj. *Incansable.*

infatuarse prnl. *Engreírse, envanecerse, inflarse, hincharse, ahuecarse.*

infausto -ta adj. **Aciago, desgraciado, desdichado, infeliz, infortunado, funesto.*

infectar tr. *Contagiar, inficionar, contaminar, corromper.*

infecto -ta adj. *Inficionado, infectado, contaminado. ‖ Repugnante, asqueroso, pestilente, nauseabundo.*

infecundo -da adj. *Estéril. ‖ Improductivo, infructuoso.*

infeliz adj.-s. *Desgraciado, desdichado, desventurado, malaventurado, malhadado, infortunado. ‖ Apocado, cuitado, pobre hombre.*

inferencia f. **Consecuencia, ilación.*

inferior adj.-s. fig. *Dependiente, subordinado, subalterno. ‖ Bajo, malo.*

inferir tr. **Deducir, sacar, colegir.* «Se *infiere* y se *deduce* de las pruebas y de los hechos; se *colige* de los indicios y de las analogías. El que *infiere* y el que *deduce* sacan consecuencias; el que *colige* aventura un juicio. El lógico y el matemático *deducen* o *infieren* consecuencias y corolarios; los inteligentes en minería *coligen* por el color de la tierra la presencia de los metales. Sin embargo, no es perfecta la sinonimia entre *inferir* y *deducir. Deducir* supone un trabajo más complicado y mayor número de antecedentes que *inferir.* Se *infiere* de un hecho, de una proposición, de un principio; se *deduce* de muchos hechos, de muchas proposiciones, de muchos principios. Descartes ha dicho: *pienso, luego existo.* Esto es *inferir,* no *deducir*» (M). ‖ *Causar, infligir, producir.*

infernáculo m. *Reina mora.*

infernal adj. *Estigio,* lit., evocador de la antigüedad; *inferno,* lit. ‖ *Satánico, luciferino, diabólico, endiablado.*

infestar tr. *Devastar, pillar, saquear. ‖ Invadir, propagarse. ‖ Apestar, inficionar, contaminar, contagiar, corromper.*

inficionar tr. *Infectar, infestar, contaminar, corromper, contagiar, apestar.*

infiel adj. *Desleal, traidor, pérfido, perjuro, alevoso.* El *infiel* y el *desleal* faltan a la fe que se tiene en ellos, a la lealtad que deben o han prometido. El *traidor, pérfido, perjuro* y *alevoso,* suponen mayor perversidad, impostura y falsedad en sus hechos o carácter.

infierno m. *Averno, Báratro, Tártaro, Érebo, Orco (Huerco),* todos lit. y evocadores de la antigüedad; *el profundo, el abismo; Gehena,* bíblico; *calderas de Pero Botero o Botello,* pop.

infiltrar tr. fig. *Infundir, inspirar, imbuir. ‖ prnl. Introducirse, entrometerse. Infiltrarse* supone intención malévola o sospechosa: se *infiltran* espías, agitadores, propagandistas, indeseables, en una sociedad o agrupación. En cambio, puede uno *introducirse* o *entrometerse* por curiosidad, por figurar o darse importancia, por enterarse de algo, etc.

infinidad f. *Sinnúmero, sinfín, multitud, muchedumbre.*

infinito -ta adj. *Ilimitado, inmenso;* tratándose de la duración, *eterno.* ‖ adv. m. *Excesivamente, muchísimo.*

inflación f. *Intumescencia, tumefacción* (ambos tecnicismos). *Hinchazón* se refiere pralte. al efecto, y no a la acción, de inflar; *inflamiento.* ‖ *Engreimiento, vanidad.*

inflamar tr. *Encender, incendiar.* ‖ fig. *Enardecer, acalorar, avivar.*

inflar tr. *Hinchar.* ‖ prnl. fig. *Engreírse, ensoberbecerse, infatuarse.*

inflexible adj. *Inexorable, rígido, inquebrantable, firme, tenaz.*

infligir tr. *Imponer, aplicar, causar, producir.*

influencia f. *Influjo.* ‖ fig. *Autoridad, poder, predominio, ascendiente.* ‖ *Valimiento, privanza, favor.*

influir intr. *Ayudar, contribuir, intervenir.*

informar tr. *Enterar, anunciar, avisar, noticiar, comunicar, participar, hacer saber.* ‖ *Dictaminar.*

informativo -va adj. *Dictaminador, consultivo.*

1) **informe** m. *Información, noticia, dato, razón.* Cuando se trata de la conducta, solvencia, etc., de una persona se dice gralte. en pl. *informes o referencias.* ‖ *Dictamen* (v. *Opinión*).

2) **informe** adj. *Deforme, disforme.* ‖ *Confuso, vago, indeterminado.*

infortunado -da adj.-s. *Desgraciado, desafortunado, desventurado, desdichado, infeliz.* Tratándose de tiempos o sucesos, *infausto, aciago.*

infracción f. *Transgresión, quebrantamiento, vulneración.*

infrangible adj. Se distingue de *inquebrantable* en que sólo se usa lit. en sentido fig.: un precepto *infrangible o inquebrantable;* pero una roca es *inquebrantable,* y sería muy pedante llamarla *infrangible.*

infringir tr. *Quebrantar, vulnerar, violar, transgredir.*

infructífero -ra adj. *Estéril, improductivo.* ‖ *Infructuoso, inútil, ineficaz.*

infructuoso -sa adj. *Ineficaz, inútil, improductivo.*

ínfulas f. pl. *Presunción, vanidad, orgullo, soberbia, humos.*

infundado -da adj. *Insubsistente, falso.*

infundio m. *Mentira, patraña, bulo.*

infundir tr. *Imbuir, inspirar, infiltrar.*

ingeniar tr. *Trazar, inventar, planear, planificar, discurrir.* ‖ prnl. *Componérselas, arreglarse, aplicarse, darse maña.*

ingenio m. *Inventiva, iniciativa,*

talento. ‖ *Habilidad, industria, maña, destreza, traza, idea* (vulgar). ‖ *Máquina, artificio.*

ingenioso -sa adj. *Hábil, habilidoso, industrioso, mañoso, diestro, inventivo.*

ingénito -ta adj. *Congénito, innato, connatural.*

ingenuidad f. *Sinceridad, franqueza, sencillez, candor, candidez.* La *ingenuidad,* la *sencillez,* el *candor* y la *candidez* son cualidades permanentes del carácter, y afectan a la conducta entera de la persona. La *sinceridad* se refiere sólo a la expresión, y consiste en la conformidad entre lo que se dice y lo que se piensa. La *sinceridad* equivale, pues, a veracidad; pero se puede ser *sincero* sin decir más de lo necesario; la *ingenuidad* dice lo necesario y lo innecesario, sin cautela alguna. *Franqueza* añade a *sinceridad* la idea de confianza comunicativa, y se muestra no sólo en las palabras, sino también en los modales y en la conducta. La *sinceridad* puede practicarse con todo el mundo; la *franqueza* está reservada para los amigos.

ingenuo -nua adj. *Sincero, franco, candoroso, cándido, sencillo, inocente.*

ingerir tr. *Introducir, incluir, meter.* ‖ *Tragar.* ‖ prnl. *Entremeterse, inmiscuirse, mezclarse.*

inglés -sa adj.-s. [pers.] *Británico* tiene cierta solemnidad lit.: Museo *Británico,* Imperio *británico;* pero no se diría un señor *británico,* sino *inglés.* Más lit. y p. us. son *británo* y *anglo.* En la actualidad se aplica el nombre de *británico* al ciudadano de cualquiera de los países que constituyen la Comunidad británica, a diferencia del *inglés* o natural de la Inglaterra metropolitana.

inglesismo m. *Anglicismo.*

ingratitud f. *Ingratitud* es más intenso que *desagradecimiento,* lo mismo que *ingrato* respecto a *desagradecido* u *olvidadizo.*

ingrato -ta adj. *Desagradecido, olvidadizo.* En los clásicos, *desconocido.* ‖ *Desabrido, desagradable, áspero, desapacible.*

ingrávido -da adj. *Ligero, tenue, leve, liviano.*

ingrediente m. *Material, componente.*

ingresar intr. *Entrar.*

inhábil adj. *Torpe, desmañado, chapucero.* ‖ *Inepto, incapaz, incompetente.*

inhabilitar tr. *Imposibilitar, incapacitar.*

inhabitado -da adj. *Yermo,* tratándose de un país, comarca, etc.; *deshabitado,* hablando de un edificio, o de cualquier lugar que estuvo habitado y ya no lo está; *despoblado* coincide con *yermo,* pero sugiere más o menos que el país de que se trata tuvo población en otro tiempo, en tanto que en *yermo* predomina la idea de que no la ha tenido nunca.

inhibirse prnl. *Abstenerse, desentenderse, echarse fuera.*

inhospitalario -ria adj. Tratando de personas, *cruel, inhumano, bárbaro.* Hablando del tiempo atmosférico o de lugares determinados, *desapacible, desabrigado, inhóspito, inclemente, salvaje.*

inhumano -na adj. *Cruel, despiadado, inhospitalario, brutal, bárbaro, feroz, duro.*

inhumar tr.. **Enterrar, sepultar, soterrar.* «*Enterrar* es el acto material de poner o meter entre tierra una cosa. *Inhumar* es enterrar con las ceremonias religiosas, con los honores fúnebres, los de la sepultura. Se *entierra* todo lo que se cubre con la tierra; pero no se *inhuma* sino la persona humana, a quien se hacen los honores fúnebres. Los ministros de la religión *inhuman* a los fieles; un asesino *entierra* el cadáver de uno a quien ha asesinado. Se *entierra* en cualquier parte; pero sólo se *inhuma* en lugares santos, en los que están consagrados para este uso piadoso» (Ci).

iniciado -da adj.-s. *Adepto, afiliado.*

iniciar tr. *Comenzar, principiar, *empezar.* ‖ *Instruir, enterar.* ‖ *Promover, suscitar.*

inicio m. *Principio, iniciación, comienzo.*

inicuo -cua adj. *Injusto.* ‖ *Malo, malvado, perverso, ignominioso.*

inimaginable adj. *Infigurable, irrepresentable.*

ininteligible adj. *Incomprensible, incognoscible, indescifrable, oscuro.*

iniquidad f. *Injusticia, maldad, infamia.*

injertar tr. *Enjertar.*

injerto m. *Enjerto.*

injuria f. **Insulto, agravio, ofensa, *afrenta, ultraje.* «*Injuria* presenta la idea del agravio violento. *Ultraje* presenta la idea del vilipendio público. Desconfiar de la honradez de un hombre de bien, es una *injuria;* tratarle públicamente de ladrón, es un *ultraje.* Tratar de fea a una mujer hermosa es un *agravio* que, cuando más, no debiera pasar de *injuria;* pero habrá pocas que no lo miren como *ultraje*» (LH). ‖ *Daño, perjuicio, deterioro, menoscabo.*

injuriar tr. *Denigrar, agraviar, ofender, insultar; denostar* es injuriar de palabra a alguien en su presencia: *vilipendiar, ofender, afrentar* y *ultrajar* son intensivos. ‖ *Dañar, perjudicar, deteriorar, menoscabar.*

injusticia f. *Iniquidad, ilegalidad, ilicitud, arbitrariedad, desafuero, atropello.*

inmarcesible adj. *Inmarchitable.*

inmediaciones f. pl. **Contornos, alrededores, afueras, cercanías.*

inmediatamente adv. t. *Luego, en seguida, seguidamente, incontinenti, prontamente.*

inmediato -ta adj. *Próximo, cercano, vecino, contiguo.* «De lo *inmediato* nos separa menor distancia que de lo *próximo;* de lo *próximo,* menos distancia que de lo *cercano.* Si se habla de localidad, lo *inmediato* es lo *contiguo;* si se trata de tiempo, es lo que sucede sin intervalo al tiempo en que se habla. La casa *inmediata* a la mía es la que está pared en medio. Está *cercano* a la costa un buque cuando, según las circunstancias, puede decirse que no está lejos. Está *próximo* a entrar, cuando se halla a la boca del puerto. El río considerable más *cercano* a Cádiz es el Guadalquivir» (M).

inmenso -sa adj. *Ilimitado, infinito; inmensurable, inconmensurable; innumerable, incontable.* ‖ *Muy grande, desmedido, enorme, colosal.*

inmerecido -da adj. *Injusto, inmérito* (p. us.).

inmersión f. **Sumersión.*

inmiscuir tr. **Mezclar.* ‖ prnl. *Meterse, entremeterse, entrometerse, mezclarse, ingerirse.*

inmoble adj. *Inconmovible, inmóvil. Inmoble* e *inconmovible* se dice de lo que no puede ser movido; *inmóvil* se dice de lo que no se mueve, aunque puede moverse, bien por sí mismo, o bien por una fuerza exterior.

inmolar tr. **Sacrificar.*

inmortal adj. *Imperecedero, perdurable, perpetuo, *eterno.*

inmortalizar tr. *Perpetuar, eternizar.*

inmovible, inmóvil adj. **Inmoble,* lit.; *fijo, quieto.* ‖ fig. *Firme, constante.*

inmueble adj.-s. *Inmobiliario.* Los bienes inmuebles se llaman también *fincas* o *bienes raíces.*

inmundicia f. *Suciedad, basura,*

porquería. ‖ *Impureza, deshonestidad.*

inmundo -da adj. *Sucio, puerco, asqueroso, repugnante, nauseabundo.* ‖ fig. *Impuro.*

inmune adj. *Exento, libre.* ‖ BIOL. *Inmunizado, inatacable.*

inmunidad f. *Exención, privilegio, prerrogativa.*

inmutable adj. *Invariable, inalterable, constante, inconmovible, inconmutable.*

inmutarse prnl. *Alterarse, conmoverse, turbarse, conturbarse, desconcertarse.*

innatismo m. *Nativismo.*

innato -ta adj. *Ingénito, congénito, nativo, connatural.*

innecesario -ria adj. *Superfluo, sobrado, inútil.*

innegable adj. *Indiscutible, irrefutable, irrebatible, incuestionable, indudable, cierto, seguro, evidente, axiomático.*

innoble adj. *Despreciable, bajo, vil, abyecto.*

innocuo -cua adj. *Inocuo, inofensivo, inocente.*

innumerable adj. *Incontable, innúmero.*

inocencia f. *Sencillez, candor, simplicidad, pureza.*

inocente adj. *Sencillo, candoroso, cándido, puro, innocuo.*

inofensivo -va adj. *Innocuo, inocente.*

inopia f. *Pobreza, indigencia, necesidad.*

inopinado -da adj. *Imprevisto, impensado, inesperado, súbito, repentino.*

inoportuno -na adj. *Intempestivo, importuno, extemporáneo, inconveniente, impertinente.*

inquebrantable adj. **Infrangible, inalterable, inexorable.* ‖ *Irrompible.*

inquietar tr. *Desasosegar, turbar, alarmar, agitar, intranquilizar, molestar.*

inquieto -ta adj. *Travieso, bullicioso.* ‖ *Desasosegado, agitado, intranquilo.*

inquietud f. *Intranquilidad, congoja, zozobra* (intens.), *desasosiego, desazón.* ‖ *Alborato, conmoción.*

inquina f. **Antipatía, aversión, mala voluntad, ojeriza, tirria.*

inquirir tr. *Indagar, averiguar, pesquisar, informarse, investigar.*

inquisición f. *Pesquisa, averiguación, indagación, información, investigación.* ‖ *Santo Oficio.*

insalubre adj. *Malsano, morboso, insano.*

insano -na adj. *Malsano, insalubre.* ‖ *Demente, loco, furioso, insensato.*

inscribir tr. *Grabar.* ‖ *Apuntar,* *alistar, matricular, anotar, asentar, sentar.*

inscripción f. *Epígrafe;* tratándose de la antigüedad, *epigrama;* inscripción sepulcral, *epitafio.* ‖ **Letrero, rótulo, lema.*

inseguridad f. *Debilidad, inconsistencia.* ‖ *Riesgo, peligro.* ‖ *Incertidumbre, duda, indecisión, vacilación.*

inseguro -ra adj. *Movedizo, inestable.* ‖ *Incierto, dudoso, indeciso.*

insensato -ta adj. *Necio, fatuo, sin sentido, absurdo, tonto.*

insensible adj. *Indiferente, duro, frío, impasible.* ‖ *Imperceptible, indiscernible, inapreciable.*

inservible adj. *Inútil.*

insidia f. *Asechanza, cautela.*

insidioso -sa adj. *Capcioso, asechante, cauteloso.* «*Insidioso* es el que prepara cautelosamente los medios de hacer daño; *capcioso,* el que emplea el engaño y el artificio para cautivar la voluntad ajena o inducir a otro en error. El instrumento del *insidioso* es la asechanza; el del *capcioso* es la mentira sutil y el engaño. Se dice, hablando en metáfora, que el veneno cubierto de flores es *insidioso,* y llamamos *capciosa* a la pregunta hecha con ánimo de comprometer al que responda» (M).

insigne adj. *Célebre, famoso, señalado, ilustre, preclaro, eximio, egregio.*

insignia f. *Señal, distintivo, divisa.* ‖ *Enseña, bandera, pendón, estandarte, pabellón.*

insignificante adj. *Pequeño, mínimo, exiguo.* ‖ *Baladí, mezquino, miserable, despreciable, desdeñable.*

insinuar tr. *Sugerir, indicar, apuntar.* «Se *insinúa* para dar a entender; se *sugiere* para obrar. Para *insinuar* se requiere intención; no así para *sugerir,* y así puede decirse: el menor incidente basta para *sugerir* el asunto de una comedia. Me *insinuó* su deseo de viajar, y esta idea me *sugirió* el designio de acompañarlo» (M).

insípido -da adj. *Desabrido, insustancial, insulso, desaborido, soso.* «*Insípido* es lo que no tiene sabor; *desabrido* es lo que no tiene el sabor que corresponde a su naturaleza. Hay muchas sustancias que son por sí mismas, y en todas circunstancias, *insípidas.* Una fruta que no ha llegado a su madurez, o que está demasiado madura, es *desabrida.* Lo *desabrido* no carece de sabor, pero lo tiene viciado y desagradable. Estas dos significaciones corresponden perfectamente a la etimología de las dos voces respectivas» (M).

insistir intr. *Persistir, porfiar, machacar, obstinarse.* «Se *insiste* antes de *persistir;* de modo que *persistir* no es más que *insistir* con más empeño y tesón. Hay, pues, una graduación entre las dos acciones, la segunda de las cuales es más enérgica que la primera. Aquello en que se *insiste* es menos grave que aquello en que se *persiste.* El pretendiente *insiste* en su solicitud; el hereje *persiste* en su error» (M).

insobornable adj. *Incorruptible, íntegro.*

insociable adj. *Intratable, huraño, arisco, misántropo.*

insolación f. *Tabardillo,* fam.

insolencia f. *Descaro, atrevimiento, desvergüenza, desfachatez.*

insolente adj. *Descarado, atrevido, irrespetuoso, desvergonzado, procaz.* ‖ *Injurioso, insultante, ofensivo.*

insólito -ta adj. *Desacostumbrado, desusado, inusitado, inusual, infrecuente, raro, extraño.*

insomnio m. *Vigilia, desvelo.*

insondable adj. *Profundo.* ‖ *Impenetrable, inaveriguable, incognoscible.*

insoportable adj. *Intolerable, insufrible, inaguantable.*

insostenible adj. *Inestable.* ‖ *Indefendible.*

inspeccionar tr. *Examinar, reconocer, comprobar, registrar, intervenir.*

inspiración f. *Numen, musa, vena, lira.* ‖ *Iluminación, arrebato.*

inspirar tr. *Aspirar.* ‖ *Soplar.* ‖ fig. *Infundir, sugerir, iluminar.*

instable adj. *Inestable, variable, precario, perecedero, transitorio.*

instalar tr. *Colocar, poner, disponer.* ‖ *Alojar, acomodar, establecer.*

instancia f. *Ruego, súplica, petición.* ‖ *Memorial* (ant.), *solicitud.*

instantáneo -a adj. *Momentáneo, breve, rápido, fugaz.*

instante m. *Momento.* «Una y otra voz significan el punto mínimo o más breve en que se divide el tiempo. Pero así como el punto es la parte más pequeña en que se divide el espacio, y la consideran los geómetras como ideal, invisible e inconmensurable, y los físicos como una cantidad efectiva y divisible, como lo es toda cantidad física; así parece que se puede concebir en el *instante* un punto ideal de tiempo indivisible e inconmensurable, y en el *momento* una cantidad efectiva de tiempo per-

ceptible y divisible. Prestar un *momento* de atención, ofrece al oído una expresión más exacta que prestar un *instante,* porque no parece que se percibe en éste la duración que, aunque corta, se percibe en el *momento,* como necesaria para dar algún tiempo a la atención. Un reposo *momentáneo:* a esta frase, con que damos idea de un tiempo de alguna, aunque corta, duración, no se puede substituir con igual exactitud reposo *instantáneo,* porque éste adjetivo no presenta a la imaginación la más pequeña duración de tiempo para el reposo. Por el contrario, se puede aplicar con más propiedad la voz *instantáneo* a un tiempo en que suponemos que no se percibe duración alguna. La caída del rayo es *instantánea*» (LH).

instar tr. *Rogar, suplicar, insistir.* ‖ *Urgir, apremiar, apurar.*

instaurar tr. *Renovar, restaurar, restablecer.* ‖ *Establecer, implantar, instituir, fundar, erigir.*

instigar tr. *Incitar, inducir, excitar, mover, aguijonear.*

instintivo -va adj. *Indeliberado, involuntario, irreflexivo.*

instinto m. *Estimativa.*

instituir tr. *Establecer, fundar, erigir, instaurar.*

instrucción f. *Enseñanza, educación.* «La *instrucción* se refiere a los conocimientos que se adquieren por cualquier medio y en todo género de materias. La *enseñanza* se refiere a los preceptos, reglas y lecciones que da el maestro al discípulo. La *instrucción* se puede adquirir sin maestro, porque la lectura, el ejemplo, la conversación, nos *instruyen;* pero la *enseñanza* supone principios dictados y lecciones dadas. Del que tiene diferentes conocimientos en una facultad, ciencia o arte, se dice que es un hombre *instruido,* no un hombre *enseñado,* porque se hace relación a lo que sabe, no a los medios con que se le ha aprendido» (LH). ‖ *Ilustración, erudición, saber, cultura.* ‖ f. pl. *Órdenes, normas, preceptos.*

instruido -da adj. *Culto, ilustrado, erudito.* ‖ *Avisado, advertido, aleccionado.*

instruir tr. *Enseñar, adoctrinar, aleccionar.* ‖ *Informar, avisar.* ‖ *Enjuiciar.*

instrumentar tr. *Orquestar* es instrumentar para una orquesta.

instrumento m. *Utensilio* en gral.; *útil* (esp. en pl.): tratándose de oficios, *herramienta;* tratándose de labranza, *apero. Aparato* significa instrumento complicado o conjunto de instrumentos. *Mecanismo* y *dispositivo* aluden al complejo ordenado de las piezas de una máquina o de un conjunto de instrumentos, aparatos, etc., coordinados para un fin.

insubordinación f. *Desobediencia, indisciplina, rebeldía, sublevación.*

insubstancial adj. *Desabrido, soso, insulso, insípido.* ‖ *Trivial, ligero, frívolo.*

insuficiencia f. *Incapacidad, ineptitud, ignorancia, incompetencia.* «Se designa por estas palabras la falta de la disposición necesaria para salir con lo que uno se propone, pero con esta diferencia: la *insuficiencia* viene del defecto de proporción entre los medios y el fin; la *incapacidad*, de la privación de los medios; la *ineptitud*, de la imposibilidad de adquirir ningún medio. Se puede muchas veces suplir la *insuficiencia;* a veces se puede enmendar la *incapacidad;* pero la *ineptitud* no tiene remedio» (Ma). ‖ *Escasez, falta, penuria.*

insuficiente adj. *Escaso, defectuoso, poco, pequeño.*

insufrible adj. *Inaguantable, insoportable, intolerable.*

insular adj. *Isleño.*

insulsez f. *Sosera, sosería, insipidez.* ‖ *Simpleza, necedad, estupidez.*

insulso -sa adj. *Desabrido, insípido, soso, insubstancial.* ‖ *Simple, necio, tonto, estúpido, zonzo.*

insultante adj. *Ofensivo, afrentoso, injurioso, ultrajante.*

insultar tr. *Agraviar, ofender, injuriar, afrentar, ultrajar.* ‖ prnl. *Accidentarse, desmayarse.*

insulto m. El *insulto*, el *agravio*, la *ofensa*, el *ultraje* y la *injuria* pueden ser de palabra o de obra. *Dicterio, improperio* y *denuesto* son de palabra. ‖ *Accidente, desvanecimiento, desmayo.*

insuperable adj. *Invencible.* ‖ *Inmejorable.*

insurgente adj. *Insurrecto, sublevado, faccioso.*

insurrección f. *Rebelión, sublevación, levantamiento.*

insurreccionarse prnl. *Rebelarse, sublevarse, levantarse.*

insustancial adj. *Desabrido, soso, insulso, insípido.* ‖ *Trivial, ligero, frívolo.*

insustituible adj. *Irreemplazable, indispensable.*

intacto -ta adj. *Íntegro, entero, completo.* ‖ *Indemne, ileso, incólume.*

intangible adj. *Intocable; impalpable* se dice de las cosas materiales que no producen sensación al tacto: *polvos impalpables. Intocable* e *intangible* pueden sustituirse entre sí, pero el primero se prefiere gralte. para lo material (hierro candente) y el segundo para lo fig. (dogma, reglamento).

integrante adj. *Esencial.* «Es *integrante* cuanto es necesario para conservar la integridad del ser; es *esencial* cuanto es necesario para constituirlo. Los órganos de la sensación son partes *integrantes* del hombre; sus facultades *esenciales* son el entendimiento y la voluntad» (M). ‖ FIL. *Integral.* ‖ *Componente.*

integridad f. **Hombría de bien, probidad, honradez, rectitud.* ‖ *Virginidad.*

íntegro -gra adj. *Entero; uno* es lo que no está dividido interiormente; *completo, cabal.* ‖ fig. *Honrado, probo, *recto, incorruptible, justo.*

inteligencia f. *Intelecto, entendimiento, razón, *mente.* ‖ *Comprensión, conocimiento.* ‖ *Acuerdo, unión, armonía:* estar en ~ dos o más personas. ‖ Por influencia del inglés se ha extendido la expr. eufemística *servicio de* ~ por espionaje o contraespionaje.

inteligente adj.-s. *Sabio, docto, instruido, entendido, enterado.* ‖ *Ingenioso, talentudo, sagaz, listo, perspicaz, despierto.*

inteligible adj. *Comprensible, claro, descifrable, legible.*

intemperancia f. *Exceso, desenfreno.*

intempestivo -va adj. *Importuno* e *intempestivo* tienen matiz de molestia o desagrado. *Inoportuno* y *extemporáneo* pueden aludir simplemente a lo que se hace u ocurre fuera de tiempo y sazón, sin incluir necesariamente aquel matiz. Un historiador califica de *extemporáneas* o *inoportunas*, es decir, inadecuadas para aquel momento, las medidas tomadas por un gobernante, aunque no fueran malas. Unas lluvias *intempestivas* dañan la cosecha; una solicitud *importuna* nos produce enfado.

intención f. *Intento, propósito, mira, designio, proyecto, *fin.* «Son actos de la voluntad que se proponen objetos determinados, con más energía que el simple acto de querer; pero la *intención* es más inactiva y oculta que el *intento*, y el *propósito* más vehemente que el *intento* y la *intención*. El paso del Rubicón por

César fue un *intento*. Su *intención* era entrar en Roma, habiendo formado el *propósito* de usurpar la autoridad suprema» (M). «La *intención* es un movimiento del alma, por el cual se propone el hombre una cosa que está lejana y que tal vez es incierta. El *designio* es una idea resuelta ya y adoptada, y supone meditación y método. La *mira* indica un fin determinado y cierto, que no pasa más allá de lo que se desea, ni supone grandes combinaciones. El *proyecto* es el arreglo y combinación de los medios que deben emplearse para lograr un fin. Sus *intenciones* eran tan sanas como vastos sus *designios*. Puso sus *miras* en Fulana, aunque el matrimonio no entraba en el número de sus *proyectos*. Este *proyecto* supone *intenciones* muy puras, *designios* muy vastos y *miras* muy dilatadas» (C).

intensidad f. *Fuerza, energía.* ‖ fig. **Vehemencia, viveza.*

intenso -sa adj. *Fuerte, enérgico.* ‖ fig. *Vehemente, vivo.*

intentar tr. *Tratar de, procurar, pretender; probar, ensayar.*

intento m. **Fin, propósito, designio, *intención.*

intercalar tr. *Interponer, interpolar.*

interceder intr. *Mediar, abogar.*

interceptar tr. **Obstruir, detener, estorbar, impedir.*

intercesión f. *Mediación.*

intercesor -ra adj.-s. *Medianero, mediador.*

interdecir tr. *Vedar, prohibir, proscribir, impedir.*

interdicto m. *Entredicho.*

interés m. *Provecho, utilidad, beneficio, conveniencia.* ‖ *Rédito, renta, ganancia.* ‖ *Inclinación, atractivo, afecto, atención.* ‖ m. pl. *Bienes, fortuna, capital.*

interesar tr. *Dar parte, asociar.* ‖ *Atraer, cautivar, conmover, seducir.* ‖ **Afectar, atañer, tocar, importar, concernir.*

interferir tr. *Interponer, interrumpir.*

interfoliar tr. *Interpaginar, intercalar.*

ínterin adv. t. *Entretanto, mientras, mientras tanto.*

interino -na adj.-s. *Interino* se usa pralte. aplicado a personas que ocupan temporalmente un cargo o empleo, lo mismo que *provisional*. Este último se aplica también a cosas. P. ej.: maestro *interino* o *provisional*, pero es más raro decir: escalera *interina*, entrada *interina*. *Accidental* se dice de la persona que ocasionalmen-

te, y por breve tiempo, ocupa un cargo que no es el suyo : jefe, director, alcalde *accidental*.

interior adj. *Interno, íntimo, intrínseco.* «*Interior* e *interno* expresan solamente colocación; *íntimo* e *intrínseco*, expresan, además de colocación, unión y naturaleza. *Interior* es lo que está debajo de la superficie de los cuerpos, o dentro de los límites de la extensión. Lo *interno* dista más de la superficie y de los límites que lo *interior*. Lo *íntimo*, no sólo pertenece a la parte central de las cosas, sino a su modo de ser. Lo *intrínseco* está identificado o forma parte de la esencia. Lo *interior* de un reino es todo lo que no es frontera ni costa. Son *internas* las enfermedades de las vísceras. Una convicción profunda está en lo *íntimo* del alma. Un vicio *intrínseco* no se desarrolla fácilmente. Se dice ropa *interior*, conmociones *internas*, relaciones *íntimas* y cualidades *intrínsecas*» (M). ‖ m. *Ánimo.*

interiormente adv. l. *Internamente, íntimamente.*

interlínea f. IMPR. *Regleta.*

interlinear tr. IMPR. *Entrerrenglonar.*

interlocutor -ra m. f. *Colocutor, internuncio*, ambos poco usados.

intermedio m. **Intervalo.* ‖ *Entreacto.*

interminable adj. *Inacabable.*

intermisión f. *Interrupción.* «La *intermisión* nace de la cosa misma de que se habla; la *interrupción*, de la cosa misma o de una causa extraña. Hay *intermisión* en el pulso, en las erupciones volcánicas, en los vientos. Hay *interrupción* cuando un fuerte ruido obliga al orador a callar; cuando la guerra suspende el curso de los negocios» (M).

intermitente adj. *Discontinuo, interrumpido, irregular.*

internacional adj. **Universal.* Lo *internacional* se refiere a dos o más naciones, o a todas ellas. Sólo en este último caso equivale a *universal, mundial*. El adjetivo *internacional* se dice de lo referente a la suma de naciones consideradas aisladamente, en tanto que *universal* y *mundial* no hacen pensar en los componentes del conjunto.

interno -na adj. **Interior, íntimo, intrínseco.*

interpaginar tr. *Interfoliar.*

interpelar tr. *Requerir, preguntar, interrogar.*

interpolar tr. *Intercalar, interponer.*

interponerse prnl. *Intervenir, mediar.* ‖ *Entrometerse.* ‖ *Obstaculizar.*

interpretación f. Tratándose de textos, sobre todo de la Sagrada Escritura u otros textos religiosos, *exégesis.* Como arte de interpretar los textos, *hermenéutica.*

interpretar tr. *Explicar, comentar.* ‖ *Traducir, verter.* ‖ *Entender, comprender.* ‖ En las Bellas Artes, *expresar, representar, ejecutar.*

intérprete com. *Comentarista, exegeta, hermeneuta.* ‖ *Traductor,* esp. tratándose de libros o escritos. Ant.: *Dragomán, drogmán, truchimán, trujimán, trujamán, lengua.*

interrogación f. *Pregunta.* ‖ RET. *Erotema.*

interrogar tr. **Preguntar.*

interrumpir tr. *Suspender, cortar, detener, parar.*

interrupción f. **Intermisión, detención, suspensión.*

intersticio m. *Hendidura, grieta, resquicio.*

intervalo m. *Intermedio, espacio, distancia, pausa.* «El *intervalo* es la interrupción pasajera de lo que se está haciendo; el *intermedio* es el *intervalo* que divide las partes de un acto homogéneo, como los entreactos de una comedia. Hay *intervalo* entre el almuerzo y la comida, entre el ocaso y la noche, entre escribir una carta y enviarla al correo. Hay un *intermedio* en los cuerpos colegiados, cuando se suspende una sesión para continuarla después» (M).

intervenir intr. *Tomar parte, mezclarse.* ‖ *Interponerse, mediar.* ‖ *Inspeccionar, fiscalizar.*

intestino -na adj. *Interno, interior. Intestino* se asocia a la idea de oposición de unos sectores con otros: guerras, querellas, dificultades, discordias, *intestinas.* Pero no se dice política, problemas *intestinos,* si no se les une la idea de lucha. Cuando esta asociación no se produce, hay que emplear *interior* o *interno,* según los casos: comercio *interior,* régimen *interno.* Estos últimos pueden sustituir a *intestino* en todos los casos. ‖ m. *Tripa.*

intimar tr. *Conminar requerir.*

intimidad f. *Confianza, familiaridad.*

intimidar tr. **Acobardar, amedrentar, atemorizar, asustar.* «La misma diferencia hay entre *intimidar* y *amedrentar,* que entre *timidez* y *miedo,* de las cuales se derivan. Lo que *intimida* produ-

ce menos efecto que lo que *amedrenta.* Lo que *intimida* embaraza; lo que *amedrenta* retrae. Los obstáculos *intimidan;* los peligros *amedrentan.* Un orador novel se *intimida* en presencia de un concurso numeroso; al hombre más intrépido *amedrenta* la certeza de una muerte inevitable» (M).

íntimo -ma adj. **Interior.* ‖ *Profundo, entrañable, recóndito.*

intitular tr. *Titular, llamar.*

intocable adj. **Intangible.*

intolerable adj. *Inaguantable, insoportable, insufrible.*

intolerancia f. *Intransigencia, fanatismo.*

intoxicar tr. **Envenenar.*

intranquilo -la adj. *Agitado, inquieto, desasosegado.*

intransigente adj. *Intolerable, fanático.*

intransitable adj. *Impracticable.*

intratable adj. *Áspero, huraño, arisco, insociable, incivil, inconversable.*

intrepidez f. **Ánimo, valor, valentía, arrojo, esfuerzo, denuedo.*

intriga f. *Manejo, *enredo, trama, embrollo.*

intrincado -da adj. *Enredado, complicado, confuso, revesado, enrevesado, enmarañado, inextricable.*

intrínseco -ca adj. *Esencial, propio, interno, *interior, constitutivo.*

introducción f. *Entrada, principio, comienzo.* ‖ *Preparación, disposición.* ‖ *Prólogo, preámbulo, prefacio.*

introducir tr. **Meter, encajar, embutir.* ‖ prnl. *Entrometerse, *infiltrarse.*

intromisión f. *Entremetimiento, entrometimiento, intrusión.*

intruso -sa adj.-s. *Entrometido, indiscreto, extraño.*

inundación f. **Avenida, desbordamiento, crecida, riada.*

inundar tr. *Anegar.*

inurbano -na adj. *Descortés, impolítico, incivil, ordinario, grosero, basto.*

inusitado -da adj. *Desacostumbrado, inusual, insólito, raro. Desusado* y *desuetо* se dice de las cosas que se han usado y ya no se usan, en tanto que *inusitado* y los demás sinónimos pueden calificar también a lo que nunca ha sido frecuente. La santidad es *inusitada, insólita, desacostumbrada, inusual, rara,* en todos los tiempos. Un vestido pasado de moda, una palabra arcaica, son *desusados* o *desuetos.*

inutilizar tr. *Incapacitar, inhabilitar, invalidar, anular.* Tratándose de cosas materiales, *estropear, averiar.*

invadir tr. *Irrumpir* sugiere mayor violencia o carácter súbito.

invalidar tr. *Anular.* En DER., *infirmar.*

invariable adj. *Inalterable, inmutable, constante, firme, inconmovible.*

invasión f. *Incursión, irrupción.* «La *invasión* es una hostilidad ordenada, que tiene su origen en la política, y que se hace según las prácticas militares y con movimientos estratégicos. La *incursión* es una correría en territorio extraño, hecha con rapidez, acompañada de saqueo y mortandad, pero que no envuelve forzosamente la idea de posesión durable. La *irrupción* es una *incursión* hecha en grande y con el objeto de conquistar.. La ocupación de Argel por las tropas francesas fue una *invasión;* las entradas de los indios por el Norte de Méjico y por el Sur de Chile, son *incursiones.* Las conquistas de Italia, España y las Galias por las naciones de la Germania fueron *irrupciones*» (M).

invectiva f. **Sátira.* «Una y otra de estas voces significa un discurso dirigido a poner en público los defectos de una obra, de una persona, de una nación. Sólo se diferencian en los medios de que se valen. La *invectiva* declama; la *sátira* ridiculiza. Las *invectivas* atroces se llaman imprecaciones o maldiciones; la *sátira* mordaz se llama *sarcasmo*» (J).

invencible adj. *Invicto.* Llamamos *invencible* al que no ha sido ni puede ser vencido. *Invicto* es el que no ha sido nunca vencido, el que siempre ha salido victorioso. Napoleón, *invicto* hasta Waterloo, no era *invencible*, como se demostró en esta batalla.

invención f. *Invento, descubrimiento.* ǁ *Hallazgo:* la ⁓ de la Santa Cruz. ǁ *Fábula, ficción, engaño, mentira.*

inventar tr. *Descubrir* se extiende también a lo que era desconocido, pero real: *descubrir* una isla o una estrella nueva; *inventar* se ciñe a lo que antes no existía; p. ej.: la imprenta, la locomotora. Todo invento es un descubrimiento, pero no viceversa. ǁ *Imaginar, fingir, idear.*

inventario m. DER. *Descripción.*

inventiva f. *Ingenio, imaginación, fantasía, idea.*

inventor -ra adj.-s. *Descubridor, autor, creador.*

inverecundo -da adj.-s. **Desvergonzado; inverecundo* es palabra docta y sólo usada en estilo elevado.

invernáculo m. *Estufa, invernadero.*

invernal adj. *Hibernal*, lit.; *hiemal*, lit. y tecn.

inverosímil, inverisímil adj. *Increíble, inconcebible, inimaginable, imposible.*

inverso -sa adj. *Alterado, trastornado, opuesto, contrario.*

invertir tr. *Trastornar, alterar, cambiar, volver.* ǁ Tratando de dinero, *colocar, gastar, emplear.* ǁ Tratando de tiempo, *dedicar, ocupar, emplear.*

investigar tr. *Averiguar, indagar, inquirir, pesquisar, escudriñar, buscar.*

investir tr. *Envestir* (inus.), *conferir, conceder.*

inveterado -da adj. *Antiguo, arraigado, envejecido. Inveterado* no se dice de las cosas materiales; un edificio puede ser *antiguo, envejecido;* una virtud, un vicio, una costumbre, son *inveterados* o *arraigados.*

invicto -ta adj. **Invencible.*

invitación f. *Convite.* ǁ *Incitación.*

invitar tr. **Convidar, brindar.* ǁ *Incitar, mover, inducir.*

invocar tr. *Implorar, rogar.* «El que *invoca* llama a otro para que lo auxilie; el que *implora* pide con insistencia, con fervor y con lágrimas. El cristiano *invoca* el nombre de Dios, e *implora* su misericordia» (M). ǁ *Alegar.*

involucrar tr. *Envolver, mezclar, confundir.*

involucro m. BOT. *Gorguera.*

involuntario -ria adj. *Impensado, irreflexivo, instintivo, maquinal.*

ipecacuana f. *Bejuquillo.*

ir intr. *Irse.* «Estos dos verbos no pueden usarse indistintamente, porque *irse* tiene la fuerza de ausentarse, sin relación al paraje a que se va, sino sólo al que se deja; e *ir*, por el contrario, no hace relación al que se deja, sino a aquel adonde se va. Ha resuelto *irse* de Madrid : puede no saber adónde *irá*, o qué camino elegirá; y no se dirá en este caso : ha resuelto *ir* de Madrid, sin determinar precisamente el paraje adonde va, o destino que lleva. Y así, cuando digo *me voy*, formo una frase completa, porque como el verbo por sí solo hace relación al paraje en que me hallo, explico simplemente que lo dejo, que me ausento; pero no la hago igualmente completa si digo solamente *yo voy*, puesto que falta saber adónde» (LH). «*Ir* es moverse de un lugar para otro determinado; poner el cuerpo en movimiento con cierta dirección fija. *Irse* es simplemente *ausentarse.* Nótase esta diferencia en los ejemplos siguientes : ¿dónde *han ido* los que *se fueron? Se fue* de la casa para *ir* a la iglesia. *Me voy,* y puede que *vaya* a paseo» (M).

ira f. Serie intensiva : *molestia, enfado, indignación, enojo, irritación, coraje.* Ira exaltada : *cólera, rabia, furia, furor.* Ira es más bien un concepto abstracto de la pasión que se manifiesta en todos sus sinónimos. «La *ira* exaltada es *cólera.* Ésta es la manifestación, el movimiento que excita la *ira.* Se conserva la *ira,* se exhala la *cólera...* La venganza premeditada puede ser efecto de la *ira.* La *cólera* no sufre dilación en la venganza. Un insulto grave puede excitar en un genio tranquilo un momento pasajero de *cólera;* pero no un momento pasajero de *ira,* porque ésta no es momentánea ni pasajera» (LH).

iracundo -da adj. *Irascible, irritable, colérico, bilioso, atrabiliario.*

irlandés -sa adj.-s. [pers.] *Hibernés, hibérnico,* esp. tratándose de la ant. Irlanda.

ironía f. *Burla.* La *ironía* es un género de *burla* fina y disimulada. Significa dar a entender lo contrario de lo que se dice. Es, pues, muy diferente de la *mofa,* del *escarnio* y del *sarcasmo.* La *ironía* necesita inteligencia, ingenio y artificio que la oculte más o menos.

irónico -ca adj. *Burlón, punzante, ático, cáustico, mordaz.*

irracional adj.-s. *Bruto, bestia, animal.* ǁ *Absurdo, insensato, extraviado.*

irradiar tr. *Radiar,* esp. en su uso intr.: *despedir, difundir, esparcir.*

irrealizable adj. *Impracticable, imposible, quimérico.*

irrebatible adj. *Indiscutible, incuestionable, incontrovertible, indisputable, incontrastable, irrefutable.*

irreemplazable adj. *Insustituible.*

irreflexivo -va adj. *Precipitado, imprudente, aturdido, atropellado,* *ligero.* ǁ *Indeliberado, involuntario, instintivo, maquinal.*

irregular adj. *Anómalo, anormal.* ǁ *Desigual, intermitente, discontinuo.* ǁ *Variable, caprichoso, inconstante.*

irregularidad f. *Anomalía, anormalidad.* ǁ *Fraude, filtración.*

irreligioso -sa adj.-s. *Impío, descreído, incrédulo.*

irremediable adj. *Irreparable.*

irresolución f. **Perplejidad, vacilación, indecisión* e *irresolución* se refieren pralte. a la voluntad. La *duda* y la *incertidumbre,* al entendimiento, al juicio u opinión que deseamos formarnos de las cosas. La *duda* y la *incertidumbre* suspenden el juicio. La *irresolución* y la *perplejidad* suspenden la acción.

irresoluto -ta adj.-s. *Indeciso, perplejo, vacilante, dudoso.* ǁ *Irresuelto.*

irrespetuoso -sa adj. *Desatento, irreverente, descomedido.*

irrisión f. *Burla, ridiculez, desprecio.*

irrisorio -ria adj. *Ridículo, risible.* ǁ *Insignificante, desestimable, minúsculo.*

irritable adj. *Irascible, pronto, colérico, atrabiliario, bilioso.*

irritación f. **Ira, enfado, enojo, cólera, rabia.*

irritar tr. **Enojar, encolerizar, enfadar, enfurecer, exasperar, sulfurar.* ǁ *Excitar, acalorar.*

irrupción f. **Invasión, incursión.*

isla f. *Ínsula,* lit. ǁ *Manzana.* En algunos países hispanoamericanos son frecuentes las palabras *bloque* y *cuadra.*

islamismo m. *Mahometismo, islam.*

islamita adj.-s. [pers.] *Mahometano, musulmán.*

isleño -ña adj.-s. [pers.] *Insular, insulano.*

ismaelita adj.-s. *Árabe, sarraceno, agareno.*

isomorfismo m. *Homomorfismo.*

israelita adj.-s. [pers.] *Hebreo, judío.*

itálica adj.-f. *Bastardilla, cursiva.*

itinerario m. *Ruta, camino.*

izar tr. MAR. *Levantar, elevar.*

izquierda f. *Siniestra* en estilo lit. o culto; *zurda.*

izquierdo -da adj. *Siniestro.* ǁ *Zurdo.*

J

jabalí m. *Puerco jabalí, montés o salvaje.*

jabardear intr. *Pavordear.*

jábega f. (red). *Bol.*

jabí m. Cuba. *Quebracho, quiebrahacha.* En Méj., *jabín.*

jabillo m. *Árbol del diablo, jabilla.*

jabonadura f. *Enjabonado, enjabonadura.*

jabonar tr. *Enjabonar.*

jaboncillo m. *Jabón de sastre; esteatita* (científ.).

jabonera f. (hierba). *Lanaria, saponaria.*

jabonoso -sa adj. *Saponáceo* (cientíco).

jaca f. *Cuartago.*

jacapucayo m. Argent. En C. Rica y Venez., *olla de mono.*

jacarandina f. *Jacarandaina, jacarandana, germanía.*

jacarandoso -sa adj. *Donairoso, gracioso, alegre, desenvuelto, airoso, garboso, desenfadado, sandunguero.*

jacinto m. (planta y flor). *Bretaña.* ‖ *Circón, jacinto de Ceilán.* ‖ *Jacinto occidental, topacio.*

jaco m. *Rocín, matalón, jamelgo, penco.*

jacobita adj. *Monofisita.*

jactancia f. *Vanagloria, presunción, petulancia, arrogancia.* «Jactancia es alabanza propia, presuntuosa y exagerada; *arrogancia* es aspiración ostentosa y manifiesta a la superioridad, expresada por la voz y por el gesto. No todo el que es *jactancioso* es *arrogante.* El hipócrita se *jacta* en tono humilde de sus virtudes y sus penitencias. El usurpador se *arroga* facultades a que no tiene derecho» (M). Cuando la *jactancia* es permanente y constitutiva del carácter, se acerca al significado de *vanidad, petulancia, fatuidad.*

jactancioso -sa adj. *Vanaglorioso, presumido, vanidoso, presuntuoso, petulante, fatuo.*

jactarse prnl. *Gloriarse, vanagloriarse, preciarse, echárselas de, presumir de, ufanarse, alardear, picarse.*

jade m. *Piedra nefrítica,* porque con ella se hacían antig. amuletos para curar los riñones. Ant. *piedra de ijada.*

jadear intr. *Carlear,* muy us. en los clásicos, hoy p. us. *Acezar.*

jadeo m. *Acezo.*

jaenés -sa adj.-s. [pers.] *Giennense, jienense.*

jaez m. *Clase, índole, calidad,* en general; pero *jaez* añade un sentido despectivo próximo al de *estofa, calaña, ralea;* p. ej.: gente de ese *jaez.*

jaguarzo m. *Estepa negra.*

jagüey m. Cuba (árbol). En Colombia, C. Rica, Hond. y Ecuad., *matapalo.* ‖ (balsa, pozo) En Perú, *jaguay.* En Argent., Bol., Chile y Perú, *jagüel, jahuel.*

jalbegar tr. *Enjalbegar, blanquear, encalar.*

jaleo m. *Jarana, bulla, bullicio, fiesta, alegría, diversión.* ‖ *Alboroto, desorden, pendencia.*

jamás adv. t. y neg. *Nunca.*

jamelgo m. *Penco, jaco, matalón, rocín.*

japonés -sa adj.-s. [pers.] *Nipón.*

jaque m. *Valentón, perdonavidas, matasiete, guapo, chulo.*

jaqueca f. *Hemicránea* (MED.), *migraña.*

jara f. (arbusto) *Lada.* ‖ Jara blanca, *estepilla.* ‖ *Vira, virote, flecha, saeta.*

jarabe m. *Jarope.*

jaramago m. *Balsamita, raqueta, ruqueta, sisimbrio.*

jarana f. *Bulla, bullicio, fiesta, jolgorio, diversión, alegría, jaleo.* ‖ *Alboroto, desorden, pendencia, tumulto.*

jarcia f. MAR. *Cordaje, cordelería.*

jardín m. *Pensil, vergel,* son denominaciones estimativas de su hermosura : *carmen* es voz granadina.

jato -ta m. f. *Ternero.*

jaula f. *Gayola; cávea,* tratando de los ant. romanos.

jauría f. *Muta.*

jefe m. *Superior, director, cabeza, principal, caudillo.*

jerarquía f. *Orden, subordinación.* ‖ *Clase, categoría.*

jerga f. *Jerigonza, germanía.* ‖ *Galimatías, alagarabía.*

jeringar tr. fam. fig. *Molestar, mortificar, fastidiar, aburrir, enfadar, cansar.*

jeringuilla f. (planta). *Celinda.*

jesuita adj.-s. *Ignaciano, iñiguista.*

jeta f. *Hocico, morro.* ‖ **Cara.*

jícama f. Amér. Central, Ecuad. y Méj. En Cuba y Ecuad., *jiquima.*

jícara f. *Pocillo* (ant.).

jifia f. *Pez espada.*

jilguero m. *Cardelina, colorín, pintacilgo, pintadillo, silguero, sirguero.*

jineta f. (mamífero). *Gineta, papialbillo, patialbillo.*

jinete m. *Caballero.* En las carreras de caballos, *jockey.*

jirón m. *Desgarrón, pedazo.* ‖ *Trozo, parte.*

jocoserio -ria adj. *Tragicómico.*

jocoso -sa adj. *Gracioso, chistoso, festivo, alegre, divertido.*

jocundo -da adj. *Jovial, alegre, jocoso, gracioso, chistoso.*

jofaina f. *Palancana, palangana, aguamanil, lavamanos,* según preferencias locales; *aljofaina* es p. us. y ant.; *almofia* ant.

jolgorio m. *Holgorio, regocijo, fiesta, bulla, bullicio, jarana, parranda.*

jollín m. *Gresca, alboroto, pelotera.*

joroba f. *Corcova, chepa, giba.* ‖ fig. *Impertinencia, molestia, mortificación.*

jorobado -da adj.-s. *Corcovado, giboso, contrahecho.*

jorobar tr. *Molestar, fastidiar, gibar, importunar, mortificar, jeringar.*

joven adj.-s. Como adj. se aplica a cualquier ser vivo de poca edad : árbol, caballo, persona, *joven.* Como subst. se usa sólo para personas y equivale a *mozo -za; mancebo -ba,* si tiene muy pocos años; *zagal -la,* adolescente. *Pollo* se usa sólo en los medios sociales de alguna distinción.

jovial adj. *Alegre, festivo, jocundo, divertido, gracioso, risueño.*

joya f. *Alhaja, presea, joyel, dije.*

júbilo m. *Alborozo, alegría, regocijo, contento, gozo.* El *júbilo* y el *alborozo* suponen manifestaciones exteriores de alegría; en los demás substantivos no es indispensable su manifestación exterior.

judaizante adj.-s. *Hebraizante.*

judaizar intr. *Hebraizar.*

judas m. *Traidor, alevoso, desleal, delator.*

judía f. *Alubia* y *habichuela* son los sinónimos más extendidos.

Abundan los nombres locales o que se refieren a determinadas variedades, como *faba* (Ast.), *fasol, fréjol, frijol, frisol, frisuelo.*

judiada f. *Crueldad, inhumanidad, infamia.* ‖ *Usura, agio, explotación.*

judío -a adj.-s. *Hebreo, israelita.* ‖ fig. *Avaro, usurero, explotador, agiotista.*

juego m. *Diversión, recreo, recreación, entretenimiento, pasatiempo.* ‖ *Funcionamiento, acción, movimiento.* ‖ *Unión, articulación, coyuntura.*

juerga f. *Diversión, jarana, parranda.*

juez m. *Definidor, árbitro, regulador.*

jugada f. fig. *Treta, ardid, mala pasada, trastada.*

jugador -ra adj. En los deportes suele denominarse con un derivado del nombre del juego, como *futbolista, remero, esquiador,* etc. Tratándose del que tiene el vicio de jugar dinero a las cartas, ruleta, etc.; *tahur, punto.*

jugar intr. *Entretenerse, divertirse.* ‖ *Travesear, juguetear, retozar.* ‖ *Funcionar, actuar, moverse, encajar.* ‖ *Arriesgar, aventurar, apostar.*

jugarreta f. *Truhanada, mala pasada, truhanería, trastada, picardía.*

jugo m. Tratándose de frutos, hierbas, flores, etc., *zumo.* ‖ fig. *Provecho, sustancia, utilidad.*

jugoso -sa adj. *Sucoso,* p. us. ‖ fig. *Sustancioso, provechoso.*

juguetear intr. *Jugar, retozar, travesear.*

juicio m. *Discernimiento, razón, entendimiento.* ‖ *Cordura, seso, prudencia, sensatez, asiento, madurez.* ‖ *Opinión, dictamen, parecer.*

jumento -ta m. f. *Asno, burro, borrico.*

juncal adj. *Flexible, airoso.* ‖ m. *Juncar, junqueral, junquera.*

junco m. *Junquera.*

junípero m. *Enebro.*

junquillo m. *Rota, junco de Indias.* ‖ *Baqueta* (moldura).

junta f. *Reunión, sesión, asamblea.* ‖ *Unión, juntura, coyuntura, articulación.*

juntamente adv. m. *En unión, en compañía, conjuntamente, unidamente.* ‖ adv. t. *A la vez, a un tiempo.*

juntar tr. *Unir; acoplar* es unir dos piezas u objetos de modo que ajusten o encajen; *enlazar* y *trabar, juntar* estrechamente para formar un todo. ‖ *Acopiar, aglomerar, amontonar, reunir.* ‖ *Congregar* es voz culta que se

aplica gralte. a personas o seres
vivos que acuden por sí mismos;
p. ej.: el pueblo se *congregó* en
la plaza; el pastor *congrega* sus
ovejas. Aplicado a cosas inanimadas, se siente gralte. como
fig.: el viento *congregaba* las
nubes. No podría decirse *congregar* dinero, libros, etc., sino *reunir, juntar.* ‖ *Entornar.* ‖ prnl.
*Acercarse, arrimarse, aproximar-
se.* ‖ *Acompañarse.*

junto -ta adj. *Unido, cercano, inmediato, pegado, próximo.* ‖ adv.
l. *Cerca de.* ‖ adv. m. *Juntamente, a la vez, a un tiempo.*

juntura f. Tratándose de la unión
de dos huesos, *articulación* en
general; si es móvil, *coyuntura.*

jurador -ra adj.-s. *Votador, renegador.*

juramento m. *Jura; salva* (hoy
desus.) era el juramento muy
solemne. ‖ *Voto, reniego, taco,
blasfemia.*

jurar intr. *Renegar, votar, blasfemar.*

jurel m. *Chicharro.*

jurisconsulto m. **Abogado, jurisperito, letrado, jurista.*

jurisdicción f. *Potestad, poder, autoridad.*

jurisperito m. *Jurisconsulto, legis-
perito, *abogado, jurista.*

jurista m. **Abogado, jurisperito,
jurisconsulto.*

justamente adv. m. *Cabalmente,
exactamente, precisamente, ajus-
tadamente.*

justicia f. *Equidad, rectitud.* «La
justicia, considerada como sinónima de *equidad,* es una obligación a que se ha sometido el
hombre reducido a sociedad, y
que, por consiguiente, se debe
arreglar por la ley positiva. La
equidad es una obligación fundada en los principios de la ley
natural, que no está sujeta a
leyes humanas, antes bien, éstas, para ser justas, deben arreglarse a ella. Y así, la *justicia*
impone determinadamente la
obligación de dar a cada uno su
derecho, de la cual no se puede
separar ni el juez que la administra ni el individuo respecto a
su igual, sin exponerse a que

una autoridad superior les obli-
gue por fuerza a su observancia;
pero la *equidad* modifica aquella
misma idea, representándola, respecto del juez, con relación a
aquella moderación prudente con
que, sin faltar a la *justicia,* re-
gula en caso necesario el derecho dudoso, las circunstancias,
las recíprocas conveniencias, etc.;
y respecto del individuo, con relación a una obligación, a cuyo
cumplimiento no se le puede
obligar con la autoridad legal;
pero que le impone la honradez,
la conciencia, u otras consideraciones poderosas. Los árbitros
juzgan muchas veces más bien
por un prudente *equidad* que
por el rigor de la *justicia.* La *justicia* exige que paguemos a nuestros acreedores, y la *equidad,* que
socorramos a los menesterosos»
(LH). «La *justicia* consiste en el
respeto a los derechos ajenos;
la *rectitud,* en la estricta y escrupulosa *observancia* de las leyes morales. La *justicia* no se
ejerce más que en casos de conflicto entre pretensiones o derechos opuestos; la *rectitud,* en
todas las acciones de la vida. El
juez es *justo* cuando sentencia
con acuerdo a lo probado; es
recto cuando resiste a empeños,
seducciones y amenazas» (M).

justiciero -ra adj. *Justo, equitativo, recto, imparcial.*

justificar tr. **Probar, acreditar.* ‖
*Excusar, disculpar, vindicar, sin-
cerar, defender.*

justipreciar tr. *Tasar, apreciar, estimar, *valorar, evaluar,* a los
cuales añade la connotación de
justicia o equidad en la tasa;
otras veces sugiere la idea de jus-
teza o exactitud en señalar el
valor de las cosas.

justo -ta adj. *Recto, equitativo,
imparcial, legal, legítimo, razonable.* ‖ *Exacto, cabal, preciso,
puntual.* ‖ adv. m. *Justamente,
debidamente, precisamente, exactamente.*

juventud f. *Mocedad.* ‖ *Mocerío.*

juzgar tr. *Decidir, sentenciar, fallar.*
‖ *Creer, estimar, opinar, reputar,
apreciar.*

L

lábaro m. *Crismón, monograma de Cristo.*

laberíntico -ca adj. fig. *Confuso, enredado, intrincado, enmarañado, tortuoso.*

laberinto m. *Dédalo* (lit.) En sentido fig., *enredo, maraña, confusión, lío, caos.*

labia f. *Parla, parlería, verba, verbosidad, facundia,* coinciden con *labia* en denotar abundancia y facilidad de palabra. *Labia* connota además cierta gracia insinuante y persuasiva que atrae a los oyentes.

labiérnago m. *Sao, ladierno.*

labio m. *Buz,* ant.: *bezo,* cuando es grueso; *belfo* en las caballerías y otros animales.

labor f. *Trabajo, tarea, faena, quehacer, tajo, ocupación.* ‖ *Labranza, laboreo, cultivo.* ‖ *Costura, bordado, punto, encaje,* etc., están comprendidos dentro de la denominación general de *labores,* y a todas ellas puede aplicarse el nombre especial de *labor.*

laborar tr. *Trabajar* en general. ‖ *Labrar, laborear.*

laborioso -sa adj. **Trabajador, aplicado, diligente.* ‖ *Trabajoso, penoso, dificultoso.*

labrador -ra m. f. *Agricultor, cultivador,* pertenecen al habla culta. *Campesino;* en algunas regiones, *paisano* (Gal.), *aldeano* (País Vasco). *Labriego,* en general; cuando es pobre, *labrantín, pegujalero, pelantrín;* desp. *destripaterrones.*

labradorita f. *Piedra de la luna, de las Amazonas, del Labrador o del sol.*

labrantín m. *Pegujalero, pelantrín.*

labranza f. *Cultivo, labor, laboreo.*

labrar tr. *Trabajar, laborar.* ‖ *Arar, cultivar.* ‖ *Hacer, causar, producir, originar.*

labriego -ga m. f. *Labrador. Destripaterrones,* desp.; *labrantín,* cuando es pobre.

labrusca f. *Parriza, parrón, vid silvestre.*

laca f. *Goma laca, maque.*

lacerar tr. *Lastimar, magullar, herir, golpear.* ‖ fig. *Dañar, vulnerar, perjudicar.*

lacería f. *Miseria, pobreza.* ‖ *Trabajo, molestia, pena, fatiga.*

lacio -cia adj. *Marchito, ajado, mustio.* ‖ *Flojo, decaído, descaecido, fláccido.*

lacónico -ca adj. *Breve, conciso, *sucinto, compendioso, sobrio, seco.*

laconismo m. **Concisión, brevedad, sobriedad, sequedad.*

lacrimoso -sa adj. *Lagrimoso, lloroso, lastimoso, lastimero.*

lactar tr. *Amamantar, criar.*

lácteo -a adj. Cuando significa parecido a la leche, *lechoso; láctico* pertenece al habla culta o técnica; *lacticíneo* y *lacticinoso* son tecnicismos. ‖ Cuando significa perteneciente o relativo a la leche, *lácteo* equivale con frecuencia a *lechero:* industria *láctea* o *lechera.* Si se refiere a los productos que se obtienen de la leche, se emplea *lácteo* o *láctico:* derivados *lácteos* o *lácticos,* no *lecheros.*

lactosa f. *Azúcar de leche.*

ladear tr. *Inclinar, torcer, sesgar.*

ladino -na adj. *Sagaz, astuto, taimado.*

lado m. *Costado, banda;* tratándose de un ejército, *ala, flanco.*

ladrido m. *Latido* es el ladrido entrecortado del perro cuando sigue la caza o cuando de repente sufre algún dolor. *Gañido* es cada uno de los gritos que da el perro cuando lo maltratan.

ladrón -na adj.-s. *Caco, sacre.* Según la clase de robos o hurtos que comete recibe denominaciones especiales, como *atracador, cuatrero, ratero, carterista, mechera,* etc.

lagar m. *Jaraíz, tino.*

lagarto m. *Fardacho,* en algunas regiones (Val.). ‖ m. f.-adj. fig. *Astuto, sagaz, taimado.*

lagotería f. *Zalamería, zanguanga, garatusa, *fiesta, pelotilla, adulación.*

laguna f. fig. *Falta, hueco, vacío, omisión.*

lama f. *Cieno, légamo.*

lamentable adj. *Deplorable, lastimoso, sensible.* «Es *lamentable* todo suceso que afecta el corazón con sentimientos de dolor y pesadumbre. El suceso es *deplorable* cuando a las mismas circunstancias se reúne la de algún error, crimen, descuido o accidente que fue causa de la desgracia ocurrida. Es *lamentable* la muerte de una persona que nos es cara. La pérdida de España, por los amores de don Rodrigo, fue un hecho *deplorable*. Este último adjetivo suele aplicarse a sucesos menos graves que los que merecen la aplicación del primero. Así decimos que son *deplorables* las flaquezas de un gran hombre, la pérdida de una reputación y la discordia de una familia» (M).

lamentación f. *Lamento, queja, gemido, clamor.*

lamentar tr. *Deplorar, sentir, llorar.* ‖ prnl. *Quejarse, gemir, plañir.*

lampazo m. *Bardana, lapa, purpúrea.*

lampiño -ña adj. *Glabro, lit.*

lanar adj. *Ganado lanar = ganado ovino.*

lance m. *Percance, ocurrencia, suceso, trance, ocasión.* ‖ TAUROM. *Suerte.* ‖ *Encuentro, riña, duelo, querella.* ‖ De lance, *de ocasión, de segunda mano.*

lanceta f. CIR. *Sangradera.*

lancha f. *Laja, lastra.* ‖ *Chalupa, bote, barca.*

landrilla f. *Lita,* esp. la del perro.

langostín y **-tino** m. *Cervatica.*

lánguido -da adj. *Flaco, débil, fatigado.* ‖ *Abatido, decaído, desanimado.*

lanudo -da adj. *Lanoso, velloso.*

lanza f. *Pica.* ‖ En los carruajes, *timón, pértiga, vara.*

lanzadera f. *Rayo textorio.*

lanzar tr. *Arrojar, *echar, tirar, despedir, disparar.*

lapislázuli m. *Cianea, lazulita.* Pulverizado, se llama *azul de ultramar.*

lápiz m. *Lapicero.*

lapso m. *Tracto, trecho.* ‖ Cuando se trata de un error, se emplea a menudo la forma lat. *lapsus.* Se dice también *lapsus calami* (error de pluma) o *lapsus linguae* (error de lengua).

lar m. *Hogar, casa.*

lardoso, sa adj. *Grasiento, pringoso.*

largamente adv. m. *Cumplidamente.* ‖ *Ampliamente, holgadamente.* ‖ *Liberalmente, generosamente, espléndidamente.*

largar tr. *Aflojar, soltar.* ‖ prnl. *Irse, marcharse, escabullirse, escurrirse, pirárselas* (vulg.).

largo -ga adj. *Luengo* fue muy usado en los clásicos; hoy se siente como algo anticuado, y se emplea en estilo arcaizante. *Extenso.* Tratándose del tiempo, *duradero.* «*Largo* recae sobre la duración; *difuso,* sobre el modo. Es *largo* el sermón que dura mucho; es *difuso* cuando el predicador trata con demasiada prolijidad la materia, el punto o puntos de que se compone. El opuesto de *largo* es corto; el de *difuso* es conciso» (LH). ‖ m. *Longitud, largor, largura.*

largueza f. *Longitud, largura.* ‖ *Liberalidad, generosidad, desprendimiento, dadivosidad, esplendidez.*

lascivia f. *Lujuria, incontinencia, liviandad, obscenidad, sensualidad, libídine.*

laserpicio m. *Comino rústico.*

lasitud f. *Desfallecimiento, decaimiento, flojedad, languidez, *cansancio, fatiga.*

lástima f. *Compasión, conmiseración, misericordia, piedad.* «*Lástima* es un sentimiento menos vehemente y más pasajero que *compasión.* La primera emana de la impresión que nos causan los males ajenos; la segunda, de una disposición constante, de un afecto natural, de una cualidad sensible y benévola del ánimo. Así es que de la palabra *lástima* no se deriva un adjetivo aplicable al que la siente, sino al objeto que la provoca, y lo contrario sucede con la palabra *compasión,* de que se deriva *compasivo.* Son *lastimeros* o *lastimosos* los infortunios, las enfermedades, el hambre y la persecución. Son *compasivas* las personas en quienes estos males producen *lástima*» (M). Las palabras *conmiseración, misericordia* y *piedad* no indican sólo una disposición afectiva ante el dolor ajeno, sino también una actitud reflexiva que las convierte en virtudes de más alto valor moral.

lastimar tr.-prnl. *Herir, dañar, perjudicar.* ‖ *Agraviar, ofender.* ‖ prnl. *Dolerse, *sentirse, resentirse.*

lastimero -ra adj. *Plañidero, triste, lúgubre, quejumbroso.*

lastimoso -sa adj. *Lamentable, deplorable, sensible.*

lastre m. *Zahorra.* ‖ fig. *Juicio, madurez, seso.*

1) lata f. *Hojalata.*

2) lata f. *Tabarra, tostón.*

latamente adv. m. *Largamente, ex-*

*tensamente, ampliamente, proli-
jamente.*

latente adj. *Oculto, escondido, invisible.*

lateral adj. *Ladero.*

látex m. cientif., aplícase esp. a las
plantas que producen un jugo lechoso. En el habla corriente, *leche.*

latido m. **Ladrido.* || Del corazón,
palpitación; de las arterias, *pulso.*

latigazo m. *Lampreazo, trallazo, zu-
rriagazo.*

látigo m. *Tralla, zurriago, zurriaga.*

latinizar tr. *Romanizar.*

latir intr. *Pulsar, palpitar.* || *La-
drar, gañir.*

latitud f. *Anchura, ancho, amplitud, extensión.*

lato -ta adj. *Dilatado, extenso,
amplio.*

latón m. *Azófar, metal.*

latrocinio m. *Ladronera, ladronería,
hurto, robo, estafa.*

laudable adj. *Loable, plausible, meritorio.*

lauráceo -a adj.-s. BOT. *Laurineo.*

lauredal m. *Lloredo.*

lauro m. *Laurel.* || fig. **Premio, ga-
lardón, recompensa, triunfo, glo-
ria, alabanza, palma, corona.*

lauroceraso m. *Laurel cerezo, loro.*

lavabo m. (en la misa). *Lavatorio.*

lavajo m. *Charca, navajo, navazo.*

lavamiento m. *Lavación, lavadura,*
ambos p. us.; *lavado,* muy us.;
loción, esp. si se trata de alguna
parte del cuerpo : *loción de cabeza.*

lavanda f. *Lavándula, *espliego.*

lavar tr. *Lavar* es *limpiar* con agua
u otro líquido. || fig. *Purificar.*

lavativa f. *Ayuda.* || *Jeringa, irri-
gador, gaita* (ant.).

lavatorio m. (ceremonia del Jueves
Santo). *Mandato;* también se llama así el sermón que se predi-
ca en esta ceremonia. || *Lavabo*
(en la misa).

laxante m. *Laxativo, solutivo; purga* y *purgante* son de acción más
enérgica.

laxitud f. *Flojera, atonía, disten-
sión.* || fig. *Relajación.* «La *la-
xitud* está en las doctrinas y
en las leyes; la *relajación* en
la conducta. No es extraño que
donde hay *laxitud* en el ejercicio de la autoridad y en la
opinión pública, haya también
relajación en las costumbres.
Se acusa de *laxitud* a la ética
del probabilismo. Todos los his-
toriadores convienen en la *relajación* que infestó las dinastías
del Bajo Imperio» (M).

laxo -xa adj. *Flojo, distendido.* ||
fig. *Relajado.*

laya f. *Calidad, especie, condición.*

Laya tiene a menudo el sentido
despectivo de *calaña, ralea, jaez.*

lazarillo m. *Destrón.*

lazarino -na adj.-s. *Lacerado, la-
zaroso, leproso, elefanciaco.*

lazo m. *Atadura, lazada.* || fig.
*Unión, vínculo, obligación, de-
pendencia.* || *Trampa, emboscada,
ardid, asechanza, añagaza.*

lazulita f. *Lapislázuli, cianea.*

leal adj. *Fiel, franco, honrado, noble.*

lealtad f. **Fidelidad.* «La observancia de la fe debida a un soberano es la idea que se considera aquí como común a estas
dos voces; pero la *fidelidad* no
explica por sí sola más que la
exactitud con que se cumple la
obligación contraída, con que se
observa la ley debida al soberano; la *lealtad* añade a esta
idea la del afecto personal con
que se cumple aquella obligación. Por eso no se dice : juramento de *lealtad,* sino juramento de *fidelidad*» (LH). Abundan-
do en la idea de afección personal que acompaña a *lealtad,* en
el habla usual se dice a menudo *apego, ley.*

lebrato m. *Lebratón, liebratón, le-
broncillo.*

lebrillo m. *Terrizo, librillo, barreño.*

lebruno -na adj. *Leporino.*

lección f. *Lectura.* || *Enseñanza,
amonestación, ejemplo, advertencia, aviso.*

lectura f. De un modo gral., *leída,*
pero esp. se usa aludiendo a las
sucesivas etapas del acto de leer :
leí el libro en dos *leídas;* a la
primera *leída* me hice cargo del
asunto. || *Lección.*

lechetrezna f. *Ésula, titímalo.*

lechigada f. *Camada* se aplica preferentemente a lobos. En los demás animales no hay separación
definida entre una y otra voz.
Tratándose de aves e insectos,
nidada. En gral., *cría, cachillada.*

lecho m. *Cama.* || *Cauce, madre,
álveo.* || *Estrato, capa.*

lechón m. *Cochinillo.*

lechoso -sa adj. *Lácteo y lactescen-
te,* técn. || *Lechal, lechar.* || m.
Papayo.

lechuza f. *Bruja, coruja, curuja,
curuca, estrige, oliva.*

ledo -da adj. *Plácido, alegre, contento, satisfecho. Ledo* es voz
ant. que sólo se usa en el lenguaje literario.

legado m. *Manda.*

legal adj. **Legítimo, lícito, permitido, justo.*

légamo m. *Cieno, lodo, limo, fango, *barro.*

legaña f. *Pitarra, pitaña; lagaña,*

hoy p. us. por estimarse como vulg.: tuvo algún uso en los clásicos. And. y Sant., *magaña*.

legañoso -sa adj.-s. *Pitarroso, pitañoso*.

legar tr. *Mandar, dejar*.

legendario -ria adj. *Leyendario, tradicional*.

legible adj. *Leíble, descifrable*.

legítimo -ma adj. *Legal, lícito*. «Lo *legítimo* es más esencial y duradero que lo *legal*, porque depende de la naturaleza y de las instituciones fundamentales de los pueblos, en tanto que lo *legal* es una emanación de la ley civil. Por esto decimos: hijo *legítimo* y de *legítimo* matrimonio, testamento *legal*, autoridad *legal*, formas *legales*. *Legítima* defensa es la que la ley natural permite; defensa *legal* es la que hace el letrado delante del juez. Lo *legítimo* lo es siempre; lo *legal* puede dejar de serlo cuando la ley se muda. En todos los códigos hay ficciones *legales*; pero no hay ficciones *legítimas*. La venta y el cambio son causas *legítimas* de adquisición; la primogenitura y la prescripción son causas *legales*» (M). || *Equitativo, justo, razonable.* || *Genuino, auténtico, verdadero, de ley, puro*.

lego -ga adj.-s. *Seglar*. || En algunas órdenes religiosas, *converso, confeso, donado; hermano;* desp. *monigote, motilón*. || adj. *Ignorante, profano*.

lejano -na adj. Serie intensiva: *apartado* (espacio), *alejado, distante, lejano, remoto*. «*Lejano* es lo que está separado por una gran distancia del punto de que se habla; *remoto*, lo que está separado por mayor distancia que lo *lejano*; es *distante* lo que está separado por un espacio que no puede llamarse *cercanía*. Lo *distante* puede estar a pocas varas o a muchas leguas del punto de que se trata. Las tres palabras expresan ideas relativas; pero la expresada por la voz *distante* es más relativa que las expresadas por las otras dos. Hablando en Madrid, podemos decir que el Támesis está *lejano*; de Siberia, que es un país *remoto*; pero si en uno y otro caso nos valemos de la palabra *distante*, el sentido quedará indefinido y vago, a menos de aplicarle un adverbio o la expresión de una cantidad métrica» (M). Las mismas voces pueden aplicarse al tiempo, y guardan entre sí la misma relación: una fecha *lejana, remota, distante*.

lelilí m. *Lilaila*.

lelo -la adj.-s. *Embobado, pasmado, bobo, tonto, simple, chiflado*.

lema m. **Letrero, epígrafe, inscripción*. || *Mote, divisa, letra*.

lemúrido -da adj.-s. *Lémures, prosimio*.

lendrera f. *Caspera*.

lengua f. *Sinhueso*, fam. || *Lenguaje, idioma, habla*.

lenguado m. *Suela*.

lenguaraz adj. *Deslenguado, mala lengua, malhablado, maldiciente; insolente, desvergonzado*.

lenidad f. **Blandura, suavidad*.

lenitivo adj.-m. *Calmante*. || fig. *Alivio, consuelo*.

lentamente adv. m. *Poco a poco, paulatinamente, despacio, pausadamente*.

lentes m. pl. **Anteojos, espejuelos*.

lentisco m. *Almácigo, charneca, mata*.

lentitud f. *Tardanza, calma, cachaza, pausa, flema, pachorra*.

lento -ta adj. *Tardo, pausado, calmoso, cachazudo, flemático*.

leña f. *Tuero*. Leña de rama delgada: *rozo, despunte, ramullo, ramojo, ramiza*. Leña menuda para encender: *encendajas, chasca, chavasca, seroja, chámara, chamarasca, chamiza*. || *Castigo, paliza, tunda*.

leonés -sa adj.-s. [pers.] *Legionense*.

leopardo m. *Pardal*.

lepidóptero -ra adj.-s. *Mariposa* es el nombre que gralte. se aplica a cualquier lepidóptero.

leporino -na adj. *Lebruno*.

lepra f. *Gafedad, malatía*, ambos p. us. hoy.

leprosería f. *Malatería* (ant.).

leproso -sa adj.-s. *Lazarino;* si es de lepra que encorva los dedos, *gafo; malato,* hoy p. us.

lerdo -da adj. *Pesado, torpe, obtuso, rudo, tarugo*.

leridano adj.-s. [pers.] *Ilerdense* e *ilergeta* aluden a la ant. Ilerda ibérica y romana.

lesión f. *Herida;* cuando es permanente y produce deformidad o impedimento, *lisiadura*. || *Daño, perjuicio, detrimento*.

lesionar tr. *Herir, lastimar*. Si la lesión es corporal y permanente, *lisiar*. || *Dañar, perjudicar*.

letal adj. *Mortífero, mortal*.

letargo m. *Modorra, sopor, torpor, torpeza, insensibilidad, marasmo*.

letrado -da adj. *Sabio, instruido, docto, erudito*. || m. **Abogado*.

letrero m. *Rótulo, inscripción, lema, epígrafe*. «El *letrero* expresa un nombre, un aviso de cualquiera clase; el *rótulo* se refiere a lo que está contenido dentro o debajo de la superficie en que está escrito; la *inscripción* sirve para conservar la memoria de algún sujeto, de alguna acción o de algún acontecimiento; el *lema* explica en palabras sucintas el asunto de un emblema, de una empresa o de una composición en verso o prosa; el *epígrafe* alude al asunto de la composición, pero no lo explica. Las palabras que suelen escribir los viajeros en los monumentos que visitan, o los soldados en los cuerpos de guardia, son *letreros;* los que se ponen sobre las puertas de las tiendas para indicar lo que en ellas se vende, o en lo exterior de las botellas, con el nombre del líquido que contienen, son *rótulos;* las palabras latinas que están sobre la puerta de Alcalá y sobre el Jardín Botánico, son *inscripciones;* el *lema* de las armas de la Academia Española es «limpia, fija y da esplendor»; las memorias que se presentan a los concursos abiertos por los cuerpos científicos llevan siempre un *epígrafe»* (M).

letrina f. *Necesaria, privada, retrete.*

leucocito m. *Glóbulo blanco.*

leudar tr. *Aleudar, lleudar* (v. *Fermentar*).

leva f. *Recluta, reclutamiento, enganche.*

levadura f. *Fermento.*

levantado -da adj. fig. *Alto, elevado, encumbrado, noble, sublime.*

levantamiento m. *Sublevación, alzamiento, rebelión.*

levantar tr. En el conjunto de sus aceps., el uso de *alzar* por *levantar* es lit. Comp. *alzar* la cabeza, un edificio, un falso testimonio, con *levantar* la cabeza, etc. *Elevar* pertenece al habla escogida : *elevar* los ojos al cielo; pero en mecánica se usa tanto como *levantar*: una grúa para *elevar* grandes pesos; para *elevar* el agua subterránea (no *levantar*); un globo se *elevaba.* Se usa asimismo *elevar* en el sentido de hacer llegar a un superior una queja, súplica, solicitud, con preferencia a *alzar* y exclusión de *levantar.* ‖ *Enderezar, erguir.* ‖ *Construir, edificar, erigir.* ‖ *Vigorizar, esforzar.* ‖ *Rebelar, sublevar, amotinar, alzar.* ‖ *Engrandecer, ensalzar, exaltar, elevar.*

levante m. *Este, oriente, naciente.*

levantisco -ca adj. *Inquieto, indócil, turbulento, alborotador.*

leve adj. *Ligero, liviano, tenue.* «*Leve* alude a la gravedad; *ligero*, a la gravedad y a la prontitud de los movimientos; *tenue,*

a la densidad. Todo lo que pesa poco es *leve;* todo lo que pesa poco y atraviesa el espacio o muda de lugar con rapidez, es *ligero;* todo lo que tiene poca densidad es *tenue.* El humo es *leve;* la mariposa es *leve* y *ligera;* el aire es más *tenue* que el agua» (M). En Amér. se usa *liviano* con el sentido de *leve, ligero,* es decir, que pesa poco. Este uso de *liviano* ha sido general en España; pero en la actualidad es mucho menos frecuente que en América.

leviatán m. *Lucifer.*

levítico -ca adj. *Sacerdotal, clerical, beato:* ambiente *levítico,* ciudad *levítica.*

léxico m. *Diccionario, vocabulario, lexicón.*

lexicógrafo m. *Diccionarista, vocabulista.*

leyenda f. *Tradición, fábula.* ‖ *Inscripción, lema, divisa, mote.*

lezna f. *Lesna, alesna, subilla.*

liar tr. *Ligar,* *atar,* *amarrar* (Amér.). ‖ *Envolver(se), enredar(se), enzarzar(se), mezclar(se).* ‖ prnl. *Amancebarse.* ‖ *Liarlas* o *liárselas,* morir.

lías f. pl. *Hez, pie, sedimento, poso.*

libelo m. Es barbarismo innecesario la palabra *panfleto.*

libélula f. *Caballito del diablo.*

liberal adj. *Generoso, desprendido, desinteresado, dadivoso, largo, rumboso.*

liberalidad f. *Generosidad, desinterés, largueza, desprendimiento.* «La *liberalidad* consiste en el desinterés con que da el que puede dar; la *generosidad,* en la nobleza con que da el que puede, y con que daría el que no puede. Deja de ser *liberal* el que no tiene con qué serlo, pero el *generoso* lo es siempre, aunque tenga que dar poco, porque la *generosidad* no consiste en el hecho, sino en la noble disposición de la voluntad. Un pobre puede ser *generoso* dando lo poco que tiene, pero no *liberal,* porque le faltan los medios para serlo. Está muy lejos de ser *generoso* el que es *liberal* por ostentación» (LH).

liberar tr. *Libertar, librar.*

libertad f. *Independencia, emancipación, autodeterminación.* ‖ *Rescate, desencarcelamiento, liberación.* ‖ *Familiaridad, desembarazo, soltura.* ‖ *Osadía, atrevimiento.*

libertar tr. *Soltar, rescatar, redimir.* Tratándose de esclavos, *manumitir, ahorrar* (ant.). ‖ Tratándose de alguna obligación o gravamen, *eximir, redimir, cancelar.*

libertinaje m. *Licencia, desenfreno.*

libertino -na adj. *Licencioso, desenfrenado, disoluto, vicioso.*

libidinoso -sa adj. *Lascivo, lúbrico, lujurioso.*

librador m. *Cogedor, vertedor.*

librador -ra adj.-s. (de una letra de cambio). *Dador, expedidor.*

librar tr. *Salvar, preservar.* ‖ *Liberar, libertar. Librar* se refiere a la libertad o la seguridad que no se han perdido. *Liberar* y *libertar* significan recobrar la libertad o la seguridad que se perdieron. Nos *libramos* de un daño, de una enfermedad, de la cárcel, cuando no los hemos sufrido. Nos hemos *libertado* de un temor o de la prisión después de haberlo sufrido más o menos tiempo. ‖ *Eximir, dispensar.* ‖ *Girar, expedir.* ‖ *Dar a luz, parir.*

libre adj. *Independiente, emancipado.* ‖ *Suelto, expedito, franco, desembarazado.* ‖ *Rescatado, liberado, libertado.* ‖ *Dispensado, exento.* ‖ *Atrevido, desenfrenado, licencioso, disoluto.*

librería f. *Biblioteca.*

libreta f. *Cuaderno.*

licencia f. *Permiso, autorización, *consentimiento, venia, facultad.* «Se usan indiferentemente *licencia* y *permiso* en casi todos los casos. *Licencia,* sin embargo, tiene un sentido más oficial que *permiso.* El empleado obtiene tres meses de *licencia;* un oficial se casa con *permiso* de sus padres y con *licencia* de sus jefes; antiguamente se publicaban los libros con las *licencias* necesarias» (M). ‖ *Abuso, osadía, atrevimiento, desenfreno, libertinaje.*

licenciar tr. *Despedir.*

licencioso -sa adj. *Libre, atrevido, disoluto, desenfrenado.*

licitación f. *Almoneda, subasta.*

licitador m. *Postor.*

lícito -ta adj. *Justo, legítimo, legal, permitido, autorizado.*

licuable adj. *Liquidable, licuefactible.*

licuar tr. *Liquidar, licuefacer.*

lid f. *Combate, liza, pelea, lucha, batalla, contienda. Lid* y *liza* se sienten hoy como voces escogidas o literarias. ‖ fig. *Disputa, controversia.*

lidiar intr. *Batallar, pelear, luchar, combatir.* ‖ *Torear.*

lienzo m. *Tela.* ‖ *Pañuelo.* ‖ *Pintura, cuadro.*

liga f. *Cenojil, henojil,* ambos ant. ‖ *Unión, mezcla.* Tratándose de metales, *aleación.* ‖ *Confederación, alianza, coalición, federación, unión.* ‖ *Muérdago.* ‖ *Visco.*

ligadura f. *Atadura.* ‖ *Sujeción.*

ligar tr. *Atar, *amarrar, liar.* ‖ *Alear.* ‖ *Unir, conciliar, enlazar.* ‖ *Obligar, trabar.* ‖ prnl. *Coligarse, confederarse, aliarse, unirse.*

ligazón f. *Unión, trabazón, enlace, conexión.*

ligereza f. *Levedad.* ‖ *Agilidad, prontitud, presteza, rapidez, celeridad, velocidad, viveza.* ‖ *Irreflexión, imprudencia.* ‖ *Inconstancia, volubilidad, instabilidad.*

ligero -ra adj. *Leve, liviano, ingrávido* (lit.). ‖ *Ágil, veloz, pronto, rápido, presto, vivo.* ‖ *Inconstante, voluble, instable.* ‖ *Irreflexivo, imprudente.*

lignito m. *Madera fósil.*

ligustro m. *Alheña, aligustre.*

lija f. *Melgacho, pintarroja.* ‖ *Zapa.*

limar tr. *Pulir, desbastar.* «*Limar* es quitar con la lima las partes superficiales de un cuerpo. *Pulir* es poner por la frotación liso un cuerpo, hacerlo lustroso y agradable a la vista. *Limar* es quitar las asperezas, las escabrosidades. *Pulir* añade a este efecto el de dar finura, lustre, el primor que exige la perfección. Sin el *pulido* se ven en la obra los golpes de la lima; pero con él desaparece el trabajo de *limar*» (Ci). ‖ *Limar asperezas: conciliar, avenir.* ‖ fig. *Cercenar.*

limero m. Tanto el árbol como su fruto se llaman *lima.*

limitación f. *Delimitación.* ‖ *Demarcación, término, distrito.*

limitado -da adj. *Ignorante, corto, incapaz,* tratando de personas. ‖ *Reducido, escaso, pequeño,* tratando de cosas.

limitar tr. *Delimitar, demarcar, determinar, fijar, señalar.* ‖ *Acortar, restringir, coartar, cercenar, reducir, ceñir.* «En el sentido recto, *limitar* es fijar términos, trazar líneas, alzar barreras; *acortar* es disminuir la extensión; *restringir* es modificar la acción o el movimiento; *coartar* y *cercenar* es aminorar la cantidad. La sierra *limita* la llanura; la trocha *acorta* la distancia; el ímpetu del torrente se *restringe* en el valle; se *coartan* y se *cercenan* los gastos, las raciones y los suministros. En el sentido figurado, la sinonimia de estas voces (excepto *acortar*) es más completa: y así decimos que la Constitución *limita, restringe, coarta* o *cercena* el poder de la autoridad. *Acortar* se refiere al tiempo y al trabajo, como: *acortar* una conversación o una tarea» (M). ‖ intr. *Lindar, confinar.*

límite m. *Término, confín, lindero,*

linde, raya, frontera. ‖ *Fin, término, final, acabamiento.*

limítrofe adj. *Confinante* y *limítrofe* se usan en GEOGR., o bien tratándose de territorios extensos. Si se trata de fincas, terrenos, etc., se emplean con preferencia *lindante, colindante, contiguo, aledaño, rayano.* Hablando de naciones, *fronterizo,* y también de lugares situados en la frontera.

limo m. *Lodo, légamo, cieno, fango, *barro.*

limosna f. *Socorro, caridad.*

limpiabotas m. And., *betunero;* Méj., *bolero.*

limpiachimeneas m. *Deshollinador.*

limpiar tr. *Lavar* es *limpiar* con agua u otro líquido. *Asear* se usa esp. tratando de casas o personas. ‖ fig. *Purificar, depurar.* ‖ *Hurtar, quitar, robar.*

limpido -da adj. **Limpio* es voz corriente; *limpido* es voz docta. A pesar de su igualdad de origen, sentimos *limpido* como más puro que *limpio,* tanto en sentido material como fig.; *limpio* es simplemente lo que no tiene suciedad alguna. Así decimos agua *limpida,* la muy cristalina; agua *limpia,* la que no tiene impurezas. De igual manera sentimos como más pura una conciencia *limpida* que una conciencia *limpia.* Por esto *limpido* se toma comúnmente como sinónimo de *claro, transparente, cristalino;* y fig., *impecable, acrisolado.*

limpieza f. *Aseo,* esp. tratándose de personas, casa, etc.; *pulcritud* connota particular esmero o escrupulosidad. ‖ *Limpia.* Son p. us. *limpiadura* y *limpiamiento; mundicia* es latinismo desus. ‖ fig. *Precisión, destreza, perfección.* ‖ *Integridad, honradez, rectitud, sinceridad.* ‖ *Pureza, pulcritud, castidad.*

limpio -pia adj. *Aseado.* «Los dos adjetivos se aplican a todo lo que está exento de mancha y suciedad; pero lo *limpio* puede ser natural y propio de la cosa a que se refiere, y lo *aseado* es siempre efecto del trabajo y del esmero. Consérvase esta diferencia en el sentido metafórico. Se dice que una costa es *limpia* cuando no tiene rocas en su orilla; que la atmósfera está *limpia,* cuando no está nublada. Llamamos *limpia* a la conciencia del inocente y del honrado, y decimos *limpieza* de sangre, con alusión a las familias que han conservado incontaminada su nobleza. En el sentido propio, el adjetivo *aseado* envuelve también la idea del primor y del adorno. Una casa *asea-*

da no es sólo la que está *limpia,* sino la que tiene algún adorno o aderezo» (M). ‖ *Puro, depurado, pulcro, inmaculado, incontaminado.* ‖ Tratándose de ingresos, cantidades, etc., *libre, líquido;* p. ej.: 3.500 ptas. *limpias.* ‖ *Desembarazado, despejado:* cielo *limpio;* caminos *limpios* de obstáculos.

linación -a adj.-s. *Líneo.*

linaje m. *Ascendencia, descendencia, casa, estirpe, progenie, alcurnia.* ‖ **Casta* y *raza* pueden aplicarse a hombres, animales y plantas. Sólo en el primer caso se usan como sinónimos de *linaje.* ‖ Tratándose de cosas, *clase, condición, especie, calidad, género.*

lince m. *Lobo cerval o cervario.*

lindar intr. *Limitar, confinar, colindar, rayar,* en sus aceps. intr. Los dos primeros se usan esp. en GEOGR.; *lindar, alindar, colindar* y *confrontar,* tratándose de fincas, terrenos, etc.

linde amb. *Límite, término, confín, lindero.*

lindero -ra adj. *Lindante, colindante, limítrofe, rayano, confinante.* ‖ m. *Linde, límite, raya, término, confín.*

lindo -da adj. *Bonito, agraciado, gracioso, bello.* ‖ *Perfecto, exquisito, delicado.*

línea f. *Término, límite.* ‖ *Raya, renglón.* ‖ *Fila.*

lingote m. *Riel,* si tiene forma de barra; el de hierro, *tocho.*

lío m. *Envoltorio.* Si es grande, *fardo;* si es pequeño, *atadijo.* ‖ *Enredijo, maraña.* ‖ fig. *Embrollo, enredo, confusión, desorden.*

lionés -sa adj.-s. [pers.] Lugdunense.

liquidable adj. Hablando de un cuerpo que puede pasar al estado líquido, *licuable.*

liquidar tr. Si se trata de un gas, *condensar.* Si se trata de sólidos, *licuar, fundir; derretir* se aplica pralte. a substancias que se liquidan a temperatura poco elevada, como la cera; *regalar* sugiere gralte. una materia que a la temperatura ordinaria se pone pastosa o pegajosa, como ciertas resinas, un caramelo. ‖ Cuando se satisface enteramente el saldo que resulta de *liquidar* una cuenta, *saldar.* ‖ Tratándose de bienes que se convierten en dinero, *vender, realizar:* ∼ las existencias de un almacén, las fincas de una familia. ‖ fig. *Acabar, terminar, resolver.*

lira f. *Inspiración, numen, musa, vena, estro.*

lisboeta adj.-s. [pers.] *Lisbonense, lisbonés.*

lisiado -da adj.-s. *Baldado, tullido, impedido, estropeado.*

lisiar tr.-prnl. **Lesionar, estropear.*

liso -sa adj. *Llano, plano, igual; pulido, pulimentado.* ‖ Amér. *Desvergonzado, fresco, desahogado.*

lisonja f. *Incienso, adulación, alabanza* (cuando es afectada).

lisonjear tr. **Adular, halagar, incensar.* ‖ *Agradar, deleitar, satisfacer, regalar.*

lisonjero -ra adj. *Adulador, halagador, cobista, pelotillero* (fam.). ‖ *Agradable, deleitoso, grato, satisfactorio.*

lista f. *Cinta, tira.* ‖ *Franja, banda.* ‖ *Enumeración, relación, catálogo, inventario, registro, repertorio.*

listo -ta adj. *Diligente, expedito, pronto, activo, ligero, vivo.* ‖ *Apercibido, preparado, dispuesto.* ‖ *Inteligente, sagaz, avisado, astuto.*

lisura f. fig. *Llaneza, franqueza, sinceridad, ingenuidad.* ‖ Amér. *Frescura, desvergüenza, desahogo, desaprensión.*

litarge y **litargirio** m. *Almártaga, almártega.*

literato -ta adj.-s. *Escritor, publicista, autor.*

literatura f. *Bellas letras, buenas letras, letras humanas, humanidades.*

litigante adj.-s. *Parte* (DER.).

litigar tr. *Pleitear.* ‖ intr. *Altercar, disputar, contender.*

litigio m. *Pleito.* ‖ *Disputa, contienda, altercado.*

litología f. *Petrografía.*

litoral m. *Costa.*

liturgia f. *Culto.* ‖ *Rito, ritual, ceremonial.*

liviano -na adj. *Ligero, *leve.* ‖ fig. *Fácil, inconstante, voluble.* ‖ *Lascivo, incontinente, deshonesto, impúdico.*

lívido -da adj. *Amoratado, acardenalado.*

liza f. *Tela, palenque, palestra, campo.* ‖ *Lid, combate.*

loa f. *Alabanza, *elogio, enaltecimiento, encomio, loor, ditirambo.*

loable adj. *Laudable, plausible, meritorio.*

loar tr. *Alabar, elogiar, celebrar, ensalzar, encomiar, encarecer. Loar es voz escogida que sólo se usa en estilo elevado.*

lobanillo m. *Lupia.*

lobina f. *Lubina, róbalo.*

lóbrego -ga adj. *Oscuro, sombrío, tenebroso.* ‖ fig. *Triste, melancólico.*

lobulado -da adj. *Lobado.*

localidad f. *Lugar, pueblo, población, punto.* ‖ *Asiento, plaza, sitio.*

loco -ca adj.-s. *Orate; vesánico* sugiere pralte. loco *furioso, delirante; demente, insano, perturbado, alienado, enajenado,* son expr. atenuadas que conservan más o menos el sentido eufemístico con que se crearon. *Maniático* alude a locura parcial o de idea fija, como *monomaníaco, maníaco, ido* o las expr. pop. *chiflado, chalado, guillado, tocado; lunático* es loco o *maníaco* intermitente. *Idiota* alude a la falta o trastorno congénitos de las facultades intelectuales. ‖ *Imprudente, atolondrado, insensato, disparatado.*

locuacidad f. *Verbosidad;* cuando es graciosa o persuasiva, **labia;* si es excesiva, *verborrea.*

locuaz adj. *Hablador, verboso,* significan que habla mucho; *parlanchín, charlatán,* que habla demasiado.

locución f. *Frase, expresión, giro, modo.*

lóculo m. BOT. *Celda.*

locura f. *Demencia, vesania, insania, enajenación.* ‖ *Disparate, absurdo, aberración, extravagancia, imprudencia.*

locutorio m. *Libratorio,* en los conventos de monjas; *parlatorio.* ‖ En el teléfono, *cabina.*

lodo m. *Limo, fango, *barro.*

lógico -ca adj. *Racional, razonable, natural.*

lograr tr. **Alcanzar, obtener, conseguir. «Lograr* es propiamente el término de nuestro deseo, sin relación a los medios empleados para ello. *Conseguir* es el término de nuestra solicitud, el fin a que se dirigen los medios con relación a ello. *Alcanzar* es el término de nuestro ruego. *Lograr* y *conseguir* pueden suponer justicia; *alcanzar* supone siempre gracia. *Logra* una gran fortuna el que puede vivir sin pleitos ni pretensiones. *Consigue* un buen empleo el que lo solicita con mérito y protección. *Alcanza* el perdón el que interpone los ruegos humildes y pide misericordia. En la diferencia de este último verbo respecto a los dos primeros, no cabe duda, porque es claro que sólo se puede decir que se *alcanza* lo que se debe a la libre voluntad de otro, y así nadie dirá que ha *alcanzado* ganar un pleito, que ha *alcanzado* limpiar de mala hierba sus heredades. Para distinguir las ideas que representan los dos primeros, basta buscar un ejemplo, en que la acción que se quiere explicar por medio del verbo no tenga relación directa a la solicitud, sino puramente al deseo; y se hallará la mayor propiedad y exactitud que en tal caso tiene el verbo *lograr. Logra* la satisfacción de ver que sus hijos le respetan. *Logra* el gusto de saber que es amado de todos. Las dos ideas diferentes que respectivamente explican los dos verbos, se descubren con bastante claridad en esta oración: a fuerza de industria y de paciencia, al fin *conseguí* ver *logrado* mi deseo. La *consecución* es el efecto de la industria y la paciencia; el *logro* es el término del deseo» (LH).

logrero -ra m.-f. *Usurero, prestamista.* ‖ *Acaparador.*

logro m. *Ganancia, granjería, lucro.* ‖ *Usura.*

lombriz f. *Lambrija;* en algunas partes, *miñosa.* ‖ *Verme.*

longanimidad f. *Magnanimidad, nobleza, generosidad.*

longitud f. *Largo, largor, largueza, largura.*

lonja f. *Loncha:* una *lonja* o *loncha* de jamón.

loor m. *Alabanza, *elogio, enaltecimiento, loa, encomio.*

lozanía f. *Frondosidad.* ‖ *Vigor, robustez, gallardía.* ‖ *Orgullo, altivez.*

lubina f. *Lobina, róbalo.*

lubricán m. *Crepúsculo.*

lubricar tr. *Lubrificar, engrasar.*

lúbrico -ca adj. *Resbaladizo.* ‖ fig. *Impúdico, *obsceno, lascivo, lujurioso.*

luciérnaga f. *Gusano de luz, noctiluca.*

lucifer m. P. ant.: *el Diablo, el Demonio.* Nombres bíblicos: *Satán, Satanás, Luzbel, Leviatán, Belcebú, Belial.* Nombres pop. burl.: *Cachano, Pateta, Pero Botero.*

lucir intr. *Brillar, resplandecer.* ‖ *Sobresalir, aventajarse, descollar.* ‖ tr. *Ostentar, manifestar.*

lucrarse prnl. *Beneficiarse, aprovecharse.*

lucrativo -va adj. *Productivo, fructífero, fructuoso, provechoso, beneficioso.*

lucro m. *Ganancia, provecho, utilidad, beneficio, producto, logro.*

luctuoso -sa adj. *Deplorable, triste, fúnebre, funesto.*

lucha f. En la idea gral., *lucha* coincide con *contienda, pugna* y *pelea;* las dos primeras son lit., la tercera es más corriente y sugiere principalmente el sentido material de la lucha. En su significado material, si la pelea se produce entre dos (o pocas) personas: *riña, brega, pendencia, reyerta, bronca, pelotera, cisco, aga-*

rrada. Claro es que todas estas voces se usan también en sentido fig. Si la pelea se produce entre ejércitos, escuadras, etc., *combate, batalla, lid* (lit.). Cuando se trata de oposición de ideas, razonamientos, palabras, etc., en orden de menor a mayor violencia, *discusión, debate* (carácter público), *polémica* (íd.), *disputa, cuestión, altercado.* En gral., *controversia* coincide con ellas (excepto las dos últimas) cuando se trata de una discusión sobre temas religiosos, científicos, etc.

luchar intr. *Contender, pelear, combatir, lidiar, batallar.*

ludibrio m. *Burla, mofa, befa, escarnio.*

luego adv. t. *Prontamente, sin dilación, en seguida, inmediatamente, pronto.* ‖ *Después.* «Uno y otro adverbio explican la posterioridad del tiempo; pero *luego* señala un tiempo más corto, un término más inmediato, conservando la propiedad de su sentido recto, que corresponde a *prontamente* y *sin dilación.* Pasearemos ahora, cenaremos *luego,* y nos iremos *después.* Leeremos la gaceta *luego* que traigan luces, esto es, inmediatamente que las traigan; sólo esperamos que traigan luces para ponernos a leerla. Leeremos la gaceta *después* que traigan luces, esto es, cuando tengamos luces, sin denotar positivamente que ha de ser inmediatamente, *luego* que las traigan. Por eso, cuando la posterioridad recae sobre una acción que decididamente supone dilación o retardo, sólo se puede usar el adverbio *después,* y no *luego.* Al fin lo erró, *después* de haberlo pensado tanto tiempo. *Después* que todo el mundo lo ha visto, ya no tiene gracia el publicarlo» (LH). ‖ Conj. consecutiva. *Por consiguiente, por lo tanto:* Pienso, *luego* existo.

lugar m. *Sitio, paraje.* Los tres denotan una porción de espacio determinado; pero *lugar* lo determina y circunscribe más que *sitio,* y éste más que *paraje.* La idea expresada por *paraje* es aproximada, vaga y sin precisión. Anduve por aquel *paraje* sin hallar un *sitio* o un *lugar* donde descansar. ‖ *Pueblo, aldea.* ‖ *Pasaje* (de un libro). ‖ *Ocasión, motivo, oportunidad.*

lugareño -ña adj.-s. [pers.] *Pueblerino, aldeano.*

lúgubre adj. *Triste, funesto, melancólico, fúnebre, tétrico.*

lujo m. *Opulencia, suntuosidad,*

fausto, ostentación, magnificencia, esplendidez, rumbo, profusión, riqueza, abundancia.

lujoso -sa adj. *Opulento, suntuoso, ostentoso, magnífico, espléndido, rumboso, adornado, rico, fastuoso.*

lujuria f. *Lascivia, liviandad, lubricidad, libidine.*

lujurioso -sa adj. *Lascivo, liviano, lúbrico, libidinoso, rijoso.*

lumbre f. *Fuego, candela.* || fig. *Brillo, esplendor.*

lumbrera f. *Luminar, notabilidad.* || *Abertura, lucerna.*

luminoso -sa adj. *Brillante, refulgente, resplandeciente.*

lunático -ca adj.-s. *Alunado, maniático;* v. **Loco.*

lupia f. *Lobanillo.*

lúpulo m. *Hombrecillo.*

lusitanismo m. *Portuguesismo, lusismo.*

lusitano -na adj.-s. [pers.] *Portugués; luso* es palabra docta, de uso literario.

lustrar tr. *Alustrar, abrillantar.*

lustre m. *Brillo, resplandor, esplendor.* «El *lustre* procede de la luz reflejada por la superficie barnizada o bruñida; el *brillo*, del cuerpo luminoso. *Resplandor* es el *brillo* intenso que apenas pueden sostener las miradas del hombre; *esplendor* es el *brillo* esparcido en una vasta superficie. Los derivados de estos nombres corresponden a su significación. Son *lustrosos* la mayor parte de los metales; *brillan* los astros, los meteoros, la fosforescencia de las olas del mar; *resplandecen* el sol, la luz eléctrica, los grandes incendios; y llamamos *espléndido* a un espectáculo grandemente iluminado. Algunos de los usos metafóricos de estas voces conservan su sentido original. Decimos: "el *lustre* de la sangre", como si quisiéramos dar a entender que la gloria y las virtudes de los progenitores se reflejan en su descendencia. Decimos que el mérito *brilla* por sí mismo; hablamos de talentos y de cualidades *brillantes.* En el lenguaje cortesano es común aludir al *resplandor* del trono. Son *espléndidos* los bailes, los convites, las ceremonias en las que se hace alarde de la riqueza y del lujo» (M).

lustrina f. *Percalina.*

lustroso -sa adj. *Reluciente, brillante, resplandeciente, esplendoroso.*

lútea f. *Oropéndola, oriol, papafigo, víreo, virio.*

luto m. *Duelo.*

LL

llamada f. *Llamado, llamamiento.* ‖ IMPR. *Nota.*

llamador m. *Aldaba, aldabón, picaporte.* ‖ *Botón, timbre.*

llamamiento m. *Llamada, llamado.* ‖ *Convocatoria, citación.* ‖ *Vocación.*

llamar tr. *Dar voces, vocear.* ‖ *Nombrar, dar nombre, designar, denominar, intitular.* ‖ *Invocar, implorar.* ‖ *Convocar, citar.* ‖ *Atraer, incitar, convidar.*

llamarada f. *Fogarada.* En Colomb., C. Rica y Chile, *llamarón.*

llana f. (herramienta). *Badilejo, poco us.; plana, trulla.*

llanada f. *Llano, llanura, planicie.*

llaneza f. *Sencillez, familiaridad, confianza, franqueza.*

llano -na adj. *Plano, liso, igual.* ‖ fig. *Accesible, sencillo, franco, tratable.* ‖ fig. *Claro, evidente.* ‖ fig. *Corriente, fácil.* ‖ m. *Llanura, llanada, planicie* sugieren extensión grande; el *llano* puede ser vasto o pequeño.

llanta f. *Calce.*

llantén m. *Arta, plantaina.* Hay una especie parecida llamada *llantén menor, lancéola* y *quinquenervia.*

llanto m. *Lloro.*

llanura f. *Llano, llanada, planicie.*

llares f. pl. *Calamilleras;* Sant., *caramilleras.*

llavero -ra m. f. En algunas catedrales y comunidades religiosas, *clavero.*

llegar intr. *Venir.* ‖ *Alcanzar, tocar.* ‖ *Conseguir, lograr.* ‖ *Acercar, arrimar.*

llena f. *Desbordamiento, riada.*

llenar tr. *Ocupar. Henchir* es intensivo y da idea de llenar con creces, como *colmar.* ‖ *Cumplir.* ‖ *Satisfacer, contentar.* ‖ prnl. *Hartarse, saciarse, henchirse.*

lleno -na adj. *Lleno, pleno.* Cuando son simples calificativos atribuidos a un substantivo, *lleno* se usa para lo material y concreto, en tanto que *pleno* tiene sentido figurado y abstracto: un depósito *lleno*, vaso *lleno*, local *lleno*; conocimiento *pleno, plena* responsabilidad, satisfacción *plena*.

En este caso, *pleno* equivale a entero, completo, cumplido, cabal. Cuando va seguido de la prep. *de* con un subst. complementario, *lleno* se usa lo mismo en las aceps. concretas que en las abstractas: *lleno* de aceite, de satisfacción, de responsabilidad; el empleo de *pleno* en estas condiciones es gralte. galicista: *pleno de alegría.* La locución *en pleno*, aunque sospechosa también para los puristas, se usa normalmente con carácter intensivo: *en pleno* invierno, *en plena* calle. *Pletórico* y *repleto* suponen abundancia, y equivalen a *henchido, colmado, rebosante; pletórico*, o *repleto*, de vanidad, de comida; almacén *pletórico.*

llerén m. Cuba. En P. Rico, *lerén.*

llevar tr. *Transportar, trasladar.* «Llevar tiene una significación más amplia que *trasladar.* Este último verbo requiere la indicación del sitio a que se *lleva* la cosa a que se alude. Cuando decimos que una recua *lleva* trigo, el sentido queda completo; pero no así cuando decimos que la corte se *trasladó*, porque no hay en este caso sentido completo si no se denota el punto a que se ha hecho la traslación» (M). ‖ *Guiar, conducir, dirigir.* ‖ *Cobrar.* ‖ *Exceder, superar.*

llorar intr. *Lagrimar.* ‖ intr.-tr. *Plañir, lamentar, deplorar, sentir.*

lloredo m. *Lauredal.*

llorera f. fam. *Llantera, llantina, lloradera.*

lloriquear intr. *Gimotear.*

lloro m. *Llanto.*

lloroso -sa adj. *Lacrimoso.*

llovizna f. *Calabobos; cernidillo, mollizna.* Nav. y Vasc., *sirimiri;* Sant., *aguarrias;* Ast., *orvallo.*

lloviznar intr. *Mollíznar, molliznear, pintear.* Lloviznar débilmente, *chispear.*

llueca adj.-s. *Clueca.*

lluvia f. *Precipitación*, tecn.; ~ menuda, *llovizna;* ~ de poca duración, *chaparrada, chaparrón, chubasco;* ~ abundante, *aguacero, manga de agua, diluvio.*

lluvioso -sa adj. *Pluvioso,* p. us.

M

macaco -ca adj.-s. Amér. *Feo, deforme.*

macana f. *Porra.* ‖ fig. *Broma, camelo, disparate, paparrucha.*

macareo m. *Pororoca,* en Amér. Meridional.

macelo m. p. us. *Matadero.*

maceta f. *Maceta* predomina en And. En Castilla se usa gralte. *tiesto,* el cual se extiende a significar cualquier pedazo de barro cocido. La maceta que tiene forma de jarra, *pote.*

macilento -ta adj. *Flaco, demacrado, descolorido, mustio, decaído, triste.*

macillo m. MÚS. *Martinete.*

macizo -za adj. *Sólido, lleno, firme, fuerte.* «*Macizo* pertenece a la firmeza. *Sólido* a la firmeza, a la duración y a la utilidad. *Macizo* se opone a *hueco. Sólido* se opone a *frágil.* Decimos : ”estatua de bronce hueca, y estatua de bronce *maciza*”; ”este cristal es más *sólido* que otro, y este cristal es más frágil que aquél”. Una pared, por ejemplo, puede ser muy *maciza,* y sin embargo no ser *sólida;* una pieza de vidrio puede ser *sólida* y frágil al mismo tiempo, porque la firmeza de lo *macizo* consiste solamente en que está relleno, esto es, en que no tiene oquedad ; mientras que lo *sólido* requiere otra especie de firmeza» (C).

macrogameto m. *Óvulo.*

mácula f. *"Mancha, tacha.* ‖ *Engaño, trampa, embuste, mentira.*

macular tr. *Manchar.*

machacar tr. *Quebrantar, majar, triturar.* ‖ intr. fig. *Porfiar, insistir, importunar.*

machacón -na adj.-s. *Importuno, pesado, prolijo, insistente, porfiado.* En Chile, *machango.*

machaconería f. *Insistencia, prolijidad, pesadez.*

machada f. fig. *Necedad, patochada.*

macho m. *Mulo.*

machucho -cha adj. *Sosegado, juicioso, sensato, prudente, reposado, sesudo, reflexivo.* ‖ *Maduro, mayor, entrado en días.*

maderaje o **maderamen** m. *Enmaderado.*

madi m. Chile. *Madia, melosa.*

madre f. fig. *Causa, origen, principio, raíz.* ‖ *Álveo, cauce, lecho.* ‖ *"Sedimento, solera* (del vino), *heces, lías.*

madreña f. *Zueco, almadreña.*

madriguera f. *Cado, *guarida.*

madrileño -ña adj.-s. [pers.] *Matritense; gato* (humor.).

madroño m. (fruto). *Marojo.*

madrugada f. *Amanecer, alba, aurora.*

madrugador -ra adj.-s. *Mañanero.*

madrugar intr. *Tomar la mañana.* Madrugar habitualmente, *mañanear.*

madurez f. *Punto, sazón.* ‖ *Edad adulta.* ‖ *Juicio, prudencia, sensatez, seso.*

maduro -ra adj. *Sazonado, en sazón.* ‖ *Juicioso, prudente, sensato, sesudo, sosegado, reflexivo.* ‖ *Adulto, entrado en años.*

maestría f. *Arte, "destreza, pericia, "habilidad.*

maestril m. *Maestral, realera.*

maestro -tra m. f. *Pedagogo, profesor, instructor.* ‖ adj.-s. *Perito, práctico, hábil, ducho, avezado, diestro.*

magarza f. *Matricaria, arugas, expillo.*

magia f. *Ocultismo, hechicería, encantamiento, taumaturgia.* ‖ *Encanto, hechizo, fascinación, seducción, atractivo.*

mágico -ca m. f. *Hechicero, mago, encantador, nigromante, brujo.* ‖ adj. *Fascinador, seductor, maravilloso, asombroso.*

magín m. fam. *Imaginación, ingenio, entendimiento;* denominaciones fam.: *caletre, mollera, pesquis, cacumen.*

magnanimidad f. *Longanimidad, grandeza de alma, generosidad, nobleza.*

magnate m. *Prócer, grande, poderoso, prohombre.*

magnetita f. *Piedra imán, calamita, caramida.*

magnetizar tr. *Imanar, imantar.* ‖ *Hipnotizar.*

magnificencia f. *Liberalidad, esplendidez, generosidad.* ‖ *Ostentación, pompa, grandeza, esplendor, suntuosidad.*

magnífico -ca adj. *Liberal, generoso, espléndido.* ‖ *Ostentoso, esplendoroso, suntuoso.* ‖ *Excelente, admirable, notable, soberbio.*

magnitud f. *Tamaño, volumen, grandor.* «La *magnitud* es el conjunto de todas las dimensiones del sólido, o la extensión, en todos sentidos, que el sólido ocupa en el espacio. El *tamaño* es esta misma *magnitud* relativa a otra y comparada con ella y se entiende generalmente con respecto a la longitud o a la altura. La palabra *volumen* significa, no solamente la dimensión, sino la masa total del sólido o del líquido, y las partes que lo componen. Una extensión del espacio o de la atmósfera tiene *magnitud*, y no tiene *tamaño* ni *volumen*. Decimos de los objetos visibles que son del *tamaño* del hombre, de la mano, de un peso duro. El elefante es un animal de mayor *volumen* que el toro y el caballo» (M). ‖ fig. *Grandeza, importancia, excelencia.*

magno -na adj. *Grande* en sentido moral. Cuando *magno* se refiere a cosas materiales, les da cierta dignidad o nobleza; p. ej.: aula *magna* de la Universidad, no califica sólo sus dimensiones, sino que alude a la importancia de los actos que en ella se celebran. No decimos de un animal o de un lebrillo que son *magnos*, sino *grandes*.

mago -ga adj.-s. *Hechicero, encantador, taumaturgo.*

magro -gra adj. *Flaco, enjuto, cenceño.*

mahometano -na adj.-s. *Musulmán, sarraceno, islamita, muslime.* ‖ adj. *Islámico, muslímico.*

maido m. *Maullido.*

maíz m. En algunas regiones (Ar.), *panizo;* en otras, *mijo; zara.*

majada f. *Apero.*

majadear intr. *Cubilar.*

majadero -ra adj.-s. fig. *Necio, porfiado, pesado, fastidioso, pelmazo.*

majar tr. *Machacar, triturar.* ‖ fig. *Molestar, importunar.*

majestad f. *Grandeza, sublimidad, solemnidad.*

majestuoso -sa adj. *Mayestático, augusto, solemne, imponente, sublime.*

majeza f. *Valentonería, guapeza, chulería.*

majo -ja adj.-s. *Curro, guapo, hermoso.* ‖ *Ataviado, lujoso, adornado.* ‖ *Jaque, valentón, chulo.*

majuelo m. (arbusto). *Pirlitero. Marzoleto.*

1) mal m. *Desgracia, calamidad, daño.* ‖ *Enfermedad, dolencia.*

2) mal adv. m. *Indebidamente, injustamente, desacertadamente, incorrectamente, malamente.* «Lo que se hace *mal* es aquello que no se hace con las condiciones que requiere la obra. Lo que se hace *malamente* es lo que se hace con torpeza, con mala intención o causando daño. Puede uno conducirse *mal* por inexperiencia o por descuido; pero conducirse *malamente* es una falta más grave, y supone peores disposiciones» (M).

malacitano -na adj.-s. [pers.] *Malagueño.*

malacología f. *Conquiliología,* si estudia especialmente las conchas de los moluscos.

malacólogo -ga m. f. *Conquiliólogo.*

malacostumbrado -da adj. *Viciado, mal inclinado.* ‖ *Mimado, consentido, malcriado.*

malagradecido -da adj. *Desagradecido, ingrato.*

malagueño -ña adj.-s. [pers.] *Malacitano.*

malagueta f. *Pimienta de Chiapa o de Tabasco.* La seca y molida, *pimienta inglesa.*

malamente adv. m. *Mal.*

malandanza f. *Mala fortuna, infortunio, desgracia, desdicha, desventura, malaventura.*

malandrín -na adj.-s. *Maligno, perverso, bellaco.*

malaquita f. ~ *verde, cobre verde;* ~ *azul, azurita.*

malaria f. *Paludismo.*

malaventura f. *Desgracia, desventura, infortunio, desdicha.*

malbaratar tr. *Malvender.* ‖ *Malgastar, disipar, derrochar, dilapidar, despilfarrar.*

malcontento -ta adj. *Descontento, insatisfecho, quejoso, disgustado.* ‖ *Revoltoso, perturbador, rebelde.*

malcriado -da adj. *Descortés, desatento, grosero, incivil, mal educado.* ‖ *Consentido, mimado, malacostumbrado.*

maldad f. *Malicia, perversidad* (intensivo); *protervia* es obstinación en la maldad.

maldecir tr. *Condenar, imprecar, execrar.* ‖ intr. *Denigrar, murmurar, detractar.*

maldiciente adj. *Murmurador, detractor, denigrador, lengua larga, mala lengua.*

maldición f. *Imprecación, execración.*

maldito -ta adj. *Malvado, perverso, endemoniado.*

malear tr. *Dañar, echar a perder, estropear, enmalecer.* ‖ *Viciar, pervertir, corromper.*

malecón m. *Dique.*

maledicencia f. *Murmuración.*

maleficio m. *Hechizo, encantamiento, sortilegio, embrujamiento, embrujo.*

malestar m. *Incomodidad, desazón, desasosiego, inquietud, ansiedad.*

maleta f. *Valija.*

maleza f. *Maraña, espesura, matorral.*

malgastar tr. *Disipar* conserva cierto matiz eufemístico. *Malrotar, malbaratar, despilfarrar,* son intensivos. *Malmeter, desperdiciar,* se aplican no sólo al dinero o hacienda, sino también a otras cosas, con el sentido gral. de estropear o no aprovechar como es debido: los muebles, las influencias, las ocasiones.

malhablado -da adj. *Desvergonzado, lenguaraz.* ‖ *Maldiciente, murmurador, mala lengua.*

malhadado -da adj. *Infeliz, desventurado, infortunado, desgraciado, desdichado.*

malhechor -ra adj.-s. *Criminal, delincuente.* «*Malhechor* y *delincuente* representan al hombre que ha ejecutado una mala acción; pero la primera considera la acción como mala en sí misma; la segunda la considera como infracción de la ley o precepto que la prohíbe. La voz *malhechor* se usa comúnmente con referencia a aquellas acciones malas que se oponen al buen orden de la sociedad, al derecho de los ciudadanos, a la tranquilidad y buen gobierno del Estado; y como no hay legislación que no las prohíba, todo *malhechor delinque,* quebranta la ley, y no es extraño que se tome indistintamente una voz por otra, porque las ideas que representan, aunque diferentes, es difícil que se encuentren separadas. Si no hubiera leyes, el *malhechor* no sería *delincuente.* En tiempo de los antiguos tiranos el *delincuente* pudo no ser *malhechor»* (LH).

malicia f. *Maldad, perversidad, malignidad.* ‖ *Bellaquería, mala intención, doblez, mala fe.* ‖ *Desconfianza, sospecha, recelo, escama.*

maliciar tr. *Sospechar, recelar, desconfiar.*

malicioso -sa adj. *Astuto, taimado, zorro, desconfiado, escamón* (v. **Malo*).

maligno -na adj.-s. *Malicioso, receloso, suspicaz.* ‖ adj. **Malo, pernicioso.*

malilla f. *Mala.*

malmandado -da adj. *Desobediente, indócil, rebelde.*

malmeter tr. *Malbaratar, *malgastar.* ‖ *Malquistar, indisponer.*

malmirado -da adj. *Malquisto, desconceptuado, desacreditado.* ‖ *Descortés, inconsiderado, desatento.*

malo -la adj. Serie intensiva: *mal inclinado, enviciado, bajo, malo, ruin, bellaco, depravado, corrompido.* ‖ Serie intensiva: *malo, maligno, malicioso, indigno, vil, malvado, perverso, satánico.* Ambas series se confunden entre sí; en la primera se expresa la idea general de propenso al mal; en la segunda, la de contrario a la ley moral. «El hombre *malo* es el de mala vida y costumbres; el *maligno* es el que abriga intenciones maléficas; el *malicioso* es el que piensa mal de todos y echa a mala parte las intenciones ajenas; el *malvado* es el que comete crímenes; el *perverso* es el *malvado* en grado superlativo. Lo que predomina en el carácter del *malo* es el hábito de infringir las reglas de la bondad y de la justicia; en el del *maligno,* el goce del mal ajeno; en el del *malicioso,* el recelo y la suspicacia; en el del *malvado,* la propensión a todo lo que la ley prohíbe; en el del *perverso,* la unión de los extravíos del corazón y de los yerros del entendimiento» (M). ‖ *Perjudicial, dañino, nocivo, pernicioso, peligroso.* ‖ *Difícil, dificultoso, penoso, trabajoso.* ‖ *Enfermo, doliente.* ‖ *Desagradable, molesto, fastidioso.* ‖ *Deslucido, deteriorado, estropeado.*

malograr tr. *Desaprovechar, perder, desperdiciar, frustrar.*

malparado -da adj. *Maltratado, maltrecho.*

malquerencia f. **Antipatía, ojeriza, aversión, mala voluntad, inquina.*

malquistar tr. *Indisponer, malmeter, encizañar.*

malrotar tr. *Disipar, *malgastar, despilfarrar, malbaratar.*

malsano -na adj. *Insalubre, insano,* esp. si se trata de clima, país, aguas, etc.

malsufrido -da adj. *Impaciente.*

maltratar tr. *Tratar mal.* «*Tratar* significa obrar con alguno de tal o tal manera; de ahí viene que *maltratar* y *tratar mal* designan un modo de obrar que no conviene al que es objeto del trato; pero la diferencia de la construcción es también grande en el sentido. *Maltratar* significa hacer ultraje a alguno, o con palabras o a golpes. *Tratar mal* es no darle bien de comer a uno, o alojarlo mal, o no tratarle a su gusto. Un hombre arrebatado y grosero *maltrata* a los que tienen que ver con él; un avaro y mezquino *trata mal* a los que convida por fuerza» (Ma). ‖ *Menoscabar, estropear, echar a perder, deteriorar, malmeter.*

maltrecho adj. *Maltratado, malparado.*

malvado -da adj. **Malo, perverso.*

malvasía f. *Masvale.*

malvavisco m. *Altea.*

malversar tr. *Defraudar,* intensivo; *distraer,* eufem.

malvís m. *Tordo alirrojo, malviz.*

mamandurria f. Amér. Merid. *Sinecura, prebenda, enchufe.*

mamarracho m. *Adefesio, facha.*

mampostería f. *Calicanto.*

manada f. Para designar un conjunto de animales de la misma especie que andan juntos, *manada* se aplica esp. a los cuadrúpedos; *bandada,* a las aves y a los peces; *cardume* y *cardumen,* a los peces. ‖ Una *manada* de animales al cuidado de un pastor se llama *hato, *rebaño.* Según la clase de ganado, recibe nombres esp., como *boyada, vacada, torada, piara, yeguada, pavada,* etc.

manager ANGLIC. reprobable e innecesario por *gerente, apoderado, director, principal, encargado, jefe.*

manantial m. *Fontanal, fontanar, hontanar, fuente, venero, venera.* ‖ fig. *Origen, principio.*

manar intr. *Salir, brotar.* Tratándose del agua, esp. la que mana hacia arriba, *surgir, surtir.*

manatí y **-to** m. *Pez mujer, pezmuller, rosmaro.*

mancebía f. *Burdel, lupanar, prostíbulo.* ‖ *Mocedad, juventud, mocerío.* Se usa hoy muy poco *mancebía* en esta acepción, a fin de que no se tome a mala parte.

mancilla f. fig. *Mancha, desdoro, deshonra, deshonor, afrenta.*

mancillar tr. fig. *Manchar, deslucir, deslustrar, afear, desdorar, deshonrar.*

mancha f. *Mácula,* en sentido material, sólo se emplea en estilo extremadamente culto o literario. ‖ fig. *Mácula, deshonra, ta-·na, deshonra, desdoro.* ‖ *Rodal.* ‖ *Boceto.*

manchar tr. *Ensuciar, emporcar.* Según la materia que mancha, se emplean verbos especiales, como *pringar, tiznar, enlodar,* etc. ‖ fig. *Macular* (lit.), *mancillar, desdorar, deslustrar, deshonrar.*

manda f. *Legado.*

mandamiento m. *Precepto, orden, mandato.*

mandar tr. *Ordenar, preceptuar, decretar.* En la fr. *ordeno y mando* con que las autoridades militares encabezan sus bandos, *ordenar* tiene el matiz de *disponer,* en tanto que *mandar* acentúa su carácter ejecutivo. ‖ *Regir, dirigir, gobernar; sojuzgar* implica fuerza o violencia. ‖ *Enviar, remitir.*

mandato m. *Orden, precepto, disposición, prescripción.* «La *orden* y el *precepto* son *mandatos,* con esta diferencia, que la *orden* procede de una autoridad instituida por la ley humana, y el *precepto* de la autoridad divina, natural o moral. Decimos Real *orden,* la *orden* del día, libro de *órdenes;* los *preceptos* del Decálogo, del anciano. Por esto los maestros se llaman *preceptores*» (M). *Mandamiento* se usa esp. para designar los *preceptos* del Decálogo y las *órdenes* del juez. ‖ *Lavatorio.*

mandíbula f. *Quijada.*

mandilete m. *Porta.*

mandria adj.-s. *Apocado, pusilánime, para poco, inútil.*

manear tr. *Amanear.* ‖ *Manejar.*

manecilla f. *Mano, aguja, saeta, saetilla.* ‖ *Manezuela.*

manejable adj. *Manuable* se aplica a los objetos que se manejan con las manos, pero no a los caballos ni en las aceps. fig.; p. ej.: un dispositivo radiofónico es *manuable* o *manejable;* pero una cabalgadura, un negocio, etc., son *manejables,* y no *manuables.*

manejar tr. *Usar, utilizar, emplear.* ‖ *Dirigir, regir, gobernar, administrar.* Tratándose de un vehículo, *conducir.*

manejo m. *Uso, empleo.* ‖ *Dirección, gobierno, administración.* ‖ *Treta, ardid.*

manera f. *Forma, modo, procedimiento.* ‖ En las artes, *estilo, factura.* ‖ f. pl. *Porte, modales, ademanes.*

manga f. METEOR. *Tifón, tromba, trompa.* ‖ *Manga de agua, turbión.*

manganesa f. *Pirolusita.*

mangante adj.-s. *Truhán, tuno.*

mangonear intr. desp. *Mandar, dirigir, mandonear, manipular.* Se usan también los modismos *tener la sartén por el mango* y *cortar el bacalao.*

mangosta f. *Icneumón.*

mangote m. *Manguito.*

manguillero m. *Portaplumas, mango.*

manguito m. *Estufilla, regalillo.* ‖ *Mangote.*

maní m. *Cacahuete.*

manía f. *Monomanía, idea fija;* fam., *guilladura, chifladura, chaladura.* ‖ **Antipatía, ojeriza, tirria.* ‖ *Extravagancia, rareza, tema, capricho, prurito, antojo.*

maniático -ca adj.-s. **Loco, monomaníaco, maníaco;* fam., *guillado, chiflado, chalado.* ‖ *Extravagante, caprichoso, antojadizo, raro.*

manida f. **Guarida, vivienda.*

manido -da adj. *Sobado, manoseado.* ‖ fig. *Envejecido, trasnochado.*

manifestar tr. *Declarar, exponer, decir.* «Se *manifiestan* hechos, doctrinas, opiniones y secretos; se *declaran* intenciones y designios. La *declaración* de guerra es un anuncio de hostilidades que un gobierno piensa hacer a otro. Suele precederle un *manifiesto* que contiene los antecedentes de la disputa, y en este documento se *exponen* las causas de aquella resolución. En los alegatos jurídicos se *manifiesta* la historia de los sucesos que han precedido a la *litis;* se *exponen* las razones en que se funda la parte, y se *declara* la solicitud, esto es, la reparación o la condena que espera obtener del tribunal el pleiteante» (M). ‖ *Descubrir, exhibir, presentar, mostrar, revelar.*

manifiesto -ta adj. *Patente, ostensible, claro, descubierto, visible, notorio.*

manija f. *Manezuela, mango, manubrio.* ‖ *Maniota.*

manilargo -ga adj. *Pródigo, derramado, malgastador, derrochador, despilfarrador, manirroto, disipador.*

maniota f. *Guadafiones, traba, manea, maneota, manija, suelta.*

manirroto -ta adj. *Pródigo, derramado, malgastador, derrochador, despilfarrador, disipador.*

manivela f. *Manubrio, cigüeña.*

manjar m. En gral. *manjar,* a causa de un menor uso, realza la exquisitez, bondad, lujo, etc., de lo que se come, en comparación con *alimento, mantenimiento, comestible, comida.*

mano f. fig. *Habilidad, destreza.* ‖ *Poder, mando, facultades.* ‖ *Capa, baño: dar una ∼ de pintura o barniz.*

manopla f. *Guantelete.*

manosear tr. *Sobar.*

manotada f., **manotazo** m. *Tabalada, tabanazo, guantada, manotón.*

manoteo m. **Gesto, ademán.*

mansedumbre f. *Suavidad, benignidad, apacibilidad, dulzura.*

mansión f. *Detención, permanencia, estada, estancia, estadía.* ‖ *Morada, albergue, residencia, *habitación.*

manso -sa adj. *Tranquilo, *quieto, sosegado, reposado, apacible, benigno, suave.* ‖ Tratando de animales, *dócil, manejable.*

mantel m. *Paño de mesa.* ‖ *Paño de altar.*

mantener tr. *Conservar.* ‖ *Sostener, sustentar; nutrir, alimentar. Sostener* y *sustentar* dan a la expresión un matiz de mayor esfuerzo por parte del sujeto. Compárense: *"mantener* una opinión, o una familia",* con *sostenerlas, sustentarlas.* «*Mantener* es conservar una cosa en el estado en que se halla; *sostener* es *mantener* con esfuerzo. Un hombre compasivo *mantiene* a una familia pobre; esto es, provee a sus necesidades, y la *sostiene* en la aflicción y en el contratiempo. El que se *mantiene* derecho largo rato, busca en qué *sostenerse* cuando se cansa» (M). ‖ *Defender, amparar, apoyar.*

mantenimiento m. *Sustento.*

mantilla f. *Mantellina.*

mantillo m. *Humus,* tecn.; *tierra negra.*

mantón m. *Pañolón.*

manuable adj. **Manejable.*

manual adj. *Manuable, manejable.*

manubrio m. *Manivela, manija.*

manufactura f. *Manufactura,* poco us.; *obraje.* ‖ *Fábrica.*

manumiso -sa adj.-s. *Liberto, horro.*

manutención f. *Sustento, mantenimiento, sostenimiento, alimento.* ‖ *Conservación, apoyo, amparo.*

manzana f. *Poma,* desus. ‖ *Bloque, isla.* En Amér., *cuadra.*

manzanar m. *Pomarada, pomar, manzanal.*

manzanilla f. *Camamila, camomila.*

maña f. **Destreza, habilidad, maestría, arte, mano, buena mano.* ‖ *Artificio, astucia, sagacidad.*

mañero -ra adj. *Astuto, sagaz.*

mañoco m. *Tapioca.*

mañoso -sa adj. *Hábil, diestro, habilidoso, industrioso.*

mapa m. *Carta: carta* marina, de marear. Fuera de este uso, *carta* por *mapa* es GALIC., excepto en la expr. *carta geográfica.* Si se trata de un edificio, calle o ciudad, *plano.* Emplear *mapa* por *plano* es anglicismo.

maquila f. En Ar., *moltura.*

maquinación f. *Trama, intriga.*

maquinal adj. *Automático; *espontáneo.*

maquinar tr. *Urdir, tramar, intrigar.*

mar amb. *Ponto, piélago, el profundo,* son denominaciones literarias.

maraca f. Colomb., P. Rico y Venezuela. En Cuba, *maruga;* Argentina, *maracá.*

maraña f. *Maleza.* ǁ *Enredo, embrollo, lío.* ǁ *Coscoja.*

marañón m. *Merey.*

maravilla f. Cosa o suceso que causa admiración : *portento, prodigio,* ambos intensivos. ǁ Sentimiento que produce : *admiración, asombro, pasmo.* ǁ *Dondiego.* ǁ *Flamenquilla.*

maravillar tr.-prnl. *Sorprender, admirar, *asombrar, pasmar.*

maravilloso -sa adj. *Extraordinario, sorprendente, admirable, asombroso, prodigioso, portentoso, pasmoso, estupendo.*

marbete m. **Rótulo, etiqueta.*

marca f. *Señal, distintivo.* Hierro es la *marca* hecha con hierro candente en el ganado. *Contramarca* o *contraseña,* segunda *marca* en los fardos, ganado, etc. ǁ *Huella, traza.* ǁ En los deportes, *marca* es vocablo más expresivo y castizo que el barbarismo innecesario *récord.*

marcar tr. *Señalar.* ǁ MAR. *Demarcar.*

marceo m. *Deshaldo.*

marcial adj. *Militar, *guerrero, bélico, belicoso.* ǁ fig. *Varonil, bizarro.*

marco m. *Cerco, cuadro.*

marcha f. *Velocidad, celeridad.* ǁ fig. *Curso, desenvolvimiento.* ǁ *Procedimiento, método.*

marchar intr. *Caminar, andar.* ǁ *Funcionar, moverse, andar.* ǁ prnl. *Irse, ausentarse, alejarse.*

marchitar tr.-prnl. *Ajar, enmustiar, secar, deslucir.* ǁ fig. *Enflaquecer, decaer.*

marchito -ta adj. *Mustio, ajado, seco, decaído.*

marear tr. fig. *Molestar, fastidiar, enfadar, cansar, turbar.*

mareo m. *Vértigo.* ǁ fig. *Enfado, molestia, ajetreo, turbación.*

mareta f. *Marullo.*

marfileño -ña adj. *Ebúrneo.*

margarita f. (planta). *Chiribita.*

margen amb. **Orilla, borde, ribera.* ǁ *Ocasión, motivo, pretexto.*

marguera f. *Almarga.*

maridaje m. *Unión, armonía, consorcio, conformidad.*

marido m. *Esposo* es voz más escogida y menos frecuente que *marido.* Por el contrario, *hombre* en la acepción de *marido* es de uso vulgar, plebeyo.

marihuana f. *Grifa.*

marimorena f. fam. *Camorra, bronca, pendencia, contienda, riña.*

marina f. *Costa, litoral.* ǁ *Náutica, navegación.* ǁ *Flota;* si es de guerra, *Armada.*

marino -na adj. *Marítimo.* ǁ m. *Marinero.*

marítimo -ma adj. *Marino -na.*

marjal m. *Almarjal, armajal.*

marmóreo -a adj. Es voz lit. Corrientemente, *marmoleño* o *de mármol.*

maro m. *Almaro.* ǁ *Amaro, bácara, bácaris, esclarea.*

1) **marón** m. *Esturión.*

2) **marón** m. *Morueco.*

marquetería f. *Taracea.*

marrajo -ja adj. *Astuto, taimado, malicioso.* ǁ m. *Tiburón.*

marrar intr. *Errar, fallar; desacertar* y *equivocarse* indican preferentemente cometer un error intelectual. Un jugador *yerra, marra* o *falla* un tiro. Un meteorólogo *yerra, desacierta* o *se equivoca* en la predicción del tiempo.

marrón adj. GALIC. por *castaño* (color).

marsupial adj.-s. *Didelfo.*

marta f. (piel de la marta cebellina). *Vero.*

martín pescador m. *Alción, guardarrío, pájaro polilla.*

1) **martinete** m. (ave). *Martín del río.*

2) **martinete** m. *Mazo, machina.* ǁ *Maza de Fraga.*

martingala f. *Artimaña, trampa, artificio, astucia.*

martirio m. *Tormento, tortura, sufrimiento.*

martirizar tr. *Atormentar, torturar, afligir.*

marxismo m. *Comunismo.*

mas conj. advers. Sustituye a *pero* en su significación restrictiva más atenuada. En la actualidad, *mas* se usa casi exclusivamente en la lengua escrita.

masada f. *Manso, masería, alquería, cortijo.*

mascar tr. *Masticar* se estima como voz selecta o tecn., frente a *mascar* en el habla corriente.

máscara f. *Careta, antifaz.* ǁ *Disfraz.* ǁ fig. *Pretexto, disimulo, excusa.* ǁ *Enmascarado.*

mascullar tr. *Barbotar* es intensivo con respecto a *mascullar, mascar, musitar,* y además sugiere palabras dictadas por el rencor : se *barbotan* injurias, blasfemias; en cambio se pueden *mascullar, musitar,* tanto dicterios como oraciones. El matiz intensivo aumenta en *barbotear,* que supone hablar atropelladamente, y más aún en *barbullar* (p. us.), el cual sugiere idea de gritería atropellada. *Farfullar* es también hablar confusa y atropelladamente, pero no por sentimiento rencoroso, sino por incompetencia, mala pronunciación, etc.: el estudiante *farfullaba* la lección; un niño *farfulla* las fábulas recién aprendidas.

masonería f. *Francmasonería*.

masticar tr. **Mascar*.

mástil m. *Palo*.

mastranto, mastranzo m. *Matapulgas, mentastro*.

mastuerzo m. (planta). *Cardamina*. ‖ *Necio, torpe, cernícalo, tarugo, zoquete*.

matabuey f. *Amarguera*.

matacán m. ARQ. *Ladronera*.

matacandelas m. *Apagavelas, apagador*.

matacandiles m. *Baya*.

matadero m. *Macelo*, p. us.; *rastro*, ant.

matafuego m. *Extintor*.

matalahuga, matalahuva f. *Anís*.

matanza f. *Degollina, mortandad, carnicería, hecatombe* (intensivo).

matar tr. *Ejecutar* es matar por justicia. Voces vulg. o jergales: *apiolar, chinchar, despabilar, despachar, trincar*. ‖ *Apagar, extinguir*.

matarife m. *Jifero, matachín*.

matasiete m. *Fanfarrón, valentón, bravucón, jaque*.

1) **mate** adj. *Amortiguado, apagado, sin brillo*.

2) **mate** m. *Hierba del Paraguay*. ‖ *Té de los jesuitas* o *del Paraguay*.

matemáticas f. pl. o **-ca** f. *Ciencias exactas*, por antonomasia.

matemático -ca adj. fig. *Exacto, preciso, seguro*.

materia f. *Sustancia*. ‖ *Pus*. ‖ *Asunto, tema, objeto*.

material adj. *Tangible, sensible*. ‖ m. *Ingrediente, componente*. ‖ *Pertrechos, instrumental*.

materno -na adj. Todo lo que es *materno* es *maternal*, pero no viceversa. El primero sugiere lo que es propio de la madre efectiva (abuelos *maternos*, claustro *materno*), mientras que *maternal* se aplica más bien a cualidades, afectos, etc., semejantes a los de la madre. P. ej.: una mujer prodiga a un niño que no es hijo suyo cuidados *maternales*, y no *maternos*. Comp. *paterno* y *paternal*.

matinal adj. *Matutino*.

matiz m. *Gradación, cambiante*. ‖ fig. *Carácter*.

matojo m. *Tamojo*.

matón m. *Valentón, pendenciero, espadachín, matasiete*.

matricaria f. *Arugas, expillo, magarza*.

matrícula f. *Registro*.

matrimonio m. *Matrimonio* alude

pralte. al aspecto sacramental o jurídico. *Boda* y *casamiento* se refieren al acto de contraer matrimonio y a la fiesta con que se celebra; *unión, enlace, nupcias, connubio*, se estiman como expr. más lit. por ser menos corrientes, y más todavía *himeneo*, que sólo se usa como término poético, alusivo a la antigüedad clásica. *Desposorio* puede significar promesa de matrimonio, o bien el acto de contraerlo (lit.).

matriz f. *Útero, claustro materno, madre, seno*. ‖ *Molde*. ‖ adj. fig. *Principal, generadora, materna*; p. ej.: iglesia *matriz*, casa *matriz*.

matrona f. *Comadrona, comadre, partera*.

matute m. **Contrabando*.

matutino -na adj. *Matinal*.

maullar intr. *Mayar, miar*.

máxima f. *Regla, principio, sentencia, apotegma, precepto, aforismo* (v. **Refrán*).

máximum m. *Máximo, límite*.

maya f. (planta). *Margarita, vellorita*.

mayar intr. *Maullar, miar*.

mayestático -ca adj. Lo que contiene majestad es *majestuoso*: cortejo *majestuoso*, decorado *majestuoso*, recepción *majestuosa*. Lo que se aplica a la majestad es *mayestático*: honor *mayestático*, instituciones *mayestáticas*, plural *mayestático*.

mayor m. *Superior, jefe, principal*. ‖ m. pl. **Ascendientes, antepasados, antecesores, progenitores, abuelos*.

mayoría f. *Mayor edad, mayoridad*.

mayormente adv. m. *Principalmente, especialmente, máxime*.

mazdeísmo m. *Parsismo, zoroastrismo*.

mazo m. *Mallo*.

mazorca f. *Panocha, panoja, espigón*.

mazorral adj. *Grosero, rudo, tosco*.

mecanismo m. *Dispositivo* (v. **Instrumento*).

mecanizar tr. *Motorizar*.

mecanografía f. *Dactilografía*.

mecanográfico -ca adj. *Dactilográfico*.

mecanógrafo -fa m. f. *Dactilógrafo -fa*.

mecenas m. *Protector, patrocinador, patrono, favorecedor*.

mecer tr. *Cunar, columpiar, balancear*.

mechero m. *Encendedor*.

mechón m. *Pelluzgón*.

medallón m. *Guardapelo*.

médano o **medaño** m. *Duna, mégano*.

media adj. *Calceta*, hoy p. us.

mediacaña f. (moldura). *Troquilo*.

mediador -ra adj.-s. *Medianero, intermediario, intercesor.*

medianero -ra adj. *Mediador, intermediario, tercera persona, tercero, intercesor.*

medianía f. La diferencia de matiz entre *medianía* y *mediocridad* es la misma que distingue *mediano* de *mediocre.*

mediano -na adj. *Mediocre* encierra cierto matiz desp. que lo hace más propio en la acep. de "casi malo", aunque en rigor etimológico pueda aplicarse a las dos aceps. *Regular* literalmente coincide con *mediano*, pero puede tener variedad de matices estimativos según el tono con que se pronuncia y las circunstancias de cada caso.

mediar intr. *Intervenir, interceder, terciar.* ‖ *Interponerse.* ‖ *Ocurrir, sobrevenir, presentarse, entremediar.*

medicamento m. *Fármaco* es tecn.; *medicina* y **remedio* son las denominaciones corrientes; despectivo, *potingue.*

medicina f. **Remedio, medicamento.*

médico m. Por antonomasia, *doctor, facultativo.* Con ligera ironía, *galeno.* Desestimativos, *mediquín, medicastro, matasanos.*

medida f. *Medición* ‖ *Dimensión, tamaño.* ‖ *Disposición, prevención, precaución, providencia.* ‖ *Cordura, prudencia, mesura, moderación.*

medio m. *Mitad, centro.* ‖ *Diligencia, arbitrio, recurso.* ‖ *Procedimiento, *conducto.* ‖ *Ambiente.* ‖ m. pl. *Bienes, recursos, caudal, fortuna, posibles.*

mediodía m. **Sur.*

medir tr. En estilo docto, *mensurar.* ‖ Tratándose de versos, *escandir,* hoy p. us. ‖ prnl. *Moderarse, mesurarse, comedirse.*

meditar tr. **Pensar, considerar, reflexionar, discurrir.*

medrar intr. *Crecer, desarrollarse, mejorar;* fig. *prosperar, florecer.* «La idea fundamental del verbo *medrar* es el aumento, sea en volumen, cantidad, fuerza o poder. En la idea de *prosperar* entra la de la buena fortuna; en la de *florecer*, la mayor dignidad del sujeto del verbo. *Medran* el niño que crece, la cosecha que abunda, los intereses que adelantan, la población que se multiplica. *Prosperan* los establecimientos, las especulaciones, las ciudades y los reinos. *Florecen* las artes, las ciencias y las virtudes. Cuando el verbo *florecer* se aplica a las ideas más materiales, envuelve

en sí la idea de esplendor, dignidad y hermosura. Si se dice que la nación *florece*, no se entiende solamente que aumentan su riqueza y su población, sino también su cultura, su importancia política y sus instituciones útiles» (M).

medroso -sa adj.-s. *Miedoso* es más gral.; *medroso* es de uso culto y literario; *meticuloso* se aplica pralte. a la persona que obra con cuidado extremado por no incurrir en falta, y por ello se acerca mucho a *minucioso; temeroso* es de signif. menos intensa, y se aplica gralte. al que circunstancialmente siente un temor, en tanto que *tímido* se refiere al carácter; el *tímido*, como el *pusilánime* y el **cobarde* (más intenso), son *temerosos* habituales. *Gallina, cagón, cagado,* sinónimos populares o intensivos de *cobarde.* La falta de desembarazo, la inseguridad en sí mismo del *tímido*, coinciden con *encogido, apocado, corto.* ‖ *Espantoso, pavoroso, terrorífico.*

medula y **médula** f. *Meollo* en todas sus aceps. En los huesos, *tuétano;* en el tallo y en la raíz de los vegetales, *pulpa.*

medusa f. *Aguamala* y *aguamar. Pulmón marino.*

mejora f. *Medra, aumento, progreso, adelanto, perfeccionamiento.* ‖ *Alivio, mejoría.* ‖ *Puja.*

mejorana f. *Almoraduj, -dux, amáraco, moraduz, sampsuco, sarilla.*

mejorar tr. *Aumentar, perfeccionar.* ‖ *Pujar.* ‖ intr.-prnl. *Restablecerse, aliviarse.* ‖ *Abonanzar.* ‖ *Medrar, adelantar, progresar, prosperar.*

mejoría f. *Mejora, restablecimiento, *alivio.*

melancolía f. *Tristeza, abatimiento, murria, depresión, hipocondría* (MED.).

melcocha f. *Arropía.*

melifluo -flua adj. *Meloso.* ‖ fig. *Dulce, suave, delicado, tierno.*

meliloto m. (planta). *Trébol oloroso.*

melindre m. *Remilgo; dengue* cuando se afectan males o disgustos, esp. las mujeres; *repulgo,* escrúpulo ridículo.

melindroso -sa adj.-s. *Dengoso* (v. **melindre*); *repulgado; remilgado* es además el que afecta pulidez extremada en actos o palabras.

melión m. *Pigargo.*

melisa f. *Toronjil, abejera, cidronela.*

melodioso -sa adj. *Melódico* es lo perteneciente o relativo a la melodía musical; p. ej.: frase *me-*

lódica. Melodioso se usa en sentido fig. como sinónimo de *dulce, suave;* p. ej.: voz *melodiosa,* acento *melodioso.*

melojo m. *Roble borne, marojo.*

melomanía f. *Musicomanía.*

melómano -na m. f. *Musicómano.*

meloso -sa adj. fig. *Suave, melifluo, empalagoso, dulzón, almibarado.*

mellizo -za adj.-s. **Gemelo.*

membrana f. *Tela.*

membrete m. *Brevete,* p. us.

membrudo -da adj. *Robusto, recio, fornido, forzudo, fuerte.*

memo -ma adj.-s. *Simple, bobo, tonto, mentecato.*

memorable adj. *Recordable, famoso, célebre, glorioso, memorando.*

memorar tr. *Recordar, rememorar.*

memoria f. *Retentiva* se usa en sus aplicaciones concretas: un muchacho de buena *retentiva;* pero no suele emplearse para designar a esta facultad en abstracto. ‖ **Recuerdo.* ‖ f. pl. *Expresiones, recuerdos, saludos.*

memorial m. *Instancia, solicitud. Memorial* ha caído en desuso con este significado.

memorismo m. *Psitacismo.*

mencionar tr. **Aludir, mentar, nombrar, citar, recordar.*

mendaz adj. *Mentiroso, falso, fingido, falaz.*

mendicidad f. *Mendiguez, pordiosería.*

mendigar intr. *Pordiosear, pedir, limosnear.*

mendigo -ga m. f. *Pobre, pordiosero, mendicante, zampalimosnas* (burl.).

mendrugo m. *Corrusco.* ‖ fig. fam. *Tonto, zoquete, tarugo, bolo.*

menear tr. *Agitar, *mover.*

menester m. *Necesidad.* ‖ *Empleo, ejercicio, profesión, ministerio.*

menesteroso -sa adj.-s. **Pobre, indigente, necesitado.*

menestral -la m. f. *Artesano.*

mengano -na m. f. v. **Fulano.*

mengua f. *Disminución, menoscabo.* ‖ *Falta, carencia.* ‖ *Pobreza, escasez.* ‖ fig. *Descrédito, deshonra, desdoro.*

menguado -da adj.-s. *Cobarde, pusilánime.* ‖ *Miserable, mezquino, ruin, tacaño.*

menguante m. En los ríos y arroyos, *estiaje.* ‖ *Bajamar, vaciante.* ‖ fig. *Decadencia, decrecimiento.*

menguar intr. **Disminuir, *decrecer, mermar, consumirse.* ‖ tr. *Amenguar.*

menor m. *Franciscano.* ‖ DER. *Menor de edad.* En Aragón se usa el fem. *menora.* ‖ *Al por menor. Al detall, al menudeo, a la menuda.*

menoscabar tr. *Mermar, *disminuir.* ‖ *Deteriorar, dañar, deslucir.*

menoscabo m. *Merma, mengua.* ‖ *Deterioro, daño, perjuicio, detrimento, quebranto.* ‖ fig. *Desdoro, descrédito, deshonor.*

menospreciar tr. *Desestimar, tener en menos, subestimar.* ‖ *Despreciar, desdeñar.*

menospreciativo -va adj. *Despreciativo, despectivo.*

mensaje m. **Recado.* Cuando es escrito, *misiva.*

menstruación f. *Período, regla.*

mensualidad f. *Mes; mesada* se aplica pralte. a lo que se paga por un mes de arriendo, canon de riego, etc.; v. **sueldo.*

mentar tr. *Nombrar, mencionar, *aludir, citar.*

mente f. *Inteligencia, entendimiento, *espíritu.* «La *mente* es el alma considerada como agente intelectual, prescindiendo de los afectos, de las pasiones y de todo acto de la voluntad. La *inteligencia* es el conjunto de las facultades intelectuales. *Entendimiento* es la facultad que no hace más que entender. La *mente* recibe las inspiraciones sublimes y crea las grandes ideas filosóficas. En la *inteligencia* entran la memoria, el juicio, el raciocinio, la abstracción y la imaginación. El *entendimiento* concibe, penetra y adquiere conocimientos y nociones. Una *mente* elevada es la que forma grandes designios; la que aspira a resolver arduas cuestiones. Una *inteligencia* superior es la que sabe combinar un sistema; la que hace descubrimientos importantes. Un *entendimiento* claro es el que comprende con facilidad y prontitud» (M). ‖ *Pensamiento, propósito.*

mentecatez f. *Necedad, insensatez, imbecilidad, simpleza, majadería, idiotez, mentecatería.*

mentecato -ta adj.-s. *Necio, tonto, simple, insensato, idiota, imbécil.*

mentir intr. *Faltar a la verdad.* ‖ tr.-intr. *Engañar.*

mentira f. Expr. populares y fam.: *bola, trola, volandera; bulo* es rumor público falso. *Embuste, trápala, embustería* (pop.) y *comento* (lit., p. us.) signif. mentira artificiosamente disfrazada; si el disfraz es burdo, o la expr. es fam., *chapuza, chapucería, paparrucha,* esp. cuando el asunto es poco importante o despreciable. *Fraude, falsedad, superchería, engaño, embeleco, falacia,* suponen intención de aprovecharse de la mentira; *engañifa* es pequeña falsedad, gralte. con intención de chasco o burla. *Farsa* supone embuste prolongado. La *patraña* y el *cuento* son mentiras de pura invención imaginativa. «La voz *mentira* explica solamente la idea de una cosa falsa, puramente como tal; pero la voz *embuste* supone por sí sola, además de aquella falsedad, la malicia con que se dice. Y así la *mentira* no pierde el carácter de tal aunque se extienda de unos a otros a grandes distancias y tiempos remotos, y se diga y se publique por personas que de buena fe la crean como cierta; pero el *embuste* no lo es propiamente sino en boca del que lo cree falso, porque nadie dice un *embuste* de buena fe. Anda muy valida una grande *mentira* por toda la ciudad. Las historias y las gacetas están llenas de *mentiras*. Un muchacho travieso sale con un *embuste* del apuro en que se halla. Por eso a un tramposo, a un hombre de mala fe, se le da con más propiedad el nombre de *embustero* que el de *mentiroso*, porque aquel adjetivo explica con más energía, no sólo la falsedad de lo que dice, sino también la intención maliciosa con que *miente...*» (LH). ‖ *Selenosis*.

mentiroso -sa adj.-s. *Embustero; mendaz*, lit. o culto; *falaz, falso, engañoso*.

mentís m. *Desmentida; desmentido* es galicismo usado en Argentina y otros países americanos.

mentón m. *Barbilla*.

mentor m. *Maestro, guía, consejero, consultor*.

menú m. GALIC. por *minuta* o lista de los platos que componen una comida.

menudencia f. *Pequeñez, minucia, nimiedad, bagatela, nadería, niñería, insignificancia*.

menudo -da adj. *Pequeño, chico, minúsculo*. ‖ loc. adv. A menudo. *Frecuentemente, con frecuencia, muchas veces*.

meollar m. MAR. *Pasadera*.

meollo m. *Encéfalo* (tecn.); *sesos*. ‖ *Medula*. ‖ fig. *Sustancia, fondo, miga*. ‖ fig. *Entendimiento, juicio, seso*.

mequetrefe m. *Chisgarabís, danzante, zascandil, muñeco, tarambana*.

meramente adv. m. *Solamente, puramente, únicamente*.

mercader -ra m. f. **Comerciante, traficante, negociante*.

mercadería f. **Mercancía, género, artículo*.

mercado m. *Contratación*. El *mercado* extraordinario que se celebra en días y lugar determinados, *feria*.

mercancía f. *Género*, nombre colectivo; *existencias*, las mercancías dispuestas para la venta; *mercadería; mercaduría* es p. us. en la lengua moderna; *artículo*.

mercantil adj. **Comercial*.

mercar tr. *Comprar. Mercar* se usa sólo en los medios rurales.

merced f. *Dádiva, don, *regalo*. ‖ **Beneficio, favor, gracia*. ‖ A merced de. *A voluntad o arbitrio de*.

mercenario -ria adj.-s. *Asalariado. Mercenario* es desp., y se aplica al que sirve por estipendio en una función o trabajo que debería desempeñar personalmente el que lo paga. P. ej., tropas *mercenarias* son las que sirven por salario a un país extranjero. Se dice que una madre encomienda la crianza de su hijo a manos *mercenarias*, cuando no quiere o no puede criarlo por sí misma. No son *mercenarios* el obrero y el empleado que trabajan por cuenta ajena.

mercurial f. (planta). *Malcoraje*.

mercurio m. *Azogue, hidrargirio*.

merecedor -ra adj. *Digno*.

merecidamente adv. m. *Dignamente, justamente, con razón*.

merecimiento m. **Mérito*.

merey m. *Marañón*.

meridional adj. *Austral*. Tratándose de la región polar, *antártico*.

mérito m. *Merecimiento*. El *mérito* se aplica a las personas y a las cosas; el *merecimiento*, a las personas solamente. Por esto decimos: una obra de *mérito*, un hombre de *mérito*; pero no se diría: un cuadro de *merecimiento*, sino de *mérito*.

merla f. *Mirlo*.

merlo m. *Zorzal marino*.

merluza f. *Pescada*; si es pequeña, *pescadilla*. ‖ fig. fam. *Borrachera, embriaguez*.

merma f. *Disminución, pérdida, menoscabo, decrecimiento*.

mermar intr.-prnl. **Disminuir, menguar, aminorarse, decrecer*. ‖ tr. *Reducir, menoscabar, quitar*.

mero m. (pez). *Cherna*.

mero -ra adj. *Puro, simple, solo*.

mesada f. **Mensualidad*.

mesenterio m. Es nombre cientif. Los términos corrientes son *redaño y entresijo*.

meseta f. *Descansillo, descanso, rellano*. ‖ *Altiplanicie* es la *meseta* muy elevada y de gran extensión.

mesón m. *Venta, parador, posada, hostal, hostería* (v. **Fonda*).

mesonero -ra m. f. *Posadero, ventero, huésped, hostelero*.

mesura f. *Gravedad, seriedad, compostura*. ‖ *Reverencia, consideración, cortesía*. ‖ *Moderación, comedimiento, prudencia, circunspección*.

meta f. *Término, final.* ‖ fig. **Fin, designio, propósito, intento, finalidad, objeto, objetivo.*

metáfora f. *Traslación.*

metamorfosear tr. *Transformar, transmutar, convertir, *cambiar.*

metamorfosis f. *Transformación, transmutación, conversión, cambio. Metamorfosis* es gralte. usado en HIST. NAT. y como término lit.: ⁓ *de un insecto,* ⁓ *de las costas; Las Metamorfosis* es el título de una obra de Ovidio.

metano m. *Gas de los pantanos.*

metaplasmo m. *Figura de dicción.*

metátesis f. *Transposición.*

metedor -ra m. f. *Contrabandista, matutero.* ‖ m. *Braga, metidillo, metido.*

metempsícosis y **metempsicosis** f. *Transmigración.*

metemuertos m. *Metesillas, sacasillas* y *sacamuertos.*

meteorito m. *Aerolito.*

meter tr. *Introducir, incluir, encajar.* «Meter expresa una acción más enérgica, más decidida que *introducir.* La primera es más clara y más ostensible que la segunda. Se *mete* el pan en el horno, el dinero en el bolsillo, la espada hasta la guarnición; se *introduce* una digresión en un discurso; el veneno entre las flores, un embajador a la presencia del monarca...» (M). ‖ *Poner* significa colocar o situar. Puede sustituir a *meter* cuando la idea de poner dentro o *introducir* está dada, bien por el empleo de preposiciones (en, entre, hasta), bien por las circunstancias de la acción o de los interlocutores; p. ej.: *poner* o *meter* una cosa en un saco; *ponerse* o *meterse* el sombrero hasta las orejas; pero no podría decirse *meter* un libro en, o sobre, la mesa más que en el caso de que la mesa estuviese muy llena y hubiera que colocarlo entre otros objetos. La diferencia de matiz expresivo se mantiene en los casos en que la sustitución es posible; p. ej.: *poner* o *meter* a un muchacho de aprendiz en un taller; *poner* o *meter* el dinero a una carta. En estos ejemplos el habla popular suele preferir *meter,* por sentirlo como más intenso que la simple idea de colocación o situación que da *poner.* ‖ prnl. *Introducirse, mezclarse, inmiscuirse.* ‖ *Meterse con uno. Disputar, inquietar, mortificar, molestar.*

meticuloso -sa adj. *Medroso, pusilánime.* ‖ *Minucioso, escrupuloso, nimio.*

metódico -ca adj. fig. *Arreglado, ordenado, cuidadoso.*

metodizar tr. *Ordenar, arreglar, regularizar, normalizar.*

método m. *Procedimiento* se aplica principalmente a la manera de hacer algo, esp. cuando comprende más de una operación: *procedimiento* para obtener un cuerpo químico. *Método* se aplica más al pensamiento que a la acción, y sugiere también una serie continuada, en tanto que *norma* y *regla* suelen referirse a un solo acto, problema, etc. La *norma* continuada o repetida (o un conjunto de normas) constituye un **orden,* o un *método,* en el pensamiento o en el trabajo, y un *sistema* en la conducta.

metonimia f. *Transnominación.*

métrica f. *Versificación.*

metrificación f. *Versificación.*

metropolitano -na adj. *Arzobispal.* ‖ m. *Obispo de la primera silla.*

mezcla f. *Mixtión, mixtura, agregado;* si es de metales, *aleación, liga.* ‖ *Argamasa, mortero.*

mezclable adj. *Miscible* pertenece al habla docta o literaria.

mezclar tr. *Juntar, incorporar, unir, agregar. Mixturar, mixtionar,* ambos de uso docto. *Inmiscuir* es introducir una cosa en otra para mezclarla con ella, pero dos o más cosas entre sí se *mezclan,* no se *inmiscúen.* ‖ prnl. *Inmiscuirse, entremeterse, entrometerse, injerirse, introducirse, meterse.*

mezquindad f. *Pobreza, miseria, estrechez.* ‖ **Avaricia, tacañería, ruindad, cicatería, sordidez.*

mezquino -na adj. *Pobre, necesitado.* ‖ *Avaro, miserable, ruin, tacaño, cicatero, sórdido.* ‖ *Pequeño, diminuto, exiguo, escaso, menguado.*

miaja f. *Migaja, cacho, *pedazo, porción.*

miar intr. *Maullar, mayar.*

mico -ca m. *Maimón, mono.*

micra f. *Micrón.*

microbio m. *Microorganismo.*

microgameto m. *Espermatozoario, espermatozoide, espermatozoo, zoospermo.*

micrón m. *Micra.*

miedo m. Serie intensiva: *recelo, *temor* (daño supuesto); *miedo* (daño real o supuesto); *espanto, pavor* y *terror* (con señales exteriores del estado psíquico); *pánico,* terror colectivo, como el que experimentó el dios Pan (=la naturaleza) ante el rayo de Júpiter. Por hipérbole o eufemismo puede usarse cualquiera de estos términos con intensidad distinta de la normal, produciéndose con ello un efecto cómico por contraste;

p. ej.: el estudiante tiene *pánico* del examen. *Miedo* ocupa la posición central de la serie, y puede sustituir a cualquiera de ellos. *Medrana* es fam. y p. us.; *jindama*, germ. o vulgarismo. La *cobardía* es la condición del que habitualmente tiene miedo o es propenso a él. La *cobardía* es permanente; el *miedo* puede ser ocasional. La *cobardía* es el efecto del *miedo*. «El *miedo* es la aprensión viva del peligro, que sobrecoge y ocupa el ánimo. El *temor* es el convencimiento del ánimo, el efecto de la reflexión que le hace prever y le hace huir del peligro. Un niño tiene *miedo* de quedar solo o a oscuras. Un hombre que va solo y sin armas, tiene *temor* de encontrar ladrones en un camino. De aquí es que el *miedo* siempre es despreciable, pero no lo es siempre el *temor;* y así se dice "el *temor* de Dios", y no el *miedo.* Es noble el *temor* de la deshonra, que hace perder al soldado el vergonzoso *miedo* del enemigo. El que se arrojó con ciega resolución al asalto de una brecha, tiembla tal vez después en su cama a la vista de su cercana muerte. Allá pudo despreciar el *miedo.* Aquí no puede vencer el *temor*» (LH).

miedoso -sa adj. *Medroso, pusilánime, temeroso, cobarde.*

miembro m. *Extremidad.*

mientras adv. t. *En tanto, entre tanto, mientras tanto.*

miga f. *Migaja.* ‖ *Molledo.* ‖ *Sustancia, meollo, enjundia.*

migaja f. *Partícula, miaja.* ‖ f. pl. *Sobras, desperdicios, restos.*

migración f. Toda *migración* supone una *emigración,* o salida del país de origen, y una *inmigración,* en el país de llegada. *Transmigración* y *éxodo* equivalen a *emigración,* y se usan esp. cuando ésta es colectiva.

migraña f. *Jaqueca.*

miguelete m. *Miquelete.*

mijo m. *Millo.*

milagro m. *Prodigio, maravilla, portento.* ‖ *Exvoto.*

milagroso -sa adj. *Sobrenatural.* ‖ *Asombroso, maravilloso, prodigioso, estupendo, portentoso, pasmoso.*

milano m. *Azor, esmerejón.*

milenrama f. *Altarreina, aquilea, artemisa bastarda, hierba meona, milhojas.*

milla f. MAR. *Nudo.*

mimar tr. *Halagar, acariciar.* ‖ *Consentir, mal acostumbrar, malcriar, enviciar.*

mimbre amb. *Vimbre.*

mimético -ca adj. *Imitativo.*

mimo m. *Caricia, halago, cariño.* ‖ *Vicio, consentimiento, condescendencia.*

mimoso -sa adj. *Melindroso, delicado, regalón.*

mina f. *Criadero, minero.*

minar tr. *Socavar.* ‖ fig. *Desgastar, consumir.*

minarete m. *Alminar.*

minimizar tr. *Subestimar, tener en poco.*

minio m. *Azarcón* p. us.; *rúbrica sinópica* (tecn.).

ministerial adj.-s. *Gubernamental.*

ministerio m. *Empleo, funciones, ocupación, cargo.* ‖ *Gobierno, gabinete.*

minorar tr.-prnl. *Aminorar, *disminuir, reducir, acortar.* ‖ *Atenuar, mitigar, paliar, amortiguar.*

minoría f. *Menor edad, minoridad.*

minucia f. **Pequeñez, menudencia, nimiedad, bagatela, nadería, niñería, insignificancia.*

minucioso -sa adj. *Nimio, escrupuloso, meticuloso.*

minuta f. *Borrador, extracto, apunte, apuntación, apuntamiento.* ‖ *Cuenta,* de los honorarios de abogados, notarios, etc. ‖ *Minuta* sustituye con ventaja al galicismo *menú.*

miope adj.-s. *Corto de vista.*

mira f. fig. *Intención, propósito, designio, *fin.*

mirabel m. *Ayuga, perantón, pinillo.* ‖ **Girasol.*

mirada m. *Mirada rápida, ojeada, vistazo.*

mirado -da adj. *Remirado, intensivo. Cauto, circunspecto, reflexivo, prudente.* ‖ *Atento, respetuoso, considerado.*

miramelindos m. *Balsamina.*

miramiento m. *Circunspección, cuidado, precaución, cautela.* Cuando se considera afectado o ridículo, *repulgo, melindre.* ‖ *Respeto, atención, consideración.*

mirar tr. *Atender, observar, buscar, inquirir, considerar.* ‖ *Reconocer, respetar.* ‖ *Mirar por. Amparar, proteger, velar, cuidar.*

mirasol m. **Girasol.*

mirífico -ca adj. poét. *Admirable, maravilloso.*

mirlo m. *Merla, mirla.*

mirobálano y **-nos** m. *Avellana índica, belérico, mirabolano.*

mirto m. *Arrayán.*

misántropo m. *Huraño, arisco.* El *misántropo* huye de los hombres y del trato humano no sólo por sentimientos de repulsión o de timidez, sino que su aversión es más o menos deliberada o reflexiva. Por esto no decimos de un niño o de un animal que es un *misántropo,* sino que les aplicamos con propiedad los adjetivos *huraño* y *arisco*. En una persona adulta, que no procede sólo por instintos y sentimientos, sino también por experiencia y reflexión, cabe la *misantropía*.

miserable adj. *Desdichado, infeliz, desgraciado, infortunado, mísero, desventurado.* ‖ *Menesteroso, necesitado, indigente, pobre.* ‖ *Abatido.* ‖ *Avariento, mezquino, tacaño, ruin, roñoso, cicatero.* ‖ *Corto, escaso, exiguo.* ‖ *Perverso, canalla, infame, vil.*

miseria f. *Desgracia, trabajo, infortunio, desventura.* ‖ *Pobreza, estrechez, indigencia, escasez.* ‖ *Avaricia, mezquindad, tacañería, ruindad.* ‖ *Piojos.*

misericordia f. *Conmiseración, miseración* (lit. culto). En el habla corriente, **compasión, lástima, piedad, caridad.* ‖ *Clemencia.* «La *misericordia* considera al hombre en relación con su infelicidad y miseria; la *clemencia* con relación a su fragilidad o malicia. La primera es el efecto de la compasión que inclina a ejecutar aquellas obras que pueden aliviar los males o consolar las aflicciones; la segunda es el efecto de la bondad o generosidad del ánimo, que mitiga el rigor merecido o perdona los agravios personales que puede legalmente castigar. Se implora la *misericordia* o la *clemencia* de aquel de cuya voluntad depende el castigo o la venganza; pero es con diferentes relaciones: en la *misericordia* pedimos un efecto de la compasión; en la *clemencia*, un efecto de la generosidad. Por esto a las obras de *misericordia* no se las puede llamar con igual propiedad obras de *clemencia*» (LH).

misericordioso -sa adj. *Compasivo, piadoso, caritativo, humano.* ‖ *Clemente.*

mismo -ma adj. *Propio, igual, idéntico.*

misterio m. **Secreto, arcano.*

misterioso -sa adj. *Oculto, recóndito, *secreto, oscuro.*

misticismo m. *Mística.*

misticón -na adj.-s. despect. *Santurrón, gazmoño, beatón.*

mitigar tr. *Moderar, *suavizar, calmar, aplacar, templar.*

mitón m. *Confortante.*

mitosis f. *Cariocinesis.*

mitra f. *Diócesis, obispado, sede.*

mixtura f. *Mezcla, mixtión.*

mízcalo m. *Níscalo.*

mobiliario m. *Moblaje, mueblaje.* ‖ adj. Tratándose de bienes o valores, *mueble*, en oposición a inmueble.

moción f. *Proposición, propuesta.*

moco m. *Mucosidad.*

mochil m. *Morillero, motil, motril.*

moda f. *Uso, usanza,* cuando la *moda* no es pasajera, sino que tiene cierta tradición. «*Moda* es un *uso* nuevo que no ha llegado a ser general. En llegando a ser adoptado por todos, o por la mayor parte, y por algún tiempo, ya es *uso*. Todo *uso* ha sido *moda* en sus principios. Fue *moda* el afeitarse, ya es *uso*. El principal objeto del que sigue siempre la *moda* es el llamar la atención, distinguirse en el gusto, en la variedad. El objeto del que sigue siempre el *uso* es el no singularizarse entre los demás. Las mujeres varían tanto y tan a menudo sus adornos, que casi siempre conservan el nombre de *modas*; rara vez se les llega a dar el nombre de *usos*» (LH).

modales m. pl. *Maneras, formas, modos.*

modelo m. *Pauta, muestra, dechado, regla, patrón.* ‖ *Ejemplo, ejemplar, tipo.*

moderación f. *Sobriedad, morigeración, *templanza, temperancia.* ‖ *Cordura, mesura, comedimiento.*

moderado -da adj. *Módico* (tratándose de precios, pretensiones, etc.) significa limitado en cantidad. Aplicado a personas o actos humanos, *moderado* se usa como sinónimo de *sobrio, parco, templado, reglado, mesurado.*

moderar tr. *Templar, atemperar, ajustar, arreglar, refrenar, *suavizar, mitigar.*

moderno -na adj. *Actual, reciente, nuevo, de nuestro tiempo, de hoy en día.*

modestia f. *Humildad.* La *humildad* es una virtud derivada del sentimiento de nuestra bajeza. La *modestia* es la virtud del que no tiene ni muestra una elevada opinión de sí mismo. La *humildad* es más intensa y profunda que la *modestia*; ésta se manifiesta más bien en la vida social; aquélla se acerca más al fondo religioso o filosófico del hombre. Se puede ser *modesto* sin llegar a *humilde*; en cambio, la *humildad* supone siempre la *modestia*. Lo contrario de la *humildad* es la soberbia; lo contrario de la *modestia* es la vanidad. ‖ *Pudor, vergüenza, recato, decoro, decencia, honestidad.* «Los sentimientos expresados por las palabras *modestia* y *pudor* son permanentes y característicos; la *vergüenza* es accidental y pasajera. El *pudor* es el signo exterior de la inocencia y de la pureza de costumbres. El principal uso de la *modestia* consiste en evitar la notoriedad, en sustraerse a la curiosidad, en ocultar el mérito propio. La *vergüenza* se despierta en el alma en presencia de una acción ofensiva, de un objeto repugnante, de una reconvención o de la acusación de la conciencia. La *modestia* y el *pudor* son incompatibles con la corrupción moral; la *vergüenza* puede recaer en el vicio y en la culpa. Se ha dicho con razón que hay ocasiones en que el hombre debe *avergonzarse* de haber tenido *vergüenza*» (M).

modesto -ta adj. *Humilde*. ‖ *Recatado, decente, púdico, decoroso*.

módico -ca adj. *Moderado, limitado, reducido, parco*.

modificar tr. *Cambiar, variar, mudar, transformar*. ‖ *Corregir, enmendar, rectificar*.

modillón m. *Can, canecillo*.

modismo m. *Idiotismo*.

modo m. *Manera, forma*. ‖ pl. *Urbanidad, cortesía*.

modorra f. *Amodorramiento, sopor*. ‖ *Nebladura, torneo*, en las reses lanares.

modoso -sa adj. *Cortés, urbano, bien criado*. La cualidad de *modoso* se refiere especialmente a los buenos modales o buenas maneras en el trato.

mofa f. *Burla, escarnio, befa, ludibrio*.

mofletudo -da adj. *Cariampollado, cariampollar*, usuales en los clásicos; *carrilludo, molletudo, gordinflón*.

mogol -la adj.-s. [pers.] *Mongol* es de uso moderno, imitado del francés e influido por el nombre geográfico Mongolia.

moharrache o **-cho** m. *Zaharrón*.

mohín m. *Gesto, mueca*.

mohína f. *Enojo, enfado*.

mohíno -na adj. *Triste, melancólico, disgustado, enfadado*.

mohoso -sa adj. *Enmohecido* en general; tratándose de metales, *herrumbroso, verdinoso* (cardenillo), *oxidado, corroído*.

mojadura f. *Remojón*.

mojigato -ta adj. *Timorato, gazmoño, santurrón, beato*.

1) **mojón** m. *Hito, moto, muga*.

2) **mojón** m. *Catavinos*.

mojonera f. *Clavera*.

molde m. *Forma, hembra, turquesa*.

moler tr. *Molturar, triturar*. ‖ fig. *Molestar, mortificar, fatigar*.

molestar tr. *Incomodar, estorbar, fastidiar, enojar, enfadar, mortificar, fatigar*.

molestia f. *Incomodidad, estorbo, fastidio, desagrado, enfado, mortificación, enojo*.

molesto -ta adj. *Incómodo, embarazoso, fastidioso, pesado, desagradable, enfadoso, enojoso*.

molicie f. *Blandura*. ‖ *Regalo, deleite, ocio, comodidad*.

molienda f. *Moltura, moledura*. ‖ fig. *Molimiento, molestia, fatiga*.

molificar tr. *Ablandar, suavizar*.

molimiento m. *Cansancio, fatiga, molestia*.

molinete m. (juguete). *Rehilandera, ventolera*.

molleja f. *Cachuela*.

mollera f. fig. *Caletre, seso, cacumen, chirumen, pesquis*.

momentáneo -a adj. *Instantáneo, fugaz, breve, transitorio, pasajero*.

momento m. *Instante, punto*. «Un *momento* no es largo; un *instante* es todavía más corto: *momento* tiene una significación más extensa; algunas veces se toma por el tiempo en general, y es de uso en el sentido figurado. *Instante* tiene significación más limitada: denota la más pequeña duración del tiempo, y jamás se usa sino en sentido literal» (Ma). ‖ *Oportunidad, coyuntura, ocasión, actualidad*.

monacal adj. «*Monástico* es lo relativo al monasterio; *monacal* es lo relativo al monje. La institución es *monástica*; el hábito es *monacal*» (M).

monacato m. *Monaquismo*.

mónada f. *Microcosmo*.

monaguillo m. *Monacillo*, ant.; *monago*.

monarca m. *Rey, soberano*.

monasterio m. *Convento* es el nombre gral.; *monasterio* es palabra escogida, y se aplica generalmente a las grandes casas religiosas situadas fuera de poblado; *abadía* es el *monasterio* regido por abad o abadesa; *cenobio* se aplicó a las comunidades religiosas primitivas, hoy es lit. Aludiendo al retiro del mundo que en él se practica, se dice también *claustro, recolección, casa recoleta*.

monástico -ca adj. *Monacal, conventual*.

monda f. *Cáscara, mondadura, piel, corteza*.

mondadientes m. *Escarbadientes, palillo, limpiadientes*.

mondadura f. *Cáscara, monda, piel, corteza*.

mondar tr. *Pelar*.

moneda f. *Dinero*.

monetario -ria adj. *Pecuniario*.

monís m. *Dinero, pecunia*.

monitor m. *Admonitor, amonestador*.

monje m. *Anacoreta, solitario*. ‖ *Fraile* y *religioso* son hoy las denominaciones corrientes; *monje* se siente generalmente como voz escogida. *Cenobita* se aplica a los antiguos religiosos que vivieron en comunidad.

mono -na adj. *Pulido, delicado, bonito, lindo, gracioso.* ‖ m. *Simio.*

monocordio m. *Sonómetro.*

monocromo -ma adj. *Unicolor.*

monofisismo m. *Eutiquianismo, jacobitismo.*

monofisita adj.-s. com. *Eutiquiano, jacobita.*

monólogo m. **Soliloquio.*

monomanía f. *Paranoia* (MED.), *manía, idea fija.*

monomaníaco -ca adj. *Maniático.*

monopétalo -la adj. *Gamopétalo.*

monopolizar tr. *Acaparar.*

monosépalo -la adj. *Gamosépalo.*

monotonía f. *Uniformidad, igualdad.*

monótono -na adj. *Uniforme, igual.*

monotrema adj.-s. *Ornitodelfo.*

monserga f. *Galimatías, embrollo.*

monstruoso -sa adj. *Antinatural, teratológico.* ‖ *Enorme, fenomenal, colosal.* ‖ *Execrable, aborrecible, nefando.*

monta f. *Total, monto, suma.*

montaje m. *Montura.*

montanera f. *Bellotera.*

montañoso -sa adj. *Montuoso.*

montar intr.-prnl. *Subirse.* ‖ *Cabalgar.* ‖ intr. *Importar, sumar, elevarse.* ‖ *Armar.* ‖ *Engastar.* ‖ *Amartillar.*

montaraz adj. *Saltero, agreste, cerril, bravío, montés, salvaje, selvático.*

monte m. *Montaña.*

montería f. *Cinegética.* ‖ *Caza mayor.*

montón m. *Cúmulo, rimero, pila.* ‖ *Multitud, sinnúmero, infinidad.*

montuoso -sa adj. *Montoso, p. us.; montañoso.*

montura f. *Cabalgadura.* ‖ *Montadura, arreos.* ‖ *Montaje.*

monumental adj. fig. *Magnífico, grandioso.*

moño m. *Rodete.*

moquero m. *Mocador.* Por eufem. se usa el término general *pañuelo* o *pañuelo de bolsillo.*

morabito m. *Marabuto, morabuto.*

morada f. **Habitación, casa, mansión.* ‖ *Estancia, estada, estadía, permanencia.*

morador -ra adj.-s. *Habitante, vecino, residente.*

moradux m. *Almoradux, mejorana.*

1) **moral** f. *Ética, Filosofía moral.*

2) **moral** m. *Moreda.*

moralista com. *Ético.*

morar intr. *Residir, habitar, vivir. Morar* es voz escogida, de uso principalmente literario.

mórbido -da adj. *Blando, delicado, suave, muelle.* ‖ *Morboso, malsano, enfermizo.*

morbilidad f. *Morbidad.*

morbo m. **Enfermedad, padecimiento, afección.*

morcillo -lla adj. Tratándose de caballerías menores, *cambujo.*

mordacidad f. *Dicacidad, causticidad, causticismo.*

mordaz adj. *Cáustico.* ‖ *Áspero, picante.* ‖ fig. *Acre, punzante, incisivo, dicaz, satírico.*

mordedura f. *Mordimiento; mordisco* es mordedura pequeña o leve; *dentellada* es la señal que dejan los dientes al morder.

morder tr. *Tarrascar, tarazar, atarazar; mordiscar* y *mordisquear* son frecuentativos, e indican poca intensidad de la acción. ‖ *Corroer.* ‖ fig. *Murmurar, difamar, desacreditar, criticar, satirizar.*

mordihuí m. *Gorgojo.*

mordiscar tr. *Dentellear, mordisquear.*

1) **morena** f. (pez) *Murena.*

2) **morena** f. (pan moreno). *Canil.*

morga f. *Alpechín, murga, tina, tinaco.* ‖ *Coca de Levante.*

morigerado -da adj. *Templado, moderado, mesurado, sobrio, comedido.*

morir intr.-prnl. Respetuosos: *fallecer, expirar, fenecer, finar* (el finado=el muerto). Expr. religiosas : *entregar el alma* (fam. entregarla) ; *dormir en el Señor; pasar a mejor vida; subir al Cielo* (tratándose de niños). Burlescos : *estirar la pata, espichar* (pleb.), *diñarla* (germ.). Términos grales. aplicados con alguna frecuencia : *acabar* o *acabar sus días, pasar la carrera.* Tratándose de toda clase de seres vivos o de instituciones humanas, ciudades, costumbres, etc., **perecer, acabar, sucumbir.* ‖ *Desvivirse, pirrarse, perecer, beber los vientos.*

morosidad f. *Lentitud, tardanza, demora, dilación.*

moroso -sa adj. *Lento, tardo, *tardío.* ‖ *Retrasado* (en el pago), *en descubierto.*

morrada f. fig. *Guantada, bofetada.*

morriña f. *Comalia, zangarriana.* ‖ fig. *Tristeza, melancolía,* en general ; y esp. *nostalgia, añoranza, *soledad.*

morro m. Tanto *morro* como *hocico* y *jeta* se usan propiamente hablando de animales; tratándose de personas son desp. o burl.

morrocotudo -da adj. (humor.) *Importante, grande, formidable, difícil, gravísimo, fenomenal. Morrocotudo* es un vocablo de significación intensiva general, aplicable a variadas situaciones, cosas o problemas, cuyos matices determina el contexto.

morrudo -da adj. *Bezudo, hocicudo.*

mortal adj. *Perecedero.* ‖ *Letal, mortífero.* ‖ fig. *Angustioso, fatigoso, abrumador.* ‖ *Decisivo, concluyente.*

mortandad f. *Hecatombe.* Cuando está producida por una batalla, insurrección, etc., *matanza, degollina, carnicería.*

mortecino -na adj. fig. *Apagado, débil, bajo, descolorido.*

mortero m. Aunque *mortero* y *almirez* sean orginariamente sinónimos, hoy suele haber entre ellos una diferencia de forma: el *almirez* es más alto; el *mortero* tiene menos altura y mayor anchura. En los laboratorios se dice gralte. *mortero;* en las cocinas predomina *almirez.* ‖ *Argamasa, mezcla.*

mortífero -ra adj. *Mortal. Letal* se aplica esp. a gases, venenos; *mortífero* es de aplicación gral. No se diría, p. ej., el enemigo hacía un fuego *letal,* sino *mortífero.* En cambio, decimos que las emanaciones de un pantano son *letales* o *mortíferas.*

mortificar tr. *Dañar, doler.* ‖ *Afligir, molestar, lastimar, apesadumbrar.*

morueco m. *Marón, murueco.*

moruno -na adj. *Moro, moriego* (desusado).

moscardón m. *Estro.* ‖ *Moscón.* ‖ *Avispón.*

moscareta f. *Muscaria, muscicapa.*

mosquear tr. *Azotar, vapulear, picar.* ‖ prnl. *Resentirse, *sentirse, amoscarse.*

mosquito m. *Cénzalo,* desus. *Mosco, violeto.*

mostaza f. *Ajenabe, jenabe, jenable.*

mostellar m. *Mojera, mostajo.*

mostense adj.-s. [pers.] *Premonstratense.*

mostrar tr. *Indicar, señalar, designar.* ‖ *Enseñar, exponer, presentar, exhibir.* ‖ *Manifestar, patentizar.* ‖ *Explicar, demostrar, probar.*

mostrenco -ca adj. *Mesteño.* ‖ adj.-s. *Ignorante, torpe, zote, bruto, zoquete.*

motacila f. *Aguzanieves.*

mote m. *Lema, empresa, divisa.* ‖ *Apodo, sobrenombre.*

motejar tr. *Zaherir, mortificar, satirizar, criticar.*

motín m. *Alboroto, tumulto, asonada, revuelta.*

motivo m. *Móvil, fundamento, razón, causa, *ocasión.*

motorización f. *Mecanización.*

motorizar tr. *Mecanizar.*

movedizo -za adj. *Movible.* ‖ *Inseguro, inestable.* ‖ fig. *Inconstante, veleidoso, tornadizo.*

mover tr. *Trasladar, mudar.* ‖ *Menear, agitar, remover.* «Todo lo que se *menea* se *mueve;* pero no se dice con igual propiedad que todo lo que se *mueve* se *menea,* porque el verbo *mover* supone indeterminadamente cualquier especie de movimiento, y el verbo *menear* supone un movimiento determinado, esto es, el que hace un cuerpo separándose un poco del punto en que se hallaba, y volviendo inmediatamente hacia él, una o repetidas veces. Una piedra que cae, se *mueve* de arriba abajo, y no se dirá con propiedad que se *menea* de arriba abajo. La hoja de un árbol que se *mueve* de un lado a otro, se *menea.* Un pájaro que vuela se *mueve* en todas direcciones, y *menea* de cuando en cuando sus alas y su cola. *Movemos* la cabeza volviéndola, inclinándola a un lado para evitar un golpe; la *meneamos* para decir que no por señas, *moviéndola* sucesivamente de un lado a otro» (LH). ‖ fig. *Inducir, persuadir, incitar.* ‖ fig. *Suscitar, originar, causar, ocasionar.*

movible adj. *Móvil.* ‖ fig. *Variable, mudable, inseguro.*

móvil adj. *Movible.* ‖ *Inestable, inseguro.* ‖ m. *Motivo, causa, razón.*

movimiento m. *Circulación, actividad.* ‖ *Pronunciamiento, levantamiento, sublevación.* ‖ fig. *Alteración, conmoción.* ‖ MÚS. *Tempo, tiempo.*

mozárabe adj.-s. *Almozárabe, muzárabe.*

mozo -za adj. *Joven.* Si tiene pocos años, *mancebo, zagal, muchacho.* ‖ *Soltero.* ‖ m. f. *Criado, sirviente, camarero.*

mucamo -ma m. f. Argent. y Chile. *Criado, sirviente.*

muchachada f. *Chiquillería, niñada, niñería.* ‖ *Rapacería, rapazada, mocerío.*

muchacho -cha m. f. *Niño, chico, chiquillo, rapaz, mozuelo.* ‖ *Mozo, joven, mancebo, zagal.*

muchedumbre f. *Abundancia, multitud, sinnúmero, infinidad.* ‖ *Gentío, vulgo, masa.*

muda f. (de ropa). *Remuda.*

mudable adj. *Inestable, instable, variable, inconstante, veleidoso, versátil.*

mudanza f. *Mutación, *alteración, cambio, variación.* ‖ *Traslado.*

mudar tr. *Cambiar, variar, alterar.* ‖ *Remover, trasladar.* ‖ prnl. *Irse, marcharse.*

mudo -da adj.-s. fig. *Callado, silencioso, taciturno.*

mueca f. *Visaje, *gesto.*

muela f. *Rueda de molino, volandera.* ‖ *Molar,* científ.: *quijal, quijar.* ‖ **Almorta, guija.*

muelle adj. *Suave, blando, delicado, mole* (p. us.). ‖ *Voluptuoso, sensual.* ‖ m. *Resorte.*

muérdago m. *Almuérdago, arfueyo.*

muerte f. Tratándose de personas: *defunción, fallecimiento, óbito;* de santos o personas de vida virtuosa, *tránsito* (v. **Morir).* ‖ *Homicidio.* ‖ fig. *Término, fin, destrucción, ruina, aniquilamiento.*

muerto -ta adj.-s. *Difunto, finado.* ‖ *Acabado, terminado, inactivo.* ‖ *Apagado, mortecino, descolorido.*

muestra f. fig. *Señal, demostración, indicio, prueba.*

mugre f. *Grasa, pringue, suciedad, porquería.*

mugrón m. *Provena, rastro.*

muguete m. *Lirio de los valles.*

mujeril adj. **Femenino, femenil.*

mújol m. *Cabezudo, capitón, lisa, liza, matajudío, múgil.*

muladar m. *Estercolero, basurero.*

muletilla f. *Bordón, bordoncillo, estribillo.*

mulo m. *Macho.*

multicopista m. *Copiador, policopia.*

multimillonario -ria adj.-s. *Archimillonario.*

multiplicar tr. *Aumentar, propagar, reproducir.*

multitud f. *Muchedumbre, abundancia, infinidad, sinnúmero.* ‖ *Gentío, vulgo, masa.*

mullir tr. *Ablandar, esponjar.*

mundial adj. **Universal, general.*

mundillo m. (arbusto y su flor). *Sauquillo, bola, mundo.*

mundo m. *Cosmos, Creación, Universo, Orbe.* ‖ *Tierra, globo terráqueo.* ‖ *Astro.* ‖ *Humanidad.* ‖ *Baúl.*

mundología f. irón. **Tacto, diplomacia, sagacidad.*

mundonuevo m. *Mundinovi, titirimundi, tutilimundi, totilimundi, cosmorama.*

municipio m. *Ayuntamiento, concejo, consistorio.*

munificencia f. *Esplendidez, liberalidad, generosidad, largueza.*

muñeco m. fig. *Mequetrefe, chisgarabís.*

muñón m. *Tocón.*

muralla f. *Muro.*

murar tr. *Amurallar, cercar.*

murciégalo, murciélago m. *Morciquillo, vespertilio.*

múrice m. *Peñasco.* ‖ *Púrpura.*

murmullo m. *Rumor.* ‖ *Murmurio, susurro.*

murmurar intr. *Susurrar.* ‖ *Rezongar.* ‖ *Cortar un vestido, un traje, un sayo; criticar; morder* (intensivo); *despellejar.*

muro m. *Pared, tapia.* ‖ *Muralla.*

murria f. *Tristeza, melancolía, abatimiento, malhumor, cancamurria.*

musa f. En pl. o colectivamente, *castálidas, pegásides, coro de Apolo, piérides, helicónides.* ‖ fig. *Numen, inspiración, vena.*

musculatura f. En el habla pop., *carnadura.*

muserola f. *Sobarba.*

musitar intr. *Mistar, *mascullar, susurrar.*

muslime adj.-s. *Mahometano, musulmán.*

mustela f. *Comadreja.*

mustio -tia adj. *Lacio, lánguido, marchito.* ‖ *Melancólico, triste, decaído.*

musulmán adj.-s. *Mahometano, muslime, islamita.*

mutación f. *Mudanza, cambio, variación.* ‖ HIST. NAT. *Metamorfosis.*

mutilado -da adj. Tratándose de cosas, *roto, incompleto;* tratándose de personas, adj.-s., *lisiado, inválido.*

mutismo m. *Silencio.*

mutual adj. **Mutuo.*

mutuamente adv. m. *Recíprocamente.*

mutuo -tua adj.-s. *Mutual. Recíproco.* «*Mutuo* designa la acción de dos agentes ejercida uno en otro; *recíproco* añade a esta idea la de igualdad en la acción. Hay relaciones *mutuas* entre dos naciones cuando se comunican entre sí en política y en comercio; hay amor *recíproco* entre dos personas cuando una ama tanto como otra. Los compromisos *mutuos* son ventajosos cuando las obligaciones son *recíprocas*» (M). Aunque *mutuo* y *mutual* significan lo mismo, el uso de *mutual* va quedando hoy restringido a lo referente a la mutualidad o al mutualismo. Así pues, los intereses *mutuales* son los que afectan en conjunto a la mutualidad, mientras que los intereses *mutuos* afectan en particular a cada uno de los socios mutualistas.

N

naba f. *Nabo gallego.* ‖ *Rapo.*

nacarado -da adj. *Anacarado.*

nacencia f. MED. *Nacido.*

nacer intr. *Brotar, germinar, salir.* ‖ *Provenir, proceder, originarse, emanar.* ‖ *Deducirse, derivarse, seguirse, inferirse.*

nacido, da adj. *Connatural, congénito, propio, innato, nativo.*

naciente m. *Oriente, levante, este.*

nacimiento m. *Linaje, estirpe, familia.* ‖ *Principio, origen.*

nación f. *País, patria, pueblo, nacionalidad, ciudadanía.* La palabra *país* sugiere principalmente el territorio geográfico con sus caracteres físicos y económicos; *patria* alude al sentimiento que el país propio suscita; *nacionalidad* y *ciudadanía* aluden a la *nación* como entidad política. «En la idea representada por la voz *pueblo* hay más *individualidad* y menos dignidad que en la representada por *nación.* Usamos esta última cuando hablamos de las instituciones, del territorio, del régimen político, del idioma, de la literatura, propios y peculiares de alguna gran fracción de la humanidad; y decimos *pueblo* cuando hablamos de sus costumbres, de sus hábitos, de los hechos en que toman parte sus individuos como tales. La *nación* es un ser ideal más compacto, más homogéneo, más abstracto en cierto modo que el *pueblo.* La *nación* es el todo; el *pueblo* es la suma de las partes que componen la *nación,* pero excluyendo la idea de los grandes vínculos que ligan a las mismas partes cuando se da a su conjunto el nombre de *nación...* Lo mismo es Rusia que la *nación* rusa; lo mismo Bélgica que la *nación* belga; pero si hablamos de las acciones y prácticas que, por muy generales que sean admiten muchas excepciones, no diremos *nación,* sino *pueblo.* Así decimos que el *pueblo* chino, y no la *nación* china, es muy diestro en los trabajos manuales; que la cerveza es la bebida favorita del *pueblo* inglés, y no de la *nación* inglesa. También se usa la voz *pueblo* para desig-

nar una parte sola de la *nación,* esto es, la gente común, a distinción de las personas de clase y categoría; por ejemplo: en el alzamiento de España contra la usurpación francesa, no sólo tomó parte el *pueblo,* sino que la tomaron también el clero y la nobleza» (M).

nacionalizar tr.-prnl. *Naturalizar(se).* ‖ *Estatificar* : ∼ los ferrocarriles.

nacionalsocialismo m. *Nazismo,* forma abreviada.

nadar intr. *Flotar, sobrenadar.* Aunque a menudo se intercambian, en su uso propio *nadar* supone actividad por parte del sujeto; por eso se aplica pralte. a los seres animados. *Flotar* y *sobrenadar* significan pasividad en el sujeto y se refieren a cosas inanimadas. *Sobrenadar* sugiere además cierta dificultad, o flotación parcial de alguna cosa : los restos del naufragio *sobrenadaban; sobrenadan* los vestidos del ahogado; el líquido menos pesado *sobrenada* en la mezcla. Un hombre o un perro *nadan;* un madero *flota;* el aceite *sobrenada* en el agua.

nadería f. *Insignificancia, nonada, fruslería, bagatela.*

nadie pron. indef. *Ninguno.* «La misma extensión que tienen en un sentido afirmativo las voces *alguien* y *alguno,* tienen en un sentido negativo las voces *nadie* y *ninguno;* esto es : *nadie* excluye ilimitadamente toda persona, sin determinar clase ni número; *ninguno* excluye limitadamente todas las personas que componen la clase o número de que se habla. *Nadie* es capaz de hacerlo, esto es, no hay persona alguna, de cualquier número o clase que sea, que pueda hacerlo. De los soldados que asaltaron la brecha, *ninguno* dejó de quedar muerto o herido, esto es, de los hombres de que se componía aquella clase o número determinado, no hubo uno que no fuese muerto o herido. Esta es la razón por que se dice : *ninguno* de ellos, y no *nadie* de ellos» (LH).

naipe m. *Carta.* ‖ fig. *Baraja.*
naire m. *Cornaca, cornac.*
nalgas f. pl. *Asentaderas, rabel tabalario, tafanario, posas, posaderas.* ‖ *Ancas; grupa,* en las caballerías.
nansa f. *Nasa.*
nao f. *Nave, navío.* La palabra *nao* es hoy de uso literario.
napelo m. **Acónito, anapelo.*
narciso m. *Trompón.*
narcótico -ca adj. *Estupefaciente, soporífero.*
nardo m. *Tuberosa, vara de Jesé.*
narigudo -da adj. *Narigón, narizotas, narizón.*
narración f. *Relato, cuento.*
narrar tr. **Contar, referir, relatar.*
narria f. *Mierra, rastra.*
nasa f. *Nansa.* ‖ *Panera.*
nasalización f. La *nasalización* alude a la calidad fonética de un sonido. El *ganguneo,* o la *gangosidad,* son defectos de pronunciación.
nata f. *Crema.*
natillas f. pl. *Crema.*
nativo -va adj. *Natural.* ‖ *Originario, oriundo, natal, nacido.* ‖ *Innato, congénito, connatural.*
natural adj. *Nativo, nacido, originario, oriundo.* ‖ *Ingenuo, sencillo, franco, sincero, llano.* ‖ *Común, normal, regular, habitual, acostumbrado, corriente.* ‖ m. *Genio, índole, condición, carácter, temperamento.*
naturalidad f. *Ingenuidad, sencillez, franqueza, llaneza, sinceridad.*
naturalizar tr.-prnl. *Nacionalizar(se).* ‖ *Aclimatar, adaptar.*
naufragar intr. *Zozobrar, perderse, irse a pique.*
náusea f. *Fatiga o fatigas, basca.* ‖ fig. *Asco, repugnancia.*
nauseabundo -da adj. *Asqueroso, repugnante, inmundo.*
nausear intr. *Arquear.*
nauta m. lit. *Marino, marinero, navegante.*
náutica f. *Navegación, marina.*
náutico -ca adj. **Naval.*
naval adj. *Náutico* se refiere exclusivamente a la ciencia y arte de navegar (*Náutica*): instrumentos *náuticos,* rosa *náutica. Naviero* se usa tratando de las empresas, capital, propietario o avituallador de naves: compañía *naviera,* acciones *navieras. Naval* es el término más extenso: construcción, base, poder, *naval.*
navarca m. *Nearca.*
nave f. *Nao,* lit.; *navío, barco, buque, bajel, embarcación.*
naveta f. *Navecilla.*
Navidad f. *Natividad.*
naviero -ra adj. **Naval.*

nearca m. *Navarca.*
neblí m. *Halcón gentil, nebí.*
neblina f. **Niebla, bruma.*
nebreda f. *Enebral.*
nebuloso -sa adj. *Nublado, nuboso, nublo, nubloso, brumoso.* ‖ fig. *Oscuro, confuso, borroso, incomprensible.* ‖ fig. *Sombrío, tétrico.*
necedad f. *Inepcia, estupidez, simpleza, tontería, estulticia, disparate, desatino, sandez.*
necesario -ria adj. *Fatal, inevitable.* ‖ *Forzoso, preciso, inexcusable, imprescindible.* «Lo *necesario* y lo *forzoso,* como indica la etimología, son efectos de la necesidad y de la fuerza; *preciso* es lo que la conveniencia requiere. Si necesito de alguna cosa, aquella cosa me es *necesaria;* si se me fuerza a una acción, aquella acción me es *forzosa;* si me conviene, me importa o me acomoda tomar una medida, aquella medida me es *precisa.* El alimento es *necesario* para sostener la vida; la muerte no es *necesaria* ni *precisa,* es *forzosa.* Es *preciso* hablar con decencia y corrección en una sociedad culta. Es *forzoso* que el reo sea sometido a juicio. Es *necesario* proveerse de agua para atravesar el desierto. En los días ardientes del verano es *preciso* buscar la sombra» (M.). *Imprescindible* refuerza la significación de *necesario; inexcusable,* la de *forzoso.* El agua es *imprescindible* para los seres vivos; el servicio militar es *inexcusable.*
necesidad f. *Fatalidad, sino.* ‖ *Obligación, menester, precisión,* ‖ *Pobreza, miseria, escasez, penuria.* ‖ *Apuro, ahogo, aprieto, peligro.*
necesitado -da adj. **Pobre, menesteroso, indigente, miserable.* Tratándose de cosas, *falto, escaso.*
necesitar tr. *Precisar, requerir, hacer falta.*
necio -cia adj.-s. *Incapaz, *tonto, sandio, simple, estúpido, imbécil, ignorante, estulto, mentecato.* ‖ *Imprudente, porfiado, obstinado, terco.*
necrología f. *Obituario,* esp. en los periódicos.
necrópolis f. **Cementerio, camposanto.*
nefando -da adj. *Abominable, execrable, infame, perverso.*
nefasto -ta adj. *Triste, funesto, ominoso, aciago.*
nefrítico adj. *Renal.*
negación f. **Denegación, negativa.*
negado -da adj. *Incapaz, inepto, torpe.*
negar tr. *Denegar, prohibir, vedar.*

Denegar se usa pralte. en el lenguaje administrativo con el sentido de *negar* una petición, solicitud, etc. ‖ *Ocultar, disimular.* ‖ prnl. *Excusarse, rehusar.*

negligencia f. **Descuido, desidia, incuria, dejadez, abandono.*

negligente adj.-s. *Abandonado, dejado, desidioso, descuidado, *indolente.*

negociación f. *Trato, convenio, concierto, negocio.*

negociar tr. *Comerciar, tratar, traficar.*

negocio m. *Comercio, tráfico.* «El *comercio* y el *tráfico* suponen compra y venta; no así el *negocio*, que puede consistir en agencias, descuentos, corretajes, acarreos y otras clases de ocupaciones lucrativas. El *comercio* se distingue del *tráfico* en que éste supone la traslación de mercancías en grande, y por esto se aplica más comúnmente a las naciones que a los individuos. En la venta al por menor no puede decirse con propiedad que hay *tráfico*. La significación de *negocio* se extiende a toda acción recíproca de hombre a hombre, o de nación a nación, en materia grave; por ejemplo: la paz de Utrecht fue un *negocio* decisivo; corren malas voces sobre los *negocios* de tal nación; mucha impresión causó en Europa el *negocio* de la partición de Polonia» (M). ‖ En Argent. y Chile, *negocio* se usa con el significado de *tienda, almacén, despacho.* ‖ *Utilidad, beneficio, interés, *ganancia.*

negrecer intr.-prnl. **Ennegrecer(se).*

negro -gra adj.-m. *Prieto* es casi *negro*, muy oscuro. ‖ adj.-s. Tratándose de individuos de la raza negra, se dice *moreno* y *trigueño* por eufemismo; con el mismo significado suele emplearse la fr. adjetiva *de color: gente de color.* ‖ adj. fig. *Triste, melancólico, infausto, aciago: negra suerte, pena negra.*

neguijón m. *Guijón.*

neguilla f. *Candileja, candilejo, lucérnula, neguillón.* ‖ *Tintero.*

nenúfar m. *Escudete, golfán, ninfea.*

neófito -ta m. f. *Prosélito* es también partidario que ha sido atraído; pero no insiste tanto como *neófito* en el matiz de reciente. Entre los *adeptos* puede haber *prosélitos* antiguos o nuevos; el *neófito* es siempre reciente.

neolatino -na adj. *Romance, románico.*

nepotismo m. *Sobrinazgo.*

Neptuno m. Entre los griegos, *Poseidón.*

nervio m. fig. *Vigor, fuerza, energía, eficacia, vitalidad.* ‖ En las hojas vegetales y en las alas de los insectos, *vena, nerviación.*

nervioso -sa adj. *Excitable, impresionable, inquieto, irritable.* ‖ fig. *Vigoroso, fuerte, enérgico, vivo.*

nesga f. *Sesga.*

neto -ta adj. *Limpio, puro, castizo.* ‖ *Líquido, limpio* (tratándose de cantidad, precio, peso).

nevada f. *Nevasca, nevazo, nevazón;* la de copos menudos, *nevisca, falisca;* borrasca de viento y nieve, *ventisca, ventisco;* temporal de viento, lluvia y nieve menuda, *cellisca;* remolino de lluvia y nieve, *torva.*

nevadilla f. *Sanguinaria menor.*

nevatilla f. *Nevereta, *aguzanieves.*

nevoso -sa adj. *Nivoso,* lit., p. ej., cumbres *nevosas* o *nivosas.* ‖ Significando «de nieve», *nevoso* es sinónimo de *níveo:* una sustancia de aspecto *nevoso* o *níveo.*

nicotismo m. MED. *Tabaquismo.*

nidificar intr. *Anidar.*

niebla f. *Bruma,* esp. la que se forma en el mar; *neblina,* niebla baja; *boira,* p. us.; *humazón,* la espesa y grande: *calima, calina, calígine,* la muy tenue, llamada también *fosca.*

nigola f. MAR. *Flechaste.*

nigromancia f. *Necromancia.*

nigromante m. *Nigromántico* (v. **Hechicero*).

nimbo m. *Aureola, lauréola, corona, diadema.*

nimiedad f. *Prolijidad.* ‖ *Poquedad, cortedad, pequeñez.*

nimio -mia adj. *Prolijo, minucioso.* ‖ *Tacaño.*

ninfa f. HIST. NAT. *Crisálida, palomilla.*

ninfea f. **Nenúfar.*

ninguno -na pron. indef. **Nadie.*

niñada f. *Chiquillada, muchachada, puerilidad, niñería.* «Una cosa hecha sin malicia y con poca reflexión es una *niñada;* una cosa de poco momento es una *niñería.* Hay *niñadas* que traen graves consecuencias, y por lo mismo no son *niñerías.* Hay, al contrario, *niñerías* que por la malicia con que se hacen no deben considerarse como *niñadas*» (J).

niñera f. *Orzaya.* En varias regiones de España y de América, *rolla, rollona.* En el habla infantil, *chacha, tata.*

niñería f. **Niñada, chiquillada, muchachada, puerilidad.* ‖ *Pequeñez, nadería, nonada, insignificancia.*

niñez f. *Infancia, puericia.*

niño -ña adj.-s. *Chico;* en And.

chavea; párvulo. El muy pequeñito, *rorro, bebé.*

nipón -na adj.-s. [pers.] *Japonés.*

níscalo m. *Mízcalo.*

níspero m. *Néspera.* En Ál., Burg. y Logroño, *míspero.*

nítido -da adj. *Neto, terso, limpio, claro, transparente, resplandeciente.*

nitral m. *Salitral, salitrera.*

nitrato m. *Azoato.*

nitro m. *Salitre.*

nitrogenado -da adj. *Azoado.*

nitrógeno m. *Ázoe.*

nivel m. *Altura.* En GEOGR., *altitud.* ‖ *Ras.*

nivelar tr. *Igualar, proporcionar, equilibrar.*

noble adj. *Preclaro, ilustre, generoso.* ‖ *Honroso, estimable, digno.* ‖ *Principal, excelente, aventajado.* ‖ adj.-s. *De sangre azul, linajudo.*

noca f. *Meya, rocla.*

noceda f. y **nocedal** m. *Nogueral.*

noción f. **Idea, conocimiento, rudimento, noticia; elementos (nociones).*

nocivo -va adj. *Perjudicial, dañoso, dañino, pernicioso.*

noche f. fig. *Oscuridad, tinieblas, sombra.*

nocherniego -ga adj. *Noctámbulo, trasnochador.*

nodriza f. *Ama.*

nogueral m. *Noceda, nocedal.*

nómada o **-de** adj. *Errante,* en gral.; *migratorio,* esp. si los cambios de lugar se hacen con cierta periodicidad: *trashumante,* díc. del ganado y también de los cuadrúpedos salvajes que andan en manadas.

nombradía f. *Fama, reputación, notoriedad, celebridad, renombre, nombre.*

nombrar tr. **Aludir, mencionar, citar.* ‖ Los vbs. *llamar* y *denominar* significan aplicar un nombre particular a una cosa o concepto: se *llaman,* se *denominan,* platelmintos (no se *nombran*). El mismo valor tiene el giro *designar por* (o *con*) *el nombre de:* se *designan con el nombre de* alcaloides. En este caso *designar* equivale a señalar o conocer. *Nominar* es latinismo culto de empleo muy escaso. ‖ *Elegir, designar, señalar;* p. ej.: *nombrar, elegir, designar, señalar,* herederos, gobernador de una provincia.

nombre m. *Denominación, designación.* ‖ *Nombradía, renombre, fama, reputación, notoriedad.*

non adj.-m. *Impar.*

nonada f. *Insignificancia, pequeñez, poquedad, menudencia, nadería.*

nonagenario -ria adj.-s. *Noventón.*

nonio m. *Nonius, vernier.*

nono -na adj. *Noveno.* El empleo de *nono* es un latinismo muy restringido. Se dice, p. ej., el Papa Pío *nono;* pero, Alfonso *noveno* de Castilla, raras veces se dirá *nono.* Para el siglo XIX se emplea gralte. el numeral cardinal *diecinueve;* sólo en estilo docto y elevado se dirá *decimonoveno* o *decimonono.*

nopal m. *Chumbera, tunal, tunera; higuera chumba, de Indias, de pala* o *de tuna.*

nopaleda, nopalera f. *Tunal.*

noria f. *Anoria.* En Marruecos, *cenia.*

norma f. *Regla, precepto, guía, pauta, *método.*

normal adj. *Natural, acostumbrado, habitual, común, usual.* ‖ *Regular.* ‖ adj.-s. *Perpendicular.*

normalizar tr. *Regularizar, regular, ordenar, metodizar.*

nornoroeste, nornorueste m. (viento). *Maestral,* esp. en el Mediterráneo; *cauro* y *coro* son poét. evocadores de la antigüedad clásica; *regañón,* fam.

norte m. *Septentrión.* ‖ *Aquilón, bóreas, cierzo; matacabras* el que es fuerte y frío; *tramontana.* ‖ fig. *Fin, objeto, finalidad, mira, guía.*

norteamericano -na adj.-s. [pers.] *Estadounidense; yanqui* (ingl. *yankee*) es propiamente de los Estados del norte, en oposición a los del sur y del oeste, pero entre hispanohablantes designa a cualquier norteamericano; *gringo* es despectivo, y puede aplicarse en gral. a cualquier extranjero.

nostalgia f. *Añoranza, morriña, pasión de ánimo, mal de la tierra, soledad.*

nota f. *Señal, característica.* ‖ *Fama, crédito, notoriedad, renombre, nombradía, reputación.* ‖ *Advertencia, explicación, comentario, observación.* ‖ *Apunte, apuntamiento, anotación, apuntación.* ‖ *Calificación.*

notable adj. *Importante, grande, valioso, considerable, digno de atención, estimable, relevante.*

notar tr. *Señalar, reparar, observar, percatarse, advertir, darse cuenta.* ‖ *Apuntar, anotar.* ‖ *Censurar, reprender, tachar, tildar.* «Se *nota* lo ridículo y lo reprensible; se *tacha* y se *tilda* lo culpable y lo perjudicial. La diferencia que hay entre las significaciones de estos dos últimos verbos es que *tachar* recae sobre la *tacha* o borrón visible que afea al sujeto, esto es, sobre los defectos notorios; y *tildar* recae sobre los defectos que se sospechan vivamente y que, como una *tilde*, los tiene señalados nuestra desconfianza o temor. Está *notado* el hombre extravagante o singular en sus costumbres, el miserable, el que falta a las atenciones de la sociedad. Está *tachado* un hijo ingrato, una mujer libre, un embustero, un tramposo. Está *tildado* un hombre sospechoso de venalidad; un tratante de dudosa fe; un hombre doble, de quien es menester precaverse» (LH).

noticia f. *Noción, idea, conocimiento.* ‖ *Novedad, nueva.* «*Noticia* es la relación de un hecho reciente; la *novedad* lo es de un hecho de carácter nuevo. Puede preverse una *noticia;* pero generalmente no se prevén las *novedades.* Cuando dos naciones están en guerra, las batallas, las conquistas, son asuntos de *noticias.* Es una *novedad* que se haga la paz cuando menos se aguardaba» (M).

noticiar tr. *Anunciar, avisar, prevenir, advertir.* «*Noticiar* es dar cuenta de un hecho pasado; *anunciar* es dar cuenta de un hecho pasado, presente o futuro; *avisar* es *anunciar* un hecho que ha de influir en las acciones del que oye; *prevenir* es esto mismo, envolviendo la idea de autoridad, o poder o superioridad en el que *previene; advertir* encierra la idea de reparo, crítica, enseñanza o peligro. Me *noticiaron* la victoria, el naufragio, un desafío, un casamiento. Me *anuncian* la próxima llegada del buque. Me *avisan* que mañana me toca la guardia. El jefe me *previno* que fuese temprano a la oficina. El maestro me *advirtió* una falta que yo había cometido en la lección» (M).

noticioso -sa adj. *Sabedor, conocedor, enterado, informado.* ‖ *Erudito, instruido.*

notificar tr. *Hacer saber, participar, comunicar, informar, avisar. Notificar* supone gralte. *hacer saber* en debida forma, según ley, práctica o costumbre. A un testigo se le *notifica* oficialmente el día y hora que debe comparecer en el juzgado o ante un tribunal. Por esto la *notificación* se hace comúnmente por escrito.

notorio -ria adj. **Público, sabido, conocido, manifiesto, claro, visible, evidente.*

novedad f. **Noticia, nueva.* ‖ *Extrañeza, sorpresa, admiración.* ‖ *Mudanza, cambio, alteración, variación, mutación.*

novato -ta adj. *Nuevo, inexperto, principiante, novel, novicio.*

novelero -ra adj. *Inconstante, variable, voluble, caprichoso, antojadizo, versátil.*

noveno -na adj.-s. *Nono* es más solemne, y sólo se usa como ordinal con nombres de papas (Pío *nono*) o en estilo elevado latinizante.

noviazgo m. *Antes de casarse, relaciones amorosas o simplte. relaciones.*

novicio -cia adj.-s. *Nuevo, principiante, inexperto, novato.*

novilunio m. *Luna nueva.*

novillo -lla m. f. *Magüeto -ta.* El que no pasa de dos años, *eral.*

novísimo m. *Postrimería.*

nublado -da adj. *Nublo, nubloso, nuboso, nebuloso, encapotado.*

nuca f. **Cogote, pescuezo.*

nudillo m. *Artejo.*

nudo m. *Ñudo,* hoy ant. y p. us. ‖ fig. *Unión, vínculo, lazo.* ‖ *Dificultad.* ‖ *Enredo, intriga.* ‖ MAR. *Milla.*

nueva f. **Noticia, novedad.*

nuevo -va adj. *Reciente* es lo que hace poco tiempo que ha sido fabricado, o que ha ocurrido poco ha. *Nuevo* es lo no conocido o usado antes. ‖ *Novato, novel, principiante, novicio.*

nulo -la adj. *No válido.* ‖ *Incapaz, inepto, inútil, torpe.*

numerario m. *Moneda, dinero, efectivo.*

número m. *Cifra, guarismo.*

numulita f. Con frecuencia se emplea *numulites* o *nummulites*, sobre todo en plural.

nupcias f. pl. **Matrimonio, boda, casamiento.*

nutrir tr.-prnl. *Alimentar.* ‖ fig. *Sostener, fomentar, vigorizar, fortalecer.*

nutritivo -va adj. *Alimenticio, nutricio.*

Ñ

ñandú m. *Avestruz de América.*
ñato -ta adj. Amér. *Chato, romo.*
ñoñería f. *Melindre, ñoñez.*
ñoño -ña adj. *Remilgado, melindroso, dengoso, apocado, quejumbroso.*
ñudo m. desus., ant. *Nudo.*

O

obcecación f. *Ofuscación, ofuscamiento, ceguera, ceguedad, obnubilación.* La *ofuscación* y la *obnubilación* pueden ser momentáneas o poco duraderas. La *obcecación* es una *ofuscación* tenaz, más o menos persistente. Un estudiante puede *ofuscarse* durante el examen. Un fanático es un *obcecado* ante todo lo que no concuerda con sus convicciones.

obedecer tr. *Someterse, ceder, acatar, cumplir, ejecutar, observar.* «El que *cumple, ejecuta* u *observa* el mandato o el precepto, *obedece. Cumplir* es simplemente sujetarse a lo mandado. *Ejecutar* es *cumplir* obrando, y *observar* es seguir una línea de conducta prescrita por una autoridad. Se me manda que calle, y *cumplo* con callar; se me manda escribir una carta, y lo *ejecuto;* se me manda abstenerme de leer tales libros, y lo *observo.* En todos estos casos se *obedece. Cumple* con la ley el que aplica la pena señalada por el Código; la *ejecuta* la autoridad encargada de hacerla efectiva; *observa* la ley el que no la infringe» (M). El que *cede* o *se somete, obedece* venciendo alguna repugnancia o resistencia en sus ideas o sentimientos.

obediencia f. *Docilidad, sumisión, acatamiento, sujeción.*

obediente adj. *Dócil, sumiso, manejable, bienmandado.*

obertura f. MÚS. *Sinfonía, introducción, preludio.*

obesidad f. *Polisarcia* (MED.)*, gordura.*

obeso -sa adj. *Pesado, grueso, gordo, fofo.*

óbice m. *Obstáculo, dificultad, *estorbo, inconveniente, rémora, tropiezo, impedimento.*

obispado m. *Diócesis, mitra, sede.*

óbito m. **Muerte, defunción, fallecimiento.*

obituario m. *Necrología.*

objeción f. *Observación* tiene sentido atenuado; *reparo* es dificultad, restricción, mientras que *réplica* es razonamiento plenamente contrario; *replicato* es intensivo, o réplica prolongada; *obyecto,* latinismo de muy escaso empleo. Pueden emplearse también otras voces de signif. más gral., como *contestación, respuesta.*

objetar tr. *Replicar, oponer, contradecir, contestar; controvertir, impugnar* y *refutar* connotan insistencia en la acción de *objetar.*

objeto m. *Asunto, materia.* ‖ **Fin, intento, intención, propósito.* «El *objeto* es término material de la acción; el *fin* es el término moral de la voluntad. Aquél puede suponer un motivo solamente; éste se supone siempre un deseo. Si yo envío a un criado para que enseñe o conduzca a mi casa a un amigo, a quien estoy esperando, podré decir que mi criado va con el *objeto* de conducirle a mi casa, que éste es el *objeto* de su comisión; pero no diré con la misma propiedad que el *fin* de mi criado es conducirle, porque no tiene parte en ello ni su voluntad ni su deseo. Yo soy el que deseo, el que quiero que venga, y éste es el *fin* que me propongo enviando a mi criado con aquel *objeto.* Pero si éste lo ha hecho por puro celo y sin que yo se lo mande, podré decir indiferentemente que mi criado ha ido con el *fin* de conducirle, o con el *objeto* de conducirle; porque en tal caso ha tenido su acción material un *objeto,* su deseo y voluntad un *fin.* El *fin* es siempre voluntario y libre según este mismo principio; pero no siempre lo es el *objeto;* y así no se dice que una acción se ejecuta con buen o mal *fin;* porque aquél se mira como el término a que se dirige materialmente la acción; pero éste se mira como puro efecto de nuestra voluntad, de nuestro buen o mal deseo» (LH).

oblación f. **Ofrenda.*

oblicuamente adv. m. *De refilón, al sesgo, a soslayo.*

oblicuo -cua adj. *Inclinado, sesgado, soslayado.*

obligación f. *Deber.* «Cumplir un hombre con su *obligación* no es exactamente lo mismo que cumplir con su *deber. Obligación* es aquello a que nos precisan las leyes, las costumbres, y generalmente todo convenio tácito o expreso; *deber* es aquello que manda la virtud y la conciencia. La *obligación* puede ser forzada; el *deber* es siempre voluntario. La *obligación* de un hombre público es desempeñar aquella parte del gobierno que se ha puesto a su cargo; su *deber* es mirar como propios los intereses del Estado... El hombre de honor cumple con su *obligación*; el virtuoso nunca falta a su *deber*» (J).

obligar tr. *Ligar, forzar, constreñir, precisar, compeler, impulsar.* ‖ prnl. *Comprometerse.*

obligatorio -ria adj. *Forzoso, preciso, indispensable, imprescindible, insoslayable, necesario.*

obliterar tr.-ref. MED. *Obstruir, cerrar, taponar.*

obnubilación f. *Ofuscación, *obcecación, ofuscamiento.*

obrador m. *Taller.*

obraje m. *Manufactura.*

obrar tr. *Hacer, trabajar, fabricar, construir, edificar.* ‖ intr. *Portarse, comportarse, actuar, proceder.*

obrero -ra m. f. *Operario, trabajador.*

obsceno -na adj. *Impúdico, deshonesto, torpe, verde, sicalíptico, lascivo, lúbrico, libidinoso, pornográfico.* «*Obsceno* indica mucho más que *deshonesto*, pues agrega a la *deshonestidad* la licencia impúdica; la idea propia de *obsceno* es la de inmundo y lúbrico. Un pensamiento *deshonesto* hace perder la pureza; una palabra *obscena*, el pudor. *Obsceno* se dice de las palabras, de los cuadros o pinturas, de las personas; *deshonesto* se aplica a todo aquello que ofende al pudor o a la pureza» (Ma).

obscurecer tr. *Ensombrecer, entenebrecer.* ‖ *Ofuscar, confundir.* ‖ intr. *Anochecer.* ‖ prnl. *Nublarse.*

obscuridad f. *Lobreguez, sombra, tinieblas, tenebrosidad.* ‖ fig. *Ofuscación, ofuscamiento, confusión.*

obscuro -ra adj. *Fosco y fusco* son hoy de poco uso; *lóbrego, tenebroso, *opaco, sombrío.* ‖ fig. *Confuso, inexplicable, ininteligible, incomprensible, turbio.* «Las palabras *confuso* y *obscuro* no se confunden en el sentido recto, sino en el figurado, cuando se habla de dicción, lenguaje y estilo. Lo *obscuro* peca por lo indeterminado y vago de las palabras y de las ideas; lo *confuso* por su desacertada colocación. Palabras que tienen doble sentido hacen el estilo *obscuro.* Las transposiciones violentas, los posesivos y relativos puestos fuera de su lugar, lo hacen *confuso.* Una narración es *obscura* cuando no están bien descritos los hechos; es *confusa* cuando no observan su orden natural. Lo *obscuro* necesita explicación; lo *confuso*, clasificación» (M). ‖ fig. *Humilde, desconocido.* ‖ fig. *Incierto, azaroso, peligroso, temeroso.*

obsequiar tr. *Agasajar, festejar, regalar.* ‖ *Galantear.*

obsequio m. *Regalo, agasajo, fineza, presente.*

obsequioso -sa adj. *Rendido, cortés, atento, fino.*

observación f. *Examen.* ‖ *Nota, anotación, advertencia, aclaración.* ‖ *Objeción, reparo, corrección.*

observar tr. *Guardar, cumplir, ejecutar, *obedecer, acatar.* ‖ *Examinar, reflexionar, atender.* ‖ *Atisbar, vigilar, espiar.* ‖ *Advertir, reparar.*

obsesión f. Tratándose de un demente, *idea fija, tema.*

obsidiana f. *Espejo de los Incas.*

obstáculo m. *Estorbo, dificultad, inconveniente, traba, rémora, óbice, embarazo, impedimento.* «El *obstáculo* hace la cosa impracticable; la *dificultad* la hace ardua. Mientras duran las *dificultades* se adelanta poco; mientras duran los *obstáculos* no se adelanta nada; porque lo que llamamos vencer el *obstáculo* es evitarle o destruirle; y en tal caso el ser la operación practicable consiste en que el *obstáculo* no existe ya; pero la *dificultad* se puede vencer sin que deje de existir; y así hay cosas que se hacen con *dificultad*, pero no con *obstáculo.* Hay *dificultad* en andar por un mal camino, en medio de precipicios, pero se va poco a poco adelante. El haberse llevado una avenida el puente, puede ser un *obstáculo* que no nos permita continuar el viaje» (LH). «*Obstáculo* significa lo que está delante. *Impedimento* es lo que envara, lo que enreda los pies. El *obstáculo* está delante, detiene nuestra marcha; y el *impedimento* está, no precisamente delante, sino alrededor, y nos retarda. Para adelantar es preciso superar, allanar el *obstáculo;* para andar libremente es preciso quitar el *impedimento.* El *obstáculo* tiene algo de grande, de alto, de resistente, y por esto es menester destruirlo o pasar por encima. El *impedimento* tiene algo de molesto, de incómodo, de enredoso, y es preciso desembarazarse de él, romperlo» (Ci).

obstante (no) m. adv. **Sin embargo.*

obstar intr. *Impedir, estorbar, empecer, ser óbice, dificultar.* ‖ impers. *Oponerse, ser contrario.*

obstetricia f. *Tocología.*

obstinación f. *Terquedad, porfía, tenacidad, pertinacia, testarudez.* «La *obstinación* es el efecto de una falsa convicción impresa en el ánimo, o de un empeño voluntario con determinado interés. La *terquedad* no necesita de interés ni de convicción; es un defecto, o adquirido o arraigado por la mala educación, o inherente a la persona inclinada a contradecir la opinión o voluntad ajena, o a sostener la propia... La *obstinación* puede ser efecto de un error disculpable del entendimiento. La *terquedad* es siempre un defecto reprensible de la voluntad» (LH).

obstinado -da adj. *Porfiado, pertinaz, *terco, tozudo, testarudo, tesonero, tenaz.*

obstinarse prnl. *Aferrarse, porfiar, empeñarse, emperrarse.*

obstruir tr. *Interceptar,* en gral. *Tapar, impedir, estorbar.* Tratándose de un conducto, *atascar, atrancar, obturar;* si es un conducto del cuerpo, *opilar(se).*

obtemperar tr. *Obedecer, asentir, aceptar, conformarse.*

obtención f. *Logro, consecución.* ‖ Tratándose de operaciones químicas, *producción.*

obtener tr. **Alcanzar, conseguir, lograr.* ‖ Tratándose de operaciones químicas, *producir, extraer.*

obturar tr. *Tapar, cerrar, obstruir, atascar.*

obtuso -sa adj. *Boto, romo, despuntado.* ‖ fig. *Torpe, tardo, lerdo, rudo.*

obvención f. **Emolumento, gaje, remuneración, gratificación.*

obviar tr. *Apartar, evitar, remover, prevenir, eludir.* ‖ intr. *Obstar, oponerse.*

obvio -via adj. *Visible, manifiesto, patente, notorio, evidente, claro, fácil.*

ocasión f. *Caso,* en las expr. *en caso de, en todo caso. Coyuntura* sugiere coincidencia de dos o más hechos. *Oportunidad* es ocasión favorable o conveniente para algo que, más o menos, se siente como estimable subjetivamente; en términos generales, *conveniencia, proporción, sazón. tiempo.* ‖ *Peligro, riesgo.* ‖ *Causa, lugar, motivo.* «La *ocasión* es una circunstancia o un conjunto de circunstancias que provocan o facilitan la acción. *Motivo* es una razón de obrar. La *ocasión* es producto del acaso; el *motivo* supone intención: "Tuve *ocasión* de verlo", esto es, se me presentó a la vista, o supe dónde estaba, o me encontré con él. "Tuve *motivo* para verlo", esto es, me propuse, intenté, deseé o necesité verlo. La *ocasión* no depende del agente; el *motivo* es obra suya. La *ocasión* se aprovecha; los *motivos* se alegan; la *ocasión* es espontánea; los *motivos* son fundados» (M).

ocasional adj. *Accidental, contingente, eventual.*

ocasionar tr. *Causar, motivar, originar, producir, provocar, promover.*

ocaso m. *Puesta, postura.* ‖ **Oeste, occidente, poniente.* ‖ fig. *Decadencia, declinación.*

occidental adj. *Hespérido,* lit.; *ponentino, ponentisco* (ant.).

occidente m. *Ocaso, poniente, *oeste.*

occipucio m. Es nombre cientif.; fam. *colodrillo.*

ocio m. *Descanso, inacción, inactividad.*

ociosidad f. *Holgazanería, haraganería, pereza, inactividad, gandulería.*

ocioso -sa adj. *Inactivo, parado, desempleado.* ‖ *Desocupado.* ‖ *Holgazán, haragán, gandul.* ‖ *Inútil, baldío, infructuoso.*

ocre m. *Sil, tierra de Holanda* o *de Venecia.*

octogenario -ria adj.-s. *Ochentón.*

oculista com. *Oftalmólogo.*

ocultamente adv. m. *Furtivamente, a escondidas, a hurto, de tapadillo, encubiertamente, en secreto.*

ocultar tr. *Ocultar* es el verbo de aplicación más amplia entre sus sin., los cuales no se diferencian unos de otros más que en su empleo preferente con determinados complementos: *encubrir, tapar,* delitos, faltas ajenas; *solapar, disimular,* pensamientos o sentimientos propios; *esconder* objetos (es el de uso más gral. en la lengua hablada); *velar* y *celar* son lit., se refieren a lo inmaterial y tienen matiz atenuativo. Se *oculta* lo que no queremos que se vea; se *esconde* lo que no queremos que se encuentre.

oculto -ta adj. *Escondido, encubierto, tapado, velado.* ‖ **Secreto, recatado, clandestino.* ‖ *Desconocido, ignorado, incógnito, misterioso.*

ocupación f. *Posesión, apoderamiento, toma.* ‖ *Quehacer, trabajo, faena, tarea, labor.* «*Ocupaciones* y *quehaceres* son modos útiles, convenientes o necesarios de emplear el tiempo; pero las *ocupaciones* tienen un carácter más digno y elevado que los *quehaceres. Ocupaciones* son los estudios, las operaciones de comercio, de la magistratura y de otras funciones públicas. *Quehaceres* son los servicios del agente, del mayordomo; son las visitas indispensables, los preparativos de una mudanza de casa y otros del mismo género» (M). ‖ *Empleo, oficio, profesión.*

ocupar tr. *Apoderarse, posesionarse, tomar posesión, adueñarse, apropiarse.* ‖ *Llenar.* ‖ *Destinar, emplear.* ‖ *Habitar, vivir.* ‖ prnl. *Trabajar.*

ocurrencia f. **Acontecimiento, suceso, caso.* ‖ *Ocasión, coyuntura, contingencia.* ‖ *Salida, agudeza, gracia, pronto.*

ocurrente adj. *Agudo, gracioso, chistoso, ingenioso.*

ocurrir intr. *Acaecer, acontecer, suceder, pasar, sobrevenir, ofrecerse.*

ochentón -na adj.-s. *Octogenario.*

odiar tr. *Abominar, *aborrecer, detestar, execrar.*

odio m. **Antipatía, aversión, repulsión, inquina, aborrecimiento, malquerencia, encono, rencor, saña.* «La palabra *odio* se aplica más ordinariamente a las personas. Las palabras *aversión* y *antipatía* convienen a todo igualmente. El *odio* es más voluntario y parece tener su raíz en la pasión y en el resentimiento de un corazón irritado y lleno de hiel. La *aversión* y la *antipatía* no dependen tanto de la voluntad y parecen tener su origen en el temperamento o en el gusto natural; pero con la diferencia de que la *aversión* tiene causas conocidas y la *antipatía* las tiene más ocultas... Nada depende menos de nosotros que la *antipatía*» (Ma). «El *odio* es una pasión ciega y arraigada en el corazón viciado por el capricho, por la envidia, por las pasiones; un afecto que en ningún caso deja de ser bajo e indigno de un ánimo honrado y generoso. El *aborrecimiento* es un afecto nacido del concepto que forma nuestra imaginación de las calidades del objeto *aborrecido,* y compatible con la honradez cuando su objeto es el vicio. De aquí es que llamamos implacable al *odio,* y no aplicamos ordinariamente este adjetivo al *aborrecimiento,* porque miramos a aquél como una pasión ciega, que nunca perdona, antes bien, anda casi siempre acompañada del *rencor* y de la mala voluntad; y al *aborrecimiento* lo miramos como efecto de una persuasión que la razón o el desengaño pueden llegar a destruir. Un hombre honrado perdona la ofensa de un traidor, de un asesino, porque no cabe el *odio* en su noble corazón; pero no puede dejar de *aborrecer* tan execrables monstruos de la sociedad. El *aborrecimiento* nos hace mirar con disgusto a su objeto; el *odio* nos lo hace mirar con ira» (LH).

odioso -sa adj. *Aborrecible, abominable, detestable, execrable.*

odontólogo m. **Dentista, estomatólogo.*

odorífero -ra adj. *Oloroso, aromático, fragante, perfumado.*

odre m. *Barquino,* p. us.; *cuero, pellejo, corambre; zaque* es un odre pequeño.

oesnoroeste y **-rueste** m. *Uesnorueste.*

oessudoeste y **-dueste** m. *Uessudueste.*

oeste m. *Ueste* (p. us), *occidente, ocaso, poniente.* «La diferencia entre estos vocablos es en todo semejante a la que hemos observado entre *este, oriente* y *levante. Ocaso* se usa en los mismos casos que *occidente;* es decir, pertenece al lenguaje común y al de la poesía. Úsase más generalmente con alusión al punto en que se pone el sol, y para indicar la colocación relativa de las localidades; como: las islas Canarias están al *ocaso* [o al *occidente*] del continente africano» (M). *Oeste* se usa más como tecnicismo geográfico y náutico.

ofender tr. *Dañar, maltratar, herir.* ‖ *Injuriar, insultar, agraviar, afrentar, denotar, ultrajar.* ‖ prnl. **Picarse, enfadarse, sentirse, resentirse, amoscarse.*

ofensa f. **Insulto, injuria, agravio, afrenta, ultraje.*

ofensivo -va adj. *Injurioso, afrentoso, insultante, ultrajante.*

oferente adj.-s. *Ofreciente.*

oferta f. *Promesa; ofrecimiento* puede sustituir gralte. a *oferta,* a causa de su significación más general. Tratándose de mercancías que se ofrecen a la venta, se dice precisamente *oferta*, no *ofrecimiento*: ley de la ～ y la demanda. ‖ *Don, donativo, regalo, dádiva.* ‖ *Propuesta, proposición.*

oficinal adj. *Farmacéutico*; p. ej.: plantas, materias, drogas, *oficinales, medicinales* o *farmacéuticas.*

oficinista com. *Burócrata*, irón., funcionario de una oficina pública. Despectivos : *chupatintas, cagatintas.*

oficio m. **Arte, ocupación, profesión, empleo, cargo, ministerio.* ‖ *Función*; p. ej., un adjetivo puede ejercer *oficio* o *función* de sustantivo.

oficiosidad f. *Diligencia, solicitud, aplicación.* ‖ *Importunidad, entrometimiento, indiscreción.*

oficioso -sa adj. *Diligente, solícito, cuidadoso.* ‖ *Entrometido, importuno.* ‖ *Mediador, componedor.* ‖ *Extraoficial* : noticia, conversación *oficiosa* o *extraoficial.*

ofrecer tr. *Presentar, dar, regalar.* ‖ *Dedicar, consagrar, ofrendar.* ‖ *Prometer, brindar, invitar, convidar.* ‖ *Mostrar, enseñar.* ‖ prnl. *Presentarse, ocurrir, sobrevenir.*

ofrenda f. **Regalo.* ‖ *Don, oblación.* «*Oblación* en rigor es la acción de ofrecer, y *ofrenda*, la cosa que ha de ofrecerse u ofrecida, que está destinada para la *oblación. Oblación* tiene siempre un sentido más riguroso que *ofrenda*, y sólo se dice para expresar el sacrificio o el *don* hecho con las ceremonias religiosas prescritas para este efecto. Así que no toda *ofrenda* es *oblación;* y la idea del don basta para constituir una *ofrenda* sin ninguna ceremonia. La mano sagrada o religiosa hace su *oblación* en el altar; el corazón hace en sí mismo su *ofrenda. Oblación* es término de liturgia, y el pueblo no la entiende. *Ofrenda* es el término común y vulgar, aun cuando se trate de la *oblación* rigurosa» (Ci).

ofuscación f., **ofuscamiento** m. *Obcecación es ofuscación tenaz; ús. esp. tratando de la razón; *obnubilación, ceguera, cegued ad.*

ofuscar tr.-prnl. *Deslumbrar, cegar, turbar, oscurecer*, tratándose de la vista. ‖ fig. Tratándose de las ideas, el entendimiento, la razón, *obcecar, confundir, trastornar, perturbar,* **alucinar, obnubilar.*

oídio m. *Cenicilla, ceniza, cenizo, oidium.*

oír tr. *Oír* es percibir por medio del oído; *escuchar* es *oír* prestando atención. Se puede *oír* sin *escuchar*, mas no *escuchar* sin *oír. Auscultar* es tecnicismo médico. El uso de *sentir* por *oír* es vulg. *Entreoír* es *oír* algo sin entenderlo bien. ‖ *Atender*, prestar atención, hacerse cargo.

ojaranzo m. (variedad de jara). *Carpe, hojaranzo.* ‖ *Adelfa.*

ojeada f. *Vistazo, vista, mirada.*

ojeriza f. **Antipatía, inquina, tirria, manía, malquerencia, mala voluntad, odio.*

ojeroso -sa adj. *Trasojado.*

ola f. *Onda* es término más docto, que se usa sólo en estilo elevado, científico o poético.

oleaginoso -sa adj. *Aceitoso.* «Es *oleaginoso* el fruto o la planta que contiene aceite y que lo da por medio de la presión. Es *aceitoso* lo que está cubierto o untado con aceite» (M). *Oleaginoso* es sinónimo de *graso; aceitoso* lo es de *pringoso* y *grasiento.*

oleastro m. *Acebuche, olivo silvestre.*

óleo m. *Aceite; olio* y *óleo* son p. us. en esta acep., excepto en PINT. : un cuadro al *óleo; olio* es forma dialectal o vulgar. ‖ pl. *Extremaunción.*

oler tr. *Oler* puede ser una acción voluntaria o involuntaria; *olfatear* y *husmear* son acciones voluntarias. ‖ fig. *Inquirir, indagar.* ‖ intr. fig. *Dar en la nariz o en las narices, trascender.* ‖ fig. *Tener visos, dar sospecha.*

olfatear tr. *Husmear. Oliscar* denota menor intensidad de la acción. Los tres verbos son frecuentativos. ‖ fig. *Indagar, averiguar, inquirir.*

olímpico -ca adj. fig. *Altanero, engreído, soberbio, orgulloso.*

oliscar tr. *Olfatear* intensifica el significado de *oliscar.* ‖ fig. *Averiguar, inquirir, indagar.* ‖ intr. *Oliscar* y *olisquear* se diferencian de *heder* en que son incoativos, es decir, significan empezar a *heder* u *oler mal* alguna cosa.

olivarda f. (planta) *Atarraga.*

olivino m. *Peridoto.*

olivo m. *Oliva, olivera.*

olmo m. *Negrillo.*

olor m. Olor agradable: *aroma, perfume, esencia, bálsamo, fragancia;* olor desagradable : *hedor, hediondez, tufo, fetor* (p. us.), *fetidez, peste, pestilencia, corrupción.* ‖ fig. *Fama, reputación.* ‖ fig. *Sospecha, barrunto, tufo.*

oloroso -sa adj. *Fragante, aromático, perfumado, odorífero.*

olvidadizo -za adj. *Desmemoriado.* ‖ fig. *Ingrato, desagradecido.*

olvidar tr.-prnl. *Trascordarse* significa no sólo olvidar una cosa, sino también confundirla con otra. ‖ *Descuidar, desatender, preterir, postergar, dejar, abandonar, omitir.*

olvido m. *Desmemoria.* ‖ *Descuido, omisión, inadvertencia, negligencia.* ‖ Si el *olvido* es voluntario, *preterición, postergación, relegación.*

olla f. *Piñata*, p. us. en esta acep.; *marmita*, la de metal con tapadera ajustada. ‖ *Cocido*, hoy es más usual. *Olla* predominó en los clásicos, y subsiste en algunas regiones. En Galic. y Ast., *pote; en* otras partes, *puchera, puchero.* ‖ *Cadozo, remolino.*

ollera f. *Herrerillo* (pájaro).

ollero -ra m. f. *Locero.*

omento m. *Epiplón.*

ominoso -sa adj. *Abominable, execrable, vitando, odioso.* ‖ *Azaroso, de mal agüero, aciago, funesto.*

omisión f. *Olvido, descuido, falta, salto, laguna, supresión.*

omitir tr. *Pasar por alto, dejar, olvidar, pretermitir* (p. us.), *saltar.* ‖ *Callar, silenciar, suprimir, *prescindir.*

omnipotente adj. *Todopoderoso.*

omnipresencia f. *Ubicuidad.*

omóplato y **omoplato** m. *Escápula* y *omóplato* son términos anatómicos; *espaldilla, paleta* y *paletilla* son sus nombres populares.

onceno -na adj. *Undécimo.*

onda f. En las grandes extensiones de agua, *ola.* ‖ fís. *Ondulación, vibración.* ‖ En el cabello, telas, hilos, etc., *ondulación* u *ondulado, rizo.*

ondear intr. *Ondular; flamear.*

ondoso -sa adj. *Undoso, undante* (ambos lit.).

ondular intr. *Ondear; flamear.* ‖ *Mecerse, columpiarse.* ‖ *Rizar.*

oneroso -sa adj. *Pesado, molesto.* Tratándose de gastos o impuestos, *gravoso, costoso, dispendioso.*

ónix f. *Ónice, ónique.*

onoquiles f. *Orcaneta, palomilla de tintes* o simplte. *palomilla, pie de paloma.*

onza f. *Pelucona,* esp. las acuñadas con el busto de reyes de la casa de Borbón hasta Carlos IV inclusive.

opaco -ca adj. *Oscuro, sombrío.* «Lo *opaco* carece de diafanidad;˙ lo *oscuro* carece de luz. Un cristal *opaco* no es *oscuro.* De un calabozo, de una caverna se dicen los dos adjetivos, porque allí la atmósfera reúne las dos condiciones, y carece de luz y de diafanidad. En Física se llaman cuerpos *opacos* los que no dan

tránsito a los rayos luminosos» (M). ‖ *Triste, melancólico.*

opción f. *Elección, preferencia.*

operante adj. *Activo, eficaz.*

operario -ria m. f. *Obrero, trabajador.*

opimo -ma adj. *Rico, fértil, abundante, copioso, cuantioso.*

opinión f. *Juicio, parecer, sentir, convencimiento, criterio.* Si es de carácter técnico o pericial, *dictamen; informe* es la exposición de un dictamen. «Se tiene la *opinión,* se da el *parecer* o el *dictamen.* Aquélla sólo explica el juicio que se forma en un asunto en que hay razones en pro y en contra; éstos explican la exposición de la opinión. Tiene su *opinión,* pero la calla. Doy mi *parecer* o mi *dictamen* con arreglo a mi *opinión*» (LH). *Juicio, sentir, convencimiento, criterio,* coinciden con *opinión* en que pueden callarse o expresarse. «La *opinión* es el *juicio* que se forma sobre cualquier objeto o asunto. El *parecer* es la *opinión* que resulta de un examen detenido. El *dictamen* es el *parecer* del hombre de carrera, de facultad o de ciencia. *Voto* es la decisión del que está autorizado a darlo. Se dice: la *opinión* del público; obró con arreglo al *parecer* de sus amigos, o según el *dictamen* del abogado o del médico; el *voto* de un académico o de un senador. Ocurre un hecho grave, y la *opinión* pública lo califica; es dudoso según el *parecer* de los hombres imparciales, y, sometido a la acción de los tribunales, el magistrado da su *voto,* oído el *dictamen* de los peritos» (M).

opobálsamo m. *Bálsamo de Judea,* o *de la Meca.*

oportunamente adv. m. *A punto, a tiempo y sazón, convenientemente.*

oportunidad f. *Ocasión, coyuntura, pertinencia, conveniencia, proporción, sazón, tiempo.*

oportuno -na adj. *Conveniente, provechoso, pertinente, adecuado.*

oposición f. *Contraste, resistencia, antagonismo, contradicción, obstrucción.*

opresor -ra adj.-s. *Tirano, déspota, avasallador.*

oprimir tr. Tratándose de cosas, *apretar, comprimir, estrujar, apretujar.* ‖ Tratándose de personas, *sujetar, avasallar, esclavizar, vejar, tiranizar, agobiar.*

oprobio m. *Ignominia, deshonra, afrenta, deshonor, vilipendio, vergüenza.*

optar intr. *Elegir, escoger, preferir.*

opuesto -ta adj. *Contrario, contra-

261 **ORIENTAR**

dictorio. ‖ *Refractario, enemigo, reacio.* ‖ *Enfrentado, encontrado, contrapuesto.*

opugnar tr. *Asaltar, combatir, atacar.* ‖ **Contradecir, rechazar, impugnar.*

opulento -ta adj. *Rico, abundante, copioso. Opulento* intensifica el significado de los tres adjetivos; aplicado a cosas se parece a *ubérrimo;* aplicado a personas, a *riquísimo.*

oquedad f. *Hueco, vacío.*

oración f. **Discurso, razonamiento, alocución.* ‖ GRAM. **Proposición.* ‖ *Plegaria, deprecación, rezo, preces.*

oral adj. *Verbal.* ‖ MED. *Bucal;* por ej., un medicamento que se administra por vía *oral* o *bucal.*

orangután m. *Jocó.*

orar intr. *Rezar* es *orar* de viva voz, en tanto que la acción de *orar* puede ser vocal o mental. Todo el que *reza, ora;* pero no viceversa.

orate com. **Loco, demente, alienado.* ‖ fig. *Atolondrado, imprudente, temerario.*

oratoria f. *Elocuencia;* p. ej., la *oratoria* o la *elocuencia* romana.

orbe m. *Mundo, universo.*

orcaneta f. *Onoquiles.* ‖ Orcaneta amarilla, *onosma.*

orden amb. *Colocación, disposición, concierto.* ‖ *Regla, método.* «El *orden* es la colocación según el lugar que deben ocupar las partes entre sí; el *método* es el encadenamiento de ciertas acciones para conseguir un fin determinado. Pueden adoptarse diversos *métodos* para poner una biblioteca en *orden.* Se dice : el *orden* de sucesión; en *orden* de batalla, y *método* sintético, *método* silogístico. Proceder con *orden* es hacer antes lo que debe hacerse antes, y después, lo que debe hacerse después. Proceder con *método* es combinar los medios de tal modo que se consiga al fin. El *orden* en la aplicación de los remedios constituye el *método* curativo» (M). ‖ **Mandato, precepto, disposición, decreto.*

ordenar tr. *Arreglar, organizar, regularizar, *clasificar, coordinar.* ‖ *Encaminar, dirigir, enderezar.* ‖ *Mandar, disponer, preceptuar, establecer, prescribir, decretar.*

ordinariez f. *Grosería, plebeyez, vulgaridad.*

ordinario -ria adj. **Común, usual, habitual, corriente, regular, frecuente, acostumbrado.* ‖ *Bajo, vulgar, grosero, soez, plebeyo, tosco.*

orear tr. **Airear, ventilar.* ‖ prnl. *Tomar el aire, airearse.*

orégano m. *Dictamo.*

orensano -na adj.-s. [pers.] *Auriense.*

oreoselino m. *Perejil de monte.*

orfandad f. fig. *Abandono, desamparo, desvalimiento.*

orgánico -ca adj. *Organizado, viviente.*

organización f. *Disposición, estructura, constitución.* ‖ fig. *Arreglo, orden, ordenamiento, regulación, regularización.*

organizar tr. *Disponer, arreglar, constituir, estructurar, instituir, establecer, regularizar, reformar.*

órgano m. fig. **Conducto, medio.* ‖ *Portavoz.*

orgia y **orgía** f. La Academia admite las dos acentuaciones : *orgía* es la más clásica y correcta; *orgia* se ha generalizado modernamente. Intensifica el significado de *festín,* al cual añade el carácter de inmoderación y exceso. Aludiendo a la antigüedad, *saturnal, bacanal.* ‖ fig. *Desenfreno.*

orgullo m. **Soberbia, engreimiento, altanería, altivez, arrogancia, vanidad, presunción.* «Orgullo es el exagerado aprecio que uno hace de sí mismo; el elevado concepto que tiene de sus prendas personales; *vanidad* es la ostentación de todo lo que puede llamar la atención o excitar la envidia de los hombres; *presunción* consiste en atribuirse uno cualidades que no posee. El *orgulloso* exige que se le tribute más respeto que el que se le debe; responde con altanería, y se ofende con facilidad y por los más leves motivos. El *vanidoso* se jacta de poseer grandes riquezas; ostenta fastuosamente y sin venir al caso las distinciones de su clase o dignidad, y aprovecha la menor ocasión que se le presenta de aludir al favor que disfruta de altos personajes y de los triunfos que ha obtenido en la guerra, en el amor o en la política. El que se aventura a ejecutar empresas superiores a sus alcances, el que habla de lo que no entiende, el que pretende rivalizar con quien le es superior en mérito, obra con *presunción.* De estos tres defectos, el *orgullo* pierde su carácter odioso cuando sirve de repulsa a una acusación no merecida o a una grave injuria. En estos casos el uso común le da el dictado de noble. La *vanidad* y la *presunción* son más ridículos que el *orgullo*» (M).

orientar tr. fig. *Dirigir, encaminar, guiar.* ‖ *Informar, enterar, instruir, imponer.*

oriente m. *Este, levante, naciente, saliente.* ‖ Tratándose del viento, *levante, solano, subsolano, este.*

orífice m. *Oribe, aurífice.*

origen m. *Principio, causa, comienzo.* ‖ *Procedencia, nacimiento, cuna.* ‖ *Ascendencia, familia, estirpe, linaje.*

original adj. *Nuevo.* ‖ *Auténtico, personal, propio.* ‖ *Singular, extraño, peculiar, raro, novedoso.*

originar tr. *Causar, motivar, producir, suscitar, engendrar, provocar.* ‖ prnl. *Provenir, proceder, engendrarse, derivarse, seguirse, resultar.*

originario -ria adj. *Primigenio* significa en gral. relativo al origen : *formaciones geológicas primigenias* de una región (u *originarias*). ‖ *Congénito, innato.* ‖ *Oriundo, procedente, natural.*

orilla f. *Margen, ribera, borde, canto. Orilla* es la parte de tierra más próxima al mar, a un lago, río, etc., la que limita inmediatamente con el agua. *Margen* indica mayor extensión de terreno, y *ribera* es el conjunto de terrenos próximos a las *márgenes* u *orillas*, comprendiendo a éstas. Andar por la *orilla* de un río implica mayor riesgo de caer al agua que andar por la *margen*; andar por la *ribera* puede decirse del que camina a considerable distancia de la corriente. Tratándose de telas, papel, etc., *margen* indica mayor espacio que *borde*. Tratándose del ángulo que forman los objetos como muebles, cajas, libros, etc., la *orilla* y el *borde* significan la arista en que se unen dos superficies, mientras que el *canto* suele implicar la representación del ángulo diedro y de una extensión mayor o menor de sus caras o lados.

orillar tr. fig. *Resolver, concluir, arreglar, solventar, desenredar.*

orillo m. *Hirma, vendo.*

orín m. *Herrín, herrumbre, robín, rubín, moho;* FARM. ant. *azafrán de Marte.*

orina f. *Meados, vulg.; orín; aguas o aguas menores,* eufem.; entre niños, *pipí, pis.*

orinal m. *Bacín, servicio.*

orinar intr.-prnl. *Mear,* vulg.; en el habla infantil, *hacer pipí* o *pis.*

oriundo -da adj. *Originario, procedente.*

ornamento m. *Adorno, *ornato, compostura, atavío, aderezo.*

ornar tr. *Adornar, ornamentar, aderezar, ataviar.*

ornato m. *Adorno, atavío, gala, ornamento, aparato.* «El *ornato* se refiere más bien a las cosas que a las personas. El *ornato* de un templo o de un palacio consiste en la abundancia y en el esplendor de los *adornos.* No se dice el *ornato*, sino el *adorno* [o *atavío*] de una persona lujosamente vestida. No se dice el *adorno*, sino el *ornato* público. *Ornamento* se usa en los dos sentidos; pero generalmente sólo en estilo retórico o poético» (M). *Ornamentos* se usa esp. tratando de las vestiduras sagradas y de los *adornos* del altar. *Gala* se aplica a personas y cosas.

orobanca f. *Hierba tora.*

orondo -da adj. fig. *Presumido, satisfecho, ufano, hinchado, hueco, esponjado.*

oropel m. *Relumbre, relumbrón, apariencia.*

oropéndola f. *Lútea, oriol, papafigo, víreo, virio.*

orozuz m. **Regaliz, palo duz.*

ortega f. *Corteza, churra.*

ortología f. **Fonética, fonología, prosodia.*

oruga f. (planta). *Ruqueta.* ‖ *Gusano* (larva).

orujo m. De la uva, *hollejo, brisa, casca.* ‖ De la aceituna, *terrón.*

orvalle m. *Gallocresta.*

orvallo m. Ast. *Llovizna.*

orzaga f. *Álimo, armuelle, marismo, salgada, salgadera.*

orzar intr. *Embicar.*

osa f. ~ Mayor, *Hélice, Carro Mayor.* ‖ ~ Menor, *Carro Menor, Cinosura.*

osadía f. **Atrevimiento, audacia, arrojo.* ‖ *Desvergüenza, insolencia, descaro.*

osar intr. *Atreverse, arriesgarse, aventurarse.*

osario m. *Calavernario,* p. us.; *osar, osero, carnero.*

oscilación f. **Vibración.* ‖ *Balanceo, fluctuación, vaivén.* ‖ *Vacilación.*

oscilar intr. *Vibrar* (FÍS.). ‖ *Balancearse, fluctuar.* ‖ fig. *Vacilar.*

oscurecer tr.-intr. v. **Obscurecer.*

oscuridad f. v. **Obscuridad.*

oscuro -ra adj. v. **Obscuro.*

óseo -a adj. *Huesoso, *ososo.*

osífraga f. y **osífrago** m. *Quebrantahuesos.*

ososo -sa adj. Se emplea preferentemente *óseo* para designar lo que es de hueso, que pertenece al hueso o participa de sus cualidades; *huesoso* o *huesudo* se dice sobre todo de lo que tiene hueso o huesos.

ostensible adj. *Patente, visible, claro, manifiesto, público.*

ostentación f. *Exhibición, manifestación, exteriorización.* ‖ *Jactan-*

cia, vanagloria, alarde. ‖ *Magnificencia, boato, pompa, suntuosidad, fastuosidad.*

ostentar tr. *Mostrar, exhibir, patentizar.* ‖ *Hacer gala, alardear, lucir.*

ostentoso -sa adj. *Magnífico, suntuoso, espléndido, pomposo, fastuoso.* Con sentido despectivo o irónico, *retumbante, rimbombante.*

ostra f. *Concha, ostia.*

ostracismo m. **Destierro, exilio, extrañamiento, proscripción.* ‖ fig. *Alejamiento, relegación, postergación.*

otear tr. *Atalayar.* ‖ *Escudriñar, registrar, atisbar, espiar.*

otorgar tr. *Consentir, *conceder, dar, condescender.* ‖ DER. *Disponer, establecer, ofrecer, estipular.*

ovar intr. *Aovar.*

oviducto m. En las aves, *madrecilla, huevera;* en los mamíferos, *trompa de Falopio.*

ovino -na adj. *Lanar.* En ZOOL., *óvido.*

oxítono -na adj.-s. GRAM. *Agudo.*

P

pabellón m. *Tienda de campaña.* ‖ *Dosel.* ‖ *Bandera.*

pábulo m. *Alimento, pasto, sustento, comida.* ‖ fig. *Fomento, ocasión, motivo,* especialmente en la expr. *dar pábulo.*

1) **paca** f. (mamífero). *Capa.*

2) **paca** f. *Fardo; paca se usa esp. tratándose de forrajes, lana o algodón en rama.*

pacato -ta adj. *Tímido, timorato, apocado, encogido, pusilánime.*

pacer intr.-tr. *Pastar.*

paciencia f. *Tolerancia, sufrimiento, mansedumbre, conformidad, resignación.* ‖ *Aguante, calma, perseverancia.*

paciente adj. *Tolerante, sufrido, manso, resignado.* ‖ *Calmoso, pacienzudo.* ‖ com. **Enfermo, doliente.*

pacificación f. *Apaciguamiento.*

pacificar tr. *Apaciguar, poner paz, reconciliar.* ‖ *Sosegar, calmar, tranquilizar, aquietar.*

pacífico -ca adj. *Quieto, sosegado, tranquilo, reposado.*

pactar tr. *Estipular, tratar, convenir, concertar, ajustar, asentar.*

pacto m. *Estipulación, trato, convenio, concierto, ajuste.* ‖ *Tratado, contrato.*

pachorra f. **Apatía, calma, flema, indolencia, tardanza.*

padecer tr. *Sufrir, pasar, soportar, aguantar, tolerar.*

padecimiento m. **Enfermedad, dolencia, achaque, mal.*

padrazo m. *Padrón.*

padre m. fig. *Autor, creador, inventor.* ‖ pl. *Progenitores, antepasados, ascendientes, abuelos, mayores.*

padrinazgo m. *Apadrinamiento.* ‖ fig. *Protección, favor, patrocinio, apoyo.*

padrino m. fig. *Protector, valedor, patrocinador, bienhechor, favorecedor.*

padrón m. *Empadronamiento, registro.* ‖ fam. *Padrazo.*

paga f. *Pagamento, pagamiento, pago.* ‖ **Sueldo, haber, mensualidad, salario.*

pagano -na adj.-s. *Gentil, idólatra.* ‖ m. *Pagote.*

pagar tr. *Abonar, satisfacer,* en gral.; *costear y sufragar* sugieren a menudo un conjunto de gastos; *costear* la construcción de una escuela; *sufragar* los gastos de un asilo. Tratándose de servicios que se pagan al que los presta, *retribuir, recompensar, remunerar, gratificar.* ‖ prnl. *Prendarse, aficionarse.* ‖ prnl. *Ufanarse, jactarse.*

pagel m. *Besuguete, pajel, sama;* Ast., *rubiel.*

página f. *Carilla, llana, plana.*

pago m. *Reintegro, pagamento, pagamiento, paga.* ‖ *Satisfacción, premio, recompensa.*

paguro m. *Ermitaño* (pez).

pairar intr. MAR. *Trincar.*

país m. *Región, territorio.* Dentro del territorio, la *región* es una parte. *País* puede equivaler a *nación* o *patria;* p. ej.: ¿De qué *país* es usted?; amaba mucho a su *país.* En Geografía física, *región* puede abarcar más que *país;* p. ej.: la *región* ecuatorial, polar, desértica. *País* se usa también como sinónimo de *comarca, provincia, tierra;* vino del *país,* cantar al estilo del *país.*

paja f. fig. *Desecho, broza, sobrante, hojarasca.*

pajar m. *Cija, almiar.*

pajarel m. *Pardillo, pardal, pechirrojo, pechicolorado.*

pajarota f. *Paparrucha, mentira, falsedad, bulo.*

pajizo -za adj. (color). *Pajado.*

pajuela f. *Luquete.*

pala f. (del calzado). *Empella.*

palabra f. *Vocablo, voz, dicción, término.*

palabrería f. *Locuacidad, charlatanería, labia, palabreo, garla.*

palabrota f. *Ajo, taco, grosería.*

palaciego -ga adj.-s. *Cortesano, palatino, palaciano.*

paladar m. *Cielo de la boca.* ‖ *Sabor, gusto.*

paladear tr. *Saborear, gustar.*

paladín m. fig. *Defensor, campeón, sostenedor.*

paladino **-na** adj. *Público, manifiesto, claro, evidente, patente.*

palanca f. *Ceprén* (Ar.), *mangueta, alzaprima, espeque.*

palancana y **-gana** f. *Jofaina.*

palanganero m. *Pajecillo.*

palatino **-na** adj.-s. *Palaciego, palaciano, cortesano.*

palenque m. *Estacada, liza, arena.*

paleta f. ALBAÑ. *Palustre.* ‖ *Badil, badila.* ‖ **Omóplato, paletilla, espaldilla.* ‖ PINT. *Tabloza.*

paleto **-ta** adj.-s. *Rústico, aldeano, tosco, palurdo, labriego, zafio.*

paliar tr. *Encubrir, disimular, cohonestar, disculpar.* ‖ *Mitigar, suavizar, calmar, atenuar, aliviar.*

paliativo **-va** adj.-m. *Calmante.*

palidez f. *Palor,* lit., *amarillez.*

pálido, da adj. Tratándose de personas, *amarillo, macilento.* ‖ Hablando de colores, *desvaído, rebajado.*

palinodia f. *Recantación, retractación.*

palique m. **Conversación, charla, cháchara, parloteo.*

paliza f. *Tunda, felpa, zurra, vapuleo, tollina, solfa.*

palma f. *Palmera.* ‖ fig. *Gloria, triunfo, victoria.* ‖ f. pl. *Aplausos, palmadas.*

palmar m. *Palmeral.*

palmario **-ria** adj. *Claro, patente, manifiesto, notorio, visible, paladino, evidente, palpable.*

palmeta f. *Férula, palmatoria.*

1) **palmito** m. *Palma, palma enana, margallón.*

2) **palmito** m. **Cara, jeme.*

palmo m. *Cuarta.*

palo m. El *palo* largo y delgado, *vara;* el que sirve para apoyarse al andar, *bastón.* Uno u otro pueden ser insignia de mando. Palo grueso y fuerte, *garrote, tranca;* palo de forma arqueada en un extremo, *cayado, cachava.* ‖ *Golpe, bastonazo, garrotazo, estacazo.* ‖ *Mástil.*

palomero **-ra** adj. *Colombófilo.*

palpable adj. fig. *Patente, claro, manifiesto, ostensible, palmario.*

palpar tr. **Tocar, tentar.*

pálpebra f. *Párpado.*

palpitación f. *Latido.*

palto m. Amér. Merid. *Aguacate* (árbol).

paludismo m. *Malaria.*

palurdo **-da** adj.-s. *Tosco, grosero, rústico, zafio, paleto, aldeano, labriego.*

pamema f. **Ficción, fingimiento, paripé, melindre.*

pamplina f. (planta papaverácea). *Zadorija, zapatilla de la reina.* ‖ fig. *Tontería, bagatela, futesa, nadería.*

pamporcino m. *Artanita, artanica, ciclamino, pan porcino.*

pánace f. *Opopónace.*

panadear tr. *Panificar.*

panadería f. *Tahona.*

panadero **-ra** m. f. *Tahonero.*

pancho m. *Panza, vientre, barriga.*

pandear intr.-prnl. *Apandar, torcerse, encorvarse, combarse, alabearse.*

pandilla f. *Liga, unión.* ‖ *Partida, cuadrilla;* con significado despectivo, *gavilla, caterva, banda.*

panegírico m. *Apología, *elogio, alabanza, enaltecimiento, encomio.*

panel m. *Painel.*

pánfilo **-la** adj. *Pausado, calmoso, lento, tardo.* ‖ *Parado, pazguato, soso, panoli, bobo.*

pánico adj.-m. *Terror, espanto, pavor, *miedo.*

panoja f. *Panocha, mazorca.*

panorama m. *Vista. Panorama* es la *vista* de un horizonte muy dilatado.

panormitano **-na** adj.-s. [pers.] *Palermitano.*

pantano m. Si es natural, *laguna;* si es artificial, *embalse.* ‖ fig. *Dificultad, embarazo, estorbo, atolladero, atascadero.*

pantanoso **-sa** adj. *Encharcado, cenagoso, empantanado.*

panza f. *Vientre, pancho, barriga;* abdomen es término culto o científico.

panzada f. *Tripada, hartazgo, atracón.*

panzudo **-da** adj. *Panzón, barrigón, barrigudo.*

pañolón m. *Mantón.*

1) **papa** m. *Pontífice; Sumo o Romano Pontífice; Santo Padre o Padre Santo, Pastor universal, Sumo Pastor, Sucesor de San Pedro, Vicario de Cristo.*

2) **papa** f. And., Can. y Amér. *Patata.*

papado m. *Pontificado, papazgo.*

papafigo m. *Becafigo, papahigo, picafigo.* ‖ *Oropéndola.*

papal adj. *Pontificio.*

1) **papalina** f. ant. *Becoquín, bicoquete, bicoquín.*

2) **papalina** f. *Borrachera.*

papanatas m. *Papahuevos, papamoscas, papatoste, simple, crédulo, bobalicón, tontaina, tonto, bobo, tragaldabas.*

paparrucha f. **Mentira, falsedad, bulo, *bola, patraña.*

papaya f. *Lechosa.*

papayo m. *Lechoso.*

papeleta f. *Cédula.*

papelón **-na** adj.-s. fam. *Papelero, farolero, farolón.*

papo m. *Buche.*

paquete m. *Envoltorio, atado, atadijo, lío.*

par adj. *Igual, semejante.* ‖ m. *Pareja.* ‖ *Yunta.*

para prep. *A, hacia.* Las tres preposiciones expresan la dirección del movimiento : ir *para* Madrid; pero la dirección que indica *para* es generalmente más indeterminada que la señalada por la prep. *a:* ir *a* Madrid. En esta acep., *para* se parece a *hacia*, la cual indica más vagamente todavía la dirección del movimiento. ‖ *Para* enlaza el verbo con su complemento indirecto o dativo, lo mismo que la prep. *a:* compraremos un juguete *al* niño, o *para* el niño. Aunque la relación de dativo es la misma con una u otra prep., *para* añade o refuerza la idea de fin. Compárese : traigo una carta *a* tu madre, con: traigo una carta *para* tu madre. ‖ Conj. final. *A fin de* y *para.* «Son sinónimos en el sentido en que significan que se hace una cosa con la mira de otra, con la diferencia de que *para* denota una mira más cercana o presente, y *a fin de*, una más lejana. Se presenta uno delante del príncipe *para* hacerle la corte; se le hace la corte *a fin de* obtener gracias» (Ma). La misma diferencia puede observarse entre las conjunciones finales *a que*, *para que* y *a fin de que*. Vengo *a que* me paguen, o *para que* me paguen, *a fin de que* la deuda se cancele pronto.

parabién m. *Felicitación, enhorabuena, pláceme.*

parabrisa f. *Guardabrisa.*

parada f. *Detención, alto.* ‖ *Estación, estacionamiento.* ‖ *Acaballadero, puesto.* ‖ MIL. **Desfile.* ‖ ESGR. *Quite.*

paradero m. fig. *Término, fin, final.* ‖ En Cuba, Chile y P. Rico, *apeadero*, tratándose del ferrocarril.

parado -da adj. *Remiso, tímido, corto.* ‖ *Desacomodado, desocupado, desempleado, sin trabajo;* tratándose de un empleado, *cesante.*

parador m. *Mesón, posada, hostal, hostería, *fonda.*

paráfrasis f. *Amplificación.*

paraguay m. *Loro del Brasil, papagayo del Paraguay.*

paraguaya f. *Fresquilla.*

parahuso m. *Trincaesquinas.*

paraíso m. *Edén, cielo.* ‖ En los teatros, *gallinero, cazuela* (ant.), *galería.*

paraje m. *Lugar, sitio, parte, punto;* pero el *paraje* designa gralte. un lugar lejano o aislado.

paralelismo m. *Correspondencia, semejanza.*

paralelo -la adj. fig. *Correspondiente, semejante.* ‖ m. *Comparación, cotejo, parangón.*

paralítico -ca adj.-s. *Impedido, tullido, imposibilitado;* ant., *perlático.*

paralizar tr.-prnl. *Tullir, imposibilitar.* ‖ fig. *Detener, atajar, impedir, entorpecer, inmovilizar.*

paralogismo m. *Sofisma.* «Estas voces son puramente griegas. La primera designa un engaño obrado por raciocinios artificiosos, por argumentos capciosos, por conclusiones falaces. *Sofisma* designa un fraude cualquiera, la sutileza, la astucia. El *paralogismo* y el *sofisma* inducen a error; aquél por defecto de luces o de aplicación, y éste por malicia, por una sutileza maligna» (Ci).

parangonar tr. *Cotejar, comparar.* Tratándose de escritos, ediciones, etc., *compulsar, confrontar.*

paranoico -ca adj. *Monomaníaco, maníaco.* v. **Loco.*

parar intr.-prnl.-tr. *Detener, suspender, estacionar, atajar, paralizar.* «*Pararse, detenerse.* Me paré algún tiempo en aquella ciudad para ver sus curiosidades; oí que me llamaban y me *detuve* al instante; son frases en que el uso común suele confundir estos dos verbos. El primero representa el acto momentáneo de suspender el movimiento o la acción; el segundo representa la suspensión continuada por algún tiempo de la acción o del movimiento. La acción de *pararse* un caballo se refiere al momento mismo en que deja de andar; la acción de *detenerse* un caminante se refiere al tiempo continuado en que tiene suspendido su viaje. Llegué tarde porque me *detuve* mucho tiempo en casa. Le *paró* en el primer momento mi reflexión, y después de haberse *detenido* largo rato a pensar las dificultades, se inclinó a lo peor» (LH). «*Parar* expresa una acción más rápida que *detener.* El que se *para* suspende enteramente el movimiento; el que se *detiene* puede dar todavía algunos pasos adelante. Al ver la puerta cerrada, me *paré*, es decir, quedé fijo donde estaba. Me *detuve* a la entrada del pueblo, es decir, no entré en el pueblo. En realidad *detener* significa más bien disminuir o interrumpir el movimiento que suspenderlo del todo. Detén el paso, no significa lo mismo que *párate*» (M). ‖ intr. *Terminar, acabar, concluir.* ‖ intr. *Habitar, hospedarse, alojarse, estar, vivir.* ‖ abs., esp. en Amér., *ponerse en pie*, p. ej., *¡párate!* (ponte en pie). En algunos taxis se lee el aviso : «Prohibido *parar* a los niños en el asiento.»

parcial adj. *Incompleto.* ‖ adj.-s. *Partidario, secuaz, allegado.*

parcialidad f. *Bando, bandería, partido.* ‖ *Preferencia, inclinación, desigualdad, injusticia.*

parco -ca adj. *Corto, escaso, insuficiente.* ‖ *Sobrio, *moderado, templado, mesurado.* Tratándose de comida y bebida, *frugal.*

parche m. *Emplasto;* ant., *bizma.* ‖ *Tambor.*

pardillo m. *Pajarel, pardal, pechicolorado, pechirrojo.* ‖ En Castilla, *labriego, campesino.*

1) **parecer** m. **Opinión, dictamen, juicio.*

2) **parecer** intr. *Aparecer, dejarse ver, manifestarse, presentarse, comparecer.* ‖ *Hallarse, encontrarse.* ‖ *Semejar, asemejarse.*

parecido -da adj. **Semejante, similar, análogo, afín, parejo, parigual. Parecido* se aplica principalmente al aspecto o impresión física que producen las cosas; *análogo* y *semejante* son más abstractos, y se aplican a las ideas, gustos, etc. Dos personas o dos objetos pueden ser *parecidos.* Dos doctrinas u opiniones pueden ser *análogas* o *semejantes.* ‖ m. *Semejanza, similitud, analogía.*

pared f. *Muro,* esp. si es grueso; *tabique* es pared delgada. Según los materiales de que está hecha : de tierra amasada y apisonada, *tapia;* de piedra seca, *albarrada, horma* u *hormaza.*

pareja f. *Copia, par.*

parejo -ja adj. *Igual, par, parigual, *semejante.* ‖ *Liso, llano.*

paremia f. lit. *Proverbio, *refrán.*

parentela f. *Familia.*

parentesco m. *Deudo.* ‖ fig. *Vínculo, unión, liga, semejanza.*

parhilera f. *Cumbrera, hilera.*

parida adj.-s. Aplícase a personas y animales. Tratándose de la mujer que está de parto o recién parida, *parturienta.*

paridad f. *Comparación, paralelismo.* ‖ *Igualdad, semejanza.*

pariente -ta adj.-s. *Deudo, allegado, familiar.* ‖ *Semejante, parecido.*

parietaria f. *Cañarroya, albahaquilla de río.*

parigual adj. *Igual, par, parejo, parecido, *semejante.*

parihuela f. *Cibiaca,* p. us. ‖ *Camilla.*

paripé m. *Entono, presunción, fingimiento, *ficción.*

parir intr.-tr. Tratándose de la mujer, *alumbrar, dar a luz* (eufemismos).

parisiense adj.-s. [pers.] *Parisino, parisién.*

parlamento m. *Cortes, cámara, asamblea legislativa.*

parlanchín -na adj.-s. *Hablador, charlatán, parolero.*

parlar intr. *Pablar, paular,* ambos burl. *Charlar.*

parloteo m. *Charla, cháchara, palique;* v. **Conversación.*

paro m. *Desempleo, desocupación.*

paronomasia f. *Paronomasia. Agnominación,* p. us. *Aliteración* es una forma de paronomasia que consiste en la repetición de un sonido o grupo de sonidos en la misma cláusula.

parótida f. (tumor inflamatorio). *Papera.*

paroxismo m. *Exacerbación, exaltación.*

paroxítono, na adj. *Llano, grave.*

párpado m. *Pálpebra,* tecn. o lit.

parpalla f. *Parpejana, parpallota.*

parque m. **Bosque, selva, jardín.*

parquedad f. *Parcidad,* p. us. *Moderación, sobriedad.* ‖ *Parsimonia.*

párrafo m. *Parágrafo.*

parranda f. *Holgorio, fiesta, jarana, juerga.*

parroquia f. *Feligresía.* ‖ **Clientela.*

parroquiano -na adj.-s. *Feligrés.* ‖ m. f. **Cliente.*

parsimonia f. *Frugalidad, economía, ahorro, sobriedad.* ‖ *Circunspección, templanza, moderación, parquedad, mesura.*

parte f. *Fracción, *pedazo, trozo, fragmento.* «La *parte* es relativa al todo; la *fracción,* a la masa; el *fragmento,* a lo íntegro. La unión de las *partes* forma el todo; la de las *fracciones* forma el conjunto; la de los *fragmentos* forma lo íntegro. Una columna es *parte* de un edificio; *fracción,* de una cantera, y *fragmento,* cuando el edificio se arruina. Las *partes* conservan su nombre aunque no estén separadas del todo; lo mismo puede decirse de las *fracciones* con respecto a la masa; pero cuando hay *fragmentos,* ha desaparecido la integridad» (M). ‖ *Porción, participación.* ‖ DER. *Litigante.* ‖ *Sitio, lugar, lado, dirección, punto.* ‖ m. *Despacho, telegrama, telefonema, radiograma.* ‖ *Notificación, aviso.*

partera f. *Comadre, comadrona;* el título oficial para ejercer su profesión es *matrona, comadrona, profesora en partos.* ‖ En Ar. y otras regiones, *partera* equivale a *parturienta* o *parida.*

partición f. *Reparto, división. Partija,* esp. cada una de las partes que resultan de este reparto;

partimento, partimiento, aluden
pralte. al acto de repartir.

participar intr. *Tener parte.* ‖ *Colaborar, contribuir, cooperar, tomar parte.* ‖ tr. *Notificar, noticiar, informar, avisar, comunicar, hacer saber.*

partícipe adj.-s. *Parcionero, parti-
cionero, porcionero, participante.*

particular adj. *Propio, privativo,
peculiar, personal.* ‖ *Especial,
singular, extraordinario, raro, extraño.*

particularidad f. *Singularidad, peculiaridad.* ‖ *Pormenor, circunstancia, detalle.*

partida f. *Salida, marcha; arrancada o arranque* es propiamente el
empuje de un barco o un vehículo cualquiera al salir. ‖ *Cuadrilla, pandilla, banda.* ‖ *Guerrilla.*

partidario -ria adj.-s. *Secuaz, adicto, parcial, prosélito.* El *partidario* sigue un partido; el *secuaz*
pertenece a una secta o escuela;
el *parcial* y el *adicto* se adhieren
a una persona; el *prosélito* es
un *partidario* ganado a un bando, doctrina, etc.; si es reciente se llama *neófito.* ‖ m. *Guerrillero;* debe evitarse el barbarismo innecesario *partisano,* que
significa lo mismo que *guerrillero.* ‖ m. En Cuba y Ecuad.,
aparcero.

partido m. *Bando, banderia, parcialidad.* ‖ *Resolución, determinación, decisión.* ‖ *Provecho, ventaja, utilidad, conveniencia.* ‖ *Favor, protección, popularidad, simpatía.* ‖ *Distrito, territorio.*

partidor m. *Repartidor, distribui-
dor.*

partir tr. *Dividir.* ‖ *Hender, rajar,
abrir, cortar, romper.* ‖ *Repartir,
distribuir.* ‖ intr. *Salir, marcharse, ir(se), ausentarse.*

parto m. *Alumbramiento.*

parvedad f. *Pequeñez, escasez, poquedad, cortedad, parvidad.*

párvulo -la adj.-s. *Niño.*

pasable adj. *Pasadero, soportable,
tolerable, admisible, aceptable.*

pasada f. *Pasadía, congrua.* ‖ *Trastada.*

pasadero -ra adj. **Pasable.* ‖ Tratándose de un camino, vado, etc.,
por donde puede pasarse con facilidad, *transitable.*

pasadizo m. En los edificios, *pasillo, corredor.*

pasado -da m. f. *Pretérito.*

pasaje m. *Paso.*

pasajero -ra adj. *Transitado.* ‖ *Breve, fugaz, transitorio, momentá-
neo, efímero, perecedero, huidizo.*
‖ adj.-s. **Viajero.*

pasamano m. MAR. *Crujía.*

pasaporte m. *Pasaporte* se usa
esp. para el tránsito internacio-

nal; en el interior del país suele llamarse *salvoconducto,* excepto el que se expide a los militares.

pasar intr. *Transitar, trasladarse.*
«El que *pasa* no hace más que
atravesar un espacio; el que
transita se detiene en algunos
puntos... *Pasar* expresa una acción continua; *transitar,* una acción interrumpida. El verbo *transitar* supone más tiempo y más
distancia que el verbo *pasar»*
(M). Tratándose del tiempo,
transcurrir. ‖ *Suceder, acaecer,
ocurrir, acontecer.* ‖ *Cruzar, atravesar.* ‖ *Sobrepujar, exceder,
aventajar.* ‖ *Padecer, sufrir, soportar, tolerar.* ‖ *Disimular, dispensar, perdonar.* ‖ *Cesar, acabarse.* ‖ tr. *Llevar, conducir, trasladar.* ‖ tr. *Cerner, colar.* ‖ prnl.
Marchitarse, ajarse, estropearse.

pasatiempo m. *Entretenimiento, diversión, solaz, distracción.*

paseana f. Argent., Bol., Ecuad. y
Perú. *Etapa, parada, descanso.* ‖
Tambo, mesón.

pasear intr.-prnl. *Estirar las pier-
nas, andar;* vagar, deambular
(lit.), esp. cuando no se lleva dirección u objeto determinado.

pasiflora f. *Pasionaria.*

pasillo m. *Corredor, pasadizo.*

pasión f. *Padecimiento, sufrimiento.* ‖ *Vehemencia, ardor, calor,
entusiasmo.*

pasionaria f. *Pasiflora, murucuyá.
Granadilla* designa sólo la flor y
el fruto.

pasividad f. *Indiferencia, impasibi-
lidad, inacción.*

pasmar tr. *Enfriar, helar, aterir.* ‖
Inmovilizar, tullir. ‖ **Asombrar,
maravillar, aturdir.*

pasmarote m. *Embobado, alelado,
estafermo.*

pasmo m. *Espasmo, aterimiento.* ‖
Tétanos. ‖ *Asombro, maravilla,
suspensión, aturdimiento.*

pasmoso -sa adj. *Asombroso, maravilloso, prodigioso, estupendo,
portentoso.*

pasquín m. *Cartel.*

pasta f. *Masa.*

pastar tr. *Pastorear, apacentar.* ‖
intr. *Pacer.*

pastelería f. *Confitería, dulcería.*

pastilla f. FARM. *Tableta; compri-
mido,* si es de tamaño muy pequeño.

pasto m. *Pastura, hierba.* ‖ fig. *Pábulo, alimento.*

pastor -ra m. f. Según la clase de
ganado que cuida, tiene nombres
esps.: *boyero, boyerizo, vaquero,
porquerizo, ovejero, cabrero, pa-
vero.* El que guarda la dula, *du-
lero.* El pastor principal de un
rebaño se llama, según las regiones, *mayoral, rabadán, rehalero,*

albarrán; mozo del mayoral, zagal.

patada f. *Puntapié, coz.* ‖ *Pisada, huella, estampa.*

patán m. *Aldeano, paleto, palurdo.* ‖ m. adj. *Tosco, rústico, grosero, torpe, pataco.*

patata f. *Papa* (And., Can., y Amér.); en otras regiones, *criadilla.*

patente adj. *Visible, evidente, claro, manifiesto, ostensible, palpable, notorio.*

patentizar tr. *Mostrar, manifestar, significar, hacer patente, representar.*

paterno -na adj. Entre *paterno* y *paternal* hay a menudo sinonimia completa. Pero *paterno* se dice de lo que es propio del padre efectivo (pariente por línea *paterna*), en tanto que *paternal* se extiende a lo que se parece a las cualidades de un padre. Por ej.: un superior puede darnos una reprimenda *paternal* (bondadosa) y sólo la de nuestro padre será *paterna;* el gobierno de un país puede ser *paternal*, no *paterno.* Comp. **materno* y *maternal.*

patético -ca adj. *Conmovedor, emocionante, sentimental, *tierno.*

patio m. En los teatros, *platea.*

patitieso -sa adj. fig. burl. **Atónito, estupefacto, suspenso, pasmado.*

pato m. *Parro, ánade.* Pato bravío : *lavanco, alavanco.*

patochada f. *Disparate, sandez, patanería, zafiedad, tochedad, *grosería.*

patraña f. **Mentira, bulo, bola, embuste, cuento, farsa.*

patria f. *Suelo, país o tierra natal.*

patrimonio m. *Herencia, sucesión.* ‖ *Propiedad, bienes.*

patriotismo m. «*Amor a la patria* es un sentimiento más templado y menos activo que el *patriotismo. Amar a la patria* no es lo mismo que sacrificarse en su servicio. Ama a la patria* el que, ausente de ella, vive triste, desasosegado y deseoso de restituirse a sus hogares. Tiene *patriotismo* el que consagra a la patria su hacienda, sus servicios y su existencia» (M).

patrocinar tr. **Proteger, amparar, favorecer, apoyar, apadrinar, auspiciar.*

patrocinio m. **Protección, amparo, favor, apoyo.*

patrón -na m. f. *Patrono, protector, defensor.* ‖ *Hospedero.* ‖ *Amo, señor, jefe, principal.* En varios países americanos se usa *patrón* como tratamiento respetuoso : *vale dos pesos, patrón*; *dígame, patrón, dónde está la calle X.* ‖ m. *Modelo, padrón, dechado, pauta.*

patrono -na m. f. *Defensor, protector, amparador, patrón.* ‖ *Dueño, amo, señor.* En la industria, *capitalista, jefe.*

paulatinamente adv. m. *Poco a poco, lentamente, pausadamente, despacio.*

paulatino -na adj. *Pausado, lento, calmoso, tardo.*

paulina f. *Excomunión.* ‖ fig. *Reprensión, reprimenda.*

pausa f. *Detención, interrupción, alto, parada.* ‖ MÚS. *Silencio.* ‖ *Tardanza, lentitud, calma.*

pausado -da adj. *Tardo, calmoso, flemático.* ‖ *Paulatino, lento.*

pauta f. *Modelo, patrón, dechado, regla, norma, guía.*

pavimentar tr. *Solar.* Según los materiales empleados para ello, *asfaltar, embaldosar, empedrar, enlosar, adoquinar*, etc.

pavimento m. *Suelo, solado, piso.* Según los materiales empleados, recibe nombres esps., como *adoquinado, entarimado, enladrillado, embaldosado*, etc.

pavo m. *Gallipavo.* ‖ Pavo real : *pavón.*

pavón m. *Pavo real.*

pavonear intr.-prnl. *Pompearse, pomponearse, farolear, presumir, blasonar, vanagloriarse, jactarse.*

pavor m. **Miedo, temor, espanto, terror, pánico.*

pavoroso -sa adj. *Espantoso, terrorífico, aterrador.*

paz f. *Tranquilidad, sosiego, quietud, calma.* ‖ *Concordia, armonía, acuerdo.*

pazote m. *Apasote, pasiote; hierba de Santa María, del Brasil* u *hormiguera; pizate; té borde, de España, de Europa* o *de Méjico.*

peana f. *Pedestal, basa, peaña.*

peatón m. **Transeúnte, viandante, caminante.*

pecado m. *Culpa, falta, yerro.*

pecador -ra adj.-s. *Relapso* o *reincidente*, el que reincide en el pecado; *contumaz* o *impenitente*, el que no se arrepiente.

pecar intr. *Faltar, errar.*

pecíolo o **peciolo** m. Es tecn. BOT.; en el habla usual, *rabillo, rabo, pezón.*

pecuario -ria adj. *Ganadero -ra.*

peculiar adj. *Propio, privativo, distintivo, característico, particular.*

peculiaridad f. **Cualidad, propiedad, característica, particularidad.*

peculio m. *Dinero, caudal, capital, bienes, hacienda.*

pecunia f. *Dinero, moneda.*

pecuniario -ria adj. *Monetario* se refiere a la moneda acuñada o fiduciaria (liga, circulación, *mo-*

netaria), o a la economía general
del dinero (crisis *monetaria*);
en este último sentido se usa
también *crematístico*. En gral.
pecuniario tiene aplicaciones más
humildes; p. ej: hablamos de
la situación *pecuniaria* de una
familia y de la situación *monetaria* o *crematística* de un país.

1) **pecho** m. *Seno, tórax.* ‖ *Mama,
teta.* ‖ fig. *Interior, intención.* ‖
fig. *Coraje, valor, constancia.*

2) **pecho** m. desus. *Tributo, contribución, impuesto, gabela.*

pedagogo m. *Ayo.* ‖ *Maestro, educador.*

pedazo m. *Trozo* y *pedazo* denotan
parte de una cosa separada del
todo; *parte* y *porción* se aplican además a cantidades y a
grupos de individuos que forman
un conjunto: *parte* de un número; una *parte* o *porción* de
los reunidos protestó (no *pedazo*
ni *trozo*). *Cacho* y *miaja* indican
pedazos pequeños de cosas materiales, y su empleo es pralte.
rúst. o vulg. *Fracción* y *fragmento* son denominaciones cultas:
fracción corresponde a *parte*;
fragmento, a *pedazo*.

pedernal m. *Cuarzo, moleña, piedra de chispa.*

pedestal m. *Contrabase.* ‖ *Peana.* ‖
Fundamento, apoyo.

pedestre adj. *A pie: carrera ~.* ‖
fig. *Llano, vulgar, inculto, ramplón.*

pedido m. *Pedido* es cada uno de
los *encargos* de género que se hacen a un fabricante o vendedor;
el conjunto de ellos y la mayor
o menor venta que un artículo
tiene, es la *demanda, salida* o *despacho* de dicho artículo. ‖ *Petición.* En esta acep., *pedido* se
usa esp. en América.

pedigüeño -ña adj.-s. *Pidón -na, pe-
didor.*

pedir tr. *Exigir, reclamar* y *requerir* significan *pedir* imperiosa-
mente. *Demandar* pertenece al
lenguaje judicial; como sinónimo
de *pedir*, en general, es atenuativo o literario. ‖ Cuando se *pide*
lo que puede sernos negado, *rogar, solicitar, suplicar, impetrar,
implorar.* ‖ *Desear, apetecer.*

pedregal m. *Pedriscal, pedroche.*

pedrisco m. *Granizo.* ‖ *Granizada.*

pedúnculo m. (en las plantas). Es
tecn. botánico; en el habla usual,
rabillo, rabo, pezón.

pega f. (baño de pez). *Empega.* ‖
fig. *Añagaza, ardid:* me hicieron
preguntas de ~ en el examen
para hacerme caer. ‖ En la tramitación de un asunto, *dificultad, estorbo, obstáculo, dilación,*

esp. cuando son o se suponen
inmotivados.

pegadizo -za adj. *Contagioso, infeccioso.* ‖ *Pegajoso, gorrón.* ‖ *Postizo, añadido, artificial.*

pegajoso -sa adj. *Glutinoso, viscoso.*
‖ *Contagioso.* ‖ *Sobón.* ‖ *Pegadizo, gorrón.*

1) **pegar** tr. *Adherir; aglutinar* y
conglutinar son términos científicos. ‖ *Unir, juntar.* ‖ *Arrimar,
adosar.* ‖ *Comunicar, contagiar,
contaminar, infectar.*

2) **pegar** tr. *Golpear, castigar, maltratar.*

peguero m. *Empecinado.*

pegujalero m. *Labrantín, pelantrín.*

pegunta f. *Empega, empego.*

peguntar tr. *Empegar, empeguntar.*

peinado m. *Tocado,* esp. en las mujeres.

pejemuller m. *Manatí, pez mujer,
rosmaro.*

pejepalo m. *Estocafís, pezpalo.*

pejesapo m. *Alacrán marino, pescador, rana marina* o *pescadora, rape, sapo marino.*

peladillo m. *Violeto.*

pelafustán -na m. f. *Pelagatos, pelanas, cualquiera.*

pelagallos m. *Pelgar, vagabundo.*

pelagatos m. *Pobre, pelanas.*

pelagra f. *Mal de la rosa.*

pelar tr. *Rapar, raer.* ‖ *Desplumar.*
‖ *Descortezar, mondar, descasca-
rar, descascarillar.*

pelazga f. *Pendencia, disputa, pela-
za, pelotera.*

peldaño m. *Grada, grado, paso, escalón.*

pelea f. *Combate, batalla, lucha,
contienda.* ‖ *Riña, reyerta, pelotera, pelazga.*

pelear intr. *Batallar, combatir, luchar, reñir, contender.* ‖ *Disputar, regañar, indisponerse, enemistarse, desavenirse.*

peliagudo -da adj. *Dificultoso, difícil, arduo, enrevesado, complicado, embarullado, intrincado.*

pelícano y **pelicano** m. *Platalea.* ‖
*Pelícano americano, alcatraz, ono-
crótalo.*

película f. *Cutícula.* ‖ *Cinta, film*
(ingl.).

peligro m. *Riesgo, exposición.*

peligroso -sa adj. *Expuesto* se dice
del lugar, negocio, etc., en donde
puede resultar daño, en tanto
que *peligroso* se aplica además a
lo que puede causar daño: camino, asunto, *expuesto* o *peligroso*;
hombre, animal *peligroso* (no *expuesto*). *Expuesto* suele llevar la
prep. *a: expuesto a* las balas, *a*
grandes pérdidas. ‖ *Aventurado,
arriesgado.*

pelma m. fam. *Cargante, pesado,
molesto, fastidioso, pelmazo, latoso, importuno.*

pelón -na adj.-s. *Motilón.* || *Pelado, necesitado, pobre.*

pelotera f. fam. *Riña, contienda, reyerta, gresca, camorra, pendencia, cuestión, trifulca, pelea.*

peluca f. fig. *Represión, reprimenda, regañina, filípica.*

peluquería f. En la actualidad coincide con *barbería,* si bien ésta es más popular, y aquélla más distinguida y elegante. Tratándose del establecimiento donde se corta y arregla el cabello a las señoras, no puede usarse más que *peluquería.*

pelusa f. *Vello.* || fig. **Envidia.*

pelvis f. *Bacinete.*

pelleja f. *Pelleta.* || *Pellejo, piel.*

pellejería f. *Pelletería.*

pellejero -ra m. f. *Pelletero, pellijero.*

pellejo m. *Piel, pelleja.* || *Odre.*

pellizcar tr. *Pizcar;* fam., *repizcar.*

pellizco m. *Pizco, repizco; torniscón, pellizco retorcido.* || *Pizca, poquito, porcioncilla.*

pena f. **Castigo, corrección, correctivo.* || **Dolor, aflicción, pesar, tristeza, sufrimiento, duelo, congoja, angustia.* «La *pena* puede aplicarse más vagamente y denotar una aflicción o disgusto más accidental que el *sentimiento,* el cual no presenta la idea de una sensación tan profunda como el *dolor...* El ver padecer a un hombre desconocido, a un malhechor, un trabajo de poca consideración, una incomodidad, causa *pena;* pero estos males son demasiado leves o accidentales para poder confundirlos con los que nos causan *sentimiento;* siendo tal la extensión que damos a la idea de la *pena,* que decimos que nos causa, o da, *pena* el trabajo con que habla un tartamudo, la dificultad con que oye un sordo, para explicar una incomodidad que padecemos, un disgusto que sufrimos. Nos causa *sentimiento* la pérdida de un bien que nos interesa, el mal de un amigo, la muerte de un conocido. Estas incomodidades son demasiado fuertes para contentarnos con decir que sólo nos causan *pena.* Nos causa *dolor* la pérdida de un padre amado, la de un hijo único, la del honor, la de un bien de que pendía toda nuestra subsistencia; y aunque no puede negarse que estos males nos dan *pena,* nos causan *sentimiento,* no explican estas voces con tanta energía como el *dolor,* la profundidad de esta aflicción y la gravedad de sus motivos...» (LH). || *Dificultad, trabajo, esfuerzo, fatiga, penalidad.*

penachera f. **penacho** m. (en las aves). *Copete, cresta, moño.*

penado -da m. f. *Presidiario, forzado,* esp. si están condenados a trabajar; *recluso, encarcelado* y *preso* dan idea de penas menores, o de prisión preventiva sin condena. El *prisionero* y el *cautivo* no son delincuentes, sino aprisionados en la guerra o en actos de piratería.

penal m. *Presidio; correccional* y *penitenciaría* incluyen el matiz de regeneración del penado.

penar tr. *Sancionar, condenar, castigar.* || intr. *Padecer, sufrir, soportar, afligirse.*

pendejada f. *Ruindad, villanía, vileza.*

pendencia f. *Contienda, riña, pelea, cuestión, trifulca, querella, gresca, camorra, pelotera, altercado, quimera.*

pendenciero -ra adj. *Quimerista, reñidor, buscarruidos, camorrista, peleón.*

pender intr. *Estar pendiente, colgar.* || *Depender.*

pendiente m. *Arete, zarcillo, arracada.* || f. *Cuesta, declive, inclinación, subida, repecho.*

péndola f. *Péndulo.*

pendolario m. *Pendolista.* com. *Escribano, escribiente.*

pendón m. *Estandarte.*

penetración f. *Perspicacia, agudeza, sutileza, inteligencia.*

penetrante adj. Tratándose de heridas, perforaciones, cavidades, etc., *profundo, hondo.* || fig. *Perspicaz, sutil, inteligente.* || Aplicado a la voz, al grito, chillido, etc., *agudo, alto, estridente.*

penetrar tr.-intr. *Introducirse, meterse, entrar.* || tr.-prnl. *Comprender, entender, enterarse, empaparse.*

penitencia f. *Confesión.* || *Pena, expiación, castigo, corrección.*

penitenciaría f. **Penal, presidio, correccional.*

penol m. MAR. *Singlón.*

penoso -sa adj. *Trabajoso, difícil, dificultoso, laborioso, fatigoso.* || *Aflictivo, doloroso, triste.*

pensamiento m. *Juicio, mente, entendimiento.* || *Idea, designio, plan, proyecto, intención.* || *Sentencia, apotegma, máxima, dicho.* || *Trinitaria* (planta y flor).

pensar tr.-intr. *Razonar, discurrir, cavilar, considerar, reflexionar, meditar; rumiar* tiene matiz fam. o irónico, lo mismo que *masticar* (p. us.). «*Pensar* es simplemente poner en uso las facultades mentales; *considerar* es *pensar* con detenimiento; *reflexionar* es examinar atentamente todas las ideas cuyo conjunto interesa o llama la atención; *meditar* es emplear en este examen el uso de la imaginación. El *pensamiento* es lo que distingue al hombre de la creación bruta, y la *consideración* lo que distingue al hombre sensato del superficial y ligero. La *reflexión* analiza, deduce consecuencias, y combate la pasión y la preocupación. La *meditación* engrandece y transforma la ideas, las exalta, y se deja llevar por los sentimientos. Para *pensar* se necesita objeto; para *considerar*, interés; para *reflexionar*, crítica; para *meditar*, imágenes. El *pensamiento* suministra los materiales que la *consideración* perfecciona; la *meditación* favorece el entusiasmo, y la *reflexión* lo destruye. El hombre más rudo *piensa;* el hombre sensato *considera;* el sabio *reflexiona;* el devoto *medita*» (M). ‖ *Imaginar, figurarse, creer, suponer.* ‖ *Intentar, proyectar, idear, planear, proponerse.*

pensión f. *Pupilaje, casa de huéspedes.*

pensionado -da adj.-s. *Internado,* esp. si es un colegio.

pentecostés m. *Pascua del Espíritu Santo.*

penuria f. **Escasez, estrechez, carestía, falta, necesidad.*

peña f. *Roca.*

peñasco m. *Risco.* ‖ (en el hueso temporal) *Región petrosa.*

peñascoso -sa adj. *Riscoso, rocoso, enriscado.*

peón m. *Peatón.* ‖ *Trompo.*

peonía f. *Saltaojos; rosa albardera, de rejalgar o montés.*

1) pepita f. (semilla) *Pipa.*

2) pepita f. (en la gallina) *Gabarro, moquillo.*

pequeñez f. *Niñería, nimiedad, bagatela, menudencia, minucia, fruslería, nadería, nonada.* ‖ *Mezquindad, miseria, bajeza.*

pequeño -ña adj. *Parvo, escaso, reducido, limitado, corto.* ‖ adj.-s. **Chico, párvulo, niño.*

peraleda f. *Pereda.*

percalina f. *Lustrina.*

percance m. *Contratiempo, accidente, contrariedad.*

percatarse prnl. *Advertir, darse cuenta, reparar, notar, observar, enterarse, advertir.*

percebe m. *Escaramujo, pie de cabra.*

percibir tr. *Cobrar, recibir.* ‖ *Ver, notar, darse cuenta, advertir, distinguir, sentir.* ‖ *Conocer, comprender, concebir.* «Se *percibe* lo real, ya sea por medio de los sentidos, ya en virtud de la operación mental que los filósofos llaman conciencia. Se *concibe* no

sólo lo ausente y lo remoto, sino lo imposible, como Maupertuis *concibió* la perforación del globo de la Tierra hasta los antípodas, y Ariosto el viaje a la Luna. Para *percibir* no se necesita más que recibir impresiones; para *concebir* se necesita mayor grado de actividad mental. El que *percibe* se instruye; el que *concibe* crea. *Percibir* es un acto de la inteligencia; *concebir* es obra de la imaginación. Después de haber *percibido* Newton la caída de los cuerpos graves, *concibió* el sistema de la atracción universal» (M).

percutir tr. MED. o lit. *Golpear, chocar, herir.*

perder tr. *Desperdiciar, malgastar, disipar.* ‖ prnl. *Extraviarse, desorientarse, confundirse.* ‖ prnl. *Naufragar, zozobrar, irse a pique.* ‖ prnl. *Viciarse, corromperse, pervertirse.*

pérdida f. *Daño, merma, menoscabo, perjuicio, quebranto.* ‖ *Extravío, desorientación.*

perdido m. *Vicioso, calavera, tronera.*

perdigar tr. *Aperdigar, emperdigar.*

perdón m. *Remisión, absolución, gracia.* «El *perdón* es en consecuencia de la ofensa, y mira principalmente a la persona que lo ha hecho; depende del ofendido, y produce la reconciliación cuando sinceramente se concede y sinceramente se pide. La *remisión* es en consecuencia del crimen, y tiene una relación particular con la pena con que merece castigarse; la concede el príncipe o el magistrado, e impide la ejecución de la justicia. La *absolución* es en consecuencia de la falta o del pecado, y concierne propiamente al estado del culpable; se pronuncia por el juez civil o por el ministro eclesiástico, y restablece al acusado o al penitente en los derechos de la inocencia» (Ma). ‖ *Indulgencia.*

perdonar tr. La idea general de *perdonar* se halla en el fondo de numerosos verbos con matices especiales. *Remitir* es palabra sabia, de cierta solemnidad: *remitir* los pecados, las culpas. *Disculpar, excusar,* faltas u omisiones, gralte. leves. *Exculpar,* descargar la culpa, declarar sin culpa. *Dispensar* faltas leves o el cumplimiento de algún requisito. *Eximir* de una obligación. *Indultar, amnistiar* (esp. delitos políticos) de penas personales impuestas por la ley; también en esta acep. *condonar,* pero más esp. si se trata de deudas o sanciones pecuniarias; *conmutar* una pena

273 **PERMITIR**

es cambiarla por otra inferior, esp. la de muerte por cadena perpetua. *Absolver* tiene sentido espiritual o moral que lo hace aplicable esp. a pecados, injurias, resentimientos; también significa declarar la inculpabilidad de un reo el juez o el tribunal de justicia.

perdonavidas m. *Baladrón, fanfarrón, valentón, matasiete, guapo.*

perdurable adj. **Eterno, perpetuo, inmortal, imperecedero.* ‖ *Duradero, permanente.*

perdurar intr. **Durar, subsistir, permanecer.*

perecedero -ra adj. *Pasajero, caduco, transitorio; breve, fugaz y efímero,* añaden a la idea de *perecedero* la de su corta duración.

perecer intr. *Acabar, extinguirse, sucumbir, *morir.* «Perecer se aplica a las muertes ocurridas en circunstancias terribles, o al menos, inesperadas y graves, como la batalla, el rayo, el terremoto o el naufragio. No se dice que *perece* el que *muere* de una enfermedad aguda. Carlos V *murió* en un monasterio; Edipo *pereció* en una borrasca» (M). ‖ prnl. *Desear, apetecer, ansiar, anhelar, desvivirse, pirrarse.*

peregrinación f. *Romería.*

peregrino -na adj.-s. *Romero.* ‖ adj. *Raro, extraño, singular, insólito.*

perengano m. y f. v. **Fulano.*

perenne adj. *Perenal, perennal, perene, incesante, perpetuo, continuo, permanente, perdurable.* ‖ BOT. *Vivaz.*

perentorio -ria adj. *Concluyente, decisivo, terminante, definitivo.* ‖ *Urgente, apremiante, apurado.*

pereza f. *Galbana, gandulería, chucha, perra, holgazanería, haronía* (p. us.); *pigricia* e *ignavia* son latinismos p. us.; *poltronería, desidia, negligencia.* «La pereza es un vicio; la *holgazanería* y la *desidia* son hábitos; pero la *holgazanería* consiste en la inacción y el odio al trabajo, y la palabra *desidia* añade a esta idea la de abandono de intereses, de ocasiones favorables, de medios de prosperar. El *perezoso* odia el movimiento; el *holgazán* odia el trabajo; el *desidioso* la diligencia. Lo contrario del hombre *perezoso* es el activo; del *holgazán,* el ocupado; del *desidioso,* el solícito» (M).

perezoso -sa adj.-s. **Holgazán, *indolente, poltrón, gandul, haragán, vago, tumbón.* ‖ m. *Calípedes, perico ligero.*

perfecto -ta adj. *Acabado, cabal, completo, cumplido.*

pérfido -da adj. *Desleal, traidor, fementido, infiel, felón, alevoso.*

perfil m. *Contorno, silueta.*

perfilarse prnl. *Aderezarse, componerse, arreglarse, acicalarse.*

perforar tr. *Horadar, taladrar, agujerear.*

perfume m. *Aroma, fragancia, buen *olor, efluvio.* ‖ *Esencia, bálsamo.*

pericia f. *Destreza, habilidad, práctica, experiencia, conocimiento.*

periclitar intr. *Decaer, declinar, peligrar.*

perico m. (ave). *Mariquita, periquito.* ‖ ∼ *ligero.* Perezoso (mamífero).

peridoto m. *Olivino.*

perífrasis f. *Circunloquio, circunlocución, *rodeo.*

perilla f. *Pera.*

perillán -na m. f. *Pícaro, astuto, tuno, taimado.*

perímetro m. *Contorno.*

periódico -ca adj. *Regular, fijo.* ‖ m. Según el período que media en la publicación de sus números, el periódico se llama *diario, semanario* o *semanal* o *hebdomadario* (p. us.), *quincenal, mensual, bimensual* o *bimestre, trimestral, cuatrimestral, semestral.*

período m. *Fase, etapa, ciclo.* ‖ *Menstruación.* ‖ GRAM. *Cláusula, oración compuesta.*

peripatético -ca adj.-s. *Aristotélico.*

peripato m. *Aristotelismo.*

periplo m. *Circunnavegación.*

peripuesto -ta adj. *Repulido, acicalado, atildado, emperejilado.*

peristilo m. *Propileo.*

perito -ta adj. *Hábil, diestro, conocedor, experimentado, experto, práctico, competente.*

perjudicar tr. **Dañar, damnificar, menoscabar.*

perjudicial adj. *Dañino, dañoso, nocivo.* Cuando lo es en alto grado, *pernicioso.*

perjuicio m. **Daño, detrimento, menoscabo, quebranto, deterioro.*

perla f. *Margarita;* la pequeña y de figura irregular, *aljófar.*

permanecer intr. *Estar, persistir, subsistir, mantenerse, continuar, quedarse, residir.*

permanente adj. *Estable, fijo, firme, inalterable, invariable, inmutable.* ‖ GRAM. *Imperfectivo.*

permisión f. RET. *Epítrope.*

permiso m. *Autorización, *consentimiento, *licencia, venia, beneplácito, aquiescencia.*

permitido -da adj. *Lícito, legal.*

permitir tr. *Aprobar, acceder, consentir.* Cuando se permite con repugnancia o dificultad, *tolerar, sufrir, aguantar.* «Permitir es ejercer un acto de autoridad, autorizando expresamente lo prohibido; *tolerar* es *permitir* tácitamente; *sufrir* es *tolerar* lo que perjudica al que *sufre*. Un padre de familia *permite* que su hijo se case antes del tiempo de su emancipación; *tolera* algún exceso en sus gastos; pero no *sufre* que lo desobedezca ni insulte. La ley *permite*, la autoridad *tolera*, la abnegación *sufre*» (M).

permuta f. *Cambio, trueque, canje.*

permutar tr. **Cambiar, canjear, conmutar, trocar.*

pernicioso -sa adj. *Malo, maligno, dañino, dañoso, nocivo, perjudicial.*

pernil m. Cuando está curado, *jamón;* pero en algunas regiones (Ar.) se llama también *pernil* el que está curado; curado o sin curar, *nalgada.* ‖ *Pernera* (del pantalón).

pernoctar intr. *Trasnochar, hacer noche.*

pero conj. advers. **Mas, empero, *sino.* ‖ m. *Dificultad, estorbo, defecto, tacha.*

peroración f. *Discurso, oración.* ‖ RET. *Epílogo.*

perorata f. *Soflama, prédica.*

perpetrar tr. *Consumar, *cometer.*

perpetua f. (planta). *Sempiterna.* ‖ (flor). *Siempreviva.*

perpetuamente adv. m. **Siempre, perdurablemente, continuamente.*

perpetuar tr.-prnl. *Inmortalizar, eternizar.* ‖ *Continuar, propagar:* ～ la dinastía, ～ la especie.

perpetuo -tua adj. *Continuo, incesante, imperecedero, perenne, perdurable, inmortal, *eterno, sempiterno.* «*Perpetuo* representa una duración indeterminada; *continuo,* una duración no interrumpida. El movimiento de un planeta es *perpetuo,* porque no conocemos el término de su duración; es *continuo,* porque no se interrumpe jamás su curso» (LH). ‖ *Vitalicio.*

perplejidad f. *Hesitación* (p. us.), *vacilación, irresolución, indecisión, incertidumbre, indeterminación, duda.* «La *perplejidad* está en el entendimiento, cuando se mantiene en una especie de equilibrio entre razones opuestas; la *hesitación,* la *vacilación,* la *irresolución* y la *indecisión* están en la voluntad. Las palabras *irresolución* e *indecisión* expresan cualidades del ánimo; las otras significan más bien disposiciones transitorias, hijas de las circunstancias; así es que el hombre de carácter más firme y decidido puede hallarse *perplejo,* puede *vacilar* y *hesitar* en ocasiones críticas, del mismo modo que el hombre más *irresuelto* y más *indeciso. Irresolución* e *indecisión* suponen más inmovilidad que *hesitación* y *vacilación.* El *irresuelto* y el *indeciso* no resuelven ni deciden nada; el que *hesita* o *vacila* se decide alternativamente entre dos o más partidos, sin fijarse en ninguno. No hay *perplejidad* para las inteligencias superiores; no hay *hesitación, vacilación, irresolución* ni *indecisión* para los temerarios» (M).

perplejo -ja adj. *Vacilante, irresoluto, indeciso, incierto, *dudoso.*

perrería f. *Vileza, deslealtad, trastada, mala pasada.* ‖ *Insulto, improperio, dicterio, denuesto.*

perrero m. *Caniculario, echaperros.*

perro m. *Can, chucho.* En el habla infantil, *guau.*

perruna f. *Pan de perro.*

persa adj.-s. [pers.] *Persiano, pérsico.*

perseguir tr. *Acosar, estrechar, acorralar.* «*Perseguir* es seguir al que huye, con ánimo de darle alcance. *Acosar* es perseguir con empeño, sin perder de vista al *acosado. Estrechar* es acosar con dirección a un obstáculo que no deje escape ni salida al *estrechado.* Se puede *perseguir* de lejos; se *acosa* estrechando la distancia progresivamente entre el que *acosa* y el que huye; se *estrecha,* cuando el *perseguido* queda entre el perseguidor y un muro, un río o un precipicio» (M). *Acorralar* es encerrar al perseguido entre obstáculos que no le dejan salida. ‖ *Importunar.* ‖ *Molestar, vejar, dañar.*

perseverancia f. *Firmeza, tesón, constancia.* «La *perseverancia* está en las acciones y en la conducta; la *constancia,* en los sentimientos y en las opiniones. Tan *constante* fue Galileo en sus doctrinas sobre el movimiento de la Tierra, que *perseveró* en defenderlas aun después de condenadas. El que ama con *constancia,* persevera en las demostraciones de su afecto. *Perseverar* en un error no es solamente profesarlo, sino también insistir en propagarlo y defenderlo» (M). ‖ *Persistencia, perduración.*

perseverar intr. *Persistir, insistir, mantenerse.* «Dícese *perseverar* cuando se continúa la cosa sin querer hacer mudanza o variación. *Persistir,* cuando se *persevera* con constancia y obstinación. Así pues, *persistir* es más que *perseverar*» (Ma). *Insistir* indica acción reiterada: se *insiste* una y otra vez en una acción o propósito. ‖ *Perdurar, permanecer.*

pérsico m. *Alpérsico, pérsigo.* Una

de sus variedades es el *meloco-tonero*.

persignar tr.-prnl. *Signar, santiguar, hacer la señal de la cruz*.

persistir intr. **Insistir, *perseverar, mantenerse, obstinarse*. ‖ *Perdurar, permanecer*.

personaje m. *Figura, personalidad*.

personal adj. *Particular, privativo, propio*.

personarse prnl. *Presentarse, comparecer*.

perspicacia f. *Agudeza, sutilidad, sutileza, penetración, *sagacidad*.

perspicaz adj. *Agudo, sutil, penetrante*.

persuadir tr. **Convencer, decidir, inducir*.

persuasión f. *Convencimiento, convicción*.

persuasivo -va adj. *Convincente; suasorio* en estilo elevado.

persuasor -ra adj.-s. *Persuadidor*.

pertenecer intr. *Corresponder*. «*Pertenecer* expresa derecho de propiedad, de posesión o de clasificación; *corresponder* expresa analogía. Esta casa me *pertenece*; tal planta *pertenece* o *corresponde* a tal especie de Linneo. *Pertenece*, porque se clasifica en aquella especie; *corresponde*, porque es análoga a las plantas de la misma. Los adornos *corresponden*, y no *pertenecen*, al objeto adornado. Un traje serio *corresponde*, y no *pertenece*, a la edad madura. *Pertenecer*, además, se aplica solamente a nombres, y *corresponder*, a nombres y a verbos. Me *corresponde* obrar de este modo; no te *corresponde* ese puesto, o no te *corresponde* ocuparlo» (M). ‖ *Competer, incumbir, tocar, atañer, *concernir*.

pertenencia f. *Propiedad, dominio*.

pértica f. *Tornadura*.

pértigo m. *Timón*.

pertinacia f. *Obstinación, terquedad, tenacidad, tozudez, testarudez*.

pertinaz adj. **Terco, obstinado, tenaz, testarudo, recalcitrante*. ‖ fig. *Duradero, persistente, insistente*.

pertinente adj. *Perteneciente, relativo, referente, concerniente*. ‖ *Oportuno, a propósito, adecuado, conveniente, indicado*.

perturbación f. *Alteración, desorden, trastorno, desarreglo, turbación*.

perturbado -da adj.-s. **Loco, demente, alienado, enajenado, insano*.

perturbar tr. *Alterar, desordenar, desarreglar, turbar, trastornar*.

peruano -na adj.-s. [pers.] *Perulero*, ant.; *peruviano*, de uso muy restringido, p. ej.: *quina peruviana*.

peruétano m. *Piruétano*.

perversidad f. *Nequicia*, latinismo lit.; *maldad, perfidia, malignidad, perversión, protervia*.

perverso -sa adj. **Malo, malvado, maligno, depravado, corrompido, protervo*.

pervertir tr. Serie intensiva : *Mal inclinar, enviciar, viciar, malear, maliciar, pervertir, corromper, depravar*.

pesadez f. *Pesadumbre, pesantez, gravedad*. ‖ *Impertinencia, importunidad, lata*.

pesado -da adj. En estilo culto o lit. que recuerda la etimología, *grave, ponderoso*. ‖ *Tardo, lento, calmoso, cachazudo*. ‖ *Molesto, enfadoso, enojoso, cargante, fastidioso, tedioso, latoso*. ‖ *Duro, áspero, insufrible, dañoso*.

pesadumbre f. *Pesadez, pesantez, gravedad*. ‖ *Desazón, disgusto, pena, pesar, *dolor*. ‖ *Querella, riña, quimera, contienda, cuestión*.

pésame m. *Condolencia*.

1) **pesar** m. *Sentimiento, *dolor, pena, aflicción, pesadumbre, tristeza*. ‖ *Arrepentimiento*.

2) **pesar** intr. *Arrepentirse*. ‖ tr. *Examinar, considerar, reflexionar, pensar*.

pesaroso -sa adj. *Afligido, entristecido, apenado*. ‖ *Arrepentido*.

pescar tr. fig. *Coger, lograr, conseguir*. El matiz fam. o burlesco de *pescar* en esta acep. está muy próximo al de *agarrar, pillar, atrapar*.

pescuezo m. *Cogote, cerviz*.

peso m. *Pesantez, pesadez, *gravedad*. ‖ fig. *Entidad, sustancia, importancia*.

pesquis m. humor. *Cacumen, caletre, chirumen, mollera; ingenio, agudeza, perspicacia, penetración*.

pesquisa f. *Investigación, averiguación, indagación, búsqueda*.

pesquisidor -ra adj.-s. *Inquisidor*.

peste f. *Epidemia*, en el hombre; *epizootia*, en los animales; *plaga* se aplica esp. a las plantas, pero puede aplicarse también a los animales. ‖ *Mal *olor, hedor, hediondez, fetidez, pestilencia*.

pestífero -ra adj. *Contagioso*. ‖ *Pestilente, hediondo, fétido, apestoso*.

pesuño m. *Carnicol*.

petaca f. La que se emplea para cigarros y cigarrillos, *cigarrera, pitillera*; para tabaco suelto, *tabaquera*.

petardear tr. *Sablear, dar un sablazo, pegar un petardo, trampear, truhanear*.

petardista com. *Sablista, tramposo, trapisondista, estafador*.

petardo m. fig. *Estafa, sablazo*.

petición f. *Ruego, solicitud, súplica*,

demanda. ‖ *Reclamación, exigencia.* ‖ DER. *Pedimento, demanda.*

petimetre -tra m. f. *Lechuguino, gomoso, pisaverde, currutaco.*

petrel m. *Ave de las tempestades.*

petrificación f. *Lapidificación;* si se trata de un animal o vegetal que se convierte en piedra, *fosilización.*

petrificar tr.-prnl. Si se trata de un ser orgánico, *fosilizar.*

petrografía f. *Litología.*

petrolero m. *Barco aljibe o cisterna.*

petroso -sa adj. Tratándose del lugar en que hay muchas piedras, *pedregoso.*

petulancia f. *Presunción, *envanecimiento, engreimiento, fatuidad, vanidad.*

petulante adj. *Presuntuoso, engreido, fatuo, vanidoso.*

pezón m. En las hojas, *rabillo, cabillo; pedúnculo y pedículo* son científicos. ‖ En los animales, *teta.*

pezuña f. *Pesuña, uña.*

piadoso -sa adj. *Compasivo, misericordioso, benigno.* ‖ *Religioso, devoto, pío.*

pialar tr. Argent. y Chile. *Manear, manganear, apealar.*

piar intr. *Piular.*

pica f. TAUROM. *Garrocha, vara.*

picadura f. *Pinchazo.* ‖ *Mordedura, punzada, picada.* ‖ *Caries.*

picaflor m. *Colibrí.*

picajoso -sa adj.-s. *Sentido, delicado, susceptible, quisquilloso, puntilloso.*

picante adj. fig. *Mordaz, satírico, cáustico, punzante, acerbo.*

picaporte m. *Llamador, aldaba, aldabón.*

picar tr. *Pinchar, punzar.* «Los tres verbos significan herir con instrumento de punta. *Picar* es herir ligeramente; *pinchar* es herir con rapidez y violencia; *punzar* es herir con esfuerzo sostenido y penetrando en lo interior. Por esto se da el nombre de *punzada* al dolor agudo. Se dice: *picadura* de alfiler, *pinchazo* de garrocha y *punzada* de alesna» (M). ‖ TAUROM. *Agarrochar, garrochear, varear.* ‖ *Picotear.* ‖ *Aguijar, espolear.* ‖ *Seguir, perseguir, seguir el alcance* (ant.). ‖ *Escocer, concomer.* ‖ *Cortar, trinchar.* ‖ *Mover, incitar, excitar, estimular, aguijonear.*

prnl. *Carcomerse, apolillarse;* en los dientes, *cariarse.* ‖ *Avinagrarse.* ‖ *Sentirse, resentirse, ofenderse.* «Nos *picamos* por una falta de urbanidad, por una alusión maligna, por alguna infracción de las prácticas convencionales que se observan general-

mente en el trato social; nos *resentimos* de un desaire, de una injusticia, de un agravio personal. No sólo nos *ofendemos* en estos casos, sino cuando en nuestra presencia se cometen actos indecorosos y ofensivos al respeto que los hombres se deben entre sí, aunque no se dirijan a nuestras personas. Los hombres suelen *picarse* sin fundamento, y en virtud de una excesiva delicadeza: de aquí viene el adjetivo *picajoso. Resiéntese* todo hombre de honor cuando se duda de su palabra. Hay ciertas expresiones que no puede oír una mujer sin *ofenderse*» (M). ‖ *Preciarse, jactarse, alabarse, vanagloriarse, repicarse.*

picardía f. *Maldad, bajeza, ruindad, vileza, bribonada.* ‖ *Bellaquería, astucia, disimulo, sagacidad.* ‖ *Travesura.*

pícaro -ra adj.-s. *Bajo, ruin, doloso, pillo, villano, granuja, vil, desvergonzado.* ‖ *Astuto, tunante; tuno, taimado, enredador.*

picazón f. *Hormiguillo, picor, rascazón, comezón; prurito* es voz docta o tecn. médico. En sentido figurado *comezón* y *prurito* significan deseo vehemente y la desazón que este deseo produce: tener *comezón* o *prurito* de discutir una doctrina. Intensivo, *quemazón.*

picor m. *Escozor.* ‖ *Picazón.*

picota f. **picotazo** m. *Picada, picazo.*

piedad f. *Compasión, misericordia, caridad, conmiseración, lástima.* ‖ *Devoción.*

piel f. *Pelleja, pellejo.* En el hombre, *cutis; tez* se aplica esp. a la piel del rostro humano. ‖ *Cuero.*

piélago m. lit. *Mar.*

piérides f. pl. *Musas.*

pierna f. En los animales y objetos inanimados, *pata;* p. ej.: las *patas* de un perro, de una silla. Pierna larga y delgada, *zanca.*

pieza f. *Parte, trozo, pedazo.* ‖ *Habitación, aposento, estancia, cuarto.*

piezgo m. *Pielgo.* ‖ *Cuero, odre.*

pifia f. fig. *Error, descuido, equivocación, desacierto.*

pigargo m. *Halieto.* ‖ *Melión.*

pignorar tr. *Empeñar.*

pigricia f. *Pereza, negligencia, desidia, descuido, haraganería, holgazanería.*

pilón m. *Pila.*

piloriza f. BOT. *Cofia.*

píloro m. *Portanario.*

pillada f. *Pillería, picardía, bellaquería, tunantada.*

pillaje m. *Hurto, rapiña.* ‖ *Robo, saqueo.*

pillar tr. *Hurtar, robar, rapiñar,*

saquear. ‖ *Coger, agarrar.* ‖ *Atrapar, sorprender, pescar, cazar.*

pillete m. *Granuja, ratero, golfo.*

pillo -lla adj.-s. *Sagaz, astuto, granuja, pillastre, pícaro, tuno, taimado.*

pimentero m. *Pimiento.*

pimienta f. *Pebre.*

pimpido m. *Colayo.*

pimpinela f. *Sanguisorba.*

pimpollear, pimpollecer intr. *Apimpollarse.*

pimpollo m. *Brote, renuevo, vástago.*

pina f. (en las ruedas de los carruajes). *Cama.*

pinabete m. *Abeto.*

pinar m. *Pineda.*

pinchar tr. **Picar, punzar.*

pinchazo m. *Picadura, punzadura, punzada.*

pinche -cha m. f. *Sollastre, pícaro, marmitón, galopillo.*

pincho m. *Aguijón, punta.*

pindonguear intr. desp. *Callejear, pendonear.*

pingajo m. *Pingo, andrajo, harapo, guiñapo, arrapiezo.*

pingüe adj. *Craso, grueso, gordo.* ‖ fig. *Abundante, copioso, cuantioso, fértil.*

pingüino m. *Pájaro bobo.*

pinillo m. *Hierba artética.* ‖ *Mirabel, ayuga, perantón.*

pinjante adj.-s. *Colgante, pendiente.*

pintadera f. *Carretilla.*

pintiparado -da adj. *Parecido, semejante, igual.* ‖ *Justo, ajustado, medido, exacto, clavado.*

pintojo -ja adj. *Pintado, manchado.*

pintor -ra m. f. Según los materiales que emplea : *acuarelista, pastelista, fresquista, templista.* Según el género que cultiva : *paisajista, retratista, miniaturista, escenógrafo, decorador,* etc. Despectivos : *orbaneja, pintamonas.*

pínula f. *Dioptra.*

piñonate m. *Empiñonado.*

pío -a adj. *Devoto, piadoso.* ‖ *Benigno, misericordioso, compasivo.*

piojo m. *Cáncano.* En el habla pop. es frecuente designarlo con el eufemismo *miseria.*

1) **pipa** f. (para fumar). *Cachimba.* ‖ *Tonel, cuba, bota, candiota.*

2) **pipa** f. *Pepita* (semilla).

pipería f. MAR. *Botamen, botería.*

pipirigallo m. *Esparceta.*

pipiritaña y **-pitaña** f. *Pipa, zampoña.*

pirata m. *Corsario.*

pirausta f. *Piragón, piral.*

pirita f. *Piedra inga, marcasita, margajita, marquesita.*

piropear tr. *Requebrar, echar o decir flores, florear.*

piropo m. fig. *Lisonja, requiebro, flor.*

pirosis f. Es tecn. médico. En el habla corriente, *rescoldera.*

pirotécnico m. *Cohetero,* término popular; en la pirotecnia militar suele llamarse *artificiero; polvorista.* En Colomb., *polvorero.*

piroxilina f. *Algodón pólvora.*

pirrarse prnl. fam. *Desear, anhelar, desvivirse, parecerse, beber los vientos.*

pirriquio m. *Pariambo, periambo.*

pisada f. *Huella, holladura.* ‖ *Patada.*

pisador m. *Pisaúvas.*

pisar tr. *Hollar.* ‖ *Pisotear.* ‖ *Conculcar, infringir, *quebrantar, atropellar.*

pisaverde m. *Gomoso, lechuguino, petimetre.*

piscina f. *Pecina.*

piso m. *Suelo, pavimento, solado.* ‖ *Suela.* ‖ *Alto, planta.* ‖ *Cuarto, vivienda, habitación, apartamiento o apartamento.*

pisotear tr. *Hollar, rehollar, patear.* ‖ fig. *Humillar, maltratar, conculcar, atropellar, infringir, quebrantar.*

pista f. *Huella, rastro.*

pistacho m. **Alfóncigo, alfócigo.*

pita f. *Cabuya, henequén, pitera.*

pitanza f. *Manduca, condumio, *comida.*

pitañoso -sa adj. *Legañoso, pitarroso.*

pitar intr. *Silbar.*

pitecántropo m. *Hombre de Java.*

pitillo m. *Cigarrillo.*

pítima f. fig. **Borrachera.*

pitio -tia adj. *Pítico.*

pito m. *Silbato.*

pitorreo m. **Burla, guasa, mofa, rechifla, choteo* (Cuba).

pitpit m. *Pipí* (pájaro).

pizarra f. *Esquisto.* ‖ *Encerado.*

pizca f. *Ostugo, miaja, partícula.*

pizpita f. **Aguzanieves.*

pláceme m. *Felicitación, enhorabuena, parabién.*

placenta f. *Parias.*

placentero -ra adj. *Agradable, grato, apacible, ameno, alegre.*

1) **placer** m. *Contento, goce, satisfacción, agrado.* ‖ **Gusto, deleite, delicia.* «Todo lo que excita nuestra satisfacción y alegría, sin mezcla de disgusto, es causa de *placer.* El *deleite* representa particularmente el *gusto* material que percibimos por nuestros sentidos. El *placer* supone serenidad en el ánimo, ocupado enteramente con el objeto que excita en él una apacible satisfacción. El *deleite* puede suponer el gusto material de un ánimo inquieto, que satisface una pasión violenta, sin aquella apacible serenidad que constituye esencialmente la calidad del *placer.* Las tiernas ca-

ricias de un hijo, las delicias del campo, una compañía en que reina la alegría y la cordialidad, son motivos de *placer*. Un manjar delicado, un lecho cómodo, un gusto que satisface la sensualidad, son motivos de *deleite*. No merece el nombre de *placer* la bárbara satisfacción del que, en el furor de la venganza, se *deleita* con la vista de la sangre de su enemigo» (LH). ‖ *Entretenimiento, diversión, recreo.*

2) **placer** tr. *Agradar, gustar.*

placidez f. *Sosiego, tranquilidad, apacibilidad, quietud, agrado.*

plácido -da adj. *Tranquilo, sosegado, quieto, manso, apacible, grato, placentero.*

plaga f. *Calamidad, infortunio, azote.* ‖ *Peste, epidemia.*

plagiar tr. *Fusilar* (burl.). Entre *plagiar* y *copiar* consiste la diferencia en que el primero significa dar como propias ideas, palabras u obras ajenas. *Copiar* es una labor honrada; *plagiar* implica siempre fraude.

plan m. **Designio, proyecto, intento, idea.*

plana f. *Página, carilla, llana.*

planear tr. *Planificar, proyectar.*

planga f. *Clanga, planco, dango, pulla.*

planicie f. *Llanura, llanada, llano, planada. Planicie* connota siempre idea de gran extensión.

planificar tr. *Planear, proyectar.*

plano -na adj. *Llano, liso, igual.*

plantar tr. fig. *Asentar, colocar.* ‖ fig. *Fundar, establecer, colocar, implantar.* ‖ *Plantificar.*

plantel m. *Criadero, vivero.*

plañidera f. *Endechadera, llorona.*

plañidero -ra adj. *Lloroso, lastimero, quejumbroso, triste, lúgubre.*

plástico -ca adj. *Dúctil, blando, moldeable.*

plata f. *Dinero, riqueza.* Este uso de la voz *plata* es especialmente frecuente en América.

plátano m. *Banano, platanero.* ‖ *Banana.*

plática f. **Conversación, coloquio, charla.*

platicar intr. *Conversar, hablar, departir, charlar.*

platija f. *Acedía, platuja.*

platudo -da adj. Amér. *Adinerado, acaudalado, rico.*

plausible adj. *Laudable, loable, meritorio.* ‖ *Atendible, admisible, aceptable, recomendable.*

playeras f. pl. *Corridas.*

plaza f. *Mercado.* ‖ *Espacio, sitio, lugar.* ‖ **Ocupación, empleo, puesto.*

plazo m. *Término, tiempo.* «Por *plazo* se entiende la época señalada para el cumplimiento de una obligación o para la consumación de un hecho. *Término* es el espacio de tiempo que ha de transcurrir antes que se cumpla la obligación o el hecho se consume. *Plazo* es una unidad señalada de tiempo : tal mes, tal día, tal hora ; *término* es un período o una fracción de tiempo : un mes, un día, una hora. Si en el primer día de enero se señala como *plazo* el último de diciembre, se concede o se estipula el *término* de un año» (M.). ‖ *Vencimiento.*

plebe f. *Vulgo, *pueblo.*

plebeyo -ya adj. *Ordinario, vulgar, grosero, soez.*

plegar tr. *Doblar.* ‖ prnl. fig. *Doblarse, doblegarse, someterse, ceder.*

plegaria f. *Oración, rezo, deprecación.*

pleitear tr. *Litigar.*

pleitista adj.-s. *Litigante, pleiteador;* burl., *picapleitos.*

pleito m. *Litigio; causa,* esp. si es criminal; *lite* y *litis* son latinismos p. us. ‖ fig. *Contienda, diferencia, querella, disputa.*

plenamente adv. m. *Enteramente, completamente.*

pleno -na adj. *Entero, completo, *lleno.*

pleocroísmo m. *Policroísmo.*

plétora f. *Superabundancia, sobreabundancia.*

pletórico -ca adj. **Lleno, repleto, superabundante.*

pleurodinia f. *Pleuresía falsa.*

Pléyades f. pl. *Hespérides.*

pliegue m. *Doblez, plegadura.*

plinto m. *Latastro, orlo.*

plomada f. ALBAÑ. *Perpendículo, plomo.* ‖ *Sonda.*

plombagina f. *Grafito, plumbagina.*

pluma f. (para escribir). *Péndola, péñola,* ambos se usan hoy sólo en sentido figurado.

plumada f. *Peñolada, plumazo.*

plumajo m. (en los sombreros). *Plumero.*

plus m. *Sobresueldo, gratificación, extra.*

plusvalía f. *Mayor valía, aumento de valor.*

plutonismo m. *Vulcanismo.*

plutonista adj.-s. *Vulcanista.*

pluviómetro m. *Udómetro, pluvímetro.*

población f. *Vecindario, habitantes.* ‖ *Ciudad, villa, pueblo, aldea, lugar,* están comprendidos dentro del concepto de *población*.

pobre adj.-s. *Indigente, necesitado, menesteroso, miserable.* ‖ *Mendigo, pordiosero, pedigüeño.* ‖ *Escaso, corto, falto.* ‖ fig. *Infeliz, desdichado, triste, humilde.*

pobrete -ta adj.-s. *Desventurado, cuitado, desdichado, infeliz.*

pobreza f. *Necesidad, escasez, indigencia, estrechez, penuria, miseria.*

pocilga f. *Zahurda, cochitril, cuchitril, cochiquera, chiquero.*

pocillo m. *Pozal, pozuelo.* ‖ *Jícara.*

poco -ca adj. y pron. *Escaso, limitado, corto, parvo.*

podagra f. *Gota.*

podar tr. *Mondar, escamondar.*

poder m. *Dominio, imperio, potestad, mando, facultad, autoridad, jurisdicción.* ‖ *Fuerza, vigor, poderío, pujanza, capacidad, potencia.*

poderío m. **Potencia, poder, señorío, potestad, mando, imperio.* ‖ *Fuerza, vigor.*

poderoso -sa adj. *Potente, fuerte, enérgico, eficaz, activo.* ‖ *Rico, acaudalado, pudiente, adinerado.*

podómetro m. *Cuentapasos, odómetro, hodómetro.*

podre f. *Pus, materia, podredumbre.*

poeta m. *Vate, trovador, bardo.* Despectivos: *coplero, coplista, poetastro, rimador.*

polacada f. *Desafuero, alcaldada, arbitrariedad, favoritismo.*

polaco -ca adj.-s. [pers.] *Polonés.*

polaina f. *Sobrecalza.*

polea f. *Garrucha, carrucha, carrillo,* esp. cuando es de pequeño tamaño: *trocla.*

poleadas f. pl. *Gachas, puches.*

polémica f. *Discusión, disputa, controversia.* La *polémica* y la *controversia* tratan de temas filosóficos, políticos, literarios, científicos, etc., y tienen carácter más o menos público; la *polémica* se hace por escrito; la *controversia* suele ser oral. La *discusión* y la *disputa* pueden ser públicas o privadas y versar sobre cualquier motivo o asunto. Una *discusión* o *disputa* en un café, no puede ser llamada *controversia* ni *polémica.* En las antiguas Universidades había *controversias* para sostener o rebatir determinadas conclusiones. En los periódicos leemos *polémicas* entre dos o más escritores sobre algún tema literario, artístico, histórico, etc.

policía m. *Agente policíaco; polizonte* tiene cierto matiz desp., y se aplica esp. al *policía* uniformado. En los medios populares y carcelarios se usan las denominaciones desp. de *poli, gura, bofia.*

policíaco -ca adj. En algunos países de Amér. se usa con frecuencia *policial.*

polígala f. *Lechera amarga.*

polipero m. *Madrépora.*

política f. fig. *Tacto, circunspección, habilidad, táctica, diploma-*

cia, sagacidad.* ‖ *Cortesía, urbanidad, finura, buen modo.*

político -ca adj. *Cortés, urbano, atento, fino, cumplido.*

polizón m. *Llovido.*

polonés -sa adj.-s. [pers.] *Polaco.*

poltrón -na adj. *Perezoso, haragán, *holgazán, gandul, vago, tumbón.*

polvorear tr. **Espolvorear.*

pollada f. *Parvada, pollazón.*

pollera f. *Andador, andaniño.*

pollino -na m. f. *Rozno, ruche, rucho.*

poma f. *Manzana.* ‖ *Pomo.*

pomelo m. *Toronja.*

pompa f. *Fausto, suntuosidad, magnificencia, ostentación, aparato, grandeza.* ‖ *Burbuja.*

pomposo -sa adj. *Ostentoso, magnífico, suntuoso, aparatoso.* Tratándose del estilo, *retumbante, rimbombante,* ambos con sentido desp. e irónico. ‖ *Hueco, vano, vanidoso, hinchado, inflado, presuntuoso.*

pómulo m. *Malar.*

ponderación f. *Atención, reflexión, circunspección.* ‖ *Exageración, encarecimiento.*

ponderar tr. *Contrapesar, equilibrar.* ‖ *Exagerar, encarecer, abultar.*

poner tr. **Colocar, situar.* «*Poner* tiene un sentido más absoluto que *colocar. Colocar* es *poner* una cosa en cierta relación con respecto a otra. No se dice que en una galería las pinturas están *puestas,* sino *colocadas,* según el orden de escuelas o de épocas. Un cuadro mal *puesto* es el que está torcido o con mala luz; un cuadro mal *colocado* es el que no está en el lugar que le corresponde. *Pongo* el Quijote sobre la mesa, y luego lo *coloco* en el estante entre las obras clásicas» (M). ‖ *Apostar.* ‖ *Escotar.* ‖ *Acomodar, *meter.* ‖ *Disponer, arreglar, preparar.* ‖ prnl. Tratándose de astros, *transponerse, ocultarse.* ‖ prnl. *Trasladarse, ir.*

poniente m. **Oeste, occidente, ocaso.* ‖ *Céfiro.*

pontevedrés -sa adj.-s. [pers.] *Lerense.*

pontificado m. *Papado.*

pontífice m. **Papa.*

ponto m. poét. *Mar.*

ponzoña f. **Veneno, tósigo, tóxico.*

ponzoñoso -sa adj. *Venenoso, tóxico.* ‖ fig. *Perjudicial, nocivo, dañoso.*

popularizar tr. *Extender, divulgar, vulgarizar.*

poquedad f. *Escasez, cortedad, parvedad.* ‖ *Timidez, pusilanimidad, cobardía.* ‖ *Nimiedad, bagatela, fruslería, nonada, nadería.*

porción f. **Pedazo, trozo, *parte,*

fragmento. ‖ *Sinnúmero, montón, muchedumbre, multitud.*

pordiosear intr. *Mendigar, pedir limosna, limosnear.*

pordiosero -ra adj.-s. *Pidientero* (p. us.), *mendigo, mendicante, mendigante, pobre.*

porfía f. *Discusión, disputa, contienda.* ‖ *Obstinación, terquedad, tesón, insistencia.*

porfiado -da adj. *Insistente, inapeable, porfioso, machacón, obstinado, *terco, testarudo.*

porfiar intr. *Discutir, disputar, altercar.* ‖ *Insistir, machacar, obstinarse, importunar.*

pormenor m. *Detalle, particularidad, menudencia.*

porque conj. causal. *Pues.* «La diferencia que parece hallarse entre estas dos voces es que *porque* explica una ilación más cierta, más positiva, que no está sujeta a la duda o a la probabilidad. Hay lodo, *porque* ha llovido; esto es, el lodo es la consecuencia natural de la lluvia. Es natural que consiga el empleo que solicita, *pues* parece que tiene mediadores; esto es, el logro del empleo es una consecuencia probable de la mediación. Voy a dormir un poco, *pues* no es regular que mi amo venga antes de las doce, *porque* sé que está jugando. La tardanza en venir es probable; el juego es cierto» (LH).

porquería f. *Suciedad, inmundicia, basura.* ‖ *Indecentada, trastada.* ‖ *Grosería, desatención, descortesía, indecencia.*

porra f. *Clava.* ‖ *Cachiporra.* ‖ *Macana.*

porrazo m. *Trastazo, golpe, golpazo.* ‖ *Costalada.* ‖ *Topetazo, topada.*

porrillo (a ~) loc. adv. *En abundancia, abundantemente, copiosamente.*

portada f. *Frontis, fachada, frente.*

portadilla adj.-s. *Portaleña.* ‖ En los libros, *anteportada.*

portal m. *Zaguán.*

portalero m. *Consumero.*

portamonedas m. *Monedero.*

portante adj.-s. *Paso de ambladura o andadura.*

portañola f. MAR. *Portaleña, cañonera, tronera.*

portañuela f. ant. *Trampa, trampilla.*

portaplumas m. *Manguillero, mango.*

portar tr. *Llevar, transportar.* ‖ prnl. *Conducirse, gobernarse, proceder, comportarse.*

portavoz m. (periódico). *Órgano.*

portazgo m. *Portaje.*

porte m. *Transporte, acarreo.* ‖ *Aspecto, apariencia, presencia, aire.*

portear tr. *Transportar, acarrear, conducir, llevar.*

portento m. *Maravilla, prodigio, asombro, milagro, pasmo.*

portentoso -sa adj. *Maravilloso, prodigioso, asombroso, milagroso, pasmoso, estupendo.*

porteño -ña adj.-s. [pers.] *Bonaerense.*

portero m. En el fútbol, *guardameta.*

pórtico m. *Porche.*

portillo m. *Abertura.* ‖ *Postigo.* ‖ *Mella, desportilladura.*

portón m. *Contrapuerta.*

portorriqueño -ña adj.-s. [pers.] *Puertorriqueño; boricua* y *borinqueño* se aplican gralte. a lo indígena primitivo de la isla. ‖ *Puertorriqueño* es la forma preferida en nuestros días.

portugués -sa adj.-s. [pers.] *Lusitano, luso.*

porvenir m. *Futuro, mañana.*

posada f. **Fonda, mesón, parador, hostal, hostería.* ‖ *Alojamiento, hospedaje, albergue.*

posaderas f. pl. *Nalgas, asentaderas.*

posadero -ra adj. *Mesonero, hostelero, huésped* (ant.).

posar intr. *Asentarse, descansar, reposar.* ‖ prnl. *Sedimentarse, reposarse, depositarse.*

posdata f. Se emplea también la forma latina *postdata,* y en ambos casos se abrevia *P. D.* Igualmente se usa *post scriptum,* en abreviatura *P. S.*

poseer tr. *Tener, gozar, disfrutar.*

poseído -da adj.-s. *Poseso, endemoniado, espiritado.* ‖ fig. *Furioso, enfurecido, rabioso.*

posesión f. *Tenencia, goce, disfrute.* ‖ *Propiedad, finca.*

posesionar tr. Como tr., *dar posesión;* como prnl., *tomar posesión* de un cargo o empleo. Tratándose de cosas, *adueñar(se), adquirir.*

poseso -sa adj.-s. **Endemoniado, poseído, espiritado.*

posibilidad f. En lenguaje filosófico, *potencia.* ‖ *Medios, caudal, bienes, hacienda.*

posible adj. En FIL. *potencial,* opuesto a *actual; virtual.* ‖ *Factible, hacedero, realizable.* «Lo *posible* entra en el orden natural de los sucesos; lo *factible,* en el orden de las facultades humanas. Lo *posible* puede ser; lo *factible* puede ejecutarse. Así, hablando en rigor, lo *factible* admite más o menos; no así lo *posible,* porque el hecho a que se refiere puede o no puede verificarse, y, por consiguiente, no admite término medio... Lo *hacedero* [y lo *realizable*] presentan más facilidad de ejecución que lo *facti-*

ble» (M). ‖ m. pl. *Recursos, medios, bienes.*

posición f. *Postura, actitud.* ‖ *Situación, disposición.* ‖ *Estado, condición, categoría.*

positivo -va adj. *Cierto, verdadero, indudable.* ‖ *Real, efectivo.* «Es *positivo* lo que se afirma; es *real* lo que existe. Lo opuesto a lo *positivo* es lo condicional, lo problemático, lo dudoso. Lo opuesto a lo *real* es lo ideal, lo imaginario, lo ilusorio. Se llama *positiva* la ley humana, porque está escrita, y no depende de conjeturas ni de probabilidades como la natural. Son *reales* todos los objetos que hieren los sentidos» (M). ‖ *Práctico, utilitario, pragmático.*

posma com.-adj. fig. *Cachazudo, pesado, flemático, calmoso.*

poso m. *Sedimento, solada, suelo, heces.*

posponer tr. *Aplazar, diferir.* ‖ *Postergar.*

postema f. *Supuración, apostema, pus.*

postergar tr. *Aplazar, diferir.* ‖ *Posponer.*

posteridad f. *Descendencia, generación venidera.* ‖ *Fama póstuma.*

posterior adj. *Siguiente, subsiguiente, ulterior.*

posteriormente adv. o. t. *Después, detrás.*

postigo m. *Puerta falsa.* ‖ *Portillo.* ‖ *Cuarterón.*

postín m. fam. *Vanidad, presunción, fachenda, boato, lujo.*

postizo -za adj. *Pegadizo, sobrepuesto, añadido.* ‖ *Artificial.*

postor m. *Licitador.*

postración f. *Abatimiento, descaecimiento, desfallecimiento, aplanamiento, extenuación, debilidad.* ‖ *Humillación.*

postrar tr. *Rendir, derribar.* ‖ *Debilitar, abatir, aplanar, extenuar.* ‖ prnl. *Humillarse, arrodillarse, prosternarse.*

postrero -ra adj. *Último, postrimero, postremo.*

postrimería f. *Acabamiento, declinación, final, fin.* ‖ TEOL. *Novísimo.*

postular tr. *Pedir, pretender, solicitar. Postular* se aplica esp. con el significado de *pedir* o *colectar* fondos para algún fin benéfico o religioso.

postura f. *Posición, actitud.* La *situación* se refiere al lugar que ocupa una persona o cosa en relación con otras; p. ej.: la *situación* de una casa en una calle o barrio determinado; en sentido fig., la *situación* social de un hombre. La *actitud* y la *postura* denotan el modo en que

está puesta o colocada una persona, animal o cosa; p. ej.: en *postura* incómoda; en *actitud* suplicante, airada, etc.

potable adj. *Bebedizo, bebible. Potable* se aplica principalmente al agua.

potencia f. *Fuerza, fortaleza, vigor, energía.* ‖ *Poder, poderío.* «La *potencia* es la facultad de producir; *poder* es la facultad de obrar; *poderío* es la facultad de exigir sumisión y obediencia. El alma tiene *potencias*; sus producciones son los pensamientos, los raciocinios, la locución; el fuerte tiene *poder*, y por esto ataca, resiste, subyuga y vence; los monarcas y los gobiernos tienen *poderío*, y con él mandan y se hacen obedecer» (M). ‖ FIL. *Posibilidad*, en oposición a *actualidad*.

potencial adj. *Posible.* ‖ m. GRAM. *Condicional.*

potentado m. *Rico, pudiente, adinerado, acaudalado, opulento.*

potente adj. *Poderoso, fuerte, enérgico, eficaz, vigoroso.*

potestad f. *Poder, dominio, facultad, autoridad, jurisdicción.*

potestativo -va adj. *Facultativo.*

potra f. vulg. *Hernia, quebradura.*

potrear tr. fig. y fam. *Molestar, mortificar.*

poza f. *Charca, lagunajo.*

práctica f. *Destreza, pericia, habilidad, experiencia.* ‖ *Costumbre, uso, hábito.* ‖ *Modo, método, procedimiento.*

practicable adj. *Hacedero, realizable.* ‖ *Transitable.*

practicar tr. *Hacer, efectuar, ejecutar, realizar.* ‖ *Ejercer, ejercitar.*

práctico -ca adj. *Experimentado, experto, perito, versado, conocedor, avezado, diestro.*

pravedad f. *Iniquidad, perversidad, inmoralidad.*

preámbulo m. *Prólogo, proemio, prefacio, preámbulo e introducción* se aplican a los libros o a los discursos; *exordio* se usa esp. tratándose de discursos. ‖ *Rodeo, digresión.*

prebenda f. fig. *Sinecura, poltrona, enchufe, momio.*

precario -ria adj. *Inestable, inestable, transitorio.*

precaución f. *Prevención* tiene sentido atenuado, a menudo eufemístico. *Cautela* sugiere mayor desconfianza, y por ello pasa fácilmente al signif. de astucia, maña. *Caución* se emplea sólo como término bancario o jurídico (v. *Garantía*). Según las circunstancias, pueden sustituirle voces como *reserva, cuidado, tien-*

to, escama (desconfianza recelosa).

precaver tr.-prnl. **Evitar, prevenir, prever.*

precavido -da adj. *Prudente, circunspecto, previsor.*

precedente adj.-s. **Antecedente, anterior.*

preceder tr. *Anteceder.*

preceptiva literaria f. Antig. se llamaba *Retórica y Poética.* Hoy se llama, gralte. *Teoría literaria.*

precepto m. **Mandato, orden, disposición.* ‖ *Instrucción, regla, norma.*

preceptor -ra m. f. *Maestro, maestra, educador, mentor.*

preceptuar tr. *Disponer, mandar, ordenar, prescribir.*

preces f. pl. *Plegarias, oraciones, rezos.* ‖ *Ruegos, súplicas.*

preciado -da adj. *Estimado, apreciado, precioso.* ‖ *Jactancioso, engreído.*

preciar tr. *Apreciar, estimar.* ‖ prnl. *Gloriarse, jactarse, presumir, vanagloriarse, echárselas de, alabarse.*

precio m. **Valor, *costa, coste, costo.* ‖ fig. *Estimación, importancia.*

precioso -sa adj. *Excelente, primoroso, estimable, apreciable.* ‖ *Valioso, costoso.* ‖ fig. *Hermoso, bello, encantador.*

precipicio m. *Despeñadero, derrumbadero, abismo, sima, voladero.*

precipitación f. *Prisa, aceleración, apresuramiento, atolondramiento, aturdimiento, inconsideración, arrebato, imprudencia, irreflexión.*

precipitado -da adj. *Apresurado, atropellado, irreflexivo, alocado.* ‖ m. QUÍM. **Sedimento;* ant. *magisterio.*

precipitar tr. *Arrojar, lanzar, despeñar, derrumbar.* ‖ *Acelerar, apresurar, atropellar.* ‖ prnl. *Arrojarse, echarse, lanzarse, abalanzarse, tirarse.*

precisar tr. *Fijar, determinar, definir.* ‖ *Necesitar.* ‖ *Forzar, obligar, constreñir.*

preciso -sa adj. **Necesario, forzoso, indispensable, inexcusable, obligatorio, imprescindible.* ‖ *Exacto, estricto, determinado, definido, puntual, fijo, cierto, conciso.*

precito -ta adj. *Prescito, réprobo, condenado.*

preclaro -ra adj. *Esclarecido, ilustre, insigne, afamado, famoso, célebre.*

preconizar tr. *Encomiar, elogiar, ensalzar, alabar.* ‖ *Patrocinar, auspiciar.*

precoz adj. *Temprano, prematuro, anticipado.* «Lo *precoz* supone fuerza de vitalidad; lo *prematu*-*ro* es simplemente lo que se anticipa al tiempo señalado para que una cosa se verifique. El fruto *precoz* puede ser sazonado; no así el *prematuro;* la *precocidad* del ser humano consiste en la abreviación del tiempo que media entre la niñez y la virilidad; la vejez *prematura* es siempre síntoma de decadencia» (M).

predecesor -ra m. f. *Antecesor.* «*Predecesor* parece más propio para las dignidades; *antecesor,* para los oficios y demás especies de ocupaciones: los papas sus *predecesores;* su *predecesor* en el trono; su *antecesor* en la casa; el sueldo que tuvo su *antecesor.* Hablaría con mucha afectación el criado que dijese: esta es la librea que se hizo para mi *predecesor*» (LH). ‖ *Ascendiente, antepasado, progenitor.*

predecir tr. **Adivinar, anunciar, pronosticar, presagiar, augurar, vaticinar, profetizar.*

predestinado -da adj.-s. *Elegido.*

predestinar tr. *Preelegir.*

prédica f. *Sermón, plática.* ‖ *Perorata, soflama* (v. **Discurso*).

predicar tr. *Sermonar, sermonear.* ‖ fig. *Amonestar, reprender.*

predicción f. *Pronóstico, presagio, augurio, adivinación, vaticinio, profecía.* «La *predicción* es simplemente el anuncio anticipado de un suceso. *Pronóstico* es la *predicción* fundada en observaciones, en conjeturas y en apariencias externas. [El meteorólogo y el médico hacen *pronósticos* con fundamento científico.] *Vaticinio* es la *predicción* que tiene su origen en un don, en una autoridad que el hombre se atribuye. *Profecía* es la *predicción* inspirada por Dios. Ha sido muy común el error de atribuir a los sueños la *predicción* de sucesos adversos o felices; los astrólogos abusaban de la credulidad pública con sus *pronósticos;* Cicerón se burlaba de los *vaticinios* de los augures; las *profecías* sirven de pruebas invencibles de la verdad de la religión» (M). El *presagio,* el *augurio* y la *adivinación* coinciden con el *vaticinio.*

predilección f. *Preferencia.* «La *predilección* emana del afecto; la *preferencia,* de la conveniencia o del gusto. La *predilección* se dirige espontáneamente al objeto más amado; la *preferencia,* al que más lisonjea nuestras propensiones. Cuando se *prefiere* una persona a otra, aquélla puede ser la *predilecta;* pero también puede fundarse la *preferencia* en cálculos y en motivos» (M).

predilecto -ta adj. *Preferido, favorito, elegido.*

predio m. *Heredad, hacienda, tierra, finca, posesión.*

predisposición f. **Propensión, inclinación, tendencia.*

predominar tr. **Prevalecer, preponderar, dominar.* ‖ *Sobresalir, exceder.*

predominio m. *Superioridad, preponderancia, poder, dominio, imperio, autoridad, ascendiente.* Tratándose de estados o naciones, *hegemonía.*

preeminencia f. *Privilegio, exención, prerrogativa, superioridad.*

preeminente adj. *Elevado, alto, superior.* ‖ *Honorífico, honroso, egregio.*

prefacio m. *Preámbulo, *prólogo, proemio.*

preferencia f. *Primacía, prioridad, superioridad.* ‖ *Inclinación, *predilección.*

preferir tr. *Preponer, anteponer, *escoger, elegir, optar por.*

pregonar tr. **Divulgar, publicar, proclamar.* ‖ *Vocear, anunciar.*

pregonero adj.-s. *Voceador, nuncio.*

pregunta f. *Interrogación.*

preguntar tr. *Interrogar.* Aunque son voces sinónimas, *interrogar* supone gralte. una serie de preguntas, y *preguntar* puede consistir en hacer una sola pregunta o varias. El juez *interroga* a los testigos; el que se extravía *pregunta* a un transeúnte la dirección, calle, etc., que busca. El complemento directo de *interrogar* es una persona o cosa personificada: se *interroga* a uno sobre lo que deseamos averiguar; en sentido fig., *interrogamos* a las estrellas, a nuestra conciencia, etc., acerca de las dudas que tenemos. El complemento directo de *preguntar* es una cosa: *preguntamos* algo (compl. dir.) a alguien (compl. indirecto).

prelación f. *Preferencia.*

preludio m. *Introducción, principio, comienzo, entrada.*

prematuro -ra adj. **Precoz, temprano, anticipado.*

premiar tr. *Recompensar, galardonar, remunerar.*

premio m. *Galardón,* cuando es de carácter honorífico; *lauro* (menos us.) alude pralte. al honor que se deriva de un galardón. *Remuneración* está más cerca del concepto de *paga. Recompensa* oscila entre *remuneración* y *premio,* según las circunstancias. «En el *premio* se considera solamente el mérito; en la *recompensa,* el trabajo, la pérdida y el sacrificio; en el *galardón* entra la idea de un alto aprecio de parte del que lo confiere. Se *premia* al estudiante sobresaliente; se *recompensa* al que expone su vida por salvar la de un semejante. Augusto *galardonó* a los grandes poetas de su tiempo. Muchas veces se *premia* con distintivos honoríficos; la *recompensa* consiste en bienes sólidos, que contribuyen al bienestar. Una inscripción, una estatua, un monumento, son *premios* con que los monarcas y las naciones *galardonan* a los sabios y a los héroes» (M). ‖ *Prima, sobreprecio.*

premonstratense adj.-s. [pers.] *Mostense.*

premura f. *Aprieto, apuro, prisa, urgencia, instancia, perentoriedad.*

prenda f. **Garantía, empeño, fianza.*

prendarse prnl. *Aficionarse, enamorarse, encariñarse.*

prender tr. *Asir, agarrar, coger.* ‖ *Detener, *capturar, aprisionar, aprehender, encarcelar.* ‖ *Enganchar, enredar.* ‖ intr. *Arraigar, encepar.*

prendimiento m. *Prisión, captura, detención.*

prensista m. IMPR. *Tirador.*

preñado m. *Embarazo, preñez; gestación,* cientif.; *gravidez,* eufem.

preocupación f. *Cuidado, inquietud.* ‖ *Prejuicio, prevención.*

preocupar tr.-prnl. *Absorber, inquietar.*

preparar tr. *Prevenir, *disponer, aparejar, arreglar, aprestar, alistar.*

preparativos m. pl. *Aprestos, disposiciones, prevenciones, aparejo, aparato.*

preponderancia f. **Superioridad, supremacía, predominio;* tratándose de estados o naciones, *hegemonía.*

preponderar intr. **Prevalecer, predominar.*

prerrafaelismo m. *Primitivismo.*

prerrogativa f. **Privilegio.*

presa f. *Captura, aprehensión.* ‖ *Represa.*

presagiar tr. *Predecir, pronosticar, augurar, *adivinar, vaticinar, profetizar.*

presagio m. *Señal, indicio, anuncio.* ‖ *Predicción, pronóstico, augurio, vaticinio.*

presbicia f. *Vista cansada* es la denominación pop.; *hipermetropía,* tecnicismo.

presbítero m. *Sacerdote, ordenado.*

prescindir intr. *Omitir, pasar por alto,* pueden producirse por inadvertencia u olvido; en tanto que *prescindir, apartar, dejar a un lado* y *dar de lado* connotan la voluntad de evitar lo que no importa.

prescribir tr. *Ordenar, mandar, determinar, preceptuar, disponer.* Tratándose de medicamentos que prescribe el facultativo, *recetar, formular.* ‖ intr. DER. *Extinguirse, caducar.*

presencia f. *Aspecto, figura, apariencia, traza, talle, disposición.* En términos burlescos, *facha, pinta.*

presentar tr. *Mostrar, exhibir, exponer, ofrecer.* ‖ *Regalar, ofrendar.* ‖ prnl. **Comparecer, personarse.*

presente adj. *Actual.* ‖ m. **Regalo.*

presentimiento m. *Corazonada, barrunto, vislumbre.*

presentir tr. *Barruntar, antever.*

preservar tr. **Proteger, resguardar, salvaguardar, amparar.*

preservativo -va adj.-s. *Profiláctico* (MED.).

presidiario m. **Penado, presidario, forzado.*

presidio m. **Penal, penitenciaria.*

preso -sa adj.-s. *Recluso, encarcelado, cautivo, prisionero, *penado.*

prestación f. *Azofra, prestación personal.*

prestamente adv. m. *De presto, prontamente, ligeramente, rápidamente, con brevedad.*

préstamo m. *Manlieva,* ant. *Empréstito* es el *préstamo* que toma el Estado o alguna corporación pública o privada.

prestancia f. *Gallardía, despejo.*

prestar tr. *Dejar.* ‖ *Suministrar, facilitar.* ‖ intr. *Dar de sí, extenderse, estirarse.* ‖ prnl. *Avenirse, allanarse, ofrecerse, brindarse.*

preste m. *Oficiante.*

presteza f. *Prontitud, rapidez, brevedad, ligereza.* ‖ *Diligencia, actividad.*

prestidigitador -ra m. f. *Ilusionista, jugador de manos.*

prestigio m. *Ascendiente, autoridad, reputación, crédito, influencia.*

presto -ta adj. *Pronto, ligero, diligente.* ‖ *Aparejado, preparado, dispuesto, listo, pronto.* ‖ adv. t. *Luego, al instante, prontamente, brevemente.*

presumido -da adj. *Vano, vanidoso, fatuo, petulante, jactancioso, presuntuoso.*

presumir tr. *Sospechar, conjeturar, *suponer.* ‖ intr. **Jactarse, vanagloriarse, alardear, alabarse.*

presunción f. *Suposición, conjetura, sospecha.* ‖ **Vanidad, *orgullo, fatuidad, engreimiento, petulancia, jactancia.*

presunto -ta adj. **Supuesto.*

presuntuoso -sa adj.-s. *Vano, fanta-*

sioso, engreído, petulante; desp. intens. *fantasmón.*

pretender tr. *Pedir, aspirar, solicitar.* «*Pretender* explica sólo la acción de *aspirar* a una cosa, o con justicia o por gracia. *Solicitar* representa las diligencias y medios de que nos servimos, y pasos que damos para conseguirlo» (LH). ‖ *Procurar, intentar, tratar de.*

pretendiente adj.-s. *Aspirante, solicitante.* Si se trata de un cargo, *candidato.*

pretensión f. *Aspiración.* ‖ *Vanidad, presunción.*

preterición f. RET. *Pretermisión.*

pretérito -ta adj.-s. *Pasado.*

pretexto m. **Excusa, disculpa, socapa, rebozo.*

pretil m. *Antepecho, guardalado, barandilla.*

prevalecer intr. *Sobresalir, predominar, preponderar. Prevalecer* sugiere gralte. la idea de mayor o menor dificultad, oposición o lucha, contra las cuales *prevalece* algo. Este matiz no se halla necesariamente contenido en *predominar* y *preponderar.* P. ej.: entre los árboles de un bosque *predominan* o *preponderan* los robles, si están en mayor número; pero no diremos que *prevalecen* si no queremos sugerir que este hecho se produce en oposición a otras especies arbóreas, o en lucha contra cualquier circunstancia adversa. ‖ *Arraigar, prender.* ‖ *Crecer, aumentar.*

prevalerse prnl. *Valerse, aprovecharse, servirse.*

prevención f. *Preparativo, disposición, medida, providencia.* ‖ *Previsión, *desconfianza, *precaución.* ‖ *Advertencia.* «*Prevención* y *advertencia* son sinónimos cuando significan orden, consejo o aviso anticipado; pero la *prevención* lleva consigo la idea de autoridad o de precepto; la *advertencia* lleva consigo la idea de buen deseo o de consejo amistoso. El general hace sus *prevenciones* a los oficiales del ejército y exige que se arreglen a ellas. El joven que no se arregla a las *prevenciones* que le hacen sus superiores, o cierra los oídos a las prudentes *advertencias* de los hombres experimentados que le quieren bien, se expone a muchos desaciertos. La *prevención* se hace siempre de superior a inferior; la *advertencia* se puede también hacer entre iguales; pero ni la una ni la otra se pueden hacer de inferior a superior, porque a éste no se le *previene* ni se le *advierte* lo que debe hacer;

se le expone o se le representa»
(LH). El *apercibimiento* acentúa
el carácter conminatorio de la
prevención.

prevenir tr. *Preparar, disponer, aparejar, aprestar.* ‖ *Prever, precaver, *evitar.* ‖ *Avisar, advertir, aconsejar, informar, *noticiar, anunciar.*

prever tr. *Antever, conjeturar, barruntar, prevenir, precaver. Prevenir y precaver* connotan la idea de tomar alguna disposición o hacer algún preparativo ante una eventualidad que prevemos.

previo -via adj. **Anterior, anticipado.*

previsor -ra adj. *Precavido, cauto, prudente.*

prez f. *Estima, gloria, honor, honra, fama.*

prieto -ta adj. *Oscuro, negro.* ‖ *Apretado.* ‖ fig. *Agarrado, mezquino, tacaño, mísero, miserable.*

prima f. *Premio, sobreprecio.*

primacía f. *Prioridad, superioridad, excelencia, preeminencia.*

primario -ria adj. **Primordial, primitivo, primero.* Hablamos de arte *primitivo* o de terrenos *primitivos* en Geología. *Primordial* y *primero* se aplican con preferencia con idea de *previo* o *anterior* a otra cosa, aunque no sea muy remota en el tiempo : una cuestión *primordial, previa* o *primera*, a lo que se discute, o considerada como de capital importancia.

primavera f. (planta). *Vellorita.*

primaveral adj. *Vernal*, de uso restringido o lit.; *equinoccio vernal.*

primerizo -za adj.-s. *Novato, novicio, principiante.* ‖ adj.-f. *Primípara.*

primero -ra adj. **Primordial, primitivo, primario.*

primigenio -nia adj. *Primitivo, originario.*

primitivo -va adj. **Primordial, primigenio, originario, primario, primero.*

primo -ma adj. *Primero.* ‖ *Incauto, simple, cándido.*

primogenitura f. *Mayorazgo, progenitura.*

primor m. *Esmero, cuidado, maestría, habilidad, destreza, perfección.*

primordial adj. *Primitivo, primero, primario, fundamental.* «Lo *primordial* se refiere al principio, como origen; lo *primero*, al orden en la clasificación; lo *primario* es lo *primero* en el orden de la composición de diversas partes, es decir, lo más elemental y sencillo. No se sigue de esta explicación que *primordial* sea exactamente lo mismo que

primero, atento a que no podemos decir el *primordial*, sino el *primero* de los conquistadores; ni el *primordial*, sino el *primero* de los poetas dramáticos, ya se entienda el que compuso los *primeros* o los mejores dramas. Lo *primordial* tiene un sentido más abstracto y filosófico que lo *primitivo*; las leyes *primordiales* de la creación son anteriores a las naciones *primitivas*; *primero* expresa una idea más concreta que las otras voces: por ejemplo, la *primera* de las familias humanas fue el fundamento de la nación *primitiva* por excelencia; las lenguas *primitivas* son emanaciones de las leyes *primordiales* del pensamiento, y fueron los *primeros* vínculos de las sociedades humanas. Las escuelas *primarias* son aquellas en que se enseñan los *primeros* rudimentos» (M).

primoroso -sa adj. *Esmerado, cuidadoso, excelente, perfecto, fino.* ‖ *Diestro, hábil, habilidoso.*

principal adj. *Primero, importante.* ‖ *Ilustre, precipuo, esclarecido, distinguido, noble.* ‖ *Esencial, fundamental, capital, primordial.* ‖ m. *Jefe, director.*

principalmente adv. m. *Primeramente, ante todo, máxime.*

principiante adj.-s. *Aprendiz, novicio, novato.*

principiar tr. *Comenzar, *empezar, iniciar, dar principio.*

principio m. *Origen, causa, comienzo, inicio.* «El *principio* es el primero de una serie de hechos de la misma naturaleza y carácter; el *origen* es un hecho que da lugar a otro; la *causa* es una agencia eficaz que da existencia a lo que antes no la tenía. Se dice: el *principio* del mundo, el *origen* de una nación, la *causa* de un fenómeno. Dios es *principio*, porque su existencia es anterior a todas; es *origen*, porque de su existencia emanan todas; es *causa*, porque las creó todas. La construcción de los cimientos no es el *origen* ni la *causa*, sino el *principio* de un edificio. El robo de Helena no fue el *principio* ni la *causa*, sino el *origen* de la guerra de Troya. La atracción no es el *origen* ni el *principio*, sino la *causa* de los movimientos planetarios. La *causa* no se concibe sino en Dios con el *origen* y el *principio*. El *principio* empieza; el *origen* ocasiona; la *causa* produce. Sólo en la conversación familiar puede confundirse el significado de estas tres voces. El lenguaje filosófico no lo consiente...» (M). ‖ *Fundamento, ba-*

se. ‖ *Norma, precepto, regla, máxima.* ‖ *Encabezamiento.*

pringar tr. *Empringar* (vulg.), *untar, manchar, ensuciar.*

pringoso -sa adj. *Empringado, grasiento, untado, lardoso, aceitoso, oleoso.* ‖ *Sucio, mugriento.*

pringue amb. *Grasa, unto.* ‖ *Suciedad, mugre.*

prioridad f. *Precedencia, anterioridad.* ‖ *Superioridad, primacía, preeminencia.*

prisa f. *Prontitud, rapidez, celeridad, presteza, brevedad.* ‖ *Urgencia, premura, apremio, ansia.* ‖ fr. «*Andar de prisa* expresa celeridad en el movimiento; *estar de prisa* significa tener que hacer mucho en poco tiempo. El que no *está de prisa* bien puede andar despacio» (M).

prisión f. *Aprehensión, prendimiento, captura, detención.* ‖ *Reclusión, encierro.* ‖ **Cárcel.* «Todo edificio en que se custodian presos es *prisión*, y así los cuarteles y fortalezas sirven de *prisión* a los militares. *Cárcel* es un edificio construido expresamente para el mismo objeto, y que tiene ciertas condiciones necesarias y peculiares para conseguirlo, como las rejas, los calabozos, los encierros, las puertas de golpe, etcétera» (M).

prisionero -ra m. f. *Cautivo.*

prístino -na adj. *Antiguo, primitivo, originario.*

privación f. *Falta, carencia.* «La *falta* supone mayor grado de necesidad que la *privación*. Cuando hace *falta* una cosa es porque se necesita; no sucede lo mismo en el caso de la *privación*, la cual puede recaer sobre el placer y sobre lo superfluo, sin causar una impresión penosa ni hacer insoportable la vida...» (M).

privado -da adj. *Personal, particular.* ‖ m. *Valido, favorito.*

privanza f. *Valimiento, favor.*

privar tr. *Despojar, desposeer, quitar.* ‖ *Prohibir, vedar, impedir.* ‖ prnl. *Renunciar, *abstenerse.*

privativo -va adj. *Propio, personal, particular, especial.*

privilegiado -da adj. *Preferido, predilecto, favorito.*

privilegio m. *Prerrogativa.* «La *prerrogativa* es el efecto del *privilegio*. El que tiene un *privilegio* goza de ciertas *prerrogativas*. *Privilegio*, además, envuelve más exclusión que *prerrogativa*; y así en las naciones libres, las autoridades tienen *prerrogativas*, y las leyes no reconocen *privilegios*» (M.).

proa f. *Prora,* poét.

probable adj. *Verosímil, creíble.*

probadura f. *Gustación, prueba, cata.*

probar tr. *Experimentar, tantear, ensayar.* ‖ *Intentar, tratar, procurar.* ‖ *Gustar, catar.* ‖ *Acreditar, demostrar, justificar, evidenciar.* «Se *prueba* con razones y con testimonios; se *acredita* con la autoridad y el poder; se *justifica* con la exposición de los motivos. Cuando los argumentos convencen, queda *probado* el hecho o el aserto. Cuando un hombre de puesto elevado o de sólida reputación confirma una noticia, la *acredita;* cuando se explica de un modo plausible una conducta equívoca, se *justifica*» (M). Según los medios de prueba empleados, pueden usarse otros sinónimos como *atestiguar, testificar, testimoniar, atestar, documentar, autorizar.*

probidad f. *Integridad, honradez, *hombría de bien, rectitud, moralidad, bondad.*

problemático -ca adj. *Dudoso, incierto, inseguro.*

probo -ba adj. *Íntegro, honrado, recto.*

procacidad f. *Desvergüenza, insolencia, atrevimiento, descaro, desfachatez, descoco.*

procedencia f. *Origen, nacimiento.* ‖ *Punto de partida.* ‖ *Oportunidad, pertinencia.*

1) **proceder** m. *Comportamiento, conducta.*

2) **proceder** intr. *Venir, provenir.* ‖ *Nacer, seguirse, originarse, emanar, dimanar, derivarse.* ‖ *Portarse, comportarse, conducirse, obrar.*

procedimiento m. **Método, manera, forma, marcha.* ‖ DER. *Actuación, tramitación.*

proceloso -sa adj. *Borrascoso, tormentoso, tempestuoso.*

prócer adj. *Alto, eminente, elevado, egregio.* ‖ m. *Magnate, primate, optimate.*

procesado -da adj.-s. *Acusado, inculpado.*

procesar tr. *Encartar, empapelar* (fam.), *encausar, enjuiciar.*

procesión f. Etimológicamente, *teoría*, sólo usado en estilo docto o tratando de la antigua Grecia: *teoría* de las Panateneas. ‖ fig. *Hilera, fila.*

proceso m. *Sucesión, transcurso; transformación, desarrollo.* ‖ *Causa.*

proclamar tr. *Publicar, divulgar, pregonar.* ‖ *Declarar, promulgar.* ‖ *Aclamar.*

procrear tr. *Engendrar, generar.*

procurar tr. *Pretender, tratar de, intentar.*

prodigalidad f. *Derroche, despilfarro, larguez a, liberalidad, profu-*

sión. ‖ *Abundancia, copia, exuberancia.*

prodigar tr. *Disipar, desperdiciar, derrochar, malgastar, despilfarrar.* No siempre *prodigar* tiene el sentido de exceso, sino que puede significar sencillamente dar con abundancia o profusión. Decir que un canal de riego *prodiga* las riquezas en una comarca, no significa que las *malgasta* o *desperdicia.* Un hombre que *prodiga* los favores entre sus amigos no es censurable.

prodigio m. *Portento, maravilla, asombro, pasmo, milagro.*

prodigioso -sa adj. *Maravilloso, asombroso, pasmoso, portentoso, milagroso.* ‖ *Excelente, primoroso, exquisito, admirable.*

pródigo -ga adj.-s. *Derramado, malgastador, manilargo, manirroto, disipador, derrochador, despilfarrador. Pródigo* es voz culta o del lenguaje jurídico.

producir tr. *Engendrar, procrear.* ‖ *Crear, elaborar.* ‖ *Fructificar.* ‖ *Rentar, redituar, rendir.* ‖ *Fabricar, manufacturar.* ‖ fig. *Originar, ocasionar, causar, motivar, procurar.* ‖ prnl. *Explicarse, manifestarse.*

productividad f. *Rendimiento.* Son a menudo equivalentes, pero *productividad* es término pralte. us. entre economistas para designar la capacidad de producir, mientras que *rendimiento* sugiere el *producto* obtenido y se acerca más al sentido concreto de *utilidad* o *producción.* La *productividad* puede ser real o virtual. El *rendimiento* es real.

producto m. *Producción.* ‖ *Fruto, beneficio, utilidad, provecho, lucro, rendimiento, renta, rédito.* ‖ *Efecto, resultado, consecuencia.*

proemio m. *Prólogo, prefacio, preámbulo, introducción.*

proeza f. *Hazaña, heroicidad, valentía.*

profanación f. *Sacrilegio, profanación de lo sagrado.*

profanar tr. *Violar.* ‖ fig. *Deslucir, deshonrar, prostituir.*

profano -na adj. *Secular, laico.* ‖ adj.-s. *Ignorante, lego.*

profecía f. *Predicción, augurio, vaticinio, presagio.*

proferir tr. *Pronunciar, articular, decir.*

profesión f. *Carrera, facultad.* ‖ *Empleo, oficio, ministerio.*

profeta m. *Vidente.*

profetizar tr. *Anunciar, predecir, *adivinar, vaticinar.* ‖ fig. *Conjeturar, presagiar.*

prófugo m. Es frecuente llamarle también *desertor,* aunque éste en rigor es el que abandona las fi-

las en que sirve, y el *prófugo* huye por no incorporarse a ellas. *Tornillero,* burl., se aplicaba ant. al soldado desertor.

profundizar tr. *Ahondar.*

profundo -da adj. *Hondo.* ‖ *Penetrante.* ‖ fig. *Recóndito, difícil.*

profusión f. *Abundancia, copia, exuberancia, prodigalidad, multitud.*

profuso -sa adj. *Abundante, copioso, exuberante.*

progenie f. *Casta, familia, progenitura, linaje.*

progenitor m. *Padre.* ‖ *Antepasado, ascendiente.*

progenitura f. *Progenie, familia, linaje.* ‖ *Primogenitura.*

programa m. *Cuestionario.* ‖ *Plan, planificación.*

programar tr. *Planear, planificar; programar* sugiere en gral. más detalle en lo que se *planea* o *planifica.*

progresar intr. *Adelantar, perfeccionarse, desarrollarse, prosperar, florecer, mejorar, medrar.*

progreso m. *Proceso, avance, adelanto, adelantamiento, perfeccionamiento, desarrollo.* ‖ *Prosperidad, aumento, mejora.*

prohibido -da adj. *Ilícito, ilegal, vedado.*

prohibir tr. *Privar, impedir, vedar,* pueden tener por sujeto personas o cosas. El sujeto de *prohibir* es una persona, ley, orden, etc. P. ej.: el temporal *impide* (no *prohíbe*) la salida del vapor.

prohijar tr. *Adoptar, ahijar.*

prois m. *Noray.*

prójimo m. *Semejante.* ‖ desp. *Individuo, sujeto, socio;* p. ej.: ¿quién es ese *prójimo?*

prole f. *Hijos, descendencia, familia.*

prolepsis f. RET. *Anticipación.*

prolífico -ca adj. *Fecundo.*

prolijo -ja adj. *Largo, extenso, dilatado, difuso.*

prólogo m. *Proemio, prefacio.* Introducción y preámbulo se aplican a los libros o a los discursos. *Exordio* se usa esp. tratándose de discursos.

prolongar tr. *Alargar, extender.*

promesa f. *Prometido, prometimiento,* ambos menos us.; *promisión* es de uso lit. restringido: los israelitas iban a la tierra de *promisión.* ‖ *Ofrecimiento, oferta.* «La *oferta* es una demostración del deseo con que nos hallamos, o afectamos hallarnos, de que se admita o se reciba el servicio o la cosa que se ofrece. La *promesa* es una obligación que nos imponemos de hacer algún servicio o de dar alguna cosa. El que *ofrece* con poca voluntad de dar, se expone a que se le admita la oferta. El que *promete* con voluntad o sin ella, debe cumplir su *promesa*. Por eso no decimos que se admite con agradecimiento la *promesa*, y se exige el cumplimiento de la *oferta;* sino que se admite con agradecimiento la *oferta*, y se exige el cumplimiento de la *promesa*. En la voz *oferta* sólo se descubre la voluntad del que *ofrece;* en la voz *promesa* se descubre la aceptación de aquel a quien *se ha prometido.* Me ha *ofrecido* su casa, pero yo no la he aceptado. Me ha *prometido* venir a la mía, y espero que no faltará a su palabra» (LH). ‖ *Voto.* ‖ fig. *Augurio, señal, esperanza.*

prometer tr. *Ofrecer, obligarse.* ‖ *Asegurar, afirmar, cerciorar, certificar.* ‖ prnl. *Esperar, confiar.* ‖ prnl. *Consagrarse.*

prominencia f. *Saliente, elevación, protuberancia.*

prominente adj. *Saliente, alto, elevado.*

promiscuidad f. *Mezcla, confusión.*

promoción f. *Hornada, fam.*

promotor -**ra** adj.-s. *Promovedor, iniciador, suscitador.*

promover tr. *Suscitar, iniciar, mover, procurar.* ‖ *Elevar, ascender.*

promulgar tr. *Publicar.* «El acto de *promulgar* supone más solemnidad, más eficacia de acción que el de *publicar*. Se *publican* libros y noticias; se *promulgan* leyes y mandatos» (M).

pronosticar tr. *Predecir, presagiar, *adivinar.*

pronóstico m. **Predicción, presagio, vaticinio, profecía, adivinación.*

prontamente adv. t. *Al punto, sin dilación, pronto, en seguida.* ‖ *Rápidamente, aceleradamente.*

prontitud f. *Velocidad, rapidez, aceleración, presteza, diligencia, actividad.* ‖ *Viveza, precipitación.*

pronto -**ta** adj. *Veloz, rápido, acelerado, presto, ligero.* ‖ *Dispuesto, preparado, aparejado.* ‖ m. *Arrebato, arranque.* ‖ m. *Ocurrencia, salida.* ‖ adv. m. *Presto, prontamente, *aprisa.*

pronunciación f. *Dicción, articulación.*

pronunciamiento m. *Rebelión, alzamiento, levantamiento, *sublevación, insurrección.* En términos burlescos, *cuartelada, militarada. Pronunciamiento* es concretamente rebelión militar, y no se aplica a otra clase de *insurrecciones* o *levantamientos.*

pronunciar tr. **Articular, proferir, decir.* ‖ prnl. *Rebelarse, sublevarse, levantarse. Pronunciarse* se dice sólo de los militares.

propaganda f. *Divulgación, difusión, *publicidad.*

propagar tr. *Multiplicar, reproducir.* ‖ *Difundir, extender.* ‖ **Divulgar, esparcir, *propalar.*

propalar tr. *Propalar* es dar a conocer lo desconocido u oculto. Supone mala intención por parte del sujeto: *propalar* un rumor tendencioso, a diferencia de *difundir, propagar* y *divulgar,* que pueden aplicarse a lo bueno y a lo malo, a lo favorable y a lo adverso.

proparoxítono -**na** adj. *Esdrújulo.*

propasarse prnl. *Excederse, pasar de la raya, extralimitarse, abusar.* ‖ *Descomedirse, insolentarse.*

propender intr. **Tender, inclinarse.*

propensión f. *Inclinación, tendencia.* «La *propensión* está en el entendimiento o en los hábitos; la *inclinación*, en la voluntad o en el carácter. Hay *propensión* a hablar mal del prójimo, a distraerse, a leer novelas. Hay *inclinación* al amor, a la cólera, a tal profesión, a tal clase de sociedad...» (M). ‖ Tratándose de enfermedades, *predisposición.*

propicio -**cia** adj. *Benigno, favorable.* «*Propicio* es lo que está dispuesto a favorecer. *Favorable* es lo que de hecho favorece. El reo tiene *propicio* al juez que le mira con indulgencia y desea que haya algún medio de salvarle; le tiene *favorable*, cuando éste da su voto a su favor, o usa de todos los medios y condescendencias que pueden directamente contribuir al buen éxito de su causa. Como *propicio* sólo representa un acto de la voluntad, no se puede aplicar con propiedad a lo que no la tiene; pero *favorable* se aplica generalmente a todo lo que favorece, con voluntad o sin ella. Un ministro está *propicio*. El viento está *favorable*» (LH).

propiedad f. *Dominio, pertenencia, goce, disfrute.* ‖ *Finca, posesión.* ‖ **Cualidad, peculiaridad, carácter.*

propietario -**ria** adj. *Dueño, amo.*

propina f. *Gratificación, plus, añadidura.*

propincuo -**cua** adj. lit. *Allegado, cercano, próximo.*

propio -**pia** adj. *Característico, peculiar.* ‖ *Conveniente, adecuado, pertinente, oportuno.* ‖ *Natural, real.*

proponer tr. *Ofrecer, plantear, sentar.* ‖ Tratándose de cargos, *consultar, presentar.* ‖ prnl. *Intentar, procurar, determinarse.*

proporción f. *Correspondencia, armonía, conformidad, relación.* ‖ *Oportunidad, *ocasión, coyuntura, sazón, conveniencia.*

proporcionado -da adj. *Acomodado, adecuado, idóneo, útil, apto, provechoso, conveniente.*

proporcionar tr. *Facilitar, suministrar, proveer.* «Se *proporcionan* ocasiones, favores, conocimientos, medios de ejecución; se *suministran* datos, recursos, ideas, noticias y argumentos; se *facilita* lo que presenta obstáculos y dificultades. Un pretendiente ruega a un amigo que le *proporcione* recomendación para personas de valimiento; un pleiteante *suministra* a su abogado todas las pruebas favorables a su acción; un buen ánimo *facilita* la ejecución de las empresas arduas» (M). Tratándose de mercancías, se *proporcionan* o *facilitan* las que por algún motivo escasean o no son fáciles de adquirir, o las que se adquieren indirectamente. En cambio, el que las vende directamente, las *suministra* a sus clientes o les *provee* de ellas.

proposición f. *Propuesta.* ǁ *Ofrecimiento, oferta.* ǁ GRAM. *Oración.* Aunque *proposición* y *oración* son sinónimos, en las gramáticas españolas actuales predomina el término *oración*. En cambio, *proposición* (y no *oración*) se emplea en Lógica con el significado de expresión verbal de un juicio.

propósito m. *Intento, intención, ánimo.* ǁ *Objeto, mira, *fin, motivo.*

propuesta f. *Proposición.*

propulsar tr. *Empujar, impeler, impulsar.*

propulsión f. *Impulso, impulsión.*

prorrogar tr. *Aplazar, diferir.*

prosapia f. *Ascendencia, linaje, estirpe, *casta, alcurnia.*

proscripción f. *Destierro, extrañamiento, deportación, ostracismo.*

proseguir tr. *Seguir, continuar.*

prosélito m. *Converso.* ǁ *Partidario, *neófito, adherido, adepto.*

prosodia f. *Fonética, ortología, fonología.*

prosopopeya f. RET. *Personificación.* ǁ *Afectación, pompa, aparato, ampulosidad, ostentación.*

prosperar intr. *Progresar, adelantar, mejorar, *medrar, florecer, enriquecerse.*

próspero -ra adj. *Favorable, propicio, feliz, venturoso.* ǁ *Rico, floreciente.*

prostituir tr. *Deshonrar, envilecer, corromper, degradar.*

protagonista com. *Héroe.* En la primitiva tragedia griega, el personaje único, que dialogaba con el coro y con el corifeo, se llamó *protagonista.* Esquilo añadió un segundo personaje *(deuteragonis-*

ta), y Sófocles un tercero *(tritagonista)*. En el teatro moderno se ha conservado sólo la primera denominación con el signif. extenso de personaje principal de cualquier obra literaria.

protección f. *Amparo, defensa, *auxilio, resguardo, salvaguarda; favor, apoyo, patrocinio.* «Todo el uso que se hace del poder, del influjo, de la riqueza o del valimiento en pro del que los necesita, es *protección.* Cuando este uso se aplica a la persecución, al peligro, a la debilidad o a la opresión, es *amparo.* Cuando hay una gran superioridad de parte del que *protege*, y consiste en una serie de actos de *protección*, es *patrocinio.* Es *favor* cuando consiste en una demostración positiva de benevolencia, útil al favorecido. El que *protege* al perseguido o al náufrago, lo *ampara;* el personaje que *protege* al literato o al artista, lo *patrocina;* el que presta dinero a su amigo en un caso apurado, le hace un *favor.* No se *protege*, ni se *ampara* ni se *patrocina* sino con hechos, pero se puede *favorecer* con palabras» (M).

protector -ra adj.-s. *Defensor, amparador, favorecedor, bienhechor, padrino, valedor, patrocinador.*

proteger tr. *Proteger* de algún peligro material o fig., *amparar, defender, escudar, resguardar, salvaguardar, respaldar, preservar.* Ayudar a una persona, empresa o idea, *favorecer, apoyar.* Los verbos *apadrinar, auspiciar, patrocinar,* implican alta jerarquía o importancia del protector.

protocolo m. (de un notario). *Registro.* ǁ *Ceremonial.*

prototipo m. *Arquetipo.*

protuberancia f. *Prominencia, elevación.* La *protuberancia* connota un redondeamiento mayor o menor.

provecto -ta adj. *Antiguo, adelantado.* ǁ *Maduro, viejo.*

provecho m. *Ganancia, beneficio, utilidad, fruto, lucro.*

provechoso -sa adj. *Beneficioso, *útil, *conveniente, fructífero, fructuoso, lucrativo.*

proveedor -ra m. f. *Abastecedor, aprovisionador, suministrador.*

proveer tr. *Suministrar, abastecer, surtir, aprovisionar.* ǁ *Disponer, resolver.*

provenir intr. *Nacer, originarse, proceder, emanar, dimanar, venir.*

proverbio m. *Sentencia, *refrán, adagio, máxima.* El término griego *paremia* sólo tiene uso literario.

providencia f. *Disposición, preven-*

ción, provisión, medida. ‖ *Dios.* ‖ DER. *Resolución.*

próvido -da adj. *Prevenido, cuidadoso, providente, diligente.* ‖ *Propicio, benévolo.*

provisional adj. **Interino, accidental.*

provocación f. *Incitación, excitación.*

provocar tr. *Excitar, incitar, mover, estimular.* ‖ *Irritar, enojar.* ‖ intr. *Vomitar.*

proxenetismo m. *Alcahuetería, lenocinio.*

proximidad f. *Cercanía, inmediación, vecindad.*

próximo -ma adj. *Cercano, vecino.* ‖ **Inmediato, contiguo, junto.*

proyectar tr. *Lanzar, arrojar, despedir.* ‖ *Idear, trazar, concebir, planear, planificar, urdir.*

proyecto m. **Designio, plan, idea, intención, pensamiento.*

proyector m. *Reflector.*

prudencia f. *Cordura, seso, medida, juicio, discernimiento, aplomo, sabiduría, sensatez, buen sentido.* ‖ *Moderación, circunspección, previsión, parsimonia.*

prueba f. *Razón, argumento, demostración.* «Para demostrar la verdad de un aserto se emplean las *razones* y las *pruebas;* y de unas y otras, juntas o separadas, se componen los *argumentos.* Las *razones* sirven para las opiniones y las doctrinas; las *pruebas,* para los hechos. El que alega una autoridad en confirmación de lo que dice, no presenta una *razón,* sino una *prueba.* En la defensa de un reo, manifestar que no tenía interés en cometer, ni podía sacar provecho del crimen que se le atribuye, es hacer uso de una *razón;* demostrar que el delito fue cometido por otra persona, es hacer uso de una *prueba.* Los raciocinios en que se comentan y en que se explayan estos medios de defensa, son *argumentos...*» (M). ‖ *Justificación, probanza.* ‖ **Indicio, señal, muestra.* ‖ *Ensayo, experiencia, probatura.* Tratándose de comida o bebida, *gustación, cata.*

prurito m. *Comezón, picor, *picazón.* ‖ fig. *Deseo, anhelo.*

prusiato m. QUÍM. *Cianuro.*

psíquico -ca adj. *Anímico.*

psitacismo m. (en la enseñanza). *Memorismo.*

ptialismo m. *Tialismo, salivación, sialismo.*

pubis m. *Pubes, verija, vedija.*

publicar tr. **Divulgar, pregonar, difundir, esparcir, propagar.* Tratándose de una ley, **promulgar.* ‖ *Revelar, propalar.* ‖ *Dar a la estampa, imprimir, editar.* ‖

publicidad f. *Notoriedad.* ‖ *Divulgación, difusión, propaganda.* La *publicidad* es el conjunto de medios que se emplean para la propaganda de ideas, opiniones, productos comerciales, etc.

público -ca adj. *Notorio, patente, conocido, manifiesto.* «Lo *público* es lo que a nadie se oculta; *notorio* es lo generalmente sabido. Hay cosas *públicas* y que, por la poca importancia que en sí tienen, no son *notorias*» (M). ‖ m. *Concurrencia, auditorio, espectadores, oyentes, asistentes.*

puches amb. pl. *Gachas.*

púdico -ca adj. *Honesto, pudoroso, casto, recatado.*

pudiente adj.-s. *Opulento, potentado, rico, poderoso.*

pudor m. *Honestidad, castidad, *modestia, vergüenza, decoro, *compostura, recato.*

pudrir tr.-prnl. *Podrecer, empodrecer, corromper, descomponer.*

pueblerino -na adj.-s. *Lugareño, aldeano.*

pueblo m. *Población, poblado.* ‖ *Lugar, aldea.* ‖ **Nación, raza.* ‖ *Vecindario, vecinos.* ‖ *Plebe* y *vulgo* implican sentido despectivo, en tanto que *pueblo* denota la gente común y humilde de una localidad, provincia o nación. Entre los romanos la *plebe* era el estado llano; pero en nuestro tiempo connota ordinariez, grosería, baja educación. *Vulgo* comprende propiamente a las gentes comunes que no se destacan en ningún sentido (cultura, linaje, prestigio social, etc.). En sentido político, la denominación de *pueblo* abarca a todos los ciudadanos y clases sociales; no así el *vulgo* ni la *plebe,* que se refieren a las clases menos calificadas y educadas. Todos pertenecen al *pueblo;* los que en nada se distinguen forman el *vulgo;* los groseros, soeces e incultos, forman la *plebe.*

pueril adj. **Infantil, aniñado.* ‖ *Inocente, cándido.* ‖ fig. *Infundado, fútil.*

puerilidad f. *Niñería.* ‖ fig. *Insignificancia, futilidad.*

puerro m. *Porro.*

puertorriqueño -ña adj.-s. [pers.] *Portorriqueño, boricua, borinqueño.*

puesta f. *Ocaso, postura.* ‖ ~ al día. *Actualización, modernización.*

puesto m. *Punto, sitio, lugar, *paraje* y *espacio,* forman una gradación desde el más determinado y circunscrito, al más indeterminado y extenso. ‖ *Empleo, cargo, plaza.*

pugna f. *Pelea, *lucha, contienda.* ‖ *Oposición, hostilidad.*

pugnar intr. *Pelear, contender, luchar, batallar.* ‖ *Esforzarse, porfiar.*

puja f. *Mejora, aumento.*

pujante adj. *Fuerte, vigoroso, poderoso, potente, brioso.*

pujanza f. *Fuerza, brío, poder, vigor.*

pujar tr. *Mejorar, aumentar, subir.*

pulcritud f. *Aseo, limpieza.* ‖ *Cuidado, esmero, escrupulosidad, delicadeza.*

pulcro -cra adj. *Aseado, limpio, *límpido.* ‖ *Cuidadoso, esmerado, escrupuloso, delicado.* ‖ *Puro, impecable, inmaculado.*

pulchinela m. *Polichinela.*

pulgar m. adj. *Pólice, dedo gordo.*

pulgón m. *Piojuelo.*

pulido -da adj. *Pulimentado, liso, bruñido.* ‖ *Agraciado, bello, hermoso.* ‖ *Pulcro, primoroso, esmerado.*

pulir tr. *Pulimentar, alisar, abrillantar, bruñir.* ‖ *Perfeccionar, ultimar.* ‖ *Adornar, aderezar, componer, acicalar.*

pulmón m. *Bofe, chofe; livianos, esp. en los animales.*

pulmonía f. *Neumonía, perineumonía.*

pulmoníaco -ca adj.-s. *Neumónico, perineumónico.*

pulpejo m. *(en los cascos de las caballerías). Talón.*

pulsación f. *Latido.*

pulsar tr. *Tocar, tañer.* ‖ *Tomar el pulso.* ‖ fig. *Tantear, examinar.*

pulsera f. *Brazalete, manilla.*

pulso m. fig. *Seguridad, firmeza, tino.* ‖ fig. *Tiento, cuidado.*

pulular intr. *Abundar, multiplicarse, bullir, hormiguear.*

pulverizar tr. *Polvificar, polverizar, hacer polvo.*

pundonor m. *Honor, honra, punto de honra.* ‖ *Delicadeza, susceptibilidad.* Cuando el *pundonor* es extremado y se basa en motivos nimios, *puntillo.*

pundonoroso -sa adj.-s. *Puntoso.* Cuando indica susceptibilidad extremada, *puntilloso.*

púnico -ca adj. *Cartaginés.*

puntal m. *Tornapunta.* ‖ fig. *Apoyo, fundamento.*

puntapié m. *Puntocón, puntillón, puntera, puntillazo.*

puntera f. *(en el calzado). Bigotera, capellada.*

puntilloso -sa adj. *Puntoso, puntuoso.*

punto m. *Puntada.* ‖ *Sitio, lugar, puesto, paraje.* ‖ *Instante, momento.* ‖ *Cuestión, materia, asunto, extremo.* ‖ *Pundonor.*

puntoso -sa adj. *Pundonoroso, puntuoso, puntilloso.*

puntual adj. *Pronto, diligente, exacto, cumplidor, preciso.* ‖ *Cierto, indudable, indubitable, seguro.*

puntualidad f. *Regularidad, exactitud, precisión.*

puntualizar tr. *Detallar, pormenorizar, precisar.*

punzar tr. *Picar, pinchar, punchar; pungir es literario y se usa gralte. en sentido figurado.*

puñada f. *Puñetazo.*

puñado m. *Puño.*

puñetazo m. *Trompada, puñada.*

pupila f. *(en el ojo). Niña, niñeta.*

pupilaje m. *Casa de huéspedes, pensión.*

puramente adv. m. *Con pureza, pulcramente.* ‖ *Meramente, estrictamente, solamente, simplemente.*

purgar tr. *Limpiar, depurar, *purificar.* ‖ *Expiar, satisfacer.*

purificador -ra m. *Cornijal.*

purificar tr. Serie intensiva: *Purgar, depurar, purificar.* Sin que haya separación absoluta entre los tres verbos, el primero significa quitar las impurezas más gruesas y visibles; p. ej.: en ciertas industrias se *purga* una masa de sus escorias. En cambio, las aguas de la ciudad se *depuran* o *purifican. Purificar,* con respecto a *depurar,* sugiere mayor grado de perfección. En el ejemplo anterior se prefiere decir que las aguas se *depuran* por sedimentación de la tierra que las enturbiaba; pero se *purifican* con la destrucción de los gérmenes patógenos. ‖ *Acrisolar, acendrar.*

purista adj.-s. *Casticista.*

puro -ra adj. *Casto, honesto.* ‖ *Libre, exento, depurado, purificado.* ‖ *Correcto, castizo.* ‖ *Mero, solo, simple.*

purpurado m. *(prelado). Cardenal.*

purria f. *Gentuza, chusma.*

purulento -ta adj. *Virulento.*

pus m. *Materia, podre, podredumbre.*

pusilánime adj.-s. *Medroso, tímido, temeroso, apocado, encogido, miedoso, cobarde.*

putativo -va adj. *Existimativo.*

putrefacción f. *Podredura, pudrimiento, corrupción, descomposición, pudrición,* son denominaciones más populares; *putrefacción* es término docto.

putrefacto -ta adj. *Podrido, corrompido, descompuesto, pútrido.*

Q

quebracho m. *Jabí* (árbol), *quiebrahacha*.

quebradizo -za adj. *Frágil, rompedero, vidrioso.* ‖ fig. *Delicado, enfermizo.*

quebrado -da adj.-s. *Fallido.* ‖ *Herniado, hernioso, potroso* (vulg.). ‖ ARIT. *Fraccionario.* ‖ adj. *Roto.* ‖ adj. *Quebrantado, debilitado.* ‖ adj. *Desigual, barrancoso, tortuoso, accidentado.*

quebradura f. *Hendedura, hendidura, rotura, grieta, raja, abertura.* ‖ *Hernia.*

quebrantahuesos m. *Osífraga, osífrago.* ‖ *Halieto, aleto, pigargo.*

quebrantar tr.-prnl. *Cascar, hender, agrietar, rajar.* *Quebrar, romper, machacar, moler, triturar.* ‖ *Violar, profanar, forzar.* ‖ *Conculcar, contravenir, infringir, vulnerar, transgredir,* son términos cultos, preferidos en el lenguaje jurídico. *Traspasar, violar, incumplir, pisar, quebrar, hollar, romper,* son más usuales en el habla corriente. ‖ prnl. Tratándose del efecto corporal de una enfermedad, accidente o fatiga, *resentirse.*

quebranto m. *Daño, pérdida, perjuicio, detrimento, deterioro, menoscabo.* ‖ *Decaimiento, descaecimiento, molimiento, flojera, desánimo, quebrantamiento.* ‖ *Aflicción, dolor, pena, desaliento.*

quebrar tr. **Romper.* ‖ *Doblar, torcer.* ‖ prnl. *Herniarse.*

quedar intr.-prnl. *Detenerse, permanecer, subsistir.* ‖ *Faltar, restar, sobrar.* ‖ *Convenir, acordar.*

quedo -da adj. *Quieto, inmóvil.* ‖ adv. m. *En voz baja.* ‖ *Despacio, poco a poco, con tiento.*

quehacer m. **Ocupación, trabajo, negocio, tarea; faena,* esp. si es manual.

queja f. *Lamento, lamentación, quejido, gemido.* ‖ *Resentimiento, desazón, descontento.* ‖ *Querella, acusación.*

quejarse prnl. *Lamentarse, gemir, dolerse.* ‖ *Reclamar.* ‖ *Querellarse.*

quejido m. *Gemido, lamentación, lamento.*

quejoso -sa adj. *Descontento, dolido, disgustado, resentido.*

quema f. *Quemazón; cremación* es voz docta. ‖ *Incendio, fuego, combustión.*

quemar tr.-intr.-prnl. *Abrasar, arder, incinerar.* ‖ *Impacientar, desazonar, irritar, enfadar, enojar.*

quenopodiáceo -a adj.-s. *Salsoláceo.*

querella f. *Discordia, pendencia, cuestión, contienda, reyerta, pelea.* ‖ DER. *Acusación, queja, litigio.*

1) querer m. *Amor, cariño, afecto.*

2) querer tr. *Tener voluntad, determinar, resolver.* ‖ *Desear, pretender, apetecer, ambicionar, procurar.* «*Querer* y *desear* explican la inclinación de la voluntad a una cosa que no se posee; pero *querer* supone un objeto más asequible, y en cuyo logro tiene más parte la voluntad y los medios que se emplean para conseguirlo. En el objeto del verbo *desear* parece que tiene menos influencia la voluntad, y depende menos de los medios que pueden emplearse para su logro que de la voluntad ajena, o de circunstancias en que no tiene parte la voluntad del que *desea.* *Deseo* que mañana haga buen tiempo, porque *quiero* ir a la pradera de San Isidro. *Deseo* ganar el pleito, porque *quiero* fundar un mayorazgo» (LH). ‖ *Amar, apreciar, estimar.* Amar es más abstracto; p. ej.: *amar* a Dios. El uso de *amar,* en sus aceps. concretas, pertenece pralte. al habla culta y literaria; corrientemente se emplea *querer.* «Los verbos *querer* y *estimar* se suelen confundir en el uso común para explicar nuestra inclinación a alguna persona; pero *querer* se explica como dirigida por la voluntad, y *estimar* como dirigida por el entendimiento, esto es, como efecto del concepto que tenemos del mérito de la persona. A un enemigo no se le puede *querer*, pero se le puede *estimar*, No se *quiere* a quien no se conoce, pero se le puede *estimar* por reputación. Una mujer honrada debe hacer más aprecio del que la *estima* sin *quererla*, que del que la *quiere* sin *estimarla*» (LH). ‖ *Exigir, requerir, pedir.* ‖ *Conformarse, aceptar.*

querido -da m. f. *Amante.*

quermes y **kermes** m. *Alkermes, alquermes, carmes.*

¡quia! interj. *¡Ca!*

quibey m. *Reventacaballos* (Cuba).

quid m. *Esencia, razón, porqué, busilis, toque.*

quiebra f. *Hendedura, grieta.* ‖ *Bancarrota*, esp. si se trata de una *quiebra* fraudulenta.

quiebro m. *Esguince, cuarteo, regate.* ‖ MÚS. *Mordente.*

quieto -ta adj. *Quedo, inmóvil.* ‖ *Tranquilo, manso, reposado, sosegado.* «*Quieto* es lo que no tiene movimiento; *tranquilo* y *manso* lo que no tiene agitación; *sosegado* y *reposado*, lo que ha cesado de moverse y agitarse. "Estáte *quieto*", decimos a un muchacho travieso, lo que equivale a "no te muevas". Una corriente es *tranquila* o *mansa* cuando no fluye con precipitación. Después de una tormenta decimos que el mar está *sosegado* o *reposado*» (M).

quietud f. *Inmovilidad.* ‖ *Calma, tranquilidad, reposo, sosiego, paz.* «La *quietud* es opuesta al movimiento; la *tranquilidad* a la agitación. Aquélla se refiere a las cosas materiales; ésta principalmente al estado del alma. Se procura que un niño esté *quieto*; que una nación esté *tranquila*. Muchas veces la *inquietud* indica falta de *tranquilidad*; y otras muchas vemos *quieto* al que no está *tranquilo*...» (C).

quijada f. *Carrillera* en algunos animales; *mandíbula.*

quijera f. (arreo del caballo). *Tentemozo.*

quijones m. *Ahogaviejas.*

quimera f. *Ilusión, ficción, fantasía, fábula, delirio, desvarío.* ‖ *Pendencia, contienda, cuestión, pelotera.*

quimérico -ca adj. *Imaginario, fantástico, fabuloso, fingido, soñado.*

quimerista adj.-s. *Fantaseador.* ‖ *Pendenciero, camorrista, buscarruidos.*

quincallero -ra m. f. *Quinquillero, tirolés.*

quincuagenario -ria adj.-s. *Cincuentón.*

quincuagésimo -ma adj.-s. *Cincuentésimo.*

quindécimo -ma adj.-s. *Quinzavo.*

quinquefolio m. *Cincoenrama.*

quinta f. *Quintana.* ‖ *Reclutamiento, reemplazo.*

quintaesenciar tr. *Refinar, apurar, alambicar.*

quinterno m. (en la ant. lotería). *Cinquina, quinta.*

quinto m. *Recluta, sorche* (fam.), *caloyo* (humor.).

quinzavo -va adj.-s. *Quindécimo.*

quisquilloso -sa adj.-s. *Caramilloso, reparón, criticón, chinche.* ‖ *Cosquilloso, sentido, susceptible, picajoso, puntilloso.*

quita f. DER. *Quitamiento, liberación.*

quitamanchas com. *Sacamanchas.*

quitar tr. *Libertar, librar.* ‖ *Redimir, cancelar.* ‖ *Sacar, apartar, separar, privar, restar.* En la idea general, *sacar* se opone a *meter*, como *quitar* se opone a *poner* (v. *Meter). Sacar* es extraer una cosa del sitio en que está metida, mientras que *quitar* es *apartarla* o *separarla* del lugar en que está puesta o situada. *Sacamos* un libro de la estantería en que se halla colocado; *sacamos* el contenido de una maleta. *Quitamos* una silla que estorba para pasar; saludamos *quitándonos* el sombrero. Cuando ambos verbos pueden usarse en la misma frase, *sacar* da la idea de mayor dificultad o esfuerzo, y *quitar* sugiere un matiz atenuativo. Compárense, p. ej., *sacar* y *quitar* el tapón de una botella; *sacar* y *quitar* una muela, una mancha. ‖ *Hurtar, escamotear.* ‖ *Impedir, estorbar, obstar.*

quitasol m. *Parasol, sombrilla.*

quite m. ESGR. *Parada.*

quito -ta adj. *Libre, exento.*

quizá y **quizás** adv. de duda. *Acaso, tal vez.* «*Quizá* y *puede ser* expresan duda y posibilidad; pero *puede ser* se adapta más al sentido de la posibilidad, y *quizá*, más al de la duda. ¿Irás esta noche al teatro? —*Puede ser* que vaya. ¿Quién llama a la puerta? —*Quizá* será nuestro amigo. En el primer caso no hay duda, sino incertidumbre; en el segundo sucede lo contrario» (M).

R

rabadilla f. *Curcusilla.* ‖ En las aves, *obispillo.*

rabear intr. *Colear.*

rabí m. *Rabino.*

rabia f. *Hidrofobia.* ‖ fig. **Ira, enojo, cólera, furia, furor.*

rabiar intr. *Encolerizarse, enfurecerse.*

rábida f. *Rápita.*

rabieta f. *Perra y perrera* significan *rabieta de niño.*

rabihorcado m. *Pájaro burro.*

rabilargo m. (pájaro). *Mohíno.*

rabino m. *Rabí.*

rabión m. *Rápido.*

rabioso -sa adj.-s. *Hidrófobo.* ‖ *Colérico, airado, furioso.* ‖ fig. *Vehemente, excesivo, desmedido.*

rabo m. *Cola.*

racial adj. *Étnico.*

raciocinar intr. **Razonar, discurrir, argumentar.*

raciocinio m. *Razonamiento, argumento, discurso.*

racional adj. *Razonable, justo, lógico.*

racha f. *Ráfaga.*

rada f. *Bahía, ensenada.*

radiante adj. FÍS. *Irradiante, emisor.* ‖ fig. *Brillante, resplandeciente, refulgente, rutilante, radioso.*

radiar intr. *Irradiar.* ‖ tr. *Emitir, radiodifundir.*

radical adj. fig. *Completo, total, extremado, extremista.*

radicar intr.-prnl. *Arraigar.* ‖ intr. *Estar, encontrarse, hallarse.*

radio f. *Radiodifusión.*

radioyente com. *Radioescucha.*

raedura f. *Raimiento, rasura, raspadura.*

raer tr. *Raspar.* ‖ *Rasar.*

ráfaga f. *Racha, jugada.* ‖ *Destello.*

rahez adj. *Vil, despreciable.*

rail m. *Carril, riel.*

raíz f. fig. *Origen, principio, fundamento.*

raja f. *Hendedura, hendidura, abertura, grieta, resquebrajadura.* ‖ *Rebanada, tajada.*

rajar tr. *Hender, partir, abrir, resquebrajar, agrietar.* ‖ prnl. *Desistir, desdecirse, volverse atrás.*

ralea f. *Especie, clase, calidad.* ‖ desp. *Raza, casta, linaje, calaña, estofa.*

ralear intr. Tratándose de las vides, *ardalear, arralar.*

ramal m. *Liñuelo, cabo.* ‖ *Ronzal.*

ramalear intr. *Cabestrear.*

ramplón -na adj. fig. *Tosco, vulgar, pedestre, desaliñado, chabacano.*

rango m. *Jerarquía, clase, categoría, calidad.*

ránula f. *Ranas, sapillo.*

ranúnculo m. *Apio de ranas, botón de oro, hierba belida.*

raño m. (pez). *Baila, perca, percha, trucha de mar.*

rapapolvo m. **Reconvención, reprensión, reprimenda, peluca, bronca.*

1) rapaz adj. *Ladrón, robador.* ‖ adj. f. *Ave de rapiña.*

2) rapaz -za m. f. *Chico, muchacho.*

rape m. *Pejesapo, sapo marino, alacrán marino, pescador, rana marina o pescadora.*

rapidez f. *Celeridad, prontitud, ligereza, presteza.*

rápido -da adj. *Veloz, pronto, acelerado, presuroso, apresurado, precipitado, raudo* (lit.). ‖ m. *Rabión.*

rapiña f. *Hurto, robo, pillaje, saqueo.*

rápita f. *Rábida.*

rapónchigo m. *Ruiponce.*

raposa f. *Zorra, vulpeja.*

raptar tr. *Robar, arrebatar.* Raptar se usa con complemento directo de persona, en tanto que sus sin. pueden referirse a personas y cosas.

rapto m. *Arrebato, arranque, impulso.* ‖ *Robo.* ‖ *Éxtasis, transporte, arrebatamiento.*

raqueta f. *Pala.*

raquis m. *Columna vertebral.*

raquítico -ca adj. fig. *Exiguo, mezquino, escaso, corto, miserable.* ‖ *Débil, endeble, flaco, esmirriado.*

rareza f. *Extrañeza.* ‖ *Anomalía.* ‖ *Extravagancia, singularidad, ridiculez.*

raro -ra adj. *Extraño, extraordinario, singular.* «*Raro es lo que no* es común, lo que se ve o sucede pocas veces, lo que se halla con dificultad. *Extraño* es lo que no es propio, conforme o adecuado a la cosa de que se trata. *Singular* es lo que es único, lo que no tiene igual o semejante. Cuando decimos que el tener un hombre seis dedos en una mano es una cosa *rara, extraña* o *singular,* no explicamos nuestra admiración con relación a la misma idea : es *raro* para quien lo mira como una cosa poco común, que se ve pocas veces; es *extraño* para quien lo considera como monstruoso, poco conforme a la natural construcción de nuestras manos; es *singular* para el que lo cree único, y no sabe que ha habido otros hombres que han tenido también seis dedos en una mano» (LH). «Lo *raro* es lo que ocurre pocas veces; lo *extraordinario* es lo que posee con exceso alguna de las cualidades propias de su especie; *extraño,* lo que está en contradicción con las leyes generales del objeto a que aquella palabra se aplica. Un terremoto es un suceso *raro;* el terremoto de Lisboa fue un suceso *extraordinario;* el cuadrúpedo con pico descubierto en Australia es un animal *extraño...* Lo *raro* excita la curiosidad; lo *extraordinario,* la admiración; lo *extraño,* la perplejidad del juicio, o, de otro modo, la *extrañeza»* (M). ‖ *Extravagante, estrambótico, maniático, excéntrico; estrafalario* acentúa el carácter burl. de la persona o cosa a que se aplica.

ras m. *Igualdad, nivel, línea.*

rasar tr. *Raer.* ‖ *Raspar, rozar.*

rascar tr. *Refregar, restregar.* ‖ *Arañar, rascuñar, rasguñar.*

rasero m. *Raedor, rasera.*

rasgar tr. *Desgarrar, romper.*

rasgo m. *Trazo, plumazo.* ‖ *Facción* (del rostro). ‖ *Carácter, cualidad, peculiaridad, atributo, característica, nota.*

rasgón m. *Rasgado, rotura, desgarro, desgarrón, rasgadura;* si tiene forma angular, *siete.*

rasgueo m. *Rasgueado.*

rasguñar tr. *Rascuñar, arañar, rascar.* ‖ PINT. *Tantear, esbozar.*

rasguño m. *Arañazo.* ‖ PINT. *Apuntamiento, tanteo, esbozo..*

raso -sa adj. *Plano, llano, liso, desembarazado.*

raspa f. (de la espiga). *Arista.* ‖ *Espina.* ‖ BOT. *Raquis.*

raspajo m. *Rampojo, escobajo.*

raspar tr. *Raer.* ‖ *Rasar, rozar.*

raspilla f. *Miosota.*

rastrera f. *Arrastradera.*

rastrero -ra adj. fig. *Bajo, vil, despreciable, indigno, abyecto.*

rastrillar tr. *Rastillar.*

rastro m. *Rastra, rastrillo.* ‖ **Indicio, huella, señal, vestigio, pista. Ida* es el rastro que hace la caza con los pies.

rastrojera f. *Rastrojal.*

rasurar tr. *Afeitar.*

ratear tr. *Prorratear.*

ratero -ra adj.-s. *Gato, randa, rata.* El que hurta de los bolsillos, *caterista.*

ratificar tr. *Reafirmar, refirmar, *confirmar, roborar, corroborar, aprobar.*

raudo -da adj. *Rápido, veloz, violento, precipitado. Raudo* es hoy voz de uso literario.

raya f. *Línea.* ‖ GRAM. *Guión.* ‖ *Crencha, carrera, partidura.* ‖ *Término, límite, linde, confín, frontera.*

rayado m. Tratándose de papel para escribir, *renglonadura.*

rayano -na adj. *Lindante, confinante, limítrofe.* ‖ *Fronterizo.*

rayar intr. **Lindar, confinar, limitar.* ‖ tr. Tratándose de escritos, *tachar.*

rayo m. *Centella,* esp. cuando es de poca intensidad. *Chispa, exhalación.*

rayuelo m. *Agachadiza.*

raza f. **Casta.* «La *raza* es el género y la *casta* es la especie. Al hablar de los asirios, de los partos y de otras naciones extinguidas, decimos las *razas,* y no las *castas* antiguas ; y cuando hablamos de las divisiones que la religión y las leyes han introducido en las naciones del Indostán, como los parias, no decimos *razas,* sino *castas.* La *raza* tiene un carácter más permanente que la *casta,* y así es que la primera es objeto de la ciencia, y no lo es la segunda. En Andalucía hay buenas *castas* de caballos, y todas son de *raza* árabe» (M). *Raza* y *casta* se aplican a hombres y animales. *Linaje, progenie* y *estirpe,* sólo a hombres.

razón f. *Entendimiento, discurso.* ‖ **Prueba, argumento.* «Con las *razones* se sostienen las opiniones y las doctrinas; con las *pruebas,* las opiniones, las doctrinas y los hechos; los *argumentos* son *razones* explayadas y ordenadas con cierto orden lógico o retórico. No hay *razones* que justifiquen el crimen. El que calla reconvenido, da una *prueba* de su culpabilidad. Con *argumentos* ingeniosos puede debilitarse la fuerza de las *razones* y de las *pruebas»* (M). ‖ *Motivo, causa.* ‖ *Justicia, rectitud, verdad, de-*

recho. ‖ *Cuenta, cómputo.* ‖ Razón social, *sociedad.*

razonable adj. *Arreglado, justo, legítimo, comprensible.* ‖ fig. *Mediano, regular, moderado, bastante.*

razonamiento m. *Argumentación, arenga, discurso, oración.* «*Razonamiento* es una serie de razones cuyo objeto es ilustrar un asunto o probar una proposición. *Arenga* es un *razonamiento* dirigido a una corporación o a una persona de respeto. *Discurso* es un *razonamiento* sobre asunto científico, artístico o literario. *Oración* se aplica más comúnmente a los *discursos* en que se hace gala de los artificios de la Retórica, y que se pronuncian en grandes solemnidades. Decimos: el *razonamiento* del Cura, en "Don Quijote", sobre los libros de caballerías; las *arengas* que Tito Livio y Solís ponen en boca de los personajes; los *discursos* de recepción en las academias; las *oraciones* fúnebres de Bossuet» (M).

razonar intr. *Discurrir, raciocinar, argumentar. Razonar* es *discurrir* manifestando lo que se discurre, o hablar dando razones para probar una cosa. Se puede *discurrir* o *raciocinar* sin hablar; pero *razonar* y *argumentar* suponen hacer uso de la palabra. *Raciocinar* y *argumentar* significan establecer premisas y deducir consecuencias.

reacio -cia adj. **Desobediente, inobediente, remiso, rebelde, renuente, reluctante.*

reafirmar tr. *Confirmar, ratificar.*

1) **real** adj. *Verdadero, existente, *positivo, efectivo.*

2) **real** adj. *Regio.* ‖ m. *Campamento.*

realce m. fig. *Relieve, lustre, brillo, estimación, grandeza.*

realidad f. *Existencia, efectividad.* ‖ *Verdad, sinceridad, ingenuidad.*

realizable adj. *Hacedero, factible, *posible.*

realizar tr. *Hacer, efectuar, ejecutar, llevar a cabo.* «*Realizar* es cumplir lo que las apariencias daban lugar a esperar; *efectuar*, lo que promesas formales hacían esperar; *ejecutar* es cumplir una cosa conforme al plan que antes se había formado. Así pues, *realizar* hace relación a las apariencias; *efectuar*, a algún empeño; y *ejecutar* a un designio» (Ma). ‖ Tratándose de mercancías u otros bienes, *vender.*

realmente adv. m. *Efectivamente, positivamente, verdaderamente, en realidad.*

realzar tr. *Levantar, elevar.* ‖ fig.

Enaltecer, relevar, ilustrar, engrandecer.

reanimar tr. *Confortar, restablecer, fortalecer.* ‖ fig. *Animar, consolar, alentar, vivificar.*

reavivar tr. **Vivificar, revivificar.*

rebaja f. *Descuento, deducción, disminución, reducción.*

rebajar tr. *Disminuir, *descontar, deducir.* ‖ tr.-prnl. fig. *Humillar, abatir.*

rebalsa f. **Embalse.*

rebalsar tr. *Embalsar.*

rebaño m. *Manada, hato.* Según la clase de ganado recibe nombres especiales; *boyada, vacada, torada, piara, yeguada, pavada.* Cuando no se especifica, *rebaño* alude gralte. al de ganado lanar.

rebasar tr. *Sobrepasar, exceder.*

rebatir tr. *Rechazar, contrarrestar.* ‖ *Impugnar, *confutar, refutar.*

rebelarse prnl. *Sublevarse, levantarse, insurreccionarse, desobedecer.* ‖ *Resistir, oponerse.*

rebelde adj.-s. *Sublevado, insurgente, insurrecto.* ‖ *Desobediente, indócil, indisciplinado, reacio.* ‖ DER. *Contumaz.*

rebelión f. *Alzamiento, insurrección, levantamiento, *sublevación.*

rebenque m. *Anguila de cabo.*

rebisabuelo -la m. f. *Tatarabuelo.*

rebisnieto -ta m. f. *Tataranieto.*

reblandecer tr. **Ablandar.* En su uso prnl., *lentecer y relentecer(se).*

rebocillo y -ño m. *Rebozo.*

rebollo m. *Mesto.*

rebosar intr.-prnl. *Derramarse, reverter, trasverter.* ‖ fig. *Abundar, sobreabundar, redundar.*

rebote m. *Rechazo, resurtida, *retroceso.*

rebozar tr.-prnl. *Arrebozar.*

rebozo m. fig. *Simulación, pretexto, *excusa.*

rebrote m. *Retoño, renuevo, hijuelo.*

rebuscar tr. *Escudriñar, escrutar.*

rebuznar intr. *Roznar.*

rebuzno m. *Roznido.*

recabar tr. *Alcanzar, obtener, conseguir, lograr.* Al significado de estos verbos añade *recabar* la idea de instancias o súplicas con que se *obtiene* lo deseado. Se *recaba* un favor; pero una victoria militar se *alcanza, obtiene, consigue o logra.*

recado m. *Mensaje* tiene mayor solemnidad que *recado,* bien sea por la importancia de su contenido o de la persona a quien se envía, bien por el mayor énfasis de la expresión; *misiva* es mensaje escrito.

recalcar tr. fig. *Insistir, repetir, subrayar, machacar.*

recalcitrante adj. *Terco, obstinado, pertinaz, contumaz.*

recalzo m. *Recalce, recalzón.*

recapacitar tr. *Reflexionar, *recordar, rememorar.*

recapitulación f. *Compendio, resumen, sumario.*

recapitular tr. **Resumir, compendiar.*

recatado -da adj. *Circunspecto, cauto, precavido, reservado.* ‖ *Honesto, modesto, púdico, decoroso.*

recatar tr. *Encubrir, ocultar, esconder, tapar.*

recato m. *Cautela, reserva, circunspección.* ‖ *Honestidad, modestia, pudor, decoro, *compostura.*

recaudación f. *Colecta, cuestación, si se trata de donativos voluntarios para fines benéficos, religiosos, etc. En general, cobro, cobranza.*

recaudador m. *Colector y recolector tienen hoy uso más restringido y no se aplican tratándose de fondos públicos o de empresas importantes. *Cobrador es el que recibe inmediatamente el dinero de manos del público : cobrador de tranvías, del gas; es oficio más humilde que recaudador.*

recaudar tr. **Cobrar, percibir, recibir.*

recelar tr.-intr. *Desconfiar, sospechar, maliciarse, escamarse, *temer.*

recelo m. **Desconfianza, sospecha, suspicacia, escama, *miedo, temor.*

receloso -sa adj. *Desconfiado, suspicaz, escamón, temeroso.*

recensión f. *Reseña, crítica.*

recentar tr. *Leudar.*

recepción f. *Recibimiento, recibo.* ‖ *Admisión.*

receptáculo m. *Recipiente, cavidad.* ‖ BOT. *Tálamo.*

receso m. *Separación, apartamiento, desvío.* ‖ *Suspensión, cesación, descanso, interrupción.*

receta f. *Récipe, prescripción, fórmula.*

recetar tr. *Formular, ordenar, prescribir.*

recetario m. *Formulario.*

recetoría f. *Receptoría, tesorería.*

reciamente adv. m. *Fuertemente, vigorosamente, violentamente.*

recibimiento m. *Recepción.* ‖ *Admisión.* ‖ *Acogida.* ‖ *Antesala; entrada, vestíbulo.*

recibir tr. **Tomar, aceptar.* «El acto de *recibir* produce posesión; el acto de *aceptar* produce propiedad. *Recibo* lo que no es para mí; lo que debo restituir o entregar a otro; pero lo que *acepto* queda en mi poder, y es mío. Para *aceptar* se necesita un acto de la voluntad; pero se *recibe*

sin querer, por casualidad y, a veces, por fuerza. Por esto se dice que se recibe, pero no que se *acepta*, una carta; que se *recibe* una mala noticia; pero se *aceptan* las ofertas y convites. Se puede *recibir* un regalo y devolverlo porque no se *acepta*» (M). ‖ *Admitir, acoger.* ‖ **Cobrar, percibir.*

recidiva f. MED. *Repetición, recaída.*

reciente adj. *Nuevo, fresco, flamante, acabado de hacer.*

recientemente adv. t. *Poco ha, últimamente.*

recinto m. *Circuito, perímetro.*

recio -cia adj. *Fuerte, robusto, vigoroso.* ‖ *Grueso, gordo, corpulento, abultado.*

recíproco -ca adj. **Mutuo.*

recitar tr. *Declamar implica mayor énfasis. Un niño recita la lección aprendida. Un actor declama o recita, según el trozo de que se trate o la entonación con que lo diga.*

reclamación f. *Exigencia, petición, demanda, protesta.*

reclamar intr. *Pedir, exigir, demandar, protestar.*

reclamo m. *Señuelo.* ‖ fig. *Atractivo, aliciente, incentivo.* ‖ *Propaganda, anuncio, publicidad.*

recle m. *Recésit, recre.*

reclinar tr.-prnl. *Recostar, apoyar.*

reclinatorio m. *Propiciatorio.*

recluir tr. *Encerrar, confinar.*

reclusión f. *Encierro, prisión. La reclusión y el encierro pueden ser voluntarios o forzados. La prisión es forzada.*

recluta f. *Reclutamiento, alistamiento, enganche.* ‖ m. *Quinto, sorche* (fam.), *caloyo* (humor.).

reclutamiento m. *Reemplazo, quinta.*

reclutar tr. *Alistar, enganchar.*

recobrar tr. *Recuperar; rescatar es recobrar por precio o a la fuerza.* ‖ prnl. *Desquitarse, reintegrarse.* ‖ prnl. *Restablecerse, reponerse, volver en sí.*

recogedor m. *Rastra.* ‖ *Pala.*

recoger tr. *Cosechar, recolectar, coger.* ‖ *Guardar, poner en cobro.* ‖ *Juntar, reunir, congregar, acopiar.* ‖ *Acoger, dar asilo.* ‖ prnl. *Retirarse, encerrarse.* ‖ prnl. *Refugiarse, acogerse.* ‖ prnl. *Abstraerse, ensimismarse, reconcentrarse.*

recolección f. *Cosecha.* ‖ *Convento, *monasterio, casa recoleta.*

recolectar tr. *Cosechar, recoger.*

recomendar tr. *Encomendar, encargar, confiar.*

recomerse prnl. **Concomerse.*

recompensa f. **Premio, galardón, remuneración, retribución.*

recompensar tr. *Compensar.* ‖ *Re-*

tribuir, remunerar. ‖ *Premiar, galardonar.*

recomponer tr. **Reparar, arreglar, remendar, rehacer.*

reconcentrar tr. *Reunir, juntar, concentrar.* ‖ prnl. *Ensimismarse, recogerse, abstraerse.*

reconcomio m. *Prurito, deseo, anhelo.* ‖ *Recelo, sospecha.*

recóndito -ta adj. *Profundo, escondido, hondo, oculto, reservado. Recóndito* intensifica el significado de todos estos adjetivos.

reconocer tr. *Distinguir, recordar.* ‖ *Examinar, inspeccionar.* ‖ *Confesar, aceptar, declarar, convenir.*

reconocido -da adj. *Agradecido, obligado.*

reconocimiento m. *Agradecimiento, gratitud.* «El *reconocimiento* es la memoria, la confesión de un servicio o de un beneficio recibido. La *gratitud* es el sentimiento, el afecto inspirado por un beneficio o por un servicio. El *reconocimiento* conserva la memoria de las cosas; es el *animus memor* de los latinos. La *gratitud* conserva esta memoria en el corazón; es su *gratus animus.* Publicar un beneficio es un acto de *reconocimiento;* querer a su bienhechor es el acto propio de la *gratitud.* Basta ser justo para tener *reconocimiento;* pero es menester ser sensible para tener *gratitud.* El *reconocimiento* es el principio de la *gratitud,* la cual es el complemento del *reconocimiento.* La *gratitud* es el reconocimiento de un buen corazón, de un alma grande. El que se da prisa a pagar un servicio generoso que le hicieron con otro servicio, para quitarse el peso del *reconocimiento,* es un ingrato; y rebosa *gratitud* el que, no pagando su deuda, ni aun atreviéndose a desplegar sus labios sobre ello, acompaña a un bienhechor en sus placeres, ríe en sus gozos y llora en sus desdichas. El *reconocimiento* de lo que debe, paga; pero la *gratitud* no cuenta lo que da, porque siempre debe» (Ci). ‖ *Examen, inspección, registro.*

reconstruir tr. *Reedificar, rehacer.*

reconvención f. Serie intensiva: *admonición, monición* (menos us.), *amonestación, represión, reproche, cargo, recriminación.* Fam.: *regaño, regañina, peluca, recorrido, repasata, repaso, reprimenda, repulsa, rociada, sermón, bronca, serretazo, sofrenada, felpa, rapapolvo, zurrapelo.*

reconvenir tr. *Reprender, reñir, regañar, reprochar, echar en cara.* «Se *reconviene* por un agravio

recibido; se *reprende* por una falta cometida; se *riñe* reprendiendo con palabras ásperas y duras. *Regañar* es, en sentido familiar, lo mismo que *reprender* o *reñir.* Los iguales se *reconvienen* entre sí; mas para *reprender* se necesita autoridad y mando. El que *reprende* dejándose llevar de la ira o del malhumor, *riñe*» (M).

recopilación f. **Compendio, resumen, sumario.* ‖ *Colección, compilación.*

recopilar tr. *Compendiar, resumir.* ‖ *Compilar.*

recordable adj. *Memorable.*

recordar tr. *Memorar* y *rememorar,* ambos de uso lit. *Recapacitar.* «El verbo *recordar* expresa una acción más espontánea y más fácil que *recapacitar.* Para *recordar* no se necesita más que la acción de la memoria, excitada a veces por una asociación de ideas o por una ligera alusión; mas para *recapacitar* se necesita un trabajo mental, un esfuerzo laborioso. *Recuerdo* haber visto a ese hombre, y estoy *recapacitando* cuándo y dónde» (M).

recorrido m. *Trayecto, itinerario.* ‖ Tratándose de alguna cosa deteriorada, *repaso.* ‖ *Reprensión, *reconvención.*

recortado m. *Cortadura.*

recorte m. *Recortadura, retazo.* ‖ m. pl. *Cortaduras, recortaduras.*

recostar tr.-prnl. *Reclinar, apoyar.*

recreación f. *Recreo, solaz, expansión, esparcimiento, asueto, diversión, distracción, pasatiempo, entretenimiento.*

recrear tr. *Entretener, distraer, divertir, alegrar, deleitar.*

recrecer tr.-intr. *Aumentar, acrecentar.*

recremento m. *Secreción interna* o *endocrina.*

recreo m. **Recreación, distracción, diversión, entretenimiento, pasatiempo.*

recriminación f. **Reconvención, reprensión.* ‖ *Acusación.*

rectangular adj. *Cuadrilongo.*

rectificar tr. *Corregir, modificar, enmendar.* ‖ QUÍM. *Purificar, redestilar.*

rectitud f. **Justicia, integridad, imparcialidad.*

recto -ta adj. *Derecho.* ‖ *Justo, justiciero, íntegro, imparcial.* «El que no se separa de la justicia, es *recto;* el hombre *recto,* considerado como inflexible y superior a la parcialidad o al interés, es *íntegro.* Es *recto* el juez que, al condenar al reo, no se deja llevar ni de la violencia de su genio inclinado al rigor, ni de la excesiva bondad y sensibilidad de su corazón. Es *íntegro* el que, al sentenciar una causa, no escucha ni las sugestiones de la amistad, ni el influjo o el temor del poder, ni los estímulos de la codicia» (LH).

recuerdo m. *Memoria* equivale a *recuerdo*, pero se usa menos que él en esta acep.: tener *memoria*, o *recuerdo*, de algo. *Conmemoración* se usa muy poco en este sentido, porque predomina su signif. de acto o solemnidad con que se recuerda algo importante. *Rememoración* es lit. o se emplea como término psicológico. *Remembranza* es ant.; lo emplean los escritores por su mismo sabor arcaico. *Reminiscencia*, fuera del lenguaje filosófico, significa recuerdo incompleto o poco definido. ‖ fig. *Regalo, presente.* ‖ m. pl. *Memorias, expresiones, saludos.*

reculada f. **Retroceso.*

recular intr. *Cejar, recejar, *retroceder.*

recuperar tr. **Recobrar, rescatar.*

recurrir intr. *Acudir, acogerse.* ‖ *Apelar.*

recurso m. *Medio, procedimiento, arbitrio, expediente.* ‖ *Memorial, solicitud, petición.* ‖ *Apelación.* ‖ m. pl. *Bienes, medios, posibles, fortuna, capital.*

recusar tr. *Rechazar, rehusar.* ‖ DER. *Poner tacha, tachar, declinar.*

rechazar tr. *Rebotar, repeler.* ‖ **Rehusar.*

rechazo m. **Retroceso, rebote.*

rechifla f. **Burla, pitorreo.*

rechinar intr. *Crujir, chirriar.*

redecilla f. *Gandaya.* ‖ Tratándose de la prenda para recoger el cabello, *red.* ‖ En el estómago de los rumiantes, *bonete, retículo.*

rededor m. *Contorno.* ‖ *Derredor;* poét. *redor.*

redel m. *Almogama.*

redimir tr. *Rescatar, librar, liberar, libertar.* ‖ *Cancelar.*

rédito m. *Interés, renta, utilidad, beneficio, rendimiento.*

redituar tr. *Producir, rentar, rendir.*

redivivo -va adj. *Aparecido, resucitado.*

redoblar tr.-prnl. *Duplicar, doblar, reduplicar.* ‖ *Repetir, reiterar.*

redomado -da adj. *Cauteloso, astuto, taimado. Redomado* intensifica el significado de los adjs. sinónimos.

redondamente adv. m. *Rotundamente, claramente, categóricamente, terminantemente.*

redondel m. *Círculo.* ‖ *Ruedo, arena.*

redondo -da adj. fig. *Claro, sin rodeo, rotundo.*

redopelo m. *Redropelo, rodapelo, contrapelo.*

redrojo m. *Redruejo, cencerrón.*

reducible adj. *Reductible.*

reducido -da adj. *Estrecho, pequeño, escaso, limitado, corto.*

reducir tr. *Disminuir, aminorar, estrechar, acortar, achicar, ceñir.* ‖ *Resumir, compendiar.* ‖ *Sujetar, someter, dominar, domeñar.* ‖ *Convertir.*

redundancia f. **Exceso, sobra, demasía, superfluidad.* Tratándose de palabras, *pleonasmo.*

redundar intr. *Rebosar, exceder, sobrar.* ‖ *Resultar, venir a parar, refluir.*

reedición f. *Reimpresión.*

reeditar tr. *Reimprimir.*

reemplazar tr. *Sustituir, suplir.* «Lo que ha faltado en la composición de un todo, se *reemplaza* por algo semejante, o se *sustituye* por algo que no lo es. En una armazón de hierro se *reemplaza* la pieza que se rompe con otra del mismo metal o, si no puede hacerse, se *sustituye* con una de otra sustancia. Muere un jefe, y lo *reemplaza* otro de la misma categoría; enferma, y lo *sustituye* el de la categoría inmediata» (M). ‖ *Relevar, revezar* y *suplir* significan sustitución temporal o accidental. *Suplantar* es *reemplazar* fraudulentamente (v. **Representar*).

reemplazo m. *Sustitución.* ‖ *Quinta, reclutamiento.*

reencuentro m. *Recuentro, refriega, choque.*

refaccionario -ria adj. DER. *Refeccionario.*

refajo m. *Faldellín.*

referencia f. *Narración, relación, relato.* ‖ *Informe, noticia.* ‖ *Semejanza, relación, dependencia.* ‖ *Remisión.*

referir tr. **Contar, narrar, relatar.* ‖ *Relacionar, enlazar, encadenar.* ‖ prnl. *Remitir.* ‖ prnl. *Aludir, mencionar, citar.*

refitolero -ra adj.-s. *Refectolero.* ‖ fig. *Entrometido, cominero.*

reflector -ra adj.-s. *Proyector.*

reflejar tr. *Reflectar, reverberar.*

reflejo -ja adj. GRAM. *Reflexivo.*

reflexión f. *Meditación, consideración.* ‖ *Advertencia, consejo.*

reflexionar tr. **Pensar, considerar, meditar.*

reflexivo -va adj. GRAM. *Reflejo.* ‖ *Juicioso, ponderado.*

refocilar tr. *Recrear, alegrar.*

reformar tr. *Rehacer.* ‖ *Reparar, restaurar, arreglar, corregir, enmendar, modificar.* ‖ *Reordenar, reorganizar.*

reforzar tr. *Aumentar, acrecentar, engrosar.* || *Fortalecer, robustecer, vigorizar.* || *Animar, reanimar, alentar.*

refractar tr. FÍS. *Refringir.*

refractario -ria adj. *Opuesto, rebelde, contrario.*

refractivo -va adj. *Refringente.*

refrán m. *Dicho,* en gral. Es esencial en el *refrán* su carácter popular y tradicional. *Proverbio* comprende, además, las frases sentenciosas de autor conocido; es voz más lit., lo mismo que *adagio. Aforismo* encierra gralte. la idea de aplicación a alguna ciencia o arte: los *aforismos* de Hipócrates. La voz gr. *apotegma* se aplica a dichos o anécdotas de hombres célebres de la antigüedad clásica, y a imitación suya, del Renacimiento: un *apotegma* de Temístocles. La *máxima* es un dicho sentencioso que se erige en norma intelectual o de conducta. *Sentencia* sugiere gravedad de tono, y contenido moral o doctrinal.

refregadura f. *Restregadura, refregamiento.*

refregar tr. *Estregar, restregar.*

refrenar tr. *Frenar, contener, sofrenar, reprimir, sujetar, moderar.* || prnl. *Reportarse.*

refrescar tr.-prnl. *Enfriar, *refrigerar.*

refriega f. *Encuentro, reencuentro, pelea, choque, combate.* La *refriega* tiene menos importancia que la batalla.

refrigerar tr. *Refrescar, enfriar,* en gral. *Refrigerar* se usa con preferencia cuando se emplean medios artificiales, como neveras o acondicionadores del aire. Decimos que el agua se *enfría* o *refresca* poniéndola por la noche al sereno, pero sería pedante decir que se *refrigera* por este medio. La lluvia *refresca* o *enfría* la atmósfera; pero el aire de un espacio cerrado se *refrigera* con aparatos adecuados.

refrigerio m. *Tentempié.* || fig. *Alivio, descanso.*

refringente adj. *Refractivo.*

refringir tr.-prnl. FÍS. *Refractar.*

refugiarse prnl. *Ampararse, acogerse, guarecerse.*

refugio m. *Protección, amparo, asilo, socorro.*

refulgente adj. *Brillante, resplandeciente, rutilante, luminoso.*

refulgir intr. *Resplandecer, relumbrar, refulgir, fulgurar, rutilar.*

refunfuñar intr. *Rezongar, gruñir.*

refutar tr. *Impugnar, rebatir, *confutar, *contradecir.*

regadera f. *Rociadera.* || *Reguera.*

regalado -da adj. *Suave, delicado, sabroso.* || *Agradable, deleitoso.*

1) **regalar** tr. *Dar.* || *Halagar, obsequiar, festejar, agasajar.*

2) **regalar** tr. *Derretir, licuar, *liquidar.*

regaliz m. **regaliza** f. *Regalicia, orozuz, alcazuz, palo duz.*

regalo m. *Fineza, agasajo, obsequio,* envuelven idea de halago o cortesía. *Ofrenda* es término solemne, religioso, aplicable p. ext. a otros casos: *ofrenda* a la Iglesia; dio la vida como *ofrenda* a su patria. *Don* es, modernamente, *gracia* o *merced* sobrenatural, o procedente de alta dignidad: el *don* de la penitencia; un *don* de Su Majestad. *Donativo* sugiere filantropía, beneficencia, y puede acercarse al concepto de limosna: *donativos* para un hospital. *Donación* es voz legal, y se emplea también en sentido general como palabra escogida: *donación* de sangre. *Dádiva* es liberalidad; a veces se aproxima a la idea de propina, y aun de soborno: *dádivas* quebrantan peñas.* || *Comodidad, descanso, conveniencia, deleite.*

regañar tr. *Reprender, *reconvenir, reñir, amonestar.* || *Pelearse, reñir, indisponerse, enemistarse, malquistarse.*

regañina f. *Reconvención, regaño, represión.*

regaño m. *Reconvención, represión, reprimenda.*

regate m. *Esguince, desguince, cuarteo.* || fig. *Efugio, escape.*

regatón m. *Cuento, contera, recatón, regatero.*

regatonería f. *Recatería, recatonería, recatonia* (ant.), *regatería.*

regazo m. *Falda, enfaldo.* || fig. *Amparo, consuelo, seno.*

régimen m. *Ordenación, regla, norma:* ~ *alimenticio,* ~ *de un colegio.* Por extensión se aplica ~ a la sucesión de ciertos fenómenos de la Naturaleza, como ~ *lluvioso,* ~ *de bajas presiones,* etc. En la ant. Astrología se decía que la Tierra, la atmósfera, los destinos y acontecimientos humanos estaban bajo el ~ de Sagitario, de Marte, de Venus, etc., etc. || *Gobierno, administración.* «*Régimen* es la ordenación general de los poderes políticos de la nación; *gobierno* es la autoridad que ejerce la acción pública; *administración,* considerada la palabra como sinónima de las otras dos, es el conjunto que forman la autoridad que manda y las autoridades que ejecutan sus mandatos. El *régimen* da o restringe derechos, concede facultades, señala atribuciones; el *gobierno* ejecuta las leyes; la *administración* entra en los pormenores de su ejecución. El *régimen* admite los adjetivos *despótico, aristocrático, monárquico, republicano, popular,* etc.; al *gobierno* se aplican los dictados *justo, corrompido, débil* y sus contrarios; la *administración* es más o menos *centralizada, complicada, laboriosa,* etc.» (M). ‖ GRAM. *Dependencia.*

regio -gia adj. *Real.* ‖ fig. *Suntuoso, magnífico, grandioso, espléndido.*

regir tr. *Dirigir, gobernar.* Aunque a menudo se sustituyen entre sí, hay en su uso ciertas preferencias según los complementos. *Regir* es el más apto para sus aceps. abstractas : la gravitación universal *rige* los movimientos de los astros; las leyes que *regían* el Estado. Tiene gralte. cierta solemnidad : *regir* los destinos de la nación. En sus usos concretos (una farmacia, una imprenta) se halla en competencia con *regentar,* o desempeñar el cargo de regente. *Dirigir* es el de aplicación concreta más general : *dirigir* una empresa industrial, una construcción, una escuela. *Gobernar* se usa especialmente tratándose del Estado o de corporaciones públicas, y también *gobernar* una casa o una hacienda rústica. ‖ *Guiar, conducir.*

registrar tr. *Mirar, examinar, reconocer, inspeccionar, escudriñar* (intensivo). *Cachear* es registrar a una persona para ver si lleva armas. ‖ *Copiar, inscribir, anotar, asentar, sentar.*

regla f. *Pauta, guía, modelo, patrón.* ‖ *Norma, precepto, razón, medida.* ‖ *Ley, canon, estatuto, constitución.* ‖ *Método, procedimiento.* ‖ *Moderación, templanza, medida, tasa.*

reglado -da adj. *Sobrio, parco, templado, moderado.* ‖ *Reglamentado, preceptuado, ordenado.*

regocijado -da adj. *Alegre, contento, gozoso, alborozado, jubiloso.*

regocijar tr. *Alegrar, contentar, festejar, divertir.* ‖ prnl. *Recrearse, gozar, alborozarse.*

regocijo m. *Alegría, júbilo, alborozo, gozo, contento, contentamiento.* ‖ *Festejo, fiesta, celebración.*

regodearse prnl. *Complacerse, deleitarse.*

regresar intr. *Volver, retornar.*

regreso m. *Vuelta, retorno.*

regüeldo m. vulg. *Eructo* es más us. que *regüeldo* a causa de la ínfima vulgaridad de este vocablo.

reguera f. *Regadera, reguero, regadero; regata,* si es pequeña; *regona,* si es grande.

1) regular adj. *Regulado, regularizado.* ‖ *Ajustado, medido, arreglado, metódico.* ‖ *Mediano, mediocre, moderado.*

2) regular tr. *Medir, ajustar, reglar, regularizar, ordenar.*

regularizar tr. *Regular, reglar, medir, ajustar, ordenar, metodizar, normalizar.*

rehabilitar tr. *Restituir, restablecer, reivindicar.*

rehacer tr. *Reconstruir, reedificar.* ‖ *Reponer, reparar.* ‖ prnl. *Reforzarse, fortalecerse, vigorizarse.* ‖ prnl. *Serenarse, tranquilizarse.*

rehilete m. *Reguilete, carapullo, repullo.* ‖ *Banderilla* (TAUROM.).

rehuir tr. *Evitar, apartar, esquivar, eludir, soslayar, sortear.* ‖ *Rehusar, repugnar, excusar.*

rehusar tr. *Declinar* es la forma más cortés de *rehusar;* por esto se *declina* un ofrecimiento importante u honorífico, pero no sería propio *declinar* una oferta comercial. *Renunciar* significa dejar un derecho o cargo que se posee. *Dimitir,* renunciar a un cargo. *Rechazar, negarse* y *repudiar* suponen repulsa, despego. *Esquivar, evitar, rehuir.*

reimprimir tr. *Reeditar.*

reinar intr. fig. *Dominar, imperar, regir.* ‖ *Predominar, prevalecer.*

reintegrar tr. *Restituir, satisfacer, devolver, integrar.* ‖ *Reconstituir, reponer.*

reiterar tr. *Repetir, reproducir.*

reiterativo -va adj. GRAM. *Frecuentativo.*

reivindicar tr. DER. *Recuperar, vindicar.* ‖ *Reclamar, exigir.*

rejalgar m. *Sandáraca.*

rejo m. *Punta, aguijón, pincho.* ‖ En las plantas, *raicilla, raicita;* en el tecnicismo botánico, *radícula.*

rejuela f. (braserito). *Librete, maridillo, rejilla.*

rejuvenecer tr.-prnl. *Remozar.* ‖ *Renovar, restaurar.*

relación f. *Relato, narración.* ‖ *Lista, enumeración, catálogo.* ‖ *Conexión, correspondencia, enlace, trabazón.* «Las cosas tienen *relación* entre sí cuando hay una idea común a todas ellas; tienen *conexión* cuando hay semejanza en su forma, enlace en sus partes o analogía en su modo de obrar. Puede haber *relación* entre dos cosas diametralmente opuestas, pero no *conexión.* Así hay *relación* entre lo blanco y lo negro, cuya idea común es la mayor o menor absorción de los rayos solares; hay *conexión* entre los movimientos de los astros y la caida de los cuerpos graves, porque en uno y otro caso obra la atracción. Infiérese de aquí que la voz *relación* tiene más amplitud que *conexión*, y los filósofos opinan que existen grandes *relaciones* entre todas las partes del universo» (M). ‖ *Amistad, trato, comunicación, correspondencia.*

relacionar tr. **Contar, narrar, referir, relatar.* ‖ *Enlazar, trabar, encadenar.* ‖ prnl. *Tratarse, corresponderse, visitarse.*

relajación f. **Laxitud.* ‖ *Hernia.*

relajar tr. *Aflojar, ablandar, laxar, distender, debilitar.* ‖ prnl. *Viciarse, corromperse, estragarse.*

relapso -sa adj.-s. *Reincidente.* El uso de *relapso* se limita a significar el que reincide en algún pecado del cual había hecho ya penitencia, o en alguna herejía de que había abjurado. Fuera de lo religioso se dice *reincidente*, y no *relapso.* El que comete otra vez un delito o falta es *reincidente.*

relatar tr. **Contar, referir, narrar.*

relativo -va adj. *Referente, concerniente, tocante.*

relato m. *Narración, relación, cuento.*

relegación f. *Confinamiento, *destierro.* ‖ *Apartamiento, postergación.*

relegar tr. *Desterrar, confinar.* ‖ fig. *Apartar, posponer, postergar.*

releje m. *Carrilada, carrilera, rodada, rodera.*

relevante adj. *Sobresaliente, excelente, superior, eximio.*

relevar tr. *Exaltar, engrandecer, realzar.* ‖ *Absolver, perdonar.* ‖ *Destituir, exonerar, eximir.* ‖ *Mudar, cambiar, reemplazar, sustituir, remudar.*

relevo m. *Sustitución, reemplazo.* ‖ Tratándose de un grupo de personas que releva a otro grupo en un trabajo, *turno, tanda, remuda.* En términos militares, el grupo o fuerza que releva es el *relevo* (no *turno* ni *tanda*).

relicario m. *Teca.*

relieve m. *Realce, bulto.* ‖ *Mérito, renombre.* ‖ m. pl. *Sobras, restos.*

religión f. *Creencia, fe, ley.*

religiosamente adv. m. fig. *Puntualmente, exactamente, fielmente.*

religioso -sa adj.-s. *Fraile, monje; monja.* Fraile y monja son las denominaciones corrientes. *Religioso* y *religiosa* son términos que se sienten hoy como más escogidos y respetuosos. *Monje*, cuando no se refiere a los ant. anacore-

tas, se aplica a los miembros de las más antiguas órdenes monacales, p. ej., los benedictinos.

reliquia f. *Residuo, resto* en gral.: ~ del esplendor pasado. Tratándose de un santo se dice *reliquia* (no *residuo* ni *resto*). ‖ fig. *Vestigio, *indicio, huella.*

relucir intr. *Brillar, resplandecer, relumbrar, lucir.*

reluctante adj. **Desobediente, reacio, opuesto, rebelde.*

relumbrar intr. **Resplandecer, refulgir, fulgurar, rutilar, brillar.*

relumbrón m. *Destello.* ‖ *Oropel.* ‖ *De ~,* loc. adj. *Aparente, falso.*

rellano m. *Descansillo, meseta, descanso.*

rellenar tr. *Rehenchir.* ‖ *Rebutir y embutir* añaden la idea de apretar la masa de carne picada u otros ingredientes con que se rellena un manjar. ‖ *Atracar, atiborrar,* son intensivos de *saciar.*

relleno -na adj. *Repleto, harto.*

remache m. *Roblón.*

remanente m. *Residuo, resto, sobrante.*

rematar tr. *Acabar, concluir, *terminar, finalizar.* ‖ *Ultimar, dar la última mano.*

remate m. *Fin, cabo, término, extremidad, punta.* ‖ *Adjudicación* (en las subastas).

remedar tr. *Imitar, contrahacer, parodiar.*

remediar tr. *Reparar, corregir, enmendar, subsanar.* ‖ *Socorrer, auxiliar.* ‖ *Evitar.*

remedio m. *Reparación, enmienda, corrección.* ‖ *Medicamento, medicina.* «*Remedio* es toda sustancia que se aplica al alivio o a la cura de una dolencia o enfermedad; *medicina* es el *remedio* preparado según las reglas del arte. Ocurre con frecuencia que las *medicinas* no obran como *remedios*. Se dice *remedios* caseros, y no *medicinas*» (M). ‖ *Recurso, auxilio, refugio.*

remedo m. *Imitación.* El *remedo* es generalmente una *imitación* imperfecta. *Parodia* es la imitación cómica o burlesca.

remembranza f. **Recuerdo, rememoración.*

rememoración f. **Recuerdo, remembranza.*

remendar tr. **Reparar, componer.* ‖ *Corregir, enmendar.*

remero -ra m. f. *Remador.* En las ant. galeras, *galeote.*

remesa f. *Envío, expedición.*

remesar tr. **Enviar, expedir, mandar, remitir.*

remiendo m. **Compostura, reparación.*

remilgado -da adj. **Melindroso, dengoso, repulido, escrupuloso.*

reminiscencia f. *Recuerdo.*

remirado -da adj. *Cauto, circunspecto, escrupuloso, reflexivo.* Es intensivo de *mirado.*

remisión f. *Envío, remesa.* ‖ *Referencia.* ‖ *Perdón, absolución.*

remiso -sa adj. *Flojo, irresoluto, tímido.* ‖ *Dejado, renuente, lento, reacio, remolón.*

remitir tr. *Enviar, mandar, expedir, remesar.* ‖ *Referir(se), hacer referencia.* ‖ *Perdonar, exculpar, eximir, indultar.* ‖ *Diferir, aplazar, suspender.* ‖ prnl. *Atenerse, sujetarse, referirse.*

remoción f. *Removimiento.*

remolacha f. *Betarraga y betarrata,* poco usados.

remolcar tr. *Llevar a remolque.* ‖ *Arrastrar.*

remolino m. Si es de viento, *manga de viento, torbellino, vórtice;* cuando es muy grande, v. **huracán.* El de las aguas, cuando es muy impetuoso, *vorágine.* El de polvo, *tolvanera.* ‖ fig. *Disturbio, inquietud, alteración.*

remolón -na adj. *Flojo, perezoso, holgazán, tumbón, indolente, remiso.*

remontar tr. fig. *Elevar, encumbrar, enaltecer, exaltar.* ‖ prnl. *Subir, volar, elevarse, ascender.*

rémora f. *Gaicano, pega, pez reverso, tardanaos.* ‖ fig. **Estorbo, embarazo, obstáculo, dificultad.*

remostar tr.-prnl. *Mostear, remostecer(se).*

remoto -ta adj. **Lejano, distante, apartado, alejado.*

remover tr. *Trasladar, mudar.* ‖ *Conmover, alterar, agitar, revolver.* ‖ *Quitar, apartar.* «Se remueve una cosa en el simple hecho de ponerla en un sitio distinto del que antes ocupaba; se *aparta,* poniéndola fuera de cierta dirección, de modo que en *apartar* hay un sentido más relativo que en *remover,* puesto que envuelve la idea del lugar u objeto de que la cosa se *aparta.* No decimos *remuévete,* sino *apártate,* al que nos estorba el paso» (M). ‖ *Destituir, deponer, amover.*

remozar tr.-prnl. *Rejuvenecer(se).*

remudar tr. *Reemplazar, relevar, sustituir.* Tratándose de piezas de una máquina, *recambiar.*

remuneración f. **Sueldo, retribución, gratificación, recompensa.*

remunerar tr. *Pagar, retribuir, gratificar, recompensar.*

renacuajo m. *Girino.*

renal adj. *Nefrítico.*

rencor m. **Enemistad, resentimiento, aborrecimiento, odio.*

rencoroso -sa adj. *Vengativo, resentido.*

rendibú m. *Acatamiento, agasajo, rendimiento, obsequiosidad.*

rendición f. *Capitulación, entrega.*

rendido -da adj. *Sumiso, obsequioso, galante.* ‖ *Cansado, fatigado.*

rendimiento m. *Cansancio, fatiga, debilidad, agotamiento.* ‖ *Sumisión, humildad.* ‖ *Producto, *productividad, utilidad, ganancia, beneficio, rédito, renta.*

rendir tr. *Vencer, someter, sujetar, dominar.* ‖ *Cansar, fatigar.* ‖ *Producir, rentar, redituar.* ‖ prnl. *Someterse, entregarse, capitular.*

renegado -da adj.-s. *Apóstata.*

renegar tr. *Detestar, abominar.* ‖ intr. *Abjurar, apostatar.* ‖ intr. *Blasfemar, jurar.*

renegón -na adj.-s. *Blasfemador, malhablado.*

renglón m. *Línea.*

renglonadura f. *Rayado.*

reniego m. *Derreniego* (rúst.), *voto, juramento, taco.*

reno m. *Rangífero, rengífero, tarando.*

renombrado -da adj. *Célebre, famoso, afamado, reputado, conocido, acreditado.*

renombre m. **Fama, celebridad, nombradía, reputación, gloria, crédito.*

renovar tr. *Rehacer.* ‖ *Restablecer, reanudar.* ‖ *Remudar, mudar, reemplazar, sustituir, trocar, cambiar.* ‖ *Reiterar, repetir.*

renta f. *Rendimiento, utilidad, beneficio.* La que produce un capital prestado, *rédito, interés.* ‖ *Arrendamiento. Alquiler; rento* se usa sólo tratándose de fincas rústicas.

rentable adj. Se dice del capital mobiliario o inmobiliario que produce una renta considerada como suficiente o satisfactoria. En este sentido es sinónimo de *beneficioso, remunerador, productivo.*

rentar tr. *Producir, redituar.*

renuente adj. *Indócil, remiso, reacio.*

renuevo m. *Tallo, vástago, retoño; vestugo,* el del olivo.

renuncia f. *Dimisión, *abdicación, dejación, desistimiento, abandono.*

renunciar tr. *Desistir, dimitir, *rehusar.* ‖ *Despreciar, abandonar.*

renuncio m. fig. *Mentira, contradicción.*

reñidero m. El destinado a las riñas de gallos, *gallera.*

reñidor -ra adj. *Pendenciero, quimerista.* ‖ *Regañón.*

reñir intr. *Contender, pelear, luchar.* ‖ *Desavenirse, enemistarse, indisponerse.* ‖ *Reprender, *reconvenir, regañar.*

reoctava f. ant. *Octavilla.*

reparación f. *Compostura, arreglo, remiendo, reparo.* || *Desagravio, satisfacción.* || *Indemnización, compensación.*

reparador -ra adj.-s. *Reparón, chinche.*

reparar tr. *Arreglar, componer, remendar, adobar, restaurar, recomponer, rehacer, enmendar.* En sus aceps. materiales, *reparar, arreglar* y *componer* son los de signif. más gral., y pueden llevar cualquier complemento. *Remendar* una prenda u objeto viejo o roto : calzado, vestido. *Adobar* es ant. *Restaurar* se aplica pralte. a obras artísticas antiguas para volverlas a su estado o esplendor primitivo : un cuadro, una iglesia, un salón. *Recomponer* y *rehacer* lo descompuesto o desarmado ; suponen una reparación total o muy grande : una máquina, un puente. *Enmendar* tiene pocas aplicaciones a lo material (p. ej.: poner *enmiendas* a las tierras) ; en cambio es el de más uso en el orden intelectual y moral : un error, agravio, daño, comportamiento, defecto. || *Corregir, enmendar, subsanar, remediar.* || *Desagraviar, satisfacer.* || *Resarcir, indemnizar, compensar.* || *Alentar, vigorizar.* || *Mirar, notar, advertir, percatarse.* || *Observar, atender, considerar, reflexionar, pensar.*

reparo m. *Compostura, reparación, arreglo, restauración.* || *Defensa, resguardo.* || *Advertencia, nota, observación.* || *Dificultad, objeción, inconveniente.*

reparón -na adj. *Reparador, criticón, motejador, chinche.*

repartición f. *Repartimiento, reparto, partición, distribución, división.*

repartir tr. *Partir, *dividir, distribuir.* El mismo sentido puede corresponder a *compartir*, pero en este verbo predomina el significado de poseer en común. *Impartir* es hacer partícipe a otro de lo que uno posee, comunicárselo : *impartir* la gloria, el bienestar. Sólo puede uno *impartir* lo que es suyo propio, pero puede uno *compartir* lo que originariamente es propio o ajeno.

reparto m. *Partición, repartición, distribución, división, repartimiento.*

repasata f. fam. *Reconvención, reprensión, corrección.*

repecho m. *Cuesta, pendiente, subida.*

repelente adj. *Repulsivo, repugnante.*

repeler tr. *Arrojar, lanzar, rechazar.* || *Contradecir, repudiar.*

repente m. *Improvisación.* || *Arrebato, impulso.*

repentino -na adj. *Pronto, impensado, imprevisto, inesperado, inopinado, súbito.*

repercusión f. *Resonancia, eco, tornavoz.* || fig. *Consecuencia, efecto, resultado.*

repercutir intr. *Resonar.* || fig. *Afectar, causar efecto.*

repetición f. RET. *Epanáfora.*

repetir tr. *Reproducir, rehacer.* En estilo elevado o lit., *iterar, reiterar.* En el habla usual, *segundar* o *asegundar.* Otros sinónimos dependen del complemento directo; p. ej.: la culpa o delito, *reincidir;* un trozo musical o escénico, *bisar;* una labor de arado, *binar,* etc.

repleto -ta adj. *Lleno, relleno, colmado.* Tratándose de comida, *harto, ahito.*

réplica f. *Objeción, replicato, contestación, *respuesta, contradicción.*

replicar tr. *Argüir, objetar, argumentar, contradecir, contestar.* || DER. *Impugnar.*

replicato m. *Objeción, réplica.*

replicón -na adj.-s. fam. *Replicador. Respondón* añade el matiz de acritud o falta de respeto.

repolludo -da adj. *Arrepollado, repollado.*

reponer tr. *Restablecer, reinstaurar, restaurar.* || *Reemplazar, Replicar, contestar.* || prnl. *Aliviarse, mejorarse, recobrarse.* || *Serenarse, tranquilizarse.*

reportarse prnl. *Refrenarse, moderarse, contenerse, reprimirse.*

reposado -da adj. *Sosegado, *quieto, tranquilo, manso, pacífico.* || *Descansado.*

reposar intr. *Descansar.* || *Dormir.* || *Sosegarse, aquietarse.* || *Yacer, estar enterrado.*

reposo m. *Descanso.* «El *reposo,* en su sentido físico, significa intermisión del trabajo o fatiga, y en este sentido es sinónimo de *descanso,* pero con esta diferencia, que el *descanso* supone mayor lasitud, mayor necesidad de reparar las fuerzas perdidas, y una fatiga más inmediata; *reposo* supone menor cansancio, o menos inmediato, y tal vez una situación de pura comodidad, o que supone una fatiga muy remota. Después de haber corrido es indispensable el *descanso.* Con el tiempo, la paciencia y el *reposo,* se curan muchos males. Después de pasear, *descanso* con gusto; después de comer, *reposo* un poco. El rico sedentario *reposa* blandamente sobre colchones de pluma, mientras el pobre labrador *descansa* sobre el duro suelo de las fatigas del día» (LH). ‖ *Sosiego, quietud, tranquilidad, serenidad, paz, calma.* «Reposo y sosiego significan en el sentido moral, quietud, tranquilidad, serenidad de ánimo, pero con esta diferencia: la idea de *reposo* excluye absolutamente toda acción; la voz *sosiego* no la excluye, antes bien supone muchas veces la moderación y tranquilidad del ánimo durante la acción. Y así *reposo* explica solamente la tranquila situación del ánimo; y *sosiego* extiende su relación a la tranquilidad que el estado de un ánimo sereno comunica a las acciones exteriores. El hombre prudente que quiere conservar el *reposo* de su espíritu y tranquilidad de su ánimo, es *sosegado* en su proceder, dirige sus acciones con *sosiego* y moderación. Después de haberle dejado hablar cuanto quiso, le respondió a todo con mucho *sosiego* y dulzura, sin alterar de modo alguno el *reposo* y la tranquilidad de su espíritu» (LH).

reprender tr. *Corregir, amonestar, *reconvenir, censurar, vituperar, reñir, regañar. Increpar* y *recriminar* son intensivos, y significan *reprender* severamente.

reprensible adj. *Censurable, reprobable, criticable, vituperable.*

reprensión f. **Reconvención, amonestación, corrección, censura, reprimenda.*

represa f. *Presa, estancación, estancamiento.*

representación f. *Figura, imagen.* ‖ *Autoridad, dignidad, importancia de una persona.* ‖ *Símbolo, encarnación, muestra.*

representar tr.-prnl. *Imaginar, figurar(se).* ‖ *Trazar, reproducir.* ‖ *Significar, patentizar, mostrar, manifestar.* ‖ *Simbolizar, encarnar.* ‖ *Sustituir, *reemplazar.*

reprimenda f. **Reconvención, reprensión, amonestación, regaño.*

reprimir tr. **Comprimir.* ‖ *Contener, refrenar, sujetar, dominar, moderar, templar.* En su uso prnl., *reportarse.*

reprobable adj. *Censurable, criticable, reprensible, vituperable.*

reprobar tr. **Desaprobar, censurar, vituperar, condenar, rechazar.*

réprobo -ba adj.-s. *Precito, prescito, condenado.*

reprochar tr. **Reconvenir, echar en cara.*

reproche m. **Reconvención.*

reproducir tr.-prnl. *Propagar(se),* multiplicar(se). ‖ *Imitar, copiar, representar.* ‖ *Repetir, reiterar.*

reptar intr. *Arrastrarse.* ‖ fig. *Adular.*

repudiar tr. *Desechar, repeler, rechazar.* ‖ *Renunciar, *rehusar.*

repuesto m. *Prevención, provisión; respeto* es hoy ant.: *una carroza de respeto.* Tratándose de partes o piezas de una máquina, *recambio.*

repugnancia f. *Oposición, contradicción, incompatibilidad.* ‖ **Antipatía, aversión, repulsión, asco.* ‖ *Resistencia, renitencia, renuencia, repelo.*

repugnar tr. *Contradecir, negar.* ‖ *Rehusar, repeler, rechazar.* ‖ intr. *Asquear, revolver.*

repulgos m. pl. **Melindres, miramientos, escrúpulos, remilgos.*

repulsa f. *Propulsa, repulsión.* ‖ *Reprimenda, *reconvención.*

repulsar tr. *Desechar, despreciar, repeler, rehusar.* ‖ *Denegar, negar.*

reputación f. *Fama, nombre, nombradía, notoriedad.* ‖ *Celebridad, gloria, renombre.*

reputar tr. *Estimar, juzgar, conceptuar, considerar.* ‖ *Apreciar.*

requebrar tr. *Piropear, echar o decir flores, florear, galantear, lisonjear.*

requemarse prnl. fig. **Sentirse, resentirse, escocerse.*

requerimiento m. *Intimación.*

requerir tr. *Intimar.* ‖ *Solicitar, pedir, pretender.* ‖ *Necesitar, ser necesario.*

requesón m. *Naterón; názula* en algunas partes. *Cuajada.*

requiebro m. *Piropo, flor, lisonja, terneza, ternura, galantería.*

requisar tr. *Comisar, decomisar, incautarse, confiscar.*

resabio m. **Dejo* y *deje* pueden ser agradables, en tanto que el *resabio* es el sabor desagradable que deja una cosa. ‖ *Vicio, inclinación, mala costumbre.*

resaltar intr. *Sobresalir.* ‖ fig. *Distinguirse, descollar, despuntar.*

resalte m. *Resalto, saliente.*

resarcir tr. *Indemnizar, compensar, reparar, subsanar.* ‖ prnl. *Desquitarse.*

resbaladizo -za adj. *Escurridizo, resbaloso.*

resbalar intr. *Escurrirse, deslizarse, irse los pies.*

resbalón m. *Traspié.* ‖ fig. *Desliz, error.*

rescatar tr. *Librar, liberar, libertar, redimir.* ‖ **Recobrar, recuperar.*

rescate m. *Ranzón.*

rescindir tr. **Abolir, anular, dejar sin efecto.*

resentimiento m. *Serie intensiva:*

queja, escozor, resquemor, rencor.

resentirse prnl. **Sentirse, escocerse, *picarse, agraviarse, ofenderse.*

reseña f. *Recensión, juicio crítico.* ‖ *Narración.*

reserva f. *Guarda, provisión, repuesto, prevención.* ‖ *Circunspección, recato, cautela, discreción, prudencia.* «La *reserva* consiste en ocultar lo que se sabe y lo que se siente; la *circunspección*, en pensar lo que ha de decirse. La *reserva* puede ser instrumento de la malicia; la *circunspección* es siempre hija de la prudencia» (M). ‖ *Sigilo, *secreto.* ‖ *Restricción, condición.*

reservado -da adj. *Circunspecto, discreto, cauteloso, comedido, callado.* ‖ *Secreto.*

reservar tr. *Guardar, conservar, retener.* ‖ *Exceptuar, dispensar.* ‖ *Encubrir, ocultar, callar.*

resfriado m. *Catarro, constipado.*

resfriarse prnl. *Acatarrarse, constiparse.*

resguardar tr. **Proteger, amparar, defender, preservar, abrigar.*

resguardo m. *Amparo, defensa, protección, abrigo, arrimo, reparo, seguridad.* ‖ *Guardia, custodia.*

residencia f. **Habitación, domicilio, morada, vivienda.*

residir intr. *Habitar, vivir; morar* es literario.

residuo m. *Resto, remanente, restante, sobrante, sobras.* ‖ *Diferencia, resto, resta.*

resignación f. *Conformidad, sufrimiento, paciencia.*

resignar tr. *Renunciar.* ‖ *Entregar:* ~ *el mando, la autoridad.* ‖ prnl. *Conformarse, avenirse, prestarse, allanarse, condescender, sufrir, tolerar.*

resinar tr. *Sangrar.*

resinífero -ra adj. *Resinoso.*

resistencia f. *Oposición, obstrucción, renuencia.* ‖ *Fortaleza, firmeza, solidez, aguante.* ‖ *Defensa.*

resistir intr.-prnl. *Oponerse, rechazar, repeler.* ‖ *Defenderse, bregar, forcejear.* ‖ *Soportar, sostener, aguantar.*

resolución f. *Ánimo, valor, arrestos, arrojo, osadía, audacia, atrevimiento, denuedo.* ‖ *Determinación, decisión.* ‖ *Actividad, prontitud, viveza.* ‖ *Providencia* (DER.).

resolver tr. **Determinar, decidir.* ‖ *Solucionar; solventar* se aplica generalmente tratándose de un asunto difícil o embrollado; *zanjar*, cortarlo o resolverlo expeditivamente.

resonancia f. *Repercusión, tornavoz* y *eco* signif. resonancia que se produce por reflexión del sonido.

‖ *Hipertono, armónico.* ‖ fig. *Divulgación, notoriedad.*

resonar intr. *Repercutir; retumbar* y *rimbombar* son intensivos y se aplican gralte. tratándose de ruido o estruendo; *retiñir* es durar en el oído la sensación que produce un sonido agudo.

resorte m. *Muelle.*

respaldar tr. **Proteger, guardar.*

respaldo m. *Espaldar, respaldar,* ambos menos us. que *respaldo.* ‖ *Espaldera.* ‖ *Vuelta, envés.*

respecto m. *Razón, relación, proporción.* ‖ m. adv. *Al respecto. A proporción, a correspondencia, respectivamente.* ‖ m. prep. *Respecto a. Tocante a, *acerca de, sobre, referente a.*

respetable adj. *Honorable, venerable, caracterizado.* ‖ *Considerable, importante.*

respetar tr. *Venerar* y *reverenciar* denotan respetar en sumo grado. *Acatar.*

respeto m. *Reverencia, veneración.* «El *respeto* se tributa al mérito y a la autoridad; la *reverencia*, a la dignidad; la *veneración*, a la virtud. El que *respeta* las prácticas religiosas, entra con *reverencia* en el templo, y mira con *veneración* las santas imágenes. En la *reverencia* hay más exterioridad que en la *veneración* y en el *respeto*» (M). *Consideración, miramiento, atención, deferencia* y *rendimiento* son formas exteriores con que se manifiesta el sentimiento de *respeto*. El *acatamiento* y la *sumisión* pueden producirse por la sola estimación de la fuerza o poder de lo que respetamos; son un *respeto* exterior más que interior.

respiración f. *Resuello,* esp. si es violento o ruidoso. *Jadeo, acezo,* cuando es anheloso a causa del cansancio.

respirar intr. *Resollar.* ‖ *Animarse, cobrar aliento, alentarse.* ‖ *Descansar.*

respiro m. *Descanso.* ‖ *Alivio, sosiego, calma.*

resplandecer intr. Serie intensiva : *lucir, relucir, brillar; cabrillear, rielar* (con luz trémula; poét.), *esplender* (lit.), *resplandecer, relumbrar, refulgir, fulgurar, rutilar* (poét.). Todos pueden referirse a luz propia o reflejada. *Reverberar* (intens.) y *espejear,* sólo a luz reflejada. ‖ fig. *Sobresalir, aventajarse, descollar.*

resplandor m. *Lustre, brillo, refulgencia, fulgor, esplendor.*

responder tr. *Contestar.* «*Contestar* es corresponder a lo que se dice o se escribe, haciendo ver que se ha oído o se ha leído, se ha escuchado, se ha entendido. *Responder* es satisfacer a las preguntas que se hacen, dar solución a lo que se propone, entrar en materia sobre la discusión o asunto de que se trata. No sólo no me ha *respondido* a las preguntas que le hice, pero ni aun me ha *contestado*. Una carta de Pascuas no exige más que una simple *contestación*. Al que da una orden, se le *contesta;* al que pide informe, se le *responde»* (LH). ‖ *Replicar.* ‖ *Garantizar, salir fiador.*

respuesta f. **Contestación.* ‖ *Réplica. Respuesta* tiene más extensión que *réplica;* ésta supone discusión o disputa. Se *replica* a quien nos ha contestado, oponiéndole nuevas razones o combatiendo las del contrario. La *réplica* tiene siempre carácter polémico; la *respuesta* puede estar de acuerdo con los motivos, razones o deseos del que pregunta.

resquebrajar tr.-prnl. *Hender, agrietar, abrir.*

resquemo m. *Requemamiento, requemazón.* ‖ *Chamusquina.*

resquemor m. *Escozor, escocimiento.* ‖ *Resentimiento, rencor.*

resquicio m. *Hendidura, grieta.* ‖ fig. *Coyuntura, ocasión, oportunidad.*

resta f. MAT. *Substracción.* ‖ *Resto, residuo, diferencia.*

restablecer tr. *Reponer, restaurar, *reparar.* ‖ prnl. *Curarse, mejorar, recobrarse.*

restallar intr. *Rastrallar, restañar, chasquear, chascar.* ‖ *Crujir.*

restante m. *Residuo, remanente, resto, sobrante.*

restar tr. MAT. *Sustraer.* ‖ *Disminuir, cercenar, quitar, mermar, rebajar.* ‖ En el juego de pelota, *devolver, volver.* ‖ intr. *Faltar, quedar.*

restaurar tr. *Recuperar, recobrar.* ‖ **Reparar, componer, reponer, renovar.* ‖ *Restablecer, reinstaurar.*

restinga f. *Restringa, arricete.*

restituir tr. **Devolver, reponer, reintegrar, retornar* (lit.). ‖ *Restablecer.*

resto m. *Residuo, diferencia, resta, sobrante, remanente.* ‖ *Rastro, vestigio.*

restregar tr. *Estregar, refregar.*

restricción f. *Limitación, reducción.*

restringir tr. *Acortar, reducir, *limitar, ceñir, circunscribir, cercenar, coartar.* ‖ *Astringir, restriñir.*

resucitar intr. *Revivir, resurgir.* ‖ tr. fig. *Restablecer, restaurar, reponer.*

resudar intr. **Sudar, trasudar.* ‖ *Rezumar.*

resuelto -ta adj. *Decidido, determinado.* ‖ *Audaz, osado, arrojado, denodado, atrevido.* ‖ *Pronto, diligente, expedito.*

resulta f. *Consecuencia, secuela, efecto.*

resultado m. *Efecto, consecuencia; éxito, cuando es favorable.*

resultar intr. *Nacer, originarse, seguirse, deducirse, inferirse, dimanar.*

resumen m. **Compendio, recapitulación, recopilación, extracto, sumario.* ‖ *Epítome, compendio.*

resumir tr. *Extractar, abreviar. Recapitular* es resumir lo que se ha manifestado antes; en tanto que se puede *resumir* y *compendiar* una doctrina, ciencia, etc., que uno no ha expuesto antes con mayor extensión. *Resumir,* puede sustituir siempre a *recapitular,* pero no viceversa.

resurgir intr. *Reaparecer, rebrotar.* ‖ *Resucitar, revivir.*

resurtida f. **Retroceso, rechazo, rebote.*

resurtir intr. **Retroceder, rebotar.*

retaguarda y **-dia** f. *Rezaga, zaga.*

retahíla f. *Serie, sarta. Retahíla* no se usa hoy más que en sentido desp. o irónico; p. ej.: citó una *retahíla* de autores. No se aplica a cosas materiales. Un collar está formado por una *serie* o *sarta* de piedras, pero no por una *retahíla.*

retal m. *Maula, retazo.*

retama f. *Genista, ginesta, hiniesta.*

retar tr. *Desafiar, provocar.*

retardar tr. **Atrasar, retrasar, diferir, detener, entorpecer, demorar.* ‖ *Aplazar, posponer.*

retardo m. *Retraso, entorpecimiento, demora, dilación.*

retejar tr. *Trastejar.*

retención f. *Retenimiento.*

retener tr. **Conservar, guardar, reservar.* ‖ *Recordar, memorizar.*

retentiva f. *Memoria.*

reticencia f. *Retintín.* ‖ RET. *Precesión.*

rético m. *Retorromano, ladino, rumanche.*

retirado -da adj. *Apartado, alejado, distante, desviado, lejano, separado.* ‖ *Jubilado.*

retirar tr. *Apartar, separar, alejar, quitar.* ‖ prnl. *Recogerse, retraerse.* ‖ prnl. *Jubilarse.* ‖ prnl. *Retroceder, echarse atrás.*

retiro m. *Jubilación.* ‖ *Retraimiento, apartamiento, recogimiento, aislamiento, encierro, soledad.*

reto m. **Desafío, provocación.* ‖ *Amenaza.*

retoñar intr. *Rebrotar, serpollar.* ‖ fig. *Reproducirse, revivir.*

retoño m. *Hijuelo, rebrote, serpollo, renuevo, vástago.*

retorcer tr. *Torcer. Retortijar* es intensivo.

retorcimiento m. *Contorsión, torción, retorsión.*

retórica f. Aunque originariamente *retórica* equivale a *oratoria*, se llama gralte. *retórica* a la enseñanza del arte oratorio. ‖ *Rebuscamiento, artificio.* ‖ f. pl. *Sofisterías, circunloquios.*

retornar intr. lit. *Regresar, volver.* ‖ tr. *Devolver, restituir.*

retornelo m. MÚS. *Vuelta.*

retorno m. *Retroceso, vuelta, regreso.* ‖ *Devolución, restitución.* ‖ *Cambio, trueque.*

retorsión f. *Retorcimiento.*

retorta f. *Cucúrbita,* ant.

retozar intr. *Brincar, juguetear, jugar, travesear, triscar.*

retractarse prnl. *Desdecirse, revocar.*

retraerse prnl. *Acogerse, guarecerse, refugiarse.* ‖ *Retirarse, retroceder.* ‖ *Apartarse, alejarse, recogerse.*

retraído -da adj. *Solitario, aislado.* ‖ *Corto, tímido, huidizo, reservado.*

retraimiento m. *Retiro, apartamiento, alejamiento.* ‖ *Refugio.* ‖ *Cortedad, timidez, reserva.*

retrasar tr.-prnl. *Diferir, retardar, dilatar, detener, *atrasar, demorar, rezagar(se).*

retraso m. *Atraso, retardo, demora, dilación.*

retrechería f. fam. *Excusa, pretexto, rebozo, socapa, socolor, efugio.*

retreparse prnl. *Treparse, recostarse.*

retrete m. *Evacuatorio, excusado, común* y otras muchas voces originariamente eufemísticas, que al generalizarse pierden su carácter atenuativo, y son reemplazadas por otras más suaves en cada época, territorio, medio social, etc.

retribución f. *Recompensa, remuneración, pago, paga, gratificación, premio.*

retroceder intr. *Recular, recejar.* Cuando el retroceso está producido por el choque con otro cuerpo, *rebotar, resurtir.* Tratándose de una caballería, *retrechar. Retrogradar* es voz abstracta que sólo se aplica en sentido fig., p. ej.: la civilización puede *retrogradar* hasta la barbarie.

retroceso m. *Reculada; rechazo, rebote* y *resurtida,* si el retroceso se produce por choque con algún otro cuerpo. ‖ Tratándose del golpe que da un arma de fuego al dispararla, *culatada, culatazo.* ‖ *Regresión* es voz culta que indica el movimiento hacia

atrás, contrario a progresión. *Regreso, vuelta, venida, retorno,* se oponen a ida, e implican movimiento hacia atrás, o hasta el punto de partida.

retruécano m. RET. *Conmutación.*

retumbante adj. fig. *Ostentoso, pomposo, campanudo, rimbombante.*

retumbar intr. *Resonar, retronar.*

reunir tr. *Juntar, agrupar, allegar, acopiar, recoger;* si se trata de escritos, *compilar;* si de personas, *congregar.*

revalidar tr. *Confirmar, convalidar, ratificar.* ‖ prnl. *Graduarse.*

revancha f. GALIC. *Desquite.*

revelar tr. *Descubrir, manifestar, patentizar.*

revenirse prnl. *Acedarse, avinagrarse, agriarse.*

reventar intr. *Abrirse.* ‖ *Estallar, explotar.* ‖ tr. fig. *Molestar, cansar, fastidiar.* ‖ tr. fig. *Fatigar;* en este sentido *reventar* expresa gran intensidad de la fatiga.

reventón m. *Estallido, explosión.* ‖ *Cansancio, fatiga.* ‖ *Apuro, aprieto, apretón, ahogo.*

rever tr. *Revisar.*

reverberar intr. *Resplandecer, reflejar, espejear.*

reverdecer intr.-tr. *Verdecer, verdear.* ‖ fig. *Renovarse, rejuvenecerse, vigorizarse.*

reverencia f. *Respeto, veneración, acatamiento.*

reverenciar tr. *Acatar, respetar, venerar.*

reverso m. *Revés, dorso, envés.* ‖ En las monedas y medallas, *cruz.*

revés m. En las ropas, *contrahaz;* en monedas y medallas, *reverso;* en folios de libros, *verso* o *vuelto.* En gral., *envés, dorso.* ‖ *Golpe.* ‖ fig. *Infortunio, desgracia, contratiempo, desastre.*

revesado -da adj. *Intrincado, enrevesado, difícil, embrollado.* ‖ fig. *Travieso, revoltoso, enredador, indomable.*

revista f. *Inspección, examen.* ‖ En la MIL. ant., *alarde, muestra.*

revivir intr. *Resucitar, renovar, resurgir, rebrotar.*

revocar tr. *Abolir, anular, derogar, dejar sin efecto.* ‖ *Guarnecer, enlucir, enfoscar.*

revolcadero m. *Envolvimiento, revolvedero.*

revolotear intr. *Revolar, volitar* (lit.).

revoltijo m. fig. *Revoltillo, confusión, enredo, mescolanza, embrollo.*

revoltoso -sa adj. *Travieso, enredador, revesado, revuelto.* ‖ *Alborotador, sedicioso, turbulento, rebelde, amotinado, revolucionario.*

revolución f. *Giro, vuelta.* ‖ *Albo-*

*roto, sedición, motín, asonada, revuelta, insurrección, *sublevación.*

revolver tr. *Menear, agitar, mezclar.* ‖ *Desordenar, alterar, desorganizar.* ‖ *Inquietar, soliviantar, encizañar, enemistar.* ‖ *Dar vuelta, girar.* ‖ prnl. *Moverse.*

revoque m. *Revoco, guarnecido, revocadura, enfoscado.*

revuelco m. *Revolcón, intensivo.*

revuelta f. *Alboroto, tumulto, asonada, motín, sedición, insurrección.*

revulsivo -va, revulsorio -ria adj.-s. *Rubefaciente, epispástico.*

rey m. *Monarca, soberano.*

reyerta f. *Contienda, disputa, altercado, pendencia, riña, *lucha.*

reyezuelo m. *Régulo.*

rezagar tr. *Atrasar, suspender, entorpecer, detener, retardar.* ‖ prnl. *Retrasarse, quedarse atrás.*

rezar tr. *Orar.*

rezno m. *Ricino.* ‖ *Rosón.*

rezo m. *Oración, plegaria.* La *oración* y la *plegaria* pueden ser vocales o mentales; el *rezo* es vocal.

rezongar intr. *Refunfuñar, gruñir.*

rezumar intr.-prnl. *Resudar, sudar, exudar, trasumar.*

riada f. *Avenida, inundación, llena, crecida, desbordamiento.*

ribera f. *Margen, *orilla.*

ricial adj. *Rizal.*

ricino m. *Cherva, querva, higuera del infierno o infernal, higuereta, higuerilla, palmacristi, rezno.*

rico -ca adj.-s. Serie intensiva : *acomodado, adinerado, acaudalado, pudiente, potentado, opulento.* Los cinco primeros se refieren a personas; *rico* y *opulento*, a personas, colectividades, países, etc.: *una ciudad rica, opulenta.* ‖ *Abundante, opulento, pingüe, copioso, exuberante.* ‖ *Gustoso, sabroso, apetitoso, exquisito, excelente.*

ridículo -la adj. *Risible.* ‖ *Escaso, corto, pobre, irrisorio.* ‖ *Extraño, extravagante, grotesco.* ‖ *Melindroso, dengoso, nimio, ñoño, pazguato.*

riel m. *Carril, rail.*

rielar intr. poét. *Resplandecer, brillar; rielar* y *cabrillear* denotan *brillar* con luz trémula.

rienda f. fig. *Sujeción, moderación, freno.* ‖ f. pl. *Gobierno, mando, dirección.*

riesgo m. *Exposición. Peligro* es una contingencia inminente o muy probable, en tanto que *riesgo* y *exposición* pueden expresar desde la mera posibilidad a diversos grados de probabilidad. El *riesgo* es eventual, puede existir; el *peligro* es actual y positivo.

Hay *peligro* de muerte en tocar un cable de alta tensión eléctrica; corre el *riesgo* de acatarrarse el que anda sin abrigo en días fríos. La diferencia entre ambos sustantivos depende también de la importancia del asunto de que tratamos. Así decimos que el dinero jugado a la lotería tiene *riesgo* de perderse, y que un capital confiado a una persona insolvente, está en *peligro.*

rifa f. *Sorteo.*

rigidez f. *Tiesura, endurecimiento, inflexibilidad.* ‖ *Rigor, severidad, austeridad.*

rígido -da adj. *Tieso, inflexible, tirante, endurecido, yerto* (por el frío o la muerte). ‖ fig. *Riguroso, severo, austero.*

rigor m. *Severidad.* ‖ *Aspereza, rudeza, dureza* (en el genio o trato, o en el tiempo). ‖ *Propiedad, exactitud, precisión.*

riguroso -sa adj. *Áspero, acre, rudo.* ‖ *Rígido, severo, inflexible, inexorable.* ‖ *Austero.* ‖ Tratándose del tiempo, *extremado, inclemente, crudo.* ‖ *Estricto, exacto, preciso.*

rimbombante adj. *Altisonante, campanudo, retumbante, hueco, ostentoso, llamativo.*

rimbombar intr. *Resonar, retumbar.*

rimero m. *Montón, rima, cúmulo.*

rinconera f. *Cantonera.*

ringlera f. *Fila, ringla, rengle, renglera.*

rinoceronte m. *Bada, abada.*

riña f. *Pendencia, cuestión, quimera, querella, disputa, altercado, reyerta, pelea, contienda, *lucha.*

riqueza f. Serie intensiva : *bienestar, holgura, riqueza, opulencia.* ‖ Tratándose de cosas, *abundancia, copia, profusión, fertilidad.*

risa f. *Sonrisa, la leve y sin ruido que sólo se manifiesta por los movimientos de los labios. Carcajada* es ímpetu de risa ruidosa; si por cualquier motivo la consideramos con desdén u hostilidad la llamamos *risotada, risada.*

riscoso -sa adj. *Enriscado, peñascoso, escabroso.*

risible adj. *Ridículo, irrisorio.*

risotada f. *Carcajada* (v. *Risa).*

ristra f. *Horca, horco, ramo.*

risueño -ña adj. *Carialegre, alegre, reidor, jocundo, jovial, festivo.* ‖ *Agradable, deleitable, placentero.* ‖ *Próspero, propicio, favorable.*

rito m. *Ceremonia.* «Rito es el orden establecido por la Iglesia para la celebración del culto divino; *ceremonia* es la parte del *rito* que comprende los movimientos y la actitud del cuerpo en aquella celebración. Todas las partes de que se compone la misa pertenecen al *rito;* las *ceremonias* son la genuflexión, la bendición, el lavatorio y el ósculo de paz» (M).

ritual m. *Liturgia.*

rival com. *Émulo, competidor.* ‖ *Enemigo.*

rivalidad f. **Emulación, competencia.* ‖ *Enemistad.*

rivalizar tr. *Competir.*

rizal adj. *Ricial.*

rizar tr. *Engarzar, enrizar, ensortijar.*

rizópodo adj.-m. *Sarcodario.*

robalo y **róbalo** m. *Céfalo, lobina, lubina.*

robar tr. *Quitar, *hurtar, pillar, rapiñar.* Cuando se hace en gran escala o colectivamente, apoderándose de cuanto se encuentra, *saquear.*

robla tr. *Robra, robda, roda, alboroque.*

roble m. *Carvajo, carvallo.*

robleda f. **robledal** m. *Carvajal, robledo.*

roblón m. *Remache.*

robusto -ta adj. *Fuerte, vigoroso.* ‖ *Sano, saludable.*

rocadero m. *Capillo.*

roce m. *Rozamiento, fricción; rozadura* se refiere más bien al efecto de rozar y a la señal que deja. ‖ fig. *Trato, comunicación.*

rociada f. *Rocío.* ‖ fig. *Represión, *reconvención.*

rociar intr. *Salpicar, esparcir.*

rocoso -sa adj. *Roqueño, peñascoso.*

roda f. MAR. *Roa.*

rodaballo m. *Rombo.*

rodada f. *Releje, carril, carrilada, carrilera, rodera.*

rodar intr. *Girar, dar vueltas.*

rodear tr. *Cercar, circuir, circundar, circunvalar.*

rodeo m. *Desviación, desvío.* ‖ fig. *Circunloquio.* En RET., *circunlocución;* en GRAM., *perífrasis.* ‖ **Efugio, evasiva, subterfugio.*

rodera f. *Rodada, carril, carrilada, carrilera, releje.*

rodilla f. *Hinojo,* hoy sólo us. en la fr. *de hinojos* = de rodillas.

rodillo m. *Rulo.*

rododafne f. *Adelfa.*

rodomiel m. *Miel rosada.*

rodrigar tr. *Arrodrigar y arrodrigonar,* esp. si se trata de vides. *Enrodrigar, enrodrigonar.*

rodrigón m. *Rodriga, tutor.*

roer tr. fig. *Gastar, desgastar; corroer,* esp. si se trata de acción química : la humedad *corroe* el hierro. Tratándose de acción mecánica, *desgastar:* el agua *roe* o *desgasta* las rocas.

rogar tr. Entre los diferentes mo-

dos de *pedir* lo que no podemos exigir o puede sernos negado, formamos la siguiente serie de matices a partir de *rogar: solicitar* sugiere diligencia, continuidad, y es el más us. en lenguaje administrativo; *instar* añade matiz de reiteración o urgencia; **suplicar,* de llanto, de llanto y vehemencia; *impetrar y deprecar,* de ahínco y rendimiento grandes.

rojo -ja adj.-m. Dentro de la denominación gral. de *rojo* o *colorado,* se halla gran variedad de matices que se expresan por los nombres de cosas concretas que los poseen, o por derivados de ellos, tales como *rosa, salmón, coral, encarnado, bermejo, grana* o *carmesí, escarlata, granate, púrpura,* etc.

rollizo -za adj. *Redondo, cilíndrico.* ‖ *Grueso, gordo, fornido, robusto.*

romadizo m. *Coriza.*

romance adj.-m. *Románico, neolatino.*

romanizar tr.-prnl. *Latinizar.*

romero m. *Rosmarino.*

romero -ra adj.-s. *Peregrino.*

romo -ma adj. *Obtuso, boto.* ‖ *Chato.* ‖ fig. *Torpe, rudo, tosco, porro, zoquete.*

rompehuelgas m. y f. *Esquirol.*

rompenueces m. *Cascanueces.*

romper tr. *Quebrar, quebrantar.* «El verbo *romper* tiene una significación más extensa, porque se aplica a toda acción por medio de la cual se hace pedazos de cualquier modo un cuerpo; pero *quebrar* supone que la acción se ejerce determinadamente en un cuerpo inflexible o vidrioso, y de un golpe o esfuerzo violento. Se *rompe* un papel, una tela; pero no se *quiebra* como una taza o un vaso» (LH). *Fracturar* es voz culta de aplicación limitada; p. ej.: *fracturarse* un hueso por una caída, pero *romperse* un plato; en el lenguaje judicial se dirá que el ladrón *fracturó* una cerradura; pero en el habla ordinaria se dice : he roto la cerradura porque no podía abrir la puerta. ‖ *Roturar.* ‖ *Desbaratar, vencer.*

rompesacos m. *Egílope.*

rompimiento m. *Rompedura, rotura, ruptura.* ‖ *Rotura, fractura, quiebra.* ‖ *Desavenencia, riña, ruptura.*

roncería f. *Tardanza, lentitud, remolonería.*

ronco -ca adj. *Afónico* es término científico o culto. ‖ *Bronco, áspero; rauco* es un latinismo sólo usado en el lenguaje poético.

roncha f. *Rueda, rodaja.*

ronquera f. Afonía (MED.); enronquecimiento; fam. tajada; carraspera es aspereza de la garganta que enronquece la voz.

ronroneo m. Runrún.

ronzal m. Ramal.

1) ronzar tr. Ronchar, roznar.

2) ronzar tr. MAR. Arronzar, apalancar.

roña f. En los metales, herrumbre, orín, moho. ‖ Sarna. ‖ Porquería, suciedad.

roñería f. Miseria, tacañería, mezquindad.

roñoso -sa adj. Oxidado, herrumbroso, mohoso. ‖ Sarnoso. ‖ Puerco, sucio, cochino. ‖ Avaro, mezquino, tacaño, miserable.

ropa f. Tela. ‖ *Vestido, ropaje, vestidura, traje.

ropaje m. *Vestido, vestidura, ropa.

roqueño -ña adj. Rocoso, peñascoso.

rosetón m. (en los techos). Rosa.

rosmaro m. Manatí, manato, pez mujer, pez muller.

rostro m. *Cara, faz, semblante.

rota f. (planta). Caña de Bengala o de Indias, junco de Indias, junquillo, palasan, roten.

roto -ta adj.-s. Andrajoso, harapiento.

rótula f. Es científ.; nombre pop. choquezuela o hueso de la rodilla.

rótulo m. *Letrero, inscripción, título, encabezamiento, marbete, etiqueta. En los libros, epígrafe, y en los antiguos, rúbrica.

rotundo -da adj. fig. Preciso, terminante, claro, concluyente, decisivo, definitivo. ‖ Tratándose del lenguaje, lleno, sonoro.

roturar tr. Romper.

roya f. Alheña, pimiento, herrumbre, sarro.

roza f. Rocha.

rozadura f. *Roce, rozamiento, fricción. ‖ Excoriación, arañazo.

rozagante adj. Vistoso, ufano, brillante.

rozamiento f. Roce, fricción. ‖ fig. Disensión, desavenencia, disgusto.

rozón m. Címbara, rozadera.

rúa f. ant. *Calle.

rubefaciente adj.-m. MED. Epispástico, revulsivo. Cuando llega a producir vejigas, vesicante.

rubí m. Carbunclo, carbúnculo, piropo, rubín.

rubia f. (planta). Granza.

rubio -bia adj.-s. Blando (lit.).

rubor m. Serie intensiva: empacho, *vergüenza, sonrojo, bochorno, sofoco.

ruborizarse prnl. Avergonzarse, enrojecer, sonrojarse, abochornarse.

rudeza f. Tosquedad, aspereza. ‖ Descortesía, grosería, brusquedad. ‖ Torpeza, estulticia.

rudimentario -ria adj. Embrionario. ‖ Elemental.

rudimento m. Embrión, principio. ‖ m. pl. *Elementos, *compendio, epítome, nociones.

rudo -da adj. Tosco, basto, áspero. ‖ Descortés, grosero, brusco. ‖ Torpe, romo, porro, boto. ‖ Riguroso, impetuoso, violento.

ruedo m. Contorno, límite, término. ‖ En las plazas de toros, redondel.

ruego m. Súplica, petición, instancia.

rufián m. Chulo.

ruido m. Rumor. «El ruido puede consistir en un sonido solo; el rumor es una serie de ruidos. Un cañonazo hace ruido, pero no rumor; el bramido de los vientos, el murmullo de las olas, son rumores y ruidos; el rumor es más sordo, más indefinido que el ruido. Todavía es más clara esta diferencia en el sentido metafórico, como se manifiesta en los ejemplos siguientes: La noticia de la batalla hizo mucho ruido, aunque ya la habían precedido los rumores del público. Procura no hacer ruido en el mundo, para no suscitar los rumores de la maledicencia» (M). Estrépito y escándalo son intensivos en sentido de grande y prolongado.

ruin adj. *Malo, vil, bajo, indigno. ‖ Mezquino, avaro, tacaño, roñoso, miserable. ‖ Pequeño, desmedrado, enclenque. ‖ Insignificante, despreciable.

ruina f. Destrozo, perdición, destrucción, devastación, desolación, decadencia. ‖ fig. Tratando de bienes o negocios, pérdida, quiebra, bancarrota. ‖ f. pl. Escombros; restos.

ruindad f. Villanía, bajeza, indignidad, vileza, infamia, maldad. ‖ Mezquindad, tacañería, avaricia, roñería. ‖ Pequeñez, desmedro, insignificancia.

ruiseñor m. Filomela, filomena, ambos poét.

rumbo m. Dirección, derrota, ruta. ‖ Camino, derrotero. ‖ fig. Pompa, magnificencia, ostentación, boato. ‖ Desprendimiento, desinterés, liberalidad, generosidad.

rumboso -sa adj. Pomposo, magnífico, ostentoso. ‖ Desprendido, *generoso, dadivoso, liberal, desinteresado.

rumiar tr. Remugar. ‖ fig. *Pensar, reflexionar, meditar.

rumor m. Runrún, tole tole. ‖ *Ruido, murmullo, murmurio, susurro.

rumorear tr. Runrunear(se), susurrar(se).

rural adj. *Campesino*, *rústico.
rústico -ca adj. *Campesino, rural.*
‖ fig. *Tosco, basto, rudo, zafio,
grosero.* ‖ m. *Labriego, labrador,
campesino.*
ruta f. *Derrota, dirección, rumbo,
camino.* ‖ *Derrotero, itinerario.*

rutilar intr. poét. **Resplandecer,
brillar, relumbrar.*
rutina f. *Costumbre, hábito. Rutina* se aplica especialmente a la
manera de trabajar o hacer algo
por mera costumbre y sin razonar.

S

sábalo m. *Alosa, saboga, trisa.*

sabañón m. *Friera.*

sabedor -ra adj. *Noticioso, enterado, instruido, conocedor.*

1) saber m. *Sabiduría, ciencia, conocimiento, erudición.*

2) saber tr. *Conocer.*

sabidillo -lla adj.-s. *Sabelotodo;* si se trata de una mujer, *marisabidilla.*

sabiduría f. *Cordura, juicio, prudencia, seso.* ‖ *Ciencia, sapiencia, saber.*

sabina f. *Cedro de España.*

sabio -a adj.-s. *Cuerdo, juicioso, prudente.* ‖ *Entendido, docto, *erudito.* «Sabio se llama en general a todo el que sabe profundamente alguna cosa; y se aplica comúnmente a los que profesan las ciencias. Docto, se aplica particularmente a los que profesan las facultades. Erudito, no supone ni la ciencia profunda del sabio, ni la doctrina profunda del docto, sino una vasta noticia de conocimientos literarios, que requiere mucha lectura, actividad, curiosidad y memoria. Un gran teólogo es docto. Un gran mineralogista es sabio. Un compilador es erudito» (LH). Sapiente es el latinismo culto p. us.*

sable m. *Charrasco, charrasca, chafarote,* son denominaciones burlescas.

sablear intr. fig. *Petardear, pegar un petardo, dar un sablazo.*

sablista adj.-s. *Parchista, petardista.*

sabor m. *Sapidez.* ‖ Tratándose de manjares o bebidas, *gusto, paladar.* De vinos, *embocadura.*

saborear tr. *Paladear, degustar.* ‖ fig. *Recrearse, deleitarse.*

sabroso -sa adj. *Sazonado, gustoso, apetitoso, rico, exquisito.*

saca f. *Extracción.*

sacacorchos m. *Descorchador, sacatapón, tirabuzón.*

sacadinero m. *Sacacuartos.*

sacamanchas com. *Quitamanchas.*

sacamuelas com. *Dentista.* ‖ fig. *Charlatán.*

sacapuntas m. *Cortalápices.*

sacar tr. *Extraer.* ‖ *Quitar.* ‖ *Conseguir, obtener, alcanzar, lograr.* ‖ *Exceptuar, excluir, restar.* ‖ *Deducir, inferir, colegir.*

sacatrapos m. *Descargador, sacabalas* es un sacatrapos más resistente que los ordinarios.

sacerdocio m. *Presbiterado.*

sacerdote m. *Cura, presbítero, eclesiástico, tonsurado, clérigo.*

saciar tr. *Hartar, satisfacer.* «Saciar es satisfacer cumplidamente una necesidad; *hartar* es satisfacerla con exceso. El que está *saciado* no desea más; el que está *harto* está incómodo. *Sacia* la sed el que bebe lo bastante para apaciguarla; *hártase* de agua el que tiene una sed enfermiza. De un hombre muy aplicado al estudio se dice que nada basta a *saciar* su deseo de instruirse; cuando alguno nos molesta con su conversación, decimos que estamos *hartos* de oírlo» (M).

saco m. Amér. y Can. *Chaqueta, americana.* ‖ *Saqueo.*

sacrificar tr. *Inmolar.* «En sentido religioso, se *sacrifica* cualquiera cosa; no se *inmolan* sino víctimas, haciendo sacrificio sangriento de seres inmolados. El objeto *sacrificado* se dedica a la divinidad; el *inmolado* se destruye o aniquila en honor de ella... Los perseguidores del cristianismo, al principio de éste, obligaban a los cristianos a hacer *sacrificios* en honor de los falsos dioses, no haciéndoles *inmolar* animales, sino únicamente exigiendo de ellos un acto de culto, como el de quemar incienso, probar las carnes sagradas, etc. Arístides se *sacrifica* por su patria sirviéndola aun contra sí mismo, a pesar de lo ingrata que para él ha sido. Codro se *inmola* por ella, alcanzando la victoria sobre sus enemigos a costa de una muerte obscura e innoble» (Ma).

sacudido -da adj. *Áspero, intratable, indócil, despegado, malsufrido. ‖ *Desenfadado, resuelto, desempachado.*

sacudimiento m. *Sacudida* es cada uno de los movimientos o golpes de la acción de sacudir; el *sacudimiento* se compone de una o varias sacudidas; *concusión* (lit.) es de empleo muy raro en sentido material.

sacudir tr. *Agitar, mover, zarandear.* ‖ *Golpear.* ‖ *Arrojar, apartar, tirar.* ‖ prnl. *Rechazar, despachar, zafarse.*

sachar tr. *Escardar, desherbar, desyerbar, sallar.*

sacho m. *Almocafre, azadilla, escardadera, escardillo, garabato, zarcillo.*

saeta f. *Flecha.*

saetera f. *Saetín, aspillera.*

saetero m. *Sagitario.*

saetilla f. *Manecilla, aguja.*

sagacidad f. *Astucia, perspicacia, olfato.* La *sagacidad* es de naturaleza intuitiva, adivina, prevé, y supone más o menos *astucia* y, a veces, malicia. La *perspicacia* es hija del talento sutil, que penetra hasta lo más difícil y confuso.

sagapeno m. *Serapino.*

sagaz adj. *Astuto, avisado.* «El *sagaz* penetra con sutileza lo que es difícil de conocer o descubrir. El *astuto* oculta con arte maliciosa los medios de que se vale para lograr su intento. El primero se aplica a buena o mala parte; el segundo supone siempre malicia. El perro es *sagaz;* la zorra es *astuta.* El juez debe ser *sagaz* para descubrir los enredos de un ratero *astuto*» (LH).

sagita f. *Flecha.* La *sagita* de un arco o bóveda, *montea* (ARQ.).

sagitaria f. (planta). *Saetilla.*

sagrado -da adj. *Sacro* es voz más escogida y sólo usada en el habla culta.

sagrario m. *Custodia, tabernáculo.*

sal f. fig. *Gracia, garbo, donaire, donosura, salero.*

sala f. El *salón* se distingue de la *sala* por su mayor tamaño relativo, o por su mayor suntuosidad, categoría social, etc.

salabardo m. *Redeña.*

saladar m. *Salobral.*

salado -da adj. fig. *Gracioso, agudo, chistoso, donoso, ocurrente, saleroso.*

salamanquesa f. *Estelión, salamandria.*

salario m. *Jornal, soldada, *sueldo.* La voz *salario* se aplica preferentemente a los obreros manuales, que cobran por jornadas o semanas, y en este caso es sinónima de *jornal.* El *sueldo* suele valorarse por anualidades y se

cobra por meses. *Soldada* se usa entre campesinos para designar la retribución de los criados o mozos de labranza fijos.

salce m. *Sauce, sauz, saz, salguera, salguero.*

salceda f. **salcedo** m. *Sauceda, saucedal, saucera, sauzal.*

saldo m. *Almoneda, liquidación.*

salero m. fig. *Gracia, donaire, sal.*

saleroso -sa adj. fig. *Salado, gracioso, agudo, chistoso, ocurrente, donoso.*

salicor m. *Sapina.*

salida f. *Escapatoria, pretexto, recurso, *efugio, evasiva, subterfugio.* ‖ *Ocurrencia.* ‖ *Despacho, venta, *pedido, demanda.* ‖ *Saliente.* ‖ *Ejido, campillo.*

salidizo m. *Saledizo, voladizo.*

saliente m. *Oriente, levante, este.* ‖ *Resalto, resalte, salida.*

salir intr. *Nacer, brotar, surgir, aparecer.* ‖ *Desembarazarse, librarse, libertarse.* ‖ *Ir a parar, desembocar.* ‖ *Aparecer, manifestarse, descubrirse.* ‖ *Resultar.* ‖ *Partir, alejarse.* Tratándose de vehículos, *arrancar* alude al primer empuje de la partida; tratándose de barcos, *zarpar, levar anclas, hacerse a la mar.* ‖ *Parecerse, asemejarse.*

salitral adj. *Salitroso.* ‖ m. *Nitral, salitrera.*

salitrería f. *Nitrería.*

salmantino -na adj.-s. [pers.] *Salamanqués, salamanquino,* p. us. actualmente. *Salmanticense* se usa pralte. tratándose de instituciones, estudios, etc.: Universidad *salmanticense;* bibliografía *salmanticense;* colegios *salmanticenses.*

salmón m. El *salmón* macho se llama también *becal.*

salmonado -da adj. *Asalmonado.*

salmonete m. *Barbo de mar, trigla, trilla.*

salón m. *Sala.*

salpa f. *Pámpano, salema.*

salpicadura f. *Salpicón,* intensivo; *salpique.* ‖ f. pl. fig. *Consecuencias.*

salpullido m. *Sarpullido.*

salpullir tr. *Sarpullir.*

saltabanco y **-cos** m. *Saltimbanqui, saltimbanco, saltaembanco, charlatán.* ‖ *Prestidigitador, jugador de manos.*

saltamontes m. *Caballeta, cigarrón; saltón,* esp. cuando tiene las alas rudimentarias.

saltar intr. *Brincar.* ‖ *Sobresalir, resaltar.* ‖ tr. fig. *Pasar por alto, dejar, omitir.*

salteador m. *Bandido, bandolero, atracador.*

salto m. *Brinco, bote.* ‖ Si el salto de agua es natural, *cascada, ca-*

tarata. ‖ *Despeñadero, precipicio, derrumbadero.* ‖ fig. *Omisión.*

salubre adj. *Saludable, sano, salutífero.* Salubre se dice sólo del lugar, clima, estación, aguas, etc., pero no se emplea en sentido fig. Una doctrina, un buen ejemplo, son *saludables* o *sanos,* pero no se les aplica el calificativo de *salubres.*

salubridad f. **Sanidad.*

saludable adj. **Salubre, sano, salutífero.* ‖ fig. *Provechoso, beneficioso, conveniente.*

salumbre f. *Flor de la sal.*

salvación f. *Salud.* ‖ *Salvamento.* ‖ En sentido religioso, *Redención.*

salvadera f. *Arenillero.*

salvado m. *Afrecho.* El muy fino se llama *moyuelo.*

salvaguardar tr. *Defender, proteger, amparar.*

salvaguardia f. *Guarda, custodia, amparo, garantía.* ‖ Tratándose del documento o señal que salvaguarda, *aseguramiento, seguro* en general. Cuando es para viajar dentro de la nación, *salvoconducto;* para la circulación de mercancías intervenidas, *guía.*

salvajada f. *Barbaridad, brutalidad, atrocidad.*

salvaje adj. Tratándose de plantas, *silvestre.* De animales, *montés, montaraz, cerril, bravío.* Del terreno, *inculto, selvático, agreste, montuoso.* ‖ fig. *Brutal, feroz, bárbaro, atroz.*

salvar tr. *Librar, liberar.* ‖ *Sacar, evitar.* ‖ *Vencer, superar.* ‖ *Exceptuar.*

salvedad f. *Advertencia, observación.*

salvilla f. *Salva, tocasalva.*

salvo -va adj. *Ileso.* ‖ *Libre, seguro.* ‖ *Exceptuado, omitido.* ‖ adv. m. *Excepto.*

salvoconducto m. **Pasaporte, salvaguardia.*

sallar tr. **Escardar, sachar.*

sama m. *Pagel.*

sambenito m. fig. *Difamación, descrédito, mala nota.*

sampsuco m. **Mejorana, almoraduj.*

sanalotodo m. *Curalotodo.*

sanar tr.-intr. *Curar(se), restablecer(se).*

sanción f. *Confirmación, aprobación.* ‖ *Pena, penalidad.*

sandez f. *Despropósito, necedad, vaciedad, simpleza, tontería, majadería, estupidez.*

sandía f. *Melón de agua, pepón, zandía.*

sandio -dia adj. *Simple, necio, tonto, bobo, estúpido, majadero, estulto.*

sandunga f. fam. *Gracia, donaire, salero, garbo.*

sanedrín m. *Sinedrio.*

sangrador m. *Flebotomiano* (MED.); *sajador.*

sangraza f. *Sanguaza.*

sangría f. *Flebotomía* (MED.). ‖ *Sangradura.*

sangriento -ta adj. *Sanguinolento.* ‖ *Sanguinario.* ‖ *Cruento.* ‖ *Sanguíneo.*

sanguijuela f. *Sanguisuela, sanguja.*

sanguinario -ria adj. *Feroz, cruel, inhumano, vengativo.*

sanguino m. *Sanguiñuelo, cornejo.*

sanguisorba f. *Pimpinela.*

sanidad f. La *salubridad* se refiere a las condiciones salutíferas de una comarca, clima, aguas, etc. La *sanidad* comprende el estado gral. de la salud pública y la organización de los servicios sanitarios: jefatura, dirección, ministerio de *Sanidad.*

sano -na adj. *Saludable.* ‖ **Robusto, bueno.* ‖ *Entero, indemne, ileso.* ‖ *Recto, sincero, bienintencionado.*

santiamén m. *Instante, momento, periquete.*

santidad f. *Santimonia* (p. us.).

santiguar tr.-prnl. *Signar, persignar, hacer la señal de la cruz.*

santo -ta adj. *Venerable, sagrado, inviolable.* ‖ *Onomástico, fiesta onomástica.*

santónico m. *Tomillo blanco.* ‖ *Semencontra.*

santoral m. *Hagiografía.* Las colecciones hagiográficas se llaman también *flos sanctorum.*

santurrón -na adj.-s. *Misticón, santón, beato, mojigato, gazmoño.*

saña f. *Furor, furia, cólera, ira, encono, rabia.*

sapina f. *Salicor.*

saque m. *Saco.*

saqueo m. *Saco:* entrar a saco; *sacomano, saqueamiento.*

sarapia f. *Sarrapia.*

sarapico m. *Zarapito.*

sarcasmo m. **Burla, befa, escarnio, ludibrio.*

sarcástico -ca adj. *Burlón, irónico, mordaz, punzante, cáustico.*

sarcolema m. MED. *Miolema.*

sardónica y **-ce** f. *Sardio, sardo, sardonio, sardónique.*

sargalillo m. *Saciña.*

sarna f. *Roña* es la *sarna* del ganado lanar.

sarraceno -na adj.-s. *Agareno, árabe, ismaelita.* ‖ *Mahometano, musulmán.*

sarrieta f. *Soturno.*

sarro m. *Limosidad, tártaro, toba.*

sarta f. *Serie, *retahíla, sartal, rosario.* La *sarta* de frutos secos, *rastra, *ristra, horco.*

sastre m. *Alfayate* (ant.).

satánico -ca adj. **Malo, demoníaco, luciferino, perverso, depravado, malvado.*

satírico -ca adj. *Mordaz, cáustico, punzante.*

satirizar tr. *Criticar, zaherir.*

satisfacción f. *Pago, reparación, indemnización.* ‖ *Disculpa, descargo, excusa, respuesta.* ‖ *Gusto, contento, placer, contentamiento, agrado, complacencia.* ‖ *Presunción, vanagloria.*

satisfacer tr. *Pagar, indemnizar, reparar.* ‖ *Saciar, hartar, colmar.* ‖ *Llenar, cumplir, remediar.*

satisfactorio -ria adj. *Grato, agradable, cumplido, lisonjero.*

satisfecho -cha adj. *Presumido, pagado.* ‖ *Complacido, contento.* «El que está *satisfecho* ha conseguido lo que deseaba; el que está *contento* se goza en la posesión de lo que ha conseguido. El *satisfecho* ha salido de una situación incómoda; el *contento* disfruta y siente placer. La *satisfacción* supone necesidad anterior, no así el *contentamiento*. El acreedor pagado queda *satisfecho*; el que recibe un buen regalo queda *contento*» (M).

sauce m. *Salce, saz, sauz, salguera, salguero.*

saucillo m. *Centinodia, correhuela, sanguinaria mayor.*

saúco m. *Sabuco, sabugo.*

sauzgatillo m. La planta y su fruto, *pimienta loca, silvestre o montés.*

saxifragáceo -a adj.-f. *Grosulariáceo, ribesiáceo.*

saya f. *Falda; halda* es ant.

sayo m. **Vestido.*

sayón m. (planta). *Sabonera.*

sayuelo m. *Ságula.*

sazón f. *Punto, madurez, perfección;* la sazón que adquiere la tierra con la lluvia, *tempero.* ‖ **Ocasión, oportunidad, coyuntura, tiempo.* ‖ *Gusto, sabor.*

sazonar tr. Tratándose de la comida, *condimentar, aliñar, aderezar.*

sebestén m. *Sebestiano.*

secadero m. *Sequero.*

secano m. *Secadal, sequero, sequío.* ‖ *Seca.*

secar tr. *Resecar* es intensivo; *desecar* se aplica pralte. a quitar el agua que cubre un terreno; *desecar* una marisma. *Agostar* y *marchitar* se aplican a las plantas. *Enjugar.* «*Secar* y *enjugar* explican en general la acción de extraer la humedad de un cuerpo; pero *enjugar* representa una idea más limitada, y se aplica más propia y exactamente cuando se trata de poca humedad. Lo que está mojado, se *seca;* lo que está húmedo, se *enjuga.* La ropa que la lavandera saca mojada del río, se *seca* al sol; pero es preciso casi siempre *enjugarla*

después en casa, porque regularmente viene algo húmeda. Se *seca* una fuente, un estanque, no se *enjugan.* Se *enjuga* el sudor, los ojos húmedos del llanto, no se *secan*» (LH). ‖ prnl. *Enflaquecer, adelgazar, extenuarse.* ‖ prnl. Tratándose del corazón o del ánimo, *embotarse, endurecerse, insensibilizarse.*

sección f. *Cortadura, corte. Sección* pertenece al vocabulario científico o técnico : ∼ de una figura geométrica, de un órgano animal o vegetal. ‖ **Sector, grupo, división, departamento.*

seccionar tr. *Fraccionar, cortar, dividir.*

seco -ca adj. Tratándose de plantas, *agostado, marchito, muerto.* ‖ Tratándose de terrenos, *árido, estéril.* ‖ fig. *Áspero, desabrido, adusto, intratable;* tratándose del lenguaje o estilo, *lacónico.* ‖ *Flaco, enjuto, delgado, chupado, extenuado.*

secreto m. *Puridad* (ant.). *Arcano, misterio.* «*Secreto* es lo que cuidadosamente se oculta y reserva; *arcano* es un *secreto* altamente recóndito y que todo el mundo ignora; *misterio* es lo que no se entiende ni se explica, por salir de las reglas comunes en semejantes casos. En las negociaciones de los gabinetes se emplea el *secreto;* las miras de la Providencia son *arcanos* que confunden la razón; llamamos *misterios* a las acciones o a la conducta de un hombre cuando está en contradicción con sus intereses y con su carácter» (M). ‖ *Sigilo, reserva.* «Guarda *secreto* el que calla lo que no debe decir. Tiene *reserva* el que no dice ni aun aquello que no está obligado a callar. El *secreto* es un silencio que nos impone la obligación o la necesidad. La *reserva* es un silencio a que nos inclina la prudencia o la desconfianza. El hombre de bien debe guardar con la mayor exactitud el *secreto* que se le encarga. El hombre prudente debe hablar con la mayor *reserva* con personas que no conoce» (LH).

secreto -ta adj. *Oculto, ignorado, escondido, clandestino.* «Lo *secreto* y lo *oculto* pueden ser efectos necesarios, naturales y espontáneos; en lo *clandestino,* siempre hay intención y astucia o cautela. Así decimos, la acción *oculta* o *secreta* de la naturaleza; pero no la llamamos *clandestina.* El contrabando, la conspiración, la intriga, son acciones, no sólo *ocultas* y *secretas,* sino *clandes-*

tinas. Lo *clandestino* generalmente es culpable; lo *secreto* y lo *oculto* pueden nacer de la prudencia, de la modestia y de la circunspección» (M). ‖ *Callado, reservado, sigiloso.*

secta f. **Herejía, cisma; disidencia* en gral.

sector m. fig. *Parte, sección.* Entre *sección* y *sector* no hay más diferencia que la de atribuir a éste mayor importancia, lo cual lo hace más apto para lo abstracto, complejo y multiforme. Hablamos, p. ej., de la *sección* de sedería en un almacén, pero del *sector* sedero en el ramo de tejidos en general. Una oficina o una fábrica pueden dividirse en *secciones.* La Economía nacional consta de numerosos *sectores:* minero, agrícola, metalúrgico, etc. Un *sector* de la opinión pública (no una *sección*) reclama ciertas mejoras. La *sección* es, pues, más limitada y concreta que el *sector.*

secuaz adj.-s. **Partidario, parcial, adepto, adicto, seguidor.*

secuela f. *Consecuencia, resulta, efecto.*

secularizar tr. *Temporalizar.*

secundar tr. *Ayudar, favorecer, apoyar, cooperar, coadyuvar, auxiliar.*

secundario -ria adj. **Segundo.* ‖ *Accesorio.*

sedante adj. MED. *Anodino, sedativo, calmante.*

sede f. *Silla, diócesis, obispado.*

sedicente adj. *Pretenso, pretendido, titulado.*

sedición f. **Sublevación, rebelión, alzamiento, levantamiento, insurrección, insubordinación, tumulto, motín.*

sedicioso -sa adj.-s. *Sublevado, rebelde, insurrecto, amotinado.*

sedimentar tr.-prnl. *Depositar(se), posar(se), reposar(se), precipitar(se).*

sedimento m. En gral., *poso, solada* o *suelo.* El que se obtiene por reacción química, *precipitado.* Tratándose del vino, sidra, aceite: *hez, lías, pie; zupia, madre* y *solera*, sólo del mosto, vino o vinagre; *turbios*, esp. del aceite.

seducir tr. *Atraer, cautivar, encantar, fascinar, arrastrar.*

segador m. (araña). *Falangia* y *falangio.*

seglar adj. *Secular.* ‖ adj.-s. *Lego.*

segregar tr. *Separar, apartar, dividir.* ‖ FISIOL. *Secretar.*

seguida (en ~) m. adv. *Acto continuo, inmediatamente, al punto, sin tardanza.*

seguido -da adj. *Continuo, sucesi-*

vo, consecutivo, incesante. ‖ *Derecho, recto.*

seguir tr. *Suceder, ir detrás.* ‖ *Perseguir, acosar.* ‖ *Acompañar, escoltar.* ‖ *Imitar, copiar.* ‖ *Continuar; proseguir* pertenece al estilo lit. o al habla escogida. *Profesar, practicar, estudiar.* ‖ prnl. *Inferirse, *deducirse, derivarse, proceder, originarse.*

según prep. *Conforme, con arreglo a, de acuerdo con, como, siguiendo a.*

segundo -da adj. *Secundario;* p. ej.: *segunda* enseñanza, o enseñanza *secundaria.* ‖ «Lo *segundo* es lo que sigue inmediatamente a lo primero; lo *secundario* es lo que tiene menos importancia que lo principal. Así se dice: *segundo* en el mando, *segundo* en dignidad, y agentes *secundarios*, consideraciones *secundarias.* El *segundo* en autoridad puede muy bien no ser *secundario* en mérito» (M).

seguridad f. *Certeza, certidumbre.* ‖ *Firmeza, estabilidad, confianza.* ‖ *Fianza, garantía, caución.*

seguro -ra adj. *Cierto, indudable, indubitable, positivo, infalible.* ‖ *Firme, fijo, estable.* ‖ *De confianza, de fiar.* ‖ m. *Salvoconducto.*

seisillo m. MÚS. *Sextillo.*

seísmo m. *Sismo, temblor de tierra, terremoto.*

selacio -cia adj.-m. *Plagiostomo.*

seleccionar tr. **Escoger, elegir.*

selectas f. pl. *Analectas, *crestomatía, antología.*

selecto -ta adj. *Escogido, elegido.*

selva f. **Bosque.*

selvático -ca adj. **Salvaje, inculto, agreste.*

sellar tr. *Timbrar.* ‖ *Cerrar, tapar, cubrir.*

sello m. *Timbre, estampilla, marca, señal, impresión; sigilo* es ant. ‖ fig. *Carácter, peculiaridad.*

semanal adj. *Hebdomadario*, lit.; *semanario.*

semanario -ria adj. *Semanal; hebdomadario,* lit. ‖ m. *Hebdomadario.*

semántica f. *Semasiología.*

semblante m. **Cara, rostro, faz.*

sembrar tr. *Plantar*, en general; pero *sembrar* es plantar con semillas. *Seminar* y *sementar* son cultismos lit. desus. ‖ fig. *Desparramar, esparcir, diseminar.* ‖ fig. **Divulgar, difundir, propagar.*

semejante adj.-s. *Parecido.* *Semejante* se aplican a personas o cosas. *Similar* y *análogo*, a cosas; *análogo* se prefiere tratándose de lo abstracto: ideas, sentimientos, *análogos. Afín*, aplicado a cosas, denota una proximidad o semejanza más o menos vaga : palabras, ideas, *afines*. Apl. a personas significa parcial, allegado, pariente. *Parejo* y *parigual* indican igualdad o semejanza, y pertenecen al habla popular. *Igual* e *idéntico* son intensivos y denotan gran semejanza. ‖ m. *Prójimo*.

semejanza f. *Parecido, analogía, similitud, afinidad*.

semejar intr.-prnl. *Parecerse, asemejarse*.

semen m. *Esperma, simiente*.

sementera f. *Siembra*. ‖ *Senara*.

semibreve f. MÚS. *Redonda*.

semicírculo m. *Hemiciclo*.

semidiós -sa m. f. *Héroe*.

semiesfera f. *Hemisferio*.

semilla f. *Simiente*.

semillero m. *Seminario*, sólo usado como voz docta. ‖ fig. *Sementera, sementero, vivero, origen, fuente*.

semiótica f. MED. *Semiología, sintomatología*.

sempiterno -na adj. **Eterno, perpetuo, perdurable*.

senador m. Entre los romanos, *padre conscripto*.

sencillez f. *Facilidad*. ‖ *Llaneza, naturalidad*. ‖ *Sinceridad, franqueza, ingenuidad*.

sencillo -lla adj. *Fácil*. ‖ *Llano, natural*. ‖ **Sincero, ingenuo, franco*. ‖ *Cándido, simple*.

senda f. *Sendero, camino, vereda*. «*Senda* y *vereda* significan igualmente un camino estrecho y poco trillado, diferente del real. Pero *vereda* no deja de explicar más positivamente un camino algo más ancho y frecuentado, una comunicación más conocida y hecha más de intento para servir de atajo o travesía. *Senda* da idea de un camino más estrecho, menos conocido, cuyo uso se debe más al acaso o al abuso que al arte o al cuidado. *Senda* es siempre un camino para la gente de a pie; por las *veredas* pueden muchas veces ir carros. Una *senda* puede no conducir a parte alguna; una *vereda* sirve siempre de comunicación. Las líneas que dividen las heredades, forman *sendas*, que muchas o las más veces no sirven de *veredas*» (LH). ‖ fig. *Vía, modo, método*.

senectud f. **Vejez, ancianidad*.

seno m. *Concavidad, hueco, sinuosidad*. ‖ *Pecho; teta*. ‖ *Matriz, claustro materno*. ‖ fig. *Regazo*. ‖ *Ensenada, golfo*.

sensación f. *Impresión, percepción*. ‖ *Emoción*.

sensatez f. **Prudencia, juicio, cordura, discreción, seso, circunspección*.

sensato -ta adj. **Sesudo, prudente, juicioso, discreto, circunspecto*.

sensible adj. *Impresionable, sensitivo*. ‖ *Perceptible, apreciable*. ‖ *Manifiesto, patente, ostensible*. ‖ *Lamentable, doloroso, lastimoso, deplorable*.

sensitivo -va adj. *Sensual, sensorial*. ‖ *Sensible, impresionable*.

sensual adj. *Sensitivo, sensorial*. ‖ *Gustoso, deleitoso; sibarítico*, esp. si es refinado.

sentado -da adj. *Juicioso, quieto, *sosegado, reposado*. ‖ BOT. *Sésil*.

sentar tr. *Recibir, digerir*. ‖ *Cuadrar, convenir, adaptar*. ‖ *Asentar, anotar*. ‖ *Allanar, aplanar, igualar*. ‖ prnl. *Asentarse, posarse*.

sentencia f. *Dicho, aforismo, máxima, apotegma, *refrán, proverbio*. ‖ *Resolución, fallo, decisión*. ‖ *Juicio, dictamen*.

sentenciar tr. *Fallar, resolver, decidir*. ‖ *Condenar*.

sentido m. **Significación, significado, acepción*. ‖ *Sentido común. Sana razón*. «El *sentido común* es el conjunto de nociones generales que todos los hombres tienen sobre la naturaleza de las cosas y sobre las acciones humanas; la *sana razón* es el uso ordinario y sencillo del raciocinio. Es contra el *sentido común* creer en agüeros; el hombre que gasta todo lo que tiene, sin pensar en lo futuro, obra contra las reglas de la *sana razón*» (M).

sentido -da adj. Serie intensiva : *Delicado, susceptible, cosquilloso, quisquilloso, picajoso*.

sentimiento m. *Afecto, afección, emoción, pasión*. ‖ **Pena, aflicción, dolor, pesar*.

sentina f. *Sumidero*.

1) **sentir** m. *Dictamen, parecer, opinión, juicio*.

2) **sentir** tr. *Percibir, experimentar, advertir*. ‖ *Afligirse, deplorar, dolerse, lamentarse, conmoverse*. ‖ *Juzgar, opinar*. ‖ *Presentir, barruntar*. ‖ prnl. Si predomina el sentimiento de enojo, serie intensiva : *amoscarse, mosquearse, picarse, escocerse, sentirse, resentirse, requemarse, agraviarse*. Con predominio del pesar o aflicción : *sentirse, dolerse, lastimarse*.

seña f. *Nota, indicio, *signo*. ‖ *Gesto, ademán, *signo*. ‖ f. pl. *Dirección*.

señal f. *Marca, sello, *signo*. ‖ *Hito, mojón*. ‖ **Signo, imagen, representación*. ‖ *Vestigio, *huella, rastro, *indicio*. ‖ **Garantía, prenda, anticipo*. ‖ *Aviso, comunicación, seña*.

señalar tr. *Marcar, determinar*. ‖ *Indicar, designar*. ‖ *Mencionar, aludir, apuntar*. ‖ prnl. *Distin-*

guirse, singularizarse, destacarse, significarse.

señero -ra adj. *Solo, separado, aislado.*

señor m. *Amo, dueño, propietario.* «El *señor* tiene más derechos que el de propiedad : exige prestaciones, derechos y tributos. El *dueño* goza del derecho de propiedad en toda su plenitud. El *amo* es el superior en el orden doméstico y familiar. El *señor* tiene vasallos; el *dueño*, casas y tierras; el *amo*, dependientes, esclavos y criados. El monarca absoluto es *señor* de vidas y haciendas; el *amo* de una casa no es siempre *dueño* de la que habita» (M).

señorear tr. *Dominar, mandar, imperar, sujetar.* ‖ fig. *Sobresalir, descollar,* las cosas que están en alto : la iglesia *señorea* el caserío, una montaña *señoreaba* el paisaje.

señuelo m. *Añagaza, reclamo.* ‖ fig. *Atractivo, cebo.*

separar tr. *Apartar, desunir, alejar.* «Se *separa* lo que está unido, mezclado, o hace parte de un todo. Se *aparta* lo que toca, está junto o próximo a otra cosa. Se *separa* la paja del grano; se *aparta* el pañuelo de la cara. Se *separa* el alma del cuerpo; se *aparta* una piedra que impide el paso» (LH). Se *desune* lo que está pegado o en contacto. *Alejar* es *separar* poniendo a gran distancia las cosas que se *separan.* ‖ *Destituir, deponer.* ‖ *Distinguir, diferenciar.* ‖ prnl. DER. *Desistir.*

separata f. *Tirada aparte.*

sepelio m. Se usa en la lengua escrita y en estilo elevado. Corrientemente, *entierro.*

septentrión m. *Norte.*

séptimo -ma adj.-s. *Septeno.*

septuagenario -ria adj.-s. *Setentón.*

septuagésimo -ma adj.-s. *Setentavo.* ‖ *Setenta.*

sepulcro m. *Enterramiento, losa, sarcófago, tumba, túmulo.*

sepultar tr. *Enterrar, inhumar, soterrar.* Sepultar es voz escogida que añade cierta dignidad a la significación de *enterrar.*

sepultura f. *Cárcava,* p. us. *Enterramiento, tumba, huesa, fosa, hoya* u *hoyo; fosa común en los cementerios, hoyanca; yacija.*

sepulturero m. *Enterrador.*

sequedad f. fig. *Aspereza, dureza, desabrimiento.*

sequía f. *Seca.*

séquito m. *Acompañamiento, comitiva, cortejo.*

serenarse prnl. *Aclararse, despejarse, desencapotarse, escampar, abonanzar.* ‖ *Sosegarse, calmarse,*

tranquilizarse, apaciguarse, aquietarse.

serenata f. *Nocturno* (MÚS.).

serenidad f. *Sangre fría, impavidez,* denotan valor y tranquilidad de ánimo ante el peligro. En general, *tranquilidad, sosiego, calma.*

sereno m. *Serena, relente.*

sereno -na adj. *Claro, despejado.* ‖ *Apacible, sosegado, tranquilo. Templado* e *impávido* se dice del que se conserva *sereno* ante el peligro o la dificultad.

seriedad f. *Gravedad, formalidad.*

serio -ria adj. *Grave, formal, mesurado, circunspecto, sensato, sentado, reflexivo.* ‖ *Importante, grave, considerable.* ‖ *Severo, ceñudo, adusto.* ‖ *Real, verdadero, efectivo, positivo.*

sermón m. fig. *Amonestación, admonición, represión, *reconvención, reprimenda, regaño.*

sermonear intr. *Sermonar, predicar.* ‖ tr. *Amonestar, reprender, reconvenir.*

seroja f. **serojo** m. *Borusca.*

seroso -sa adj. *Sueroso.*

serpentaria f. *Dragontea.*

serpiente f. *Sierpe.*

serrallo m. *Harem* o *harén.*

serrería f. *Aserradero.*

serretazo m. fig. *Sofrenada, represión, *reconvención.*

servato m. *Ervato, hierba de Túnez, peucédano.*

serventesio m. *Sirventés.*

servible adj. *Utilizable, útil, aprovechable.*

servicial adj. *Complaciente, obsequioso.*

servicio m. *Utilidad, provecho.* ‖ *Ayuda, favor, beneficio, gracia, obsequio.* ‖ *Servidumbre* supone una casa o palacio importante donde hay gran número de criados; el *servicio* puede estar formado de pocos servidores. Sería ridículo que un amo de casa con una o dos criadas hablase de su *servidumbre.*

servidor -ra m. f. *Criado, sirviente, doméstico, fámulo.*

servidumbre f. *Esclavitud.* ‖ *Servicio.* ‖ *Sujeción, yugo, vasallaje.* ‖ DER. *Carga, obligación.*

servil adj. *Bajo, humilde.* ‖ *Vil, rastrero, vergonzoso, abyecto, *adulador, adulón.*

servilismo m. *Adulación, abyección, pelotilla* (vulg.).

servir intr. *Aprovechar, valer, ser útil.* ‖ tr. *Cortejar, *galantear.* ‖ prnl. *Tener a bien, *dignarse.* «*Servirse* no se usa sino en fórmulas de cortesía y urbanidad. Lo mismo es "*sírvase* usted pasar adelante" que "pase usted adelante". *Dignarse* significa hacer un favor, condescender, rebajarse uno de su dignidad. "El Rey *se sirvió* mandar", es decir, "mandó"; "el Rey *se dignó* conferir la gracia", esto es, "tuvo la bondad, o condescendió en conferir tal gracia". El que aplica a otro la voz *dignarse*, reconoce en él cierta superioridad; pero *servirse* se usa entre iguales» (M).

sesentón -na adj.-s. *Sexagenario.*

sesgo -ga adj. *Torcido, soslayado, oblicuo.* ‖ m. *Oblicuidad, torcimiento, soslayo.* ‖ m. *Curso, rumbo:* el *sesgo* de los acontecimientos.

seso m. **Encéfalo, cerebro.* ‖ fig. *Prudencia, madurez, juicio, cordura, discreción.*

sesteadero m. *Sestero, sestil.*

sesudo -da adj. *Prudente, sensato, juicioso, cuerdo, discreto, maduro.* En comparación con sus sinónimos, sugiere *sesudo* cierto matiz de pesadez que lo hace propender a teñirse más o menos de ironía. Apreciamos a una persona *sensata;* pero podemos temer la gravedad excesiva de un personaje *sesudo.*

seta f. *Hongo.*

setentón -na adj.-s. *Septuagenario.*

severidad f. *Seriedad, rigor, rigidez, aspereza.* «En la *severidad* hay menos vehemencia que en el *rigor.* La *severidad* está en los principios y en las costumbres; en el *rigor* más en la ejecución y en las formas. Se dicta una sentencia con *severidad,* y se ejecuta con *rigor.* El hombre *rigoroso* exige más que el *severo;* el que profesa una moral *severa,* puede ser indulgente con las acciones ajenas; el hombre *rigoroso* no perdona ni aun las faltas más leves. La *severidad* enseña y manda; el *rigor* censura y castiga» (M). *Rigidez* es falta de flexibilidad en las ideas y en la conducta: el hombre *rígido* es intolerante para sí y para los demás.

severo -ra adj. Serie intensiva: *rígido, rigoroso* o *riguroso, inflexible, inexorable.* ‖ *Exacto, puntual.* ‖ *Grave, serio.*

sevillano -na adj.-s. [pers.] *Hispalense.*

sexagenario -ria adj.-s. *Sesentón.*

sexagésimo -ma adj.-s. *Sesentavo.* ‖ *Sesenta.*

sexto -ta adj.-s. *Seisavo, seiseno.*

sialismo m. MED. *Ptialismo, salivación.*

sibilino -na, sibilítico -ca adj. fig. *Misterioso, oscuro, confuso, indescifrable, ininteligible.*

sic adv. m. lat. *Así, de esta manera.*

sideral, sidéreo -a adj. *Estelar, astral.*

siderosa f. *Hierro espático, siderita.*

sidrería f. *Chigre* (Ast.).

siembra f. *Sementera.*

siempre adv. t. *Continuamente, constantemente, invariablemente, perpetuamente, eternamente.* «*Siempre* y *perpetuamente* se refieren a la existencia; *continuamente* se refiere a la acción. No puede decirse que un clima es *continuamente* caliente o frío, ni que un hombre es *continuamente* generoso sino *siempre* o *perpetuamente. Siempre* no indica tanto como *perpetuamente* la relación entre la duración y las cualidades esenciales del sujeto, y así decimos que las caravanas atraviesan *siempre,* y no *perpetuamente,* el desierto. *Perpetuamente* encierra un sentido absoluto; el de *siempre* puede ser condicional, como: *siempre* que te llaman, te escondes; *siempre* que te veo, me pides. En lo que se hace *continuamente* puede haber intervalos; no en lo que existe *perpetuamente. Siempre,* por lo común, puede usarse en lugar de las dos palabras» (M).

siempreviva f. *Hierba puntera, perpetua amarilla.*

sien f. *Templa.*

sierpe f. *Serpiente.*

siervo -va m. f. *Esclavo.*

siesta f. *Resistero, resistidero.* ‖ *Meridiana.*

sífilis f. *Gálico, lúes, avariosis.*

sigilo m. *Silencio, secreto.*

sigla f. **Abreviatura.*

siglo m. *Centuria.*

signar tr. *Firmar.* ‖ tr.-prnl. *Persignar(se), santiguar(se).*

signatario -ria adj.-s. *Firmante.*

significación f. *Significado, sentido; acepción* es cada una de las significaciones que una voz puede tener. En gral. se habla de la *significación* o *significado* de las palabras, y del *sentido* de las frases o de las cláusulas. Podemos entender el *significado* de cada una de las palabras y no entender el *sentido* total de la frase en que figuran. Cuando nos referimos al *sentido* de una palabra, aludimos al matiz particular con que está usada; p. ej.: el *sentido* recto o figurado, o bien a la intención con que se pronuncia o escribe en cada caso particular; p. ej.: *sentido* irónico, despectivo, elogioso, etc.

significado -da adj. *Conocido, notable, notorio, importante, reputado.*

significar tr. *Denotar, designar, representar.* ‖ *Manifestar, expresar, decir, notificar, declarar.* ‖ intr. *Representar, tener importancia.* ‖

prnl. *Distinguirse, hacerse notar, darse a conocer.*

signo m. *Señal, seña.* «Como lo indica la etimología, el *signo* significa y la *señal* señala; y así el *signo* es siempre convencional y arbitrario, y la *señal* puede ser necesaria y natural. Las voces de un idioma, las letras y los jeroglíficos son *signos;* el humo es *señal* del fuego; el descenso del barómetro es *señal* de mal tiempo; ciertas circunstancias atmosféricas, en algunas localidades, son *señales* de lluvia, de calma, de viento. Hay, sin embargo, *señales* arbitrarias, como las que se hacen con banderas en los buques de guerra y en las torres de vigía. *Seña,* cuando no es sinónima de *señal,* quiere decir gesto que expresa alguna idea; por ej.: no entiendo las *señas* que me haces; me hicieron *seña* de que o para que entrase. En plural, *señas* se toma por la indicación de la calle y del número de una casa, o de la estatura y facciones de una persona» (M).

siguiente adj. *Ulterior, posterior, subsiguiente, subsecuente.* Suele decirse *siguiente* de lo que sigue inmediatamente, en tanto que *ulterior* y *posterior* aluden sólo al hecho de ir o estar detrás. Por esto decimos el día *siguiente,* y no *posterior* ni *ulterior.* Aun en los casos en que pueden sustituirse, sentimos *siguiente* como más próximo que los otros. Comp. las noticias *siguientes* fueron más agradables, con *posteriores, ulteriores.*

silba f. *Pita, pitada.*

silbar intr.-tr. *Pitar.*

silbato m. *Chiflato, pito.*

silbido m. *Pitido, pitío, silbo.*

silenciar tr. *Callar, reservar.* ǁ *Omitir.*

silencio m. *Reserva, sigilo.* ǁ *Mutismo.* ǁ MÚS. *Pausa.*

silencioso -sa adj. Tratándose de persona habitualmente silenciosa, *callado, reservado, taciturno, mudo.* «*Silencioso* es el que habla poco y con moderación. *Taciturno* es el que habla poco y con repugnancia. Aquél puede serlo contra su genio, por prudencia, por interés, por obligación; éste lo es siempre por carácter, por hipocondría, o por natural inclinación al silencio. Es el *silencioso* inútil en una sociedad de gente divertida, porque contribuye poco por su parte a hacerla agradable; pero el *taciturno* es más inútil, es gravoso, porque inspira desconfianza o contribuye con su hipocondría a

disminuir el gusto y la jovialidad de los demás» (M).

silvestre adj. *Campestre, agreste.* «*Silvestre* es lo que corresponde a la selva, y un sitio *silvestre* es el que está poblado de árboles y arbustos; *campestre* corresponde a campo, lo que despierta idea de valles, arroyos, yerbas y flores; *agreste* se asocia a ideas de rustiquez, de falta de cultivo, y así no puede llamarse *agreste* un otero cubierto de espigas. Llamamos animales *silvestres* a los que habitan en los bosques; árboles *silvestres* a las encinas y los castaños, y no a los naranjos ni a las higueras. Una habitación *campestre* es la que está rodeada de plantíos, jardines y vergeles; un sitio *agreste* es el que está abandonado a la naturaleza, sin que haya alterado su aspecto la mano del hombre» (M). Al lado de *agreste* estarán, pues, los adjetivos *salvaje, montaraz, inculto, rústico.*

símbolo m. *Representación, emblema; alegoría* significa gralte. una serie o grupo de símbolos, mientras que el *símbolo* y el *emblema* suelen ser singulares.

simiente f. *Semilla.*

símil m. RET. *Comparación, semejanza.*

similar adj. *Semejante, parecido, análogo.*

similitud f. *Semejanza, analogía, parecido.*

simple adj. *Sencillo, solo.* ǁ adj.-s. *Bobo, pazguato, paparote, tonto, mentecato.*

simplemente adv. m. *Sencillamente.* ǁ *Absolutamente, sin condición.*

simpleza f. *Bobería, tontería, mentecatez, necedad.*

simplicidad f. *Sencillez, candor, ingenuidad.*

simulación f. *Ficción, fingimiento, apariencia.* En estilo fam., *pamema;* en caló, *paripé* (vulg.).

simular tr. *Fingir, aparentar, imitar.*

simultáneo -a adj. *Contemporáneo, sincrónico.*

sin embargo conj. advers. *No obstante.* «Las dos conjunciones indican alguna contradicción, alguna incompatibilidad entre lo que se ha dicho y lo que va a decirse; pero *sin embargo* lo expresa en menor grado que *no obstante. Sin embargo* modifica lo que precede; *no obstante* se le opone más abiertamente. Es un hombre muy apreciable; *sin embargo,* tiene sus defectos. La empresa tiene muchas dificultades; *no obstante,* la atacaremos. *Sin* *embargo* da a entender que lo que se ha dicho no *embarga* la verdad de lo que va a decirse; *no obstante* se aplica más bien a hechos prácticos que a la verdad simple y desnuda» (M).

sinalagmático -ca adj. DER. *Bilateral.*

sincerar tr.-prnl. *Justificar, exculpar.*

sincero -ra adj. *Veraz, verdadero, verídico, de buena fe,* que habla o procede con verdad; *abierto* y *franco* sugieren cierta decisión o energía de carácter. Cuando la sinceridad proviene de falta de malicia, *sencillo, candoroso,* con más o menos claro sentido irónico; *cándido* e *ingenuo,* se aplican al que fácilmente se deja engañar, al incauto. «El *sincero* no oculta la verdad; pero el hombre *franco* la dice secamente, desnuda, sin estudio, sin reparo. Si la verdad es desagradable, la *sinceridad* disgusta, la *franqueza* ofende; porque aquélla se combina fácilmente con la atención; pero ésta, rara vez deja de andar acompañada de la imprudencia, y en muchos casos no está muy distante de la grosería. La *sinceridad* es una virtud del que aborrece la mentira. La *ingenuidad* es una calidad del que no sabe mentir. El *sincero* lo es por reflexión, por honradez; el *ingenuo* lo es por genio, o por falta de malicia. Sacrifica a la verdad su interés el *sincero,* porque aborrece la adulación; el *ingenuo,* porque no la conoce» (LH).

sincopado -da adj. *Semicopado.*

síncope m. MED. *Desmayo, desvanecimiento, congoja, soponcio* (familiar).

sincrónico -ca adj. Para matices de signif. v. **Contemporáneo.*

sinecura f. *Poltrona, enchufe, prebenda, momio.*

sinéresis f. GRAM. *Compresión, contracción.*

sinfín m. *Infinidad, sinnúmero.*

sínfito f. *Consuelda, suelda.*

sinfonía f. *Introducción, obertura.*

singular adj. *Solo, único.* ‖ fig. *Especial, particular.* ‖ *Raro, extraño, extraordinario, excelente.*

singularidad f. *Particularidad, peculiaridad, distinción, rareza.*

singularizarse prnl. *Distinguirse, señalarse, significarse.*

singularmente adv. m. *Separadamente, particularmente, especialmente.*

siniestro -tra adj. *Izquierdo.* ‖ fig. *Avieso, perverso, mal intencionado.* ‖ *Infeliz, infausto, aciago, funesto.*

sinnúmero m. *Infinidad, sinfín, multitud, montón.*

1) sino m. **Hado, destino, estrella, ventura, suerte.*

2) sino conj. advers. *Pero, empero,* son gralte. conjunciones advers. «restrictivas», es decir, expresan una oposición o contrariedad entre las dos oraciones que enlazan, sin que éstas se excluyan entre sí, p. ej.: «es hombre bondadoso, *pero* procura no abusar de su bondad». La adversativa *sino* es «exclusiva», es decir, una de las dos oraciones excluye totalmente a la otra, p. ej.: «no le gustaba salir, *sino* quedarse en casa todo el día». *Empero,* coincide con *pero* en significado y función sintáctica; su uso es lit. y menos frecuente.

sinopsis f. v. **Compendio.*

sinsabor m. *Pesar, desazón, pena, contrariedad.*

síntoma m. *Señal, indicio, signo.*

sinuoso -sa adj. *Ondulado, tortuoso, quebrado.*

sinvergüenza adj.-s. **Desvergonzado, poca vergüenza, inverecundo, cara dura, desfachatado, bribón, pícaro.*

sirga f. *Silga, maroma, cable.*

siríaco -ca adj.-s. *Sirio; siro,* esp. cuando entra en composición: *sirocaldeo.*

siringa f. *Flauta de Pan.*

sirviente -ta m. f. **Criado, doméstico, servidor.*

sismo m. *Seísmo, temblor de tierra, terremoto.*

sisón m. (ave). *Gallarón.*

sistema m. **Método, plan, procedimiento, norma.*

sitiar tr. *Asediar, cercar, bloquear.*

1) sitio m. *Lugar, espacio, parte, punto, puesto, paraje.*

2) sitio m. *Asedio, cerco.*

situación f. *Posición, disposición, colocación.* ‖ *Estado.* Aunque *estado* y *situación* pueden intercambiarse a menudo, el primero sugiere algo más habitual y permanente; la *situación* indica comúnmente algo pasajero y accidental. Por esto preferimos decir la *situación* de la Bolsa, si consideramos que puede cambiar pronto; y el *estado,* cuando lo estimamos de larga duración. Una persona puede hallarse en *situación* ridícula, airosa, difícil, etc., no en *estado.* Tratándose de la salud o del tiempo se dice el *estado,* y no la *situación:* preguntamos el *estado* de un enfermo; hablamos del *estado* atmosférico.

situar tr. *Colocar, poner.* Tratándose de edificaciones, o de cosas de gran peso o volumen, *empla-*

zar o *situar* un monumento, un palacio, un cañón.

¡so! interj. *¡Jo!*

soba f. *Sobo, sobado, sobadura.* || fig. *Aporreamiento, zurra, tunda, vapuleo.*

sobaco m. *Axila* es voz culta o usada como término científico; *sobaco* es más gral. y popular; *islilla* es poco usado.

sobado -da adj. *Manido, manoseado, muy usado, ajado.*

sobar tr. *Manosear, palpar.* || *Ajar.*

soberano -na m. f. *Rey, monarca.* || adj. *Elevado, excelente, egregio, grande.*

soberbia f. Entre los sentimientos de estimación excesiva de sí mismo, *soberbia, engreimiento* y *orgullo* denotan menosprecio de los demás; pero el *orgullo* puede ser a veces legítimo, en tanto que los dos primeros son siempre pecaminosos, repelentes. *Arrogancia, altivez, hinchazón, ínfulas* y *altanería* hacen pensar más bien en el porte, ademanes, palabras, con que el orgullo se manifiesta. La *vanidad* no supone precisamente desprecio de los demás, sino simple egolatría, sobreestimación de las prendas propias. Matices suyos son *envanecimiento, presunción, humos* y *fatuidad;* v. **Envanecimiento.* || *Cólera, ira, rabia.*

soberbio -bia adj. *Orgulloso, engreído, arrogante, altivo, altanero.* || *Grandioso, magnífico, admirable, espléndido.* || *Fogoso, arrebatado, violento.*

sobornable adj. *Venal.*

sobornar tr. *Untar, corromper.* Tratándose de la administración de justicia, *cohechar.*

sobra f. *Sobrante, *exceso, demasía.* || f. pl. *Residuos, relieves, restos.* || f. pl. *Desperdicios, desechos.*

sobrante adj.-s. *Excedente, *sobras, sobrero.* || adj. *Demasiado, sobrado, superfluo, innecesario.*

sobrar tr. *Exceder, superar, sobrepujar.* || intr. *Estar de más, holgar.* || *Quedar, restar.*

1) sobre prep. **Encima.* || *Acerca de, con respecto a.* || *Además de.*

2) sobre m. *Cubierta.* || *Sobrescrito.*

sobreabundancia f. *Superabundancia, plétora.*

sobrearar tr. *Binar.*

sobrecarga f. *Sobornal.*

sobrecincha f. **sobrecincho** m. *Sifué.*

sobrecoger tr.-prnl. *Sorprender, intimidar, asustar.* || *Asombrar, pasmar.*

sobredicho -cha adj. *Antedicho, susodicho.*

sobrefaz f. *Sobrehaz.*

sobrellevar tr. fig. *Sufrir, soportar, resignarse, aguantar, conllevar.*

sobrenadar intr. **Nadar, flotar.*

sobrenatural adj. *Milagroso, prodigioso.*

sobrenombre m. *Alias, *apodo, mote.* El *sobrenombre* no es de por sí despectivo ni burlesco, sino que se añade al nombre propio o al apellido para distinguir a dos personas que tienen el mismo; p. ej.: *Plinio el Viejo,* para distinguirlo de *Plinio el Joven.* También *sobrenombre* es un calificativo que se aplica especialmente a una persona; p. ej.: *el divino Fernando de Herrera, Alfonso X el Sabio. Alias, apodo* y *mote* son nombres distintos del propio, y con frecuencia sustituyen a éste.

sobreparto m. *Puerperio* (MED.).

sobrepasar tr. *Exceder, aventajar, superar, rebasar.*

sobreponer tr. *Superponer, añadir, aplicar.* || prnl. *Dominarse, contenerse.*

sobreprecio m. *Recargo, aumento.* || Cuando el Estado abona determinado *sobreprecio* para estimular las operaciones con determinadas mercancías, este *sobreprecio* recibe el nombre de *prima* o *premio.*

sobrepujar tr. *Exceder, aventajar, superar, sobrepasar.*

sobresalir intr. *Campar, campear, dominar, descollar, destacarse, distinguirse, escollar, sobrepasar, sobrepujar, requintar, aventajar(se), resaltar, *prevalecer.*

sabresaltar tr.-prnl. *Asustar, sorprender, intranquilizar, turbar.*

sobresalto m. *Susto, intranquilidad, temor.* Las ideas de *intranquilidad, inquietud* y *temor* connotan en *sobresalto* el *susto* el carácter de súbito, impensado, repentino.

sobresueldo m. *Plus.*

sobretodo m. *Sobrerropa,* desus.; *abrigo, gabán.*

sobreviviente adj.-s. *Superviviente;* DER. *supérstite.*

sobriedad t. *Templanza, temperancia;* en comer y beber, *frugalidad.* En gral., *moderación, parquedad, morigeración.* || Tratándose del lenguaje o el estilo, *concisión, brevedad;* si es extremada, *laconismo.*

sobrio -bria adj. *Moderado, morigerado, parco; frugal,* en comer y beber. || *Conciso, breve.*

socapa f. *Excusa, pretexto, socolor, rebozo.*

socarrar tr.-prnl. *Chamuscar;* cuando se hace con llama, *sollamar.*

socarrón -na adj.-s. *Astuto, bellaco, disimulado, taimado, solapado.* ||

Burlón, guasón. Socarrón es intensivo, y denota mayor malicia que *burlón* y *guasón.*

socava f. *Descalce.* ‖ *Alcorque.*

socavar tr. *Descalzar, minar.*

sociable adj. *Afable, tratable, comunicativo.*

socializar tr. *Socializar* es tranferir al estado o a otras corporaciones u organismos colectivos las propiedades, industrias, etc., particulares. Si es al estado, *estatificar, nacionalizar;* si es al municipio, *municipalizar.* En gral., *colectivizar.*

sociedad f. *Asociación, agrupación, colectividad,* en general. Cuando se las considera como unidad, *entidad* o *corporación,* esp. si tienen algún carácter público. Según sus fines, las diversas agrupaciones humanas suelen darse denominaciones especiales, como *círculo, peña, casino* (recreativas); *ateneo* (culturales); *hermandad* (benéficas o cooperativas); *cofradía, archicofradía* (religiosas); las profesionales, *gremio* (oficios o ramas de la producción), *colegio* (profesiones liberales), *sindicato* (obreros o agricultores). ‖ *Compañía; razón social* es el nombre y firma con que es conocida una *sociedad* mercantil o industrial; *empresa,* esp. si es importante.

socio -cia m. f. *Asociado.* ‖ En sentido desp., *sujeto, individuo, prójimo.*

socolor m. *Excusa, pretexto, rebozo, socapa.*

socollada f. MAR. *Estrechón.*

socorrer tr. **Ayudar, auxiliar, amparar, asistir, remediar.*

socorro m. *Ayuda, *auxilio, amparo, asistencia, favor, remedio.*

sochantre m. En algunas provincias, *capiscol;* en otras, *veintenero.* En gral., *socapiscol.*

sodomía f. *Pederastia, pecado nefando.*

soez adj. *Bajo, grosero, basto, vil.*

sofisma m. **Paralogismo.*

sofisticar tr. *Falsificar, adulterar, falsear.*

sofito m. ARQ. *Paflón.*

soflama f. *Perorata, prédica* (véase **Discurso*).

sofocar tr. *Ahogar, asfixiar.* ‖ *Apagar, dominar, extinguir, reprimir.* ‖ fig. *Avergonzar, abochornar, correr.*

sofrenada f. *Refrenada, sobarbada, sobrefrenada.*

sojuzgar tr. *Sujetar, dominar, someter, avasallar.*

solada f. *Poso, *sedimento.*

solado m. **Pavimento, suelo, piso.*

solamente adv. m. *Sólo, únicamente.*

1) **solano** m. (viento). *Rabiazorras.*

2) **solano** m. *Hierba mora.*

solapado -da adj. *Disimulado, fingido, cauteloso, falso, astuto, taimado.*

solapar tr. fig. *Ocultar, encubrir, fingir, disimular.*

solapo m. *Traslapo.*

solar tr. *Pavimentar.*

solaz m. *Esparcimiento, recreación, recreo, asueto, entretenimiento, diversión, descanso, alivio.*

solazarse prnl. *Recrearse, entretenerse, divertirse, esparcirse.*

soldada f. **Sueldo, paga, *salario, estipendio.*

solemne adj. *Formal, válido.* ‖ *Majestuoso, suntuoso, grandioso, imponente.*

soler intr. **Acostumbrar.*

solera f. En el molino, *concha.* ‖ *Madre, lía* (del vino).

solicitar tr., *Pretender, pedir, rogar, instar.* ‖ *Requerir.* ‖ *Atraer, invitar, tentar.*

solícito -ta adj. *Diligente, cuidadoso, afanoso. Solícito, cuidadoso* y *afanoso* aluden al estado de ánimo con que procuramos la resolución acertada y breve del negocio que nos interesa, o que interesa a otras personas a quienes deseamos complacer o atender especialmente. *Diligente* alude principalmente a la ocupación material, a las gestiones y pasos necesarios para conseguir aquel fin. Es *diligente* el hombre activo y trabajador; para ser *solícito, cuidadoso* o *afanoso* se necesita además ser complaciente, afectuoso, servicial.

solicitud f. *Diligencia, cuidado, afán, atención, afección.* ‖ *Instancia, petición; memorial* es anticuado. Cuando la solicitud va dirigida al juez, *demanda* o *pedimento.*

solidez f. *Consistencia, resistencia, firmeza, fortaleza.*

sólido -da adj. *Firme, fuerte, resistente, consistente.* ‖ *Macizo, denso, compacto.* «Llamamos *sólido* a todo cuerpo que no es fluido, líquido ni aeriforme, y *macizo* al cuerpo cuya *solidez* es muy *densa* y *compacta.* El papel, la paja, la hoja de un árbol son *sólidos,* pero no *macizos.* Es *maciza* una pared de cal y canto» (M).

sólidum (in ~) m. adv. DER. *Solidariamente.*

soliloquio m. *Monólogo.* Aunque, según su etimología, ambas palabras se intercambian a veces, el uso suele restringir al teatro el empleo de *monólogo.* El *soliloquio* es el habla o discurso de una persona que no dirige a otra la palabra, bien sea de viva voz, bien mentalmente. El *monólogo dramático* es un *soliloquio* del personaje que està solo en la escena.

solio m. *Trono.*

solipsismo m. FIL. *Egoísmo metafísico.*

solitaria f. *Tenia.*

solitario -ria adj. *Desamparado, desierto, deshabitado, despoblado, abandonado.* ‖ *Retirado, retraído.* ‖ adj.-s. *Solo, único.* ‖ m. *Ermitaño* (crustáceo).

soliviantar tr. *Solevantar, incitar, inducir, sublevar.*

solo -la adj. *Único.* ‖ *Singular, señero.* ‖ *Dicho de personas, solitario, aislado.* ‖ *Dicho de lugares, desierto, deshabitado, despoblado.*

sólo adv. *Solamente, únicamente.* Puede escribirse también sin acento.

solomillo m. *Entrecuesto, filete.*

soltar tr. *Desatar, desligar, desceñir.* ‖ *Desasir.* ‖ *Libertar, poner o dejar en libertad, excarcelar.*

soltería f. *Celibato,* voz culta.

soltero -ra adj.-s. *Célibe,* culto; *mancebo,* p. us.; *mozo.*

soltura f. *Agilidad, destreza, prontitud, expedición.* ‖ *Desembarazo, desenvoltura, libertad, desgarro.* ‖ *Lucidez, despejo, elocuencia, labia.*

soluble adj. *Disoluble.* ‖ *Resoluble.*

solución f. *Disolución.* ‖ *Desenlace, término, terminación, fin.* ‖ *Resolución, resultado.*

solventar tr. **Resolver, solucionar, zanjar.*

sollo m. *Esturión, marón, marión.*

somanta f. *Tunda, zurra, paliza, zamanca.*

somático -ca adj. **Corporal.*

sombrerillo m. BOT. En los hongos, *sombrero, sombrerete.*

sombrío -a adj. *Umbrío, sombreado, sombroso, umbroso, umbrátil.* ‖ fig. *Triste, melancólico, tétrico.*

somero -ra adj. *Superficial.* ‖ *Sucinto, sumario, sin pormenores, ligero.*

someter tr.-prnl. *Sujetar, rendir, avasallar, *dominar, subyugar.* «Se *somete* venciendo la resistencia; se *subyuga* quitando la libertad. *Someter* puede ser un hecho solo y aislado; *subyugar* supone un estado duradero. Los romanos *sometieron* muchos pueblos, a los que concedieron después los privilegios de municipios y colonias. Estos pueblos estaban *sometidos,* pero no *subyugados*» (M). ‖ tr. *Encomendar, *encargar, cometer, confiar.*

sommier m. *Colchón de muelles.*

somnífero -ra adj. *Hipnótico* (MED.), *soporífero.*

somnolencia f. *Soñolencia, adormecimiento, *sueño.*

somormujo m. *Zaramagullón.*

son m. *Sonido.* ‖ fig. *Tenor, modo, manera.*

sonado -da adj. *Famoso, célebre, renombrado.* ‖ *Divulgado, ruidoso, sensacional.*

sonajero m. *Cascabelero.*

sonar intr. fig. *Mencionarse, citarse.* ‖ tr. *Tocar, tañer.* Este uso transitivo de *sonar* está hoy en desuso. ‖ impers.-prnl. *Susurrarse, rumorearse.*

sonda f. *Plomada.* ‖ CIR. *Tienta, catéter.*

sondar tr. *Sondear.*

sonecillo m. *Soniquete.*

sonido m. *Ruido,* el inarticulado, desagradable o confuso; *son,* el agradable, esp. producido con arte; *tañido,* el que se toca en algún instrumento. ‖ GRAM. *Fonema.*

soniquete m. *Sonecillo.* ‖ *Sonsonete, tonillo.*

sonoro -ra adj. *Sonante, vibrante, sonoroso* (poét.). ‖ *Resonante, ruidoso.*

sonrojar tr. *Avergonzar, ruborizar, enrojecer, abochornar, sofocar.*

sonrojo m. *Vergüenza, rubor; bochorno, sofoco* son intensivos.

sonsacar tr. fig. *Tirar de la lengua.*

sonsonete m. *Soniquete.* ‖ *Tonillo.*

soñar tr. *Ensoñar.* ‖ fig. *Fantasear.*

sopanda f. *Correón.*

sopapo m. *Solapo.* ‖ *Bofetón.*

sopista m. *Sopón.*

soplado -da adj. *Pulido, repulido, acicalado.* ‖ *Estirado, engreído, hinchado, hueco, entonado, envanecido.*

soplar tr. fig. *Hurtar, quitar, birlar.* ‖ *Sugerir, apuntar, inspirar.* ‖ *Acusar, delatar, soplonear.*

soplo m. *Soplido.* ‖ fig. *Delación.*

soplón -na adj. **Delator, acusón, *espía.*

soponcio m. fam. *Desmayo, desvanecimiento, congoja, síncope.*

sopor m. *Adormecimiento, somnolencia, *sueño, modorra.*

soporífero -ra adj.-s. *Somnífero, hipnótico* (MED.). ‖ *Aburrido, fastidioso, tedioso.*

soportable adj. *Tolerable, llevadero, aguantable, pasadero, sufrible.*

soportal m. *Porche, pórtico.*

soportar tr. *Sostener, llevar.* ‖ fig. *Sufrir, tolerar, padecer, aguantar, sobrellevar.*

soporte m. *Apoyo, sostén, sustentáculo.*

sorbete m. *Helado;* el que se hace con yema de huevo, leche y azúcar, *mantecado.*

sorbo m. *Buche, buchada, bocanada.*

sorda f. (ave). *Agachadiza, rayuelo.*

sordamente adv. m. *Secretamente, ocultamente.*

sórdido -da adj. *Sucio.* ‖ fig. *Impuro, indecente.* ‖ *Mezquino, avaro, ruin, miserable, tacaño.*

sordo -da adj.-s. *Teniente,* algo sordo, o duro de oído. ‖ *Callado, silencioso.* ‖ fig. *Insensible, indiferente.*

soroche m. Amér. Merid. *Mal de montaña, puna.*

sorprendente adj. *Peregrino, desusado, extraordinario, raro, admirable, maravilloso.*

sorprender tr. *Admirar, asombrar, maravillar.*

sortear tr. fig. **Evitar, eludir, rehuir, soslayar.*

sorteo m. *Rifa* es el sorteo de uno o más objetos entre varias personas; tiene carácter pop. o familiar. *Sorteo* es voz más escogida y de aplicación gral. Toda *rifa* es un *sorteo,* pero no viceversa. La lotería nacional o la designación de títulos que han de amortizarse son *sorteos,* no *rifas.*

sortija f. *Anillo.*

sosegado -da adj. *Tranquilo, *quieto, pacífico, manso, reposado, sentado.*

sosegar tr. **Tranquilizar, calmar, pacificar, apaciguar, aplacar, aquietar.*

sosera y **-ría** f. *Zoncería, insulsez, insipidez.*

sosiego m. *Quietud, tranquilidad, serenidad, *reposo, calma, descanso.*

soslayar tr. fig. **Evitar, eludir, rehuir, sortear.*

soslayo -ya adj. *Sesgo o sesgado, soslayado, oblicuo.*

soso -sa adj. *Insulso, insípido.* ‖ fig. *Inexpresivo* es más gral. y abstracto. Todo lo *soso* es *inexpresivo,* pero no viceversa. Un símbolo puede ser inexpresivo para el que no lo entiende, pero no soso. *Zonzo* se aplica a personas; *zonzorrión,* intensivo.

sospecha f. **Desconfianza, recelo.* «Se *sospecha* el bien o el mal; se *recela* el mal, y no el bien. Una mujer tiene *sospecha* de estar embarazada, y *recelo* de malparir. La *sospecha* supone reflexión; el *recelo,* temor o miedo. Un niño no *sospecha* nada, porque le falta la reflexión que debe servir de fundamento a su *sospecha;* pero *recela,* porque para esto le basta el miedo. Por la misma razón, no se dice de un animal que *sospecha,* y se dice que *recela*» (LH).

sospechar tr. Serie intensiva; barruntar, remusgar, presumir, conjeturar, imaginar, suponer. ‖ *Desconfiar, recelar, *temer.*

sostén m. *Apoyo, soporte, sustentáculo.* ‖ *Protección, defensa, amparo.* ‖ *Sustento, mantenimiento, manutención.*

sostener tr. *Sustentar, *mantener.* ‖ *Proteger, defender, amparar.* ‖ *Afirmar, sustentar, apoyar, aguantar.* ‖ *Alimentar, mantener, sustentar.*

sostenimiento m. *Sostén, soporte, apoyo.* ‖ *Manutención, mantenimiento, sustento.*

sotabanco m. *Desván, zaquizamí, buhardilla.*

sotacola f. *Ataharre.*

sotana f. *Loba,* hoy poco usado.

soterrar tr. *Enterrar, inhumar.* ‖ fig. *Esconder, ocultar, guardar.*

suasorio -ria adj. lit. *Persuasivo, convincente.*

suave adj. *Liso, pulido, fino.* ‖ *Blando, muelle.* ‖ *Dulce, agradable, grato.* ‖ *Tranquilo, manso, quieto.* ‖ *Lento, moderado.* ‖ *Dócil, apacible.*

suavidad f. **Blandura, lenidad.*

suavizar tr. *Pulir, alisar, pulimentar.* ‖ *Mitigar, moderar, templar, calmar.* «Se *suaviza* lo áspero, lo desagradable, lo irritante; se *mitiga* lo severo; se *modera* lo excesivo; se *templa* lo apasionado. El que tiene que dar a su amigo una mala noticia, procura *suavizarla* con palabras de consuelo; un juez compasivo *mitiga* el rigor de la ley; un joven arrebatado y violento se *modera* en presencia de su superior; la humillación del ofensor *templa* el enojo del ofendido» (M).

subalterno -na adj. *Inferior, subordinado, dependiente.*

subasta f. *Licitación.* Tratándose de muebles, enseres, vestidos, etc., **almoneda.*

subcutáneo -a adj. *Hipodérmico.*

súbdito -ta adj.-s. *Vasallo* se dice con relación a un monarca o a un señor feudal. *Súbdito* es la denominación general y aplicable a toda clase de regímenes políticos. *Ciudadano,* en los países de régimen democrático.

subentender tr.-prnl. *Sobrentender.*

suberoso -sa adj. *Corchoso.*

subestimar tr. *Tener en poco, menospreciar, minimizar.*

subida f. *Ascenso, ascensión, elevación.* ‖ *Cuesta, pendiente, repecho.* ‖ *Alza, aumento, encarecimiento.*

subido -da adj. *Alto, elevado.* ‖ *Fino, acendrado.*

subir intr. *Ascender, elevarse.* ‖ *Cabalgar, montar.* ‖ **Crecer, aumentar.* ‖ *Importar, sumar.* ‖ tr. *Remontar, trepar.* ‖ tr. *Levantar, alzar, elevar.* ‖ tr.-intr. *Aumentar, encarecer.*

súbito -ta adj. *Súpito, improviso, repentino, impensado.* ‖ *Precipitado, impetuoso, violento.* ‖ adv. m. *Súbitamente, de sopetón.*

sublevación f. **sublevamiento** m. *Sublevamiento* es p. us. Cuando una *sublevación* es considerada con estimación o respeto por parte del que habla, se llama *levantamiento* o *alzamiento.* Si inspira antipatía o es mirada como delito : *sedición* (menos grave) o *rebelión* (más grave). *Motín, tumulto, algazara, asonada, revuelta,* son alteraciones colectivas del orden público, más o menos localizadas y desordenadas. *Facción* es grupo de gentes o tropas en rebeldía contra la autoridad constituida. *Revolución* y *subversión* aluden al trastorno violento que produce el cambio político que de ellas se origina.

sublevar tr. *Amotinar, insurreccionar, levantar, alzar.* ‖ *Irritar, airar, enojar, soliviantar.*

sublimar tr. *Engrandecer, enaltecer, ensalzar, exaltar. Sublimar* tiene significación intensiva.

sublime adj. *Elevado, levantado, excelso, eminente.*

submúltiplo -pla adj.-s. MAT. *Divisor, factor.*

subordinación f. *Sujeción, dependencia, inferioridad.* ‖ GRAM. *Hipotaxis.*

subordinado -da adj.-s. *Sujeto, supeditado, dependiente, inferior, subalterno.* ‖ GRAM. *Hipotáctico.*

subrepticio -cia adj. *Oculto, furtivo, disimulado.*

subsanar tr. *Remediar, enmendar, corregir, reparar, resarcir.*

subscribir tr. *Firmar.* ‖ *Acceder, consentir, adherirse, convenir.* ‖ prnl. *Abonarse.*

subsidio m. *Socorro, auxilio.* ‖ *Contribución, impuesto.*

subsistir intr. *Permanecer, durar, conservarse, persistir, continuar.* ‖ *Vivir, existir.*

substancioso -sa adj. *Jugoso, suculento.* ‖ *Alimenticio, nutritivo.* ‖ fig. *Valioso.*

subterfugio m. **Efugio, escapatoria, pretexto, evasiva.*

subterráneo m. *Soterraño.* Si está entre los cimientos de un edificio, *sótano.*

suburbio m. *Arrabal.* El *suburbio* es el *arrabal* o barriada cercanos a una gran ciudad. Las poblaciones pequeñas tienen *arrabales,* pero no *suburbios.*

subvenir tr. *Auxiliar, ayudar, socorrer.*

subversión f. **Sublevación.* ‖ *Trastorno, perturbación.*

subvertir tr. *Trastornar, revolver, perturbar, destruir.*

subyugar tr. **Dominar, *someter, avasallar, sujetar.*

succionar tr. *Chupar.*

sucedáneo -a adj.-m. *Substitutivo.*

suceder intr. *Seguir.* ‖ *Reemplazar, substituir.* ‖ *Heredar.* ‖ impers. *Acontecer, ocurrir, pasar.*

sucedido m. *Suceso, hecho, caso, *acontecimiento.*

sucesión f. *Seguimiento, secuencia, serie.* ‖ *Herencia.* ‖ *Prole, descendencia.*

suceso m. **Acontecimiento, acaecimiento, sucedido, hecho, caso.*

sucesor -ra adj.-s. En pl. equivale a veces a *venideros;* puede tener el signif. de *descendientes,* y en este caso se opone a *ascendientes, antepasados.* ‖ *Continuador.* ‖ *Heredero.*

suciedad f. *Inmundicia, porquería, basura.*

sucinto -ta adj. *Breve, compendioso, somero, conciso, lacónico.* «Lo *sucinto* está en las ideas ; lo *conciso,* en la expresión ; lo *lacónico* es la exageración de lo conciso. Una narración *sucinta* es la que no contiene más que los principales sucesos, y evita los pormenores ; un período *conciso* es aquel de que se excluye toda palabra que no es absolutamente necesaria para formar sentido perfecto ; una respuesta *lacónica* suele reducirse a un monosílabo. Lo demasiado *sucinto* degenera en incompleto ; lo demasiado *conciso,* en oscuro ; lo demasiado *lacónico* en afectado» (M).

sucio -cia adj. *Manchado, impuro, sórdido.* ‖ *Desaseado, inmundo, puerco, cochino.* ‖ *Obsceno, deshonesto.*

suculento -ta adj. *Jugoso, sustancioso, sabroso.*

sucumbir intr. *Ceder, someterse, rendirse.* ‖ *Caer, perecer, morir, fallecer. Sucumbir* es morir a causa de algún agente exterior. Se *sucumbe* en una batalla, en una epidemia, enfermedad, incendio, naufragio, etc.

sucursal adj.-f. *Hijuela, filial.* La *sucursal* depende de un establecimiento o compañía principal. La *hijuela* y la *filial* se extienden a industrias o negocios que tuvieron su origen en otros y conservan más o menos intereses comunes, aunque tengan régimen y dirección distintos.

sudadera f. y **sudadero** m. *Sudario.* ‖ *Bajera, abajera.*

sudar intr.-tr. *Transpirar* como palabra escogida, o tecn. que designa esta función fisiológica. *Resudar* y *trasudar,* sudar ligeramente. ‖ *Rezumar, exudar.*

sudeste m. *Sueste.* ‖ *Siroco.*

sudor m. *Transpiración.* Sudor ligero, *resudor, trasudor.* ‖ *Exudación.* ‖ fig. *Trabajo, fatiga, pena, angustia.* En ésta acep. se usa con frecuencia el pl. *sudores.*

sudorífero -ra y **-fico -ca** adj.-s. *Sudatorio; diaforético* (MED.).

suegro -gra m. f. *Padre político; madre política.*

suelda f. *Consuelda, consólida.*

sueldacostilla f. *Vicarios.*

sueldo m. En su sentido más gral., *remuneración, retribución, estipendio.* Tratándose de empleados, *haber* o *haberes, sueldo; paga* es cada una de las entregas que percibe, gralte. cada mes, por lo cual se llama también *mensualidad.* El sueldo periódico que reciben criados y obreros manuales, **salario;* entre campesinos, *soldada;* si es por semanas, *semanal;* si es por días, *jornal.* En las profesiones liberales, *honorarios,* esp. si no son periódicos. En el lenguaje administrativo, *gratificación, gajes* y *emolumentos* son *sueldos* o *utilidades* accesorios.

suelo m. *Solar, terreno.* ‖ *Piso, pavimento.*

suelto -ta adj. *Ligero, veloz.* ‖ *Expedito, ágil, diestro, desembarazado.* ‖ *Libre, atrevido.*

sueño m. *Dormida.* ‖ *Adormecimiento, somnolencia,* predisposición al sueño o estado intermedio entre el sueño y la vigilia; *sopor* puede tener el mismo significado (intensivo), o el de sueño morboso y profundo. ‖ *Ensueño.* ‖ *Ensueño, ensoñación, quimera, ilusión, fantasía.*

suerte f. *Fortuna, ventura, destino, estrella, sino, azar, acaso, casualidad.* Denominaciones populares: *chiripa, chamba, sombra.* ‖ *Clase, género, especie.*

suficiencia f. *Capacidad, aptitud, competencia, idoneidad.*

suficiente adj. *Bastante, asaz.* ‖ *Capaz, apto, competente, idóneo.*

sufragar tr. *Costear, satisfacer, *pagar.*

sufragio m. *Ayuda, favor, socorro.* ‖ *Voto.*

sufrido -da adj. *Pasible, paciente, resignado, tolerante.*

sufrimiento m. *Padecimiento, dolor, tormento, tortura, martirio, dolencia.* ‖ *Paciencia, conformidad, resignación, aguante.*

sufrir tr. *Padecer.* ‖ *Resignarse, conformarse.* ‖ **Permitir, aguantar, soportar, *tolerar, consentir. *Sufrir* se dice de un modo absoluto: se *sufre* el mal de que uno no se venga. *Soportar* pertenece más bien a los defectos personales. Se *soporta* el mal humor de las personas que tratamos. La humildad cristiana hace *sufrir* los desprecios sin resentimiento. La buena crianza y la urbanidad hacen *soportar* en la sociedad multitud de cosas que nos desagradan» (Ma). «La diferencia de los verbos *sufrir* y *tolerar,* considerados como sinónimos, es que el primero tiene relación al esfuerzo físico, y el segundo al esfuerzo moral. Se *sufren* los dolores; se *toleran* los desprecios. También se usa figuradamente el verbo *sufrir* en el sentido moral, y entonces supone una paciencia más forzosa; *tolerar,* una paciencia más voluntaria. Un amo prudente *tolera* algunas veces las faltas de los criados, haciéndose cargo de que éstos tienen que *sufrir* a menudo sus vivezas e impertinencias» (LH). ‖ *Sostener, resistir, soportar.*

sugerir tr. **Insinuar* significa *sugerir* indirectamente o de modo muy ligero. El acto de *sugerir* declaradamente puede ser sinónimo de *suscitar, incitar, aconsejar.*

sugestión f. *Sugerencia.* En el uso actual, *sugerencia* es la acción y efecto de sugerir; *sugestión,* la acción y efecto de sugestionar. En este sentido, *sugerencia* puede ser sinónimo de *insinuación;* y *sugestión,* de *atractivo, fascinación, hechizo.*

suizo -za adj.-s. [pers.] *Esguízaro, helvecio, helvético.* Hablamos de los cantones *esguízaros* en la Historia; de la confederación *helvética; helvecio* es de raro uso en la actualidad. Tratándose de personas de aquella nacionalidad, hoy sólo usamos *suizo -za.*

sujeción f. *Sumisión, obediencia, subordinación.* ‖ *Unión, ligadura, atadura, traba.*

sujetar tr. *Asir, afirmar.* ‖ **Someter, *dominar, avasallar, subyugar.*

sujeto -ta adj. *Expuesto, propenso.* ‖ m. desp. *Individuo; socio* y *prójimo* acentúan su carácter despectivo.

sulfurar tr. fig. *Enojar, irritar, encolerizar, enfurecer. Sulfurar* es intensivo, y supone ordinariamente gestos y palabras iracundas.

sulfúrico (ácido) m. *Aceite de vitriolo.*

suma f. *Adición.* ‖ *Total.* ‖ **Compendio, recopilación, resumen, sumario.*

sumar tr. *Adicionar* es añadir una cantidad a otra u otras. ‖ Tratándose de facturas, cuentas, etc., *ascender a, subir a, elevarse a,* montar a, sumar, importar, totalizar. ‖ prnl. Adherirse, agregarse.

sumario -ria adj. Breve, sucinto, abreviado, resumido. ‖ m. Resumen, compendio, suma.

sumergible m. Submarino.

sumergir tr. fig. Abismar, hundir, sumir.

sumersión f. Inmersión es el acto de introducir algo en un líquido, total o parcialmente; la sumersión es inmersión total hasta quedar cubierto por el líquido. Ambos sinónimos equivalen a baño, esp. tratándose del cuerpo.

suministrador -ra adj.-s. *Abastecedor, proveedor, aprovisionador.

suministrar tr. *Proporcionar, facilitar, proveer, aprovisionar, surtir, abastecer.

sumir tr. Hundir, meter, sumergir, abismar. ‖ En la Misa, consumir.

sumiso -sa adj. Obediente, subordinado, dócil, bienmandado. ‖ Rendido, subyugado, avasallado.

sumo -ma adj. Supremo. ‖ fig. Muy grande, enorme.

suntuosidad f. Magnificencia, esplendor, esplendidez, lujo, fausto.

suntuoso -sa adj. Magnífico, esplendoroso, espléndido, lujoso, fastuoso, regio. ‖ Ostentoso, pomposo.

supeditar tr. Sujetar, someter, *dominar, oprimir, avasallar.

superabundancia f. Sobreabundancia, plétora.

superar tr. Sobrepujar, exceder, aventajar, ganar, vencer.

superchería f. Engaño, dolo, fraude, impostura, *mentira.

superdominante f. MÚS. Sexta.

superficial adj. Somero, ligero. ‖ Aparente. ‖ Frívolo, insustancial.

superfluidad f. *Exceso, sobra, demasía. Tratándose de palabras, redundancia.

superfluo -flua adj. Innecesario, inútil, sobrante, excesivo. Si es de palabras, redundante.

superintendencia f. Sobreintendencia.

superior -ra m. f. En las comunidades religiosas, prior, priora.

superioridad f. Preeminencia, excelencia, ventaja. ‖ Preponderancia, supremacía. «Superioridad es la potencia, y preponderancia es el acto. Los hombres son superiores por sus cualidades, por su poder, por su clase o empleo; son preponderantes por el ejercicio de aquéllas u otras excelencias o cualidades. Muchas veces no hay preponderancia en la superioridad. En los tiempos del Bajo Imperio, la superioridad estaba en los emperadores, y la preponderancia en los eunucos. Supremacía es la primera y más alta

de una serie de dignidades, como la del papa en el orden eclesiástico, y la del monarca en el orden civil» (M).

superponer tr. Sobreponer, aplicar.

superviviente adj.-s. Sobreviviente; DER., supérstite.

suplente adj.-s. Sustituto, reemplazante.

súplica f. Ruego, instancia, petición.

suplicar tr. *Rogar, instar, implorar, impetrar, forman serie intensiva. «Suplicar y rogar significan pedir un favor; pero el primero supone respeto, el segundo supone humildad. El que suplica pide, por justicia o por gracia, lo que depende de la voluntad ajena; el que ruega pide, siempre por pura gracia, lo que depende de la bondad de otro. Un pretendiente suplica; un pecador ruega» (LH).

suplicio m. Tormento, tortura. ‖ Patíbulo, cadalso, potro. ‖ fig. *Dolor, padecimiento, sufrimiento.

suplir tr. Completar, suplementar, ‖ *Reemplazar, sustituir.

suponer tr. Presumir, de uso gralte. culto o lit.; creer, conjeturar, figurarse, pensar; v. *Sospechar. ‖ Implicar, traer consigo.

suposición f. En el terreno científico, hipótesis, supuesto; en la vida corriente, presunción, conjetura. La hipótesis sirve para explicar hechos o fenómenos; el supuesto es una premisa de la cual partimos en un razonamiento, aunque no esté plenamente probada. La presunción, la conjetura y la suposición pueden carecer de toda base y ser simples barruntos, atisbos o corazonadas. Una hipótesis debe ser razonada, coherente, y se admite provisionalmente mientras no surja otra mejor. La suposición puede ser fundada o gratuita, y nos servimos de ella en la vida práctica. La hipótesis es especulativa.

supremacía f. Dominio, *superioridad, preeminencia, preponderancia.

supremo -ma adj. Sumo, altísimo. ‖ Último, decisivo, culminante.

suprimir tr. *Abolir, anular. ‖ Quitar. ‖ *Omitir, callar, pasar por alto.

supuesto -ta adj. Hipotético, conjetural, presunto. «Lo supuesto no existe; lo presunto tiene una existencia desconocida. En el Quijote se habla de la supuesta ínsula Barataria, de los supuestos habitantes de la cueva de Montesinos, del supuesto viaje del héroe a las estrellas; y así es que la voz *supuesto* significa muchas veces *falso*, como cuando decimos : corrió tal noticia, y luego se supo que el hecho era *supuesto*. Lo *presunto* supone realidad, aunque con incertidumbre acerca del sujeto. Se ha cometido un delito, y hay un *presunto* reo. Cuando no consta el autor de una obra, y se atribuye a muchos, todos ellos son autores *presuntos*» (M). ‖ m. *Suposición*.

supuración f. *Purulencia, pus.*

suputar tr. *Computar, calcular. Suputar* es de uso muy restringido fuera de la Astronomía.

sur m. *Mediodía, austro.* «En sentido absoluto, *Sur* es el hemisferio limitado por el polo antártico y por la línea equinoccial; pero, en sentido relativo, se aplica la misma voz en nuestro hemisferio a los puntos situados, con respecto a otros, en dirección contraria al Norte; por ejemplo: Andalucía está al *Sur* de Castilla. *Mediodía* no es sinónimo de *Sur* sino en este segundo caso, y su aplicación no se extiende más allá de la línea, de modo que no puede decirse : el cabo de Hornos está al *Mediodía* del estrecho de Magallanes... Sin embargo, esta sinonimia no es perfecta, porque *Mediodía* se refiere más bien a lo que tiene relación con el clima, y *Sur* a la situación geográfica. Obsérvese esta diferencia en el ejemplo siguiente : el antiguo reino de Sevilla es una de las más bellas porciones del *Sur* de nuestra Península; el temple de la atmósfera, los frutos del suelo y carácter de los naturales, poseen todas las cualidades propias de las regiones del *Mediodía. Austro* es voz puramente poética. No así su derivado *austral*, que se aplica al polo, al hemisferio, al viento, etcétera» (M).

surco m. *Carril; sulco* (ant.). ‖ *Señal, hendedura.* ‖ *Arruga* (en la cara o en cualquier parte del cuerpo).

surgidero m. *Fondeadero.*

surgir intr. *Brotar, manar, surtir.* ‖ *Fondear.* ‖ fig. *Salir, alzarse, manifestarse, aparecer.*

surrealismo m. *Superrealismo.*

surrealista adj.-s. *Superrealista.*

surtido -da adj.-s. *Mezclado, variado.*

surtidor m. *Saltadero, surtidero.*

surtir tr. *Proveer, aprovisionar, suministrar, abastecer.* ‖ intr. *Brotar, surgir, manar.*

surto -ta adj. *Fondeado, anclado.*

susceptible adj. *Capaz, dispuesto, apto.* ‖ *Picajoso, quisquilloso, sentido, delicado, puntilloso.*

suscitar tr. *Promover, levantar.*

suspender tr. *Colgar, levantar.* ‖ *Detener, interrumpir, parar.* ‖ *Desaprobar, reprobar.* Entre estudiantes, *calabacear, dar calabazas, catear, colgar, revolcar.* ‖ *Admirar, embelesar, maravillar, asombrar, pasmar.*

suspensión f. *Detención, parada, interrupción, cesación, pausa.* ‖ *Admiración, embeleso, asombro, pasmo.*

suspenso -sa adj. *Admirado, atónito, pasmado.* ‖ *Indeciso, perplejo.* ‖ m. Entre estudiantes, *calabazas, cate.*

suspicacia f. *Desconfianza, recelo, escama* (fam.), *sospecha, malicia.*

suspicaz adj. *Receloso, desconfiado, mal pensado, escamado, escamón.*

suspirado -da adj. *Deseado, anhelado, apetecido, ansiado.*

sustentáculo m. *Apoyo, sostén, soporte.*

sustentar tr.-prnl. *Sostener, soportar, aguantar.* ‖ *Defender, amparar, apoyar.* ‖ *Alimentar, mantener.*

sustento m. *Alimento, mantenimiento, manutención.*

sustitución f. *Reemplazo, relevo.*

sustituir tr. *Reemplazar, suplir, relevar.*

sustitutivo -va adj.-s. *Sucedáneo.*

sustituto -ta adj.-s. *Suplente.*

susto m. Serie intensiva : *Sobresalto, susto, espanto;* v. *Miedo.* «*Susto y espanto* explican una consternación del ánimo ocupado de pronto por un objeto o accidente imprevisto. La diferencia que hay entre ellos es que *susto* es análogo al miedo; el *espanto*, al horror o a la admiración. Un sueño horroroso *espanta* a un hombre que no tiene miedo. Un pequeño ruido *asusta* de noche a un cobarde. La inesperada explosión de una mina volada puede *espantar* a un soldado, el cual se avergonzará de decir que se *asustó*, porque este efecto supondría miedo» (LH).

sustracción f. MAT. *Resta.* ‖ *Robo, hurto.*

sustraer tr. *Apartar, separar, extraer, quitar.* ‖ *Hurtar, robar.* ‖ MAT. *Restar.*

susurrar intr. *Murmurar.* ‖ impers.-prnl. *Rumorear(se), runrunear(se), sonar(se).*

susurro m. *Murmullo, murmurio, rumor.*

sutil adj. *Delgado, delicado, tenue, fino.* ‖ fig. *Agudo, ingenioso, perspicaz.*

sutileza f. *Perspicacia, agudeza, penetración, ingenio.* ‖ *Argucia, sutilidad, ingeniosidad.*

T

taba f. Taquín; astrágalo (ANAT.).
tablear tr. Atbalear. || intr. Tam-
borilear, tamborear, tocar
tabola f. Batahola.
tabaque m. Attabaque.
tabaquería f. En España, estanco.
tabardillo m. (fiebre) Pinta.
tabarra f. Lata, tostón.
taberna f. Tasca, desp. y fam.
tabes f. MED. Consunción.
tablar m. Tablero.
tablas f. pl. Empate. || Escenario. ||
tablaza f. Tablazón.
tabletear m. desp. Chiscón, cuchitril,
chiribitil, zaquizamí, tugurio.
taburete m. Banquillo, alzapiés.
tacañería f. Mezquindad, ruindad,
cicatería, avaricia, miseria, roñería.
tacaño -ña adj.-s. Miserable, ruin,
mezquino, roñoso, cicatero, avaro.
tácito -ta adj. Callado, silencioso,
sobrentendido.
taciturno -na adj. *Callado, silen-
cioso, apl. sólo a personas. || Tris-
te, melancólico, pesaroso, apesa-
dumbrado.
taco m. Baqueta. || Bloque. || Pa-
labrota, grosería. *voto, juramento, reniego.
táctica f. fig. Habilidad. *tacto,
tiento, diplomacia.
tactismo m. Taxia.
táctil adj. *Habilidad. Tiento, mano izquierda, táctica, política, diplomacia, mundología, sagacidad. Con excepción de sagacidad, tacto y tiento, son más o
menos irónicos. Discreción, destreza, acierto.
tacha f. Tilde, falta, defecto, mancha, mácula, mancilla, impureza,
desdoro.
tachar tr. Borrar, rayar, testar
(ant.) suprimir. || Culpar, censu-
rar, tildar, *notar.
tafilete m. Marroquí (cuero).
tahalí m. Tiracol, tiracuello.
tahona f. Atahona, muy usado en
los clásicos, pero hoy inusitado.
tahúr -ra adj.-s. Jugador. || Fullero,
tramposo, cuco, chamarillero
(despect.). || Panadería.
taimado -da adj.-s. Astuto, bellaco,
pícaro, disimulado, ladino, hipócrita, tuno, tunante, zorro, cuco.
taimería f. Cuquería, picardía, malicia, astucia, tunería.
tajamar m. Espolón.
tajar tr. Cortar, hender, partir, dividir. Tajar supone cierta intensidad de la acción, tanto en su
sentido recto como en el fig.:
p. ej.: tajar cabezas, diferencias
de intereses, litigios, etc.
tajo m. Corte. || Filo. || Escarpa.
|| Tarea, faena.
tal adj. Igual, semejante. || adv. m.
Así, de esta manera, de esta suerte.
tala f. (juego de muchachos). Bi-
llalda, billarda, p. us.; toña.
taladrar tr. *Horadar, taladrar,
perforar.
talante m. Semblante, disposición,
humor. || Voluntad, deseo, gusto.
talar tr. Cortar, arrasar. Talar se
usa únicamente tratándose de
árboles. || Destruir, arruinar, de-
vastar, arrasar.
talento m. Ingenio, inteligencia, entendimiento, capacidad. «La voz
talento, en el sentido en que se
mira como sinónima de la voz
ingenio, recae sobre la facultad
intelectual de que está adorna-
da e el arreglo de sus acciones y
do un hombre, y de que usa pa-
opiniones. Ingenio es la facultad
con que el alma percibe y discurre sutilmente. Tiene talento
palabras, para la exactitud de sus
raciocinios y fundamento de sus
el que se halla con luces y disposición para aumentar sus conocimientos y aplicarlos a la dirección y acierto de sus operaciones. Tiene ingenio el que está
dotado de viveza y disposición
para hallar recursos y medios,
que no se presentan a primera

vista, para conseguir un fin...» (H). «El talento es la facultad de concebir fácilmente, de expresarse con acierto y de ejecutar con exactitud lo que se concibe y piensa; el ingenio es la facultad de inventar, de descubrir entre las cosas, combinaciones que se ocultan a los ojos vulgares. El talento es más o menos claro, más o menos amplio en sus alcances, más o menos pronto en su acción; el ingenio es más o menos fecundo, más o menos sutil, más o menos atrevido. El ingenio inventa amaños, crea ficciones, combina los medios de obtener grandes resultados....» (M). En la lengua clásica, la palabra ingenio tenía un significado mucho más amplio que en la actualidad, y abarcaba el conjunto de las facultades intelectuales que se expresan con las voces talento, entendimiento, inteligencia, capacidad. Hoy la significación se ha restringido, y ingenio equivale a sutileza, agudeza, facultad de percibir las relaciones laterales de las cosas y de las ideas, acompañado de cierta disposición inventiva y combinatoria. El talento es amplio y de aplicación extensa: el ingenio se fija más en los pormenores. Consideramos al talento como superior al ingenio.

talismán m. Varita mágica o de las virtudes. Amuleto es un talismán que se lleva encima.

talón m. Calcañar.

talque m. Tasconio.

talla m. Escultura, esp. si es de madera. | Estatura, en el hombre; alzada, en las caballerías.

tallar tr. Entallar. | Tasar, apreciar, valuar, *valorar, evaluar.

talle m. Cintura. || fig. Traza, apariencia.

taller m. La palabra taller ha sustituido a la ant. obrador para denotar en general la oficina donde se hace un trabajo manual; sin embargo, obrador predomina todavía en algunos oficios, como el de cerero, del confitero y de la planchadora. El pintor y el escultor trabajan en su taller o estudio; el químico y el farmacéutico, en el laboratorio.

tallo m. El tallo de los árboles y arbustos, tronco; el de las hortalizas, troncho; el de las gramíneas, caña. | Renuevo, vástago.

talludo -da adj. fig. Crecido, alto.

tamaño m. *Magnitud, grandor, grandeza, dimensión, volumen, extensión (de una superficie).

tamarisco m. Taray, tamariz, taraje.

tambalear intr.-prnl. Trastabillar, bambolear, oscilar, vacilar.

también adv. m. Asimismo, de la misma manera, igualmente. || Además.

tambor m. Por sinécdoque, parche; caja, de uso general en los clásicos, es hoy ant., y únicamente se conserva en algunos modismos o frases hechas, como echar a uno con cajas destempladas, ¡oído a la caja!

tamboril m. Atabal (hoy p. us.): timpano evoca la antigüedad clásica o es poét.; tamborín, tamborino, timbal.

tamborilear intr. Tabalear, tamborear.

tanda f. Turno, vez.

tangerino -na adj.-s. [pers.] Tingitano.

tangible adj. Tocable se refiere pralte. a las cosas materiales; Palpable y tangible, a lo material y a lo figurado. Un bulto tocable, palpable o tangible. Las consecuencias palpables o tangibles de una doctrina, de una resolución.

tantear tr. Probar, ensayar, examinar. || Esbozar, bosquejar.

tañer tr. *Tocar.

tapa f. Tapadera. | Cubierta, en los libros.

tapar tr. Cubrir, cerrar. || Atascar, atorar, obstruir. | Abrigar, arropar, proteger. || fig. Ocultar, encubrir.

tápara f. Alcaparra.

tapioca f. Mandioca.

tapir m. Danta.

tapsia f. Zumillo.

taquigrafía f. Estenografía.

taquígrafo -fa m. f. Estenógrafo.

taracea f. Ataracea, marquetería, mosaico de madera.

taracear tr. Ataracear, incrustar.

taramba com. adj. Ligero, alocado, irreflexivo, aturdido.

tarasca f. Tázana, en algunas partes. | Gomia.

taray m. Tamarisco, tamariz, taraje. | m. Taharal.

tardanza f. *Demora, dilación, lentitud, detención, retraso.

tardar intr.-prnl. Demorarse, retrasarse, detenerse.

tardío -a adj. Retrasado, moroso. «Tardío es lo que tarda, cualquiera que sea la causa de su tardanza; moroso es lo que tarda por lentitud o pesadez. Lo tardío está en los hechos, y lo moroso en las cualidades. No decimos cosecha morosa, sino tardía; ni hombre tardío, sino moroso» (M). || Pausado, lento, tardo, despacioso.

tardo -da adj. Lento, despacioso.

pausado, perezoso, tardío. || *Rudo, torpe, boto.*

tarea f. *Labor, obra, trabajo, faena.* || *Tajo.*

tarifa f. *Arancel,* si es oficial y se refiere a derechos o impuestos que hay que pagar. Si se trata de precio por servicios, *tarifa* y no *arancel.* Así decimos *arancel* de aduanas, pero *tarifa* de transportes, de electricidad, de teléfonos.

tarjeta f. *Papeleta, cédula, ficha.*

tarquín m. *Cieno, lama, légamo, limo, lodo, fango, *barro.*

tarrasense adj.-s. [pers.] *Egarense.*

tarreña f. *Tejoleta.*

tartamudear intr. *Tartajear.*

tartamudo -da adj. *Tartajoso, farfalloso.*

tártaro m. *Rasura.*

tartera f. *Fiambrera.*

tarugo m. *Zoquete.*

tasa f. *Tasación, valoración, evaluación.* || *Postura, precio máximo.* || *Medida, regla.*

tasajo m. *Tajada.*

tasar tr. **Estimar, apreciar, *valorar, evaluar.* || *Graduar, regular, limitar, medir.*

tatarabuelo -la m. f. *Rebisabuelo.*

tataranieto -ta m. f. *Rebisnieto.*

taumatúrgico -ca adj. *Maravilloso, prodigioso, milagroso, mágico, hechicero.*

taumaturgo m. Es el autor de maravillas o prodigios. Dentro de este significado general se hallan comprendidos el *mago,* el *hechicero,* el *encantador.*

tea f. *Cuelmo.*

tebano -na adj.-s. [pers.] *Dirceo.*

teca f. *Relicario.*

tecle m. MAR. *Andarivel.*

techo m. *Techado, techumbre.* || fig. *Casa, habitación, hogar, domicilio.*

tedio m. *Aburrimiento, desgana, hastío, fastidio.*

tejar m. *Tejería, tejera.*

tejaroz m. *Alero.*

tejavana f. *Cobertizo.*

tejedor m. (insecto). *Zapatero.*

tejón m. (mamífero). *Tasugo.*

tejuelo m. MEC. *Rangua, tajuelo, tejo.*

tela f. *Paño.* || fig. *Asunto, materia.*

teleología f. *Finalismo.*

telepatía f. *Doble vista.*

teletipo m. *Teleimpresor.*

tema m. *Asunto, cuestión, motivo.* || *Porfía, obstinación.* || *Manía, idea fija.*

tembladal m. **Tremedal.*

temblar intr. *Tremer,* lit. || *Rilar, titiritar; tiritar,* cuando es de frío. *Estremecerse* es temblar con movimiento agitado y súbito, a causa de un sobresalto, escalofrío, etc.; aplicado a cosas inanimadas que tiemblan por impulso exterior o propio, *trepidar, estremecerse,* p. ej. el suelo, los cristales, máquinas, etc.

tembloroso -sa y **tembloso -sa** adj. *Tembleque, trémulo, tremulante.*

tembloteo m. *Tembloreo.*

temer tr. *Sospechar, recelar.* «*Temer* es creer en la posibilidad de un mal de cualquier clase, y así se dice: *Temo* que haya tormenta, que me roben, que me persigan, que me censuren. *Recelar* es temer el engaño, la falsía, la asechanza; *sospechar* es formar un mal juicio en virtud de indicios o demostraciones. Como sinónimo de los otros dos verbos, *temer* expresa más bien desconfianza que miedo. El hombre de honrados sentimientos *teme* ofender con sus palabras; los escarmentados son propensos a *recelar* de todo; los maliciosos lo son a *sospechar* de todos» (M).

temerario -ria adj. *Imprudente, arriesgado, osado, inconsiderado.* *Temerario* intensifica el significado. Por esto hay un delito de *imprudencia temeraria,* más grave que la simple *imprudencia.*

temeridad f. *Imprudencia, atrevimiento, inconsideración, arrojo.* «La *temeridad* está en los hechos y en los dichos; el *arrojo,* sólo en los hechos. Es un *arrojo* pelear contra fuerzas superiores; es una *temeridad* amenazar al más fuerte. Las herejías son doctrinas *temerarias;* pasearse al borde de un precipicio es un hecho *arrojado* [y *temerario*]» (M).

temeroso -sa adj. *Temible, aterrador, espantoso.* || *Medroso, irresoluto, pusilánime, miedoso, cobarde.* || *Receloso, desconfiado.*

temible adj. *Formidable, espantoso, aterrador.* «*Temible* es lo que inspira temor; *formidable* es lo que inspira asombro y espanto. El rigor es *temible;* la crueldad es *formidable.* Este último adjetivo denota un mal irresistible, y por esto se aplica a las grandes calamidades, como el terremoto, la guerra y la peste» (M). La misma significación intensificada se halla también en *espantoso* y *aterrador.* En la lengua actual el adj. *formidable* es intensificador de cualquier cualidad buena o mala, temible o admirable.

temor m. **Miedo, cobardía.* «*Temor* es el sentimiento incómodo y penoso que acompaña a la previsión o a la proximidad del mal o del peligro; *miedo* es una turbación del ánimo ocasionada por el mal o el peligro, real o imaginario; *cobardía* es una disposición natural que consiste en la falta de valor y resolución para arrostrar y resistir al mal o al peligro. El temor es muchas ve- ces efecto de la prudencia: el miedo, de la imaginación: la cobardía, del temple y de la cons- titución física. El temor de Dios es obligación de todo cristiano. Los niños tienen miedo a la os- curidad, y muchos ignorantes lo tienen a las apariciones y fantas- mas. La cobardía lleva consigo el desprecio y la deshonra». (M).

temeroso -sa adj. Tenaz, obstinado, porfiado. * terco.

temperancia f. * Templanza, mode- ración.

temperie f. Temperamento, tempe- ratura, temple.

tempestad f. Temporal, tormenta, borrasca; de truenos, tronada.

tempestuoso -sa adj. Tormentoso, borrascoso.

templadamente adv. m. Tempera- damente, moderadamente, mesu- radamente.

templado -da adj. Moderado, mesu- rado, sobrio, parco. || Tibio || Se- reno, valiente, impávido.

templador m. Martillo.

templanza f. Temperancia; sobrie- dad, moderación, moigeración (en las costumbres); frugalidad (en comer y beber): abstinencia, continencia (de todo lo material).

templar tr. Moderar, * suavizar, mi- tigar. || Aplacar, atenuar, sosegar || mús. Afinar, entonar.

temple m. Temperatura, fig. * In- dole, genio, carácter, humor, dis- posición. || Arrojo, valentía, im- pavidez.

templo m. Iglesia.

temporal adj. Seglar, secular, pro- fano. || m. Tempestad, tormenta.

temporalizar tr. Tratándose de lo eclesiástico, secularizar.

temprano -na adj. Precoz, prema- turo, adelantado, anticipado. || adv. t. Tempranamente, pronto.

tenacidad f. Firmeza, fuerza, resis- tencia. || Constancia, obstinación, porfía.

tenacillas f. pl. Las que se usan pa- ra rizar el pelo, mediacaña. Las que sirven para coger alguna co- sa, pinzas.

tenaz adj. Firme, fuerte, resisten- te. || fig. Constante, obstinado, porfiado. * terco, testarudo.

tendal m. ALBAÑ. Tortada.

tendencia f. Inclinación, propen- sión.

tender tr. Desdoblar, extender, des- plegar. || Esparcir || Propender, inclinarse, tirar a, p. ej.: el tiempo tiende, propende, se in- clina, tira, a mejorar. || prnl. Tumbarse, echarse.

tenebroso -sa adj. Oscuro, sombrío.

tener tr. Poseer, contener, compren- der. || Astr. mantener, sostener, tímar, apretar. || Considerar, juzgar, reputar, es- timar.

tenería f. Curtiduría.

tenia f. Solitaria.

tensar tr. Atirantar, tesar (MAR.), estirar.

tensión f. Tirantez. || Tratándose de los gases o de la ~ arterial, presión.

tenso -sa adj. Tirante; teso se usa esp. en MAR.

tentáculo m. Tiento.

tentar tr. * Tocar, palpar. «Tocar es aproximar una parte del cuerpo a otro, de modo que haya entre ellos el menor intervalo posible; Tentar es tocar con alguna inten- ción determinada, como la de averiguar la dureza del cuerpo con que se toca; palpar es tocar con toda la parte interior de la ma- no. Se tocan entre sí las cosas inanimadas; pero no se tienta ni se palpa sin músculos y sin tegumentos». (M). || Instigar, in- ducir, incitar, provocar. || Inten- tar, tantear, probar.

tentativa f. Intento, tanteo, prue- ba, ensayo.

tenue adj. * Leve, ligero, delicado, delgado, fino, débil.

teñible adj. Tingible (tecn.).

teñir tr. Entintar o tintar si se tra- ta de colores artificiales; pero tratándose del color que natu- ralmente adquieren las cosas no puede usarse más que teñir: en- tintar, tintar o teñir un traje; a fines de primavera los sembra- dos se tiñen (no tintan ni entin- tan) de amarillo. Tinturar es po- co usado.

teoría f. En su sentido etimológico, significaba en la ant. Grecia pro- cesión, como la teoría de las Pa- nateneas. De aquí proviene el uso lit. moderno por serie, fila, des- file, p. ej.: «una hermosa teo- ría de muchachas».

teórico -ca adj. * Especulativo.

tepe m. Césped, gallón.

tercero -ra adj.-s. Tercio. Tratán- dose de orden o grado, terciario. || Mediador, medianero, tercera persona. || m. Alcahuete. || El que pertenece a la orden tercera franciscana, dominicana o carme- lita, terciario.

terceto m. mús. Trío.

terciar intr. Mediar, interponerse, intervenir. || prnl. Venir bien, ser oportuno, estar a mano.

terciopelo m. Velludo.

terco -ca adj. Serie intensiva: a) Es- timativos voluntarioso, constan- te, tenaz, tesonero. b) Desestima- tivos: obstinado, porfiado, perti-

naz, terco, terne, tozudo, testarudo, cabezón, cabezudo, cabezota, contumaz. «El *obstinado* persiste en sus opiniones; el *tenaz,* en su conducta; el *testarudo* lleva su persistencia hasta la temeridad y la obcecación. Es *obstinado* el que se empeña en sostener un error, a pesar de todas las razones que se alegan en contra. Es *tenaz* el que no cambia de resolución, a pesar de todos los obstáculos que se le presentan. Es *testarudo* el que lleva adelante su idea, atropellando toda consideración y arrostrando todo peligro. El defecto del *obstinado* está en el entendimiento; el del *tenaz,* en la voluntad; el del *testarudo,* en el extravío de ambas facultades. Los necios son *obstinados;* los entusiastas, *tenaces;* los fanáticos, *testarudos. Tenaz* puede, sin embargo, usarse en buen sentido, para denotar al que ejerce en alto grado la constancia en una empresa loable» (M).

terebinto m. *Albotín, cornicabra.*

tereniabín m. *Maná líquido.*

tergiversar tr. *Deformar, falsear.*

terliz m. *Cotí, cutí.*

terminación f. *Extremo, final, conclusión, consumación, término.*

terminante adj. *Claro, concluyente, decisivo, categórico, definitivo.*

terminar tr.-intr. *Terminar y acabar* pueden referirse al tiempo, al espacio o a una obra cualquiera: el plazo *termina,* o *acaba,* el día 10; aquí *termina,* o *acaba,* el término municipal; el palo *termina,* o *acaba,* en punta; pronto *terminaré,* o *acabaré,* esta carta. *Rematar* tiene los mismos usos, pero es vulg. aplicado al tiempo: mañana *remata* el plazo. Aplicado a una obra, significa darle los últimos toques: *rematar* una prenda de vestir. *Concluir* no se emplea hablando de espacio: la finca *termina,* o *acaba* (no *concluye*), en aquella loma. *Finalizar* pertenece al estilo literario, o al administrativo: la admisión de instancias *finaliza* este mes. *Ultimar* se refiere sólo a una obra o trabajo: se *ultima* la construcción del puente; *ultimar* un asunto. Coincide con *rematar* (aunque es más lit.) en la acep. de dar a una obra los últimos toques. *Finiquitar* es propio de la lengua hablada fam. o popular.

término m. *Fin, final, conclusión, terminación, extremo, consumación, remate.* «El *término* es el fin de alguna cosa material o inmaterial, y en este su sentido recto, es sinónimo de *fin.* El *fin* se refiere a la cosa que cesa; el *término* a la cosa que se completa. Aquél no supone, como éste, una extensión determinada de tiempo o de espacio. La muerte es el *fin* de la vida del hombre, porque con él se completa la medida que la Omnipotencia ha señalado a la duración de su vida» (LH). ‖ *Hito, mojón.* ‖ *Límite, linde, confín, raya, demarcación, frontera.* ‖ **Plazo.* ‖ *Palabra, vocablo, voz, expresión.*

terminología f. La *terminología* exclusiva de una ciencia o arte, *tecnología.*

ternario -ria adj. *Trino.* ‖ m. *Triduo.*

terne adj.-s. **Valentón, jaque.* ‖ adj. *Perseverante, obstinado,* **terco.* ‖ *Fuerte, robusto.*

ternera f. *Chota, becerra, jata;* de dos o tres años, *novilla, magüeta;* de dos años, *utrera.*

ternero m. *Choto, becerro, jato;* de dos o tres años, *novillo, magüeto;* de dos años, *utrero.*

terneza f. **Ternura.* ‖ *Requiebro, flor, piropo.*

ternilloso -sa adj. *Cartilaginoso.*

terno m. *Traje.* ‖ *Voto, juramento, reniego, taco.*

ternura f. *Terneza, delicadeza, dulzura, cariño, afecto.*

terquedad f. *Obstinación, pertinacia, testarudez, porfía, tozudería, contumacia.*

terrado m. *Azotea, terraza.*

terraja f. *Tarraja.*

terrazgo m. *Terraje.*

terremoto m. *Temblor de tierra, sismo, seísmo.*

terreno -na adj. *Terrenal, terrestre.* ‖ m. *Tierra.*

terrestre adj. *Terreno.* Si se trata de la Tierra como planeta, *telúrico;* en oposición al cielo, *terreno* o *terrenal.*

terrible adj. *Espantoso, terrorífico, horrible, aterrador.* ‖ *Intratable, áspero.* ‖ *Desmesurado, atroz.*

terror m. **Miedo, espanto, horror, pavor, pánico.*

terrorífico -ca adj. *Espantoso, horrible, terrible, horripilante, aterrador, pavoroso.*

terso -sa adj. *Limpio, bruñido, pulido, pulimentado.* ‖ fig. Tratándose del lenguaje o del estilo, *puro, fluido, limado.*

tertuliano -na, tertuliante, tertulio -lia adj.-s. *Contertulio.*

tesar tr. MAR. *Atirantar.*

tesitura f. fig. *Actitud o disposición del ánimo, humor, temple.*

teso -sa adj. MAR. *Tenso, tirante, tieso, estirado.*

tesón m. *Empeño, constancia, voluntad, firmeza, perseverancia.*

tesonero -ra adj. **Terco, tenaz,*

constante, firme, voluntarioso, perseverante.

tesoro m. Tratando del tesoro público, erario, fisco.

testamentario -ria m. f. Albacea, albacea testamentario, cabezalero (ant.).

testarada f. Testada, testarada, testarazo.

testarudez f. Terquedad, tozudería, obstinación, porfía, pertinacia, cabezonería.

testarudo -da adj. *Terco, tozudo, obstinado, entestado, porfiado, obstinado, cabezudo.

testera f. Testero.

testificar tr. Atestiguar, testimoniar. || Afirmar, aseverar, asegurar, certificar.

testimonio m. Atestación, aseveración. || Prueba, certificación.

testudo m. ant. mil. Tortuga, galápago.

teta f. Mama y ubre son denominaciones cultas, con las cuales se atenúa a veces el carácter demasiado popular de teta. Más corriente es todavía el empleo de pecho y seno como eufemismos, tratándose de la mujer.

tetón m. Uña.

tetragono m. Cuadrilátero.

tetrasílabo -ba adj.-m. Cuatrisílabo.

tétrico -ca adj. Sombrío, triste, fúnebre.

teucro -cra adj.-s. [pers.] Troyano.

textual adj. Literal.

textura f. Tejedura, tejido || Estructura, contextura.

tez f. *Piel, cutis.

tiberio m. Ruido, confusión, algarabía, alboroto, trapatiesta, zipizape.

tibio -bia adj. Templado || fig. Flojo, descuidado, negligente.

tiburón m. Lamia, marrajo, náufrago.

tiempo m. Duración || Época || Estación || Edad || Oportunidad, coyuntura, *ocasión, sazón. || Movimiento, tempo. Entre los músicos predomina tempo.

tienda f. La tienda muy importante donde se venden géneros por lo común variados, almacén. Aquella en que se venden determinados artículos, *tráfico. Pocos en número, despacho: despacho de leche, o casera de feria: el tenderete (desp.) es ambulante; tencón, o caseta de feria: el tena menudo es ambulante. Barraducho, desp.

tiento m. Tacto. El tiento es propiamente el ejercicio del sentido del tacto. || Tentáculo || fig. Miramiento, cordura, prudencia, cautela, cuidado, circunspección.

tierno -na adj. *Blando, flexible. || Reciente, fresco. || Delicado, afectuoso, cariñoso. || Sentimental, patético. «Lo tierno se refiere a los sentimientos afectuosos a los sentimientos afectuosos, pero tristes. Lo tierno puede asociarse con lo gracioso y lo festivo: lo patético va siempre unido con lo doloroso y lo terrible. La oda de Horacio: "Donec gratus eram tibi," es tierna; la descripción de la muerte de Dido en la Eneida, es patética; la miserable condición a que se vio reducido el Hijo Pródigo, ofrece un cuadro patético; su regreso al seno de sus padres es un lance tierno». (M).

tierra f. Mundo, globo terráqueo, orbe. || Territorio, región, comarca. || Patria || Suelo, piso, terreno. || Tomar ~, arribar a puerto, desembarcar.

tieso -sa adj. Rígido e inflexible son voces más selectas. Yerto se emplea pralte. tratando del cuerpo humano o animal, cuando la causa de la rigidez es el frío o la muerte. || Terso, tirante, estirado; teso se emplea esp. en MAR. || fig. Terco, tenaz. || Valiente, animoso, brioso.

tiesura f. Dureza, rigidez, inflexibilidad. || fig. Gravedad, empaque, afectación.

tijereta f. (en la vid.) Cercillo, zarcillo || Cortapicos (insecto).

tildar tr. Tachar. || *Notar, señalar, denigrar.

tilo m. Teja, tila.

tillado m. Entarimado, entablado, tablado.

tímalo m. Timo (pez).

timba f. Chirlata, la de ínfima especie: garito.

timbal m. Atabal, tímpano, tímpano, tamboril.

timbalero m. Atabalero, tamborilero.

timbrar tr. Sellar.

timbre m. Sello || Marca, señal. || fig. Ejecutoria, *blasón. || Tratándose del timbre de voz, metal.

timidez f. Cortedad, encogimiento, apocamiento, irresolución, pusilanimidad, miedo.

tímido -da adj. Encogido, corto, apocado, irresoluto, temeroso, pusilánime, *medroso, miedoso, *cobarde.

timón m. Lanza, pértigo || Gobernalle, gobierno, || fig. Dirección, mando.

timpano m. Tamboril, timbal, atabal.

tina f. Tinaja || Tino (vasija).

tinada f. (cobertizo) Teinada, te-
nada, tena.

tinaja f. Tina.

tinglado m. Cobertizo. || fig. Arti-
ficio, enredo, intriga, maquinación.

tinieblas f. pl. Oscuridad. || fig. Ig-
norancia.

tino m. *Acierto, pulso, puntería,
destreza. || fig. Prudencia, tiento,
tacto, cordura, juicio.

tinte m. Tintura, color. || Tintore-
ría.

tintura f. Tinte, color. || Barniz,
baño, capa, mano.

tiñuela f. Rascacino.

tiovivo m. Caballitos.

tiple m. (Guitarrita) Discante.

tipo m. Arquetipo, protótipo, mo-
delo, ejemplar. || Figura, talle. ||
impr. Letra, carácter.

tipógrafo m. Impresor.

tira f. Cinta, lista.

tiracol m. Tahalí, tiracuello.

tiranía f. Autocracia, dictadura. ||
fig. Despotismo, opresión, abuso.

tiránico -ca adj. Despótico, arbitrario, abusivo.

tiranizar tr. Oprimir, esclavizar.

tirano -na adj.-s. Autócrata, dicta-
dor. || fig. Déspota, opresor.

tirante adj. Tenso, estirado, teso,
tieso.

tirar intr. Estirar || Atraer || tr.
der. propender, inclinarse || tr.
Despedir, lanzar, arrojar, dispa-
rar || Derribar, echar abajo ||
Malgastar, derrochar, desperdiciar, malbaratar, dilapidar, des-
pilfarrar || Trazar, marcar. || Im-
primir, estampar. || prnl. Abalan-
zarse, arrojarse, acometer.

tiro m. Disparo, estampido, estallido.

tirria f. *Antipatía, ojeriza, manía,
repulsión, odio.

tísico -ca adj.-s. Tuberculoso, hético.

tisis f. Tuberculosis.

titán m. fig. Coloso, gigante.

titánico -ca adj. fig. Gigantesco,
colosal, enorme, desmesurado.

titilar intr. Centellear, cabrillear.

titiritero -ra m. f. Titirero, titeris-
ta. || Volatinero.

titubear intr. Oscilar, tambalearse.
|| Balbucir, balbucear || fig. Du-
dar, *vacilar, estar perplejo.

titular tr. Intitular, rotular. || Bau-
tizar, nombrar, denominar.

título m. Designación, denominación, nombre, rótulo, letrero, epí-
grafe || Razón, derecho, motivo,
fundamento.

tiza f. Clarión, yeso; gis va quedando en desuso en España, pero
es corriente en Méjico.

tiznar tr. Entiznar.

tizón m. (hongo parásito) Nublo,
quemadura, tizoncillo.

tizona f. fam. Espada.

toba f. Tosca, tufo. || Sarro.

tobillo m. Maléolo.

tocable adj. *Tangible, palpable.

tocado -da adj. Perturbado, chiflado, guillado, lelo, maniático.

tocado m. del peinado.

tocar tr. Palpar y *tentar suponen
intención de reconocer por el
tacto, mientras que tocar es establecer contacto voluntario o in-
voluntario. || Sonar es p. us. Ta-
ñer se siente hoy como algo arcaico, excepto si se trata de la
campana: pulsar instrumentos
de teclado o de cuerda (excepto
los de arco). || Intr. Corresponder,
pertenecer. || Importar, *concer-
nir, atañer.

tocayo -ya m. f. Homónimo se
aplica a personas y cosas. Tocayo, sólo a personas.

tocología f. Obstetricia.

tocólogo m. *Comadrón.

tocón m. Chueca, troncón, tueca,
tueco.

tochedad f. *Grosería, tosquedad,
rudeza.

todabuena y todasana f. Androsemo, castellano.

todavía adv. t. *Aún.

todopoderoso -sa adj. Omnipotente

toldo m. Tendal, vela, pabellón. ||
*Entalamadura. || Enramamien-
to, engreimiento, vanidad.

tole m. Rumor, murmuración, runrún. Con este significado se usa
comúnmente repetido: tole, tole.

tolerable adj. Sufrible, llevadero,
soportable, aguantable. || Permi-
sible, admisible.

tolerancia f. Paciencia, indulgencia, condescendencia, aguante.

tolerar tr. Aguantar, sufrir, sopor-
tar || Permitir, condescender,
consentir, *sufrir. «Se toleran las
cosas cuando, conociéndolas y te-
niendo uno por su parte el poder, no se impiden. Se sufren
cuando uno no se opone a ellas,
haciendo como que se ignoran o
como que no se pueden impedir.
Se permiten cuando se las auto-
riza por consentimiento formal.
Tolerar y sufrir no se dice sino
de las cosas malas a que se tienen por tales. Permitir, se dice
tanto por el bien como por el
mal...» (Ma.)

tolmera f. Tormagal, tormellera,
tormera.

tolmo m. Tormo.

tolondro -dra y **-drón -drona** adj.-s. Turumbón, aturdido, desatinado. || m. Chichón.

tolilina f. Zurra, paliza, tunda, felpa.

tomar tr. Coger, asir. «Se toma con menos esfuerzo que se coge. Tomo lo que me dan; cojo lo que ha caído al suelo. Tomar una flor no es lo mismo que cogerla, porque se puede tomar del florero, de encima de una mesa o de mano ajena; pero coger una flor es arrancarla de la mata. Se toma el fresco, el baño, la medicina; se coge la pelota al vuelo, las aves en la caza, los peces en la pesca. El que me dice: toma esto, me da algo de mano a mano; el que me dice coge eso, me da algo arrojándomelo.» (M.) «Tomar y recibir: Recibir es la acción formal con que aceptamos o adquirimos lo que se nos da. Tomar es la acción material con que nos apoderamos de una cosa. Se recibe del amigo el regalo que nos envía, y se toma material-mente de su criado lo que trae. También hay otra diferencia entre estos dos verbos, y es que para tomar basta la voluntad y acción del que toma; pero para recibir no basta la acción y voluntad del que recibe, porque se necesita también que concurra la voluntad y acción del que da. No puedo recibir lo que no me dan, pero puedo tomarlo; y así el que hurta, toma, no recibe.» (LH) Asir y agarrar connotan cierta fuerza o presión con que se toma o coge una cosa o que se mantiene en la mano. || Ocupar, apoderarse, adueñarse, conquistar. || Aceptar, admitir. || intr. Encaminarse, dirigirse, tirar. || prnl. Enmohecerse, oxidarse, aherrumbrarse.

tomo m. *Volumen; ant. cuerpo.

tonada f. Tono.

tonadilla f. Tono.

tonel m. Barril, pipa, cuba.

tónico -ca adj. GRAM. Acentuado. || adj.-m. Reconfortante, vigori-zante.

tonillo m. Sonsonete, soniquete.

tonina f. Atún.

tono m. Altura musical. || Tonada. Tonadilla. || Matiz, cambiante. || Energía, fuerza, vigor.

tonsurado m. Clérigo, eclesiástico.

tontería f. Tontera y tontería. || Nadería, bagatela.

tonto -ta adj. Necio, simple, bobo, mentecato, zopenco. «La tontería consiste en lo limitado de los al-cances, y la necedad en la vi-ciosa disposición de la inteligen-cia. El tonto comprende poco: el necio comprende mal. Carac-terizan al primero la lentitud en concebir, la dificultad en expre-sarse, la imprevisión y la inex-periencia: al segundo la confu-sión en las ideas, la tenacidad en el error, la propensión al so-fisma y la confianza en sí mis-ma.» Un tonto puede divertirnos, y aun interesarnos; un necio molesta siempre y aburre. Es fá-cil engañar a un tonto, presen-tándole ideas superiores a sus alcances; para engañar a un ne-cio es necesario lisonjear su amor propio y sacar partido de los descarríos de su entendimien-to.» (M.)

topacio m. Jacinto occidental.

topar tr. Hallar, encontrar. || Cho-car, encontrarse, tropezar.

tope m. fig. Tropiezo, estorbo, obs-táculo, impedimento, límite.

topetada f. Mochada, topada, tope-tazo, encontronazo.

topetón m. Tope, topada, topetazo, choque.

tópico m. Lugar común.

toque m. Tañido. || Esencia, busi-lis, quid.

torbellino m. *Remolino, manga de viento, vórtice.

torcedura f. Torsión, torcimiento, en general. Tratándose de un ór-gano o parte del cuerpo humano, distorsión, desviación.

torcer tr. Retorcer (intensivo). Doblar, encorvar, inclinar. || Des-viar. || prnl. Avinagrarse, agriarse, picarse, tratándose del vino; si se trata de la leche, cortarse.

torero -ra m. f. Diestro, lidiador; desp. maleta, mal torero.

toril m. Chiquero, encerradero, en-cierro.

tormenta f. Tempestad, borrasca, temporal.

tormentilla f. Sieteenrama.

tormento m. Suplicio, tortura, mar-tirio. || Dolor, sufrimiento, pade-cimiento. || Aflicción, congoja, pena, angustia.

tormentoso -sa adj. Proceloso, lit.: tempestuoso, borrascoso.

tornada f. Tornadura, regreso, vuel-ta, retorno.

tornadizo -za adj.-s. Veleidoso, tor-nátil, voluble, inconstante.

tornado m. *Huracán.

tornar tr. Devolver, restituir. || intr. Volver, regresar, retornar.

tornasol m. Girasol.

tornatrás com. Saltatrás.

tornavoz m. Bocina. || Eco, reso-nancia.

torneo m. Justa.

tornero m. Tornador.

toronja f. Pomelo.

toronjil m. Toronjina f. Melisa, abejera, citronela.

torozón m. VETER. Torción, torzón.

torpe adj. Tardo, pesado, lento. || Desmañado, inhábil. || Rudo, obtuso, zopenco, cerrado. || Deshonesto, obsceno, indecoroso, impudico. || Infame, vil, deshonroso, ruin.

torpedo m. (pez) Tremielga, trimiélga.

torre f. (en el ajedrez). Roque.

torrentera f. Barranco, quebrada.

torsión f. Torcedura.

torso m. Tronco.

tortuga f. Galápago.

tortuoso -sa adj. Sinuoso, quebrado. || fig. Astuto, taimado, solapado, cauteloso.

tortura f. Suplicio, tormento, martirio. || *Dolor, sufrimiento, pena, congoja, angustia.

torturar tr. Atormentar, martirizar || Apenar, acongojar, angustiar.

torvo -va adj. Fiero, airado, terrible

tosco -ca adj. Grosero, basto, rudo, inculto. (El tosco lo es por falta de cultura: el grosero, por falta de urbanidad. El tosco se manifiesta tal en su traje, en su conversación, en sus ademanes y, en general, en todo su comportamiento; el grosero, en su desprecio de las atenciones, de las condescendencias, de las formas que, para el trato de los hombres entre sí, ha establecido el uso general de los pueblos civilizados. No puede decirse que es tosco el hombre instruido, que habla con propiedad y que puede sostener una conversación interesante y amena; pero, con todas aquellas cualidades, ese hombre puede ser grosero). (M).

tósigo m. *Veneno, ponzoña.

tostadura f. Torrefacción, tueste.

tostar tr.-prnl. Torrar. Aunque a menudo coincide con asar, este significa preparar carnes, pescados o frutas frescas a la acción directa del fuego o del aire caliente de un horno, sin llegar a secarlos; p. ej.: las avellanas o una rebanada de pan se tuestan o torran, no se asan. Turrar es tostar o asar en las brasas.

total adj. General, universal. || m. Suma, conjunto. (El total es la reunión numérica de las individualidades: el conjunto es su reunión física. El total de las casas de una ciudad se expresa por mil, veinte mil, etc.; su conjunto es más o menos vistoso, más o menos elegante). (M).

totalizar tr. Sumar, importar, ascender a, montar.

totalmente adv. m. Enteramente completamente, del todo.

totumo m. Amer. Güira.

tóxico -ca adj. m. Venenoso, ponzoñoso.

toxina f. Virus, toxina que contiene el agente productor de una enfermedad infecciosa.

tozudo -da adj. *Terco, obstinado, testarudo, porfiado, contumaz.

traba f. Maneota, maniota, manea, guadijones, maniota, suelta. || fig. Impedimento, estorbo, obstáculo, inconveniente, dificultad.

trabacuenta f. Trascuenta.

trabajador -ra adj. Laborioso, aplicado. Aunque trabajador y laborioso pueden sustituirse entre sí, el segundo adjetivo es voz más escogida, y se aplica más bien al que tiene el gusto del trabajo y que sabe encontrar ocupaciones aunque no sean para él obligatorias. De un erudito se dirá que es hombre laborioso; una mujer laboriosa siente el placer del trabajo y se ingenia para no estar ociosa; la mujer trabajadora cumple con eficacia el trabajo que le está encomendado. || m. I. Obrero, operario, jornalero. Tanto éstos como trabajadores designan sólo al que desempeña un trabajo manual.

trabajo m. Labor en general. Ocupación es trabajo habitual o profesional. Tarea y faena son trabajos que deben hacerse en cantidad a tiempo limitados. || Obra, labor, producción. || fig. Penalidad, esfuerzo, dificultad, molestia, fatiga.

trabajoso -sa adj. Penoso, laborioso, duro, dificultoso, espinoso.

trabar tr. *Juntar, enlazar, unir, coordinar. || Prender, agarrar, *asir. || Entablar, dar principio. || prnl. Pelear, contender.

trabazón f. Enlace, conexión, relación.

trabucar tr.-prnl. Trastornar, revolver. || fig. Trastrocar, confundir, enredar.

tracción f. Arrastre.

tracio -cia adj.-s. [pers.] Odrisio, trace, traciano.

traducción f. Versión; traslado es anticuado.

traducianismo m. Generacionismo.

traducir tr. Verter, interpretar; trasladar y volver son anticuados. Traducir del latín a las lenguas vulgares se llamaba vulgarizar, romancear, arromanzar, hoy de escaso uso. || Representar, expresar.

traficante adj.-s. *Comerciante, negociante.

traficar intr. Comerciar, negociar

tráfico m. Comercio, *negocio. || Circulación, tránsito.

tragacanto m. *Alquitira, goma adragante, granévano.*

tragaldabas com. *Tragón, comilón.* ‖ *Crédulo, cándido, indulgente.*

tragaluz m. *Claraboya.*

tragantón -na adj.-s. fam. **Comilón, tragón, zampón.*

tragar tr. *Engullir, pasar.* Expresiones escogidas : *ingerir, deglutir.* ‖ fig. *Disimular, soportar, tolerar.*

tragedia f. fig. *Catástrofe, desgracia.*

trágico -ca adj. fig. *Desgraciado, infausto, funesto, horrible, lastimoso.*

tragón -na adj.-s. fam. **Comilón, tragantón, zampón.*

traición f. *Infidelidad, deslealtad, perfidia, felonía, alevosía.*

traidor -ra adj.-s. *Desleal, pérfido, alevoso, traicionero, felón.* ‖ Tratándose de animales, *taimado, falso, resabiado.*

traíña f. *Trabuquete, traíña pequeña.*

traje m. **Vestido, terno.*

trama f. fig. *Enredo, intriga, confabulación;* si tiene fines políticos, *conjuración, conspiración.* ‖ En el teatro, el cinematógrafo y la novela, *argumento, intriga, enredo.*

tramar tr. fig. **Urdir, maquinar, fraguar.*

trámite m. *Diligencia.*

trampa f. *Armadija -jo, callejo.* ‖ *Ardid, lazo, engaño.*

tranca f. *Garrote, *palo.*

trancazo m. fig. *Gripe.*

tranco m. *Trancada, zancada.*

trangallo m. *Taragallo, tarangallo, trabanco.*

tranquilidad f. **Quietud, reposo, sosiego, calma, paz, serenidad.*

tranquilizar tr. *Sosegar, calmar, apaciguar, pacificar, aquietar, serenar.* «*Tranquilizar* y *sosegar* significan una acción más suave que *calmar;* y *calmar,* una acción más suave que *apaciguar.* Se *tranquiliza* y se *sosiega* la inquietud; se *calma* la pasión; se *apacigua* la hostilidad. Una buena noticia *tranquiliza* o *sosiega;* un consejo *calma;* un acto de autoridad *apacigua.* El huracán y la borrasca no se *tranquilizan* ni *sosiegan,* sino que se *calman* o *apaciguan*» (M).

tranquilo -la adj. **Quieto, manso, sosegado, reposado, sereno, encalmado, pacífico.* ‖ *Calmoso, cachazudo.*

tranquillón m. *Morcajo.*

transacción f. *Transigencia, acomodo, arreglo, avenencia.* ‖ *Ajuste, trato, negocio, compraventa.*

transar intr. Amér. *Ceder, transigir, condescender, ajustar.*

transcripción f. *Copia, traslado.*

transcurrir intr. *Pasar, correr, deslizarse.* Se aplican al tiempo, la vida, los sucesos, etc.

transcurso m. *Decurso, paso, curso.*

transeúnte adj.-s. *Viandante; caminante* no se aplica a los que transitan por las calles, sino fuera de las poblaciones. *Peatón* m., hace resaltar la idea de andar a pie, en contraposición al que va a caballo o en cualquier vehículo.

transferir tr. *Trasladar.* ‖ *Diferir, retardar.* ‖ *Transmitir, traspasar.*

transfigurar tr.-prnl. *Transformar, metamorfosear* (v. **Cambiar*)

transfixión f. *Transverberación.*

transformación f. *Metamorfosis, transmutación, cambio, mudanza, modificación, variación.*

transformar tr.-prnl. *Metamorfosear, transfigurar, *cambiar; mudar, modificar, alterar, variar.* ‖ *Transmutar.*

transformismo m. *Evolucionismo.*

transformista com. *Evolucionista.* ‖ *Ilusionista.*

transgredir tr. *Conculcar, infringir, vulnerar, *quebrantar, violar.*

transgresión f. *Infracción, vulneración, quebrantamiento, violación.*

transido -da adj. *Angustiado, acongojado.*

transigencia f. *Tolerancia, condescendencia, *consentimiento.*

transigir intr. *Condescender, consentir, allanarse.*

transitar intr. **Pasar, circular, andar, caminar.*

tránsito m. *Circulación, tráfico.* ‖ *Muerte; tránsito* se dice sólo de los santos o de las personas de vida virtuosa. ‖ *Paso,* en general.

transitorio -ria adj. *Pasajero, accidental, provisional, temporal.* ‖ *Caduco, perecedero.*

transmarino -na adj. *Ultramarino.*

transmigración f. **Migración;* transmigración de las almas, *metempsicosis.*

transmitir tr. *Comunicar.* ‖ *Contagiar.* ‖ *Transferir, ceder, traspasar.*

transmutación f. *Transformación, conversión, mudanza.*

transmutar tr. *Convertir, transformar, mudar.*

transparentarse prnl. *Clarearse, traslucirse.*

transparente adj. *Diáfano, límpido, limpio, claro, cristalino.* ‖ *Traslúcido.*

transpiración f. **Sudor.*

transpirar intr.-tr. **Sudar.* ‖ *Rezumar.*

transponer tr.-prnl. *Traspasar, cruzar.* ‖ *Trasplantar.* ‖ prnl. Tratándose de un astro, *ponerse.* ‖ prnl. *Adormilarse.*

transportar tr. *Llevar, trasladar,*

conducir. ‖ *Acarrear, portear.* ‖
prnl. *Enajenarse, extasiarse.*

transporte m. *Traslado.* ‖ *Porte,
acarreo, conducción, arrastre.* ‖
fig. *Exaltación, enajenación, *éxtasis.*

transposición f. RET. *Hipérbaton.* ‖
GRAM. *Metátesis.*

transverberación f. *Transfixión.*

trápala f. *Embuste, engaño, *mentira.*

trapisonda f. *Embrollo, enredo, lío,
intriga.*

trapisondista com. *Enredador, embrollón, intrigante.*

tráquea f. *Caña del pulmón, traquearteria, asperarteria.*

traquetear tr. *Bazucar, bazuquear,
zabucar.*

tras prep. **Detrás, después.* ‖ *Además.*

trascantón m. *Guardacantón.*

trascendentalismo m. FIL. *Apriroris-
mo.*

trascordarse prnl. *Olvidar, confundir.*

trasegar tr. *Trastornar, revolver.* ‖
Trasvasar. ‖ fig. *Beber.*

trashoguero m. *Tuero.*

traslación f. RET. *Metáfora.* ‖ GRAM.
Enálage.

trasladar tr.-prnl. *Transportar, *llevar.* ‖ *Mudar, *cambiar.* ‖ *Diferir,
aplazar.* ‖ *Copiar.*

traslaticio -cia adj. *Figurado, trópico, tropológico, metafórico.*

traslucirse prnl. *Transparentarse,
clearearse.* ‖ fig. *Entreverse, con-
jeturarse.*

trasmundo m. *Ultramundo, ultratumba.*

trasnochado, da adj. fig. *Anticuado, pasado de moda.*

trasnominación f. RET. *Metonimia.*

trasoñar tr. **Ensoñar, imaginar,
fantasear.*

traspasar tr. *Cruzar, atravesar, tras-
poner.* ‖ *Ceder, transferir, transmitir.* ‖ *Transgredir, conculcar,
*quebrantar, violar, infringir,
vulnerar.*

traspié m. *Resbalón, tropezón, tropiezo.* ‖ *Zancadilla.*

trasplantar tr. *Replantar, transponer.*

trasquiladura f. *Trasquilón.*

trastada f. *Jangada, trastería, mala
pasada, picardía, pillada, bribonada, tunantada.*

trastazo m. *Porrazo, golpazo, batacazo, costalada.*

trastienda f. *Rebotica.* ‖ fig. *Cautela, astucia, mano izquierda.*

trasto m. fig. *Danzante, chisgarabís, zascandil.*

trastornar tr. *Trastocar, trabucar,
revolver, *descomponer, desordenar.* ‖ fig. *Inquietar, soliviantar.*
‖ tr.-prnl. *Perturbar(se), enlo-
quecer(se).*

trastrabillar y **trastabillar** intr.
Tropezar, dar traspiés. ‖ *Tamba-
lear(se), vacilar.* ‖ *Tartajear, tartamudear.*

trastrocar tr. *Trabucar es trastrocar
o confundir ideas, palabras, sonidos; tratándose de los nombres
de las cosas, trasnombrar.*

trasunto m. *Copia.* ‖ *Imitación, remedo.*

tratable adj. *Accesible, cortés, amable, afable, sociable.*

tratado m. *Pacto, convenio; ajuste,
trato y contrato se emplean entre
particulares o entidades, pero no
entre gobiernos.*

tratamiento m. *Título se aplica a
personas y cosas; tratamiento
sólo a personas.* ‖ *Método, procedimiento.*

tratante m. **Comerciante, negociante.*

tratar tr. *Manejar, usar.* ‖ *Comunicar, relacionarse.* ‖ **Comerciar,
traficar, negociar.* ‖ *Versar.* ‖ *Tratar de : Intentar, procurar, ensayar, pretender.*

trato m. *Pacto, convenio, ajuste,
contrato.*

travesear intr. *Enredar, trebejar,
retozar, juguetear.*

travesura f. *Bullicio, inquietud, re-
tozo.* ‖ *Diablura, jugada y trastada son intensivos.* ‖ fig. *Agudeza, sutileza, ingenio, sagacidad.*

travieso -sa adj. *Inquieto, revoltoso,
bullicioso, retozón.* ‖ fig. *Sutil,
sagaz, agudo, ingenioso.*

trayecto m. *Recorrido.*

traza f. *Diseño, trazado.* ‖ *Maña,
habilidad, recursos.* ‖ *Aspecto, figura, apariencia.*

trazar tr. *Dibujar, delinear, diseñar.* ‖ fig. *Discurrir, disponer,
proyectar, planear.*

trazo m. *Línea, raya, rasgo.*

trebejo m. *Instrumento, utensilio;
en pl., enseres.*

trecho m. *Espacio, distancia; si la
distancia es larga, tirada; si se
trata de tiempo, lapso.*

tregua f. *Intermisión, suspensión,
descanso, interrupción.*

tremebundo -da adj. *Espantable,
tremendo, terrible, espantoso, horrible, pavoroso.*

tremedal m. *Tembladal, trampal;
el tremedal encharcado por las
aguas subterráneas, tolla, tollada.*

tremendo -da adj. *Espantoso, espantable, tremebundo, terrible,
horrible, horrendo.* ‖ *Se usa tremendo con valor intensivo general, con la significación de enorme, formidable, colosal.*

tremesino adj.-m. *(trigo). Marzal.*

tremolina f. *Bulla, confusión, vocerío, gresca, trifulca, zipizape,
trapatiesta.*

trémulo -la adj. **Tembloroso.*

tren m. fig. Ostentación, pompa, aparato.

trena f. (en la colmena). Cruz.

trencillo m. *Trencilla. || En los sombreros ant. cintilla, trance- llín, trencellín.

trenadera f. Trancadera.

trenzar o. Entrenzar, tranzar

trepajuncos m. Arandillo.

trepar intr. Encaramarse, subir

trepidar intr. *Temblar, estreme- cerse, vibrar, retemblar.

tresdoblar tr. *Trasdoblar, triplicar.

tresnal m. Garbera.

treta f. Ardid, añagaza, astucia, ar- timaña, trampa, engaño.

tribulación f. Congoja, aflicción, pena, tormento, dolor. || Adver- sidad, desgracia, infortunio.

tribunal de justicia m. En Amér., corte.

tributario -ria adj.,-s. Feudatario, vasallo. || Rentero. || Tratándose de ríos, arroyos, etc., afluente.

tributo m. Contribución, impuesto y tributo o tributo se pagan al Estado o a corporaciones públicas. Carga, gravamen y gabela pueden refe- rirse a tributaciones que se satis- facen a particulares por otros conceptos, como hipotecas, cen- sos, etc.

trifulca f. Disputa, alboroto, tra- patiesta, zipizape, tremolina, cis- co, riña, pelea.

trigésimo -ma adj.,-s. Trecésimo treintemo, tricésimo. || Treintavo, trigla f. Salmonete, barbo de mar, trilla.

trigueño -ña adj.,-s. Mulato.

trinar intr. fig. Rabiar, enfadarse, irritarse, impacientarse. El verbo trinar añade la idea de dar mues- tras exteriores de impaciencia o enojo, por medio de voces, ges- tos, etc.

1) trincar tr. Atar, sujetar, amarrar.

2) trincar tr. Beber (vino, cerveza, licor).

trinitaria f. Flor de la Trinidad, pensamiento.

trino m. mús. Trinado.

tripa f. Intestino. || *Abdomen, ba- rriga, panza, vientre, andorga (burl.).

triple adj.-m. Tresdoble, trestante (ambos ant.), tríplice (culto, de uso restringido), triplo.

tripicallero -ra m. f. Casquero.

triplicar tr.-prnl. Tresdoblar (ant.)

tripulación f. Equipaje, hoy p. us.; dotación, marinería.

triquiñuela f. Efugio, subterfugio, rodeo, evasiva, artería.

trisa f. Sábalo, alosa, saboga.

trisar intr. fig. Retozar, travesear, juguetear, brincar.

triste adj. Afligido, melancólico, apesadumbrado, atribu- lado, abatido. || Funesto, aciago, infausto, desgraciado, infortuna- do. || Deplorable, lamentable, do- loroso, enojoso. || Insignificante, mísero, ineficaz. En esta acep., el adj. triste suele ir antepuesto al substantivo: un triste emplea- do, un triste soldado, un triste jornal; a diferencia de: un em- pleado triste, etc.

tristeza f. Sentimiento, pena, aflic- ción, pesadumbre, melancolía, murria (fam.), *dolor. «La tris- teza es una situación continuada del ánimo ocupado por alguna pena o disgusto. La aflicción es la situación del ánimo en lo más fuerte del dolor. El infeliz ocu- pado continuamente de su des- gracia, está triste. Una buena madre se aflige siempre que se acuerda de la temprana pérdida de un hijo. El efecto que causa de un primer movimiento la pér- dida de un padre amado, es aflic- ción; la situación desagradable que queda después del ánimo por algún tiempo, es tristeza. De aquí se que hay genios natural- mente tristes, y no naturalmen- te afligidos; porque esta expresión da del ánimo, no un efecto ac- tual de la viveza del dolor» (LH). «La tristeza es comúnmente una consecuencia de grandes afliccio- nes. La melancolía, un efecto del temperamento. Una mala nueva nos pondrá tristes. Una indispo- sición del cuerpo nos pondrá me- lancólicos. El corazón está domi- nado por la tristeza, cuando el hombre, por un efecto de sen- sibilidad, se deja apoderar de ella enteramente. La sangre se altera con la melancolía, cuando el hombre no procura distraerse ni divertirse» (Ma).

tritón m. (anfibio). Salamandra acuática.

triturar tr. Moler, desmenuzar, que- brantar, pulverizar. || Mascar, ronzar.

triunfador -ra adj.-s. Triunfante, victorioso, ganador, vencedor.

triunfar intr. Ganar, vencer. «Triunfar es vencer con gloria. Un general que gana una bata- lla contra un enemigo débil, ven- ce, no triunfa» (LH).

triunfo m. Victoria. || Éxito.

trivial adj. Vulgar, común, sabido, trillado.

triza f. Pedazo, partícula, ánico. Ordinariamente triza y ánico se usan en plural.

trocar tr. *Cambiar, permutar, can- jear. || Vomitar, devolver. || Equi- vocar, confundir, trabucar, tras- tocar.

trocha f. Vereda, sendero.

troglodita adj.-s. Cavernícola.

troj y **troje** f. Granero, hórreo, panera. || Algorín, troja.

trojero m. Hórrero.

trola f. *Mentira, engaño, bola.

trolero -ra adj. Embustero, mentiroso.

tromba f. Manga, tifón.

trombocito m. Plaqueta.

trompada f. Trompazo, trompis, puñada, puñetazo. || Encontrón, encontronazo, choque.

trompazo m. Trompada. || Porrazo, batacazo, costalada.

trompo m. Peón.

trona f. Urao.

tronado -da adj. Referido a personas: Arruinado, empobrecido. || Referido a cosas: Maltrecho, estropeado, ajado, deteriorado.

tronco m. Tratándose del cuerpo humano.

tronera f. Cañonera. || com. Calavera, perdis, perdulario, perdido.

tronido m. Estallido, trueno.

trono m. Solio.

tronzador m. Serrón.

tronzar tr. Romper, despedazar, trozar, quebrantar, partir.

tropelía f. Exceso, vejación, atropello, abuso, arbitrariedad, desafuero.

tropezar intr. Topar, dar. || Tropicar y trompillar significan tropezar repetidamente. || Hallar, encontrar. || Equivocarse, errar, trabucarse.

tropezón -na m. i. Traspié, tropezadura, tropiezo.

trópico -ca adj. Figurado, tropológico, traslaticio.

tropiezo m. Tropezón, traspié. || Estorbo, embarazo, obstáculo, inconveniente, dificultad, impedimento. || Falta, error, yerro.

tropológico -ca adj. Traslaticio, trópico, figurado.

troquel m. Cuadrado, cuño.

troquео tr. Acuñar.

troyano -na adj.-s. [pers.] Dárdano, ilíaco, tileuse, teucro.

trozar tr. Tronzar, romper, despedazar, partir.

trozo m. Pedazo, parte, fragmento, porción.

truchimán -na m. i. Intérprete, trulento.

truculento -ta adj. Cruel, atroz, violento.

trueque m. Cambio, trocamiento, trueco.

truhán -na adj.-s. Bufón. || Malicioso, astuto, pillo, picaro, sinvergüenza, tunante, bellaco, estadador.

trulla f. Bulla, jarana, jolgorio.

truncar tr. Troncar, cortar. || fig. Omitir, mutilar, suprimir.

tuberculosis f. Tisis.

tuberculoso -sa adj. Tísico.

tubería f. Cañería. || Cañería conduce agua o gas.

tuberosa f. Nardo, vara de Jesé.

tuétano m. Caña, medula, meollo. || tuétano de vaca, cañada.

tufo m. Vaho. || Mal olor, hedor.

tugurio m. Choza, cabaña, chamizo. || Tabuco, cuchitril, zaquizamí, chiribitil.

tullido -da adj.-s. Impedido, paralítico, imposibilitado.

tullir tr.-prnl. Entullecer(se), imposibilitar(se), paralizar(se).

tumba f. Sepulcro, enterramiento, sepultura. El túmulo se levanta sobre la tierra. El mausoleo es suntuoso y monumental.

tumbar tr. Derribar. || prnl. Echarse, tenderse, acostarse.

tumefacción f. Hinchazón, intumescencia, inflación.

tumor m. Tuberosidad.

tumulto m. *Alboroto, confusión, revuelta, motín, asonada.

tumultuoso -sa adj. Agitado, desordenado, alborotado, revuelto, tumultuario.

1) **tuna** f. *Nopal, chumbera.

2) **tuna** f. Estudiantina.

tunal m. Nopal, chumbera. || Nopaleda, nopalera.

tunanta f. Bribonada, picardía, trastada, mala jugada, mala pasada, pillada.

tunante adj.-s. Tuno, picaro, taimado, pillo, bribón, astuto.

tunda f. *Zurra, paliza, azotaina, felpa, tonina.

tunear intr. Tunantear, briboncar.

tungsteno m. Volframio.

tuno -na adj.-s. Tunante, astuto, **tunicado -da** adj.-s. Urococordado.

tupé m. Copete. || fig. Atrevimiento, frescura, descaro, desfachatez, descoco.

tupir tr. Entupir.

turba f. desp. Multitud, muchedumbre, turbamulta.

turbación f. Perturbación, alteración, trastorno, desarreglo, desconcierto. || Confusión. «La turbación está en los sentimientos; la confusión en las ideas. Un orador se turba en presencia de un auditorio numeroso, porque entonces obran la vergüenza, el temor de la crítica y la desconfianza de sí mismo; se confunde cuando no tiene formado su plan ni arregladas sus ideas» (M).

Conturbación se aplica pralte. en sentido moral, con el significado de *tribulación*.

turbar tr.-prnl. *Perturbar, alterar, desordenar, trastornar, desarreglar, desconcertar.* ‖ *Confundir, avergonzar, aturdir;* en su uso prnl. *cortarse, embarazarse, embarullarse* en el hablar.

turbinto m. *Lentisco del Perú, pimentero falso.*

turbio -bia adj. *Túrbido, turbulento.* ‖ fig. *Confuso, oscuro, dudoso, azaroso, sospechoso.*

turbión m. *Manga de agua.*

turbulencia f. *Turbiedad.* ‖ fig. *Agitación, desorden, confusión, alboroto, revuelta, motín.*

turbulento -ta adj. *Turbio.* ‖ fig. *Revoltoso, alborotador.* ‖ *Agitado, alborotado, tumultuoso, revuelto.*

turco -ca adj.-s. [pers.] *Otomano, osmanlí, turquesco, turquí* (inus.).

turgente adj. *Abultado, hinchado, túmido.*

turíbulo m. *Incensario.*

turmalina f. *Chorlo.*

turnar intr. *Alternar, relevarse.*

turno m. *Tanda, vez.*

turquesa f. *Calaíta.*

turulato -ta adj. *Alelado, lelo, estupefacto, atónito.*

tusar tr. *Esquilar, trasquilar.*

tutela f. *Tutoría.* ‖ *Protección, amparo, custodia, defensa.*

tutor -ra m. f. *Guardador,* p. us. ‖ *Rodrigón.* ‖ *Protector, defensor, amparador.*

U

ubicuidad o ubiquidad f. Omnipresencia.

ubícuo-cua adj. Omnipresente.

ubre f. *Teta, mama.

ufanarse prnl. Engreírse, jactarse, envanecerse, gloriarse.

ufano-na adj. Engreído, envanecido, orgulloso, hinchado ǁ Satisfecho, contento, alegre.

úlcera f. MED. Llaga es el término gral.: plaga (p. us.).

ulterior adj. *Siguiente, posterior, subsiguiente.

últimamente adv. Por último, finalmente, en conclusión, en suma, en resolución.

ultimar tr. *Terminar, concluir, acabar, finalizar.

último-ma adj. Posterior, postrero, postremo, postrimero. Posterior es sólo un comparativo que alude a lo que está detrás o después; último y los restantes sinónimos significan posterior a todos los demás.

ultra prep. Además de. ǁ En composición con algunas voces, al otro lado de, más allá de: ultramar. ǁ Antepuesta como prep. inseparable a ciertos adjs., más que: ultrafamoso.

ultrajar tr. Agraviar, insultar, ofender, injuriar, afrentar.

ultraje m. *Agravio, afrenta, ofensa, insulto, injuria.

ultramarino-na adj. Transmarino. ǁ adj.-s. Colonial.

ultramontano-na adj.-s. Clerical, teocrático, neo, carca.

ultratumba adv. Trasmundo, ultramundo.

úlula f. Autillo (ave).

umbela f. BOT. Parasol.

umbelífero -ra adj.-s. Aparasolado.

umbral m. Tranco, limen, lumbral, los tres poco usados.

umbrátil adj. Umbroso, umbrío.

umbroso adj. Umbrío, sombroso, sombreado, sombrío.

unción f. Extremaunción. ǁ Devoción, fervor.

uncir tr. Enyugar.

undécimo-ma adj.-s. Onzavo. ǁ Onceno.

undísono-na adj. poét. Ondisonante.

undular intr. Ondular, ondear.

ungir tr. *Untar.

únicamente adv. m. Solamente, sólo, precisamente.

único -ca adj. Solo. ǁ fig. Singular, extraordinario.

unicolor adj. Monocromo.

unicornio m. (animal fabuloso). Rinoceronte. Monoceronte: monócerote. ǁ Rinoceronte.

unidad f. Unión, concordancia, conformidad.

unificar tr.-prnl. Adunar, aunar, juntar, unir. ǁ Uniformar, igualar.

uniformar tr. Igualar, hermanar.

unión f. Enlace, encadenamiento, conexión, fusión. ǁ Mezcla, combinación. ǁ Agregación, suma. ǁ Alianza, federación, confederación, liga, concordia, avenencia, concierto, asociación. ǁ Casamiento, matrimonio, enlace.

unir tr. Juntar, enlazar, trabar, atar, ligar, juntir. ǁ Mezclar, combinar. ǁ Agregar, añadir. Atar, federar, confederar, concordar, concertar. ǁ Casar.

universal adj. *General, común. ǁ Cosmopolita se aplica al hombre y a las relaciones personales de los hombres de diferentes países entre sí: hombre cosmopolita, ambiente cosmopolita. Mundial y universal se usan como equivalentes, si bien universal abarca cuanto está en el Universo, no sólo en la Tierra. En su acep. etimológica, católico y ecuménico significan universal, pero se usan muy poco con este valor, fuera de lo religioso. Internacional es lo referente a todas las naciones consideradas como entidades separadas.

universo m. Mundo, orbe, cosmos, creación.

untar tr. Ungir, engrasar. Aunque ungir y untar, de acuerdo con su etimología, significan lo mismo, ungir ha reducido su significado a la Unción sacramental y a las ceremonias con que los judíos ungían a sus reyes, y los paganos a los invitados, amigos, atletas, etc. *Untar* se aplica a lo material: se *unta* una llaga con pomada o ungüento: se *untan* los cabellos para darles brillo. *Engrasar* es *untar* un mecanismo con materia grasa a fin de lubricarlo; p. ej.: las ruedas de una locomotora, el eje de una hélice, una cerradura. Pero no se dice que *engrasamos* un tumor con ungüentos, sino que lo *untamos.* || fig. *Sobornar.* || *Pringarse.*

untuoso -sa adj. *Craso, pingüe, grasiento.*

upupa f. *Abubilla.*

urbanidad f. La *cortesanía,* los buenos *modales,* la *educación* y la *urbanidad,* sugieren principalmente la observancia de maneras corteses en el trato social. La *cortesía,* la *amabilidad* y la *afabilidad* pueden comprender también bien la disposición o actitud interna que adoptamos ante los demás: sentimos la *cortesía* como más afectuosa, y por esto nos halaga más ser tratados con *cortesía* que con simple *urbanidad.*

urbe f. *Ciudad.* La *urbe* es más populosa que la *ciudad.* Parecería pretencioso que el habitante de una *ciudad* pequeña la llamase *urbe.*

urdir tr. fig. *Tramar, maquinar, fraguar.* «*Urdir* es disponer los hilos para hacer una tela. *Tramar* es pasar los hilos por entre los hilos. En el sentido propio no se confunden estas voces, pero si en el figurado, en el cual se dice *urdir* o *tramar* un enredo, una picardía. *Tramar* supone un designio más formado, un enredo mayor, planes más bien concertados, disposiciones más adelantadas para la ejecución. *Urdir* es empezar; se *urde* una trama. *Tramar* es adelantar la obra, darle consistencia conveniente» (Cl).

urente adj. *Urticante, ardiente.*

urgencia f. *Perentoriedad, prisa, premura.* || *Precisión, necesidad.*

urgente adj. *Apremiante, perentorio.*

urocordado -da adj.,-s. *Tunicado.*

urraca f. En algunas partes, *cotorra; gaya; marica; pega; picaza, picaraza.*

usado -da adj. *Gastado, deslucido, ajado, viejo.* || *Habituado, práctico, experimentado.*

usagre f. *Costra láctea.*

usanza f. *Uso, práctica, costumbre.*

usar tr.-prnl. *Emplear, gastar, utilizar, manejar.* || *Acostumbrar, practicar, estilar.*

uso m. *Utilización, empleo, manejo, gasto.* || *Usanza, práctica, costumbre, estilo.* * *Moda.*

ustión f. p. us. *Combustión.*

usual adj. *Común, general, corriente, habitual, acostumbrado, frecuente.*

usura f. *Logro, lucro, granjería* (v. *Ganancia*).

usurero -ra m. f. *Logrero.*

usurpar tr. *Detentar* se refiere la posesión de lo usurpado. *Usurpar* es apropiarse injustamente una cosa de otro. Unos bienes usurpados son *detentados* largos años por el que se los apropió. Una persona *usurpa* el poder, cuando ilegítimamente se hace dueña de él. Lo *detenta* mientras lo ejerce.

utensilio m. *Instrumento, herramienta;* en pl. *útiles, enseres.* || adj. *Provechoso, fructuoso, productivo, beneficioso.* «Lo *provechoso* es el término a que conduce lo *útil.* En tanto una cosa es *útil,* en cuanto sirve para obtener lo *útil,* o es *útil.* Un buen médico lo *provechoso.* Un buen médico es *útil* porque sus medicinas hacen provecho. De aquí se infiere que lo *provechoso* lo es siempre; en tanto que lo *útil* puede dejar de serlo según las circunstancias. La salud, la instrucción, la buena fama, siempre son provechosas; el dinero no es *útil* en una isla desierta» (M). || * *Apto, utilizable, aprovechable, disponible.* || m. *Utilidad.*

utilidad f. *Provecho, fruto,* * *ganancia, beneficio, lucro.* || *Aptitud, instrumento, herramienta.*

utilizable adj. *Aprovechable, disponible, útil, apto.*

utilizar tr. *Emplear, usar, aprovechar, valerse.*

uvaduz f. *Gayuba, aguavilla.*

úvula f. *Campanilla, galillo, gallillo, gallito.* us. como términos grales.: *uvula* es tecnicismo.

V

vacante adj.-s. *Vaco, vacuo,* sustituían a *vacante* en su uso adj., en la lengua clásica. Hoy han quedado ambos en desuso.

vaciar tr. *Verter.* «La vasija que contiene un líquido se *vacía;* el líquido contenido se *vierte;* y así no debe decirse vació, sino *vertió* el agua; ni *vertió,* sino *vació* la cuba. Se *vacía* una botella *vertiendo* el líquido que contiene» (M). ‖ *Moldear.* ‖ Tratándose de ríos, arroyos, etc., *desembocar, desaguar.*

vaciedad f. *Simpleza, sandez, tontería, necedad.*

vacilación f. *Oscilación, vaivén, fluctuación* (v. **Vibración*). ‖ fig. *Perplejidad, irresolución, indecisión.* ‖ *Duda, incertidumbre.*

vacilar intr. *Oscilar, tambalearse, fluctuar* (esp. sobre un líquido). ‖ fig. Cuando la vacilación es intelectual, *dudar;* así decimos: *vacilar* o *dudar* antes de elegir. *Hesitar* es latinismo inus. Si el acto de *vacilar* se refiere al movimiento o a la acción, *titubear;* en el habla, *balbucir, balbucear. Cespitar* es un cultismo apenas usado.

vacío -a adj. *Desocupado, vacuo.* ‖ *Hueco, vano.*

vacuidad f. **Vaciedad.*

vacuno -na adj. *Bovino.*

vademécum m. *Venimécum.* ‖ *Vade.*

vado m. *Esguazo.* ‖ fig. *Expediente, remedio, recurso, salida.*

vagabundo -da adj. *Errante, errabundo.* ‖ adj.-s. *Holgazán, ocioso, vago.*

vagar intr. *Errar.* Tratándose del pensamiento o del discurso, *divagar.*

vago -ga adj.-s. *Vagabundo, holgazán, ocioso, desocupado.* ‖ *Indeciso, indeterminado, indefinido, impreciso, inconcreto.*

vaguear intr. *Holgazanear.*

vaguedad f. *Indeterminación, imprecisión, indecisión.*

vahído m. *Desvanecimiento, desmayo, vértigo.* El *vahído* es de breve

duración y menos intenso que los demás sinónimos.

vaho m. *Exhalación, vapor, hálito.* ‖ *Aliento.* ‖ *Tufo.*

vaivén m. *Balanceo, fluctuación, oscilación.*

valedor -ra m. f. *Protector, padrino, favorecedor, patrocinador.*

valentía f. *Valor, esfuerzo, aliento, *ánimo, vigor.* La *valentía* es la manifestación externa del *valor;* éste es una cualidad moral que existe siempre en el que la posee; la *valentía* aparece en las ocasiones. Resistir sin desfallecer los peligros o las dificultades graves, necesita *valor,* no *valentía.* En el ataque a una posición enemiga hay *valentía* y *valor.* La *valentía* es visible, y puede ser jactanciosa; en este caso es sinónima de *arrogancia, gallardía.* El *valor,* en cambio, puede ser callado e invisible. *Valor* connota esfuerzo, tesón; *valentía* connota decisión y arrojo.

valentón -na adj.-s. desp. *Jaque, jaquetón, chulo, matamoros, matasiete, baladrón, terne, ternejal, perdonavidas, tragahombres, valiente.*

valentonería f. desp. *Majeza, guapeza, chulería.*

1) valer m. *Valor, valía.*

2) valer intr. *Amparar, proteger, apoyar, defender, patrocinar.* ‖ *Servir, ser útil.*

valeroso -sa adj. *Valiente, esforzado, alentado, resuelto, animoso, arrojado.*

valetudinario -ria adj. *Enfermizo.*

valía f. *Estimación, aprecio, valer, valor.* ‖ *Valimiento, favor, privanza.*

válido -da adj. *Firme, legal, valedero.* ‖ *Sano, robusto, fuerte.*

valido m. *Privado, favorito.*

valiente adj. *Valeroso, esforzado, animoso, arrojado, resuelto, intrépido, osado, denodado.*

valimiento m. *Privanza, favor, ascendiente, poder.* ‖ *Ayuda, amparo, protección, apoyo.*

valioso -sa adj. Preciado, estimado, meritorio, excelente. || Poderoso, eficaz. Rico.

valor m. Aprecio, estimación, mérito. || Significación, importancia. || Valer, valía, tratándose de cualidades intelectuales o morales. Si se trata de afrontar peligros: ánimo, valentía, esfuerzo, intrepidez, arrojo, coraje. || Usado en mala parte, desvergüenza, osadía, atrevimiento, descaro, descoco, desfachatez, Valdez, fir-meza. || Precio. «Valor es el grado de estimación en que se tiene una cosa, según su mérito, su utilidad, los recuerdos que con ella se asocian o las ventajas que de ella pueden sacarse: precio es la cantidad de dinero en que la cosa se estima en venta. Así hay cosas que tienen valor para ciertas personas, y no lo tienen para otras, lo cual no influye en manera alguna en el precio. El valor depende de un sinnúmero de circunstancias: el precio, sólo de las del mercado. Hay produc-ciones de arte de tanto valor que no tienen precio, y hay otras de mucho precio que no tienen valor para los que no conocen su mé-rito.» (M.), m. pl. Títulos.

valoración f. Tasación, evaluación.

valorar tr. Valuar y evaluar. Tasar y justipreciar suponen estimar exactamente el precio; tallar se aplica a los valores: el precio de la cosecha. Avalorar y valorizar. Avalorar se extiende a los valo-res no materiales: avalorar una mercancía; cualidades que avalo-ran a un hombre. Valorizar se limita a lo material: valorizar un yacimiento mineral; unas tie-rras. Valorar comprende los sig-nificados de todos estos verbos.

válvula f. Ventalla. || En radiotele-fonía, lámpara.

valla f. Vallado, vallar. * cerca, cercado, empalizada, estacada. || Obstáculo, estorbo.

vallado m. * Valla. * cerca.

vanagloria f. Jactancia, envaneci-miento, engreimiento, presunción.

vanagloriarse prnl. Jactarse, en-greírse, preciarse, alabarse.

vanamente adv. m. Inútilmente, en vano. || Infundadamente.

vanidad f. Presunción, vanagloria, fatuidad. * envanecimiento. «or-gullo, soberbia. «La vanidad pue-de recaer indistintamente sobre un mérito real o imaginario. La presunción recae siempre sobre un mérito que sólo existe en la imaginación del presumido. Un músico excelente tiene tal vez vanidad de su habilidad. Un mal jinete tiene presunción de su des-treza. Una mujer hermosa puede tener vanidad, pero una fea sólo puede tener presunción....» (LH) || Fausto, pompa, ostentación. || Ilusión, ficción, fantasía.

vanidoso -sa adj. Vano, hueco, hin-chado, engreído, fatuo, presun-tuoso, presumido.

vano -na adj. Irreal, insubstancial. || Hueco, vacío, huero. || Inútil, infructuoso. || Vanidoso, presun-tuoso, presumido, engreído, fa-tuo. || Infundado, injustificado.

vaporizar tr.-prnl. Evaporizar, eva-porar.

vaporoso -sa adj. fig. Tenue, ligero, delgado, sutil.

vapuleo, vápulo m. * Zurra, paliza. || Palo f. Palo. La ~ es más larga y delgada que el palo. || Bastón de mando. TAUROM. Pica, puya, garrocha.

varadero m. Surtida.

varapalo m. Estacazo.

varar intr. mar. Encallar.

varbasco m. Verbasco, *gordolobo.

varenga f. mar. Orenga.

varetazo m. Paletazo.

variable adj. Inestable, inconstante, mudable, voluble, versátil, velei-doso.

variación f. * Alteración, mudanza, cambio, transformación. || Varie-dad. «La variación es sucesiva. Hay variedad es simultánea. Hay variación en las estaciones; hay variedad en las flores de un jar-dín. En los entendimientos débi-les hay continua variación de opiniones; la variedad de conoci-mientos es lo que hace al hombre instruido es lo que apreciable en la sociedad» (M).

variar tr.-intr. Cambiar, mudar, alterar, transformar, diferenciar. || Mudanza, alteración. *variación.

variedad f. Diversidad, diferencia, variación.

vario -ria adj. Diverso, diferente, distinto. || Inconstante, instable, variable, mudable, cambiante, *inestable. || adj. pl. Algunos, unos cuantos.

varón m. Hombre.

varonil adj. Viril. || Esforzado, re-suelto, valeroso, firme, animoso, varonilmente adv. m. Virilmente, esforzadamente, firmemente.

vasallo -lla m. f. ant. Feudatario, tributario. || adj.-s. *Súbdito.

vasar m. Vasera.

vascuence adj.-s. Vasco, vascongado, éuscaro, eusquero.

vástago m. El que brota de las raí-ces leñosas, sierpe; verdugo; el del olivo, vestugo. El que brota después de cortada la planta, re-nuevo, retoño, rebrote, hijuelo. || fig. Tratándose de una persona, hijo, descendiente.

vasto -ta adj. Extenso, dilatado, extendido, espacioso.

vaticinar tr. *Adivinar, pronosticar, predecir, augurar, profetizar.

vaticinio m. Pronóstico, *predicción, augurio, profecía, adivinación.

vaya f. Burla, chasco.

vecindad f. Proximidad; contigüidad. || Vecindario.

vecindario m. Población, vecinos, habitantes, almas.

vecino -na adj. Próximo, cercano; inmediato y contiguo se dice de lo colindante. || adj.-s. Habitante, morador, residente, domiciliado.

vedar tr. Prohibir, impedir, privar.

vedegambre m. Eléboro blanco, ve-

vedija f. Vellón, mechón.

vegetal m. Planta.

vehemencia f. Impetuosidad, ímpetu, violencia, ardor, fuego, pasión. || Viveza, eficacia, intensidad. «La vehemencia está en los sentimientos y en el lenguaje; la eficacia, en las acciones y en la conducta. La vehemencia procede del afecto, de la pasión, del entusiasmo; la eficacia, de la actividad, del cálculo y del interés. La eficacia puede ser astuta, moderada y blanda en su modo de obrar; la vehemencia es siempre violenta y fogosa...» (M). «La acción de la vehemencia es más violenta y más rápida que la de la intensidad; ésta es más íntima y más profunda que aquella. Un dolor vehemente dura menos que un dolor intenso; lo intenso no se manifiesta tanto en lo exterior como lo vehemente. La peroración vehemente de un orador cristiano produce un arrepentimiento intenso en el pecador; la pasión intensa se distingue de la vehemente en que la primera se concentra, y la segunda se desahoga.» (M).

vehemente adj. *Impetuoso, violento, fogoso, ardoroso, ardiente, vivo, intenso, eficaz.

vejar tr. Molestar, oprimir, perseguir, maltratar.

vejez f. Senectud y ancianidad se emplean sólo tratándose de personas; vejez y vetustez, de personas y cosas. Ancianidad añade un matiz respetuoso.

vela f. Trasnochada, velación, velada, vigilia. || Candela; si es de estearina o de cera blanca, bujía; la de aceite, cirio.

velar intr. Cuidar, vigilar. || 2) velar tr. fig. Cubrir, disimular, *ocultar.

velatorio m. Velorio.

veleidad f. Capricho, antojo. || Inconstancia, ligereza, volubilidad, versatilidad.

veleidoso -sa adj. *Inestable, inconstante, mudable, versátil, tornadizo, variable, voluble. || Caprichoso, antojadizo.

velo m. (de los desposados) *Yugo.

veloz adj. Rápido, raudo (lit.). || Ligero, pronto, presto, presuroso, ágil.

velocidad f. Rapidez, celeridad, presteza, prontitud, prisa.

vello m. Lanosidad, pelo, pelusa, tomento, pelusilla. se aplican preferentemente al vello de las frutas y plantas; con menos frecuencia al vello del cuerpo humano.

vellón m. Tusón, vedija.

vellosidad f. Pubescencia (bot.).

vellosilla f. (hierba) Pelosilla, pelusilla.

velloso -sa adj. Velludo; en bot. pubescente, tomentoso.

velludo m. Terciopelo, peludo.

vena f. Veta, filón. || fig. Inspiración, estro, numen.

venado m. Ciervo.

venal adj. Vendible, venable. || fig. Sobornable.

venatorio -ria adj. Cinegético.

vencedor -ra adj.-s. Victorioso, triunfante, ganador.

1) vencejo m. Tramojo.

2) vencejo m. (pájaro) Oncejo, arrejaque.

vencer tr. Ganar, batir, derrotar, triunfar (intr.) || Rendir, sujetar, dominar, subyugar. || Aventajar, superar, exceder. || Allanar, zanjar, resolver. || tr.-prnl. Ladear, torcer, inclinar.

vencetósigo m. Berza de perro.

vender tr. Traspasar, enajenar, alienar. || Despachar, expender. || Traicionar. || prnl. Delatarse, descubrirse.

veneciano -na adj.-s. [pers.] Véneto.

veneno m. Tósigo, tóxico; para sus diferencias con veneno, v. «envenenar». La ponzoña no se estima grande; como productora de efectos fulminantes, sino que está más cerca de la idea de corrupción o podredumbre nociva. Toxina es substancia tóxica producida en un ser vivo por la acción de un microorganismo.

venenoso -sa adj. Tóxico, ponzoñoso; deletéreo se dice sólo de los gases y vapores.

venera f. Pechina, concha de peregrino.

venerable adj. Venerando, respetable, honorable.

veneración f. *Respeto, acatamiento, reverencia.

venerar tr. Respetar, acatar, honrar, reverenciar.

venero m. *Venera, manantial.* || MIN. *Criadero, mina.*

venganza f. *Vindicta,* especialmente en la expresión *vindicta pública.*

vengar tr.-prnl. *Vindicar* (lit.). || **vengativo -va** adj. *Vindicativo* (lit.).

venia f. *Consentimiento, permiso, licencia, autorización, anuencia, aprobación.*

venida f. *Llegada.* || *Regreso, retorno, vuelta.* *retroceso.*

venidero -ra adj. *Futuro.* || m. pl. *Sucesores.*

venir intr. *Llegar.* («Estas voces son sinónimas cuando se da a la segunda toda la extensión de la primera, como cuando se dice: *ha venido* o *ha llegado* el correo; pero *llegar* se distingue de *venir:* Primero, en que significa el último término o la consumación de la venida: *vengo de Francia,* y *llegué* el domingo. Segundo, en que *venir* significa una acción que termina en el punto en que está el que habla, mientras que *llegar* termina en un punto distante, como: cuando César *llegó* a Roma; el paquebote *llegó* a Londres.» (M.) || *Provenir, proceder, dimanar, inferirse, deducirse.*

venta f. *Despacho, expedición, salida.* || *Traspaso, enajenación.* || *Parador, posada, mesón, hospedería.* La venta está fuera de las poblaciones.

ventaja f. *Superioridad.*

ventajista adj. *Ganguero, ganguista, ventajero, aprovechado.*

ventalla f. En una máquina, *válvula.* || En el pericarpio de una legumbre o silicua, *valva.*

ventanillo m. *Mirilla.*

ventear v. impers. *Ventar.* || tr. *Husmear.* || **ventero -ra** m. f. *Posadero, mesonero.*

ventilación f. *Oreo.*

ventilar tr. *Airear y orear* se refieren a la ventilación natural. Cuando se emplea la ventilación artificial, no se dice más que *ventilar. Ventilamos, aireamos u oreamos* una habitación abriendo las ventanas. Cuando usamos para la ventilación ventiladores, la *ventilamos* (no *aireamos* ni *oreamos*). || fig. *Controvertir, dilucidar, examinar* una cuestión, duda, problema.

ventisca f. *Nevasca.*

ventisquero m. *Nevero, helero; glaciar* (cientif.).

ventosear intr. *Ventearse, peer(se).*

ventura f. *Felicidad, dicha, fortuna.* || *Contingencia, suerte, acaso, casualidad.*

venturoso -sa adj. *Afortunado, feliz, dichoso.*

venusto -ta adj. *Hermosura, venustidad.*

veraniego -ga adj. *Estival* es voz escogida.

verano m. *Estío. Veraneo* es sólo de uso literario.

veraz adj. *Sincero, verídico, verdadero.*

verbal adj. *Oral, de palabra.*

verbasco m. *Gordolobo, varbasco.*

verbena f. (planta). *Hierba sagrada.*

verbosidad f. *Locuacidad, facundia de palabra. Labia, parla y parlería.* Cuando la verbosidad es excesiva o se la considera irónicamente, *verborrea.*

verdad f. *Certeza, certidumbre.* || *Veracidad, sinceridad.*

verdadero -ra adj. *Cierto, real, efectivo, positivo.* || *Veraz, verídico.* || *Ingenuo, sincero.*

verdear intr. *Verdecer, reverdecer.*

verderón 1) m. (pájaro). *Verdecillo, verderol, verdezuelo, verdón.* 2) **verderón** m. (molusco). *Berberecho.*

verdín m. *Verdejo.* || *Cardenillo.*

verdinoso -sa adj. *Mohoso, verdete.*

verdor m. *Verdura.* || fig. *Lozanía, juventud, mocedad, vigor.*

verdugo m. *Vástago, verdugón.* || *Mochín; ejecutor de la justicia, sayón.*

vereda f. *Senda, sendero.*

verga m. *Nervio de buey.* || *Azote.*

vergel m. *Jardín.*

vergonzoso -sa adj. *Bajo, deshonroso, oprobioso, vil, abyecto.* || *Corto, encogido, tímido, verecundo* (lit.).

vergüenza f. *Deshonor, oprobio.* || Serie intensiva: *modestia, pudor, encogimiento, cortedad, cortamiento, empacho.* Cuando hace enrojecer: *rubor, sonrojo, bochorno, sofoco.* Los dos últimos pueden ser producidos también por la ira, el cansancio, etc. «La idea común de *vergüenza* y *cortedad,* consideradas como sinónimas, es la timidez; pero la *cortedad* la considera como un efecto de la falta de aquel desembarazo que se adquiere con el trato continuado de cierta clase de personas, la *vergüenza* la considera como un efecto, o de poca confianza del mérito propio, o del temor del desprecio o burla de los otros. Un sabio, que está seguro de que sabe lo que dice, no tiene *vergüenza* de hablar delante de gentes; pero poco acostumbrado a ello, puede tener *cortedad.* Uno que no es muy diestro en la música, aunque no ten-

...ra cordad, puede tener vergüenza de cantar delante de gentes que pueden burlarse de él. La cortedad es efecto de falta de experiencia o de pequeñez de espíritu. La vergüenza es efecto de la desconfianza, y no pocas veces del amor propio» (LH). || Pundonor, amor propio.

verídico -ca adj. *Sincero, veraz. || *Verdadero, cierto, efectivo, real, positivo, auténtico.

verificar tr. Comprobar. || tr.-prnl. Realizar, efectuar, ejecutar.

verja f. Enverjado, rejado, enrejado.

vermífugo -ga adj.-s. MED. Vermicida.

vernal adj. Primaveral.

verosímil y **verisímil** adj. Posible, creíble, probable. «Como se deduce de la etimología de estas palabras, verosímil es lo que se asemeja a la verdad, y probable es lo que tiene más razones en su favor que en contra. Lo verosímil se califica de tal con el juicio, el tacto y el sentido común: lo probable requiere un trabajo mental más arduo y detenido. Una ficción poética puede ser probable; una opinión puede ser verosímil. Lo verosímil puede ser probable cuando se vertirse en probable. Verosímil se aplica más frecuentemente a lo pasado, y probable para lo futuro» (M).

verruga f. Cadillo, p. us.

versado -da adj. Instruido, ejercitado, práctico, experimentado, perito, diestro, entendido, conocedor. «El adjetivo versado se refiere a las ideas y a los conocimientos; el adjetivo práctico, a las acciones manuales y a los negocios. No se dice de un teólogo que es práctico, sino versado en la Sagrada Escritura; ni de un artesano que es versado, sino práctico en su arte. Un buen letrado está versado en las doctrinas legales, y es práctico en la tramitación de los pleitos» (M).

versar intr. Tratar. Con este significado, versar lleva la prep. sobre o la loc. acerca de.

versátil adj. *Inestable, veleidoso, voluble, inconstante, mudable, variable, tornadizo.

versificación f. Metrificación || Métrica.

versificar intr.-tr. Metrificar.

versión f. Traducción. || Interpretación, explicación, referencia.

vértebra f. Espóndilo, técn.

vertedero m. Derramadero, escombrera, basurero, muladar (ant.).

verter tr. Derramar, esparcir, *vaciar. || Traducir.

verticalmente adv. m. A plomo, perpendicularmente.

vértigo m. *Vahído, mareo, desvanecimiento.

vesania f. Demencia, locura, furia.

vesánico -ca adj.-s. *Loco, demente, alienado, furioso.

vesicante adj.-m. MED. *Rubefaciente, epispástico.

vesícula f. MED. Vejiguilla.

vestido m. *Vestidura, vestuario, indumentaria, indumento, sugieren cierta solemnidad. Vestidura y ropaje implican también solemnidad y se refieren sólo a las prendas exteriores. El manto re... las prendas exteriores. El conjunto de prendas eclesiásticas son ropajes. El conjunto de prendas exteriores se denomina usualmente vestido o traje; salvo que hoy anticuado y sólo se conserva en algunas frases proverbiales, como: cortar a uno un sayo; remienda tu sayo y pasarás este año. Ropa es el conjunto de prendas interiores o exteriores.

vestigio m. Huella, rastro. || Señal, resto, reliquia. || fig. Indicio.

veta f. Vena, filón.

veterinaria f. Albeitería.

veterinario m. Albéitar, mariscal (hoy desus.).

veto m. Prohibición.

vetusto -ta adj. *Viejo, antiguo.

vez f. Ocasión. || *Turno.

vía f. Camino, *calle. || Carriles || Modo, procedimiento, método, manera, medio.

via crucis m. 1. Calvario.

viajero -ra m. 1. Pasajero, esp. si viaja por mar.

viandante com. *Transeúnte, caminante.

vibración f. Fís. Onda, ondulación. || Oscilación, vacilación. «La vibración es efecto de la elasticidad; la oscilación y la vacilación son efectos de la gravedad; pero la oscilación se verifica cuando el punto de apoyo está en una situación superior al cuerpo que oscila, y la vacilación, cuando el cuerpo oscila en posición relativa es horizontal. Las cuerdas de los instrumentos de arco y las hojas de metal vibran; el péndulo oscila; vacila el cuerpo mal colocado sobre otro» (M).

vicia f. Arveja.

viciar tr. Dañar, corromper. En sentido moral, v. *Consentir y *pervertir. || Falsear, adulterar. || prnl. Enviciarse, torcerse.

vicio m. Defecto, imperfección, tacha, falta. || Mimo, consentimiento. || Tratando de plantas cultivadas, frondosidad, exuberancia, lozanía, cuando se consideran perjudiciales para su rendimiento.

victorioso -sa adj.-s. Vencedor, triunfante, ganador.

vida f. fig. Expresión, viveza. || Biografía.

vide expr. latina. Véase.

videncia f. Clarividencia, penetración, perspicacia.

vidrioso -sa adj. Quebradizo, frágil. || Referido a una persona o a su carácter, sentido, susceptible, irritable, malsufrido.

viejo -ja adj.-s. Anciano indica respeto por parte del que habla; vejete es dim. y desp.; vejestorio adj., proyecto alude exclusivamente a la edad sin otros matices. «La vejez es la última edad de la ancianidad; pero la primera representa esta idea con relación a lo físico y precedero, tanto del hombre como de todo ser viviente; y la segunda, con relación a la distinción que se hace de aquella edad respecto de las demás edades del hombre, contrayendo la idea determinadamente a su especie. Vemos en la vejez la decadencia de la vida, y al viejo sujeto a los achaques y debilidades que acarrean los años. Vemos en la ancianidad la consideración que inspira, o debe inspirar, la edad, la madurez, la experiencia. Por eso, para explicar el estrago que hace el tiempo usamos el verbo envejecer; como igualmente se dice: morir de vejez, y no de ancianidad.» A los ancianos del pueblo de Israel, no les daríamos con igual propiedad el nombre de viejos del pueblo. Así es que, por analogía con este mismo uso de la voz, llamamos viejos, y no ancianos, a los edificios, a los vestidos, a los muebles, y aun a los usos» (LH) adj. Antiguo, vetusto. || Usado, manoseado. Estropeado, deslucido, acabado, ruinoso, arruinado.

viento m. Además de los nombres que recibe el viento según su dirección, otros proceden de su fuerza o de otras características, p. ej.: ventarrón, viento muy fuerte; ventada, golpe de viento; ventolera, golpe de viento recio y poco durable; vendaval, viento duro sin llegar a borrasca o temporal declarado; ventolina, viento leve y variable en el mar; brisa, viento suave que en las costas sopla del mar durante el día y de tierra durante la noche. Cuando el viento es fuerte y giratorio, v. *huracán y *ciclón. || Aire.

vientre m. *Abdomen, panza, barriga, tripa. || Bandullo, tripas.

vierteaguas m. Despidiente.

vigésimo -ma adj.-s. Veintavo. || Veinteno.

vigía f. Atalaya.

vigilancia f. Atención, observación, cuidado, celo.

vigilar intr.-tr. Velar, atender, cuidar, celar, observar. Tomándolo a mala parte, espiar, acechar, atisbar.

vigilia f. Vela, trasnochada. || Insomnio. || Víspera. || Abstinencia de carne.

vigor m. *Fuerza, energía. El vigor se atribuye al cuerpo, al espíritu, o a su expresión y manifestaciones; pero no a las máquinas o a lo inorgánico. Hablamos de vigor de un hombre, de un acto humano, de una manifestación artística. Una máquina desarrolla fuerza o energía, no vigor. No atribuimos vigor a las olas del mar o a la corriente eléctrica, sino fuerza o energía. El vigor es biológico o espiritual, y en este sentido puede ser sinónimo de robustez.

vigorizar tr. Robustecer, avigorar, fortalecer, vitalizar. || fig. Animar, fortalecer.

vigoroso -sa adj. Robusto, fuerte, enérgico, eficaz. «El vigoroso debe mucho al ánimo; el fuerte como más firme, debe mucho a la constitución de los músculos; el robusto, menos sujeto a los achaques, debe mucho a la naturaleza del temperamento. Es uno vigoroso por los movimientos y esfuerzos que hace; fuerte, por la solidez y la resistencia de los miembros; robusto, por la buena conformación de las partes que sirven a las funciones naturales. Un hombre vigoroso ataca y lidia con agilidad y violencia; uno fuerte sobrelleva con facilidad lo que a otro agobiaría u oprimiría; uno robusto resiste toda fatiga, la influencia del aire, del clima, y aun los excesos» (Ma).

viguería f. Enrejado.

vil adj. Bajo, despreciable. *malo, ruin. || Indigno, villano, desleal, infiel, alevoso, traidor.

vileza f. Bajeza, maldad, ruindad, indignidad, infidelidad, deslealtad. || Indignidad, infamia.

vilipendiar tr. Despreciar, denigrar, menospreciar. || Insultar, denostar.

villaje m. Villar.

villanía f. Bajeza, vileza, indignidad, infamia. || Deslealtad, traición, alevosía.

villano -na adj.-s. En la lengua medieval y clásica, aldeano, lugareño, y por ext. rústico, basto.

grosero, descortés. ‖ fig. Hoy se usa con el sentido de *bajo, ruin, vergonzoso, indigno, infame, infiel, desleal; traidor.*

vinagreras f. pl. *Angarillas, aceiteras, taller.*

vínculo m. fig. *Lazo, atadura, ligamen, unión.*

vindicar tr. *Vengar.* ‖ *Defender, exculpar.* ‖ DER. *Reivindicar.*

viniebla f. *Cinoglosa.*

violado -da adj.-m. *Violáceo, morado.*

violar tr. *Infringir,* *quebrantar, conculcar, vulnerar.* ‖ *Forzar,* *violentar.* ‖ *Profanar.*

violentar tr. *Forzar, obligar, violar.* «*Violentar* envuelve un sentido más amplio que *forzar. Forzar* es una acción puramente física; *violentar* se aplica también a las acciones morales, como a la voluntad, a los deseos y a las propensiones» (M). ‖ Tratándose del sentido de lo dicho o escrito, *torcer, retorcer, tergiversar.* ‖ prnl. *Dominarse, reprimirse, contenerse.*

violento -ta adj. *Impetuoso, vehemente, arrebatado, fogoso, iracundo.* ‖ *Forzado, duro, penoso.* ‖ *Torcido, tergiversado.*

vira f. (en el calzado). *Cerquillo.*

virago f. *Marimacho.*

virginidad f. *Doncellez, integridad.* ‖ fig. *Pureza, candor.*

viril adj. *Varonil.*

virio m. *Oropéndola, lútea, papafigo, oriol, víreo.*

virolento -ta adj.-s. *Varioloso.*

virtual adj. *Eventual, posible.* ‖ *Implícito, tácito.* ‖ FÍS. *Irreal, aparente.*

virtud f. *Poder, fuerza, eficacia.*

virulento -ta adj. *Ponzoñoso, maligno, venenoso.* ‖ *Purulento.* ‖ fig. *Mordaz, sañudo, acre.*

visaje m. *Gesto, mueca.*

víscera f. *Entraña.*

viscoso -sa adj. *Pegajoso, glutinoso.*

visible adj. *Manifiesto, evidente, patente, claro, ostensible, palmario.* ‖ *Importante, notorio, conspicuo.*

visión f. *Aparición, fantasma.* ‖ *Espantajo, adefesio, estantigua.*

visitador -ra adj.-s. *Visitero.* ‖ *Inspector.*

vislumbrar tr. *Entrever, columbrar.* ‖ fig. *Conjeturar, sospechar, barruntar.*

vislumbre f. *Reflejo, resplandor.* ‖ fig. *Indicio, conjetura, sospecha,* *barrunto, atisbo.*

viso m. *Reflejo, destello.* ‖ fig. *Apariencia, aspecto.*

víspera f. *Vigilia,* esp. la que antecede a una festividad religiosa.

vistazo m. *Ojeada.*

vistoso -sa adj. *Lucido, brillante, hermoso, atractivo.*

vitando -da adj. *Odioso, execrable, abominable.*

vitualla f. *Víveres, provisiones de boca.*

vituperar tr. *Censurar, desaprobar, reprobar, reprochar, criticar, echar en cara.*

vituperio m. *Censura, desaprobación, reproche.*

viudal adj. *Vidual.*

vivacidad f. *Eficacia, vigor, energía, fuerza.* ‖ *Viveza, agudeza, listeza.*

vivar m. *Conejal, conejar, conejera, vivera.* ‖ Tratándose de peces u otros animales acuáticos, *vivero, vivarium.*

vivaz adj. *Vividor, longevo.* ‖ *Eficaz, vigoroso, enérgico.* ‖ *Agudo, perspicaz.*

viveza f. *Prontitud, rapidez, celeridad, agilidad.* ‖ *Ardimiento, ardor, vehemencia.* ‖ *Agudeza, perspicacia, listeza.* ‖ *Esplendor, vivacidad, lustre, brillo.*

vivienda f. *Morada,* *habitación, casa.*

vivificar tr. *Revivificar, avivar, reavivar, animar, reanimar, alentar.*

vivir intr. *Existir.* ‖ *Durar.* ‖ *Habitar, morar, residir.*

vivo -va adj. *Intenso, fuerte, enérgico.* ‖ *Expresivo, llamativo.* ‖ *Sutil, ingenioso, listo;* tomado a mala parte, *astuto, tunante, taimado.* ‖ *Diligente, pronto, rápido, ágil.* ‖ m. *Borde, canto.*

vocablo m. *Palabra, voz, dicción, término, expresión. Voquible* es irón. o burlesco.

vocabulario m. *Diccionario.*

vocabulista com. *Diccionarista, lexicógrafo.*

vocación f. *Llamamiento.* ‖ *Inclinación.*

vocear intr. *Gritar, dar voces.* Intensivos: *vociferar, chillar, desgañitarse. Vociferar* supone generalmente enojo o violencia. ‖ fig. tr. *Publicar, manifestar.*

vocerío m. *Vocería, gritería, algarabía, vocinglería, clamor.*

voladizo -za adj. m. *Saledizo, salidizo.*

volador -ra adj. *Colgante, volandero.* ‖ m. *Cohete.* ‖ *Pez volante.*

volar intr. fig. *Apresurarse, acelerar.* ‖ *Desaparecer, huir, escaparse.* ‖ intr.-tr. *Estallar, explotar, saltar.*

volateo (al ~) m. adv. *Al vuelo.*

volatilizar tr.-prnl. *Evaporar.* ‖ prnl. fig. *Desaparecer.*

volatinero -ra m. f. *Titiritero, volatín, volteador.* Cuando hace los ejercicios sobre una cuerda o alambre, *equilibrista, funámbulo.*

voleo m. *Volea.*

volframio m. *Tungsteno, wolfram.*

volitar intr. *Revolotear.*

voltario -ria adj. *Inestable, versátil, voluble, tornadizo.*

voltereta f. *Cabriola, pirueta, tumbo.*

voluble adj. *Inestable, versátil, tornadizo, variable, mudable, *inconstante.* *Caprichoso, antojadizo.*

volumen m. *Tomo* en gral., aunque cabe reunir dos o más tomos para formar un solo volumen, o destinados a hacer varios volúmenes; pero la encuadernación separa los volúmenes, y la división de la obra distingue los tomos» (Ma). Ant. *cuerpo.* || *Bulto, corpulencia, tamaño, *magnitud.*

voluminoso -sa adj. *Abultado, corpulento.*

voluntad f. *Intención* || *Albedrío.* || *Consentimiento, aquiescencia, anuencia.* || *Afición, afecto, benevolencia, cariño, amor.* || *Mandato, orden, disposición, precepto.*

voluntario -ria adj. *Espontáneo.* «Todo acto que proviene de la voluntad, con exacitación o sin ella, se ha voluntario; el que procede de la voluntad sin excitación de ninguna clase, es espontáneo. Asistir a un convite es un acto voluntario; es espontánea la oferta que hace un hombre a otro de sus servicios, cuando éste no los ha pedido» (M).

voluntarioso -sa adj. *Caprichoso, antojadizo.* || *Constante, obstinado.*

volver tr. *Devolver, restituir.* || *Corresponder, pagar.* || Intr. *Regresar, tornar, retornar.* «Volver es andar en dirección contraria a la que se ha seguido andando hacia adelante; regresar es volver al punto de partida. El viajero sale de Madrid, va a a París, luego a Londres, vuelve a París, y regresa cuando vuelve a Madrid. Diferéncianse también estos dos verbos en que poner se aplica a distancias cortas, y regresar a las largas. No se dice: el criado regresa, sino volvió de la plaza; pero se dice: Colón regresó de su primer viaje» (M). *Tornar y retornar son términos literarios.* || *Repetir, reiterar.* || prnl. *Acedarse, agriarse, torcerse, avinagrarse.*

vomitar tr. *Devolver, volver, rendir.*

(eufem.); *trocar, arrojar, provocar* (vulg. o fam.); *gormar* (ant.); *lanzar; reesar.* MONT. *réfitar.* || fig. *Revelar, descubrir.*

vomitivo -va adj. -s. *Emético* (MED.).

voraz adj. *Comedor, *comilón, devorador.* || fig. *Violento, activo.*

vórtice m. *Torbellino, *remolino.*

votar intr. *Jurar, renegar, echar votos.*

voto m. *Promesa.* || *Palabrota, verbo, ajo, taco, terno,* por lo gral. cuando se trata de una expresión grosera o malsonante; *reniego, blasfemia, juramento,* si es irreverente o pecaminosa. || *Sufragio.* || *Opinión, parecer, dictamen.*

voz f. *Grito.* «Voces y gritos significan el esfuerzo que hacemos con la voz para que se nos oiga mejor o de lejos; pero voces suponen un tono natural esforzado; gritos, un tono más agudo que el natural. A los sordos se les grita, no se les da voces; porque el tímpano de su oído necesita no tanto un sonido fuerte, como un sonido agudo que le hiera y excite. Al que está lejos se le da voces, porque para oír de lejos es más útil lo fuerte que lo agudo de la voz» (LH) || *Vocablo, palabra, dicción, término, expresión.* || fig. *Fama, rumor.*

vuelta f. *Giro.* || fig. *revolución, regreso, retorno, venida, *retroceso.* || *Cambio.* || *Envés, revés.* más *Retornelo.*

vulcanita f. *Ebonita.*

vulgar adj. *Común, ordinario, corriente, *general, *Plebeyo, popular.*

vulgarizar tr. *Divulgar, difundir.* || prnl. *Aplebeyarse.*

vulgo m. *Pueblo, gente.* En sentido desp., *plebe,* || adv. m. *Vulgarmente, comúnmente.*

vulnerar tr. *Dañar, perjudicar, lastimar.* || *Quebrantar, infringir, conculcar, violar, contravenir, incumplir.*

vulpeja y **vulpeja** f. *Zorra, raposa.*

X

xifoides adj. -s. *Mucronata, paletilla.*

yacer intr. Descansar, reposar, dormir. *Hacer* significa estar echada, acostada o tendida una persona. P. ext. se aplica a descansar o dormir en esta posición, y a reposar o estar enterrado.

yacija f. desp. Denota despectivamente el lugar donde se yace, por lo común en el suelo. Llamar *yacija* a la cama o lecho supone desestimación o poco valor de éstos. || Sepultura.

yanqui adj.-s. [pers.] Norteamericano, estadounidense. En su origen *yanqui* (ingl. *yankee*) se aplicaba sólo a los habitantes de Nueva Inglaterra, y p. ext. a los de todos los estados del Norte. En español ha pasado a ser sinónimo (con cierto matiz desp.) de estadounidense en general.

yapa f. Amér. Merid. Añadidura.

yegua f. Desde que nace hasta que muda los dientes de leche, *potra;* la que no pasa de tres años, *potranca.*

yema f. Botón, gema, gromo, grumo.

yermo -ma adj.-s. Inhabitado, deshabitado, despoblado, desierto. || Inculto.

yerno m. Hijo político.

yero m. Alcarceña, herén, hiero.

yerro m. *Error, falta, culpa.* || Error, equivocación, inadvertencia, descuido. La equivocación material en lo escrito, *errata.*

yerto -ta adj. *Tieso, rígido.*

yesal y **yesar** m. Aljezar, yesera.

yesón m. Aljezón.

yezgo m. Ciniauria.

yo pron. pers. *Un servidor, una servidora,* expr. de modestia o humildad en el habla usual. *Nos-otros* por *yo* se emplea como plural de modestia en libros y escritos. *Nos* en lugar de *yo* es plural mayestático usado por reyes y papas en edictos, decretos, etc. Expr. buri., *este cura;* jergal, *menda.*

yugada f. Huebra, yunta.

yugo m. fig. Carga, opresión, sujeción; atadura.

yuguero m. Yuntero.

yugular tr. Degollar.

yunta f. Par. || Yugada, huebra.

yuso adv. l. ant. Abajo; *ayuso,* ant.

yuyuba f. Azufaifa.

Z

zabida y **-la** f. *Áloe, acíbar.*

zacear tr. *Zalear.* ‖ intr. *Cecear.*

zafar tr. MAR. *Desembarazar, desocupar, quitar.* ‖ intr.-prnl. *Escaparse, esconderse, huir.* ‖ intr.-prnl. fig. *Excusarse, rehuir, evitar, librarse, esquivarse.*

zafiedad f. **Grosería, tosquedad, rusticidad.*

zafio **-fia** adj. *Tosco, basto, inculto, grosero, rústico, zote.*

zagal **-la** m. f. *Muchacho, mozo.* ‖ *Pastor.*

zagua f. *Salado negro.*

zahareño **-ña** adj. fig. *Desdeñoso, intratable, arisco, huraño.*

zaherir tr. *Satirizar, motejar, mortificar.*

zahína f. *Alcandía, daza, sahína, sorgo, maíz, melca.*

zahinar m. *Alcandial, sahinar.*

zahón m. *Delanteras, zafón.*

zahurda f. *Pocilga, cuchitril, cochiquera.*

zalagarda f. fig. *Astucia, ardid, trampa, engaño.* ‖ *Reyerta, pendencia, trifulca, pelotera.*

zalamería f. *Zalema, halago, carantoña, embeleco, caroca, lagotería.*

zalea f. *Pelleja, vellón, tusón, zaleo.*

zalema f. *Reverencia, rendimiento, *fiesta.* ‖ **Zalamería.*

zamacuco m. *Tonto, bruto, torpe, zoquete, tarugo.*

zamarra f. *Zamarra de pastor, pellico; zamarro.*

zamarrilla f. *Polio.*

zambra f. fig. *Algazara, ruido, bulla, jaleo, juerga, gresca.*

zambullir tr. *Zabullir, zampuzar.*

zampar tr. *Engullir, devorar, embaular, embocar.*

zampoña f. MÚS. *Caramillo.*

zanahoria f. *Azanoria.* La zanahoria silvestre, *dauco.*

zancada f. *Trancada, tranco.*

zancadilla f. *Trascabo, traspié.*

zanco m. *Chanco.*

zángano m. *Abejón.* ‖ fig. *Holgazán, haragán, gorrón, vago.*

zanjar · tr. **Resolver, solventar, dirimir.*

zapapico m. *Azadón de peto o de pico, piqueta.*

zaquizamí m. *Desván, sotabanco, buhardilla.* ‖ *Chiribitil, tabuco.*

zaragata f. *Gresca, alboroto, trifulca, tremolina, reyerta, tumulto.*

zaragatona f. *Arta de agua, coniza, hierba pulguera o simplte. pulguera, zargatona.*

zaranda f. *Criba, harnero.*

zarandajas f. pl. *Bagatelas, menudencias, minucias.*

zarandearse prnl. fig. *Ajetrearse, azacanarse.* ‖ *Contonearse.*

zarapito m. *Sarapico.*

zarcillo m. *Pendiente, arete.* ‖ En las plantas, *cirro;* en la vid, *cercillo, tijereta.*

zarigüeya f. *Rabopelado.*

zarpa f. *Garra.*

zarrapastroso **-sa** adj. *Desaliñado, desaseado, sucio, andrajoso, roto, harapiento.*

zarza f. *Barza* (Ar.), *cambrón, zarzamora.*

zarzaperruna f. *Escaramujo, agavanzo, gavanzo, galabardera, mosqueta silvestre.*

zascandil m. *Chisgarabís, danzante, enredador, mequetrefe.*

zazo **-za** y **zazoso** **-sa** adj. *Tartajoso.*

zeugma f. *Ceugma, adjunción.*

zoclo m. *Zueco, chanclo.*

zonzo **-za** adj.-s. *Soso, tonto.*

zoospermo m. *Espermatozoo, espermatozoide.*

zopas com. burl. *Ceceoso, zopitas.*

zopenco **-ca** adj.-s. *Tonto, bruto, cernícalo, zoquete.*

zoquete m. *Tarugo.* ‖ *Mendrugo.* ‖ adj.-m. *Zote, marmolillo, zopenco, boto, tonto, cernícalo, zamacuco, tarugo.*

zorra f. *Raposa, vulpécula, vulpeja.*

zorrera f. *Raposera.*

zorrería f. *Raposería, astucia, cautela.*

zorro m. *Raposo.* ‖ fig. *Taimado, astuto, ladino.*

zorrocloco m. fam. **Fiesta, arrumaco, carantoña.*

zorruno **-na** adj. *Raposuno* **-na.**

zote m. *Zoquete, ignorante, rudo, patán, zafio.*

zozobra f. fig. *Inquietud, intranquilidad, ansiedad, desasosiego, angustia, congoja.*

zozobrar intr. *Peligrar, correr riesgo.* ‖ *Perderse, irse a pique, anegarse, naufragar.*

zueco m. *Almadreña, madreña, zoclo, choclo, chanclo, zoco.*

zumaque m. *Rus.*

zumaya f. (ave zancuda). *Capacho, zumacayo.*

zumba f. fig. *Chanza, chunga, vaya, guasa, *burla.*

zumbón -na adj. *Guasón, burlón.*

zumo m. *Jugo.*

zuncho m. *Suncho, abrazadera; fleje* cuando tiene forma de cinta.

zupia f. *Sedimento, poso, heces, lías, pie.*

zurdo -da adj.-s. *Zocato, zoco.* ‖ f. *Mano izquierda.*

zurra f. *Capuana,* desus.; *manta, somanta, azotaina, panadera, pega, felpa, solfa, solfeo, sotana, tentadura, tocata, tollina, vapuleo, vuelta, zurribanda.*

zurriburri f. *Churriburri, gentecilla, gentucilla.*

zutano m. f. v. **Fulano.*

zuzón m. *Hierba cana, suzón.*